Karl Friedrich Schinkel – ein Sohn der Spätaufklärung

Mario Alexander Zadow

Karl Friedrich Schinkel – ein Sohn der Spätaufklärung
Die Grundlagen seiner Erziehung und Bildung

Edition Axel Menges

© 2001 Edition Axel Menges, Stuttgart/London
ISBN 3-932565-23-1

Alle Rechte vorbehalten, besonders die der Übersetzung in andere Sprachen.
All rights reserved, especially those of translation into other languages.

Reproduktionen: Mario Alexander Zadow
Druck: Druckhaus Münster GmbH, Kornwestheim
Bindearbeiten: Ernst Riethmüller & Co. GmbH, Stuttgart

Gestaltung: Axel Menges
Layout: Helga Danz

Umschlagbild: Karl Friedrich Schinkel, *Antike Stadt an einem Berg* (Bildarchiv Preußischer Kulturbesitz; Photo: Jörg P. Anders)

7	Vorwort
9	Einführung
14	Kindheit in Neuruppin
46	Schuljahre in Neuruppin
60	Philanthropische Kindheits- und Jugendlektüre
74	Schuljahre am Gymnasium zum Grauen Kloster
104	Erste musische Bildung
116	Der künstlerische Aufbruch
122	Die Lehrjahre
140	Die Königliche Bauakademie
154	Studien in Gillys Bibliothek
177	Lektionsplan der Neuruppiner Stadtschule
178	Der Sprachunterricht am Grauen Kloster
180	Deutschunterricht
180	Schulordnung der Neuruppiner Stadtschule
181	Schulordnung des Grauen Klosters
183	Die Lehrer an der Neuruppiner Stadtschule
183	Die Lehrer am Grauen Kloster
185	Die Dozenten an der Bauakademie
187	Anmerkungen
207	Literatur
212	Namenregister
216	Abbildungsnachweis

Vorwort

Das Jubiläumsjahr zum 200. Geburtstag Schinkels 1981 markierte den Beginn einer Schinkel-Renaissance. Hatte bis dahin sein Name hauptsächlich unter den Architekturkennern und -liebhabern einen guten Klang, wurde in den folgenden Jahren Schinkel und das Schinkelsche Bauen durch eine Reihe neuer Bücher und Schriften, durch Ausstellungen und die Aktivitäten neu gegründeter Fördergesellschaften einer breiten Öffentlichkeit bekannt.

Bis heute ist allerdings zu bedauern, daß noch keine moderne, das Leben und Schaffen des bedeutendsten deutschen Architekten des 19. Jahrhunderts insgesamt erfassende Biographie vorgelegt worden ist. Fast völlig im Dunkeln liegt der erste Lebensabschnitt, seine Kindheit und Jugend. Der letzte, der Licht in diese Dunkelheit zu bringen versuchte und einige Details aus Schinkels früher Kindheit zusammentrug, war Theodor Fontane – vor 140 Jahren! Seitdem scheinen die Quellen versiegt. Es herrscht die Meinung vor, die Quellen seien ausgeschöpft, zumal ja unersetzliche Urkunden, die über seinen Werdegang hätten Auskunft geben können, verbrannten. So die Akten seiner Vaterstadt durch den Großbrand in Neuruppin, die Archivalien der Bauakademie, die dem Bombenkrieg zum Opfer fielen sowie die Aufzeichnungen und Tagebücher seines Lehrers Friedrich Gilly, die ebenfalls verlorengingen.

Damit vor allem hängt zusammen, daß auch eine andere eminent wichtige Frage bislang nicht hinlänglich beantwortet worden ist – nämlich die, was denn nun eigentlich Schinkels Bildungsgrundlagen waren, welche kulturellen und künstlerischen Einflüsse ihn prägten, welche geistige Nahrung er in seiner Jugend aufnahm, welcher Zeitgeist vorherrschend war.

Doch nicht alles wurde vernichtet. Noch immer schlummern in den preußischen Archiven Schätze, die seit 200 Jahren darauf warten, an das Tageslicht gehoben zu werden. In Berlin und Neuruppin befinden sich sogar handschriftliche Berichte, die Schinkels Neuruppiner Lehrer über ihre Unterrichtsgestaltung verfaßten. Sie wurden für die Nachwelt aufbewahrt, weil sie Dokumente des Umbruchs sind, in dem sich damals die Pädagogik und das Schulwesen befanden. Höchst aufschlußreich sind die philanthropischen Kinderbücher der Zeit. Briefe von Zeitgenossen, Zeitschriftenaufsätze, vor allem die Schulbücher, Ausstellungskataloge und private Notizen erlauben uns, ein lebendiges Mosaik jener Zeit zusammenzufügen, in der Schinkel aufwuchs. Karl Friedrich Schinkel, der oft als Romantiker und Klassizist genannt worden ist, war zuallererst ein Sohn eben dieser Zeit: der Spätaufklärung. Sein Vater, ein liberal gesinnter Geistlicher, focht für die Verbreitung der Ideen der Aufklärung, dies taten die hervorragenden Lehrer und Professoren an den von ihm besuchten beiden Gymnasien in Neuruppin und Berlin. Sie dürfen »Modellschulen« genannt werden, basierend auf einer gänzlich neuen Pädagogik. Friedrich Gedike, Oberschulrat und Direktor des von Schinkel besuchten ehrwürdigen Gymnasiums zum Grauen Kloster, hat seinen Unterricht in mehreren Schriften belegt, inhaltlich, psychologisch und pädagogisch. Er war die treibende Kraft bei der Einführung des Abiturs in Preußen. Von Anfang an lernte Schinkel die Baukunst kennen als eine Kunst, die sich im Aufbruch befand. Der Baumeister stand nun in der Pflicht, sich nach bester aufklärerischer Manier auf die »Ursprünge« der Baukunst zu besinnen, um sie immer mehr zu verbessern und nach neuen und eigenen Wegen zu suchen. Denn selbst die Griechen und Römer hätten »uns keine Architektur ohne Fehler geliefert«.

All dies erlaubt uns zu sagen, daß Schinkels Erziehung und Ausbildung exemplarisch ist für das Bildungsideal der Spätaufklärung. Die besten Köpfe dieser Zeit – der junge Schinkel ist mehreren von ihnen begegnet – waren durchdrungen von der Überzeugung, daß der Einfluß von Wissenschaft, Kultur und schönen Künsten stark genug sei, die leidenschaftliche menschliche Natur zu zähmen und Friede und Eintracht unter den Völkern zu stiften.

Die vorliegende Arbeit versteht sich als Grundlagenwerk für die biographische Schinkelforschung. Sie wendet sich sowohl an den Fachkundigen als auch an den interessierten Laien. Sie dokumentiert das Bildungsideal der Spätaufklärung, das wegweisend wurde für Schinkels Schaffen. Zitiert werden wichtige, aber schwer zugängliche Quellen, private Briefe und zeitgenössische Abhandlungen.

Mein besonderer Dank gilt der Heidelberger Universitätsbibliothek ohne deren jahrelange Bereitstellung und Beschaffung der zeitgenössischen meist über 200 Jahre alten Bücher und Schriften, diese Arbeit niemals möglich gewesen wäre. Den Anstoß zu dieser Forschungsarbeit gab der Aufsatz von H. J. Herrmann *Friedrich Gedike und Schinkel* und in der Folge die Entdeckung der Unterrichtsberichte von Schinkels Lehrern im Kreisarchiv Neuruppin. Die Schulprogramme des Gymnasiums zum Grauen Kloster konnte ich mit freundlicher Unterstützung von Dr. Peter Rohrlach in der Berliner Zentral- und Landesbibliothek einsehen. Größten Dank schulde ich meinem Freund Ignaz Wittich, Restaurator am Kupferstichkabinett SMPK, der mir bereits vor der Wende ermöglichte, mit seinem »Trabbi« Neuruppin und andere Wirkungsstätten Schinkels auf dem Gebiet der ehemaligen DDR besuchen und mich mit der dortigen, schwer zugänglichen Fachliteratur versorgte. Zu danken ist der Berliner Staatsbibliothek PK für die Genehmigung zur Einsicht in die wichtige Korrespondenz von Friedrich Nicolai wie auch der Handschriftensammlung der Herzog August Bibliothek Wolfenbüttel sowie dem Geh. Staatsarchiv PK für die Bereitstellung der Bauakademie-Akten. Unerläßlich war das Studium der Kirchenbücher, wobei mich Pastor S. Erfurth in Walsleben (bei Neuruppin), das Evang. Zentralarchiv in Berlin und Neuruppins Küsterei bereitwilligst unterstützten. Bei den umfangreichen Korrekturarbeiten waren mir Frau Dipl. Psych. Birgit Klem, Universität Heidelberg, und über mehrere Jahre hinweg Frau Maria Lappann (Krefeld) unentbehrliche Hilfen. Bei der Arbeit am Computer unterstützte mich Herr Matthias Dumke, M. A., Universität Heidelberg, professionell mit Rat und Tat. Mein persönlicher Dank gilt insbesondere Frau Dr. Irina Rockel, erste Vorsitzende der Neuruppiner Schinkel-Gesellschaft, für ihre weiterführenden Hinweise und die engagierte Förderung dieses Projekts. Eine Freude war mir die einvernehmliche und konstruktive Zusammenarbeit mit Axel Menges, Helga Danz und Dorothea Duwe, die es ermöglichte, das Buch noch im Preußenjahr 2001 vorzulegen. Dafür meinen herzlichen Dank.

Einführung

»... ein Jeder, nur zehn Jahre früher oder später geboren, dürfte, was seine eigene Bildung und die Wirkung nach außen betrifft, ein ganz anderer geworden sein.« (Goethe, *Dichtung und Wahrheit*)

Karl Friedrich Schinkel wuchs auf in einer hochgestimmten Zeit, in den beiden letzten Jahrzehnten des 18. Jahrhunderts, als die Aufklärung, die bis dahin vor allem eine Angelegenheit gelehrter Häupter war, über Kanzel und Katheder allmählich in das allgemeine Bewußtsein drang. In Berlin stand die Sonne der Aufklärung im Zenit. Kein anderer als Schinkels späterer Schuldirektor am führenden Gymnasium zum Grauen Kloster, Friedrich Gedike, der die Schulreform im Sinne der Aufklärung energisch vorantrieb, begeisterte sich: »So eine Aufklärung als hier allgemein ist, sah ich in Deutschland nirgends.«

Doch auch in Schinkels beschaulicher Geburtsstadt Neuruppin hatte die Sonne der Aufklärung die Geister erleuchtet. Dort hatten zwei junge Lehrer, Philipp Julius Lieberkühn und Johann Stuve, die dem Philanthropismus nahe standen, durch die Umgestaltung der ehrwürdigen aber heruntergekommenen Lateinschule, den Keim gelegt zu schöpferischen pädagogischen Impulsen, die Neuruppin für eine Dekade, von 1777 bis 1787, zu einem Mittelpunkt des Geisteslebens in der Mark Brandenburg werden ließen. Doch worin bestand die Aufklärung? Immanuel Kant beantwortete diese von Gedike in der angesehenen *Berlinischen Monatsschrift* gestellte Umfrage 1784 mit der klassischen Definition, Aufklärung sei »der Ausgang des Menschen aus seiner selbstverschuldeten Unmündigkeit« und seinem »Unvermögen sich seines Verstandes ohne die Leitung eines anderen zu bedienen.« Kants Aufruf »Sapere aude! Habe den Mut, dich deines e i g e n e n Verstandes zu bedienen«, wurde zum Wahlspruch dieser geistesgeschichtlich unerhört bedeutsamen Zeit, in der die klügsten Köpfe – Gelehrte, Geistliche, Pädagogen – darüber nachsannen, wie die Aufklärung, die Vernunft, die allgemeine Bildung, Moral und Sittlichkeit gefördert werden könnten. Es war die Zeit, in die Karl Friedrich Schinkel hineinwuchs. Drei zentrale aufklärerische Bestrebungen trafen in diesen Jahrzehnten zusammen, berührten und ergänzten sich. An erster Stelle zu nennen ist der von dem genialischen Reformpädagogen Johann Bernhard Basedow in Dessau unter größter Anteilnahme des gebildeten Bürgertums ins Leben gerufene Philanthropismus, der eine menschenwürdige, zeitgemäße moderne Erziehung auf seine Fahnen schrieb. Kant begrüßte Basedows Ideen als Revolution der Pädagogik. Als zweites Charakteristikum ist das Bemühen des Staates zu nennen, das gesamte Schul- und Bildungswesen in die Hand zu bekommen, es zu zentralisieren und den Einfluß der bis dahin dominierenden Kirche zurückzudrängen. Der entschiedenste Vertreter dessen war Gedike, der das von ihm geleitete Gymnasium zu einer führenden preußischen Musterschule formte. Und drittens sind die sich über Jahre hinstreckenden Anstrengungen des Staates zu erwähnen, über die Kunsterziehung und Förderung der öffentlichen Kunstausübung Einfluß auf die Fortbildung der Menschen zu gewinnen. Die Aufklärung insgesamt gipfelte in dem hehren Ziel, die Menschen zu selbstbewußten, lebenstüchtigen, moralisch einwandfreien Bürgern und Dienern des Staates zu erziehen. Der Mensch wurde »verstärkt verstanden als individuelle Verwirklichung des Menschseins durch Weltorientierung, Selbstbestimmung und Selbstgestaltung«. Menschsein sei kein Zustand, in den der Mensch hineingeboren werde, sondern eine Aufgabe, der der Mensch durch die Entwicklung seiner Anlagen und Fähigkeiten zu genügen habe (Hans Erich Bödeker). Die (Selbst)Erziehung zum Wohl und Nutzen der Allgemeinheit wurde zum Zentralanliegen der Aufklärungspädagogik. Sie bildete die Grundlage der schulischen und charakterlichen Bildung von Karl Friedrich Schinkel und prägte sein ganzes ferneres Leben.

Blicken wir auf Schinkels früheste Erziehung zurück, so dürfen wie sagen, daß sie sehr fortschrittlich und in einer damals durchaus nicht allgemein üblichen Weise für ihn prägend war. Seine Eltern, die durch die beiden jungen Neuruppiner Reformpädagogen Philipp Julius Lieberkühn und Johann Stuve den philanthropischen Erziehungsidealen nahegebracht worden waren, erzogen ihre fünf Kinder in einem für damalige Verhältnisse ungewöhnlich liberalen Geist. Sie gehörten zu dem noch kleinen Kreis derer, die ihre Kinder nach den neuen aufklärerischen Idealen erzogen: menschenfreundlich und naturgemäß! Sie »stimmten« sich auf die Fassungskraft der Kinder herab.

Kinder sollten ganz Kind sein dürfen, damit die Menschen wieder zu Menschen werden. Sie sollten natürlich aufwachsen und nicht wie »junge Herren und Damen in Kinderkleidung und mit kindischem Sinne«, wie es den meisten sogenannten guten und großen Häusern üblich war. Die Philanthropen bemühten sich, die Kinder als eigenständige Wesen zu begreifen, ihre Herzen mit allgemeiner Menschenliebe zu erfüllen und von jeglichen schädlichen Einflüssen fernzuhalten. Die Reinhaltung der Kinderseele galt ihnen als höchstes Gut! Sie wußten damals schon, daß zwischen Körper und Seele eine innige Verbindung besteht und daß der Mensch weit mehr durch die dunkeln Vorstellungen und ersten Eindrücke seiner Jugend geprägt werde, als ihm später zum Bewußtsein komme. Ein vordringliches Anliegen war ihnen die pädagogisch-psychologische Aufklärung der Eltern, da die häusliche Erziehung der Kinder zumeist im Argen lag. Ihre philanthropische, in ihren Schulschriften verkündete Botschaft lautete: Der Mensch ist von Natur aus gut. Das Böse ist Folge einer falschen Erziehung! Der kleine Karl Friedrich wurde in diesem Geiste, der seine Seelenkräfte entfaltete, erzogen. Er wuchs in einer harmonischen Familienatmosphäre auf und war gewiß ein glückliches, weil ernstgenommenes Kind.

Ein ganz großes Geschenk, das die Philanthropen der Jugend machte, war die völlig neue, altersgebundene Kinderliteratur. Ihre neuartigen Kinderbücher vollzogen einen unvergleichlichen Siegeszug. Campes *Robinson der Jüngere* wurde zum beliebtesten Kinderbuch der Zeit. Robinson, der voller Gottvertrauen und kraft seines Verstandes dem Schicksal trotzt, wurde zu einem leuchtenden Vorbild. Kolumbus, die mutigen Entdeckungsfahrten der Weltumsegler, die noch längst nicht abgeschlossen waren, begeisterten die Jugend. Die Philanthropen hatten erkannt, daß Bücher nicht nur Wissen vermittelten, sondern auch den Charakter bildeten. Insbesondere die neue kindgemäße Reiseliteratur hat das Weltbild der Jugend über die beengten Verhältnisse, in denen sie aufwuchs, ungeheuer erweitert. Goethe, der keine Kinderbücher kannte, weil es in seiner Jugend keine gab, und der auch selber keine schrieb, nannte sie zu Recht »der Kinder Evangelium«. Es war das Verdienst der Aufklärer, daß sie den Blick der Zeitgenossen auf fremde Völker und Kulturen richteten. Schinkels universales Denken, sein späterer geradezu missionarischer Eifer, Kultur und Bildung unter die Menschen zu tragen, hat hier seine Wurzeln. Noch kurz vor seinem Tode plante er ein riesiges Panorama, das die Kulturen aller Völker in einem Rundblick vereinen sollte. Seine exotischen Bühnenbilder zu Opern wie *Die Zauberflöte*, *Fernand Cortez* und *Nurmahal* bezeugen, wie phantasiereich er sich in die Mentalität fremder Völker einzufühlen vermochte. Ein Lieblingssujet! In ihm wirkte lebenslang der Geist des Aufklärungszeitalters nach, in dem das Lehren und das Lernen höchsten Rang besaßen. Die Menschen waren geradezu verpflichtet, das erworbene Wissen zum Nutzen aller an andere weiterzugeben.

Die Aufklärer waren äußerst sittenstreng. Sie hielten die Zöglinge an, auf die guten und schlechten in ihnen selbst liegenden Eigenschaften zu achten. Heftige Leidenschaften, das lernten die Kleinen seit sie überhaupt folgerichtig denken konnten, stören die menschliche Ordnung. Diese Trieblehre, die an den Schulen bereits in den untersten Klassen unterrichtet wurde, war ein zentrales Anliegen der Aufklärungspädagogik. Tugendhaftes Handeln sei Sache des Herzens und erlernbar. »Jede Tugend ist Fertigkeit, und Fertigkeit kann durch nichts anders als durch Übung erlangt werden.« Freilich barg diese Einstellung auch die Gefahr, daß die Kinder zu altklugen, besserwisserischen Geschöpfen wurden.

Was immer Schinkel und seine Altersgenossen zu lesen bekamen, diente einem pädagogischen Zweck. Förderten Lessing, Mendelssohn und Kant die Aufklärung unter den Erwachsenen, taten die Philanthropen das Gleiche in den Kinderstuben. Wir mögen ihre Bücher wegen ihrer Lehrhaftigkeit und dick aufgetragenen Moral unerträglich finden, doch die Kinder lasen sie mit allergrößtem Vergnügen. Sie lernten ja nichts anderes, als daß es darauf ankäme, die Menschen möglichst frühzeitig zu nützlichen Gliedern der Gesellschaft zu erziehen und daß die Selbsterziehung eine der größten Tugenden sei. Anzustreben sei die Ausbildung aller Kräfte des Menschen, denn da der Schöpfer alle Menschen zur Glückseligkeit bestimmt habe [!], so habe er ihnen »dazu die Anlagen, Kräfte und Triebe gegeben ...« Eine Gewißheit, die bis in das spätere Leben wirksam blieb.

Die Philanthropen sind heute zu Unrecht fast vergessen. Sie waren es, die den Boden für die heutige Pädagogik bereiteten. Sie brachten das Gedankengut der Aufklärung in das Schul- und Erziehungswesen ein. Vieles von dem, was sich in unseren Tagen den Anstrich einer pädagogischen Neuerung gibt, ist bereits damals begründet worden. Ohne Kenntnis ihrer Verdienste und ihrer Ideale ist der idealische Wesenszug Karl Friedrich Schinkels nicht richtig zu verstehen. Stuve: »Unser Geist steht in einer so genauen Verbindung mit seinem Körper, daß er keinen Begriff, keinen Gedanken, keine Begierde hat, die nicht mit einer Veränderung und Bewegung in den Nerven und im Gehirn verbunden wären, und so wie der Geist auf den Körper wirkt, so wirkt der Körper umgekehrt auf den Geist, und bei jeder Veränderung in den Nerven entstehen Empfindungen, Gedanken und Begierden in der Seele.« Er hatte seine Gefühle und Empfindungen stets gut im Griff.

Daß Schinkels Eltern dem Geist der Aufklärung huldigten, bezeugt die Namenwahl für ihren ersten Sohn. Er war der erste Nachkomme väterlicherseits, der keine christlich-hebräischen, sondern weltliche Vornamen erhielt. Karl bedeutet »der Freie«, »der Tüchtige«, und Friedrich soviel wie »Schutz«, »mächtig«. Nomen est omen. Seine jüngste Schwester wurde auf den Namen Charlotte Friederike – die weibliche Form von Karl Friedrich – getauft.

Auch in der religiösen Erziehung brachten die Philanthropen neue Erkenntnisse in die Kinderstuben, auch in die der Pfarrhäuser! Stuve an die Eltern: »Überlegt selbst, ob es recht ist – daß man sie beständig Morgen, Mittag die nämlichen Worte maschinenmäßig herplappern läßt, ohne sich darum zu bekümmern, ob sie etwas dabei denken oder empfinden, ... daß man sie in die Kirche zu gehen nötigt, ehe sie etwas von der Predigt oder dem Gesange begreifen können, wodurch ihnen das Kirchengehen auf immer widrig und unnütz gemacht wird. ... Lehret sie also nichts von der Religion, bis sie einigermaßen imstande sind, Gott aus seinen Werken zu erkennen. ... Das beste und zuverlässigste Mittel aber, eure Kinder fromm und gottesfürchtig zu machen, ist, daß ihr ihnen darin mit eurem eigenen Beispiel vorangeht. Redet in ihrer Gegenwart ehrfurchtsvoll und gerührt von Gottes Größe und Güte; betet oft selbst auf eine ihnen verständliche Art, insonderheit vor Tische und nach Tische.«

Dem jungen Schinkel schien eine Karriere in der Provinz, als Geistlicher oder Kaufmann – beides Berufe, die in der Familie dominierten – vorbestimmt. Doch die Verwüstung der Stadt durch die Feuersbrunst von 1787 und der plötzliche Tod des Vaters veränderten das Leben des Sechsjährigen von Grund auf. Seine ganze spätere Laufbahn scheint sich aus dieser Katastrophe zu entwickeln.

Nach dem Tod seines Vaters, gab ihm der Unterricht an der erneuerten Stadtschule Halt und Inhalt. Wir wissen, daß sich seine jungen, philanthropisch geschulten Lehrer sehr um die Kinder bemühten. Sie unterrichteten nach der neu eingeführten »sokratischen Methode«. Die Kleinen sollten das »Selberdenken« lernen. Großen Anklang bei den Kindern fanden die neuen Schulbücher, die so angelegt waren, daß sie neugierig machten auf ihre Umwelt und sie zu eigenen Beobachtungen ermunterten. Die von den Philanthropen initiierten Schulbücher waren geradezu sensationell. Lebensnah, ohne toten Ballast und so flott geschrieben, daß das Lernen Freude machte und der Stoff auch wirklich saß.

Die Neuruppiner Schule genoß einen hervorragenden Ruf. Sie wurde für Schinkel und seinen jüngeren Bruder bestimmend. Sie war nicht mehr nur Schule für Kinder der gebildeten Stände, die sich auf die Universität vorbereiten wollten, sondern begründet als »Bürger- und Gelehrtenschule«. Sie vereinte, damals etwas Unerhörtes, erstmals Kinder der unterschiedlichen Stände unter einem Dach! Dies begründete ihren Ruhm und Erfolg und prägte das Sozialverhalten der Schüler. Schinkels Vater, der an der philanthropischen Sache persönlich Anteil nahm, hat nicht mehr erleben können, wie seine Söhne die Früchte der neuen Pädagogik ernten durften.

Bestimmend für Schinkels Charakterbildung wurde ein gewisser Magister Lämmel, der, klein und verwachsen, an der Schule eisern Disziplin hielt und für ihn eine Art Vaterersatz gewesen ist. Auch nach dem Schulabschluß pflegte Schinkel freundschaftliche Kontakte zu dem verehrten Lehrer. Bei Lämmel lernte er die Trieblehre und damit verbunden die Anthropologie, die neue Wissenschaft vom Menschen – Lieblingsfach der Aufklärer.

Mittelbaren Einfluß auf die Erziehung Schinkels hatte der Umstand, daß sein Vater freundschaftliche Beziehungen zu einflußreichen Berliner Aufklärern unterhielt, namentlich zu Propst Teller und Direktor Gedike. Der Vater war in seiner freisinnigen Haltung geprägt durch sein Studium bei dem protestantischen Theologen Johann Salomo Semler an der Universität Halle, der Wiege und dem Hort der deutschen Aufklärung. Semler forderte eine neue und zeitgemäße historisch-kritische Auslegung der Bibeltexte. Propst Teller war ein Wegbereiter der theologischen Aufklärung und kämpfte in Wort und Schrift für die Befreiung der christlichen Lehre von orthodoxen Thesen. In seinen temperamentvoll in St. Petri zu Berlin vorgetragenen Predigten polemisierte er öffentlich gegen das Dogma der Erbsünde. Auch Gedike – er hatte in Frankfurt/Oder studiert – bekannte sich zu einem aufklärerischen Christentum. Vor seinen Gymnasiasten machte er kein Hehl daraus, daß er an das Heraufkommen einer neuen »natürlichen« Vernunftreligion glaubte.

Nach dem Umzug der Familie in die Hauptstadt, mußte sich Schinkel am aufklärerischen Gymnasium zum Grauen Kloster unter psychologisch ungleich schwierigeren Bedingungen behaupten. Direktor Gedike lehnte »philanthropische Tändeleien« ab. Der Unterricht war in allen Fächern erstklassig, legte jedoch sensibleren Gemütern erwürgende Fesseln an. Gedike zwang die Gymnasiasten in einen gnadenlosen Leistungswettbewerb. Dies war ein wichtiger Grund, warum Schinkel die Anstalt vier Jahre (!) vor dem regulären Abschluß (etwa im Stand der heutigen mittleren Reife) verließ. So fehlte ihm der wichtige in der Oberstufe vermittelte Stoff. Doch die Gedikesche Erziehung zu einem fleißigen, disziplinierten und auf das Gemeinwohl bedachten Staatsbürger blieb ihm fürs ganze Leben unauslöschlich eingeprägt. In seinen künstlerischen Neigungen sah Schinkel sich jedoch nicht gefördert. Das Gymnasium bildete, wie schon die Neuruppiner Schule, den künftigen Gelehrten genauso aus wie den Beamten. Gelehrt wurden gleichrangig »Humaniora«, die Gegenstände des klassischen Altertums, und die modernen »Realien«. Das Gymnasium zum Grauen Kloster war keine rein »humanistische« Anstalt. Menschlich hat den empfindsamen Schinkel mit dem charakterlich schwierigen Direktor Gedike, der seine Schule wie eine Kaserne führte, wenig verbunden.

Die Gymnasialzeit beendete Schinkel gerade zu dem Zeitpunkt, als in der Öffentlichkeit eine verstärkte Auseinandersetzung um eine Neuorientierung der Baukunst begann. Die Gründung der Königlichen Bauakademie, an der er sich im Oktober 1799 als einer der ersten Eleven einschreiben ließ, ging damit Hand in Hand. Er beobachtete, wie der Staat sich zunehmend um die künstlerische Bildung der Untertanen kümmerte. Minister Anton von Heinitz (1725–1802), Kurator der Bau- und der Kunstakademie, glänzte als Organisator eines weitgespannten Kunstbetriebs, zu dem die von Schinkel besuchten volkstümlichen Berliner Akademieausstellungen gehörten. Die Berliner Kunstakademie wollte nicht bloß »hohe Schule für die bildenden Künste« sein, »sondern auch als Richterin und Ratgeberin in Sachen des Geschmacks überhaupt dem Staate unmittelbar nützlich« werden. Ja, der Staat selbst galt als ein »erhabenes Kunstwerk«. Denn in ihm herrsche derselbe »weise Geist der Ordnung und dieselben harmonischen Verhältnisse« wie »in einem jeden echten vollendeten Werke der bildenden Künste« (Akademiekatalog, 1789).

Wäre Schinkel nicht an den hoffnungsvollsten Architekten Berlins geraten, wäre er vielleicht gescheitert. Friedrich Gilly wurde ihm zum Vorbild des modernen Baumeisters, zum mitreißenden Anreger, und doch bedeutete dessen vulkanische Natur für Schinkels künstlerische Entwicklung in gewisser Weise ein Hemmnis. Er fühlte sich ihm lange Zeit in demütigender Weise unterlegen. In Gilly begegnete er erstmals einem Genie!

Was Gilly in Schinkel anlegte, war fundamental. Es ging nicht nur um die Weiterentwicklung der Baukunst, sondern auch um neue bürgerliche Bauaufgaben. Moderne Architekturtheorien, die hauptsächlich aus Frankreich kamen, wurden im Gilly-Kreis diskutiert. Schinkel geriet so mitten hinein in die ideologisch-theoretische bauliche Auseinandersetzung, die durch die Aufklärung angestoßen worden war, und die sich anschickte, das Gesicht der Architektur zu verändern.

Schinkels Schöpfertum, das sollte sich bald zeigen, entsprang anderen Quellen als Gillys Spontaneität. Es ging von Anfang an etwas über Kreuz zwischen diesen beiden so grundverschiedenen Naturen. Gilly, der lebhafte, intellektuelle Kopf, dem französisches Blut in den Adern floß, begeisterte sich am Kolossalen – er hatte eine radikale Architektur im Auge. Schinkel aber, der schwerblütige Märker, glaubte an die Poesie in der Architektur. Er zauberte, nachdem er sich dem Gillyschen Einfluß entzogen hatte, anmutige, noble Bauten aufs Papier – so wollte er bauen! Steingewordene Poesie. Schinkel war kein Visionär vom Schlage eines Gilly. Schinkel ist nicht nur durch – sondern auch trotz Gillys Dominanz zu dem sensitiven Architekten geworden, als den ihn die Zeitgenossen und die Nachwelt erkannten.

Schinkel war ein Kind des neuen bürgerlich geprägten Bildungszeitalters. Schon als junger Gymnasiast sah er im preußischen Staat die aufgeklärte Monarchie, die dem Bürger mehr Rechte einräumte, als der von den Aufklärern angeprangerte Absolutismus. Er befleißigte sich der Loyalität gegenüber der Krone, und als er das Graue Kloster verließ, war er felsenfest davon überzeugt, daß ein Staat, der das Wohl der Bürger, die Künste und Wissenschaften fördert, der Beste von allen sei. Er fühlte sich zutiefst verpflichtet, daran nach Kräften mitzuwirken. Darin sah er seine Lebensaufgabe.

Das theoretische Rüstzeug für den Architektenberuf erarbeitete er sich nach und nach. Dieser Prozeß dauerte Jahre und endete eigentlich nie. Auf der Bauschule hielt es ihn nur ein halbes Jahr. Mit den zu seiner Zeit diskutierten Architekturtheorien machte er sich in der ausgezeichneten Fachbibliothek Friedrich Gillys bekannt. Schinkel war indes kein Systematiker, kein abstrakter Denker. Im Grunde seines Wesens blieb er lebenslang Autodidakt. Ein genialer! Geniale Autodidakten sind auch zwei berühmte Zeitgenossen Schinkels gewesen, der Verleger Friedrich Nicolai – Herausgeber der kritischen Zeitschrift *Allgemeine Deutsche Bibliothek* – und der aufklärerische, mit Lessing befreundete jüdische Philosoph Moses Mendelssohn.

Und noch etwas sehr Wichtiges: Die Baukunst lernte er kennen als eine Kunst, die sich im Aufbruch befand. Gilly sprach sogar von einer architektonischen Wiedergeburt. Der Beruf des Architekten erfuhr seit der Gründung der Bauschule eine enorme Aufwertung, die den jungen Schinkel in seinem Berufsziel mächtig bestärkte.

Das Zeitalter der Aufklärung verkörperte sich, wie Hermann G. Pundt zutreffend schreibt, in Gillys genialem Entwurf zu einem Denkmal für Friedrich den Großen. Dieser Entwurf, der auf den Gymnasiasten Schinkel einen solch tiefen Eindruck machte, daß er beschloß Architekt zu werden, stellte sich, so Pundt, »als Ausdruck des einmaligen und kurzen Abschnitts in der Geistesgeschichte Berlins wie Preußens dar, da Künstler, Dichter und Intellektuelle die Größe des republikanischen Rom und des klassischen Griechenland beschworen ...« Hinzuzufügen wäre vielleicht, daß genau dies der bevorzugte Lehrstoff an den Gymnasien war.

Für Schinkel war es von allergrößter Bedeutung, daß er von Gilly in die neugegründete »Privatgesellschaft junger Architekten« – ein Novum – aufgenommen wurde. Er war hier der jüngste. Aus alledem, was Gilly in dieser Zeit an Plänen und Entwürfen vorlegte, konnte Schinkel eigentlich nur den Schluß ziehen, daß Gilly Großes plante und er ihm eines Tages dabei zur Seite stehen würde. Doch der plötzliche Tod des Lehrers zerstörte alle Erwartungen. Er stand, wie schon einmal in seiner frühesten Jugend, vor dem Nichts. Er mußte sich von neuem auf sich selbst besinnen. Seine erste, heiß ersehnte Bildungsreise nach Italien entsprang nicht zuletzt diesem Motiv. Sie war Selbstfindung und Befreiung.

Schinkel nahm auf diese Reise eine damals Aufsehen erregende, ihm wohl von Gilly nahegebrachte neue Schrift des Philosophen Johann Gottlieb Fichte mit, der sich 1799 in Berlin niedergelassen hatte. Es war *Die Bestimmung des Menschen*. Dieses Buch, ja überhaupt Fichtes Philosophie, wurde ihm zur Richtschnur, man darf sagen zu einer Offenbarung.

Wie so viele andere aufgeklärte Zeitgenossen betrachtete der junge Schinkel die Errungenschaften seines wißbegierigen Jahrhunderts mit großem Stolz. Er glaubte, wie Fichte, fest an einen stetig fortschreitenden Entwicklungsprozeß der Menschheit.

Johann Gottlieb Fichte, dessen Ethos eherner Pflichterfüllung Schinkel – der Sohn der Spätaufklärung – für sich persönlich unbeirrbar übernahm, wurde nach Friedrich Gedike und Friedrich Gilly die dritte überragende Persönlichkeit mit wegweisendem Einfluß auf sein Leben und Werk!

Kindheit in Neuruppin

Auf Schinkels Spuren in Neuruppin

Zwei ungleiche Städte bestimmten Schinkels Leben: Neuruppin, eine kleine Stadt im Abseits der Provinz, wo er am 13. März 1781 als Sohn eines Geistlichen geboren wurde, und Berlin, der Mittelpunkt seines architektonischen Wirkens.

Neuruppin war die Stadt seiner Kindheit. Sie war wohl glücklich – bis zu dem Tag, an dem eine Katastrophe über die Menschen hereinbrach. Am 26. August 1787, einem Sonntag, er war sechs Jahre alt, brannte fast die ganze 4000 Einwohner zählende Stadt am hellichten Tag in wenigen Stunden ab.

Mit Grauen erlebte er, wie die Häuser am Kirchplatz, wo er mit den Geschwistern wohnte, in Schutt und Asche sanken, das Elternhaus, die prächtige Marienkirche, einige Hundert Bürgerhäuser in den übrigen Vierteln der Stadt, Scheunen und Ställe, das Rathaus mit unersetzbaren Urkunden, Grundbüchern, Gerichtsakten und Testamenten. Neuruppins Vergangenheit war mit einem Schlage ausgelöscht.

Über diese Katastrophe ist oft geschrieben worden. Sie hat sein Leben bestimmt, wenngleich wir nicht wissen, wie er damit fertig geworden ist. Er erlebte, wie Bautrupps und Handwerkerkolonnen anrückten, die brandgeschwärzten Ruinen einrissen und neue breite Trassen zogen. Turm und Mauern der Marienkirche wurden abgetragen, ebenso die ausgebrannten Predigerhäuser. Nur einige Randbezirke blieben stehen. Viel verhängnisvoller für ihn war, daß er wenige Wochen nach der Katastrophe den Vater verlor, der sich bei den Löscharbeiten eine Lungenentzündung zugezogen hatte und daran starb.

Der Winter kam. Noch längst waren nicht alle Straßen freigeräumt, die Trümmer von den Grundstücken geschafft. Für die oberste preußische Baubehörde war die Feuersbrunst der Anlaß, eine völlig neue Stadt zu bauen – nach nüchternem aufklärerischen Kalkül. Nicht mehr mit engen Gassen und sich aneinander drängenden Häusern, nein, vielmehr eine Stadt vom Reißbrett, mit schnurgeraden, sich rechtwinklig kreuzenden Straßen, die Häuser mit vorgegebenen, sich wiederholenden Musterfassaden buchstäblich nach der Schablone gebaut. Aber es war überhaupt ein Segen, daß von überall her Hilfe kam. Aus Berlin und den Dörfern und Städtchen der Umgebung. König Friedrich Wilhelm II. soll zutiefst erschüttert gewesen sein,

1. Daniel Chodowiecki, *Berlins Menschenliebe kommt Ruppin in der Asche liegend zu Hülfe, die Hoffnung zeigt ihr den, der es wieder erheben wird. Engel des Himmels freuen sich dieser Wohltaten.* Das Blatt wurde zur Unterstützung der abgebrannten Neuruppiner für 12 Groschen verkauft. Rechts im Bild die Büste Friedrich Wilhelms II., des Wohltäters der Stadt, links der Berliner Bär und die Berolina mit Füllhorn. Fontane nannte das Blatt »kühn und naiv zugleich, im ganzen aber mehr Karikatur als Kunst, und interessant allein in seiner Verschmelzung von Genie und Philistrosität, von künstlerischer Freiheit und politischer Befangenheit«. (SMPK, Kupferstichkabinett und Sammlung der Zeichnungen.)

2. Schinkel, *Dom hinter Bäumen*, Lithographie von 1810. Charakteristisch ist die Verwobenheit von Architektur und Natur, von Poesie und Historie. (SMPK, Kupferstichkabinett und Sammlung der Zeichnungen.)

als er die gestorbene Stadt mit eigenen Augen sah. Er persönlich trieb den Aufbau voran und stiftete königliche Summen. Die dankbaren Neuruppiner setzten ihm dafür ein Denkmal.

Karl Friedrich Schinkel war Zeuge des langsam aber stetig voranschreitenden Wiederaufbaus. Ein Kind, das dies erlebt, mag im Herzen hoffen, daß es wieder vorwärts geht, aber die Gespenster der Vergangenheit wird es nicht los. Nichts mehr ist wie früher und wird niemals mehr so sein. Das Feuer zerstörte ja nicht nur die Strukturen der Stadt – es markierte das Ende einer Epoche. Was ist seitdem aus Neuruppin geworden? Was ist von der Stadt geblieben? Wo sind die Viertel, wo er als Knabe lebte?

Mit der Bahn oder dem Auto erreicht man das 70 Kilometer nordwestlich von Berlin gelegene Neuruppin bequem in einer Stunde. Man fährt durch diese eigentümliche, nicht gerade aufregende, aber still das Herz ansprechende Landschaft. Das Land ist flach und weit. Wiesen, Äcker, Kiefernwälder. Birken, Kastanien, Buchen und vor allem die Linden sind hier zuhause. Die Orte heißen Nassenheide, Grüneberg, Lindwerder, Lindow oder Lindenbrück. Kein Dorf, keine Stadt ohne die Linde. Sie zaubert ein wenig Romantik in diesen kargen, in den Niederungen morastigen Landstrich. Man ahnt, mit welcher Zähigkeit die Märker einst die Einöden urbar gemacht haben, wie beispielsweise das Rhinluch, das Friedrich der Große trockenlegen ließ. Eine vaterländische Tat. Preußens Maler haben gemalt, wie der »Alte Fritz« das gelungene Werk besichtigte. Neues Land für 300 Bauernfamilien. Ein bißchen spürt man, obwohl seither 200 Jahre vergangen sind und der Patriotismus verflogen ist, wie das damals gewesen ist, als der Monarch die »Colonisten« besuchte und ihnen dankte: »Das ist wider meine Erwartung! Das ist schön, ich muß Euch das sagen, alle, die ihr daran gearbeitet habt, ihr seid ehrliche Leute gewesen.«[1]

Die Mark, Schinkels Heimat, blieb ein sandiges, zugleich feuchtes Land. Noch heute kommen die Störche hierher, der Bussard zieht seine Kreise über den Feldern. Blickt man aufs Land hinaus, sieht man in der Ferne oft dunkle Baumwipfel wie zusammengeballt stehen. Dort, im Schatten der Bäume versteckt sich fast immer eine Kirche, meist aus Feldsteinen gebaut, denn davon gab es immer genug. Schinkel liebte dieses Motiv. Es hat ihn zu seinen Dombildern inspiriert.[2] In seiner überbordenden Phantasie wurden aus Dorfkirchen Kathedralen und Bäume zu altehrwürdigen Baumriesen. Schinkel war ein Kind der Mark. Bodenständig, doch ein Träumer.

Heute bietet Neuruppin ein widersprüchliches Bild. Alt und Neu treffen aufeinander, wo die vom Brand verschonten Viertel die neu aufgebauten Stadtteile berühren. Reste des alten Neuruppin findet man am Ruppiner See, wo Schinkel im Predigerwitwenhaus eine neue Heimstatt fand. Das verträumte Viertel überstand den Brand, weil hier dem Feuer Einhalt geboten werden konnte. Wie eine feurige Walze fraß es sich durch die Stadt und verschonte nur zwei Bezirke am Ost- und Westrand – »als wären von einem runden Brote die beiden Kanten übriggeblieben«.[3]

Das Viertel war damals durch eine Akzisemauer für den Zoll vom See abgegrenzt. Sie verlief rund um die Stadt entlang den ehemaligen nun mit Bäumen bepflanzten Wallanlagen. Dort erinnert ein Rundtempelchen an die Zeit Friedrichs des Großen, der ein halbes Jahrhundert vor Schinkels Geburt in Neuruppin als Kronprinz und Regimentschef in Garnison war. In diesem kleinen Tempel, dessen Säulen damals freistanden und nicht zugemauert waren, traf Friedrich oft mit Offizieren und Freunden zusammen. Gebaut hat ihn der mit ihm befreundete Georg Wenzeslaus von Knobelsdorff, der spätere Erbauer von Schloß Sanssouci.

Neuruppin wäre nicht Schinkels Vaterstadt, wenn es nicht eine Schinkelstraße aufzuweisen hätte. Sie beginnt nicht weit vom Tempelchen und führt direkt zum Kirchplatz im Zentrum. Hier ist der Wechsel nach dem Brand besonders signifikant. Der Platz, den man wie die anderen beiden großen Plätze der Stadt aus Brandschutzgründen erheblich erweiterte, ist von doppelten Lindenreihen eingefaßt, aber eigentlich nicht schöner. Dort, wo die Marienkirche stand, dehnt sich eine weite Rasenanlage. Die neu aufgebaute Pfarrkirche St. Marien steht nicht mehr in der Mitte des Platzes, sondern wurde an den Rand gerückt. Nicht weit davon, mitten auf der Rasenfläche, steht das Schinkel-Denkmal, eine zwei Meter hohe Bronzestatue. Sie wirkt etwas verloren, als gehöre sie nicht hierher.

Das Schinkel-Denkmal hat eine eigene Geschichte, die bis heute nicht abgeschlossen ist. Schöpfer des Denkmals war Max Wiese (1846–1925), ein gebürtiger Danziger, der hier seine Kindheit verbrachte und das Gymnasium besuchte. Er ging dann nach Berlin, wo er 1872 ein Bildhaueratelier besaß. Die Stadtväter besannen sich auf ihn und beauftragten ihn mit dem Schinkel-Denkmal, seiner ersten großen Arbeit. Zum 100. Geburtstag Schinkels wurde auf dem Kirchplatz der Grundstein gelegt. Eingeweiht wurde es am 28. Oktober 1883 in Anwesenheit von Honoratioren der Stadt und des Ministers für geistige und Unterrichtsangelegenheiten. 1907 schuf Wiese im Auftrag der Stadt ein Denkmal für Fontane, den anderen großen Sohn Neuruppins. Gestorben ist Wiese 1925 im Alter von 78 Jahren in Neuruppin. Das Schinkel-Denkmal, das bis 1939 in eine halbrunde Umfassungsmauer aus gelbem Ziegelstein eingebunden war, soll in absehbarer Zeit wieder in diesen Zustand zurückversetzt versetzt werden und einen sechs Meter breiten Unterbau mit von drei Seiten begehbaren Treppen erhalten.[4]

Wer das Standbild genauer betrachtet, wird sich vielleicht fragen, warum »Schinkel« in der gesenkten rechten Hand den Grundriß des von ihm in Berlin gebauten Schauspielhauses hält und nicht den Riß zu einem Neuruppiner Gebäude. Aber ein solcher Plan existiert nicht. In seinem Geburtsort hat Schinkel, der ganz Preußen mit Zeugnissen seines Schaffens übersäte, kein eigenes Gebäude errichtet. Die einzige Spur seines architektonischen Wirkens führt zu der ehemaligen Dominikaner-Klosterkirche am Ruppiner See, die 1836–39 nach Schinkels Plänen restauriert wurde und einen schlanken dachreiterartigen Turm mit drei Etagen erhielt. Die Einweihung fand am 16. Mai 1841 in Anwesenheit von König Friedrich Wilhelm IV. statt. Schinkel konnte an diesem Ereignis nicht teilnehmen, denn er lag seit dem 11. September 1840 in einer Agonie, von der er am 9. Oktober 1841 erlöst wurde.[5] Der Turm hielt der Witterung nicht stand. Im Dezember 1868 verlor er bei einem Sturm die oberste Etage und mußte abgetragen werden. Die beiden neugotischen Türme der Klosterkirche wurden erst 1907/08 gebaut.[6]

Wer heute in der Klosterkirche nach Zeugnissen der Schinkelschen Restaurierung sucht, findet sie an folgenden Stellen: An den Außenwänden die schwarzglasierten Ziegelgesimse, die erneuerte Giebelwand, die untere Mauerverstärkung zwischen den Strebepfeilern, im Inneren die Rosette über dem Haupteingang, die vom Putz freigelegten Ziegelwände, die mit Palmetten- und Akanthusblattmotiven versehenen Säulenkapitelle und die Gestaltung des Altars.[7]

Und noch ein anderes Mal verwendete sich Schinkel für die Neuruppiner. Auf Bitten des Magistrats lieferte er 1825 den Entwurf zu einem mehr als mannshohen Sockel zu einem Denkmal Friedrich Wilhelm II.,[8] des großzügigen Förderers des Wiederaufbaus. Den Kontakt hatte Schinkels damals in Neuruppin lebende Schwester Sophie Wagner, die er alljährlich zu Pfingsten besuchte,[9] vermittelt. Um solche »Gefälligkeiten« wurde er von den unterschiedlichsten Leuten gebeten, und allzu oft brachte er es nicht fertig, »Nein« zu sagen. Er nahm dafür kein Honorar. Auf Vorschlag Schinkels wurde das von Friedrich Tieck 1826/27 ausgeführte Bronzestandbild vor dem Gebäude der nach dem Brand errichteten Friedrich-Wilhelms-Schule, die er von 1791 bis 1794 besucht hatte, aufgestellt. Es wurde 1950, als Preußen bereits von der Landkarte getilgt worden war und alles Preußische in Bausch und Bogen verdammt wurde, als Buntmetall zum Einschmelzen gegeben.[10] Eine nach alten Vorlagen hergestellte Replik konnte im Jahre 1998 aufgestellt werden.

Das wohl stattlichste Gebäude Neuruppins ist die ehemalige Friedrich-Wilhelms-Schule auf dem mittleren der drei großen Plätze in der Stadtmitte. Der langgestreckte Bau mit der imponierenden Fensterfront und den rückwärts gewandten, einst den Schulhof umschließenden Seitenflügeln gleicht mehr einem Palais als einer Lehranstalt. Die Schule wurde 1790/91 als Ersatz für die abgebrannte Schule errichtet, die sich am Kirchplatz befand. Der Name Friedrich-Wilhelms-Schule wurde ihr 1792 verliehen.[11] Sie wurde 1976 restauriert und im Innern umgebaut, um die Stadt- und Kreisbibliothek aufzunehmen. Von außen bietet sich das Gebäude dar, wie Schinkel es kannte: mit der »Laterne« auf dem Dachfirst. Dieses Türmchen, dessen Glocke die Schüler zum Unterricht rief, ist eine verkleinerte Nachbildung der Kirchturmspitze der zerstörten Marienkirche, dem einstigen Wahrzeichen Neuruppins.

Als die Neuruppiner am 24. November 1791 die Schuleinweihung feierten, war dies mehr als ein lokales Ereignis – fast schon ein Staatsakt, zu dem aus Berlin der Staatsminister von Voß und die hohen Räte der Schul- und Kirchenverwaltung angereist waren. Voß hatte sich nach längerem Schriftwechsel mit dem Bürgermeister Noeldechen für die (später oft zitierte) Inschrift über dem Eingangsportal entschieden: »Civibus aevi futuri« – den Bürgern der kommenden Zeit![12] Voß war Staatsminister im Generaldirektorium, zuständig für die Kurmark und daher auch Leiter des Retablissements.

Die Schule war das erste große öffentliche Gebäude, das aus dem Schutt erstand. Daß die Planer die Schule mitten ins Stadtzentrum setzten, hat seinen guten Grund. Sie wollten damit zum Ausdruck bringen, welche zentrale Bedeutung man der Erziehung und Bildung der Bürger beimaß. In diesem letzten Quartal des 18. Jahrhunderts begann das Gedankengut der Aufklärung, die bis dahin Angelegenheit weniger gelehrter Häupter war, ins Bewußtsein des Volkes einzudringen und Allgemeingut zu werden. Das preußische Schulwesen erfuhr eine grundlegende Erneuerung.

3. Max Wiese, Schinkeldenkmal, 1881–1883. Die Einfassungsmauer mit den Sitzbänken gehörte ursprünglich nicht zu dem Entwurf. (Photo vor 1938.)
4. Das Gebäude der einstigen Friedrich-Wilhelms-Schule. Es beherbergt heute die Stadt- und Kreisbibliothek. (Photo von 1995.)
5. Das Predigerwitwenhaus, in dem die Familie Schinkel von 1787 bis 1794 wohnte. Die Neuruppiner Schinkel-Gesellschaft hat hier ihren Sitz.
6. Die Siechenstraße mit dem schlanken Türmchen der 500 Jahre alten Siechenhauskapelle, in der Schinkels Vater öfter predigte. Schinkels Schulweg führte hier vorbei. (Photo von 2001.)
7. Das Portal der Siechenhauskapelle. Die kunstgeschichtlich bedeutsamen Tontafelreliefs stellen abwechselnd den an eine Säule gefesselten Heiland und den heiligen Franziskus mit erhobenen Händen dar. (Photo von 1999.)

So hatte man denn bei der neuen Schule an nichts gespart. An Schönheit übertraf sie alle anderen in der Mark. Doch mit dem Bau der Marienkirche ließen die Planer sich Zeit. Der Wiederaufbau wurde immer wieder aufgeschoben, denn zunächst sollten für die Wohnungslosen möglichst schnell möglichst viele Häuser gebaut werden. Bis zur Einweihung im Jahre 1806 durften die Gemeindemitglieder von St. Marien die Klosterkirche für ihre Gottesdienste mitbenutzen.

Es herrschte damals unter den Geistlichen große Empörung wegen des späten Wiederaufbaus. Sie machten geltend, daß ihre Kirche zu retten gewesen wäre. Sie protestierten gegen die Baupläne, gegen das Mißverhältnis von Tiefe und Länge, denn sie hatte 80 Meter Straßenfront und nur 50 m Länge. Sie monierten die profane Bauart, denn an ihr sei kein einziges Baustück, das die Herzen zur Andacht erhebe.[13] Doch alle Eingaben fruchteten nicht. Es war der Windwechsel der Aufklärung, der den Geistlichen entgegenschlug. Weniger der Glaube, sondern die »Vernunft« sollte künftig das Tun der Menschen bestimmen. Die Kirche bildete nicht mehr den Mittelpunkt des Lebens. So war es aus damaliger Sicht nur folgerichtig, daß die neue Marienkirche im wahrsten Sinne des Wortes zu einem Dasein am Rande verdammt wurde und einen Turm bekam, der nicht mehr das Stadtbild dominierte. Es war der Geist der Zeit, in der Karl Friedrich Schinkel aufwuchs! Aber auch er hatte an der neuen Pfarrkirche, die von Philipp Bernhard Berson unter Mitarbeit von Carl Ludwig Engel gebaut worden ist, einiges auszusetzen. Sie sei ein »Bauwerk, das in vieler Beziehung mißlungen« ist.[14]

Einen Steinwurf weit vom Schinkel-Denkmal beginnt die zum Ufer des Ruppiner Sees führende Fischbänkenstraße. An ihrer Flanke befindet sich der Neue Markt. Dort steht als die Nummer 8 der Fischbänkenstraße das ehemalige Predigerwitwenhaus, in dem die Schinkels nach dem Brand bis 1794 wohnten. Nach hinten hinaus, so erzählt Fontane, lag der Hof mit einem alten Birnbaum und einem »altmodischen Garten«.[15] Das mehr als 250 Jahre alte, nur zur Straßenfront verputzte Fachwerkhaus mit den engen Zimmern war bis Mai 1995 bewohnt. Vom Dezember 1997 bis Ende 1998 wurde es von Grund auf saniert. Seit November 1998 beherbergt es die Geschäftsstelle der 1992 gegründeten Neuruppiner Karl-Friedrich-Schinkel-Gesellschaft, die seit Herbst 1996 alljährlich, »um Schinkel zu ehren und seiner Geburtsstadt eine Reverenz zu erweisen«, den Neuruppiner Schinkel-Preis vergibt.

Vom Predigerwitwenhaus sind es wenige Schritte bis zum See. Zugang hatte man durch das Seetor, das die Fischer benutzten. Am Ufer befanden sich die Schuppen der Lohgerber und Färber. Heute findet man hier eine Dampferanlegestelle und Ausflugslokale. Nahe beim Predigerwitwenhaus befand sich nach dem Brand das Notquartier der Schule. Es war die Nr. XVI der sogenannten »Kasernenstuben«, direkt neben dem inzwischen abgerissenen Kloster am See.[16] Einige dieser zweistöckigen in Serie gebauten Häuser, die Friedrich der Große für die Soldatenfamilien des Regiments Prinz Ferdinand einrichten ließ, stehen heute noch – teils unverputzt in der alten Fachwerkbauweise – in der Bergstraße bei der Klosterkirche.

Zur Schule hatte Schinkel es nicht weit. Man kann den Weg noch heute gehen. Er führt durch die holperige Siechenstraße, an der Kapelle des Siechenhauses vorbei, in der sein Vater öfter predigte. Auf dem Hof hinter der Siechenhauskapelle befindet sich das um 1700 in Fachwerk errichtete Uphus, das Kranke aufnahm. Ein Zeitgenosse, der berühmte Geograph Anton Friedrich Büsching, berichtete: »Die Frauen, welche dasselbige bewohnen, sind verpflichtet, zur Pestzeit und bei anderen epidemischen Krankheiten, den Kranken in der Stadt aufzuwarten, auch reisenden Kranken in besonderen dazu bestimmten Zimmern Handreichung zu tun, dazu die Kosten aus der Hospitals-Kasse gegeben werden. In der dabeistehenden Kirche wird alle Vierteljahr von einem Diaconus gepredigt und das Abendmahl ausgeteilt.«[17]

Die Häuschen der Siechenstraße stehen noch wie damals, inzwischen ein wenig gebeugt, mit kleinen Türen und putzigen Fenstern. Auch die 500 Jahre alte Hospitalkapelle mit ihrem grazilen gotischen Netzgewölbe ist noch zu bewundern, mit dem Kanzelaltar und dem aus gebrannten Formsteinen gemauerten Portal. Diese alte Handwerkskunst hat Schinkel später ja wieder belebt. Ein schönes Beispiel sind die beiden von ihm entworfenen Portale der Berliner Bauakademie mit den Terrakottreliefs. Es ist oft geäußert worden, Schinkel habe die Anregung dazu auf dem Schulweg empfangen. Eines der Portale des im Kriege stark beschädigten und 1961 abgerissenen Bauakademiegebäudes befindet sich an der Schinkel-Klause im Zentrum Berlins.[18]

Der Neuruppiner Wiederaufbau ist oft kritisiert worden. Der Neuruppiner Prediger Heydemann schrieb 1863, die Stadt sei in einem Geiste aufgebaut, »der der höheren Baukunst entbehrt. Von einem recht gebildeten Geschmack und von wahrer, ergreifender Schönheit ist sowohl bei den gewöhnlichen Bürgerhäusern, als auch bei den öffentlichen Bauten nicht die

Rede. So angenehm die breiten und geraden Straßen und die großen Plätze sind, so haben doch die Häuser etwas Gleichförmiges, und viele sind eine genaue Wiederholung von einander«.[19] Fontane meinte, »für eine reiche Residenz voll hoher Häuser und Paläste, voll Leben und Verkehr, mag solche raumverschwendende Anlage die empfehlenswerteste sein, für eine kleine Provinzstadt aber ist sie bedenklich«.[20]

Doch dies geschah in bester Absicht, ja durch eine Weisung des Königs selber. Friedrich Wilhelm II. wünschte eine regelmäßig angelegte und möglichst feuersichere Stadt, die breite Straßen und weiträumige Plätze verlangte. Sie sollte als das Ideal einer »preußischen Musterstadt« entstehen. Für die Ausführung dieser Planung wurde die sogenannte »Retablissementskommission« unter der Direktion des Präsidenten der Kurmärkischen Kammer, Otto Karl Friedrich von Voß, eingesetzt, die die städtebaulichen und architektonischen Entwürfe von Mitgliedern des Baudepartements in Berlin erarbeiten ließ. Die großflächige Zerstörung der Innenstadt ermöglichte den Aufbau einer regelmäßig angelegten modernen Stadt.[21]

Die Zeit ist weitergegangen. Die Stadt hat in den letzten Jahren enorm an Ansehen gewonnen. Viele Häuser leuchten in neuem Farbenschmuck, Fenstereinfassungen und Gesimse sind farbig abgesetzt. Die vor 200 Jahren wiederaufgebauten Häuser scheinen zu fragen: Seht her, sind wir nicht schön? Die breiten Straßen erweisen sich heute angesichts des wachsenden Verkehrs als ein Segen. Wer sich aber für Städtebau und Architekturgeschichte interessiert, findet hier das Modell einer im Geschmack der Aufklärung angelegten Stadt.

8. Schinkel, Skizzenbuch. *Eugen avec sa femme*. Die Karikatur ist eine Erinnerung an Kränzliner Ferientage. (Stadtmuseum Berlin.)
9. Eleonore Sophie Elisabeth Wagner (1771–1853), die Schwester Schinkels, in reiferen Jahren.
10. Die Kirche von Kränzlin. Der Backsteinturm wurde Ende des 19. Jahrhunderts erbaut.
11. Die Kränzliner Kirche zu Schinkels Zeit und ihre ursprüngliche Gestalt. Skizzen der Denkmalschutzbehörde, 1895.

Kränzlin – ein Refugium Schinkels

Auch an die kleine Ortschaft Kränzlin, von Neuruppin etwa in einer Stunde zu Fuß zu erreichen, knüpfen sich Erinnerungen an den jungen Schinkel und seine Familiengeschichte. Zu seiner Zeit ein kleines Dorf und heute eingemeindet, ähnelt Kränzlin mit seinen unauffälligen, mausgrau verputzten Häusern und den schlichten Vorgärten, in denen Heckenrosen und Dahlien blühen, vielen anderen in der Mark. Und doch zeichnet es sich aus durch eine Besonderheit: Kränzlin war ein Lieblingsaufenthalt des Gymnasiasten und Bauschul-Eleven Schinkel. Er kam oft hierher, um seine Schwester Sophie, die hier mit dem Prediger Wagner verheiratet war, zu besuchen.[22]

Sophie und Tobias Wagner, ein Arztsohn aus Pritzwalk, hatten im Mai 1794 in Berlin geheiratet, bald nachdem er die Kränzliner Pfarre übernommen hatte. Getraut wurden sie in der reich mit Kunstschätzen ausgestatteten, noch heute sehenswerten Marienkirche[23] nahe dem Neuen Markt im Zentrum der Hauptstadt, wo die Schinkels wieder in einem Predigerwitwenhaus wohnten. In jenen Jahren wurde das Wagnersche Pfarrhaus für den nunmehr 14jährigen Schinkel zum eigentlichen Elternhaus. Er fand dort Halt und Zuspruch, denn der Umzug nach Berlin, von dem die Mutter sich viel versprochen hatte, endete in einer Tragödie. Kaum hatten sie in Berlin Fuß gefaßt, starben innerhalb weniger Monate zwei Geschwister.

Unseligerweise erfolgte der erste Todesfall in Kränzlin, wohin es die Schinkels des öfteren aus der Stadtluft hinzog. Die älteste Schwester, die 24jährige Dorothea, erlag dort im September 1794, als sie Schwester und Schwager besuchte, einem »hitzigen Nervenfieber« – Typhus.[24] Neun Monate später verstarb Schinkels ein Jahr jüngerer Bruder Friedrich Wilhelm August in Berlin an »Entzündungsfieber«.[25] Besonders über den Tod des Bruders, der ähnlich musisch veranlagt war wie er selbst, kam er nicht hinweg. Seitdem lebte er mit der Mutter und der zehnjährigen jüngsten Schwester Charlotte allein in der bedrückenden Atmosphäre des Predigerwitwenhauses.

Mit Sophie, der zweitältesten, verband ihn seit der Kindheit ein enges geschwisterliches Verhältnis. Sie blieb ihm lebenslang eine mütterliche Vertraute, und sie war vermutlich die erste gewesen, die seine künstlerische Begabung erkannte. Sie erlaubte ihm, ein Giebelzimmer des Pfarrhauses nach seinen eigenen Ideen »ganz mit Bildern« auszumalen.[26] Seine Jugendarbeiten entstanden unter ihren Augen und auch sein erstes Skizzenbuch, das erhalten geblieben ist. Darin befindet sich, neben mancherlei schülerhaften Versuchen, eine amüsante Zeichnung, in der er eine Episode aus Kränzliner Tagen eingefangen hat. Dargestellt ist ein »Eugen avec sa femme«, der seine aufgetakelte Ehefrau auf einem Pferdefuhrwerk durch die märkische Landschaft kutschiert.[27]

Etwa 300 Seelen zählte Wagners Gemeinde. Die Menschen lebten in großer Armut. Ochs und Pferd gingen vor dem leichten Hakenpflug, der bei dem leichten Sandboden genügte. In dieser Beschaulichkeit suchte Schinkel Muße und Erholung. Er kam zu den Taufen der Wagner-

Fig. 1.
verw. Gestalt der Kirche vor dem
letzten Brande

Verm. ursprüngliche Gestalt der Kirch
zu Kränzlin.
Fig. 2.

schen Kinder, stand mit seiner jüngsten Schwester Pate. Wagners erster Sohn wurde auf den Namen Karl Friedrich getauft.[28] Die Wagners waren die einzige Familie, zu der Schinkel eine innige Beziehung unterhielt.

In Kränzlin machte Schinkel eine wichtige Erfahrung. Er erlebte den Alltag einer intakten Pfarrerfamilie, in ihrer Rechtschaffenheit, ihrer Frömmigkeit und Königstreue. Wagner verkörperte den märkischen Dorfprediger, wie er im Buche steht. Er war zugleich Diener Gottes und Untertan des Königs, Seelsorger und Amtsperson mit großem Einfluß. Von der Kanzel verkündete er Gottes Wort und die Edikte des Königs. Wagner führte das Kirchenbuch und die Dorfstatistik. Er kannte die persönlichen Verhältnisse der Gemeindemitglieder, er taufte, traute und beerdigte. Die Dorfschule unterstand seiner Aufsicht. Er gehörte jener verdienstvollen Zunft an, die Preußen eigentlich erst emporgebracht hat, denn die Prediger waren die geistige Hefe im Volke. Sie spielten eine fundamentale Rolle bei der Erziehung der Untertanen. Durch ein Edikt des »Soldatenkönigs« Friedrich Wilhelm I. vom 29. September 1736 wurden sie zu einem vorbildlichen Lebenswandel verpflichtet. Sie wachten über Moral und Sitte der Nation. Friedrich Wilhelm, dieser jähzornige und von den Untertanen gefürchtete Mann, der ein guter Landesvater sein wollte, wußte, was er an seinen Predigern hatte. Er kümmerte sich sogar um ihre Amtstracht und führte den Konfirmandenunterricht ein, zu dem niemand zugelassen wurde, der nicht lesen und schreiben konnte. Schon im Oktober 1717[29] hatte er »in allen königlichen Landen« ein generelles Schulreglement erlassen. Damit war der erste Schritt zur allgemeinen Schulpflicht getan.[30]

Wagner muß ein sensibler Mensch gewesen sein. Er rieb sich auf für die Gemeinde und starb 1806 im Alter von 46 Jahren in der Neuruppiner Nervenheilanstalt,[31] in der »Landesirrenanstalt«, wie man damals sagte. Er hinterließ sechs Kinder, zwei Jungen und vier Mädchen, Schinkels einzige Nichten und Neffen. Sophie, die nach dem Tode ihrer Mutter (8. 3. 1800), die verwaiste 15jährige Schwester Charlotte aus Berlin nach Kränzlin geholt und in die Familie aufgenommen hatte,[32] zog zu einem nicht mehr feststellbaren Zeitpunkt nach Neuruppin, wo Schinkel sie später alljährlich zu Pfingsten besuchte. Die Schwester wurde Domina des St. Katharinen-Klosters in Stendal, wo sie 1843 starb. Sophie überlebte ihren Bruder um zwölf Jahre und starb 1853 in Neuruppin.[33]

Heute findet man in Kränzlin kaum noch Spuren von damals. Die alte Dorfkirche mit den gotischen Spitzfenstern, in der Schinkels Vater predigte, ist Ruine. Der ehemalige Turm mit der hohen Schindelspitze steht nicht mehr. Er wurde kurz vor der Jahrhundertwende durch einen häßlichen Backsteinturm ersetzt. Das Pfarrhaus wurde abgerissen, ein neues gebaut. Kirchhof und Pfarrgarten existieren nicht mehr. Fontane hat 1859 das Kränzlin der Schinkelzeit mit dem »idyllisch gelegenen, hinter Gartenbäumen anmutig versteckten Predigerhaus«[34] im alten Zustand besucht.

Eine Frage bleibt. Wer verschuldete den Frevel an der Kränzliner Kirche? Bedenkt man, daß Schinkel selbst es war, der in Preußen die Denkmalpflege in Gang setzte, dann lohnt es schon der Mühe, der Sache auf den Grund zu gehen. Auskunft geben die Akten des Evangelischen Zentralarchivs in Berlin. Demnach brannte die Kirche im Mai 1895 nach einem Blitzeinschlag ab. Doch anstatt den alten Spitzturm wieder herzustellen, entschieden sich die Kränzliner für den wilhelmischen Backsteinturm, den ein gewisser Maurermeister Lindemann aus Neuruppin entwarf. Formell wurden die Baubehörde und das Konsistorium zwar informiert, doch ohne zu zögern ging Lindemann ans Werk. Die Behörden erhoben Einspruch und äußerten »schwere Bedenken sowohl hinsichtlich der Konstruktion wie auch vom ästhetischen Standpunkt. ... Insbesondere erschien der Turmentwurf völlig verfehlt, da es sich um ein bemerkenswertes Denkmal mittelalterlicher Baukunst handelte«.[35] Als die Baukommission eintraf, kam sie zu spät. Der Turm stand fertig gemauert da.

Nach dem letzten Krieg geriet die Kränzliner Kirche in Vergessenheit. Die Bausubstanz verrottete, der Schwamm fraß sich durchs Dachgebälk, es stürzte ein. Wind und Wetter vollendeten das Zerstörungswerk. Nach der »Wende« wurde die Ruine freigeräumt, Turm und Kirchenschiff gesichert.

Sophie war nicht die einzige der Schinkelschen Sippe, die im Kränzliner Pfarrhaus wohnte. Im Jahr 1760, gut zwei Jahrzehnte vor Karl Friedrichs Geburt, begann hier sein Vater mit 24 Jahren die Predigerlaufbahn.[36] Johann Christoph Schinkel (1736–1787) hatte an der Universität Halle, der damals fortschrittlichsten preußischen Universität, Wiege und Hort der deutschen Aufklärung, studiert und durfte sich glücklich schätzen, eine Pfarrstelle ergattert zu haben, denn wegen der großen Kinderzahl in den Pfarrerfamilien gab es viele Konkurrenten. Johann C. Schinkel hatte deshalb, wie es viele Predigeranwärter taten, zunächst eine Hofmeisterstelle annehmen müssen – nicht weit von Kränzlin im Herrenhaus der Witwe des Generalleutnants Franz Ulrich von Kleist in Protzen.[37] Drei Jahre lang war er Hauslehrer von Kleists kleinem Sohn und und einzigen Erben, zuerst in Protzen und dann in Tangermünde.

Schinkels Vater begann seinen Berufsweg während der schlimmsten Jahre des Siebenjährigen Krieges. Es waren die Jahre, in den Preußens Schicksal auf des Messers Schneide stand.

Fremde Heere durchzogen das Land, als sei es ihr eigenes. Im Oktober 1760, kurz nach der Amtseinführung von Johann C. Schinkel, rückten Russen und Österreicher nach Berlin vor und besetzten die von Truppen entblößte Stadt. Einen Monat danach erschien ein Kosakentrupp vor den Toren Neuruppins und erpreßte vom Magistrat 2000 Taler Lösegeld. Der Kreis mußte 50 000 Taler Kontribution zahlen.[38] Die Kränzliner scheinen mit dem Schrecken davongekommen sein. Reichtümer gab es bei ihnen ohnehin nicht zu holen. Was gab der magere Boden schon her? Kartoffeln wurden angebaut, Rüben, Roggen und Kohl.

Zwei Jahre lang wirkte Johann C. Schinkel als Prediger in Kränzlin. Er tröstete die Verzagten, richtete die Wankelmütigen auf, suchte Leid und Not zu lindern und betete mit der Gemeinde für die Bauernsöhne, die auf den Schlachtfeldern dieses unseligen Krieges, bei Kunersdorf, Roßbach oder Leuthen starben.

Landpfarrer sind sie alle gewesen – in drei Generationen: Schinkels Großvater väterlicherseits, Johann Gotthilf (1713–1787) in Brunne, die drei Brüder des Großvaters und der Urgroßvater Barthold Christian (1683–1757) in Protzen und Steffin. Deren Schwestern und Töchter heirateten (mit einer Ausnahme) Landprediger. Diesem zähen Drang zur Kirche folgten die Schinkels wie einem ungeschriebenen Gesetz und banden sich lebenslang an ihre kleinen dörflichen Gemeinden. Der Großvater amtierte über fünfzig Jahre als Prediger im märkischen Brunne. Der Urgroßvater wirkte 43 Jahre als Prediger in der Mark. Das aufopferungsvolle und entbehrungsreiche Leben eines Landpfarrers schien auch dem Vater Karl Friedrich Schinkels vorbestimmt, und doch es gelang ihm – als einzigen der Sippe –, mit der Tradition zu brechen und von Kränzlin in eine städtische Pfarrstelle überzuwechseln. Zum 1. Juli 1762 wurde Johann C. Schinkel an die Neuruppiner Marienkirche, die Haupt- und Pfarrkirche des Ruppinschen Kreises, berufen. Ein halbes Jahr später, am dritten Adventssonntag, wurde er in einem festlichem Zeremoniell in das Amt des Diakons, des 3. Predigers, eingeführt.[39]

Die Eltern

Johann C. Schinkel ist wohl der intelligenteste, mit Sicherheit aber der wendigste und aufgeschlossenste in der Schinkelschen Pfarrerdynastie gewesen. Ob er sich selbst um die Pfarrstelle bewarb, oder ob der Neuruppiner Magistrat in seiner Eigenschaft als »Patron« der Kirche von sich aus an ihn herantrat, wird nicht berichtet. Doch zweifellos nahm Johann C. Schinkel, der noch immer ledig war, die Berufung mit Freuden an. Er war ein intellektueller Kopf und fühlte sich in Kränzlin, wo ihm seine Schwester den Haushalt versorgte, nicht ausgefüllt. Er erlebte dort an sich selbst, was es bedeutet, wenn – wie ein geflügeltes Wort besagte – ein Prediger durch den Umgang mit der Landbevölkerung selbst zum Bauern und Kossäten wird, und gänzlich vergißt, daß er ein Gelehrter ist.[40] Jetzt bot sich die Chance, als Prediger von St. Marien in eine höhere Position aufzusteigen. Dies geschah jedoch nicht automatisch, sondern nach Verdienst.

Die ersten Neuruppiner Predigerjahre waren für Johann C. Schinkel nicht leicht. Zwar wurde der Siebenjährige Krieg im Februar 1763 mit dem Frieden zu Hubertusburg beendet, doch das Land war ausgebrannt. Neuruppin litt noch lange unter den Folgen. Die Haupterwerbszweige, die Bierbrauerei, die Tuchweberei und Ackerbauwirtschaft lagen darnieder. Auch die Geistlichen bekamen die Not zu spüren. Wegen der Armut in der Stadt erhielten sie, wie Johann C. Schinkel beklagte, kaum noch freiwillige Gaben und andere »Wohltaten«.

Dies mag der Grund gewesen sein, warum er sechs Jahre verstreichen ließ, ehe er sich mit 33 Jahren zur Heirat entschloß. Seine Wahl fiel auf die vierzehn Jahre jüngere Dorothea Rose, Tochter des Brauers, Kauf- und Handelsmanns Johannes Rose (1700–1767).[41] Am zweiten Weihnachtstag 1768 wurden sie in der Marienkirche getraut.

Die Roses gehörten zu den tonangebenden Familien der Stadt. Aber Johannes Rose hatte sich durch seine rücksichtslosen Geschäftspraktiken viele Feinde gemacht.[42] Er starb vor Dorotheas Trauung. Es ist zu vermuten, daß er – als Kaufmann stets auf die Vermehrung des Familienvermögens bedacht – nicht in Dorotheas Ehe mit einem in bescheidenen Verhältnissen lebenden Pfarrer eingewilligt hätte.

12. Generalleutnant von Kleist (1687–1757), Kriegsheld des Siebenjährigen Krieges. Er focht noch als fast 70jähriger für Friedrich II. in Böhmen. Als er an einer Schußwunde starb, übernahm Schinkels Vater die Erziehung von dessen einzigen Sohn. Kleist wurde vom König für seine Tapferkeit mit dem Schwarzen Adlerorden ausgezeichnet.
13. Der Vater, Johann Christoph Schinkel (30. 1. 1736 bis 25. 8. 1787).
14. Die Mutter, Dorothea Schinkel, geb. Rose (28. 11. 1749 bis 8. 3. 1800).

Die Verbindung mit einer Kaufmannstochter war der zweite wichtige Schritt im Leben von Johann C. Schinkel. Wieder löste er sich ein Stück aus der Predigertradition. Durch die Ehe mit Dorothea ergaben sich für ihn engere Beziehungen zu den Neuruppiner Kaufleuten und Ratsherren, inbesondere zum Stadtarzt und Ratsmitglied Bernhard Feldmann (1704–1776).[43] Feldmann, der bei dem großen holländischen Arzt Hermann Boerhaave (1668–1738), dem eigentlichen Begünder des Klinikwesens, studiert hatte, war schon zu Lebzeiten ein berühmter Mann. Kronprinz Friedrich holte den weitgereisten und aufgekärten Feldmann Anfang der 1730er Jahre in seinen Freundeskreis, und als er sich nach der Thronsteigung anschickte, in Schlesien einzumarschieren, versuchte er, Feldmann als Feldarzt zu gewinnen, doch der lehnte standhaft ab. Große Verdienste erwarb sich Feldmann durch die von ihm mit unendlichem Fleiß zusammengetragene etwa 1200 Seiten umfassende Neuruppiner Chronik mit Urkunden und Notizen verschiedenster Art, die er bei Besuchen und Gesprächen in den Neuruppiner Familien gesammelt hatte. Fast alles, was wir von Schinkels frühesten Vorfahren wissen, hat Feldmann mit Akribie aufgeschrieben. Es war ein Glücksfall für die Neuruppiner Heimatforschung, daß die unersetzbare Chronik beim Stadtbrand nicht vernichtet wurde, denn sie befand sich zu diesem Zeitpunkt in Berlin bei dem märkischen Historiker F. W. A. Bratring.

Dorothea Schinkel scheint keine allzu üppige Mitgift eingebracht zu haben, oder aber sie hielt eisern ihre Hand darauf. Von Beginn der Ehe an reichte das Einkommen nicht. So sah sich Johann C. Schinkel im ersten Ehejahr »durch äußerste Not gedrungen«, um eine Gehaltserhöhung zu ersuchen, denn Lohn und Arbeit seien nicht »proportioniert«, es sei unmöglich, »uns und die unsrigen davon auch nur auf die mittelmäßigste Art zu unterhalten«. Der Magistrat bewilligte in Hinblick auf die »wirklich bedrängten Umstände« eine Erhöhung um 50 Taler.[44] Dadurch erhöhte sich das Jahreseinkommen inklusive der gesonderten Einnahmen (aus Taufen, Fürbitten, Beerdigungen, Trauungen und Beichten) auf etwa 350 Taler. Die Einkünfte entsprachen nun dem Durchschnittsverdienst eines gut situierten Bürgers und lagen höher als die eines Volksschullehrers.[45] Das Wohnen im Diakonatshaus am Kirchplatz war frei. Dazu gehörte ein Garten zum Bewirtschaften, der die Familie mit Kartoffeln, Obst und Gemüse versorgte.

Alles in allem besserten sich die finanziellen Verhältnisse der Schinkels dann doch erheblich. Nach dem Aufrücken in die zweite Predigerstelle (Archidiakon 1769) verdiente Johann C. Schinkel jährlich etwa 450 Taler – doppelt soviel wie der Stadtschulrektor.[46] Im Jahre 1786, nach seiner Ernennung zum Inspektor (Superintendent) durfte er sich zu den Wohlhabenden rechnen: Zum Besitz der Schinkels gehörten nun eine ausgesuchte Bibliothek, Möbel im Wert von 1000 Talern und ein Barvermögen von etwa 2000 Talern.[47] Das Einkommen gestattete der Familie eine standesgemäße Lebensführung.

Dorothea Schinkel, die Kaufmannstochter, tat das ihrige. Sie hielt das Geld beisammen; denn sie war eine patente, lebhafte Frau »von einem gesunden Verstande für das praktische Leben«[48] und »sorgte«, wie Karl Friedrich Schinkel sich später erinnerte, »nach besten Kräften für die Erziehung der Familie«.[49] Sein Vater wurde »als sorgsamer Seelsorger der Gemeine, als gebildeter und feiner Mann in der ganzen Gegend sehr geliebt«.[50]

Von den Eltern sind zwei Porträts überliefert, die um 1775 entstanden. Da sie sorgfältig ausgeführt und offensichtlich gut getroffen sind, sind sie eine wichtige Ergänzung zu dem Wenigen, was wir über Schinkels Eltern wissen. Die Bildnisse des unbekannten Künstlers geben uns auch einen Einblick in das damalige gesellschaftliche Leben.

Johann C. Schinkel und seine Frau Dorothea ließen sich im Sonntagsstaat malen, gekleidet nach der Rokokomode der Zeit – ein Ehepaar der »gesitteten« Stände! Es fällt ins Auge, daß Dorothea Schinkel in ihrem Habitus Stand und Herkunft selbstbewußt betont. Das Haar über dem schmalen, nicht eben schönen Gesicht, ist hoch aufgesteckt. Sie trägt teuren Schmuck, eine doppelt um den Hals geschlungene Perlenkette, Ohrklips, Perlenschmuck im Haar. Das rüschenbesetzte Mieder sitzt knapp, das Dekolleté scheint für die Gattin eines Predigers zu gewagt.

Johann Christoph Schinkel hat das Gesicht eines feinsinnigen und warmherzigen Menschen. Er trägt Amtstracht und eine Perücke mit an den Schläfen eingedrehten Lockenröllchen. Darauf ist besonders zu achten, denn diese modischen »ailes de pigeon«, die »Taubenflügel«, waren das Kennzeichen des aufgeklärten Predigers, als der sich Johann C. Schinkel offenkundig ausweisen will.

Diese Taubenflügel ermöglichen uns, die Entstehungszeit der Porträts ziemlich genau zu bestimmen. In Mode kamen sie mit der Verweltlichung der Predigertracht etwa Mitte der 70er Jahre. Und diese wechselte häufig, denn den Änderungen der kirchlichen Lehre folgten stets Abwandlungen in der Amtstracht. Es kamen die unterschiedlichsten Glaubensgruppen auf, so daß bald ein grotesker Kleiderwirrwar herrschte. Diese Zustände prangerte eine satirische Berliner Flugschrift an. Friedrich Nicolai hat daraus Auszüge für seine berühmte auf Tatsachen beruhende Lebensbeschreibung des Predigers Sebaldus Nothanker übernommen.[51]

Nicolais dreibändiger »Roman«, der in kirchlichen Kreisen viel Staub aufwirbelte, war ein typisches Aufklärungsprodukt. Geschildert wird das Schicksal eines undogmatischen Predigers, der in Konflikt gerät mit seinem orthodoxen Generalsuperintendenten und dadurch nicht nur sein Amt, sondern auch sein Haus, seine Frau und eine seiner beiden Töchter, verliert. Nicolai machte sich mit dieser »wahrhaftigen Lebensbeschreibung« erbitterte Feinde unter den Geistlichen. Wie Johann Christoph Schinkel zu dem streitbaren Berliner Aufklärer stand, ist nicht bekannt. Daß er Nicolais Satire auf die Mißbräuche im Klerikerstand mit Aufmerksamkeit gelesen hat, steht außer Zweifel.

Das Geburtshaus am Kirchplatz

Alle fünf Schinkelkinder wurden im Archidiakonatshaus am Kirchplatz geboren. Als Karl Friedrich Schinkel am 13. März 1781 das Licht der Welt erblickte, waren schon zwei ältere Schwestern da: die elfjährige Dorothea und die neunjährige Sophie. Nach ihm kamen Friedrich Wilhelm August (1782) und Charlotte Friederike (1785), die jüngste. In diesem Hause wohnte die Familie siebzehn Jahre bis Johann Christoph Schinkel zum »Inspektor« aufrückte und die Familie in das benachbarte Inspektorshaus umzog. Die Predigerhäuser befanden sich ungefähr dort, wo sich heute das evangelische Pfarramt befindet, »aber etwas vorgelegen, auf dem jetzigen Kirchplatz, nicht [wie ehedem] an demselben«.[52] Soviel zur Geographie des Kirchplatzes, denn es wird oft gefragt, wo denn eigentlich das Geburtshaus vor dem Stadtbrand gestanden hat.

Die Taufe

Die Taufe war am 22. März. Ob sie, wie es Brauch war, im Elternhaus stattfand, oder mit kirchlichem Zeremoniell in St. Marien, ist nicht überliefert. Zu Gevattern waren zwölf Personen aus dem Familien-, Freundes- und Bekanntenkreis geladen, darunter einflußreiche Persönlichkeiten wie die Neuruppiner Bürgermeister Goering und Lehmann, sowie Oberamtmann Honig aus Bechlin und die junge Frau Lieberkühn, Gattin des Mitbegründers der reorganisierten Neuruppiner Stadtschule. Der gesellschaftliche Rang der Taufpaten spiegelt die gehobene Position wider, in die Schinkels Vater in fast zwanzig Predigerjahren aufgerückt war.

Daß Schinkels Eltern dem Geist der Aufklärung huldigten, bezeugt die Namenwahl für ihren ersten Sohn. Er war der erste Nachkomme väterlicherseits, der keine christlich-hebräischen, sondern rein weltliche Namen erhielt. Wieder setzte sich Johann Christoph Schinkel über eine Predigertradition hinweg! Karl bedeutet der Freie, der Tüchtige, und Friedrich soviel wie Schutz, mächtig. Nomen est omen. Die Namen Karl und Friedrich waren bis dahin besonders im Hochadel üblich. Jetzt fanden sie Eingang in bürgerliche Kreise.

Auch die nachkommenden Geschwister bekamen weltliche Namen. Der Bruder wurde auf den Namen Friedrich Wilhelm August getauft (Friedrich und Wilhelm waren königliche Namen in Preußen), und die jüngste Schwester auf Charlotte Friederike – die weibliche Form von Karl Friedrich. Schinkels Vater hatte sich bald nach der Eheschließung auch selbst einen weltlichen Namen zugelegt. Er nannte sich jetzt Hans Christoph Cuno! (Der Kühne.)[53]

Getauft wurde Karl Friedrich in der evangelisch-lutherischen Konfession. Ihr wird er lebenslang angehören, aber nicht wirklich verbunden sein. Er wird sie auch nicht wechseln, als der Katholizismus unter den Romantikern, unter denen er Freunde haben wird, in Mode kommt und viele konvertieren. Er wird Kirchen bauen, doch selten Gottesdienste besuchen. Die Darstellung des Gekreuzigten wird er »abschreckend« finden.[54] Sein Verhältnis zu Kirche und Religion wird stets ambivalent bleiben. Der kritisch-religiöse Geist wurde ihm in die Wiege gelegt. Darin war er ganz ein Sohn der Aufklärung.

Die Taufpaten
  Oberamtmann Honig, Bechlin. Honig wurde 1781 Besitzer des Guts Bechlin. Es gehörte seit 1770 den Schönermarks. Honig war Schwiegersohn von Justizrat Noeldechen. Regimentsquartiermeister Boldna [?]. Wohl vom Regiment »Prinz Ferdinand«.

15. Daniel Chodowiecki, »Predigertrachten«, in: *Das Leben und die Meinungen des Herrn Magister Sebaldus Nothanker*. 1 mit Gelehrtenmantel, 2 mit Spanischer Perücke, 3 und 5 Lutheraner, 4 Reformierter, 6 Kryptocalvinist, 7 Lutheraner mit gesteckten Locken, 8 aufgeklärter Prediger ohne Amtskleidung.

Auszug aus der Berliner Flugschrift

»Denn nunmehr war die Zeit gekommen, da die Unordnung und Lauigkeit in der Lehre, die sich schon lange in die Herzen eingeschlichen hatte, auch an den Kleidern sichtbar werden sollte. Vor Zeiten hatten sich die Lutherischen und Reformierten, so viel wie möglich, von einander abgesondert, auch wohl, eine Folge des Eifers für eines jeden Symbolum, weidlich miteinander gehadert, nicht weniger, eine Folge des Haders, einander herzlich gehasset; nunmehr aber, da sich ihre Geistlichen auch nicht einmal mehr der Kleidung nach von einander unterschieden, war fast gar die Frage nicht mehr, ob jemand Lutherisch oder Reformiert sei. Diese Indifferentisterei hatte aber auch andere schädliche Folgen. Denn die geistliche Kleidung verlor einen großen Teil ihrer symbolischen Deutung und zugleich einen großen Teil ihrer Gravität. In der allgemeinen Sorglosigkeit gegen alle bestimmten äußerlichen Zeichen wurden die Mäntel immer schmäler, leichter und kürzer und hingen als zwecklose Verzierung den Rücken herunter; die Perücken, die sonst in gravitätischer Zierde den Rücken herab wallten, oder auf den Schultern in sanften Seitenlocken ruhten, gewannen täglich ein weltlicheres Ansehen, hoben sich in Taubenflügeln und gesteckten Locken in die Höhe, und endlich trugen Prediger kein Bedenken, ohne alle Amtskleidung, in blauen, grauen und braunen Röcken auf der Straße und in Gesellschaften zu erscheinen.«

Regimentsfeldscher Fiebing. Wohl vom Regiment »Prinz Ferdinand«.
[Kommerzienrat] Fischer.
Ernst Lebrecht Gutschmidt, Erbpächter auf dem Neuruppiner Vorwerk Treskow.
Ernst Ludwig [?] Lehmann, Bürgermeister in Neuruppin.
Johann Christoph Samuel Seger, Prediger in Bechlin. 1787 Nachfolger von Johann C. Schinkel im Amt des Inspektors.
[J.?] Ludwig. Sicher Kaufmann Joachim Ludwig, 1770 verheiratet mit Dorothea Roses Schwester Sophie.
Joachim Friedrich Voigt. Gutsherr in Manker, verheiratet mit Johann C. Schinkels Schwester Johanna Eleonore.
August Heinrich Goering. Bürgermeister in Neuruppin, verheiratet mit der Feldmann-Tochter Hanna aus dessen 2. Ehe mit Louise Rose, Tochter von Valentin Rose.
Johanna Katharina Lieberkühn, Ehefrau des Rektors Philipp Julius Lieberkühn.
Pred. cand. Mendig [nicht ermittelt].

Durch Patenschaften verbundene Familien 1769–1785

Taufpaten in der Familie von Johann C. Schinkel sind:
　Am 17. Nov. 1769 Geburt von Dorothea Sophie. Am 20. November Taufe. Paten: J. C. Schinkels Vater aus Brunne; J. C. Schinkels Tante (Sophia Dorothea), verh. mit Prediger Loffhagen in Manker; Kaufmann Stenger, Frau Koppen; u. a.
　Am 10. Nov. 1771 Geburt von Eleonore Sophie Elisabeth. Am 18. November Taufe. Paten: Inspektor Gründler; Frau Kaufmann Stenger; Prediger Blumenthal; u. a.
　Am 13. März 1781 Geburt von Karl Friedrich. Am 22. März Taufe. Paten: Bürgermeister Goering; Oberamtmann Honig; Herr Ludwig (Schwager der Mutter); Regimentsfeldscher Fiebing; Regimentsquartiermeister Boldna [?]; Pred. Seger, Bechlin; Madam Lieberkühn; Herr Gutschmidt, Erbpächter; Herr Voigt (Gutsherr in Manker u. Schwager von J. C. Schinkel); Bürgermeister Lehmann; siehe oben.
　Am 28. Sept. 1782 Geburt von Friedrich Wilhelm August. Am 14. Oktober Taufe. Paten: Diakon Gründler; Frau Senator Rose; Kaufmann August Koppen; u. a.
　Am 19. Juli 1785 Geburt von Charlotte Sophie Friederike. Am 28. Juli Taufe. Paten: Frau Prediger Gründler; Senator Schnackenburg; u. a.

Johann C. und Dorothea Schinkel sind Taufpaten in den Familien:
　Bürgermeister Joh. Martin Tobold. Am 4. Dezember 1771 Geburt von Johann Ernst Friedrich. Am 15. Dezember Taufe. Paten: Pred. Schinkel; Pred. Blumenthal; u. a.
　Bürgermeister A. H. Goering. Am 30. August 1775 Geburt von Bernhard Ludwig. Am 30. August Taufe. Paten: Pred. Schinkel; Frau Louise Feldmann, geb. Rose; u. a.
　Prediger Bolte, Kränzlin. Am 21. Oktober 1778 Geburt von Friederike Sophie Emilie. Am 29. Oktober Taufe. Paten: Frau Pred. Schinkel; Prediger Seger; u. a.
　Rektor Ph. J. Lieberkühn. Am 5. Juli 1779 Geburt von Dorothea Charlotte Elisabeth. Am 15. Juli Taufe. Paten: Justizrätin Noeldechen; Frau Pred. Schinkel; Rektor Stuve; Frau Sophia Beyersdorff; Frau Stenger; u. a.
　Johann Friedrich Schumann, Rendant. Am 10. Oktober 1779 Geburt von Friedrich Ludwig. Am 15. Oktober Taufe. Paten: Pred. Schinkel; Frau Ludwig, geb. Rose; Senator Schnackenburg; u. a.
　Joachim Ludwig, Kaufmann. Am 19. Februar 1780 Geburt von Friedrich August Ludwig. Am 24. Februar Taufe. Paten: Pred. Schinkel; Senator Schnackenburg; Kommerzienrat Fischer; Frau Ludwig; Frau Schumann; u. a.
　Bürgermeister A. H. Goering. Am 3. August 1780 Geburt von August Christian. Am 8. August Taufe. Paten: Bürgermeister Lehmannn; Frau Pred. Schinkel; Bürgermeister Tobold; Kaufmann Stenger; Kaufmann Ludwig; u. a.
　Oberamtmann Honig, Gutsbesitzer/Bechlin. Am 16. Oktober 1782. Geburt von Johanna Dorothea Friderica. Am 5. November Taufe. Paten: Frau Pred. Schinkel; Pred. Seger; Dem. Noeldechen; Justizrat Noeldechen (Schwiegervater von Honig); u. a.
　Prediger Seger, Bechlin. Am 7. August 1782 Geburt von Friedrich Philipp Nathanael. Am 16. August Taufe. Paten: Pred. Schinkel; Inspektor Gründler; Direktor Gedike, Berlin (Segers Neffe); u. a.

Frühe Kindheit am Kirchplatz

Über Schinkels früheste Kindertage waltete ein guter Stern. So, wie er in Jugendjahren stets zur richtigen Zeit an bemerkenswerte Menschen geriet, war er auch als kleines Menschenkind im Elternhaus am Kirchplatz just zum günstigsten Zeitpunkt an der richtigen Stelle.

Johann C. Schinkel und Dorothea Schinkel gehörten zu dem noch kleinen Kreis der Eltern, die ihre Kinder im Geist der neuen philanthropischen Ideale erzogen. Sie bemühten sich, die Kinder als eigenständige Wesen zu begreifen. Sie »stimmten« sich auf sie herab. Damit eckten sie bei vielen Standesgenossen an, denn bei den meisten Angehörigen der »gesitteten Stände« galt es als fein, mit Kindern umzugehen als seien sie kleine Erwachsene, und entsprechend wurden sie herausgeputzt. Was bei dieser Erziehung herauskam, waren meist manierierte, unkindliche und altkluge Geschöpfe.[55]

Karl Friedrich und die Geschwister wuchsen auf in einer geordneten und überschaubaren Welt. Die Kirche gab Tag für Tag den Rahmen. Wenn sie aus dem Fenster auf den Kirchplatz blickten, war der Glockenturm von St. Marien zum Greifen nah. Die Menschen kamen zum Gottesdienst, zu den Trauungen, den Taufen und den Begräbnissen auf dem Kirchhof von St. Marien.

Auch das Weltliche rückte in ihr Blickfeld. Gegenüber, auf der andern Seite des Kirchplatzes, war die Poststation, wo die Reisekutschen vorfuhren. Wenige Schritte daneben befand sich die Stadtschule, von der das Lärmen der Schüler herüberdrang. Hinter dem Pfarrhaus lag der Garten mit Gemüsebeeten, Obstbäumen, den Kaninchen- und Hühnerställen.

Eine gänzlich anders geartete Kinderwelt als heute, in der Schinkel aufwuchs. Chodowiecki hat die Spiele der Kinder und ihre Vergnügungen für die neuen Schul- und Lesebücher gezeichnet.[56] Er wollte, daß die Kinder sich selber auf den Bildern wiederfinden. Die Mädchen spielen mit Puppen, Reifen oder Kreisel, die Knaben mit dem Schaukelpferd, mit Trommel und Holzgewehr. Sie spielen Räuber und Gendarm. Oder, was damals im Schwange war, sie ahmen Episoden aus der Robinson-Erzählung nach, dem wohl beliebtesten Kinderbuch der Zeit.[57]

Regelmäßig gab es im Pfarrhaus kleine Papiertheaterspiele. Es war ein weitverbreitetes, von den Eltern aus pädagogischen Gründen gefördertes Vergnügen. Die älteren Schwestern schrieben die Stücke, Karl Friedrich malte die Figuren und schnitt sie aus. Es gab auch Texte für zuhause aufzuführende Schauspiele zu kaufen. Fast immer handelte es sich um belehrende Stücke, aber das bemerkten die Kinder nicht. Sie hatten einen Heidenspaß daran, wenn die Bösewichte der Handlung sich gründlich blamierten.

Zeichnen war die ganze Freude des kleinen Schinkel. Fontane, der sich in Neuruppin umschaute und mit hochbetagten Zeitgenossen Schinkels sprach, überlieferte, daß der Vater dem Jungen öfter allerlei Dinge auf Papier zeichnete, namentlich Vögel. »Der kleine Schinkel saß dann dabei, war aber nie zufrieden und meinte immer: 'Ein Vogel sähe doch anders aus'. Sein Charakter nahm früh ein bestimmtes Gepräge an; er zeigte sich bescheiden, zurückhaltend, gemütvoll, aber schnell aufbrausend und zum Zorn geneigt. Eine echte Künstlernatur.«[58] Ob

16. D. Nicolai und A. F. Schnackenburg, *Ansicht Neuruppins von der Seeseite her*, 1786. Die Vignette dient als Illustration zu einem von den beiden Autoren angefertigten Stadtplan (s. S. 39). Offensichtlich handelt sich eine Schülerarbeit. Nicolai ist zweifellos Friedrich Nicolais Sohn David. Schnackenburg war ein Sohn eines Neuruppiner Akziseeinnehmers. Von links: C Reformierte Kirche, M Klosterkirche, L Turm der Siechenhaus-Kapelle, P Pulverturm, G Marienkirche, ganz rechts Kapelle des St.-Spiritus-Hospitals. Vorn am Ufer die Schuppen der Lohgerber und Färber. – Solche Arbeiten waren nichts Ungewöhnliches. Die Lehrer schickten ihre Zöglinge oft in die Stadt, wo sie sich umschauen sollten, um darüber Bericht zu erstatten. Die beiden Schüler eiferten Friedrich Nicolai nach, dessen berühmte Berliner Topographie im selben Jahr in 3. Auflage erschien.

17. Johann Christian Vehse, Turm der Marienkirche, 1754, Entwurf. Ursprünglich hatte die Kirche zwei gotische Spitztürme. Sie wurden wegen Einsturzgefahr abgerissen.

18. Daniel Chodowiecki, »Spiele und Vergnügungen der Kinder«, aus: Basedow, *Elementarwerk*, Tafel V: »A. Soldatenspiele. Der Bogenschütze. Kegelschieberinnen, der Aufsetzer. Der Knabe beim Kegeln ist der Aufsetzer. Er spielt nicht, er arbeitet. Er verdient Lohn dafür. Trommelschläger, Grenadier, Pfeiffer. Der Grenadier hat das Gewehr auf der rechten Schulter. Er muß nicht bemerkt haben, daß man es immer auf der linken trägt. B. Gefahren, geritten, geschaukelt. C. Getanzt und gesprungen. Eine unverständige Jungfer hebt den Fuß in die Höhe, als es sich für Mägdchen nicht schickt. Was wird der Großvater am Fenster dazu sagen? D. Mancherlei Spiele mit Puppen.« – Man pflegte damals in vielen sogenannten besseren Häusern die Kinder wie kleine Erwachsene zu kleiden. Nur der »Aufsetzer«, der offenbar aus armem Hause stammt, trägt, wie es die Philanthropen anstrebten, eine kindgemäße Kleidung.

dies nun wirklich genau so zutrifft oder mehr eine verklärende Rückschau ist, das läßt sich nicht mit Genauigkeit sagen. Wir wissen heute, daß Schinkel nicht unbedingt ein Wunderkind gewesen ist. Seine Eltern ließen seinem Talent freien Lauf. Seine genaue Beobachtungsgabe und das zeichnerische Talent fiel allgemein auf. Die aufbrausende »Künstlernatur« ist aber sicher Legende.[59] Dieser Wesenszug ist aus keiner Phase seines Lebens bekannt. Er hatte sich stets gut im Griff.

Die Schinkelschen Kinder erlebten ihre Vaterstadt als eine emsige, von soldatischem Leben erfüllte Garnison.[60] Auf den Straßen ein »friderizianisches« Bild. Viel bunte Uniform auf den Straßen. Die vornehmen Bürger kleideten sich nach der Rokokomode, man trug Zopf und Perücke, Adlige den Degen. Neuruppin war seit 1742 Garnison des »Regiment Prinz Ferdinand«, das Friedrich der Große seinem jüngsten Bruder Ferdinand verlieh.[61] Der Staat und seine Soldaten prägten sich tief in das Bewußtsein der Kinder ein. Ein Regimentsfeldscher und ein Regimentsquartiermeister standen bei Schinkels Taufe Pate.

Die Aufklärung erobert die Schule

In den Schinkelzimmern des Heimatmuseums erinnert eine Bilderfolge an das alte Neuruppin. Unter den Stichen, Gemälden und Zeichnungen aus einer 200 Jahre zurückliegenden Zeit befindet sich das Porträt eines Mannes, den die Neuruppiner bis heute in Ehren halten. Es ist der Justizrat Daniel Heinrich Noeldechen (1736–1799).

Noeldechen, Bürgermeister und Direktor des Magistrats von 1772–1799, war ein gebildeter und tatkräftiger Mann. Er besaß Weitblick und hatte einen wachen Sinn für die Forderungen seiner Zeit. Ihm gebührt das historische Verdienst, die kleine Provinzstadt Neuruppin für eine schöpferische Dekade, von 1777 bis 1787, zum Mittelpunkt der Aufklärung in der Mark Brandenburg gemacht zu haben. Zu alledem, und dies war eine besonders sympathische Fähigkeit, besaß er eine intuitive Menschenkenntnis. Er sah den Menschen auf den Grund. Später hat er dem 16jährigen Schinkel den Weg in den Architektenberuf bereitet.

Den Anstoß zu dieser Entwicklung gab ein eher banaler Anlaß – die dringend notwendige Reform der alten Lateinschule. Durch die mißlichen Umstände und nicht zuletzt durch den Schlendrian des amtierenden Rektors war sie heruntergekommen. Die bereits 1365 urkundlich erwähnte, einst verdienstvolle Anstalt, war die einzige, auf der sich die Neuruppiner Bürgersöhne auf die Universität vorbereiten konnten. Doch mit ihr war kein Staat mehr zu machen.

Noeldechen erkannte, daß es zuallererst darum ging, den Lehrplan den gewachsenen aufklärerischen Bildungsanforderungen anzupassen. Ein willkommener Anlaß, die Sache in Gang zu setzen, bot sich, als der Rektor, ein zwar gelehrter, aber cholerischer und hypochondrischer Mann, der zudem offensichtlich überfordert war, und, wie die Neuruppiner Chronisten berichten, angab, die Luft »an diesem ungesunden Orte« nicht vertragen zu können, 1776 auf eigenen Wunsch ausschied.[62] Die Geistlichkeit, zuständig für Kultus und Schule, hatte die Schulangelegenheiten offenbar schleifen lassen. Schinkels Vater aber, der die Entwicklung kritisch verfolgt hatte, fehlte es als untergeordneter Geistlicher an Befugnissen und der Kompetenz, im Sinne Noeldechens tätig zu werden. Doch auch ihm war klar, daß die Erneuerung der Schule der einzig richtige Weg aus dieser Misere war.

Als die geeignetsten Männer für die Modernisierung der Schule erkannte Noeldechen zwei ihm persönlich gut bekannte junge Lehrer, die der Aufklärung sehr nahe standen. Es waren der ehemalige Hofmeister seiner eigenen Söhne: Philipp Julius Lieberkühn, und dessen Freund Johann Stuve. Beide hatten in Halle am Lehrerseminar bei dem berühmten evangelischen Theologen Johann Salomo Semler studiert[63] und dort, wie es unter jungen Leuten en vogue war, einen »Freundschaftsbund« geschlossen, um gemeinsam »etwas Rühmliches und Gutes« zu bewirken.[64] Obwohl sie erst Anfang Zwanzig waren, noch nie an einer Schule unterrichtet hatten und wenig Lebenserfahrung besaßen, vertraute Noeldechen ihrer gläubigen Zuversicht. Auch das Berliner Oberkonsistorium, aufsichtführend über das Schul- und Kirchenwesen Preußens, stimmte dem Vorhaben zu.

Lieberkühn und Stuve wollten, in dem ihnen gegebenen Rahmen, eine völlig neue Pädagogik durchsetzen, von der damals viele Gebildete mit Bewunderung sprachen. Sie beabsichtigten, den Unterricht an der Stadtschule künftig nach dem neuen philanthropischen Erziehungsideal auszurichten: »menschenfreundlich und naturgemäß!« Ihr Vorbild war der Reformpädagoge Basedow (1723–1790). Er hatte mit dem von ihm in Dessau begründeten »Philanthropinum«, der »Pflanzschule der Menschheit«, wie er sein Institut nannte, allergrößtes Aufsehen erregt. Kant nannte Basedows Ideen eine Revolution der Pädagogik. Namentlich die Berliner Aufklärer begrüßten das Unternehmen mit »ungeteiltem Jubel«.[65] Zu den tatkräftigsten Befürwortern gehörten die Berliner Aufklärer Mendelssohn und Nicolai. Ferner Dichter wie Lessing, Gellert, Weiße und der Ästhetiker Sulzer.[66] Auch Mitglieder des Oberkonsistoriums wie Büsching, Teller, Spalding und Sack begeisterten sich für die Sache. Zum erstenmal sollten die vieldiskutierten in Dessau entwickelten pädagogischen Leitlinien an einer öffentlichen Schule Preußens praktiziert werden.[67] In Neuruppin! Dagegen beruhten die wenigen anderen philanthropisch geleiteten Institute der Mark auf privaten Initiativen.

Lieberkühn und Stuve waren Männer, wie die Zeit sie liebte. Sie glaubten fest daran, einer Ära entgegenzugehen, in der Unwissenheit und Dogmatismus besiegt sein würden und die Vernunft regiere. Es käme nur darauf an, die jungen Menschen frühzeitig zu nützlichen Gliedern der Gesellschaft zu erziehen. Die Philanthropen sind heute zu Unrecht fast vergessen. Sie waren es, die den Boden für die »moderne« Pädagogik bereiteten. Sie brachten das Gedankengut der Aufklärung in das Schul- und Erziehungswesen ein. Vieles von dem, was sich heute den Anstrich einer pädagogischen Neuerung gibt, ist damals begründet worden.

In diesen Jahren vor Schinkels Geburt, als Liebekühn und Stuve zu Werke gingen, war der geistige Wandel überall spürbar. In Berlin erreichte die Sonne der Aufklärung den Zenit. 1772 publizierte der Berliner Probst Abraham Teller, dem als Oberkonsistorialrat das Schulwesen der Kurmark unterstand, das theologisch-kritische Standardwerk der Zeit, das *Wörterbuch des Neuen Testaments zur Aufklärung der christlichen Lehre*. Nicolais satirischer Predigerroman *Das Leben und die Meinungen des Herrn Magister Sebaldus Nothanker* war gerade erschienen, Lessings philosophisch-theologisches Werk von der *Erziehung des Menschengeschlechts* (1777) entfachte erbitterte theologische Kämpfe.

Auf den Kanzeln der Berliner Kirchen herrschte eine solche Redefreiheit, daß die Hauptstadt in den Ruf kam, eine Stadt des Unglaubens zu sein.[68] Schritt für Schritt entzog sich die Pädagogik kirchlicher Aufsicht. Die Botschaft der Aufklärung wurde nicht nur vom Katheder verkündet, sondern auch von der Kanzel. Probst Teller wetterte in seinen Predigten gegen orthodoxe kirchliche Thesen – ein Freigeist, den Friedrich der Große gewähren ließ. Teller sympathisierte mit den Philanthropen, obwohl sie den konfessionellen Unterricht aus den Schulen verbannt wissen wollten. Ohne dabei Gotteslästerer oder Ketzer zu sein, glaubten sie, neben vielen andern Gebildeten, an einen Allvater, der die allgemeine Menschenverbrüderung symbolisiere. Hervorstechendes Merkmal dieser geistig turbulenten Zeit war das Aufkommen eines kosmopolitischen Humanitätsideals.

19. Daniel Heinrich Noeldechen (1736–1799), Justizrat und Direktor des Magistrats und des Stadtgerichts. Er veranlaßte die Reorganisation der Lateinschule.
20. Johann Stuve (1752–1793), Schulreformer und Autor wegweisender pädagogischer Schriften. Die wichtigsten davon verfaßte er in Neuruppin.

Lieberkühn und Stuve waren davon überzeugt. Sie dachten jedoch nicht so polemisch wie Nicolai, weniger philosophisch-spekulativ als Lessing, und keinesfalls so einseitig wie der genialisch verbohrte Basedow, der nicht nur Bewunderer, sondern auch viele Feinde hatte.

Auch Lieberkühn und Stuve mußten mit Widrigkeiten kämpfen. Anfangs wollten sie zu viel des Guten. Aus purer Kinderliebe handhabten sie die Disziplin zu lax. Sie schafften den verhaßten Rohrstock ab, übten jedoch zu große Nachsicht und ließen dem kindlichen Übermut freien Lauf. Daß sie ihren Zöglingen aus hygienischen Gründen Haarzopf und Pomade verboten und sie selbst nicht in der herkömmlichen schwarzen Amtstracht, sondern in lässiger Kleidung unterrichteten, erregte in der Provinzstadt verständlicherweise großes Aufsehen. Teller mußte höchstpersönlich aus Berlin anreisen, um den Kleiderstreit zu schlichten.[69] So war denn die neue Schule von Anfang an ein vieldiskutiertes Ereignis.

Zu Ostern 1777 war die neue Schule, die Schinkel später besuchen sollte, eröffnet worden. Lieberkühn und Stuve, die das Rektorat gemeinsam führten, benötigten etwa fünf Jahre, bis die Schulreform nach mancherlei Kinderkrankheiten, etwa Mitte der 80er Jahre, also zu der Zeit, als Karl Friedrich Schinkel selbst ins schulfähige Alter kam, ausgereift war.

Der Anteil von Schinkels Vater an der Schulreform läßt sich nicht genau bestimmen. Als Archidiakon hatte er wenig Einfluß auf das Geschehen. Dies war Sache seines damaligen Vorgesetzten, des Inspektors Gründler. Aber Johann C. Schinkel setzte sich gelegentlich persönlich ein. Belegt ist, daß er vertretungsweise an der Schule »in der christlichen Lehre« unterrichtete, als Stuve eine Studienreise zu den besten Schulen und Erziehungsinstituten, darunter die des Domherrn Friedrich Eberhard von Rochow in Reckahn (b. Brandenburg), unternahm, um »sich mit den erfahrensten Kennern« des Erziehungs- und Unterrichtswesens zu besprechen.[70]

Lieberkühn und Stuve erhielten viel Unterstützung. Die Geistlichen, die Magistratsmitglieder, die reicheren Bürger taten alles, »was sie vermochten, zur Verbesserung und Aufnahme der Schule beizutragen«, berichtete Büsching, »das Oberkonsistorium genehmigte fast alle Entwürfe und Vorschläge«.[71] Prediger Bolte kam, wie Lieberkühn berichtet, zweimal wöchentlich aus Kränzlin herüber, um »aus der lautersten Liebe des Guten und Schönen, nur belohnt durch die Freude, etwas Gutes zu stiften«, die Jugend im Zeichnen zu unterrichten.[72]

Aus Berlin sandten hohe geistliche Räte wie Diterich, Spalding und Büsching persönlich Geld- und Sachspenden; von Rochow, Begründer mehrerer ländlicher Musterschulen, half, und auch Daniel Chodowiecki,[73] der Rektor der Berliner Kunstakademie und Freund der Kinder.

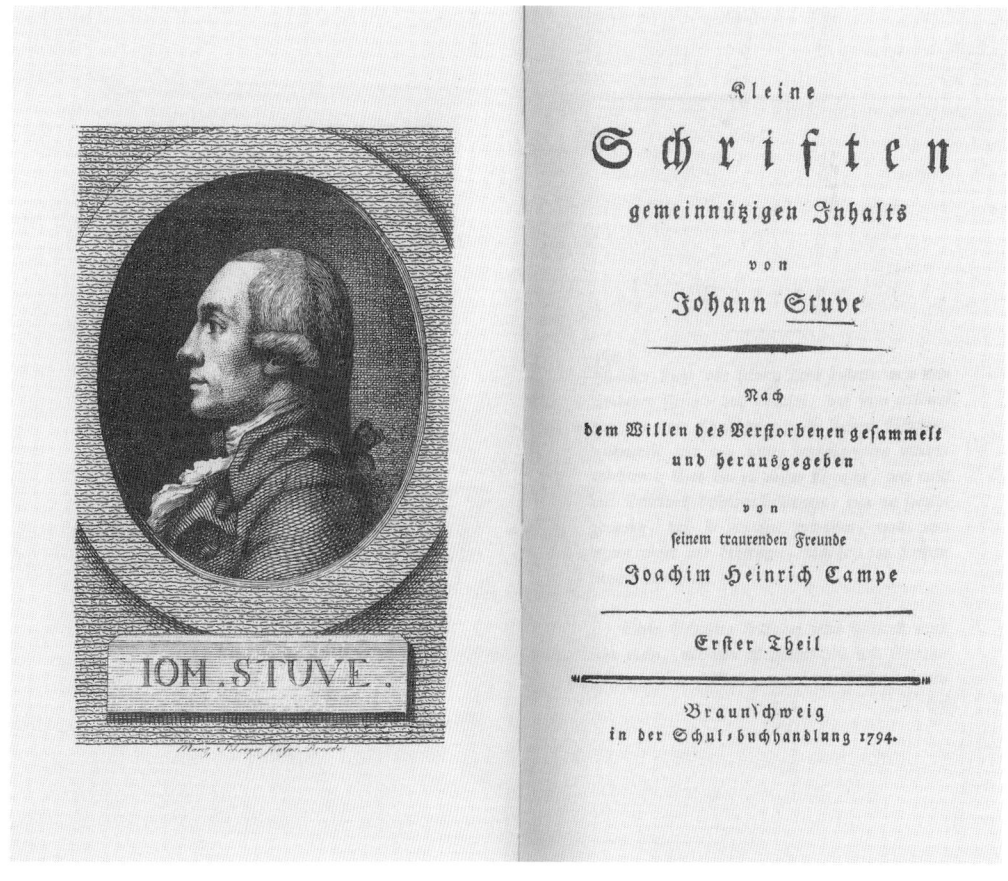

Im großen Ganzen waren viele Neuruppiner mit der neuen Schule einverstanden und darauf irgendwie stolz. Nicht nur die Angehörigen der gebildeten Stände, auch manch einfacher Bürger begann zu begreifen, um was es ging.

Dies war schon realiter erkennbar. Das baufällige, 180 Jahre alte Schulgebäude am Kirchplatz wurde teilweise umgebaut, die Wohnungen in den beiden danebenliegenden Lehrerhäusern renoviert. Die Lehrer waren bis auf einen ausgewechselt worden. Lieberkühn und Stuve hatten vom Magistrat und Inspektor Gründler die gewünschten Vollmachten erhalten, und sie klärten die Bürger gründlich über das Vorhaben auf.

»Unsere Absicht geht dahin, gesunde, vernünftig denkende, am Geist und Leibe kraftvolle, gute, glückliche, von Gemeingeist beseelte, strebsame, tätige Menschen und Bürger und eben dadurch und dazu edle Gottesverehrer zu bilden«, verkündete Stuve, »was ihnen gut und nützlich ist, wollen wir ihnen auf eine Art beizubringen suchen, die sie die Freuden und die Glückseligkeit der Jugend nicht kosten soll.«[74]

Lieberkühn sah darin eine zukunftweisende menschheitliche Aufgabe: »Wenn man nur die Hindernisse beiseiteräumt, beginnend mit der frühen Erziehung, die der Erweckung der Menschenliebe im Wege stehen, dann ist dies der Beginn einer neuen, von Vernunft und Liebe geleiteten Gesellschaft. Mangel an Aufklärung ist ein Mangel an Menschenliebe.«[75]

Das Projekt gedieh. Bereits im darauffolgenden Jahr konnte Inspektor Gründler dem Oberkonsistorium berichten: »Von unserer neuen Schuleinrichtung sind schon die angenehmsten Früchte eingeerntet worden, und wir hoffen, nach einigen Jahren schöne Produkte derselben auszuweisen.«[76]

Die wichtigste Neuerung bestand darin, daß die Stadtschule den Charakter einer Lateinschule verlor und in eine Bürger- und Gelehrtenschule umgewandelt wurde. Sie war nicht mehr Anstalt für wenige Bevorrechtigte, sie vereinte Kinder aller Altersstufen und aller Stände unter einem Dach! Lieberkühn und Stuve duldeten keine Bildungs- und Erziehungsprivilegien. Dieses pädagogische Ideal, so Lieberkühn, sei »nicht das Geschöpf einer glühenden Phantasie, nicht die Geburt einer überweltlichen Schwärmerei«, sondern beruhe auf der Beobachtung der menschlichen Natur, ihrer hohen Bestimmung und der dazu in ihr vorhandenen Kräfte« sowie auf dem »Studium der Locke's, der Rousseau's, der Basedow's«.[77]

Der verstaubte alte Lehrplan, der sich an Bibelkenntnis, theoretischem Wissen, Katechismen und mechanischer Auswendiglernerei orientierte, wurde abgeschafft. Oberstes Gebot war ein lebensnaher Unterricht, der das Selberdenken der jungen Leute fördert und kein totes Wissen lehrt. Statt Latein rückte nun die Muttersprache auf den ersten Platz. Stuve: »Unsere Schüler lernen erst einmal richtig Deutsch.«[78] Der Religionsunterricht sollte konfessionslos sein, eine Regelung, die das Oberkonsistorium offensichtlich akzeptierte.

Der Schwerpunkt des Unterrichts lag auf den »Realien«. Geographie, Naturlehre und die Anthropologie, auf die die Aufklärer großen Wert legten, wurden selbständige Fächer. Neu eingeführt wurde das »Fachklassensystem«, das die unterschiedlichen Begabungen und Neigungen der Schüler berücksichtigte[79] und etwa dem Kurssystem der heutigen Gesamtschule entspricht. Großes Gewicht wurde auf den neu eingerichteten Hygiene- und Diätetikunterricht gelegt. Die Stundenzahl wurde reduziert, die Pausen verlängert. Es gab Spiele und Körperübungen unter Aufsicht der Lehrer.[80]

Die neue Schule genoß bald über Neuruppin hinaus einen ausgezeichneten Ruf. In den ersten drei Jahren verdreifachte sich die Schülerzahl von 30 auf 90. Ein Drittel kam von auswärts, teils aus Berlin, Mecklenburg, Sachsen; einen Zögling holte Stuve persönlich aus Holland ab. Dieser Erfolg, meinte Büsching, sei begründet in der »vorher unvorstellbaren Vereinigung der Stände in der Schule«, vor allem aber in der Tatsache, »daß der Unterricht vernünftiger und nützlicher geworden«.[81] Büsching wußte, wovon er sprach. Er war nicht nur Oberkonsistorialrat, sondern auch Direktor des Berliner Gymnasiums zum Grauen Kloster – eben jenes Gymnasiums, das Schinkel später besuchen sollte.

So wundert es nicht, daß Friedrich Nicolai seinen Sohn David zu Stuve und Lieberkühn in die Schule gab. Stolz darauf, daß er selber es auch ohne Universitätsstudium zur Berühmtheit gebracht hatte, war er nicht frei von der Sorge, daß der Sohn in Neuruppin dünkelhafte Anschauungen entwickeln könne. Stuve aber versicherte ihm: »Befürchten Sie nicht, daß er durch irgendeinen unter uns Vorliebe für den Stand der Studierten erhalten und zu ungerechter Schätzung des Wertes und Verdienstes anderer Stände verleitet werden wird. Es ist das wahrlich nicht unser Geist. Vielmehr suchen wir auf alle Art einige Leute, die nicht besonders Beruf haben, vom Studieren abzuhalten.«[82] Auch der Philanthrop Ernst Christian Trapp (1745–1818), der von Kultusminister Freiherr von Zedlitz (1731–1793) nach Halle berufen worden war und dort die erste Professur der Pädagogik innehatte, schickte einen Sohn auf die Neuruppiner Schule.[83]

Die Schule erblühte. König Friedrich II. in Sanssouci, der eigentlich kein Freund von Schulmeistern und Professoren war, honorierte 1785 die Reformarbeit mit einem immerwährenden, zinsbringenden Fonds in Höhe von 4000 Talern.[84] Auch sein Minister von Zedlitz, der den philanthropischen Idealen persönlich sehr nahe stand, versagte nicht seine Anerkennung. Er nannte die Schule 1787 eine »Musterschule« Preußens.[85]

Was Zedlitz von tüchtigen Lehrern und Erziehern erwartete, formulierte er im November 1776 bei seiner Einführungsrede als Mitglied der Akademie der Wissenschaften. Ziel sei es, die Menschen besser und in ihren Obliegenheiten geschickter zu machen. Das Wichtigste sei die Charakterbildung auf der Grundlage der Sittengesetze Christi. Ohne Religion keine Vaterlandsliebe, ohne diese keine tüchtigen Staatsbürger. Die Jugend sei so zu erziehen, daß ein jeder an seiner Stelle dem Staate als der allgemeinen Beförderung des Gemeinwohls möglichst nützliche Dienste leisten könne.[86]

Die Erziehung zum Allgemeinwohl war das Zentralanliegen der Aufklärungspädagogik. Sie war die Grundlage der schulischen und charakterlichen Bildung von Karl Friedrich Schinkel. Sie prägte sein ganzes Leben.

Die häusliche Erziehung

Das Engagement für die Reorganisation der Stadtschule verband die Lehrer und die Geistlichen. Hatten bisher die Prediger, insbesondere der geistliche Inspektor und Prediger Gründler in Schulsachen das Sagen, wurde jetzt die Kompetenz der neuen Lehrer der Musterschule anerkannt. In gemeinsamen Gesprächen und Diskussionen wurden pädagogische Richtlinien erarbeitet, die die neuen philanthropischen Anschauungen in eine praktische Erziehungsarbeit umsetzen sollten. Die Kirche trat einen Schritt zurück. Ein bis dahin unvorstellbarer Vorgang!

Schinkels Eltern, Lieberkühn, Stuve und die anderen Lehrer wohnten am Kirchplatz in enger Nachbarschaft. Das erleichterte die Dienstgeschäfte, man begegnete sich täglich. Auch private und gesellschaftliche Beziehungen wurden gepflegt. Besonders herzlich gestaltete sich das Verhältnis zwischen Schinkels Eltern und den in den besten Familien der Stadt verkehrenden Lieberkühns. Lieberkühn war wegen seiner musikalischen und schauspielerischen Talente in allen Häusern ein gern gesehener Gast.

Johann C. Schinkel, Lieberkühn und Stuve hatten vieles gemeinsam: Sie hatten bei Semler in Halle studiert – Johann C. Schinkel freilich zu einer früheren Zeit – und sie durften als Hofmeister pädagogische Erfahrungen sammeln. Stuve rühmte, daß Lieberkühn eine natürliche Gabe besaß, auf das Herz und den Verstand kleiner Kinder einzuwirken.[87] So verstand es sich fast von selbst, daß, als im Juli 1779 die erste Tochter der Lieberkühns geboren wurde, Frau Schinkel die Patenschaft übernahm. Zur Taufe am 13. Juli kamen auch Stuve und Justizrätin Noeldechen. Als im März 1781 der kleine Schinkel zur Welt kam, wurde Frau Lieberkühn seine Patentante.

Die Geburten der kleinen Lieberkühn und Karl Friedrichs sind es dann wohl gewesen, die Lieberkühn und Stuve den Anstoß gaben, sich neben ihrer Lehrtätigkeit auch um die Erziehung der Kleinkinder in den Familien zu kümmern. Stuve war unverheiratet und hatte keine Kinder, doch die Erinnerung an seine eigene schwierige Kindheit hatte ihm die Augen geöffnet.

Lieberkühn und Stuve erklärten rundheraus, daß die meisten Eltern pädagogisch inkompetent seien, deshalb dürfe die Erziehung nicht erst in der Schule beginnen. Die beste schulische Unterweisung sei fruchtlos, wenn »das Beispiel der Eltern und auch ihre Vorschriften an die Kinder und die ganze Behandlungs- und Erziehungsart derselben richtigen Grundsätzen schnurstracks zuwider sind.«[88] »Noch ehe die Kinder in die öffentliche Schule kommen, wird schon sehr viel an ihnen verdorben oder gebauet«.[89]

Lieberkühn und Stuve begannen mit regelmäßigen Hausbesuchen, um die Eltern aufzuklären. Sie sahen es als erwiesen an, daß die Eltern Ursache des schlimmen Verhaltens ihrer Kinder seien. Sie erkundeten die häuslichen Verhältnisse der Schüler und verglichen sie mit deren Schulverhalten. »Wir haben zu diesem Zwecke unsere Schüler unter uns verteilt, und ein jeder von uns hat die Pflicht, sich besonders um das häusliche Leben und Verhalten der ihm zugeteilten zu bekümmern.«[90]

Lieberkühn hielt den Eltern vor, daß das »sittlich Gute und Böse, was eure Kinder an sich haben, vorzüglich euer Werk ist, in euren Häusern entsteht«![91] Oder noch deutlicher: »Euer Beispiel kann sie zu Engeln oder Teufeln machen«.[92] Stuve: »Die Kinder kommen nicht böse mit verkehrten Neigungen und schädlichen Gesinnungen auf die Welt; sie sind nicht von Natur verderbt. ... Aber sie können böse werden, weil sie sinnlich und schwach sind, und irren können, und vorzüglich, weil wir Alten durch unsere Behandlung und unser Beispiel sie verderben.«[93] Erziehung der Kinder sei zuvorderst Erziehung der Erwachsenen. Vor allem aber sollten Eltern und Erzieher das eigene Verhalten überprüfen! Denn noch immer glich die Erziehung der Kinder einer Dressur. »Erst müssen die Kinder wieder Kinder werden, wenn die Menschen wieder Menschen werden sollen.«[94]

Ihre pädagogischen Überlegungen gaben sie an die Eltern in den alljährlich abwechselnd von ihnen verfaßten *Nachrichten zur Neuruppinischen Schule* weiter. Stuves Schulnachrichten *Über die Erziehung* (1779) und *Über die körperliche Erziehung* (1781) enthielten in gedrängter Form die philanthropische Erziehungslehre. Diese Heftchen sollten praktische Erziehungshilfen sein[95] und wurden von Schinkels Eltern mit Sicherheit in diesem Sinne benutzt.

Den pädagogischen Wert der beiden Arbeiten schätzte Joachim Heinrich Campe, der bedeutendste Aufklärungspädagoge, so hoch ein, daß er sie als »tägliches Handbuch für Eltern und angehende Erzieher«[96] empfahl und sie in die von ihm herausgegebene berühmte pädagogische Enzyklopädie (*Revisionswerk*) aufnahm. Über Stuves Schrift zur körperlichen Erziehung urteilte Campe, er »wüßte unter allen mir bekannten Erziehungsschriften, von der Lockischen bis auf die meinigen herab, auch nicht Eine anzugeben, die an Kürze, Reichhaltigkeit und Gemeinverständlichkeit, diesen den Vorzug streitig machen könnte«.[97] Es sollte nicht lange dauern, bis die Neuruppiner Lehrer und Geistlichen Gelegenheit erhielten, Campe persönlich kennenzulernen.

Als die Familie am Kirchplatz wohnte, wurden die Schinkelschen Kinder, wie es in den gehobenen Kreisen üblich war, von einer Kinderfrau, einer gewissen Witwe Repschläger betreut. Wir wissen das aus den Brandakten der Stadt, in denen sie mit andern Geschädigten aufgeführt ist. Wahrscheinlich kam sie vom Lande, wohin sie zu einem unbekannten Zeitpunkt zurückgekehrt sein muß, denn im Neuruppiner Sterberegister ist ihr Name nicht vermerkt.

Diese Witwe Repschläger gehörte – wie zumeist das Hauspersonal – einer Zunft an, mit der die Aufklärer auf Kriegsfuß standen. Das hing mit dem verbissenen Kampf zusammen, den sie gegen den Aberglauben führten. Es war ein Zentralanliegen der Aufklärer überhaupt. Sie sahen besonders in dem ungebildeten Gesinde, den Ammen, Dienstmädchen, Kinderfrauen die Verderberinnen der Kinderseelen, und das sind sie tatsächlich in ungezählten Fällen gewesen. Sie richteten unabsehbaren psychischen Schaden an, wie die große Zahl verstörter und verschreckter Kinder zeigte. Campe sowie der Goethe-Freund Karl Philipp Moritz (1756–1793), der schon damals auf tiefenpsychologischem Gebiet forschte, hinterließen erschütternde Berichte,[98] in denen sie die seelischen Grausamkeiten schilderten, die man ihnen im zarten Kindesalter antat, um sie durch Drohungen und Bangemachen zur Folgsamkeit zu zwingen. Die Unversehrtheit der Kinderseelen war den Philanthropen ein unantastbares Gut.

Stuve: »Setzet ihnen um Gottes willen keine falsche, abergläubische und ungereimte Dinge in den Kopf. Es unterstehe sich keine Wärterin, oder wer es sonst sei, ihnen Teufelsgeschichtchen, Hexen-, Gespenster- und Feenmärchen vorzuerzählen, ihre Einbildungskraft durch abenteuerliche, wunderbare Dinge zu erhitzen und zu verwirren. Die Erfahrung lehrt, daß, wenngleich im Alter die Vernunft des Menschen dergleichen Dinge als die abgeschmacktesten Ungereimtheiten erkennt, sie doch oft durch die lebhaften Eindrücke, die sie in der Jugend auf seine Einbildungskraft gemacht haben, dieselbe alsdann noch verwirren und die Ruhe und Besonnenheit seines Geistes stören.«[99] Stuve, der ein schwächliches und kränkelndes Kind gewesen war,[100] und dies den Mängeln und Fehlern seiner Erziehung zuschrieb, wußte aus eigener Erfahrung, daß der Mensch weit mehr durch die dunklen Vorstellungen und ersten Eindrücke seiner Jugend geprägt werde, als ihm später zum Bewußtsein komme. Es sei »unleugbar und durch allgemeine Erfahrung bestätigt, daß die ganze Charakterstimmung des Menschen von der Art, wie er in seiner frühesten Kindheit behandelt wird, gar sehr und vorzüglich abhängt. Was in den ersten vier Jahren an dem Herzen des Kindes verdorben wird, ist äußerst schwer, wo nicht unmöglich, ganz wieder gut zu machen«.[101]

Stuve und Lieberkühn meinten, daß Laster und Verbrechen nur in den seltensten Fällen »aus unbändigen Leidenschaften begangen« werden. Der Mensch sei von Natur ein moderates und gutwilliges Wesen. Folge man in der Erziehung den Gesetzen der Vernunft, die sich aus der Beobachtung der wahren Menschennatur ergeben, sei man auf dem rechten Weg.

Das solide Fundament aller Erziehung sei – dies war Meinung aller Philanthropen von Basedow bis Campe – der unbedingte, auf das kindliche Vertrauen gegründete Gehorsam; dieser sei die »beste Arznei« gegen Seelenkrankheiten (Basedow).[102] Dazu gehöre der Respekt vor den Eltern, den sie aber niemals aufs Spiel setzen dürften, indem sie sich vor den Kindern lächerlich machten. Die Kinder müßten von kleinauf lernen, bestimmte Pflichten zu übernehmen, damit diese zur festen Gewohnheit werden. Stuve: »Sie müssen wissen, was sie getan und gemacht haben, wo sie gewesen sind, was ihnen aufgetragen ist, wohin sie ihre Sachen hingelegt haben und wohin sie gehören, was sie zu jeder Zeit und jeder Stunde des Tages für Geschäfte haben.«[103] Äußerst wichtig sei, daß sie früh lernen, ihre Begierden zu unterdrücken und zu beherrschen und jeder Pflicht und Schuldigkeit Gehör zu geben, denn »die Einrichtung unserer Lebensart und unserer Handlungen nach Ordnung und Regelmäßigkeit [sei] ein wesentliches Erfordernis eines glücklichen und gemeinnützigen Lebens.«[104] Lieberkühn und Stuve gaben den Eltern viele konkrete Ratschläge, wie sie den Alltag der Kinder gestalten sollten: »Verschafft ihnen früh Beweglichkeit und Geschicklichkeit der Finger und Hände, und untersagt ihnen nicht den beliebigen Gebrauch der linken Hand [!]. Lasset sie malen und zeichnen; Striche Linien und Zirkel machen nach kindischer Lust und Belieben ...«[105]

»Insonderheit gebe man ihnen Gelegenheit und Anleitung, die Werke der Natur zu beobachten, z. B. man führe sie in Gärten und auf Felder, lehre sie daselbst die verschiedenen Pflanzen, Getreidearten, Bäume u.s.w. kennen. ... Man führe sie nicht nur auf den Schauplatz der Natur, sondern auch in die Werkstatt des Handwerkers und Künstlers. ... Man lehre und gewöhne sie z. B., sich in allerlei Verlegenheiten raten und helfen zu können.«[106]

Genauso wichtig sei es, für die Erhaltung der Gesundheit zu sorgen und die Regeln der Hygiene zu befolgen.

»Vorzüglich gewöhnt sie schon in ihrer zartesten Kindheit zu einer geduldigen und ruhigen Ertragung natürlicher Leiden und Schmerzen, und vergrößert dieselben nicht durch euer Jammern und Wehklagen.«[107]

»Gewöhnt sie an einfache Nahrungsmittel und lasset sie häufig trocken Brot essen und kalt Wasser trinken. Bewahret sie vor der Erhitzung und Erkältung. ... Preßt ihre Glieder nicht in zu enge und zu anschließende Kleider, beschmieret ihre Köpfe und verkleistert ihre Schweißlöcher nicht mit Puder und Pomade; denn das verhindert die für die Gesundheit des Menschen so wichtige Ausdünstung der Haut. Haupt, Hals und Brust seien frei und unbedeckt, sobald es die Zartheit der ersten Monate des Lebens nicht mehr verbietet. ... Lasset es früh, ohne Gefahr, sich beträchtlich zu schaden, seine körperlichen Kräfte versuchen und üben. ... Lasset sie in freier Luft gehen, laufen, springen, schleudern, arbeiten, Ball schlagen; lasset sie in kaltem Wasser baden; gewöhnet sie zur Ertragung körperlicher Beschwerden und Ungemächlichkeiten, zu einer Gleichgültigkeit gegen Hitze und Kälte, Wind, Regen und Schnee.«[108]

Auch Basedow maß der Abhärtung große Bedeutung bei. In dem ihm eigenen, oft pathetischen Stil, schrieb er im Methodenbuch: »Man lehre das Kind auch sich selbst zu erhalten, die Schläge des Schicksals zu ertragen, und wenn es sein muß, auf Grönlands Eisschollen oder Maltas brennenden Felsen zu leben.«[109]

Schinkel hat das später selbst so erlebt. Auf seiner ersten Italienreise ertrug er bei seinem Ritt durch das Innere Siziliens unglaubliche Strapazen, »durch vielerlei Felsentäler ins Innere, afrikanisch glühend vom versengenden Strahl der Sonne, die kein Gräschen verschont ...«[110]

Stuve machte darauf aufmerksam, daß zwischen Körper und Seele eine »innige« Verbindung besteht: »Unser Geist steht in einer so genauen Verbindung mit seinem Körper, daß er keinen Begriff, keinen Gedanken, keine Begierde hat, die nicht mit einer Veränderung und Bewegung in den Nerven und im Gehirn verbunden wären, und so wie der Geist auf den Körper wirkt, so wirkt der Körper umgekehrt auf den Geist, und bei jeder Veränderung in den Nerven entstehen Empfindungen, Gedanken und Begierden in der Seele. So bald daher die Maschine des Körpers [ein beliebter Vergleich bei den Aufklärern] und vorzüglich das Nervengebäude leiden, geschwächt oder zerrüttet werden, so bald leidet der Geist, wird im Denken und Wollen geschwächt oder zerrüttet.«[111]

Stuve und die Philanthropen erstrebten die Ausbildung aller Kräfte des Menschen, denn da der Schöpfer alle Menschen zur Glückseligkeit bestimmt habe, so habe er ihnen »dazu die Anlagen, Kräfte und Triebe gegeben ...«[112]

Eine große Gefahr sahen Lieberkühn und Stuve – wie der Philanthropismus überhaupt – in dem verfrühten Erwachen der Sexualität und dem, was Rousseau »le désordre du premier âge« genannt hatte, dem Laster der Selbstschwächung. Es sei eine der ersten Pflichten der Eltern, darauf zu achten, daß die Kinder nicht in die Gefahr kommen, sich von diesem mächtigen Naturtrieb zu Ausschweifungen verleiten zu lassen. Schamhafte Verschwiegenheit aber leiste dem Verderbnis und heimlichen Lastern Vorschub.

Stuve: »Da es sich aber in unsern Zeiten nicht hoffen läßt, daß die Kinder lange in Unwissenheit der Naturgeheimnisse bleiben, so sprechet ihr selbst wahr und ernsthaft mit ihnen darüber; erklärt sie ihnen auf eine würdige Art. Aber tut das, bevor die Naturtriebe erwacht und miß[ge]leitet sein können; denn sonst ist's zu spät. Zeigt ihnen die scheußlichen erschrecklichen Folgen des Mißbrauchs der Naturkräfte aus Gründen und aus einer bejammernswerten Erfahrung. Sagt ihnen, wie es den Körper verzehrt, die Seele dumm macht, und die wütendste aller Leidenschaften erzeugt; beweiset ihnen, daß jeder unerlaubte gesetzwidrige Umgang mit Personen des anderen Geschlechts für die Zufriedenheit und das Glück des Menschen schlechterdings nachteilige Folgen haben müsse. Lehret sie, daß Mäßigkeit und Arbeitsamkeit, Verhütung aller üppigen Vorstellungen und Vermeidung aller Veranlassung zu denselben, stete Erinnerung an die Allwissenheit eines heiligen Gottes, die freudenvolle Aussicht auf eine glückliche Ehe und die öftere Überdenkung aller traurigen schrecklichen Folgen der Unkeuschheit, die kräftigsten Mittel sind, sich vor diesem Laster zu bewahren und alle unerlaubten Begierden in ihrer Geburt zu ersticken.«[113]

Auch in der religiösen Erziehung brachten die Philanthropen neue Erkenntnisse in die Kinderstuben – auch in die der Pfarrhäuser. Stuve ermahnte die Eltern:

»Überlegt selbst, ob es recht ist – daß man sie beständig Morgen, Mittag die nämlichen Worte maschinenmäßig herplappern läßt, ohne sich darum zu bekümmern, ob sie etwas dabei denken oder empfinden – daß man sie insonderheit das Gebet des Herrn täglich mehrere Male hersagen läßt, ohne es ihnen zu erkären, da es überdem kleinen Kindern ganz unverständlich ist – daß man sie zwingt, aus der Bibel oder Andachtsbüchern Worte zu lesen, wovon sie nur den Schall empfinden … – daß man sie in die Kirche zu gehen nötigt, ehe sie etwas von der Predigt oder dem Gesange begreifen können, wodurch ihnen das Kirchengehen auf immer widrig und unnütz gemacht wird. … Lehret sie also nichts von der Religion, bis sie einigermaßen imstande sind, Gott aus seinen Werken zu erkennen. … Lasset sie nie Gebetsformeln und Sprüche auswendig lernen, deren Sinn sie nicht verstehen und von Herzen glauben.«[114]

»Das beste und zuverlässigste Mittel aber, eure Kinder fromm und gottesfürchtig zu machen, ist, daß ihr ihnen darin mit eurem eigenen Beispiel vorangeht. Redet in ihrer Gegenwart ehrfurchtsvoll und gerührt von Gottes Größe und Güte; betet oft selbst auf eine ihnen verständliche Art, insonderheit vor Tische und nach Tische; wenn euch ein Glück begegnet, oder ihr etwas Gutes getan habt, so dankt dem Geber alles Guten dafür. Wenn euch ein Leiden zustößt, so sagt: Kinder ich weiß, was uns begegnet, das dient zu unserm Besten; ich ehre Gott mit Geduld.«[115]

Zur religiösen Unterweisung für die Sechs- bis Achtjährigen benutzten aufgeklärte Eltern das *Moralische Elementarbuch*[116] von Christian Gotthilf Salzmann (1744–1811). Von Chodowiecki mit

21. Daniel Chodowiecki, »Seht Kinder, wie mächtig Gott ist«, aus: C. G. H. Salzmann, *Moralisches Elementarbuch*. Das bebilderte Vorlesebuch für die Eltern sechs- bis achtjähriger Kinder, sollte zu tugendhaftem Handeln erziehen.

Philanthropische Erziehungsgrundsätze

Basedow an das Kind

Suche Glückseligkeit.
Gib acht auf Erfahrung und Rat.
Suche nicht kurze Freuden.
Gehorche deinen Eltern.
Sei bedachtsam.
Prüfe deine eigenen Meinungen und Wünsche.
Gehe nicht vornehmlich dem Vergnügen nach.
Pflege deine Urteilskräfte.
Glaube an Gott, an die Unsterblichkeit der Seele
    und an die künftige Vergeltung des Guten
    und Bösen.
Gehorche den von dir erkannten Befehlen Gottes.
Befördere um Gottes Willen das allgemeine Beste
    des Menschen.
Denke vornehmlich an das Beste deiner Nächsten,
    dem zu dienen du sichere Gelegenheit hast.
In dieser Ordnung müssen die moralischen Er-
    kenntnisse aufeinander gebaut sein, wenn das
    Ganze festbleiben soll.

Aus dem *Methodenbuch* (S. 143). Vgl.: *Elementar-werk*, 2. Bd., Kap. 9, Sittenlehre, Memorialtabelle.

Stuve an die Eltern

Gehet selbst auf die freundlichste, liebevollste Art
    mit euren Kindern um.
Der unbedingte Gehorsam soll die erste Gewohn-
    heit des Kindes sein. Gewöhnt sie von kleinauf
    daran.
Vorzüglich müssen Kinder ihre Begierden beherr-
    schen und unterdrücken lernen.
Bewahrt sie vor Unkeuschheit. Laßt sie jede Un-
    sittlichkeit als eine Krankheit der Seele ansehen.
Verehelichte Personen erlauben sich in Gegenwart
    von Kindern keine Blicke, Reden oder Handlungen,
    die man an Unverehelichten für unanstän-
    dig halten würde.
Bewahrt eure Kinder vor allem blinden Glauben.
Gewöhnt sie zu recht wenig äußeren Bedürfnissen.
Einfach und wohlfeil seien ihre Nahrungsmittel,
    einfach und wohlfeil ihre Kleidung, einfach und
    wohlfeil ihre Vergnügen.
Flößt ihnen Vaterlandsliebe ein und Zufriedenheit
    mit der Landesregierung. Gewöhnt sie an ihre
    Untertanenpflicht.
Lasset sie sich überzeugen, daß im Allgemeinen
    und für jeden einzelnen Menschen unendlich
    mehr Gutes in der Welt ist als Böses.
Lehret sie ihre Freude und Glückseligkeit suchen
    und finden in sich selbst.
Seid ihr gezwungen, gar körperliche Züchtigungen
    zu brauchen, so vollzieht sie mit Ernst, Feierlich-
    keit und Nachdruck.
Habt ihr selbst Fehler oder böse Gewohnheiten,
    die eure Kinder an euch bemerken, so sprecht
    davon mit Mißvergnügen, bedauert euch selbst,
    daß ihr sie nicht ablegen könnt.

Aus: *Über die Erziehung*.

---

etwa 70 anmutigen Kupfern versehen, verbreitete es sich rasch und blieb lange Zeit eines der beliebtesten Familienbücher. Basedow nannte es »einzigartig«. Die Moral, so Salzmanns Botschaft, sei die der kindlichen Denkungsart angemessene Religion!

Als Vorlese- und Nacherzählbuch für Eltern und Erzieher konzipiert, enthielt das Buch »alles, was in eine Sittenlehre für Kinder gehört«.[117] Angelegt ist es als eine Sammlung moralischer Geschichtchen, in denen die Kinder sich selbst und ihre Umwelt wiedererkennen, die sie zum Nachdenken anregen und über die die Eltern mit ihnen reden sollten. Salzmann: Tugendhaftes Handeln sei Sache des Herzens und erlernbar. »Jede Tugend ist Fertigkeit, und Fertigkeit kann durch nichts anders als durch Übung erlangt werden.«[118]

Salzmann empfahl den Eltern, Erziehern und Kindern, die Illustrationen, unter die jeweils moralische Sprüche gedruckt waren, auf Pappe zu kleben und im Kinderzimmer aufzuhängen, damit sie zusammen mit der Erinnerung an die gehörten Geschichten in den Kleinen dasjenige »erzeugen, was man gute Gesinnung zu nennen pflegt«.[119]

Die Aufklärung in Berlin und Neuruppin

Der 9. Oktober 1785 war ein großer Tag im Leben Johann Christoph Schinkels und ein festlicher für Neuruppin. An diesem Tag wurde er in feierlicher Zeremonie von Probst Teller in St. Marien zum »Adjunkt« des gealterten Inspektors Gründler ernannt.[120] Karl Friedrich war zu diesem Zeitpunkt viereinhalb Jahre alt. Ein Jahr danach wurde Johann C. Schinkel mit dem Tode Gründlers (15. September 1786) dessen Nachfolger.[121] Nach 25jähriger Amtszeit hatte er den Gipfel seiner Laufbahn erreicht.

Diese Daten sind nicht unwichtig, denn sie belegen, daß Schinkels Vater, der in der Schinkelforschung meist mit dem damals unüblichen Titel »Superintendent« geführt wird, das Amt bis zu seinem eigenen Tode lediglich zwei Jahre lang ausübte, ein Jahr davon nicht allein verantwortlich, sondern »adjungtiert«, beigeordnet als künftiger Inspektor.

Als Inspektor und 1. Prediger der Haupt- und Pfarrkirche St. Marien bekleidete Johann C. Schinkel das höchste kirchliche Amt des Kreises. Ihm unterstanden zwanzig Mutterkirchen, 16 Tochterkirchen (»Filiale«) und 23 Prediger.[122] Zu seinen wichtigsten Amtsgeschäften gehörte die alljährliche Inspektionsreise zu den Kirchen und Schulen des Kreises, die stets nach Pfingsten und rechtzeitig vor der Ernte absolviert werden mußte. Diese Inspektionen, bei denen auch der letzte Winkel des Sprengels, der Zustand der Kirchengebäude, die Rechnungsbücher geprüft, der Schul- und Kirchenbesuch der Gemeindemitglieder und der Lebenswandel der Prediger peinlich genau kontrolliert wurden, gingen zurück auf das große Prediger-Edikt des Soldatenkönigs vom 29. 9. 1736.[123] Die Ergebnisse wurden in sogenannten »Kirchen- und Schul-Visitations-Protokollen« festgehalten.

Schinkels Vater führte bis zu seinem Tode nur zwei Inspektionen durch, 1786 und 1787. Die Protokolle gingen an das Berliner Oberkonsistorium, sind jedoch nicht mehr erhalten. Das ist sehr bedauerlich, denn sie hätten über die Amtsführung von Schinkels Vater Auskunft geben können. Sie waren insofern besonders wertvoll, da die in Neuruppin deponierten Kirchenakten sämtlich verbrannten.

So sind wir ganz auf Waagens Angaben angewiesen. Er berichtet, daß Schinkels Vater »in freundschaftlichen Beziehungen zu mehreren ausgezeichneten Männern in Berlin« gestanden habe, »namentlich zu Teller und Gedike«.[124] Probst Wilhelm Abraham Teller und Friedrich Gedike waren die für die Kurmark zuständigen Oberkonsistorialräte und Johann C. Schinkel übergeordnet: Teller als Geistlicher und Gedike als »Weltlicher«.[125] Gedike, 1784 ins Oberkonsistorium gewählt, beaufsichtigte das Schulwesen der Mark.[126]

Mit Gedike war Johann C. Schinkel nicht nur durch die Amtsgeschäfte verbunden, sie waren befreundet, und es ist oft darüber gerätselt worden, wann sie sich persönlich näher kamen. Die Antwort liefern die Kirchenbücher.

Friedrich Gedike stammte aus dem märkischen Dorf Boberow, wo sein Vater, der ebenfalls Friedrich Gedike hieß, von 1753–1762 das Predigeramt versah. Dieser Vater heiratete 1748 eine Schwester des Bechliner Predigers Johann Christoph Samuel Seger (1739–1792), Katharina Eleonore. Sie wurde die Mutter des jüngeren Gedike. Johann C. Schinkel und Seger, die ungefähr gleichaltrig waren, kannten sich seit den Anfängen ihrer Predigerzeit. Sie heirateten ungefähr gleichzeitig, und in beiden Ehen stellte sich der erste männliche Nachwuchs erst nach dreizehn Jahren ein: Karl Friedrich Schinkel und Friedrich Philipp Nathanael Seger (7. 8. 1782). Die Väter übernahmen gegenseitig die Patenschaften. Zur Taufe des kleinen Nathanael war auch der jüngere Gedike, damals Schuldirektor am Friedrichswerderschen Gymnasium in Berlin, als Pate in das Segersche Pfarrhaus eingeladen. An diesem Tag der Taufe, am 16. 8. 1782, begegneten sich Johann C. Schinkel und der jüngere Friedrich Gedike nachweislich zum ersten Mal, vielleicht jedoch schon früher. Prediger Seger, der Patenonkel von Karl Friedrich Schinkel, war der Onkel des jüngeren Friedrich Gedike.

Gedike machte sich zu dieser Zeit als Befürworter eines zentralisierten preußischen Schulwesens einen Namen. Er wurde 1787 ins neu konstituierte Oberschulkollegium gewählt, das erstmals am 26. September 1787, ein Monat vor dem Tode von Johann C. Schinkel, in einem Zimmer des deutschen Doms am Berliner Gendarmenmarkt zusammentrat.

Auf dieser historischen Sitzung, die die Neuordnung des Schulwesens einleiten sollte, wurde beschlossen, Fragebögen an alle kurmärkischen Stadtschulen zu verschicken,[127] um einen Überblick über deren Zustand zu gewinnen. Dieser Bestandsaufnahme verdanken wir den glücklichen und einmaligen Umstand, daß unter dem unendlichen Wust von Schulpapieren, die in den vergangenen 200 Jahren in der Mark verfaßt worden sind, eben die Fragebögen auf uns gekommen sind, die von Schinkels Lehrern ausgefüllt und ans Oberkonsistorium zurückgesandt wurden. Die Fragebögen wurden wegen ihrer schulgeschichtlichen Bedeutung dem Preußischen Staatsarchiv übergeben, wo sie sich noch heute befinden. Die von den Lehrern angefertigten Abschriften befinden sich im Kreisarchiv in Neuruppin.

Gedikes Bemühungen gipfelten 1788 in der Einführung des Abiturs in Preußen. Es sollte nicht nur Meßlatte für die Gymnasiasten sein, sondern auch die Qualifikation der Lehrkräfte auf höherem Niveau angleichen. Schinkels Vater hat diesen Höhepunkt preußischer Schulgeschichte nicht mehr erleben dürfen. Am 1. 6. 1794 wurde die Staatsaufsicht über die Schulen Gesetz.[128]

Johann C. Schinkel, Teller und Gedike ähnelten sich in ihren religiösen und weltanschaulichen Anschauungen. Schinkel war in seiner freisinnigen Haltung geprägt durch sein Studium in Halle bei dem berühmten protestantischen Theologen Johann Salomo Semler (1725–1791), der eine neue und zeitgemäße historisch-kritische Auslegung der Bibeltexte forderte. Die Dogmen der Kirche, so Semler, besäßen keine gottgegebene Autorität, vielmehr müßten die Wahrheiten der Bibel fortlaufend mit den sich wandelnden Anschauungen der Zeitläufte in Einklang gebracht werden. Teller hatte in Leipzig Theologie studiert. Er war ein Wegbereiter der theologischen Aufklärung und kämpfte in Wort und Schrift für die Befreiung der christlichen Lehre von orthodoxen Thesen. In seinen temperamentvoll in St. Petri vorgetragenen Predigten polemisierte er öffentlich gegen das Dogma der Erbsünde.

Auch Friedrich Gedike, er hatte in Frankfurt/Oder studiert, bekannte sich zu diesem aufklärerischen Christentum. Selbst vor seinen Gymnasiasten machte er kein Hehl daraus, daß er an das Heraufkommen einer neuen »natürlichen« Vernunftreligion glaubte.

Von Schinkels Vater ist bezeugt, daß er seine an der Universität und im Umgang mit Teller erworbenen Thesen in aller Öffentlichkeit von der Kanzel verkündete. Damit fand er freilich keine ungeteilte Zustimmung, denn er stieß besonders die wundergläubigen Zuhörer vor den Kopf, weil er versuchte, ihnen die Wunder der Heiligen Schrift rational zu erklären. Er setzte die Vernunft vor den Offenbarungsglauben und zwar so, daß er die Wunder »ganz und gar aufhob«.[129] Sein jüngerer Amtskollege, der Sohn des Inspektors Gründler, berichtet, daß Johann C. Schinkel »ein vielseitig gebildeter und kenntnisreicher Mann und für Gebildete ein beliebter Redner« gewesen sei, daß er aber, »da er die Aufklärung nach dem damaligen Geiste des Zeitalters zu rasch zu verbreiten suchte, einem großen Teil des Publikums anstößig wurde und viele Zweifler und Indifferentisten machte.«[130] »Indifferentisten« waren in den Augen der Kirche die Gleichgültigen gegenüber den überkommenen religiösen Werten.

Wie freimütig Johann C. Schinkel seine Thesen vortrug, geht aus der Notiz eines anderen, namentlich nicht genannten Geistlichen hervor, der erzählt, Johann C. Schinkel habe die Stillung des Sturms auf dem See Genezareth mit folgenden Worten gedeutet: »Denkt nur nicht, daß unser göttlicher Meister dabei etwas Übernatürliches und Unbegreifliches getan habe, nein, er als ein naturverständiger Mann, sah an den Wolken, daß der Wind sich bald legen würde, und sprach deshalb zu seinen Jüngern: 'Warum seid ihr so furchtsam, sehet ihr nicht, daß der Sturm bald von selbst aufhören wird?' und so geschah es auch wenig danach.«[131]

Das Bemerkenswerte daran ist, daß Johann C. Schinkel das Geschehen so darstellte, als habe Jesus selbst die rationale Erklärung des Geschehens gegeben und dafür gesorgt, daß bei den Jüngern der Glaube, er habe ein Wunder vollbracht, gar nicht erst aufkam. Schinkels Vater hielt es mit denjenigen Aufklärern, die da meinten, den Glauben an Wunder habe Gott dem Menschen nicht zur Pflicht gemacht, denn dies wäre eine Herabwürdigung der ihnen von Gott

22. Das Pfarrhaus in Bechlin. Gartenansicht. Das heute unter Denkmalschutz stehende Haus wurde lange Zeit von Schinkels Patenonkel Seger bewohnt.

23. Wilhelm Abraham Teller (1734–1804), ein unerschrockener Aufklärer, stand in einem freundschaftlichen Verhältnis zu Schinkels Vater.

gegebenen Vernunft! Der Neuruppiner Prediger und Kirchenhistoriker Heydemann (1814–1866) kam später zu dem Schluß: »Natürlich mußte ihm eine solche Art zu predigen, alle Gläubigen entfremden. Er ist als der erste Vertreter und Begründer des Rationalismus in unserer Stadt anzusehen.«[132] Heydemann verdanken wir diese einzigen uns überlieferten Sentenzen aus Johann C. Schinkels Predigerzeit.

Nach dem erfolgreichen Abschluß der Schulreform bemühte sich vor allem der rührige Stuve, das Gedankengut der Aufklärung breiteren Bevölkerungsschichten nahezubringen. Als überregionales Publikationsforum diente ihm die von Gedike und dem Bibliothekar Johann Erich Biester seit 1783 herausgegebene *Berlinische Monatsschrift*,[133] das Organ der von Gedike und anderen Freunden der Aufklärung im selben Jahr gegründeten »Berliner Mittwochsgesellschaft«. Stuve schlug darin in einem Aufsatz vor, in Neuruppin und andern Orten der Provinz, ähnlich wie in Berlin, wo Vorlesungen zur Beförderung der Aufklärung längst »Mode« seien, Kurse einzurichten, in denen die »verständigsten« unter den vom Staat besoldeten Dienern, Juristen, Ärzte, Schulmänner und Kameralisten – jeder auf seinem Gebiet – wöchentlich eine Stunde Vorträge halten. »Wie würdig und vortrefflich wäre es, wenn durch dergleichen Einrichtungen nicht nur gemeinnützige Kenntnisse allgemein verbreitet würden, und die Menschen dadurch in tausend Fällen klüger und weiser handeln lernten, sondern auch der ganze Geist der Nation einen bessern und edlern Schwung und eine würdigere Richtung erhielte!«[134] Daneben befaßte sich Stuve, wie er in der Monatsschrift berichtete, mit der Förderung der Garnisonsschulen in Potsdam, Neuruppin und Frankfurt/O. Die Aufklärung könne, so Stuve, auf dem Wege der allgemeinen Volkserziehung ganz Preußen ergreifen.

Dies erstrebte auch die Mittwochsgesellschaft. Bei der Gründung erklärte Möhsen, der Leibarzt des Königs: »Unsere Absicht ist, uns und unsere hiesigen Mitbürger aufzuklären; die Aufklärung einer so großen Stadt wie Berlin hat Schwierigkeiten; sind sie aber gehoben, so verbreitet sich das Licht nicht allein in der Provinz, sondern im ganzen Lande ...«[135]

Der Umgangston zwischen dem Schulmann Stuve und dem Herausgeber Gedike war freundschaftlich. Als Stuve in einem in der Monatsschrift abgedruckten Aufsatz das von Gedike für unumgänglich gehaltene Lateinschreiben und -sprechen angegriffen hatte, entgegnete ihm Gedike bei der Übersendung des Honorars. »Sie sehen also, wir nehmen nicht bloß Aufsätze gegen uns an, wir bezahlen sie auch«.[136] Schinkels Vater schrieb keine Aufsätze für die Monatsschrift, gehörte aber zweifellos zu den prominentesten Lesern dieser bedeutendsten aufklärerischen Berliner Zeitschrift.

Die Monatsschrift war für die gebildeten Neuruppiner Kreise das Forum, wo sie sich über das rege Berliner Geistesleben informieren konnten. Die in der Zeitschrift von Gedike 1783 bis 1785 anonym veröffentlichten 28 Briefe über Berlin, »Von einem Fremden«,[137] sind das beste und intelligenteste, was damals über die geistigen, politischen und sozialen Verhältnisse Berlins gedruckt wurde. Sie prägten das Bild der Hauptstadt in den Provinzen. Es gab keine wichtige Frage, die Gedike nicht aufgriff. Ausführlich, bisweilen ironisch, beschrieb er die Aufsplitterung der Konfessionen in zahlreiche einander befehdende Religionsgemeinschaften und die Zustände im Berliner Schulwesen zu Anfang der 80er Jahre. Doch enthusiasmiert äußerte er sich über den fruchtbaren Gedankenaustausch in den privaten Zirkeln, Klubs und Gesellschaften. »So eine Aufklärung, als hier allgemein ist, sah ich in Deutschland nirgends.«[138]

Obwohl die »Aufklärung« seit Jahren in aller Munde war, hatte noch niemand in der Öffentlichkeit die Frage gestellt, was denn eigentlich unter Aufklärung zu verstehen sei. Deshalb regte Friedrich Zöllner, Duzfreund Gedikes und Prediger an der Berliner Marienkirche, 1783 in der *Berlinischen Monatsschrift* eine Umfrage unter den Gelehrten an. »Diese Frage«, so Zöllner, »die beinahe so wichtig ist, als: was ist Wahrheit sollte doch wohl beantwortet werden, ehe man aufzuklären anfinge!«[139] Als erster veröffentlichte der Philosoph Moses Mendelssohn, Ehrenmitglied der Mittwochsgesellschaft, im September 1784 den Aufsatz »Über die Frage: was heißt aufklären?« »Die Worte Aufklärung, Kultur, Bildung sind in unsrer Sprache noch neue Ankömmlinge. Sie gehören vor der Hand bloß zur Büchersprache. Der gemeine Haufe verstehet sie kaum.«[140] Im Dezemberheft erschien die berühmte Abhandlung von Immanuel Kant mit der heute noch oft zitierten Definition: »Aufklärung ist der Ausgang des Menschen aus seiner selbstverschuldeten Unmündigkeit. Unmündigkeit ist das Unvermögen, sich seines Verstandes ohne die Leitung eines anderen zu bedienen. ... Sapere aude! Habe den Mut, dich deines eigenen Verstandes zu bedienen! ist also der Wahlspruch der Aufklärung.«[141] Der Wahlspruch einer ganzen Epoche!

Es ist mit Sicherheit anzunehmen, daß Johann C. Schinkel mit dem einen oder anderen prominenten Mitglied der Mittwochsgesellschaft, die der Aufklärung den Weg bereiten wollte, in

Verbindung stand, denn ihr gehörten hochgestellte Geistliche an wie die Berliner Konsistorialräte Diterich, Teller und Spalding, ganz abgesehen von Gedike und Nicolai.¹⁴² Gedike wird Johann C. Schinkel und den Neuruppiner Lehrern berichtet haben von den regelmäßigen Zusammenkünften dieses erlesenen Zirkels hochgestellter Persönlichkeiten, die unter Ausschluß der Öffentlichkeit wichtige Fragen der Politik, Wirtschaft und Kultur diskutierten. Durch den Verleger Mylius, der dem Berliner »Montagsklub« angehörte, und bei dem Johann C. Schinkel seine eigenen Predigten drucken ließ,¹⁴³ wurden Fäden geknüpft zu den beiden Mitbegründern, dem Pädagogen und Philosophen Johann Georg Sulzer und dem Dichter Karl Wilhelm Ramler. In den Klub, dem Gedike, Teller, Nicolai und der pädagogische Schriftsteller Peter Villaume¹⁴⁴ angehörten, wurden regelmäßig auswärtige Gelehrte zur »freien, heiteren Konversation« eingeladen. Vermutlich war Johann C. Schinkel durch die Vermittlung von Mylius dort gelegentlich zu Gast. Mylius gab verschiedene Predigtsammlungen heraus; er verlegte Tellers Standardwerk *Wörterbuch des neuen Testaments zur Aufklärung der christlichen Lehre*.

Die Beziehungen zwischen den Berliner und den Neuruppiner Aufklärern waren vielfältig. Sie wurden durch die philanthropischen Ideen zusammengeführt. Gedike, Teller, Mendelssohn, der Jugendschriftsteller Christian Felix Weiße, der Pädagoge Friedrich Gabriel Resewitz, Nicolai und viele andere kluge Köpfe waren im Mai 1776 bei dem Aufsehen erregenden ersten Öffentlichen Examen im Dessauer Philanthropinum zugegen gewesen.¹⁴⁵ Mit Nicolai, der zu einem Anhänger des Philanthropismus geworden war, und dessen Sohn David nun die Neuruppiner Schule besuchte, standen die Lehrer in freundschaftlicher Verbindung. So bot der junge Lehrer Friedrich Ernst Ruhkopf, der Schinkel den ersten Lateinunterricht gab, Nicolai an, für ihn das Werk *Liberal Education* des Engländers S. [?] Knox ins Deutsche zu übertragen.¹⁴⁶ Nicolais Besuche in Neuruppin wurden gern gesehen. »Diesen Sommer hoffe ich Sie nebst Ihrer Frau Gemahlin in Ruppin zu sehen«, schrieb ihm Stuve im Frühjahr 1785, »und freue mich darauf um so viel mehr, da ich noch nicht weiß ob ich in demselben nach Berlin kommen werde«.¹⁴⁷

Ob Schinkels Vater zu dem berühmten Berliner Aufklärer in eine engere Beziehung trat, ist sehr fraglich. Es könnte sogar, wie ein Vorfall an der Neuruppiner Schule vermuten läßt, eine persönliche Animosität zwischen ihnen bestanden haben. Denn als Nicolais Sohn, der kein leicht zu lenkendes Kind war, eines Tages durch sein leichtfertiges Verhalten Anstoß erregte, wandte sich Stuve nicht, wie es angebracht gewesen wäre, an Johann C. Schinkel, sondern direkt an Nicolai: »Ich habe die Sache mit ihrem Sohn so gut ich gekonnt verhandelt. Unbesonnenheit und Leichtsinn sind offenbar der Grund seines Vergehens. Furcht vor der Schande trieb ihn zu leugnen ... Aus [diesen] Gründen habe ich bisjetzt noch Herrn Schinkel nichts von der Sache gesagt, ... darf ich bitten, mir ein solches nachdem ich's nötig finde zu überlassen und nichts davon gegen ihn zu erwähnen?«¹⁴⁸

Die Angelegenheit nahm aber ein gutes Ende. Wenige Wochen danach konnte Stuve mitteilen: »Ihr lieber Sohn nimmt sich jetzt recht gut aus und ist insonderheit recht fleißig. Auch die Schinkelsche Familie ist mit ihm zufrieden, außer daß er bisweilen seinen Stubenburschen [?] etwas terrorisiert.«¹⁴⁹ David wohnte vermutlich in dem von Lieberkühn und dessen »Erziehungsgehilfen« Riedlin geführten privaten Erziehungsinstitut. Am Institut wurde Zeichen- und Musikunterricht gegeben. David erhielt Violinunterricht, in dem er bald erfreuliche Fortschritte machte. Die dort untergebrachten sechs bis zehn Kinder wurden von Schinkels Mutter betreut.¹⁵⁰

Friedrich Nicolai blieb den Lehrern auch nach dem Schulabgang Davids, der vier Jahre lang ihr Schüler gewesen war, verbunden. Im September 1790 sandte Nicolai an die Schule ein stattliches Bücherpaket, für das sich Lämmel bedankte:

»Teurer, würdiger Mann, Sie haben nun der hiesigen Schulbibliothek ein Büchergeschenk gemacht, welches unsrer und unsrer Nachfolger ganze Dankbarkeit verdient. Wie viele Belehrungen werden wir für uns selbst aus den mehrsten jener Bücher schöpfen können, und wie sehr werden wir uns eben dadurch in den Stand setzen unsern Schülern recht nützlich zu sein! Das, gewiß nur das wollten Sie, als Sie unserm Institut jenes Geschenk bestimmten; und wenn wir und alle künftigen Lehrer dasselbe Ihrer Absicht gemäß zum Besten der Jugend benutzen, so werden wir glauben dürfen, daß wir den Ansprüchen, die Sie mit Recht auf unsre Dankbarkeit machen können, Genüge leisten.

Neuruppin, d. 3ten September 1790. M. Joh. Andr. Laemmel, im Namen des Rektors Henrici und der übrigen Schullehrer.«¹⁵¹

Durch Nicolai und Gedike wurden Verbindungen zu Berliner freimaurerischen Kreisen geknüpft. In Neuruppin existierte keine Loge, aber im benachbarten Rheinsberg bestand die eng mit der Person Friedrich des Großen verbundene Hofloge, die die Freimaurerei in Preußen be-

24. Benjamin Franklin (1706–1790). Frontispiz zum zweiten Band der *Berlinischen Monatsschrift*. Franklin, Buchdrucker, Staatsmann, Schriftsteller, Erfinder, war eine Idealfigur der Aufklärung. Er kämpfte gegen die Sklaverei, wirkte durch die Förderung von Bildungsanstalten für die Jugend und die Ausbildung der Handwerker.

25. Joachim Heinrich Campe (1746–1818) im Jahr 1790. Campe studierte bei Teller, war 1774–1775 Privatlehrer der Brüder Alexander und Wilhelm von Humboldt, danach Feldprediger in Potsdam und machte sich in den folgenden Jahrzehnten als Kinderbuchautor und führender Aufklärungspädagoge einen Namen. Seine Enzyklopädie *Allgemeine Revision des gesamten Schul- und Erziehungswesens* wurde zum Standardwerk der Aufklärungspädagogik.

gründet hatte.[152] Nicolai und Gedike waren Mitglieder der aus der Berliner Hofloge hervorgegangenen »Großen National-Mutterloge Zu den drei Weltkugeln«.[153] Gedike hielt dort öfter zum Johannisfest die Maurerrede, Nicolai erklomm höchste Stufen.

Ob Johann C. Schinkel, Lieberkühn und Stuve einer Loge angehörten, ist nicht belegt, wäre aber denkbar, denn Philanthropen und Freimaurer befanden sich in enger geistiger Nachbarschaft. Sie huldigten demselben Ideal einer in Weisheit und Brüderlichkeit geeinten Menschheit. Basedow hatte das Philanthropinum überhaupt erst mit finanzieller Unterstützung der Freimaurer gründen können.[154] Joachim Heinrich Campe, zeitweilig Direktor am Basedowschen Philantropinum und ebenfalls Freimaurer, strebte die Zusammenarbeit von Philanthropen und Freimaurern an.[155]

Im Frühjahr 1784 folgte Lieberkühn einer Berufung an das »sehr verfallene« Breslauer Elisabeth-Gymnasium, wo ihn ein größerer Wirkungskreis erwartete. Für die Neuruppiner war dies ein unersetzlicher Verlust. Noeldechen sandte an Nicolai einen sehr persönlichen Brief, in dem er den Weggang zutiefst bedauerte. Für die Schule und das Lieberkühnsche Erziehungsinstitut sei eine völlig neue Situation entstanden, von der auch »Herr Schinkel oder vielmehr dessen« Frau betroffen seien:

»Wäre ich reich und mächtig genug, unsern guten Lieberkühn für die mit seiner Versetzung nach Breslau verknüpften Vorteile zu entschädigen, ich täte es gern; und würde es für Gewinn halten, ihn nicht von uns zu lassen. Ich bin aber zu ohnmächtig, und er zieht auf Johannis von uns. Herr Stuve wird das Gros der Erziehung dirigieren; Herr Riedlin wird wahrscheinlich in seiner gegenwärtigen Lage bleiben, und Herr Schinkel oder vielmehr dessen Frau wird für Speise und Trank sorgen und alle Pflichten erfüllen, die eigentlich zum weiblichen Ressort gehören ...«[156]

Lieberkühn führte die Breslauer Schule zu neuem Glanz. Doch war es ihm nicht vergönnt, dort längere Zeit zu wirken. Lungenkrank, dabei aber unfähig, sich zu schonen, starb er am 1. April 1788, kaum 34 Jahre alt. Stuve nannte ihn in einem Nachruf einen »wahren Meister der Kunst, Menschen zu bilden«, der »immer den ganzen Menschen vor Augen hatte«.[157]

Die Schinkels und die Lieberkühns hielten auch in der nächsten Generation gute Freundschaft. Im Jahre 1821 trat Amalie – »Malchen« – Lieberkühn, die in Neuruppin geborene (18. 11. 1780) zweite Tochter Lieberkühns, in den Haushalt des mit Schinkel befreundeten Bildhauers Christian Daniel Rauch ein. Als Hausdame und Erzieherin blieb sie über vierzig Jahre in der Rauchschen Familie, sie war Erzieherin von Rauchs zweiter Tochter Doris und sorgte auch noch für die Enkelkinder.[158] Im Lagerhaus in der Klosterstraße, wo Schinkel für Rauch, den Bildhauer Friedrich Tieck und die Maler Wilhelm Wach und Wilhelm Schadow Wohnungen und Ateliers eingerichtet hatte,[159] ist »Malchen« ihrem einstigen Neuruppiner Spielgefährten oft begegnet.

Ein wichtiges Kapitel der Neuruppiner Aufklärung sind die Besuche des Pädagogen Campe in der Stadt. Sein erster Besuch dürfte etwa im Frühsommer 1783 stattgefunden haben, und dabei ging es um eine große Sache. Er wollte die Neuruppiner Lehrer und Geistlichen für die Mitarbeit an der von ihm geplanten vielbändigen Enzyklopädie gewinnen, in der erstmals das gesamte pädagogische Wissen der Zeit systematisch zusammengefaßt werden sollte. Campe, der zu dieser Zeit ein privates Erziehungsinstitut in Trittau (b. Hamburg) leitete,[160] und sich als Schöpfer einer neuen Kinderliteratur einen Namen gemacht hatte, war der Ansicht, daß das Erziehungswesen eigentlich »das größte und dringendste Staatsbedürfnis sei«.[161]

Campes weitgreifender Plan war den Neuruppiner Aufklärern nicht ganz unbekannt, denn er hatte ihn bereits in der *Berlinischen Monatsschrift* publik gemacht.[162] Leider gibt es keine Dokumente über Campes ersten Besuch. Er selbst hat aber versichert, er habe die führenden Pädagogen an ihren Wirkungsstätten persönlich aufgesucht, und alle hätten seinen Plan »mit einem mir ungemein erfreulichen Beifall beehrt« und ihre Mitwirkung angeboten. An den Gesprächen mit Campe beteiligten sich zweifellos nicht nur die Lehrer der Schule, sondern auch Geistliche wie Inspektor Gründler, Archidiakon Johann C. Schinkel, der Kränzliner Prediger Johann Heinrich Bolte, Justizrat Noeldechen und Magistratsmitglieder. Hauptgegenstand der Erörterungen waren die beabsichtigte Gründung einer »Gesellschaft praktischer Erzieher« und die Festlegung aller in die Enzyklopädie aufzunehmenden Abhandlungen.

Campe reiste schließlich guter Dinge schließlich wieder ab. Stuve hatte zugesagt, über die körperliche Erziehung der Kleinkinder zu schreiben; Lieberkühn kündigte eine Abhandlung an über die ersten Unarten der Kinder und der von ihm angewandten Methode zur Stärkung und Weckung »guter Triebe«. Prediger Bolte aus versprach eine Arbeit »über die beste Methode, Schreiben und Zeichnen zu lehren«.[163]

Schinkels Vater ist der Gesellschaft nicht beigetreten, auch keiner der geistlichen Oberkonsistorialräte. Dies ist nicht unbedingt als ein Mangel an Zustimmung auszulegen, denn sie waren »weder praktische Erzieher«, noch erlaubte es ihre Position, sich in einer privaten Iniative zu exponieren, deren Ausgang ungewiß war. Ordentliche Mitglieder wurden Stuve und Gedike, außerordentliche Mitglieder Lieberkühn und Prediger Bolte.[164] Lieberkühn mußte wegen eines Lungenleidens bald seine Zusage zurücknehmen; überdies nahm ihn die Übersetzung von Campes Jugendbuch *Robinson der Jüngere* ins Lateinische für den Schulunterricht stark in Anspruch. *Robinson Secundus*, 1785 in Züllichau (Brandenburg) erschienen, war ein Lieblingsprojekt der Philanthropen.[165]

Die Arbeit an der Enzyklopädie, die sogenannte Allgemeine Revision des gesamten Schul- und Erziehungswesens, kam schnell voran. Bereits zu Ostern 1785 hielten Stuve, Lieberkühn, Inspektor Gründler, Johann C. Schinkel, Bolte, Noeldechen, die Schullehrer, die allesamt subskribiert hatten,[166] den ersten Band des auf sechzehn Teile angelegten Werkes in den Händen. Bis 1787 sollten dann die Bände 1–7 vorliegen. Darin wurden alle wichtigen Themen der Kindererziehung abgehandelt: Zweck der Erziehung überhaupt, allgemeine Erziehungsgrundsätze aus der richtigen Kenntnis der Menschen, Aufklärung der Eltern, früheste Bildung der Kinderseelen, Unzuchtsünden der Jugend, Charakterbildung, Diätetik der Schwangeren u. a. m.[167]

Mit dem Revisionswerk wurde Campe zur maßgeblichen Persönlichkeit der Aufklärungspädagogik. Er untermauerte mit seinem Besuch in Neuruppin nicht nur das pädagogische Werk Lieberkühns und Stuves, sondern zog auch Schinkels Vater endgültig in das Lager der modernen Erzieher, wenn es denn bei dessen geistiger Aufgeschlossenheit überhaupt nötig war. Mit den ersten sieben Bänden hielt Johann C. Schinkel das von modernen aufklärerischen Pädagogen erarbeitete Wissen zur Kindererziehung in der Hand. Seine beiden Söhne waren jetzt sechs und fünf Jahre alt.

Das öffentliche Echo auf das Revisionswerk übertraf alle Erwartungen. Es wurden 2043 Subskriptionsexemplare bestellt. Die meisten Bestellungen kamen aus dem Bürgertum, von Geistlichen, Beamten, Studenten und Pädagogen. Knapp danach folgte der Adel.[168] In Neuruppin und den umliegenden Ortschaften trugen sich – außer den bereits Genannten – mehr als zwei Dutzend Interessenten in die Listen ein, unter ihnen Bürgermeister Tobold, Inspektor Mylius und ein Patenonkel Schinkels, der Regimentsfeldscher Fiebing.

Campes Besuch und die gemeinsame Arbeit an der Enzyklopädie beschworen indes eine Entwicklung herauf, die den Neuruppinern ganz und gar nicht recht sein konnte. Campe, der inzwischen mit dem ehrenvollen Auftrag der Reorganisation des Braunschweiger Schulwesens betraut worden war, setzte alles daran, Stuve, dessen Fähigkeiten er außerordentlich schätzte, zur Mitarbeit zu gewinnen und den Neuruppinern abspenstig zu machen. Stuve sei ein Mann, der »in seinem ganzen Ansehen, in Wuchs, Stellung, Blick, Mienen und Stimme etwas [hat], welches Aufmerksamkeit, Achtung und Folgsamkeit einflößt«.[169]

Campe ließ nicht locker. Im Winter 1786, im Januar, reiste er, »ungeachtet der rauhen Witterung« von Trittau erneut nach Neuruppin, teils um mir »noch mehr geschickte Mitarbeiter an der zur verfertigenden Schulenzyklopädie anzuwerben, anderen Teils aber auch, um die Gesinnungen des Rektors Stuve zu erforschen«.[170]

Stuve tat sich schwer mit der Einwilligung. »Hier [in Neuruppin] ist meine Wirksamkeit so frei und ungehindert«, schrieb er im April 1786 an Campe, »und dort [in Braunschweig] käme ich vielleicht in die unselige Abhängigkeit von Superintendenten, Pastoren usw., hätte abgelebte, unbrauchbare Kollegen …«[171] Diese Bemerkung bestätigt, daß die Zusammenarbeit zwischen Stuve und Johann C. Schinkel wirklich fruchtbringend gewesen sein muß.

Stuve zögerte lange, die Berufung anzunehmen. Erst nach Beratung mit seinen »Berliner Freunden« Biester, Teller, Gedike und dem Kriegsrat Christian Wilhelm von Dohm[172] war er bereit, sich von den Neuruppinern zu trennen. Den letzten Ausschlag, den Ruf nach Braunschweig anzunehmen, gab ein Brief Tellers und »das Zureden von zwein meiner hiesigen Freunde«.[173] Diese nicht namentlich Genannten sind wahrscheinlich Schinkels Vater und Noeldechen gewesen.

Stuve schied im Sommer 1786 in der Gewißheit, daß »unsere Bemühungen … gewiß manchen noch fortdauernden guten Erfolg gehabt haben: z. B. daß bei vielen Menschen in dortiger Gegend ein ernstliches Nachdenken über die Wichtigkeit und die beste Art der Erziehung und des Unterrichts der Jugend dadurch veranlaßt ist …«[174] Er irrte sich nicht. Die neue Pädagogik faßte tatsächlich Fuß. Als 1791 postum Lieberkühns Schriften erschienen, war das Interesse groß. Fast alle, die in Neuruppin Rang und Namen besaßen oder pädagogisch tätig waren, bestellten ein Exemplar. Ein Exemplar wurde in die Schulbibliothek eingestellt.[175] Stuves *Kleine*

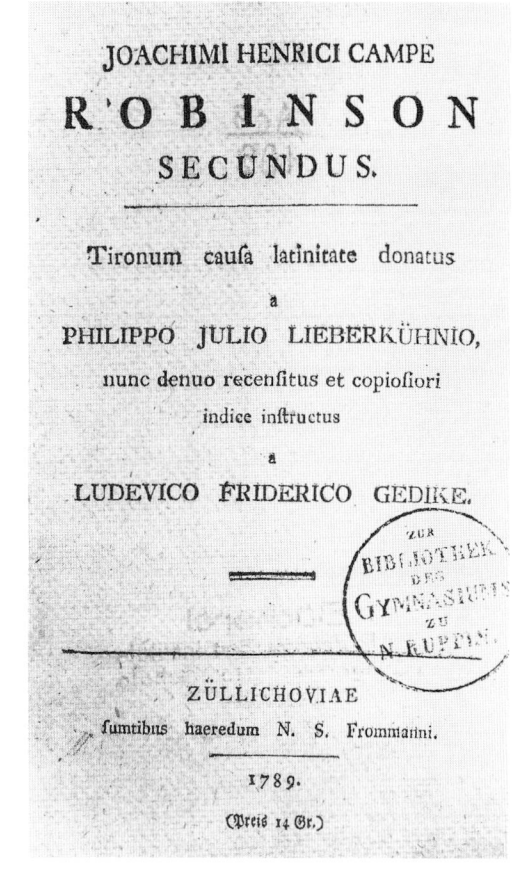

26. Joachim Heinrich Campe, *Robinson Secundus*, 1789. Die lateinische Übersetzung von Campes beliebtem Jugendbuch *Robinson der Jüngere* (von Philipp Julius Lieberkühn) wurde an den Schulen gelesen und befand sich in der Neuruppiner Schulbibliothek.

27. D. Nicolai, A. F. Schnackenburg, Plan von Neuruppin, März 1786. Diese Schülerarbeit (s. S. 24) ist der einzig erhaltene Stadtplan jener Zeit. Im rechten oberen Viertel vor den Stadtwällen Maulbeerplantagen. Bildmitte links am Stadtrand das Berliner Tor und die Scheunen, wo das Feuer ausbrach. Bildmitte, schräggestellt, die Pfarrkirche St. Marien auf dem Kirchplatz. Linke Seite des Kirchplatzes die Post, rechts daneben, etwas versetzt, das Schulhaus. Darunter links an der Kreuzung die neue Kaserne. Unter dem Kirchplatz der quadratische Neue Markt. Unten links die Klosterkirche am See mit der Soldatenschule und den Kasernenstuben. (Staatsbibliothek PK, Kartensammlung.)

Schriften, die, von Campe herausgegeben, auch Stuves Neuruppiner Schulschriften enthalten, erschienen 1794 gedruckt.

Stuve besuchte die Stadt ein letztes Mal kurz vor dem Brand. Im selben Jahr heiratete er in Braunschweig die Tochter eines Kanzlisten, die bald verstarb. Stuve starb am 12. Juli 1793 und fand seine letzte Ruhestätte auf dem Magnikirchhof in Braunschweig neben Lessing.

Joachim Heinrich Campe, der Stuves verwaiste Tochter Minna adoptierte, nannte den Freund eine »edle, nur von Wahrheitsliebe und Gemeingeist getriebene Seele«.[176]

Das Trauma der Katastrophe

Ein Hauptanziehungspunkt, der von den Besuchern Neuruppins angesteuert wird, ist das Heimatmuseum. Es befindet sich in einem stattlichen Gebäude in der August-Bebel-Straße (ehemals Ludwigstraße), das 1790 von Baumeister Brasch mit 16 Fensterachsen und acht kannellierten Kolossalpilastern als Wohnhaus und Residenz für den Bürgermeister und Justizrat Noeldechen erbaut worden ist.[177] Seit 1954 ist es eine angemessene Heimstätte für die Fontane- und Zietensammlung, 1981 wurden zum 200. Geburtstag Schinkels die Schinkelzimmer eingerichtet. Neben Möbeln, Bildern und Erinnerungsstücken aus seiner Zeit, befindet sich dort eine Vitrine, die mit Überbleibseln aus dem Brandschutt von 1787 – geschmolzenes Glas, Keramikscherben, Tonpfeifenköpfe – an die größte Katastrophe erinnert, die Neuruppin jemals heimgesucht hat.

Daß die Menschen damals in ständiger Angst vor Feuersbrünsten lebten, ist uns heute kaum bewußt. Sie wurden, in der Stadt wie auf dem Land, oft als Strafgerichte Gottes empfunden – die Bedrohung war allgegenwärtig. Mit Schrecken erzählte man sich, daß das Dorf Protzen, (in dem Schinkels Urgroßvater, der Prediger Barthold Christian Schinkel 43 Jahre lang die Geschicke der Gemeinde lenkte), in seiner Amtszeit von zwei Feuersbrünsten heimgesucht wurde: 1718 und noch schlimmer 1728, als das ganze Dorf verwüstet wurde.[178] Dabei verbrannten die Kirchenbücher, was die Lücken in der Schinkelschen Genealogie dieser Zeit erklärt.

Auch in den Städten war man nicht sicher. In Neuruppin ereigneten sich die Jahrhunderte hindurch regelrechte Brandserien: 1460, 1465, 1474, 1475. Danach 1560 und 1599. Im 17. Jahr-

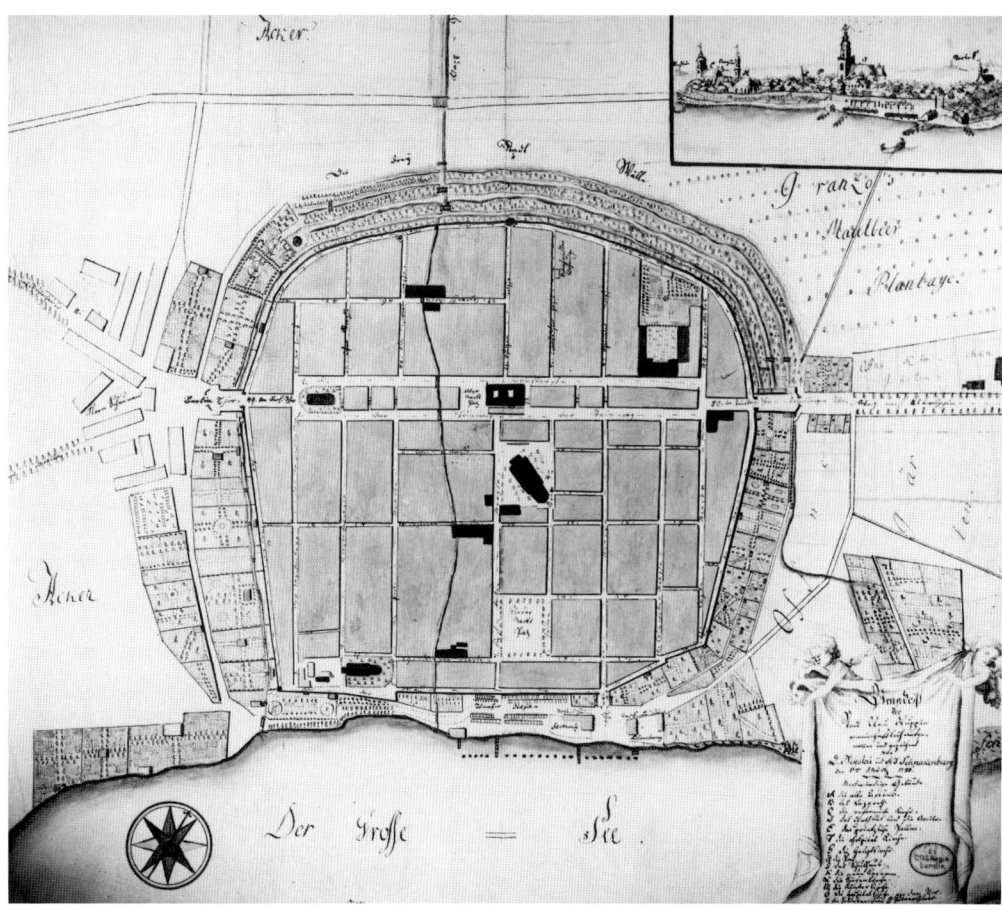

hundert gab es sieben (!) große Feuer: 1606, 1608, 1621, 1641, 1669, 1673, 1699. Und schließlich in Schinkels Jahrhundert in den Jahren 1731, 1750, 1778 und eben das vom August 1787,[179] das verheerendste von allen.

Es half nicht, daß man in Sachen Brandschutz bereits die Konsequenzen gezogen hatte. Zwischen 1720 und 1780 waren alle (bis auf zwei) Strohdächer durch Ziegelbedachungen ersetzt worden.[180] In der Dunkelheit machten Nachtwächter die Runde, um Alarm zu schlagen, falls irgendwo ein Feuer aufflackerte. Doch alle diese Maßnahmen bewahrten die Stadt nicht vor der Katastrophe. Sie ereignete sich nicht nachts, sie kam am hellichten Tag, an einem Sonntag in den Mittagsstunden. Am 26. August 1787 vernichtete ein Feuersturm die Stadt. Als die Nacht über die entsetzten Menschen hereinbrach, umgab sie eine rauchende Trümmerwüste. »Die über dem Schutt hervorragenden Schornsteine wirkten wie Gespenster über den Gräbern der Häuser«, berichtete die *Berlinische Monatsschrift*.[181]

Als das Feuer in einer mit Getreide gefüllten Scheune ausbrach, predigte Schinkels Vater auf der gegenüberliegenden Seite des Ruppiner Sees in der Dorfkirche von Wuthenow, einer Tochterkirche. Als er, durch den Feuerschein alarmiert, zu Hilfe eilen wollte, stand kein Wagen zur Verfügung und ein heftiger Wind verhinderte die Überfahrt über den See. Währendessen gelang es aber dem Prediger Seger, der aus dem benachbarten Dorf Bechlin mit Knechten und Mägden zu Hilfe kam, Dorothea Schinkel und ihre fünf Kinder aus dem Inferno zu retten. Wenige Tage danach verfaßte Seger, noch ganz unter dem Eindruck des Schreckens, für die *Berlinische Monatsschrift* einen Bericht, der an Eindringlichkeit unübertroffen blieb. Seine Schilderung löste in den umliegenden Ortschaften und besonders in Berlin eine Welle der Hilfsbereitschaft aus.

Über die Feuersbrunst zu Ruppin

Prediger Seger an den Oberkonsistorialrat Gedike:

»Sie verlangen von mir eine treue Nachricht von der schrecklichen Feuersbrunst, durch welche die alte berühmte nahrhafte und von so vielen guten Menschen bewohnte Stadt Ruppin den 26. August in einen Schutthaufen verwandelt wurde. So traurig die Erinnerung für mich ist, so gerne will ich das, was ich weiß, niederschreiben, mit der süßen Hoffnung, daß vielleicht auch meine Nachrichten den bedaurungswürdigen Ruppinern nützlich werden können.

Um halb 2 Uhr Nachmittag brach das Feuer in einer mit Getreide gefüllten Scheune vor dem Berliner Tor aus. Ob es angelegt worden, oder durch Verwahrlosung entstanden, hat man bis diese Stunde nicht erfahren können. Mir scheint es möglich, daß es sich von selbst entzündet habe. Wenn nasses Getreide, in welchem Eisen verpackt ist, sich von selbst entzünden kann, so glaube ich zur Ehre der Menschheit, daß dies hier der Fall ist. In der Mittagsstunde wird doch wohl ein Bösewicht es nicht wagen, Feuer anzulegen, zumal wenn er weiß, daß ein Offizier mit einer ansehnlichen Wache in der Nähe ist.

Das treueste Bild der Hölle

Sobald das Feuer aufging, erscholl das schreckliche Wort Feuer in unserm der Stadt so nahen Dorfe [Bechlin)]. Ich flog mit jugendlicher Kraft der Stadt zu Hilfe, meine treuen Bauerknechte und Mägde folgten mir; in einigen Minuten waren schon alle Scheunen in Brand, und der gewaltige Sturm verbreitete das Feuer bald auch in allen Teilen der Stadt ...

Das Feuer der vollen Scheunen war fürchterlich. Die ganze Stadt lag wie im dicken Dampf vergraben, das Feuer selbst machte ein unbeschreibliches Getöse. Wenn es ein Maler malen könnte, so würde er das treueste Bild der Hölle entwerfen, um den verwegensten Bösewicht zu erschüttern. Es war das treueste Bild der Hölle.

Ich eilte in Schinkels Haus

Aus diesem dicken Dampfe stieg kühn die lodernde Flamme des reformierten Kirchturms hervor. Mit Schrecken lief ich ins Rheinsberger Tor hinein, aber auch der kleine Turm der Hospitalkirche, die hier an diesem Tore stand, brannte schon. Die Hauptstraßen waren schon in Feuer.

28. Plan von Neuruppin. Der Grundriß zeigt, schräg schraffiert, die Zerstörungen innerhalb der kreisförmigen Stadtmauer, und links davon den rechteckig angelegten Bereich für die Stadterweiterung.
29. Friedrich Genelli, *Überbleibsel der Stadt Ruppin nach dem großen Brande*, »gezeichnet nach der Natur und in Kupfer gestochen. Zugeeignet Ihrer Königl. Hoheit Friederike von Preußen«. (Staatsbibliothek PK, Kartensammlung.)

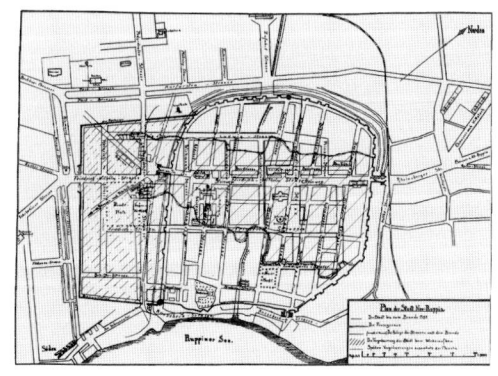

Hundert und mehrere Häuser waren in verschiedenen Straßen zugleich in Brand geraten, der große prächtige Kirchturm mit der schönen Kirche, die nach 600 Jahren noch ein bewundernswürdiges Denkmal der kühnen gotischen Bauart blieb, dampfte einem Berge gleich, der Feuer speien will, und in einigen Minuten stand sie da, wie ein schreckliches Feuergebirge. Die kleine Kuppel gab ein vielfarbiges Feuer, bis in ein paar Stunden das ganze Gebäude mit einem grausenvollen Getöse einstürzte. Ich eilte ins Haus des ersten Predigers und Inspektors Schinkel, um seine fünf unerwachsene Kinder und [die] treue Gattin zu unterstützen, weil ich wußte, daß er selbst auf der Kanzel in dem jenseits des Sees gelegenen Dorfe Wuthenow sein würde. Man kann sich vorstellen, in welcher schrecklichen Beängstigung dieser Mann sein mußte, wenn er jenseit des Sees den großen Turm brennen sah, der bei seinem Einsturz sein Haus zerschmettern mußte. Gleichwohl mußte er zu Fuß über Altruppin laufen, da der Wind die Überfahrt verhinderte. Wir hatten wenig Zeit. Seine ausgesuchte Bibliothek und alle seine Papiere zu retten, fiel uns nicht ein. Wir hatten wichtigere Angelegenheiten. Wie alle andern Einwohner der unglücklichen Stadt sich und ihre Kinder zu retten suchten, so mußten auch wir hierauf vor allen andern Dingen bedacht sein. Die Kaufmannshäuser und Apotheken waren in allen Gegenden der Stadt in Flammen, und das aufgehende Pulver machte ein schreckliches Getöse.

Die Feuerspritzen verbrannten

Der Sturmwind trieb nicht nur die Feuerwellen über einen Teil der Stadt, sondern drehte sich überdies verschiedene Mal, als ob kein Haus stehen bleiben sollte. Wie ein reißender Strom, der aus seinen Ufern bricht, ein fruchtbares Saatfeld überschwemmt, so überströmte diese Glut fast die ganze sorgenlose Stadt. Man hat in andern Städten geglaubt, daß man mehr hätte retten können. Allein man muß es selbst gesehen haben, um zu wissen, daß keine Rettung möglich war. Die Spritzen wurden keck heran gebracht, aber sie verbrannten, und die, welche verwegen die Feuerleiter an die Dächer warfen, sahen in der Entfernung ihre eigenen Häuser brennen, und mußten ihr Leben retten. Das Gewühle und Getümmel war unbeschreiblich. Kinder und Alte zu retten war das erste Geschäft. Das Regiment eilte zum Tore hinaus und überließ seine Habseligkeiten der gierigen Flamme. Das Prinzliche Palais, das Rathaus mit seinem Archiv, die sämtlichen Schulgebäude, die Häuser der Prediger, drei Kirchen und 534 Häuser, ohne Hintergebäude, Brauhäuser, Scheunen und Ställe, waren in einigen Stunden ein

Schutthaufen. Fast keine Träne ward in dem ersten Augenblick vergossen. Stummer Schmerz, tiefe Traurigkeit, Ermattung und Ohnmacht herrschten überall. Kinder und Weiber, und unter ihnen Wöchnerinnen, und gebärende Mütter eilten durch die in die Mauer gehauenen Löcher. Die beiden Haupttore waren in Feuer, das dritte, das Seetor, war oft verstopft. Die meisten Menschen waren gepützt, weil sie eben in die Kirche hatten gehen wollen. Andere legten, weil sie löschen wollten, ihren Putz ab, und sahen ihn nie wieder.

Endlich kam die Nacht heran, der dicke Dampf verlor sich, die erschöpften Kräfte ermannten sich und retteten so noch die Klosterkirche, und die um dieselbe stehenden Häuser, ingleichen jene am neuen Markt, am Seetor und längst dem Wall befindlichen kleinen Häuser, so wie auch die beiden großen Kasernen erhalten worden sind. So viele hundert Familien, gewiß über 4000 Menschen, standen wie vom Schlage gerührt da, und suchten vergebens Herberge.

An Rettung der Lebensmittel war nicht gedacht. Der Hunger stellte sich ein. Alles lag am See in schrecklichstem Gewühl. Ein Chirurgus eilte von der Feuerleiter zu einigen kreißenden Weibern. Einige Säuglinge waren am See vor Kälte fast erstarrt, und die Kranken rangen mit dem Tode. Am Montag früh war die Lage der Unglücklichen erschrecklich. Doch von Rheinsberg aus, gewiß auf Befehl und Veranstaltung des Durchlauchtigsten Prinzen Heinrich, der so gern Menschen erfreut, kam die erste Hilfe. Als dieser Menschenfreund die Brandstelle besehen hat, bemerkte man Tränen in seinen Augen. O! ihr Menschen in allen Teilen der Welt, beklaget unser Schicksal, aber freut euch, daß unser Monarch, und alle Prinzen unsers hohen Königl. Hauses ein gefühlvolles Herz für das Elend ihrer Mitmenschen haben. Der Held, der in den augenscheinlichsten Gefahren nie zagte, und auf dem Schlachtfelde unter Verstümmelten und Toten mutig wandelte, war hier auf innigste gerührt. Ihro Maj. die Königin war an diesem Tage in Rheinsberg. Man spricht mit Entzücken von den Äußerungen ihres Mitleidens und erzählt sich tausend Beweise ihrer Menschenliebe und Wohltätigkeit. Am Montag reisten Berliner Kaufleute, die von Hamburg kamen, durch Fehrbellin. Hier kauften sie einen ansehnlichen Vorrat von Brot auf, reisten zurück zur Ruppinischen Brandstätte, teilten ihre Gaben aus, und nahmen entblößte Einwohner liebreich auf ihre Wagen. Ihre Namen weiß ich nicht, aber ihre Gesichter will ich kennen. Das Bild des Menschenfreundes ist auszeichnend charakteristisch. Auch meine Bauern backten in der ersten Nacht Brot für die Unglücklichen.

Berliner Kaufleute bringen Brot. Ein Topf Erbsen für die Obdachlosen

Am Dienstag Morgen war ich Zeuge einer sehr traurigen Szene. Der Vorrat von Lebensmitteln war noch gering. Die Wache schloß auf dem neuen Markt einen Kreis. Die edelgesinntesten Offiziere mußten mit bloßem Degen in der Hand und Tränen in den Augen, die hungrigen Einwohner zurückweisen. In der Mitte des Kreises standen einige Säcke mit Erbsen. Ein jeder erhielt ein kleines Maß, aber keinen Topf worin er kochen konnte. Aber nun war auch das Ende der dringendsten Not da. Von allen Ecken strömte die Zufuhr der Stadt zu. Dörfer wetteiferten mit den nahen und entfernten Städten. Einige zeichneten sich, aber keiner schloß sich aus ...

Berlin hat vorzüglich Teil genommen. Als die vielen schönen Kleider in der Klosterkirche ausgepackt waren, weinten alle vor Freuden. Ein jeder segnete die Wohltäter, und faßte Vertrauen zu dem Vater aller Menschen, der heilen und trösten und die Herzen der Menschen zum Wohltun lenken kann.

Bei der bisherigen Austeilung aller freiwilligen Gaben wurde mit großer Güte und Weisheit verfahren – man zog die fleißigen und arbeitsamen Einwohner freilich mit Recht vor, sorgte doch aber auch, daß der Faule und Bettler nicht mürrisch wurde ...

Die Erhaltung der wenigen stehen gebliebenen Häuser war den Einwohnern, und ich kann sagen, dem Staate sehr wichtig. Ob es gleich fast nur die Häuser der Armen sind, so beherbergen sie doch itzt den größten Teil der vorigen Einwohner. Aber auch dieser geringe Teil der Stadt würde nicht erhalten worden sein, wenn nicht der kraftvolle, edeldenkende Erbpächter des nahe bei der Stadt liegenden Kämmerei-Vorwerks Treskow, der Amtmann Gutschmidt, mit allen seinen Leuten und allen seinen Pferden und einer ganz neuen Spritze herbeigeeilt wäre, und so den sogenannten Taschenberg größtenteils erhalten hätte. Man kann den Mut dieses Mannes, der gleichwohl eine Frau und sechs Kinder hat, nicht genug erheben. Seine Gattin und Kinder erhielten auch verschiedenmal die Nachricht, daß er verbrannt sei. Sein Heldenmut rettete ganze Straßen.

Seger rettet die Kirchenbücher

Noch eine schöne weibliche Handlung, die bewundert zu werden verdient, kann ich nicht verschweigen. Sobald das Feuer allgemein ward, eilte die vortreffliche Tochter des ehedem berühmten Doktors Feldmann, zu einer mit ihr nur weitläufig verwandten alten kranken elenden und dürftigen Witwe, und bringt solche auf einem Schubkarren, den sie wohl noch nie zu schieben versucht hatte, zum brennenden Tor hinaus. Wenn ihre Kräfte sinken, wird sie von ihrer vortrefflichen Schwester, des Bürgermeisters Goering Ehegattin, abgelöst. Wenn man bedenkt, daß in dieser Zeit, in welcher diese zärtlichen Schwestern diese alte Witwe retteten, sie ihre Kleidung, Leinengeräte und ihr ganzes Eigentum verbrennen sahen, so wird ihre Haltung noch edler. Ich lief vor diesem Hause vorbei, und dachte nicht daran, daß hier ein so großer Schatz zu retten sei. Hätte ich es gesehen, wie die Alte gerettet wurde, gewiß ich glaube, daß ich die dicken Kirchenbücher der Stadt, die ich aus der Kirche gerettet hatte, weggeworfen und mich selbst vor den Karren gespannt hätte.

Aber waren denn in Ruppin lauter gute Menschen? War kein Bösewicht unter diesem Haufen, keiner der einen Teufelsaugenblick hatte? Auch unter den besten Weizen mischt sich Unkraut, und auch der fand sich leider hier. Neid, Schadenfreude, Stehlen und Rauben ist gesehen worden. Aber noch nie hat es mir gefallen, wenn man lasterhafte Handlungen erzählt. Ich ziehe also den Vorhang über alle bei dieser Gelegenheit bemerkten Ausbrüche von Unedelmut und Bosheit ...

Der bevorstehende Winter wird hart sein. Viele wohnen noch in Gartenhäusern, Kellern, Scheunen und Ställen. Die Wohltaten der Auswärtigen sind groß, und die dringendsten Bedürfnisse sind vor der Hand befriedigt. Die großmütigen Berliner haben die ganze Stadt gekleidet. Man sieht die Menschen, die vor wenig Tagen blutarm und ohne Kleidung waren, jetzt schön bekleidet. Wer gesehen, mit welchem Eifer, Fleiß und Treue die Deputierten der Stadt Berlin ihre Gaben austeilten, mit welcher Standhaftigkeit sie alle Beschwerden erduldeten, mit der schlechtesten Herberge vorlieb nahmen, mit herablassender Güte die Undankbaren trugen, vom Morgen bis an den Abend in der garstigsten Luft arbeiteten, der wird den edlen Charakter dieser Männer bewundert haben. Heil der Stadt, die solche Kaufleute hat ...

Von der gewissenhaften Verwendung der bisher abgesandten Gelder bin ich auch Zeuge gewesen. Auch die, welche Sie übersandt haben, kamen unerwartet und wischten Tränen ab. Gott belohne alle bisherigen Wohltäter und erwecke auch in entfernern Gegenden wohltätige Herzen. Denn noch gibt's der Notleidenden und Hilfsbedürftigen viel. Er lohne auch Sie und lasse es Ihnen an Freuden des Geistes nicht fehlen, da Sie ein Werkzeug geworden, den Kummer vieler redlichen Menschen zu mindern.

Bechlin, nahe bei Ruppin, d. 10. Sept. 1787.«[182]

Der Tod Johann Christoph Schinkels

Das Elend der Obdachlosen war herzzerreißend. Die meisten flüchteten aus der Stadt und suchten Zuflucht in den umliegenden Ortschaften. In dem Heer der 3000 Obdachlosen gehörten die Schinkels zu den wenigen Familien, die nicht auseinandergerissen wurden. Sie fanden im Bechliner Pfarrhaus eine vorläufige Bleibe.[183] Die Familie bestand laut Brandliste aus neun Personen: drei Minderjährige unter zehn Jahren: die zweijährige Charlotte, der fast fünfjährige Friedrich Wilhelm August und der sechsjährige Karl Friedrich, sowie sechs Personen über zehn Jahre: die Eltern, die älteren Schwestern Sophie (15) und Dorothea (17), die Kinderfrau und eine nicht näher bezeichnete Person, möglicherweise eine Verwandte.

Die Schinkels zogen dann bald in das Predigerwitwenhaus am Neuen Markt. Die Wohnungen waren klein, die Treppenstiegen steil und eng. Das 1735 nach Plänen Feldmanns umgebaute Haus hatte in zwei Etagen, vier Witwenwohnungen mit je zwei Stuben und zwei Kammern, je einer Küche und einem Kellerraum.[184] Zum Haus gehörte ein nach hinten gelegener Garten.

Die Kinder erlebten, wie der Vater sich um die Hilfesuchenden kümmerte. Einem Aufruf Gedikes folgend, sammelten die Leser der *Berlinischen Monatsschrift* 1362 Taler. Schinkels Vater und Prediger Seger, so wurde vereinbart, sollten nach Berlin kommen, um mit Gedike über die zweckmäßigste Verteilung des Geldes zu beraten. »Ich erwartete beide von einer Woche zur andern in meinem Hause«, berichtete später Gedike. »Der Tag ward endlich gekommen. Aber statt ihrer kam am 22. Oktober ein Brief mit der Nachricht, mein Freund Schinkel sei krank.«

Sechs Tage danach folgte die traurige Botschaft, Johann C. Schinkel sei nach kurzem Krankenlager am 25. Oktober »an einem hitzigen Brustfieber« gestorben.[185]

Dem Freund widmet Gedike in der *Berlinischen Monatsschrift* den folgenden Nachruf:

»Er war nicht bloß ein aufgeklärter und gelehrter Prediger, er war zugleich einer der edelsten und vortrefflichsten Menschen. Die ganze Stadt, die seinen Wert kannte, beweint seinen Verlust; noch mehr seine Freunde und seine nun zwiefach unglückliche Familie, die durch die Flamme ihr Vermögen, durch den Tod ihren Versorger verlor. Eine Witwe und 5 unerzogene Kinder weinen nun bei seinem Grabe. Ihr Verlust ist unersetzlich. Wie schwer mußte dem edlen Mann sein Tod in dieser Lage werden! Aber dennoch starb er mit der Gelassenheit und Standhaftigkeit, die den weisen und tugendhaften Mann, der auch die dunkelsten Wege der Vorsehung anbetet, auch im Tode nicht verläßt. Vielleicht tröstet ihn der Gedanke, daß großmütige Menschenfreunde, die bisher für die unglückliche Stadt Ruppin soviel taten, auch nicht vergessen werden, für seine bedaurenswürdige Familie zu sorgen. Berlin, den 28. Okt. 1787.«[186]

Der Magistrat gewährte der Witwe ein Gnadenjahr (Pension), da es »billig sei, daß die Frau Inspektorin bei einer Familie von fünf Kindern alle mögliche Unterstützung verdient«.[187] Dennoch war Dorothea Schinkel nicht völlig mittellos. Sie besaß – den Listen der Brandkommission zufolge – ein Barvermögen von 2000 Talern. Ihren Schmuck konnte sie retten. Einen Teil des verbliebenen Vermögens legte sie für ihre Kinder zurück. Eine an den König gerichtete Bitte, um »eine unglücklich, in Kummer versunkene Familie ... durch eine ihren Umständen angemessene Pensionsbewilligung aufzurichten und zu beglücken«, blieb ungehört.[188]

Johann C. Schinkel wurde auf dem Marien-Kirchhof beigesetzt. Bei der Aufhebung dieses Friedhofs im Jahre 1795 wurden seine sterblichen Überreste offensichtlich auf den neu angelegten Friedhof vor dem Rheinsberger Tor überführt. Auch dieser Friedhof ist inzwischen aufgehoben, so daß sich die Grabstelle nicht mehr auffinden läßt. Der Heimatforscher Carl Lücke berichtete 1906 in einer Dokumentation über den Friedhof und dessen Grabmäler, daß Johann C. Schinkel neben Inspektor Gründler, Bürgermeister Goering und Prediger Seidentopf zu den »Wohltätern« gehörten, die der Stadt letztwillig Stiftungen vermacht haben und hier auf dem idyllisch gelegenen alten Friedhof ihre letzte Ruhestätte gefunden haben.[189] Der neue Friedhof an der Lindenallee, auf dem sich nahe dem Haupteingang die Grabstelle von Heydemann befindet, wurde 1852 eingeweiht.

Amtsnachfolger von Johann C. Schinkel ist auf seinen Wunsch, den der Magistrat respektierte, Prediger Seger geworden.[190] Zedlitz, Chef des geistlichen Departements in Kirchen und Schulsachen, billigte die Ernennung.[191] Da sich in Neuruppin keine Amtsräume für Inspektor Seger fanden, blieb das Bechliner Pfarrhaus für längere Zeit sein Dienstsitz. Daneben behielt er die Pfarre. »Doch weil er sehr schwächlich war und oft am Bluthusten litt, so konnte er diesem beschwerlichen Doppelamt nur fünf Jahre vorstehen, obgleich wir ihm alle Geschäfte in der Stadt abgenommen hatten«, berichteten Archidiakon Gründler und Prediger Seidentopf.[192] Seger starb am 22. Mai 1792 im Alter von 53 Jahren in Bechlin.

Das Protokoll der Katastrophe

Die Familie Schinkel verlor die gesamte Habe, die kostbare Bibliothek des Vaters, den Hausrat und das Mobiliar, dessen Wert von Johann C. Schinkel auf der Schadensliste der Feuersozietät mit 1000 Taler beziffert wurde.[193] Dieser Betrag entsprach etwa dem Zweieinhalbfachen seines Jahresgehalts.

Von den Freunden, Verwandten und Bekannten traf es einige besonders hart. Kaufmann Beyersdorff verlor sein Haus mit Nebengebäude, vier Ställe und eine Scheune; Möbelverlust im Wert von 1820 Talern. Senator Valentin Schnackenburg verlor drei Häuser, drei Ställe und eine Scheune; Möbelverlust von 1298 Talern. Kaufmann Joachim Ludwig büßte ein Brauhaus ein nebst Wohn- und Nebengebäuden mit einem Gesamtwert von 2150 Talern. Der vornehme Weinhändler Christoph Pfützenreuther, wohl der Schwiegervater von Lieberkühn, verlor ein Haus mit Nebengebäude, ein Stall und Möbel im Wert von 2000 Talern. Die Witwe von Senator Rose verlor ein Haus, ein Brauhaus und Möbel im Wert von 1000 Talern. Sie zog völlig verarmt nach Berlin. Der Brauer Thomas Stenger verlor ein Haus, zwei Ställe und eine Scheune; Möbelverlust im Wert von 1400 Talern. Er rettete nichts. Es brannte ab das Haus der Witwe Loffhagen, eine Tante Karl Friedrichs. Sie verließ die Stadt und zog nach Manker, wohin sie einst geheiratet hatte. Besonders arm dran waren die Lehrer, die alle obdachlos wurden. Die Schadensliste führt 458 Abgebrannte auf.[194] Im Unglück waren alle vereint, die Einflußreichen und die Geringen, Ratsherren und Tagelöhner. Glück hatten Noeldechen, der nur eine Scheune verlor, und Gutschmidt, dessen Wohnhaus und Brauhaus unversehrt blieb.

Aufschlußreich sind die Schadenslisten betreffend den Verlust an Kleinodien und Bargeld und das gegenwärtige Vermögen. Danach gehörten Schinkels Eltern zu den vermögenden Bürgern der Stadt.

Von den aufgelisteten Abgebrannten besaßen zehn ein gegenwärtiges Vermögen von über 2000 Talern, unter ihnen Johann C. Schinkel. Fünf Personen hatten über 1000 Taler. Etwa 25 Einwohner beklagten Möbelverluste im Wert von jeweils über 1000 und etwa zehn Geschädigte im Wert von je über 2000 Talern.

	Verluste an Bargeld und Kleinodien	Gegenwärtiges Vermögen
Christoph Pfützenreuther		5000 Taler
Johann Beyersdorff	880 Taler	3000 Taler
Val. Schnackenburg	558 Taler	2300 Taler
Johann C. Schinkel		2000 Taler
Joh. Schnackenburg	24 Taler	1347 Taler
Joachim Ludwig	71 Taler	650 Taler
Bürgermeister Goering	160 Taler	400 Taler
Witwe Loffhagen		300 Taler
Bürgerm. Ernst Ludwig Lehmann		300 Taler
Magister Lämmel		200 Taler
Rektor Henrici		100 Taler
Johann Schumann		61 Taler
Kantor Rötscher		50 Taler
Lehrer Scheel		50 Taler
Lehrer Schröder		verarmt
Lehrer Ruhkopf		verarmt
Witwe Senator Rose		verarmt

Vernichtet wurden gemäß den akribisch geführten Schadenslisten insgesamt 401 bürgerliche Häuser, 159 Neben- und Hintergebäude, 228 Ställe und 38 Scheunen, die Marienkirche, das Rathaus, die reformierte Kirche, das Prinzliche Palais.[195]

Der Gesamtschaden wurde auf 596 227 Taler geschätzt. Die Feuerkasse zahlte 224 718. Eine Kirchenkollekte für die Abgebrannten erbrachte rund 60 000 Taler. Der Staat wandte in den nachfolgenden Jahren für den Wiederaufbau über eine Million Taler auf.

Für das Ensemble am Kirchplatz vergütete die Feuersozietät:

Schulkollegenhaus	400 Taler
Wohnhaus	775 Taler
Seitenhaus	225 Taler
Querstall	50 Taler
Diakonatshaus	400 Taler
Archidiakonatshaus mit Stallung	450 Taler
Inspektorshaus [unbewohnt] mit Hintergebäude, Scheune, Stallung	600 Taler
Pfarrkirche St. Marien mit Dachwerk	800 Taler
Stühle und Chöre	1000 Taler
Orgel mit dem Chor	1200 Taler
Turm	3000 Taler

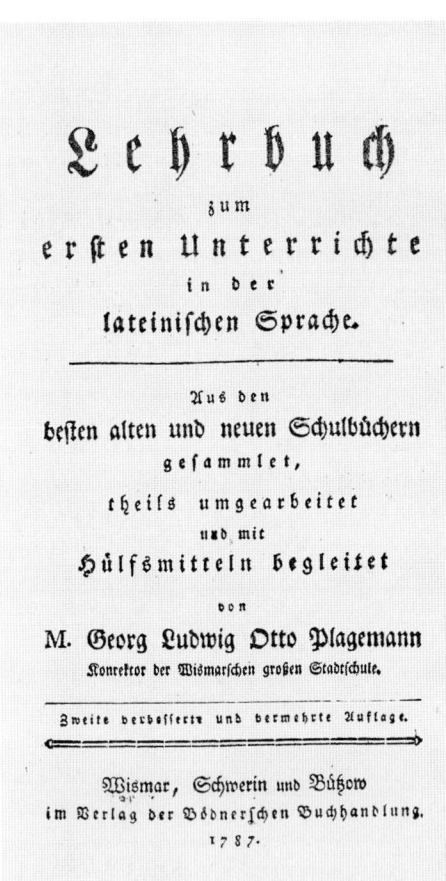

30. Georg Ludwig Otto Plagemann, *Lehrbuch zum ersten Unterrichte in der lateinischen Sprache. Aus den besten alten und neuen Schulbüchern gesammelt, theils umgearbeitet und mit Hülfsmitteln begleitet*, 1787. Im ersten Kapitel erfuhren die Lateinanfänger, worin sie unterrichtet werden müssen, nämlich in allem, was ihnen im Mannesalter nützlich sein könne, und im zweiten eine kurze Beschreibung der Welt: »Der Himmel hat die feurige Sonne, den Mond und die Sterne. Die Wolken hängen in der Luft. Die Vögel fliegen unter den Wolken. Die Fische schwimmen im Wasser. Die Erde hat Berge, Wälder, Felder, Tiere und Menschen. Die ganze Welt besteht aus vier Elementen, die die Grundstoffe aller Körper sind.«

31. Grundriß und Vorderansicht der einheitlich gebauten Kasernenstuben am Taschenberg. Links neben der Klosterkirche das Haus Nr. XVI. Es diente nach dem Brand als erstes Notquartier für die Schule.

32. Die für die Soldaten des Regiments Prinz Ferdinand auf Weisung Friedrichs des Großen erbauten Kasernenstuben. Sie kamen bald in bürgerlichen Besitz. (Photo von 1999.)

Schuljahre in Neuruppin

Unterricht in den Kasernenstuben

Bereits zwei Wochen nach der Katastrophe wurde der Schulunterricht in einem Notquartier bei der Klosterkirche aufgenommen. In dem zweistöckigen Gebäude, das zuvor als Schule für die Soldatenkinder diente, drängten sich fünfzig bis sechzig Schüler in sechs kleinen Stuben, die von den »abgebrannten« Lehrern teils als Wohnung mitbenutzt wurden.[1]

Ob sich Schinkel in diesem Häuflein Unglücklicher befand, die tapfer den Schulalltag wieder herzustellen versuchten, ist nicht belegt. Sein Einschulungstermin müßte um diese Zeit gewesen sein, denn er war im schulfähigen Alter. Später schrieb er in seiner Selbstbiographie, er habe gemeinsam mit seinem Bruder das Neuruppiner »Gymnasium« besucht.[2] Daraus könnte man schließen, daß er die Grundstufe gar nicht besuchte, sondern stattdessen Privatunterricht bekam.[3] Aber dies wäre wohl kaum im Sinne seines Vaters gewesen, denn die Reformschule verdankte gerade der Regelung, daß die Kinder aller Stände von der Grundstufe an gemeinsam lernten und Klassenschranken keine Rolle spielen sollten, ihren Erfolg und den ausgezeichneten Ruf.[4] Die Schule nannte sich »Bürger- und Gelehrtenschule«, sie vereinte Grundschule und Gymnasium. Erst 1799 wurde sie ausdrücklich zur »Gelehrtenschule« bestimmt und verlor ihren Doppelcharakter.[5]

Schinkels Lehrer waren jung und – wie man heute sagen würde – motiviert. Das Vermächtnis Lieberkühns und Stuves führten sie umsichtig weiter.[6] Rektor war seit 1786 ein gewisser Henrici,[7] der, wie seine Kollegen Schröder und Seidentopf, von der Universität Halle kam. Lämmel hatte in Leipzig studiert und Ruhkopf in Göttingen. Der älteste unter ihnen war der Nichtakademiker Scheel.

Unterrichtet wurde nach der vielgelobten sogenannten sokratischen Methode, bei der die Lehrer die Kinder zum Selberdenken anhielten und durch geschicktes Fragen die richtigen Antworten hervorlocken sollten. Den Lehrstoff stimmten sie auf die Fassungskraft der Kinder ab. Sie sollten auf eine Weise lernen, die Freude macht.

Lämmel und Kollegen benutzten die besten, nach den neuen pädagogischen Erkenntnissen verfaßten Lehrbücher. Rückgrat des Unterrichts war, wie schon unter Stuve und Lieberkühn,

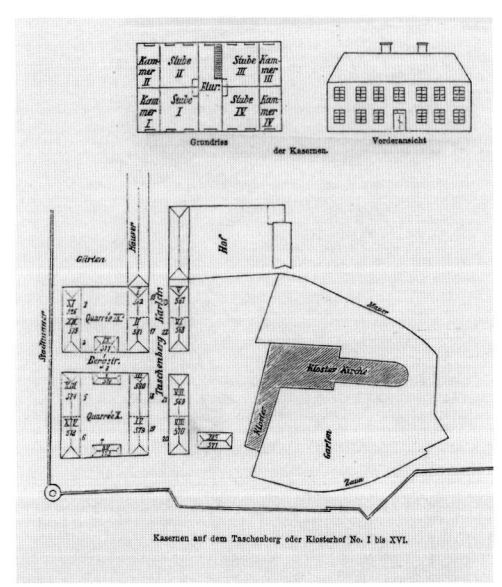

das Fachklassensystem, eine Art Kurssystem, das den spezifischen Begabungen der Schüler entgegenkam. Wer für ein Fach besonders begabt war, konnte darin schneller voranrücken als seine Klassenkameraden. Andererseits konnte er, wenn er schwächere Leistungen zeigte, länger darin verweilen, ohne mit dem Makel behaftet zu sein, »sitzengeblieben zu sein«. Organisatorisch war dies möglich, weil die Fächer jeweils in allen Klassen gleichzeitig unterrichtet wurden.

Der Einschulungstermin und die Klassenzugehörigkeit waren nicht an den Jahrgang gebunden. In die Schule traten die Kinder mit sechs, sieben oder acht Jahren ein. Die Unterstufe umfaßte die Klassen VI, V und IV. Falls Schinkel die Grundstufe nicht besucht hat und stattdessen Privatunterricht bekam, was jedoch sehr unwahrscheinlich ist, nahm er spätestens von der IV. Klasse an, in der die Neun- bis Zwölfjährigen saßen, am öffentlichen Schulunterricht teil. In Berlin wurde er als 13jähriger in die Tertia eingestuft.

Der Winter kam. In der Stadt war man immer noch dabei, Straßen und Grundstücke von Trümmern und Brandschutt freizuräumen. In den dunklen Morgenstunden pilgerten die Kinder mit Laternen zum Unterricht. Wer auf der anderen Stadtseite wohnte, mußte den nicht ungefährlichen Weg durch die Trümmerlandschaft wählen. Der Unterricht begann morgens um 8.00 Uhr und endete nach einer zweistündigen Mittagspause nachmittags um 16.00 Uhr. In den Dämmerstunden brannte vor jedem Schüler auf dem Pult ein Licht.

Lange Zeit mußten Schüler und Lehrer mit dem Provisorium vorliebnehmen, bis sie am 24. November 1791 in das neuerbaute Schulgebäude umziehen konnten. Im großen Schulsaal hielt zuerst Inspektor Seger vor einer glänzenden Versammlung eine Rede über die Notwendigkeit des Religionsunterrichts in den Schulen und übergab das neue Gebäude im Namen der Patrone den Lehrern. Dann hielten vier Primaner »selbstverfertigte« Reden: Wilhelm Krüger, später Professor, sprach über einige Mittel, wodurch der Mensch Kenntnisse einsammelt; Heinrich Berger erläuterte, warum der Jüngling bei der Ausbildung seines Verstandes die Veredlung seines Herzens nicht versäumen dürfe; Ludwig Menz betonte in einer lateinischen Rede, daß öffentliche Schulen zu den notwendigsten und heilsamsten Anstalten des Staates gehörten, und Ludwig Gelbert schilderte die Vorteile wohlangewandter Jugendjahre. Rektor Henrici schloß den Redeteil mit einer Rede über die »Vorteile unseres Zeitalters für die Jugend«. Die Rede Henricis ist nicht erhalten. Seine Einladungsschrift schloß mit den Worten: »Der Höchste segne dieses Haus. Es sei bis in die spätesten Zeiten eine Pflanzschule guter Bürger, echter Patrioten, edler Menschen und wahrer Gelehrten. Stets sei der Schüler Bestreben, durch Ordnungsliebe, Sittsamkeit und Fleiß ihre Lehrer zu erfreuen.«[8]

Unter den Schülern, die in das außen wie innen großzügig ausgestattete Schulgebäude einzogen, war der damals zehnjährige Schinkel. Es war ein vorbildlicher Bau, der neue Maßstäbe setzte. Sieben Klassenräume lagen rings um die Eingangshalle, ein großer Schulsaal und darüber ein Büchersaal sowie ein Instrumentenraum im Nordflügel. Außerdem enthielt das Gebäude sechs Lehrerwohnungen und eine Lehrerwitwenwohnung.[9]

Übungen im Denken für die kleineren Schüler

Zu Schinkels ersten Lehrern gehörte Johann Gottlieb Seidentopf. 31 Jahre alt, hatte er als Student in Halle Theologie studiert und dort Waisenkinder unterrichtet. Er liebte die Kinder, war künstlerisch begabt und besaß eine große Einfühlungsgabe. Er gab in der V. Klasse für die Sechs- bis Achtjährigen die »Übungen im Denken für die Kleineren«. In diesem von den Philanthropen eingeführten Fach, sollten die Kinder als künftige aufgeklärte Menschen unter der sokratischen Anleitung ihres Lehrers logisches und vernünftiges Denken lernen und eigene Ansichten entwickeln über das, was in der Welt um sie herum vor sich geht. Seinen Unterricht in der V. Klasse beschreibt Seidentopf folgendermaßen:

»Von 10 bis 11 Uhr in den vier ersten Tagen der Woche beschäftige ich mich, den Kindern, welche unsre fünfte Ordnung ausmachen, die ersten nötigen Kenntnisse beizubringen, zugleich aber auch, soviel es in der Schule geschehen kann, ihren Herzen die erste sittliche Bildung zu geben. Ich folge hierbei vorzüglich der Anleitung des Rochowschen Schulbuchs[10] und der Schrift: *Erste Nahrung für den gesunden Menschenverstand* [von K. T. Thieme],[11] nutze aber auch dabei besonders Weißens,[12] Campens und andern hierher gehörige Schriften. Ich mache mir's in dieser Klasse vorzüglich zum Gesetz, mich zu der Fassungskraft der Kinder herabzustimmen, sie zur genauen Beobachtung dessen, was sie an sich selbst und anderen Dingen wahrnehmen, zu ermuntern, dem Gange der Kinderseele zwar Freiheit zu lassen, doch aber nie von einem Begriffe, ehe er gefaßt ist, zum andern überzugehen. In dieser Hinsicht wird ein vom Lehrer oder von einem Kinde erwähnter Gegenstand von mehreren Seiten oder nach seinen Teilen so lange untersucht, mit seinem Gegenteil oder dem, was ihm ähnlich ist, solange verglichen, bis es am Tage liegt: ein gewisser Satz sei wahr oder falsch, eine Handlung sei gerecht oder ungerecht, gut oder böse, nachahmungswürdig oder verwerflich. Zur Einkleidung und Erläuterung irgendeiner Wahrheit bediene ich mich kurzer Erzählungen, Fabeln, der eigenen Beobachtungen der Kinder, auf welche ich sie zurückführe, und der *Basedowschen Kupfertafeln*. Zur Übung des Gedächtnisses lasse ich vorgetragene Erzählungen wiederholen, auch bisweilen sie etwas verständliches auswendig lernen.«

Die von Seidentopf benutzten Bücher waren eigentlich keine »Schulbücher«, sondern für Kinder geschriebene Sammlungen moralischer Lesestückchen. Die von ihm genannte Schrift Rochows war die damals vielgelesene Sammlung *Der Kinderfreund*. Sie sollte die Lücke füllen zwischen Fibel und Bibel, die durch den Wegfall des Bibellesens im Anfangsunterricht entstanden war. Die Botschaft, die Friedrich Eberhard von Rochow, Erbherr zu Reckhahn bei Brandenburg und Begründer eigener Land- und Volksschulen, an seine kleinen Leser richtete, lautete: »Bleibt fromm und redlich ..., fleißig in eurem Beruf und ehrerbietig und gehorsam gegen die Obrigkeit.« So handelten die Geschichtchen des *Kinderfreunds* »Vom Nutzen der Obrigkeit«, »Vom Armen Kindermädchen« oder »Vom Nutzen des Vertrauens auf Gott«. Das Buch des Rektors und Schriftstellers Karl Traugott Thieme enthielt Sprüche und Kindergespräche. Christian Felix Weiße gehörte neben Campe zu den und bedeutendsten aufklärerischen Kinderbuchautoren.

Seidentopf wechselte 1788 ins Predigeramt. Doch er verschwand nicht gänzlich aus dem Gesichtskreis der Kinder. Sie sahen ihn oft bei kirchlichen Veranstaltungen, wo er sang und Harfe spielte. Seine Lieder wurden bei Gottesdiensten und Kirchenfeiern gesungen. Für die Jugend verfaßte er eine *Sammlung lehrreicher Beispiele zur Förderung echter Sittlichkeit, als der sichersten Grundlage wahren Bürgerglücks*.

Anthropologie

Ein Fach, dem die Philanthropen grundlegende Bedeutung beimaßen, war die »Anthropologie«. Anknüpfend an die Denkübungen sollte es den Kindern, ungefähr vom zehnten Lebensjahr an, das Idealbild des aufgeklärten, sich seiner selbst bewußten, körperlich und geistig gesunden Menschen nahebringen. Die Kinder erhielten Einblick in körperliche und seelische Vorgänge und in die sogenannte Trieblehre – ein Zentralthema der Aufklärungspädagogik. Sie sollten die eigenen Seelenregungen kennenlernen, und sich darin üben, zwischen guten und bösen, zwischen nützlichen und schädlichen Trieben – wie Haß, Zorn, Neid – zu unterscheiden.

Den Anfangsunterricht gab der 34jährige Magister Lämmel. Er galt als einer der tüchtigsten im Kollegium. Man rühmte an ihm, daß er bei schwächlichem und verwachsenem Körper strenge Disziplin hielt. Lämmel übte einen großen Einfluß auf den jungen Schinkel aus, der ihn noch Jahre später öfter besuchte. Lämmel über Inhalt und Methodik seines Unterrichts:

»Nachdem ich bisher des Montags und dienstags von 8 bis 9 Uhr den Schülern der vierten Ordnung die Lehre vom menschlichen Körper vorgetragen habe, so werde ich nunmehr übergehen zur Lehre von der menschlichen Seele. Bei jenem Unterrichte kam es mir hauptsächlich darauf an, daß die Knaben eine allgemeine Kenntnis von dem menschlichen Körper erlangen möchten. Da ich bei ihnen – denn sie sind größtenteils nicht unter 9 und nicht über 12 Jahre alt – entweder noch gar keine oder nur geringe Kenntnisse der Art voraussetzen konnte, so beschrieb ich ihnen mit Hinweisung entweder auf ein Skelett oder auf Kupfertafeln den Bau und die Einrichtung des menschlichen Leibes und erklärte die Geschäfte und Verrichtungen der Teile und Gliedmaßen desselben. Soviel als möglich suchte ich mich zur Fassungskraft der Kinder herabzulassen und ihnen deutliche Begriffe von der Natur ihres Körpers beizubringen, die ich denn nachher durch öfteres Wiederholen in Frage und Antwort noch mehr in ihnen befestigte, wobei es ihnen zur Pflicht gemacht wurde, das, was sie gehört hatten, zu Hause niederzuschreiben und es mir andern Tages zu zeigen. Zugleich benutzte ich bei diesem Unterricht jede Gelegenheit, wo ich ihnen diätetische Regeln erteilen oder sie auf die Güte und Weisheit des Schöpfers aufmerksam machen konnte. In der Seelenlehre werde ich das eigene Nachdenken der Jugend schon mehr in Tätigkeit setzen können. Ich werde nämlich, um sie mit den Kräften und Trieben des menschlichen Geistes bekannt zu machen, ihnen sämtliche Gegenstände vorhalten, äußere Veranlassungen herbeirufen und mich mit ihnen so darüber unterhal-

33. Joachim Heinrich Campe, *Kleine Seelenlehre für Kinder*, 1780. Das Bändchen war das klassische Muster einer »sokratischen Unterredung«, wie sie von den Philanthropen hoch geschätzt wurde. Das Büchlein wurde im ersten Anthropologie-Unterricht für die Kleineren durchgenommen.

ten, daß die jugendliche Seele dabei in Wirksamkeit und die Kinder selbst in Stand gesetzt werden, aus den Wirkungen ihres Geistes die wirkenden Kräfte selbst zu erkennen. Auch in diesen Lektionen werden öftere Wiederholungen von mir angestellt und schriftliche Aufsätze gefordert.«

Lämmel schärfte den Kindern ein, den Körper als eine von Gott gemachte »kunstvolle Maschine« anzusehen, die aber durch Unmäßigkeit und Vernachlässigung leicht zerstört werden könne. Er las mit ihnen Campes *Kleine Seelenlehre*,[13] damit ihr »mit eurer Seele, oder, welches einerlei ist, mit euch selbst bekannter werdet«.

Latein

An Lateinkenntnissen waren Schinkel und seine Klassengefährten den heutigen Lateinanfängern ein ganzes Stück voraus. Sie begannen früher damit, etwa im 8. Lebensjahr, und sie lernten gründlicher. Lieberkühn und Stuve hatten Latein zurückgestellt, doch jetzt wurden in den Klassen V bis I insgesamt wöchentlich 30 Stunden gegeben.[14]

Im Unterschied zur lateinischen Paukschule alten Stils war das Vorankommen erheblich leichter. Erstmals wurde ein wirklich brauchbares Lesebuch benutzt: das *Lehrbuch zum ersten Unterricht in der lateinischen Sprache* des Weimarer Konrektors und Magisters Plagemann.[15] Als Schulmann kannte er die Klippen des Lateinunterrichts; es war sein Ehrgeiz, den Schülern ein aus den besten alten und neuen Schulbüchern gesammeltes, leicht verständliches und von grammatikalischem Ballast befreites Buch in die Hände zu geben. Damit auch nichts an »Sachen oder Ausdrücken darin wäre, was über ihre Jahre geht«, hatte er das Buch mit Acht- bis Zehnjährigen getestet.[16] Es enthielt mehr als 200 Lesestückchen.

Kennzeichen des Plagemann waren Lebendigkeit und thematische Vielfalt. Er kombinierte Sprach- und Sachunterricht. Das erste Drittel enthält Kleinigkeiten aus der Naturgeschichte – von Blumen, Vögeln, Fischen – die restlichen zwei Drittel Fabeln, Erzählungen, belehrende historische Beispiele sowie Nachdenkenswertes zur Tugendlehre und kleine, den Sprachgebrauch vorbereitende lateinische Dialoge wie z. B. Gottes Regierung ist die beste, Liebe gegen die Eltern ist die heiligste Pflicht oder Über den Nutzen der Weltweisheit im Unglück.

Den Anfangsunterricht in der V gab der 35jährige Karl Gottlieb Schröder, ein gebürtiger Berliner: »Von 9 bis 10 Uhr lehre ich die Schüler der V. Klasse die Anfangsgründe der lateinischen Sprache. Ich schreibe die Endigungen der Deklinationen an die Tafel und lasse gleich mit einem Beiwort alba penna, pius dominus, prudens pater und nach und nach haec verbis nova deklinieren. Die Anwendung der Kasus suche ich durch kleine Formeln deutlich zu machen, wobei ich die Absicht habe, ihnen zugleich Vokabeln beizubringen. Wenn sie einige Tempora von den Zeitwörtern gelernt haben, fange ich Plagemann's lateinisches Lesebuch mit ihnen zu übersetzen an, worauf sie sich präparieren und die Vokabeln aufgeschrieben bringen müssen, um sie desto leichter zu behalten. Das Stück wird analytisch durchgegangen und dazu die Grammatik aufgeschlagen, wenn Ausnahmen bei den Deklinationen und Konjugationen vorkommen; diese werden dann, so wie andre Sachen, die sie noch nicht gehabt haben, mit Exempeln erläutert, und, wenn es nötig ist, die Deklinationen und Konjugationen wieder ins Gedächtnis gebracht. Das übersetzte Stück nebst der Analysis muß der Schüler in der folgenden Stunde aufgeschrieben bringen.«

Auch in der IV. Klasse, in der Ruhkopf unterrichtete, wurde der Plagemann gelesen. Ruhkopf gab keine Regeln und Vokabeln zum Auswendiglernen auf, sondern hielt die Schüler an, diese nach der »sehr brauchbaren neuern Pädagogik« unter seiner Anleitung aus den Lesestückchen herausziehen und sie in ersten Versuchen im Lateinischsprechen einzuüben. Am Ende der IV. Klasse waren die Schüler imstande, im Plagemann bereits kleine Auszüge aus Cäsars *Gallischem Krieg* und dem Tacitus zu lesen.

Naturgeschichte

Die philanthropischen Schulbuchautoren verstanden nicht nur fesselnd zu schreiben, sie hatten auch Witz. Der originellste unter ihnen war der Göttinger Magister Raff.[17] Er erfand eine *Naturgeschichte für Kinder*,[18] in der er Tiere über sich selber sprechen und aus ihrem Tierleben plaudern läßt. Das hat ihm, obwohl sein Buch wissenschaftlich fundiert ist, bissige Anmerkungen des Aphoristikers Georg Christoph Lichtenberg eingetragen, doch die Kinder lasen das Buch mit großem Vergnügen. Die Naturgeschichte wurde zum beliebtesten Sachbuch des ausgehenden 18. und beginnenden 19. Jahrhunderts. In Neuruppin wurde sie von Lieberkühn und Stuve eingeführt.

Georg Christian Raff, Geschichts- und Geographielehrer, kannte sich aus in der Empfindungswelt der Kleinen. Er bediente sich der Kindersprache, ohne ins Kindische zu verfallen. Wißt ihr, warum Kinder Naturgeschichte lernen? fragt er zu Anfang seines dialogisch angelegten Buchs ...»aus Liebe zu den Tieren und aus Ehrfurcht vor der Schöpfung. Schon um unserer Sicherheit, mehr aber um unsers Vergnügens, und um Gottes Ehre willen, erforschen wir die Geschöpfe unsers Gottes. – Wer sagte der Biene, daß sie unvorsichtige oder boshafte Hände mit ihrem Stachel stechen, und dadurch der Gefahr entgehen sollte? Wer lehrte die Ameise, sich Kammern unter der Erde zu bauen? Wer unterrichtete die Fliege, ihre Eier in das Fleisch oder in den Käse zu legen? Wer unterwies den Ameisenlöwen, ein Grübchen in den Sand oder in die Erde zu graben, und darin auf die vorübergehenden, und nun hineinstürzenden Ameisen zu lauern. Wer zeigte den Vögeln das Fliegen, und den Enten das Rudern? Tat es nicht alles unser gütiger himmlischer Vater?«

Raff verschreckte die Kinder nicht mit einem starren System. Er lenkte ihre Aufmerksamkeit zunächst auf den nächsten Umkreis, den eigenen Garten, auf die Äcker, Wiesen, die kleinen Gehölze und Wälder, wo »eine Menge Gras und Kräuter, allerhand bunte Blümchen, Gesträuche und Bäume zu sehen [sind], die euch zurufen: Menschen, wisset ihr, wer uns gemacht hat, und wie wir heißen?«

Um den Kindern die Freude an der Naturbeobachtung nicht zu verderben, beschwor er die Lehrer, das Buch »ja nicht gleich von vorn bis hinten« durchzulesen, sondern es den Kindern selbst zu überlassen, ob sie zuerst die Geschichte der Maus oder die des Elefanten lesen oder hören wollen.

Den Anfangsunterricht gab Lehrer Scheel. Mit seinen 65 Jahren war er der Senior im Kollegium. Er benutzte die Kupfertafeln Basedows und Raffs und erläuterte, der Einteilung des Buches folgend, das Tier-, das Pflanzen- und das Mineralreich. Von den Kindern wurde das Buch auch gern daheim gelesen. Es langweilte nie. Sie erfuhren nicht nur Wissenswertes über die einheimischen Bäume, sondern auch, wie der »Kaffeebaum, der Tee- und Baumwollstrauch, das Zuckerrohr und der Zitronenbaum aussehen«. Aus dem Tierreich berichtete ihnen Raff auf seine humorvolle Art Typisches zur Psychologie der Tiere. Den Papagei nennt er den »Affen unter den Vögeln«. Der Fuchs sei schlau und listig, der Löwe stark, verwegen und großmütig. »Der Tiger ist wilder und fürchterlicher als der Löwe und das geschwindeste und grausamste Tier unter allen vierfüßigen Tieren. Der Löwe ist zuweilen gütig und schonend« und morde nicht aus Lust, doch »der Tiger schont im Hunger selbst seines Weibchens und seiner eigenen Kinder nicht«. Und der Elefant, so zahm und gehorsam er auch sei, werde wild und unbändig, wenn er mißhandelt würde. Der Dachs sei »die ärgste Schlafmütze unter den Tieren«, und zur Ehrenrettung des Esels wird gesagt, daß er sicherer gehe als ein Pferd, fast nie stolpere und sehr reinlich sei. Auch wollte Raff abergläubische Vorstellungen ausräumen. Es sei ein »bloßes Märchen«, daß der Ohrwurm dem Menschen in das Ohr krieche, und an den Schauergeschichten von Riesenkraken, die mit ihren Fangarmen Schiffe in die Tiefe ziehen, sei nichts Wahres dran. Schließlich sei es der Mensch, der als »das beste und vornehmste Geschöpf Gottes auf dem Erdboden« über Allem stehe. »Er überlistet und fängt und bändigt auch das größte, das wildeste Tier, spannt's vor seinen Wagen, und fährt und reitet auf ihm«. Anstelle des Instinkts »gab uns der liebe Gott eine vernünftige Seele«. Auf dem ganzen Erdball, so Raff, gäbe es 1000 Millionen Menschen, unter ihnen »halb wilde und ganz wilde Menschen, die vom lieben Gott nichts wissen, die in Höhlen unter der Erde wohnen, sich untereinander totschlagen und fressen«.

Raff beendet das Werk mit abschreckenden Beispielen unglücklicher menschlicher Geschöpfe, die ohne Erziehung aufwuchsen, z. B. der wilde dreijährige Knabe, der bei den Wölfen lebte, oder das unbezähmbare, Wurzeln und Frösche essende und Hühnerblut trinkende Mädchen, das man 1731 in Frankreich einfing. Raff: »Werden wir aber nicht gut erzogen, wachsen wir wie die Ziegen und Schweine auf«.

Geographie

Das zweitwichtigste Fach, gleichrangig mit Deutsch, war die Geographie! Die Erdkunde sei »die natürlichste Grundlage des größten Teils unserer Kenntnisse«, äußerte der durch seine Schrift

34. Georg Christian Raff, *Naturgeschichte für Kinder*, 4. Auflage 1784. Inhaltsverzeichnis. Das Buch wurde von den Kindern heiß geliebt und wurde bis weit in das 19. Jahrhundert gelesen.
35, 36. *Naturgeschichte für Kinder*. Kupfertafeln. Dargestellt sind heimische und exotische Flora und Fauna, auch Walfang, ein Kauffahrteischiff.

Der neue Emil oder Von der Erziehung nach bewährten Grundsätzen bekanntgewordene Göttinger Philosophieprofessor Feder.[19] Erdkunde war zugleich eine erste Bürgerkunde für die künftigen Untertanen.

Der Unterricht begann mit Heimatkunde bei Scheel. Beginnend mit Neuruppin wurde nach und nach die Kurmark »durchgegangen und bei jedem Ort, das, was nötig ist, angemerkt und durch Fragen und Wiederholen so lange fortgefahren, bis sie es behalten haben«. Dann kam »Teutschland« dran mit seiner damaligen Einteilung in zehn geographische Kreise. Scheel brachte schon den Acht- bis Zehnjährigen erste Kenntnisse der deutschen Reichsverfassung bei und erläuterte ihnen die verschiedenen Regierungsformen.

Thema des Heimatkundeunterrichts war gelegentlich der Wiederaufbau der Stadt. Ein Abituraufsatz lautete: *Empfindungen eines Ruppinischen Schülers, mit welchen er nach dem Brande die Stadt verläßt, in der Hoffnung, sie bei seiner Rückkehr schön erbaut wiederzufinden.*[20] Der strenge Winter 1787/88 verzögerte die Aufräumungsarbeiten, und als dann im Sommer 1788 König Friedrich Wilhelm II. die Stadt besuchte, sahen die Kinder bestätigt, was sie im Unterricht lernten, daß ein fürsorglicher Landesvater ein Segen für die Landeskinder sei. Bald danach besuchte der damals 18jährige Kronprinz, der spätere König Friedrich Wilhelm III., dem Schinkel 30 Jahre dienen sollte, die Stadt.[21]

Als Begleitbuch benutzte Scheel Raffs vielgelesene, amüsante *Geographie für Kinder*.[22] Sie sei, so Raff, für die Schüler einer Bürger- und Gelehrtenschule besonders gut geeignet, weil jedes Kind darin sein Steckenpferdchen finden solle, ungeachtet, ob es später Gelehrter oder Handwerker werden wolle.[23] *Die Geographie für Kinder* war wieder dialogisch angelegt und führte die Leser auf einer fingierten Reise durch ganz Europa, von Portugal über Grönland bis in die »europäische Türkei«. Raff beginnt die Reise mit einer Anrede an die Leser:

»Man läßt euch daher sehen und hören, was gescheite Leute von einem Lande und von einer Stadt gesehen haben. Man sagt euch, was für Dinge in einem Lande wachsen oder gemacht werden. Man zeigt euch an, wieviel Leute in einer Stadt oder einem Lande wohnen. Bald redet man mit euch von dem Fleiß der Menschen in ihren verschiedenen mühsamen und gefährlichen Arbeiten. Ein anderes Mal führt man euch zu einem Kaufmann oder in ein Gewürzgewölbe. Nun besucht man mit euch Künstler oder Handwerker. Und endlich werdet ihr hören, ob in einem Lande ein König, oder ein Fürst, oder ein Magistrat ist. Zuweilen gehen wir spazieren, fahren auf einem Wagen oder mit einer Kutsche, hören die Vögel singen, sehen die Menschen auf den Feldern und in den Gärten arbeiten. Und dadurch werdet ihr den Reichtum und Segen, welchen Gott in den Erdboden und auf die Arbeit gelegt hat, erfahren. Nun gehen wir vergnügt nach Hause, freuen uns, und lesen wieder in den Büchern.«[24]

Prof. Feder war von Raffs Erdkunde so angetan, daß er meinte, sie sei die erste für den Anfangsunterricht geeignete Erdbeschreibung.[25] Diesem Urteil dürfte sich heute kein Pädagoge anschließen, denn sein Buch enthielt, so witzig es geschrieben ist, hanebüchene Verallgemeinerungen und begründete bei den Kindern lebenslange Vorurteile.

Von den Portugiesen heißt es, sie seien »nicht fleißig genug, und ließen fast die Hälfte von ihren Ländereien wüste liegen, grüben es nicht um und pflanzten auch nichts!« Von Spanien wird berichtet: »Vorzüglich aber wimmelt das ganze Königreich von französischen Scherenschleifern, Kesselflickern und Tablettkrämern«. »Der Spanier ist ernsthaft, gern müßig und stolz; der Franzose hingegen singt und pfeift gern, ist fleißig, höflich und galant«. Die Grönländer seien »gesunde, kleine, dicke und fette Leute«, mit braunen, runden Gesichtern und platten Nasen. »Ihre Lebensart ist schmutzig und unrein«. Oder: »Der Polak ist ein starker und herzhafter Mann. Er trinkt gern Branntwein und andere starke Getränke. Er trägt einen Knebelbart und einen Säbel an der Seite.«

Ein Seitenhieb gegen die andere Konfession: »Die meisten Spanier sind dumm eifrige Katholiken«. Im Kapitel über den Kirchenstaat ironisiert Raff den Glauben an die Allmacht des Papstes: »... die Leute glaubten, der liebe Gott täte alles, was der Papst wolle, oder zürne doch mit denjenigen, gegen die der Papst erzürnt wäre. Gott sei gelobt, daß dieser schädliche Irrtum nicht mehr herrscht.«

Und die Deutschen? Sie leben »vorzüglich von Feld- und Ackerbau und von der Viehzucht; von der Weberei und der Handlung und von Künsten und Handwerken. ... Die Teutschen arbeiten fleißig und gut, und nähren sich redlich. Schon die kleinsten Kinder müssen sich ihr Brot selbst verdienen.«

Aus der Kurmark wird berichtet: »Alles muß im Brandenburgischen arbeiten. Wer nicht will, wird gezwungen und ins Zuchthaus gebracht. Bettler werden absolut nicht geduldet.« Wie der preußische Staat »mit mutwilligen Bettlern und Vagabonden« verfuhr, konnte Schinkel als junger Mann in eindringlicher Weise erleben. Die erste Wohnung, die er mit seiner Ehefrau Susanne am Berliner Alexanderplatz bezog,[26] lag gegenüber von einem »Arbeitshaus«, das Friedrich der Große einrichten ließ. Die Insassen des drei Stockwerke hohen Gebäudes »von finsterm Ansehen« sollten durch Unterricht und Arbeit gebessert werden.[27]

Scheel hielt die Kinder an, darüber nachzudenken, wie vorteilhaft die Erziehung zu einem tüchtigen Bürger sei. Dies tat auch Raff, indem er seinen jungen Lesern das Basedowsche Philanthropinum vorstellte. »Und vor einigen Jahren hat der Kinderfreund, der bekannte Herr Basedow, aus dessen Kupfer- und andern Büchern ihr schon vieles mit Lust und Vergnügen werdet gelesen haben, eine neue Schule errichtet, die er Philanthropinum, das ist, menschenfreundliche Anstalt, nannte«.

Scheel ging mit den Schülern durch die Straßen der Stadt, zeigte ihnen Speicher und Betriebe, er schickte sie in die Werkstätten der Handwerker, wo sie nach allem fragen sollten, was sie interessierte. Sie sollten sich davon Notizen machen und diese in der nächsten Erdkundestunde vortragen.

Andererseits sind Raffs Berichte von fremden Völkerschaften von großer Eindringlichkeit. Im dritten Band über Amerika und Australien für die etwas älteren, schildert er das Leben der Indianer, ihre z. T. grausamen Bräuche wie das Quälen gefangener Feinde am Marterpfahl werden detailliert beschrieben. Ihre Gastfreundschaft wird gerühmt, mehrfach werden sie den jungen Lesern in charakterlicher Hinsicht als Vorbild dargestellt. So wird hervorgehoben, daß auch die Indianerkinder von kleinauf lernen, ihre Leidenschaften zu unterdrücken, und den Weißen an Selbstbeherrschung überlegen sind. »Sie lassen auch gegen Europäer, welche einander in die Rede fallen, und öfters sogar alle auf einmal reden, die große Verachtung blicken.« Herausgestellt wird der verderbliche Einfluß der Europäer auf die indianische Kultur. Die Indianer lernten von den Weißen »fast nichts als Verstellung, Habsucht, unbekannte Laster wie das Branntweinsaufen, daß die Unglücklichen ins Verderben stürzte.« Auch aktuelle Themen wurden aufgegriffen. Einmal wöchentlich wurden die wichtigsten Zeitungsnachrichten vorgelesen, um die Schüler »mit den neuesten Veränderungen der Staaten bekannt zu machen«.

Deutsch

Schinkel wurde vom ersten Schuljahr an angeleitet, sich im sprachlichen Ausdruck und »Wohlredenheit« zu üben. Keine andere Zeit legte darauf so großen Wert wie die Aufklärung, in der ein Gellert und ein Klopstock den Menschen die Achtung vor der Muttersprache zurückgegeben hatten. Jahrhundertelang war sie im Bildungsleben zurückgesetzt gegenüber dem Latein, jetzt wurde ihr der gebührende Platz eingeräumt – auch in den Lehrplänen der Schulen. In der Neuruppiner Schule wurden wöchentlich 24 Stunden Deutsch gegeben: je vier für jede der sechs Klassen, von der VI bis hinauf zur I.

Für den Anfangsunterricht benutzte Scheel Rochows Kinderfreund und andere bewährte Lesebücher. In der V. begannen die Lehrer mit der Lektüre des wohl beliebtesten und meistverbreiteten Lehr- und Lesebuchs der Zeit: mit den *Vorübungen zur Erweckung der Aufmerksamkeit und des Nachdenkens*[28] von Johann Georg Sulzer.[29] Die erweiterte Fassung, an der J. H. L. Meierotto,[30] Professor am Joachimsthalschen Gymnasium, mitwirkte, enthielt eine bunte Auswahl von etwa 330 Lesestücken aus den unterschiedlichsten Wissensgebieten. Sie sollten für den jungen Leser »Gegenstand des Gesprächs mit den Seinigen [werden], es muß die Belustigung unter seinen Gefährten, es muß der Führer bei seinen Spaziergängen werden«.[31] Diese Fassung hat Karl Friedrich Schinkel gelesen. Die *Vorübungen* bestanden aus drei Bänden, der vierte Band gehörte als begleitendes Methodenbuch in die Hand des Lehrers.

Sechs Übungen sollten den Unterricht bestimmen: 1. Bildung der Stimme und der Aussprache. 2. Erweckung der Aufmerksamkeit: Sie besteht überhaupt darin, daß die Jugend geübt wird, auf dasjenige, was ihr vorgelesen wird, dergestalt acht zu haben, daß sie das Gehörte nach den wesentlichsten Teilen fasse und sich klar genug vorstelle, um es wieder erzählen zu können«. 3. Rechtschreibung und Interpunktion anhand von Diktaten aus dem Werk. 4. Schärfung des Beobachtungsgeistes und der Überlegung. Der Hauptgedanke eines Stückes sollte herausgearbeitet und dann untersucht werden, wie dieser vorgetragen wird. 5. Schärfung des Verstandes und des Witzes. Hier kommt es darauf an, den Geist und die Aussagekraft jeder Stelle begreiflich zu machen. 6. Übung in dem Gefühl des Guten und des Bösen. Sie sollte der Jugend eine Kenntnis der verschiedenen Grundtriebe ... geben, aus denen die sittlichen Handlungen der Menschen entstehen, und nach welchen sie moralisch gut oder böse sind«.[32]

37. Friedrich Eberhard von Rochow, *Der Kinderfreund. Ein Lesebuch zum Gebrauch in Landschulen*, 1783. Titel und Ausschnitt aus dem Inhaltsverzeichnis. Das berühmte Lesebuch gilt als Klassiker der philanthropischen Kinderliteratur. An Stelle von Bibelstoffen enthält es rund 80 Beispielgeschichtchen zur moralischen und praktisch gesellschaftlichen Unterweisung.

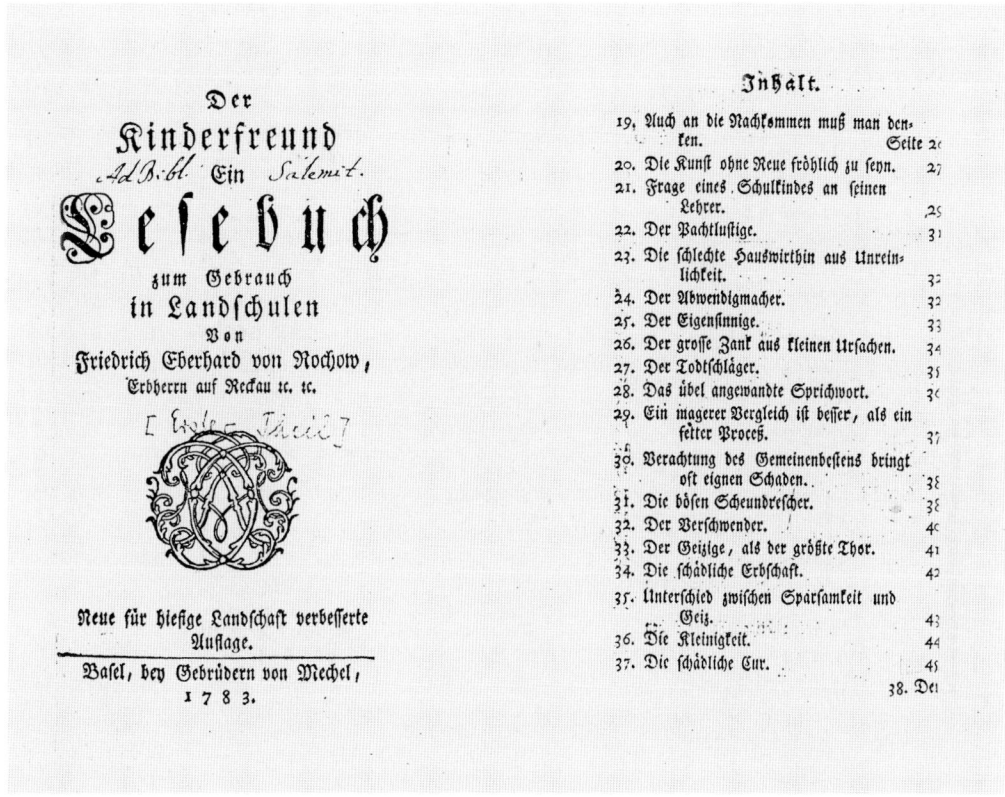

Der erste Band mit Lesestücken für die Achtjährigen und etwas älteren beginnt mit »Merkwürdigkeiten der Natur«: mit dem Löwen, Elephanten, Nashorn, Kamel und anderen exotischen Tieren. Ferner Fische, Schlangen, Insekten, beginnend mit dem »nützlichen« damals in Preußen eingebürgerten »Seidenwurm«. Weiter mit dem Pflanzenreich, Gewürzpflanzen, Kaffee, Tee, Kakao und desgleichen. Sodann die Erde und der Mensch, einiges über Ackerbau und Schifffahrt, Sitten und Gebräuche, darunter ein Augenzeugenbericht über eine Witwenverbrennung in Indien, der von den Schülern »im Affekt« vorgelesen werden sollte. Und schließlich moralische »Beispiele und Lehren« – über Bedachtsamkeit, Mäßigung, Verschwiegenheit –, Fabeln und Erzählungen, u. a. von Gellert, Gesner, Nicolai.

Scheel folgte Sulzers Empfehlungen: »Von 3 bis 4 werden die Schüler mit der Lesung der Sulzerschen Vorübungen unterrichtet. Hierbei sehe ich fürnehmlich auf eine deutliche und richtige Aussprache, auf ein langsames und lautes Lesen. Ein jedes Stück wird ihnen deutlich entwickelt und daraus Lehren der Religion und der Tugend gezogen, die durch wiederholtes Fragen dem Gedächtnis eingeprägt werden«.

In der IV. Klasse unterrichtete Seidentopf: »Zuförderst bemühe ich mich, die Schüler dieser Ordnung mit gehörigem Nachdruck und Empfindung lesen oder etwas auswendig hersagen zu lehren. Das dazu gewählte Stück wird vorher vom Lehrer erklärt und vorgelesen. Die Regeln der Rechtschreibung und der Sprache selbst werden zwar sorgfältig, doch aber nur beiläufig ihnen bekannt gemacht. Die Aufsätze, welche in dieser Klasse verfertigt werden, sind Erzählungen, welche der Lehrer in gutem Deutsch vorgetragen hat, und welche der Schüler leserlich und orthographisch richtig geschrieben, gehörig interpunktiert, durch keine falschen Zusätze verunstaltet und in bestimmten Ausdrücken abgefaßt, zu liefern verpflichtet ist. Nach und nach wird er auch angehalten, eigene Ausarbeitungen zu bringen, zu welchen der Lehrer ihm den Stoff darreicht. Dergleichen Aufsätze korrigiere ich zu Hause und gebe sie mit kurzen Bemerkungen über die wichtigsten Fehler zurück. Die Schüler sind verpflichtet, die falsch geschriebenen Wörter oder andere Fehler zu Hause nochmals berichtigt unter dem Aufsatz anzumerken und am folgenden Tage vorzuzeigen.«

In der IV. Klasse wurde mit der Lektüre des zweiten Bandes der Vorübungen begonnen. Hier ging es um vergleichende anthropologische Betrachtungen von Sitten und Gebräuchen in unterschiedlichen Kulturen, angefangen bei den »wilden Völkern Feuerlands«, dann zu den bereits »etwas gesitteten« Hirtenvölkern und schließlich zu den ackerbautreibenden »gesitteten« Völkern, welche sich »in eine wohleingerichtete, durch Gesetze geregelte Gesellschaft begeben« haben. Den Abschluß bildete wieder die moralische Unterweisung: »Verstand und Unverstand«

des Menschen, seine Tugenden und Laster, aufgezeigt an berühmten Gestalten der Antike. Der Band enthält Texte von Bodmer, Hagedorn, von Haller, Nicolai, Pope, Sander, Sterne, Uz und anderen Schriftstellern.

Übungen in der Schreibekunst

Der gepflegten Ausdrucksweise entspricht die saubere, gut leserliche Handschrift,[33] sie wurde unter Aufsicht von Schreibmeistern eingeübt. Eine ansprechende Handschrift war unerläßlich in einer Zeit, in der der gesamte Schriftverkehr durch Federkiele floß. Die mühselige Schreibekunst lehrten Scheel, Schröder und Kantor Rötscher, wobei die beiden letzteren die Schüler oft zur Verzweiflung brachten, weil sie auch mit der linken Hand schreiben ließen.[34]

Die Kalligraphie-Stunde begann mit dem Zurechtschneiden der Federkiele. Dies erforderte viel Geschicklichkeit, denn der Schüler benötigte dazu ein spezielles Messer, um »den Spulen der Federn einen Schnabel mit einer Spalte zu schneiden, worin die Tinte beim Eintunken hängenbleibt«. Die stählerne Schreibfeder kam erst später auf. Scheel: »Es werden ihnen teils Vorschriften vorgelegt, die sie nachschreiben müssen, teils müssen sie aus ihrem eigenen Gedächtnis selbst etwas aufschreiben, und bei der Korrektur wird auf Orthographie und Interpunktion Rücksicht genommen. Dabei wird auch besonders auf die Stellung des Leibes und ordentliche Haltung der Feder gesehen.«

Als Vorlagen benutzte Scheel die Blätter von Hilmar Curas[35] und *Basedows Schrifttafeln* für lateinische und deutsche Schrift. Basedow: Der Schreibschüler sitzt »... in einer ihm gesunden und bequemen Stellung. Rücken und Hals ist gerade, Brust und Unterleib ungedrückt, und etwas vom Tische entfernt; auf demselben der rechte Vorderarm horizontal, die Schreibfeder zwischen dem Daumen und Zeigefinger befestigt und mit dem Mittelfinger unterstützt; das Papier wegen der darauf drückenden linken Hand unverrückbar und von der linken Seite her erleuchtet; und das Tintenfaß nebst der Sandbüchse in dem Schreibzeuge, etwas zur Rechten. ... Der Schreibschüler fängt an mit der Nachahmung der einfachsten Buchstaben, als c, i, n, m, u, o, a, r, v, w; er fährt fort, diejenigen zu ziehen, welche unten eine Länge haben, als g, q, p, x, y, z, ferner welche nach oben zu lang sind. ... Oder man schreibt ihm gleich ganze Wörter mit einem Bleistift vor, welche er mit Tinte nur nachzieht.«[36]

Geschichte

Den ersten Geschichtsunterricht erhielt Karl Friedrich mit Eintritt in die IV. Klasse im Alter von neun bis zehn Jahren. Gegenstand war zunächst die Geschichte der engeren Heimat und Neuruppins, danach befaßten sich die Kinder mit der Mark Brandenburg, der ersten Besiedlung, der Unterwerfung der heidnischen Wenden im 12. Jahrhundert durch den legendären Markgrafen Albrecht den Bären, der mit der Eroberung der Spree- und Havelländer den Grund zur Mark Brandenburg legte, und schließlich mit dem Großen Kurfürsten. Früh wurde den Schülern bewußt, daß Preußen ein verhältnismäßig junges und aufstrebendes Land war. Danach behandelten die Lehrer »die wichtigsten Begebenheiten aus der Geschichte der Deutschen«.

Im Unterricht wurde die *Allgemeine Weltgeschichte für Kinder*[37] von J. M. Schröckh benutzt – sie war das meistgelesene Geschichtsbuch für die Jugend von zehn Jahren an. Schröckh vertrat die aufklärerische Überzeugung, daß es dem Menschen möglich sei, aus dem Gang der Geschichte zu lernen. Sie sei die »beste Lehrerin der Klugheit«[38] und zeige uns Beispiele zur Warnung oder Nachahmung, sie strafe und belohne. Zwar biete die Geschichte eine »erstaunliche Vermischung« von Glück und Unglück, von Gut und Böse, letztlich aber neige sich das Übergewicht immer zum besten des Menschengeschlechts, denn dahinter verberge sich eine »bewunderungswürdige Ordnung«.[39]

Dieser optimistischen Geschichtsmoral folgte auch Seidentopf: Den Kindern müsse man vor allem das Fruchtbare der Geschichte an einzelnen Beispielen zeigen. So käme es bei der Geschichte der Deutschen darauf an, diejenigen Begebenheiten zu beleuchten, »welche einen auffallend vorteilhaften oder nachteiligen Einfluß in die Staatsverfassung, Kultur, Religion, Sitten oder auf den Wohlstand der Nation gehabt haben. Überdem werden auch diejenigen Personen sorgfältig bemerkt, welche durch vorzüglich weise und tugendhafte Handlungen, durch Besiegung ihrer Triebe und Leidenschaften sich und andere glücklich gemacht oder durch ein entgegengesetztes Betragen sich oder andere ins Elend gestürzt haben.«

Gekürzter Auszug aus Nicolais Rezension der *Unterweisung zur Glückseligkeit nach der Lehre Jesu* in der *Allgemeinen Deutschen Bibliothek*[44]

»Wir Menschen haben nicht nur einen Leib, sondern auch eine vernünftige Seele, deren Hauptverlangen dahin geht, auf ewig glücklich sein. Dabei ist uns zu wissen nötig, wie wir es anfangen müssen, um zu unserm Zweck zu kommen. Die Lehre Jesu, oder das Evangelium, welche wir in der hlg. Schrift aufgezeichnet finden, kommt uns in dieser wichtigen Angelegenheit mit ihren Unterweisungen zu statten. Ihr Inhalt teilt sich in zwei Hauptbücher. Sie lehrt uns:

I: Wir können auf ewig glücklich werden, denn 1: es ist ein Gott. 2: Dieser kann uns auf ewig glücklich machen, weil er a) der vollkommenste Geist [hier werden die göttlichen Eigenschaften der Reihe nach abgehandelt], b) Herr über alles ist [hier folgt die Lehre von der göttlichen Vorsehung und Regierung]. 3: Er will uns auch ewig glücklich machen, weil er a) unsere Natur dazu fähig gemacht, b) alles, was wir dazu bedürfen, veranstaltet hat, nämlich Versicherung der göttlichen Begnadigung, weil wir sündige Menschen sind, Kraft zur Besserung des Gemüts und gewisse Hoffnung des ewigen Lebens. – Nun folgt die christliche Moral, denn die Lehre Jesu unterweist uns auch, was wir tun müssen, um auf ewig glücklich zu werden. Wir müssen nämlich gut gesinnt werden und wandeln. [Aufgezählt werden die anzustrebenden guten Eigenschaften und sittliche Ermahnungen].

II: Wahre Verehrung gegen Gott durch Dankbarkeit, Gehorsam, Vertrauen, Gebet, Beförderung der Ehre desselben bei anderen und Abwartung des öffentlichen Gottesdienstes gegen uns selbst, aus wohlgeordneter Selbstliebe, die Sorge für unsere geistliche Wohlfahrt, für die leibliche Wohlfahrt, die Erfordernisse dazu als Selbstverleugnung, Selbstbeherrschung, Keuschheit, Mäßigkeit gegen andere Menschen, sowohl gegen jeden ohne Unterschied die allgemeine Menschenliebe, Aufrichtigkeit, Gerechtigkeit, Barmherzigkeit, Dienstfertigkeit gegen andere Menschen, zur Beförderung seiner geistlichen und leiblichen Wohlfahrt, als gegen diejenigen Menschen, welche mit uns in näherer Verbindung stehen: nämlich Eltern, Kinder, Ehegatten, Herrschaften, Dienstboten.

Schröckh beschrieb Friedrich den Großen als das Vorbild eines gerechten und weisen, dem Staatswohl dienenden Monarchen: »Niemals ist ein Fürst von seinen Zeitgenossen selbst so einstimmig der Große genannt worden als er. ... Indem er stets mit alles übersehenden Blicken die Regierung selbst geführt hat, ist jedes öffentliche Gebrechen von ihm bemerkt, und jedes Jahr ein neuer Fortgang in dem Wohlstande seines Staats geworden. Er hat immer mehr für diesen, als für sich gelebt; dem Kriege niemals erlaubt, langdauernde Spuren darinne zu hinterlassen, und im Frieden sich stets zu einem unvermeidlichen Kriege bereitet. Die Verwaltung der Gerechtigkeit hat er aus dem Grunde verbessert, und auf ein neues Gesetzbuch gebaut. Wissenschaften, Künste aller Art, Manufakturen und Handelschaft haben durch ihn neues Leben bekommen, und sind höher als jemals gestiegen.«[40]

Seidentopf gab den Schülern auf, das Vorgetragene schriftlich festzuhalten und nach und nach eine chronologische Tabelle anzulegen, »welche fleißig durchgesehen, ihm dann sehr zustatten kommt, wenn nach Endigung eines Zeitraums das zuletzt Erzählte ausführlich, alles vorhergehende aber kurz wiewohl mit genauer Bemerkung der Jahreszahl wiederholt wird.«

Religion

Im Fach Religion machte sich der aufklärerische Einfluß am stärksten bemerkbar. Die dogmatische Theologie war aus der Schule verbannt; der Religionsunterricht wurde mit der Naturkunde und der Anthropologie in enge Verbindung gebracht; anstelle des als unzeitgemäß empfundenen Lutherischen Katechismus wurden die Schüler mit dem Leben Jesu, den Grundlehren der Religion und der Bibel bekannt gemacht.[41] So kannte Schinkel es bereits aus seinem Elternhaus.

Grundlage des in der IV. Klasse beginnenden Unterrichts war die *Die Unterweisung zur Glückseligkeit nach der Lehre Jesu*[42] des Berliner Oberkonsistorialrats Diterich. Sie wurde an fast allen preußischen Schulen benutzt, in den unteren Klassen freilich nur als Auszug.[43] Sie ersetzte nun den Katechismus.

Diterich vertrat die Auffassung, daß die Lehre Jesu der Schlüssel sei, »auf ewig glücklich« zu werden. Der Mensch müsse nur gut gesinnt sein und ein untadeliges Leben führen. Gott selbst wolle, daß der Mensch schon auf Erden ein ruhiges und vergnügtes Leben führe. Quellen der Gotteserkenntnis seien Gottes Werke in der Natur, die Bibel und die Personen – unter ihnen Christus –, die er gesandt habe, und in denen er sich offenbare. Die Seele sei die Denkkraft, die durch den Leib empfinde und wirke. Bei ihrer Auferstehung erhalte sie einen neuen Leib, der unvergänglich sei. Der Mensch verfüge über einen freien Willen, überlegt zu handeln, das Gute zu wählen und das Böse zu meiden.

Den Anfangsunterricht gab Lämmel:

»... hüte ich mich, einen eigentlichen ununterbrochenen Vortrag zu halten oder die Wahrheiten der Religion bloß dem Gedächtnis der Jugend einzuprägen. Ich suche vielmehr durch Unterredungen in sokratischer Manier die Denkkraft der Kinder so zu leiten, daß sie von selbst auf die Idee kommen, ›es muß eine erste Ursache aller Dinge vorhanden sein‹. Ich mache sie aufmerksam auf die Einrichtung der noch immer fortdauernden Welt – auf den Bau des menschlichen Körpers u. s. w. (wobei ich teils diejenigen Kenntnisse benutze, die sie etwa davon schon haben, teils Beispiele anführe, die sie, wenn sie ihnen auch noch unbekannt sind, dennoch fassen können), und sie schließen von selbst: ›Also muß jener Urheber der Welt ein mächtiges, weises, gütiges, immer wirksames Wesen sein.‹ Und so führe ich sie in dem Erkenntnis der Religionswahrheiten immer weiter. Was sie nun durch eignes, von mir gewolltes und geleitetes Nachdenken erkannt haben, das belege ich ihnen mit einem ihnen verständlichen Spruch aus der Bibel oder mit dem Vers eines Kirchengesanges.

Von der Geschichte Jesu erzähle ich der Jugend nur das, was für sie verständlich und lehrreich ist, und lehre sie, in seiner Person denjenigen zu erkennen, der den Menschen durch seinen besseren Unterricht und frommen Wandel den Weg zur Glückseligkeit gezeigt hat. – Überhaupt suche ich den ganzen Unterricht für das jugendliche Herz eben so wirksam als für den jugendlichen Verstand zu machen. – Auch von diesen Lektionen werden schriftliche Aufsätze verfertigt.«

In den unteren Klassen benutzte Lämmel Diterichs Auszug. In 187 Lehrsätzen (spätere Auflagen 264) war die ganze Lebensweisheit, die zur Glückseligkeit erforderlich sei, auf religiöser Grundlage aufgebaut. Friedrich Nicolai, der Freund der Neuruppiner Schule, rühmte die *Unterweisung* als »das beste« Buch, das er für den katechetischen Unterricht kenne, denn auf diese

Weise würden »viele junge Gemüter zur herzlichen Annehmung eines aufgeklärten und praktischen Christentums gebracht werden«.

Rechnen

Begonnen wurde mit den vier Grundrechenarten, doch es war wenig mehr als »Zählen«. Ruhkopf erklärte den Kleinen der IV. Klasse zunächst die »Zerfaltung des Geldes« – ein Taler zu 24 Groschen, ein Groschen zu 12 Pfennig – und die Maße und Gewichte.

»Ich dividiere jetzt mit ihr. Ich bemühe mich, meinen kleinen Freunden die Gründe zu jeder Art des Rechnens so einfach und anschaulich als es mir möglich ist, darzustellen, und gleichsam aus ihrer Seele herauszufragen. Beispiele aus ihrer Erfahrung aus dem gemeinen Leben dienen zu näheren Beweisen und Übungen und überzeugen sie von dem Nutzen und der Notwendigkeit dieses Unterrichts. Die Resultate dieser Analyse werden von Zeit zu Zeit während des Rechnens wieder ins Gedächtnis gerufen. Zur Abwechslung und um gehörige Fertigkeit zu verschaffen, wird bisweilen in unbenannten Zahlen gerechnet, solange ich noch bei den 4 Species bin. Einer rechnet laut an der Tafel, die andern stille für sich. Der Aufmerksamkeit wegen wird oft außer der Reihe einer an die Tafel gerufen, um zu rechnen. Zur Schärfung des Nachdenkens und zur angenehmen Abwechslung ist das Rechnen aus dem Kopfe ohne Hilfe des Papiers oft gebraucht und sehr nützlich befunden worden.«

Das Kopfrechnen oder »Gedankenrechnen« war gerade erst mit Erfolg in den Dorfschulen eingeführt worden. Inspektor Seger war der Meinung, daß der gemeine Mann »das Rechnen auf dem Papier doch selten faßt, und das, was er erlernt hat, geschwind wieder vergißt«.[45]

Lebende Fremdsprachen

Den ersten Französisch-Unterricht erhielt Karl Friedrich an der Neuruppiner Schule. Begonnen wurde damit in der IV. Klasse unter der Anleitung von Schröder. Es wurde nur übersetzt, das Französischsprechen wurde – wie allgemein üblich – mit einem französischen Sprachmeister geübt. Er gehörte nicht zum Lehrerkollegium, daher kennen wir weder seinen Namen noch seine Herkommen. Er war sicherlich Franzose. Schröder in seinem Lehrerbericht:

»Ich verfahre mit den meisten Stücken wie mit dem Lateinischen; weil der französische Sprachmeister die Schüler noch besonders unterrichtet, so habe ich bloß mit dem Übersetzen zu tun. Mit der 3ten Klasse lese ich Gedikes,[46] und mit der 4ten *Müchlers Lesebuch*.«[47]

Griechisch kann Schinkel nicht gehabt haben, denn es setzte erst mit der III. Klasse ein. Es wurde auch nur von Schülern gelernt, die sich auf einen gelehrten Beruf vorbereiteten. Den Unterricht erteilte Lämmel. Hebräisch wurde nicht im Stundenplan aufgeführt; gelehrt wurde es nur in der I. Klasse für künftige Theologen.

Zeichnen

Die Schule bot die Möglichkeit, sich im Zeichnen zu üben. Allerdings war der Unterricht nicht öffentlich, er wurde an zwei Wochentagen als »Privatzeichnen« gegeben »für diejenigen aus allen Klassen, welche es lernen und dafür bezahlen wollen«. Schinkel war gewiß mit dabei.

Das Zeichnen hatten Stuve und Lieberkühn eingeführt.[48] Stuve: »Um die Kinder außer den Schulstunden auch noch auf eine ebenso angenehme als nützliche Art zu beschäftigen, wünsche ich, daß man ihnen Unterricht im Zeichnen und in der Musik geben lasse. Es ist bekannt, wie sehr die Kenntnis und die Fertigkeit in diesen beiden Künsten, den Geschmack des jungen Menschen bildet und ihn empfiehlt, und ich darf also nur sagen, daß zu beiden bei uns erwünscvhte Gelegenheit ist.«[49] Auch Basedow meinte, »jede wohlerzogene Jugend [sollte] Zeichnen und Malen lernen«, um Beobachtung und Anschauung zu üben. Man solle den Kindern Kupferstiche und Gemälde zeigen, sie in die Camera obscura[50] sehen lassen und gemeinsam mit ihnen die Bilder mit der Natur vergleichen, »um ihnen etwas Lust und Geschmack an Zeichnungen zu geben.«[51]

Im Zeichnen unterrichtete seit 1785 ein gewisser Herr Rainel, der auch Nebenunterricht im Französischen und Anweisung im Tanzen gab. In der Zeichenstunde wurden Vorlagen benutzt, wahrscheinlich auch aus *Basedows Elementarwerk*.

Basedows Kupfertafeln

Die *Basedowschen Kupfertafeln* waren die große Freude der Kinder. In fast allen Unterrichtsfächern durften sie die Drucke unter Aufsicht der Lehrer gelegentlich betrachten. Basedow hatte die rund 100 Tafeln als begleitendes Anschauungsmaterial zu seinem ehrgeizigen *Elementarwerk*,[52] in dem er fast alle Unterrichtsgebiete enzyklopädisch zusammenfaßte, von Daniel Chodowiecki zeichnen lassen.[53] Weil es aber inzwischen neue und geeignetere Lehrbücher gab, galt sein Werk weitgehend als überholt – doch auf das Tafelwerk konnte kein Lehrer verzichten. Für die Kinder war es gleichsam ein kleiner Kosmos in Bildern, denn nichts war ausgelassen, was den Menschen bewegt oder interessiert. Die Tafeln enthielten fast immer mehrere Abbildungen zu jedem Thema.

Begonnen wurde mit Darstellungen aus dem ersten Erfahrungsbereich der Kinder, ihrem Zuhause: Nahrungsmittel, Kleidung, Hausrat. Die folgenden Schautafeln handelten von den Vergnügungen der Kinder, der Jugendlichen und der Erwachsenen wie z. B. das Angeln, Schwimmen oder Schlittschuhlaufen. Dann ging es hinaus in die weite Welt. Vorgestellt wurden Tiere in der Heimat und in fernen Ländern und Kontinenten. Die Beschaffenheit der Landschaften der Erde wurde gezeigt und dazu die Landkarten, die Unterschiede der Rassen und Völker. Dargestellt wurde die Anatomie des menschlichen Körpers, ferner die Planzenarten, die Bäume, die Mineralien. Die Werkzeuge des Menschen seine Handwerke und Künste, Musikinstrumente, die Bauarten der Häuser. Es fehlten nicht historische und biblische Ereignisse, Wichtiges zur Wappenkunde fürstlicher Häuser, Bilder über die Geschicklichkeit der Tiere und das Funktionieren von Maschinen und physikalischen Instrumenten. Viel Einfallsreichtum wandten Chodowiecki und Basedow auf die Veranschaulichung nicht gegenständlicher Themenbereiche, darunter die Wirksamkeit des Verstandes, die Triebe des Menschen, der Einfluß der Religion. Mehrere Tafeln schilderten Götter und Szenen aus der Mythologie. Behandelt wurden die bösen Neigungen der Menschen, ihre Laster und Süchte. Die Grausamkeiten dieser Welt wurden den Kindern bedenkenlos vor Augen geführt. Eine Tafel widmete sich den öffentlichen Strafen.[54] Die Kinder sollten sich früh gewöhnen, der Obrigkeit zu gehorchen, denn deren Strafen seien fürchterlich. In Neuruppin wurde erst 1831 die letzte grausige öffentliche Hinrichtung einer unglücklichen Kindsmörderin, die mit dem Rad zu Tode gebracht wurde, vollzogen.[55] Abgebildet waren Naturkatastrophen wie der Ausbruch des Vesuv bei Nacht oder das verheerende Erdbeben zu Lissabon im Jahre 1755: »Eine Straße mit zerstörten Häusern. Halbverschüttete Menschen mit dem Tode ringend. Einige Leichen ... aufsteigende Flammen einer großen Feuersbrunst.«

38. Daniel Chodowiecki »Die Nahrungsmittel des Menschen«, aus: Basedow, *Elementarwerk*, Tafel I.
39. Unbek. Zeichner, »Die Götter des Olymp«, aus: *Elementarwerk*, Tafel V. Die bewußt aufklärerisch ironische Darstellung zeigt die Götter in einer heiteren Plauderrunde: Jupiter, in der Rechten das Zepter, in der Linken den Donnerkeil haltend. Neben ihm Juno und ihre Kammerjungfer Iris mit dem Regenbogen. Der mit Lorbeer bekränzte Apoll (mit Strahlenkranz) hält die Leier in der Linken, seinen Köcher auf der Schulter. Hinter ihm Vesta mit einer Trommel, die Erde vorstellend, und Merkur mit Botenstab und dem beflügelten Hut. Ceres, mit Kornähren gekrönt, hält die Sichel in der Rechten und stützt sich mit dem linken Arm auf eine Korngarbe. Diana trägt Bogen und Köcher auf dem Rücken und schäkert mit dem auf einer Wolke ruhenden Neptun mit seinem Dreizack. Neben ihm Mars mit Helm und Panzer. Er stützt sich auf seinen Schild. Ihm zur Seite sitzt Venus, die Schönste von allen. Sie drückt ihr Söhnchen Cupido zärtlich an die Brust.

Die Schüler bekamen die Bilder aber immer nur kurze Zeit zu sehen. Basedow empfahl den Lehrern, die Tafeln möglichst bald wieder wegzuschließen, damit die Kinder ihrer nicht überdrüssig würden. Er wußte von dem unsteten Charakter des menschlichen Auges, das selten längere Zeit bei einem Gegenstand verweilt und nach immer neuen Reizen verlangt. Chodowieckis Zeichnungen sind ein unvergleichliches kulturgeschichtliches Zeugnis aus der Aufklärungszeit.

Neuruppiner Freunde

Hatte Schinkel Jugendfreunde? War er unter den Gleichaltrigen beliebt? War er ein Draufgänger oder ein Träumer? Verkehrte er mit Kindern aus einfacheren Kreisen? Wir wissen es nicht genau. Bekannt sind lediglich die Namen zweier Freunde, die Wolzogen erwähnt:[56] August Christian Goering[57] und Friedrich Ludwig Schumann.[58] Mit Sicherheit besuchten sie und Karl Friedrich zusammen die Schule, und da sie ungefähr gleichaltrig waren, wahrscheinlich dieselbe Klasse. Sie schlossen aber nicht erst auf der Schulbank Freundschaft – sie kannten sich schon als ganz kleine Kinder, denn ihre Eltern waren sich freundschaftlich verbunden und verkehrten miteinander. Schumann und Goering stammten aus angesehenen Neuruppiner Familien: Vater von Christian war der Bürgermeister August Heinrich Goering. Ludwigs Vater war der Organist und Servis-Rendant Johann Friedrich Schumann, Kassenverwalter von Kirche und Schule. Beide Jungen waren Patenkinder von Karl Friedrichs Eltern. Und Bürgermeister Goering war wiederum ein Patenonkel von Karl Friedrich. Es ist gut vorstellbar, daß die drei jungen Freunde auch Gefährten beim Unterricht im Tanzen, Fechten und Reiten gewesen sind. Denn diesen Übungen, die die körperliche Gewandtheit und die Verwegenheit fördern sollten, unterzogen sich eigentlich alle angehenden jungen Herren der gesitteten Stände.[59]

Christian soll ein lebhafter Junge gewesen sein. Die Stadtschule verließ er ohne Abitur. Wie Karl Friedrich Schinkel, bekleidete er später ein öffentliches Amt. Er brachte es zum Kammergerichtsassessor und wurde 1817 Direktor des Neuruppiner Stadtgerichts. 1832 verlieh ihm der Magistrat die Ehrenbürgerrechte, weil er als »gewissenhafter Beschützer des Rechts«, als »Vermittler, Freund und väterlicher Ratgeber« den Menschen beigestanden und durch »Gefälligkeit und Humanität die Liebe und Hochachtung jedes Einwohners der Stadt Neuruppin erworben« habe.[60] In seiner äußeren Erscheinung soll er »ein Ebenbild Goethes« gewesen sein,[61] geistreich und intelligent. Die hinter dem Gerichtsgebäude verlaufende, in die Schinkelstraße ein-

40. Daniel Chodowiecki, »Naturkatastrophen«, aus: *Elementarwerk*, Tafel XCIII: Schiffbruch im Sturm an einer Klippe. – Ausbruch des Vesuvs bei Nacht. – Das verheerende Erdbeben zu Lissabon von 1755, bei dem zwei Drittel der Stadt zerstört wurden und 30 000 Einwohner ums Leben kamen.

41. Daniel Chodowiecki, »Einige öffentliche Strafen«, aus: *Elementarwerk*, Tafel XXXIV: Die Geldstrafe vor Gericht. – Das Spießrutenlaufen und die Stäupung (Auspeitschung) des Delinquenten am Pranger. – Das Hängen, das Rädern, das Köpfen. – Mancherlei Gefängnisstrafen und Sklaverei.

mündende kleine Straße trug lange Zeit seinen Namen, wurde später jedoch zur Erinnerung an den Erbauer des neuen Ruppin in Bernhard-Brasch-Straße umbenannt.

Besonders eng scheint Karl Friedrich mit Ludwig Schumann befreundet gewesen zu sein. Ludwig begann schon sehr früh, die Zeichnungen des Freundes zu sammeln und erwarb sich dadurch für die Schinkelforschung große Verdienste.

Nachdem Karl Friedrich nach Berlin übergesiedelt war, folgte ihm Ludwig Schumann, dessen Vater 1794 starb, bald nach. Ludwig absolvierte eine kaufmännische Lehre und eröffnete nach mancherlei Rückschlägen eine Weinhandlung.[62] Karl Friedrich nahm an den Bemühungen des Freundes lebhaft Anteil und stand auch in den folgenden Jahren in Kontakt mit ihm. So unternahm Schinkel, nachdem er 1805 aus Italien und Frankreich zurückgekehrt war, gemeinsam mit Schumann eine Reise nach Neuruppin und Kränzlin, wo er seine beiden Schwestern, Sophie und Charlotte und Lämmel wiedersah, »dessen ganze Familie mit höchstem Interesse den lebendigen Erzählungen des weitgereisten jungen Mannes lauschte«.[63] Schumann wurde später Berliner Stadtabgeordneter.[64] Im Neuruppiner Taufregister wird Schumann, dessen Schwester Marie Elisabeth im September 1800 den 24 Jahre älteren Magister Lämmel geheiratet hatte, bei der Taufe von dessen Tochter Ernestine (26. 12. 1804) als Taufzeuge und Handlungscommis in Berlin genannt. Karl Friedrich Schinkel konnte an der Familienfeier nicht teilnehmen, weil er zu dieser Zeit in Italien weilte, von wo er glühende Reiseberichte nach Hause schickte.

Schumann wohnte 1823 als Weinhändler in Berlin in der Heilige-Geist-Straße Nr. 15, im selben Haus, wo einst Schinkels Onkel, der Bankier Friedrich Rose,[65] seine Firma hatte; es dürften somit zwischen Rose und Schumann engere geschäftliche Verbindungen bestanden haben. Wahrscheinlich hat Rose den jungen Mann bei der Existenzgründung finanziell unterstützt.

Philanthropische Kindheits- und Jugendlektüre

Kinderbücher und Schulbibliothek

Zu den interessantesten Kapiteln in den Biographien bedeutender Männer gehört fast immer die Beschreibung ihrer Jugend, und es ist besonders reizvoll zu erfahren, welche Bücher sie als Kinder gelesen haben und was ihre Lieblingslektüre war. Ganz besonders hübsch aber ist es, wenn wir es von ihnen selbst erfahren. Der legendäre preußische Prinz Louis Ferdinand legte als 13jähriger eine Titelliste seiner Lektüre an,[1] Wilhelm von Humboldt beschrieb seine Lieblingsbücher in seinen Kinderbriefen.[2] Bei Schinkel sind wir leider nicht so gut dran, wir wissen jedoch aus den Niederschriften seiner Lehrer, welche Bücher sie ihren Zöglingen empfahlen, und sie erklärten auch warum. Denn die schreibfreudige Epoche, in der Schinkel aufwuchs, brachte wie nie zuvor viele neue Kinderbücher auf den Markt.

Waren noch in Goethes Jugend Bücher im Kinderzimmerschrank eine absolute Seltenheit,[3] begann dieser Literaturzweig Mitte der 70er Jahre zu blühen. Die Philanthropen erkannten, daß Bücher bei der Charakterbildung der Kinder eine wichtige Rolle spielen, und da an tauglicher Kinderliteratur ein großer Mangel war, begannen sie, selber Kinderbücher zu schreiben. Campe stellte erstmals eine *Kleine Kinderbibliothek* zusammen. Goethe, der in seiner Jugend keine eigentlichen Kinderbücher las, weil es zu seiner »Zeit keine Bibliothek für Kinder« gab, erkannte, welche Entwicklung da stürmisch ihren Lauf nahm. Mit Campe verband ihn persönlich zwar wenig, aber dessen neue Bücher rühmte Goethe als der Kinder »Entzücken und sozusagen ihr Evangelium«, Campe habe »den Kindern unglaubliche Dienste geleistet«.[4] Das Neue an diesen Büchern war, daß sie den verschiedenen Altersstufen angepaßt waren – sie wurden zum Vorbild für die Jugendschriftstellerei.

Die Bücherproduktion entfaltete sich so rasch, daß bald eine wahre Flut den Markt überschwemmte. Gedike schrieb 1787: »Indessen wird jetzt in Deutschland nicht leicht ein Feld der Literatur so eifrig gedüngt und bearbeitet, als die Schriftstellerei für Kinder und Schulen, keine einzige literarische Manufaktur ist so sehr im Gange als die Büchermacherei für die Jugend nach allen ihren Graduationen und Klassen.«[5]

Bücher wurden zu einem wichtigen Bildungsgut. Für die Pädagogen, Lehrer und Eltern kam es nun darauf an, die richtige Auswahl zu treffen. Zu »Klassikern« der Jugendliteratur, die bis ins vergangene Jahrhundert gelesen wurden, gehörten Campes *Robinson der Jüngere* und *Die Entdeckung von Amerika*. Karl Friedrich wird sie selbst besessen haben, sei es, daß sie als

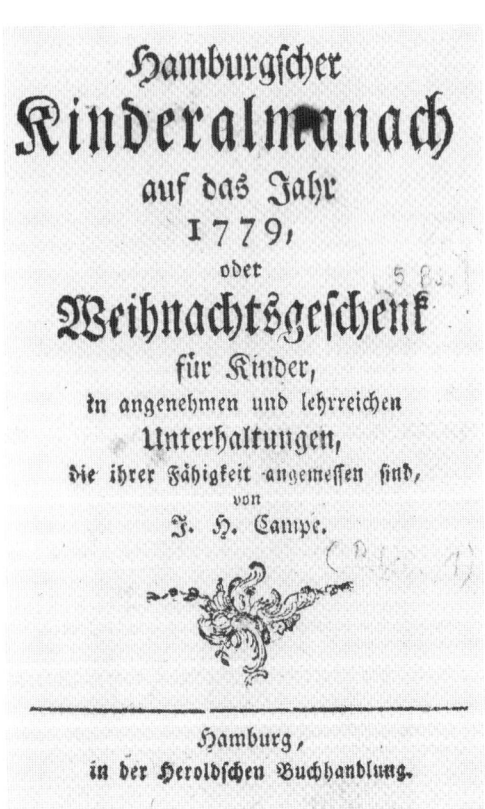

42. Joachim Heinrich Campe, *Robinson der Jüngere, zur angenehmen und nützlichen Unterhaltung für Kinder*, Ausgabe von 1789. Das Frontispiz, gezeichnet von Daniel Chodowiecki nach Angaben Verfassers, zeigt Campe mit seiner Frau, seinem Töchterchen Lotte und den fünf Zöglingen des von ihm geleiteten »Familieninstituts« in Billwerder bei Hamburg, wo er allabendlich den Kindern, unterm Apfelbaum sitzend, die Robinson-Episoden erzählte. In Campes Buch sind Robinsons Abenteuer geschickt mit Elementen der philanthropischen Erziehungslehre verknüpft.

43. Joachim Heinrich Campe, *Hamburgscher Kinderalmanach auf das Jahr 1797, oder Weihnachtsgeschenk für Kinder, in angenehmen und lehrreichen Unterhaltungen, die ihren Fähigkeiten angemessen sind*, 1797.

44. Joachim Heinrich Campe, *Kleine Kinderbibliothek*, 2. Aufl. 1782. Die Bändchen im Oktavformat enthielten einen »artigen kleinen Schatz« von in jeder Hinsicht unschädlichen Lesestücken. Campe hatte ihre Eignung selbst geprüft, indem er sie seinen eigenen Zöglingen vorlas.

Geschenk auf dem Geburtstags- oder Weihnachtstisch lagen, oder daß er sie von seinem Taschengeld kaufte.[6] Allerdings kostete solch ein begehrenswertes Buch einen runden Taler. Und das war viel Geld für ihn. An Gelegenheiten zu lesen, mangelte es dennoch nicht, denn die Schulbibliothek bot mit etwa 2000 Bänden[7] eine reiche Auswahl: Bilderbücher, Kinderenzyklopädien, Reisebeschreibungen, Fabeln, Sittenbücher, Abenteuer-Erzählungen, Moralbüchlein, Kinderlogiken, die von den Philanthropen erfundenen »Seelenlehren« und vieles andere.

Die Bibliothek wurde von Lämmel verwaltet, die Aufsicht und Ausleihe – gegen eine geringe Gebühr – besorgten Primaner oder Sekundaner. Aber die Knaben durften nicht alles lesen. Märchen- und Sagenbücher[8] standen unter Verschluß, weil sie in den Kinderseelen Schaden anrichten würden. Verboten waren sentimentale Romane, ja selbst Klassiker wie Ovid oder die Bibel; sie durften nur in Auszügen gelesen werden, denn sie enthielten verführerische Stellen für die »feurige Jugend«.

Als »wirklich brauchbar« galten die Schriften von Campe und Salzmann, wiewohl die des letzteren mit Behutsamkeit zu gebrauchen seien, »weil sie mehr für eine idealische als die wirkliche Welt sind«, heißt es in einem Schulpapier.[9] Untauglich sei Lektüre, die »mehr die Einbildungskraft als das Nachdenken beschäftigt«, besonders bei jungen Leuten, bei denen »die Einbildungskraft noch die Oberhand über die Verstandeskräfte hat«. Besonders schädlich seien die in Mode gekommenen seichten Romane, »die Moralität und gute Sitten angreifen«. Diese wurden »aufs Sorgfältigste verwahrt«.

Beginnen sollten die Schüler mit leichten scherzhaften Schriften. Dazu gehörten die »besten deutschen Dichter« wie Ramler, Klopstock, Voß und Goeckingh. »Wielands Schriften aber würden wegen der darin enthaltenen schlüpfrigen Stellen mit großer Vorsicht zu gebrauchen sein.« Die älteren Schüler sollten nicht nur römische, griechische und andere fremde Autoren lesen, sondern auch »vaterländische« deutsche Dichter und Schriftsteller. Dies sei erforderlich für die Bildung des Geschmacks und sei »herrschender Ton in der feinen Welt«, doch sei es gefährlich, würde man den jungen Leuten diese ohne Unterschiede in die Hände geben, denn es könnte »daraus ein sehr großer moralischer Schaden entstehen«. Je weiter die Verstandeskräfte eines Jünglings seien, sich mit abstrakten Dingen zu beschäftigen, desto schwerer und ernsthafter soll die Lektüre sein! »Sie sollen nicht nur ernste Schriften lesen, man muß ihnen auch erklären, warum.«

Eine wichtige Regel gaben die Lehrer mit auf den Weg: Mit Bedacht lesen und alles Gelesene durchdenken! Entscheidend sei nicht, »froh zu sein«, ein Buch durchgelesen zu haben, sondern das Bewußtsein, im »Notfall ein Wörtchen« mitreden zu können. Immer werde die Regel eines alten Weisen Gültigkeit behalten: nicht »multa, sondern multum« zu lesen. Lies viel, nicht vielerlei![10]

Was auch immer Schinkel in seiner Jugend zu lesen bekam, diente einem pädagogischen Zweck. Förderten Männer wie Lessing, Nicolai und Kant die Aufklärung der Erwachsenen, brachte Campe philanthropisch-aufklärerische Ideale in die Kinderstuben: Der Mensch sei gutartig von Natur und ein zur Vernunft erziehbares Wesen. Seine Verfehlungen resultierten nicht aus Bosheit, sondern aus »Unwissenheit und Kurzsichtigkeit«, »Gedankenlosigkeit und Übereilung« oder aus »Verwöhnung«, eben aus mangelnder Erziehung.[11]

Jugendliteratur sollte also positiv sein, niemals zynisch. Dieser Maxime folgte Campe bei der Zusammenstellung der in drei Altersstufen gegliederten *Kleinen Kinderbibliothek*.[12] Sie sei ein »artiger kleiner Schatz« von »in jeder Betrachtung völlig unschädlichen« Lesestücken. Er sei dem Grundsatz gefolgt, den jungen Lesern »alles, was Mensch heißt«, von der liebenswürdigen Seite zu zeigen, denn wie soll »man ihre Herzen zu wahrer Menschenliebe erwärmen, wenn man ihnen schon in der frühesten Jugend die Menschheit so oft, wie es in andern Kinderbüchern zu geschehen pflegt, mit den gehässigsten Farben schildert?«[13]

In sechs Doppelbändchen fanden die Kinder ein buntes Gemisch: Gedichte, Spiele, Lieder, Erzählungen, Fabeln in Vers und Prosa, moralische Beispielgeschichtchen, Denkübungen, Goldene Sprüche des Pythagoras, Kinderschauspiele zum Aufführen bei Kindergesellschaften (z. B. *Die bestrafte Eitelkeit*), Berichte von den jüngsten Entdeckungsreisen und »Nachrichten« von der Rettung Schiffbrüchiger am Kap der Guten Hoffnung oder dem Affenfang am Oronokofluß in Südamerika.

Manches diente der wissenschaftlichen Belehrung. Physikalische Phänomene wurden abgehandelt, wie z. B. in den »Drei Gesprächen über die Luft« (aus Thiemes *Erster Nahrung für den gesunden Menschenverstand*). Vorgeschlagen wurde ein Spiel *Akademie der Wissenschaften*, bei dem bis zu zehn Jahre alte Knirpse allen Ernstes die Frage erörtern sollten: Wie sieht unsere Seele aus?

61

Zum Auswendiglernen gab es Matthias Claudius' Abendlied *Der Mond ist aufgegangen* oder Höltys berühmtes Lied, das ganz Preußen sang, *Üb immer Treu' und Redlichkeit*. Aufgenommen hatte Campe Gedichte von Lieberkühn wie *Tugend und Freude sind ewig verwandt*.[14] Die eingestreuten Moralgeschichtchen handelten vom »Glück der Wohltätigkeit«, von «Großmut und Dankbarkeit«, vom »Lohn der Rechtschaffenheit« oder von der »Torheit eines plötzlich reichgewordenen Mannes«, der sich in den Adelsstand einkaufen will.

Manche Belehrung läßt sich nur aus den damaligen gesellschaftlichen Verhältnissen verstehen. Im 5. Band wird die Frage gestellt »Wozu sind Arme und Reiche auf der Welt?« Die Antwort lautet: Die Reichen sollen Gutes stiften, und die Armen sollen lernen, die Tugend der Dankbarkeit und Gottvertrauen zu üben. Etliches gehörte zum literarischen Standardschatz der philanthropischen Pädagogik. So der Bericht über »Das unglückliche Ende des berühmten Länderentdeckers Cook« oder die Schilderung der Standhaftigkeit des englischen Staatsmannes Thomas Morus, der wegen seiner Weigerung, einen Eid auf den königlichen Supremat über die englische Kirche zu leisten, 1535 enthauptet wurde.

Für die Altersgruppe der mehr als zwölfjährigen Leser pflanzte Campe das philanthropische Banner brüderlicher Menschenliebe.[15] Er zitiert Augenzeugenberichte über die Verbrechen weißer Sklavenhalter »gegen unsere schwarzen Brüder, welche ihrer grausamen Herrschaft unterworfen sind«. Daraus sei zu ersehen, »daß das von Natur so milde und gutmütige Geschöpf, Mensch genannt, nach und nach dem wilden Tiere ähnlich werden kann, wenn es nicht von Jugend auf bewahrt wird, daß keine unfreundlichen, harten und lieblosen Gesinnungen sich in sein Herz einschleichen«. Im Jahre 1768 seien aus Afrika über 100 000 Sklaven entführt worden, von denen die Engländer 53 100 kauften!

Angehalten wurden die kleinen Leser zu religiöser Toleranz und Friedensliebe. Campe nahm ein Gedicht von Alxinger (1755–1797) gegen die Judenverachtung der Christen auf, von Matthias Claudius das *Kriegs- und Friedenslied*. Campe: »Wann wird doch die Zeit kommen, daß die Menschen alle menschlich werden und wieder anknüpfen an die heiligen Bande der Bruderliebe, welche Ehrgeiz und Habsucht zerrissen haben?«

Robinson der Jüngere

Das berühmteste und meistgelesene Jugendbuch der Spätaufklärung war Campes *Robinson der Jüngere*.[16] Es war das Lieblingsbuch der Kinder aller Stände. Prinz Louis Ferdinand las es,[17] die Brüder Humboldt[18] und selbstverständlich auch Schinkel und mit ihm ungezählte andere. Die Kinder dieser Zeit fühlten und dachten mit Robinson.

Campe traf mit seiner Bearbeitung der ursprünglich für Erwachsene bestimmten Abenteuer-erzählung das Herz der Kinder. Er schenkte ihnen ein leuchtendes Vorbild. An Robinsons Schicksal konnten sie ersehen, daß der Mensch kraft seiner Vernunft, seiner Intelligenz und seines Gottvertrauens selbst die schwierigsten Situationen meistern kann, und fähig ist, in einer menschenfeindlichen Wildnis ohne Werkzeuge und Proviant, allein und völlig auf sich gestellt, zu überleben.

Zum erfolgreichsten Kinderbuch wurde Robinson durch einen Kunstgriff Campes. Er erfand eine dialogisch angelegte Rahmenhandlung, in der ein Vater – nach Robinson die zweite Idealfigur des Buchs! – einer kleinen Kinderschar die Robinson-Episoden erzählt.[19] Diese Vaterfigur ist der eigentliche Schlüssel zur Beliebtheit des Buches. Denn dieser Vater tut etwas, was damals in den meisten Elternhäusern viel zu selten vorkam, aber den kleinen Lesern mächtig imponierte: Er geht auf die Fragen der Kinder, die ihn während seiner Erzählungen ständig unterbrechen, mit unendlicher Geduld ein und erklärt ihnen alles, was sie wissen möchten. Wie ein Kompaß funktioniert, woher ein Erdbeben kommt, warum es feuerspeiende Berge oder Kannibalen gibt. Der Vater nimmt die Kinder wirklich ernst, und eben deshalb haben sich Campes junge Leser mit Lotte, Fritz, Gottlieb und den andern Kindern der Rahmenhandlung so gern identifiziert. Jedes Kind kannte ihre Namen und begrüßte sie freudig in Campes nächstem Buch, *Kolumbus*, wo sie erneut mit dem Vater auftraten.

Campe begründete eine Leserfamilie, der auch der junge Schinkel sich zugehörig fühlte. Und wie das Leben so spielt, ging die Robinson-Geschichte im wirklichen Leben tatsächlich weiter. Die kleine Lotte, die in der Rahmenhandlung auftritt und in Wirklichkeit ja Campes eigene Tochter ist, denn er selber hatte die Robinson-Episoden einst seinen Zöglingen in dem von ihm 1778 gegründeten »Familieninstitut« erzählt, wurde durch Robinson das bekannteste Mädchen Deutschlands. Sie geriet später in Schinkels näheren Umkreis. Sie heiratete 1795 den

Berliner Buchhändler Friedrich Vieweg; für ihn entwarf Schinkels erster Lehrmeister, David Gilly, vielleicht unter Mitwirkung seines Sohnes, ein Wohnhaus in Braunschweig.[20]

Welch unauslöschlichen Eindruck Robinson auf die Kinder machte, geht aus den Erinnerungen von K. F. Klöden (1786–1856), des Direktors der Berliner Gewerbeschule, hervor. Klöden, der 1786 in Berlin geboren wurde, ohne väterliche Führung aufwuchs, und später zum engeren Umkreis Schinkels gehörte, las das Buch als Zehnjähriger:[21]

»In den ersten Wochen nach der Krankheit [Masern] durfte ich auch nicht lesen oder die Augen anstrengen. Das machte mir Langeweile, und ich bat meine Mutter, mir so bald als möglich ein Buch zu geben. Dies überraschte sie, denn meist hatte ich mich zum Lesen treiben lassen. Sie hatte sich Campes *Robinson Crusoe* zu verschaffen gewußt und übergab ihn mir. Mit wahrem Heißhunger fiel ich über ihn her. Nie hatte ein Buch eine solche Wirkung auf mich gemacht. Jede Szene stellte ich mir plastisch dar, ich schwebte in Entzücken und beneidete die darin auftretenden Kinder um einen solchen Erzieher, und bald wurden sie mir so befreundet, als wären sie meine Geschwister. Besonders Fritz wurde mein Liebling. Alle Erklärungen verschlang ich förmlich und eignete sie mir auf das genaueste an, um so mehr, als mir diese Art von Belehrung völlig neu war, denn außer der mütterlichen hatte ich ja niemals eine Erklärung erhalten. Die in den Gesprächen vorkommenden Lehren der Sittlichkeit, des Verhaltens gegen das Lernen und gegen die Menschen, kurz, jede Maxime prägte ich mir um so tiefer in das Herz, als ich ihre Wahrheit und Angemessenheit im Innersten fühlte. Mir ging eine ganz neue Welt auf, ich hätte jede Szene bis ins kleinste malen können; ich lebte mit Robinson, empfand mit ihm, er wurde mein anderes Selbst. Das war mir noch nicht begegnet. Von einer Meeresgegend, von einem Schiffe, einer tropischen Landschaft, hatte ich bis dahin sehr unklare Vorstellungen gehabt. Jetzt war es mir, als hätte ich darin gelebt; Welt-, Menschen- und Sachkenntnis hatten einen großen Zuwachs erhalten. Aber wie herrlich, wie rein und edel erschien mir immer wiederholt das Bild einer solchen Erziehungsanstalt in einer Familie wie der Campeschen, in der die Zöglinge so wißbegierig waren und so verständig fragten, Eltern und Hausfreunde so gern und so schön belehrten und alle Mittel der Belehrung bei der Hand waren. Mir erschien dies jugendliche Leben so ganz anders als das meinige! Ich hatte keine Vorstellung eines solchen höhern Daseins gehabt und ward nun erst inne, wie viel mir fehlte, welch eine edle Form das Familienleben, wie der Unterricht gewinnen könne. Es war ein Blitzstrahl, der in eine dunkle Nacht fiel … Elfmal habe ich so das Buch hintereinander durchgelesen, ohne eine Silbe zu überspringen, und ich konnte es beinahe auswendig. Nicht ich hatte mich der darin enthaltenen Lebensregeln und Maximen, sondern sie hatten sich meiner bemächtigt; alle Erklärungen waren mir geläufig, alle Szenen gegenwärtig. Außer der Bibel hatte kein Buch auf mich so mächtig gewirkt, keines mich so wesentlich gefördert und meinen Ideenkreis erweitert.«

Auch Karl Friedrich Schinkel, die Halbwaise, wird die Kinder der Robinson-Familie um diesen liebenswürdigen Erzieher beneidet haben. Später, erinnerte er sich in Sizilien bei der Besteigung des Ätna an seine Jugendlektüre. Sein Begleiter, der Schriftsteller Rehfues, beschreibt, wie sie am nächtlichen Lagerfeuer gemeinsam ein Mahl zubereiteten, bevor sie am nächsten Morgen den Anstieg fortsetzten: »… machten wir uns einen Braten zurecht, welcher ungefähr wie Robinsons seiner schmeckte, als er zum erstenmal wieder Fleisch kochen konnte.«[22]

Es lohnt sich noch heute, Campes *Robinson* zur Hand zu nehmen und darin zu blättern. Es gibt kein anderes Jugendbuch, das die Kinderwelt der Spätaufklärung so wahrheitsgetreu widerspiegelt, und keines, daß die Moralvorstellungen und den Wissensdurst der jungen Leser jener Zeit so anschaulich zum Ausdruck bringt. Für Klöden wie auch für den jungen Schinkel wurde es zum nachhaltigen Kindheitserlebnis.

Campes *Robinson* ist authentisch. Er bemühte sich, nach Art der Aufklärer, nicht fiktive sondern tatsächlich vorgefallene Gespräche wiederzugeben, so wie sie sich an den Vortragsabenden in seinem Familieninstitut zugetragen haben und so das Bild einer modernen Familie zu zeichnen, in der Eltern und Kinder in einem glücklichen, natürlichen Verhältnis miteinander leben – so wie es auch in der Schinkelschen Familie, besonders zu Lebzeiten des Vaters, der Fall gewesen sein muß.[23]

Freilich, der Leser unserer Tage wird die von Campe eingestreuten moralischen, naturkundlichen und handwerklichen Belehrungen wohl schwer erträglich finden. Aber die Kinder nahmen daran keinen Anstoß. Im Gegenteil. Sie hatten einen kaum zu stillenden Bildungshunger, sie verschlangen solche Bücher.

Abenteuererzählungen

Seit Lebzeiten Campes gehört die Trilogie *Die Endeckung von Amerika*[24] zur Standardliteratur der Jugend. Campe lenkte mit ihr den Blick der jungen Leser auf den oft rätselhaft erscheinenden Gang der Geschichte und des Menschen als ihrem Protagonisten – so wie die meisten Aufklärer seine Rolle im Lauf der Welt verstanden: Geschichte ist Menschenwerk.

Die Entdeckung von Amerika ist mehr als eine spannende Jugendlektüre. Campe verfaßte die Trilogie über die Konquistadoren *Kolumbus*, *Cortez* und *Pizarro* wenige Jahre nach der Unabhängigkeitserklärung Amerikas vor dem Hintergrund der heraufziehenden französischen Revolution, deren Befürworter er anfangs war. Er plante die Darstellung des Beginns einer Epoche, die den Menschen letztlich in die Freiheit führen werde. Ihm war klar, daß er seinen Lesern, nämlich denen, »die sich dem Jünglingsalter nähern oder es schon erreicht haben«, die Verbrechen der spanischen Eroberer nicht unkommentiert vermitteln dürfe. Konnte er Kolumbus als unerschrockenen und standhaften Entdecker darstellen, war er um der historischen Wahrheit willen gezwungen, mit *Pizarro* »eins der gräulichsten Gemälde der Geschichte« zu zeichnen, das »fast durchaus mit Blut und Tränen gemalt ist«.[25] Dem Pizarro-Porträt war, wie schon bei Robinson, Campes mündliche Erzählung im Familieninstitut vorausgegangen, wovon das Buch »abermals eine getreuliche Nachbildung ist«.

Bereits das erste Porträt, *Kolumbus*, das im Geburtsjahr Schinkels erschien, wurde von den Kindern aller Gesellschaftkreise begeistert begrüßt – bis hinauf in den fürstlichen Adel. In Neuruppin erwarb Lämmel für die Schulbibliothek ein Exemplar, und Prediger Bolte in Kränzlin bestellte für die Bauernjungen auf dem Lande sogar gleich elf Stück.[26]

Wie das Buch in der Jugend verstanden wurde, gibt ein Brief des zehnjährigen Prinzen Louis Ferdinand wieder, den er gewiß nicht ganz ohne das Dazutun seines Erziehers sozusagen stellvertretend für seine Altersgenossen verfaßte. »Liebster, bester Herr Campe!« schrieb er, nachdem er *Kolumbus* »einige Male« gelesen hatte, »wenn ich Ihnen sagen sollte, was ich alles an dem guten Kolumbus bewundere, so müßte ich Ihnen einen sehr langen Brief schreiben und ich würde heute damit nicht fertig. Vorzüglich hat mich seine Standhaftigkeit, seine Großmut, seine große Unerschrockenheit und seine Gottesfurcht eingenommen, und die Gelassenheit, mit welcher er das Murren des Schiffsvolks erträgt. Ich wünsche nichts so sehr als die Tugenden dieses Mannes zu besitzen!«[27]

Kolumbus wurde nach Robinson zum zweiten Idol der jungen Leser, aber wie sollten sie sich zu Pizarro und Cortez stellen? Wie sollten sie damit fertig werden, daß Pizarro die Inkas zu Hunderten niedermetzeln ließ, wie damit, daß selbst der bewunderte Kolumbus Krieg gegen die Indianer führte, um dieses doch schuldlose Volk »unter das Joch der europäischen Sklaverei zu beugen«?

Campe fand auf diese Fragen, die ja nicht nur die Fragen seiner Zöglinge in der Rahmenhandlung, sondern auch ein dringendes Anliegen seiner Leser waren, eine verblüffende Antwort. Er relativierte die ungeheuerlichen Geschehnisse, weil ihm klar war, daß man den Kindern die Torheiten und Untaten der Menschen behutsam aufdecken müsse.[28] Er räumte ein, daß der Krieg ein Unrecht gewesen sei, doch sei es »ein wenig mißlich, über eine Sache urteilen zu wollen, wovon uns die meisten Umstände unbekannt geblieben sind.«[29] Wie blanker Zynismus liest sich heute, daß Campe die von Pizarro begangenen Greueltaten in gewissem Sinne sogar entschuldigt, denn es sei zu bedenken, daß Pizarro keine Erziehung genossen habe. Es gäbe auch gute und bewunderungswürdige Seiten seines Charakters, den Löwenmut, die Standhaftigkeit und die Geduld im Ertragen von Leiden. ... »Aber was sind diese glänzenden Eigenschaften, wenn sie nicht von wahrer Rechtschaffenheit, von reiner Güte des Herzens und von tätiger Menschenliebe begleitet werden«.[30] Seine Seele hätte nichts »von all den feinen Gefühlen des Mitleids und der Menschenliebe« gekannt, wozu »unser Herz nur durch eine sorgfältige Ausbildung in der Jugend fähig gemacht wird«. Pizarro sei »ohne alle Anleitung zum Guten« als Analphabet und Schweinehirt wie »wildes Gesträuch« aufgewachsen.[31]

Doch warum hat die göttliche Vorsehung denn überhaupt zugelassen, daß die »treulosen und unmenschlichen Spanier nach Peru kamen?«[32] fragt eines der Kinder. Campe antwortete in der Rolle des Erzählers:

»Kinder, ich habe euch schon oft gesagt, daß es eine ebenso törichte als strafbare Vermessenheit sein würde, wenn der schwache, kurzsichtige Mensch sich über die jedesmaligen Absichten der weisen und gütigen Vorsehung zum Richter aufwerfen wolle. ... Zuerst, Kinder, muß ich euch an zwei wichtige Wahrheiten erinnern, die unserm Nachdenken in dieser Sache die beste Richtung geben werden. Die erste: Gott läßt zuweilen geringere Übel zu, damit

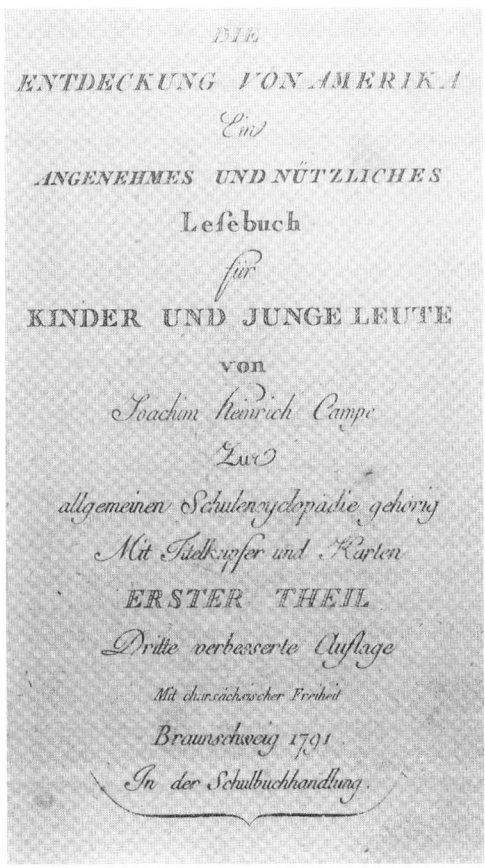

45. Joachim Heinrich Campe, *Die Entdeckung von Amerika. Ein angenehmes und nützliches Lesebuch für Kinder und junge Leute*. Titelblatt zur 3. verbesserten Auflage, 1791.

größere vermieden werden. Und die andere: Gott läßt zuweilen Böses zu, weil seine Allwissenheit voraussieht, daß überwiegendes Gutes daraus entspringen wird. Und nun laßt uns einmal untersuchen, ob nicht beides hier vielleicht der Fall gewesen sei. So viel habe ich euch neulich schon sehen lassen, daß die Peruer zur Zeit der Ankunft der Spanier den Weg der sittlichen Verschlimmerung betreten hatten. ... Wenn nun Gott voraussah, ... daß diese ehemals gutmütigen Menschen nach und nach in wilde, reißende Tiere ausarten und durch ihre Laster sich selbst und die benachbarten Völker unfehlbar aufreiben würden, ... dann wäre die Zerstörung des peruanischen Reiches vielleicht einer von den Fällen gewesen, in welchen Gottes weise Führung geringere Übel zuläßt, um größere zu hintertreiben.«[33]

Zu den guten Folgen, die aus dem Bösen entstanden, gehöre die Verbreitung zweier peruanischer Erzeugnisse, welche vor der Eroberung »allen übrigen Weltteilen unbekannt waren, und nun ein unaussprechlich großer Segen für viele Millionen unserer Brüder sind. ... Die Kartoffeln und die Chinarinde«.

»Nun bedenkt einmal, Kinder, wie viel tausend Menschen jetzt größtenteils von diesem einzigen Gewächse leben! ... Welche nahrhafte, gesunde, wohlschmeckende und wohlfeile Speise es gewährt, und ihr werdet gestehen, daß die Eroberung von Peru, wodurch dieses schätzbare Nahrungsmittel durch die ganze Welt verbreitet worden ist, in diesem Betracht eine Wohltat für die Menschheit war. Und nun vollends die Chinarinde! Wie viele Millionen Menschen, die an bösen Fiebern daniederlagen, mögen ihr seit dem Untergang des peruanischen Reichs ihre Genesung verdanken! ... Ihr seht also, Kinder, daß die Vorsehung damals, wie immer, Böses geschehen ließ, weil Gutes daraus folgte. Ich habe euch freilich nur erst ein paar von diesen guten Folgen entdecken können. ... Wie viele derselben werden sich vielleicht noch künftig enthüllen? Wer weiß, was Amerika noch alles werden kann, werden wird, wenn es das Joch seiner europäischen Tyrannen einmal ganz wird abgeschüttelt haben, und was es nie geworden wäre, wenn es dieses Joch nicht erst eine Zeitlang getragen hätte? Mir wenigstens wird es von Tag zu Tag wahrscheinlicher, daß dieser unterdrückte Weltteil über kurz oder lang der Sitz der Freiheit, der allgemeinen Duldung, der Wissenschaft und der Glückseligkeit werden wird. In einem Teil von Nordamerika, der sich frei gemacht hat, ist man jetzt schon viel glücklicher und klüger, als man in den meisten europäischen Ländern ist. Die übrigen Amerikaner werden diesem Beispiele folgen, und dann wird man nach Amerika reisen, wenn man weise Verfassungen, blühende Staaten und glückliche Menschen sehen will.«[34]

Campes hymnisch-prophetischen Worte sind in Zusammenhang zu sehen mit der unter Philanthropen und Aufklärern weit verbreiteten Adelskritik, dem Erwachen der Menschen auf dem europäischen Kontinent, die jenseits des Ozeans den Beginn eines neuen Zeitalters entdeckten. George Washington, der erste Präsident, Benjamin Franklin, der Philosoph und Staatsmann, wurden zu Heldengestalten der Aufklärung. Der Dichter Christoph Martin Wieland feierte die Unabhängigkeit »als ersten praktischen Triumph der Philosophie«, Friedrich Gottlieb Klopstock sah in ihr die »Morgenröte der Demokratie«.[35] Es kann Schinkel in seinen Schul- und Lehrjahren nicht verborgen geblieben sein, daß die ihm wichtigsten beiden Lehrer, Friedrich Gedike und Friedrich Gilly Verehrer Amerikas waren. Gedike ließ Washington als »Herkules, der Freiheit Schutzgott« verherrlichen,[36] er gab 1789 die Freiheit Amerikas als Schulaufsatzthema.[37] In Gillys Bibliothek wird Schinkel das hymnische Gedicht in fünf Gesängen, *Franklin, der Philosoph und Staatsmann*, entdeckt haben.[38] Im Gymnasialunterricht wurde die Freiheit des amerikanischen Volkes öfter behandelt.[39] Zwischen 1789 und 1800 erschienen in Deutschland nicht weniger als 347 Veröffentlichungen zu diesem erregenden Thema.[40]

Wie ein Nachklang der Begeisterung dieser Zeit lesen sich Schinkels fast ein halbes Jahrhundert später an seinen Schwager Wilhelm Berger gerichtete Worte, »daß die glückliche Dampf-Schiffahrt von England nach Amerika, ... jetzt die enormste Tätigkeit in den Häfen Englands, Schottlands und Frankreichs erzeugt, daß über 20 Dampfschiffe für Amerika gebaut werden, welche ebenso die Europäer dorthin als die Amerikaner hierhin führen wird und dazu beitragen muß, den Ideenaustausch zu fördern, und was wird dies für politischen und staatswirtschaftlichen Einfluß haben!«[41]

Reisebeschreibungen

Die Lieblingslektüre der Kinder dieser entdeckungsfreudigen Zeit sind Reisebeschreibungen gewesen. Es war ja die große Epoche der Reisen – die Reiseliteratur war der lebhafte Ausdruck einer optimistischen kosmopolitisch orientierten Epoche. Es gab keinen anderen Literaturzweig, in dem die Fragen und Probleme des Jahrhunderts auf so vielfältige und scheinbar beiläufige Weise angesprochen werden konnten.

Campe und die Philanthropen kamen einem allgemeinen Bedürfnis entgegen, wenn sie den Reisebüchern eine wichtige Rolle bei der Bildung der jungen Leute beimaßen. Dabei widmeten sie sich jedoch nicht den damals üblichen Kavalierstouren, den Bildungsreisen des Adels und des gehobenen Bürgertums, vielmehr bearbeiteten sie für die Jugend fast ausschließlich Berichte von den Entdeckungsfahrten rund um die Welt, unternahmen aber auch kleinere Entdeckungsreisen im eigenen Vaterland. Nicolai verfaßte für Erwachsene die zwölfbändige *Beschreibung einer Reise durch Deutschland und die Schweiz im Jahre 1781*,[42] in der er Gelehrsamkeit, Industrie, Religion und Sitten beschreibt, Campe tat das Gleiche für die jungen Leser, denen er seine 1785 unternommene *Reise von Hamburg bis in die Schweiz* als eine Musterreise zur Erlangung nützlicher Kenntnisse schildert. Die *Kinderbibliothek* füllte er zu zwei Dritteln mit Reiseerzählungen!

Man muß sich einmal vergegenwärtigen, in welcher Erfahrungs- und Erlebniswelt die Jugend lebte. Die Epoche der Entdecker war noch längst nicht abgeschlossen. Die Landkarte hatte viele weiße Stellen. Die Idole der Jugend waren Männer wie Cook, Le Vaillant, Carteret oder Barents, die sich in die Weite der Ozeane hinauswagten und mit ihren Segelschiffen für Jahre hinter dem Horizont verschwanden, ehe sie, wenn überhaupt und meist mit dezimierter Mannschaft, zum Heimathafen zurückfanden.

Den Spekulationen war Tür und Tor geöffnet. Die Menschen waren ungeheuer neugierig auf die neue Welt. Karl Friedrich war fünf Jahre alt, als Francis Le Vaillant (1753–1824) seine Expedition vom Kap der Guten Hoffnung zu den Hottentotten ins Innere Afrikas unternahm, und er war etwa zwölf, als er dessen Beschreibung in Campes Kinderbibliothek las. Von den Reisen des Erdumseglers Cook, der 1779 auf Hawaii von aufgebrachten Eingeborenen erschlagen wurde, sprach ganz Europa. Als Schinkel mit dem Lesen begann, war Cooks Tod zwar einige Jahre her, doch dies tat nichts zur Sache. Man lebte in einem gänzlich andern Zeitgefühl als heute.

Fast überflüssig zu erwähnen, daß die Reiseerzählungen den Schulunterricht ergänzen und »gemeinnützigste Kenntnisse« aus der Geographie, der Natur- und Völkerkunde vermitteln sollten. Was den Pädagogen aber genauso wichtig war: Die Jugend sollte von der Lektüre sentimentaler Romane, die den Aufklärern ein Greuel waren, abgehalten werden und diese durch Reisebeschreibungen ersetzen, da, wie Campe schreibt, ihre »Annehmlichkeit und Wunderbarkeit den Romanen völlig gleichkommt, ohne daß wir dadurch, wie von diesen, aus der wirklichen Welt in die der Phantasien und Hirngespinste hinausgeführt werden«.[43] Auch sollten die Reisebeschreibungen »auf die Notwendigkeit der Abhärtung an Leib und Seele aufmerksam machen« und vor Augen führen, wie man Gefahren mit Entschlossenheit und Gottvertrauen mutig begegnet.[44]

Die Berichte von den Entdeckungsfahrten weckten paradoxerweise eine neue »phantastische« Sentimentalität. Es entstand die Legende von den »edlen Wilden«! Die Lehre Rousseaus, daß nur ein Leben nach den Gesetzen der Natur wahrhaft beglückend sei, schien durch die Beobachtungen der Weltreisenden bestätigt. Die Begegnung mit den von der Zivilisation unberührten Völkern förderte kosmopolitische und anthropologische Gedanken. Einer Epoche, die die Welt kennenlernen möchte, die an die Idee vom Menschen als Naturwesen glaubt, mußte es trotz aller Rassenunterschiede möglich sein, mit anderen ethnischen und kulturellen Gruppen in Kontakt zu treten und sie in der Eigenart ihrer Sitten und Gebräuche zu verstehen und die Sprachbarrieren zu überwinden.[45]

Der Blick auf fremde Länder und Kulturen forderte zum Vergleich auf mit den Lebensverhältnissen der eigenen Gesellschaft, in die man hineingeboren war. Daß mit ihr einiges im Argen lag, wurde der Jugend durch die Reiseberichte bewußt. Sie entwickelte ein schwärmerisches Verhältnis zu den »edlen Wilden«, die ihnen als unverdorben und zärtlich beschrieben wurden. Sie sahen in ihnen Brüder und Freunde. Es ist ja kein Zufall, daß die Idee von einer brüderlichen Menschheit in dieser Zeit so populär war.

Hier eine typische Beschreibung aus der verklärenden Sicht jener Zeit. Ein rührender Bericht über die Eingeborenen Tahitis aus dem Lesebuch *Die Entdeckungen des fünften Weltteils oder Reisen um die Welt* des Erlanger Professors J. G. F. Pabst:

»Dies ist nun das Volk, dessen Natur, wie die Natur der zwei- oder dreijährigen Kinder, aus einer so wunderbaren, angenehmen und reizvollen Komposition von Unwissenheit und Neugierde, Sorglosigkeit und Aufmerksamkeit, Liebe und Selbstheit, Nachgiebigkeit und Eigensinn,

46. Joachim Heinrich Campe, *Erste Sammlung merkwürdiger Reisebeschreibung für die Jugend*, 1805. Frontispiz zum 3. Teil. Angriff von Eingeborenen auf ein englisches Schiff.

Schlauheit und Einfalt besteht. Dies das Volk, das so viele offene Unbefangenheit der Seele, so viel zarte Beweglichkeit aller Sinne, so viel lautere Reinheit der Naturtriebe, so viel Wahrheit und Innigkeit der Begierden, Zuneigungen und Bewegungen, in Lust und Schmerz, Freude und Betrübnis, Liebe und Haß besitzet; dies das Volk, das mit soviel Disposition beglückt ist, alles Übel, sogleich wie es nicht mehr gegenwärtig gefühlt wird, aller Beleidigungen im Moment, wie sie aufhören, wieder zu vergessen; mit so viel Aufgelegtheit, sich zu freuen, zu genießen, zu leben, nichts Böses zu wollen, nichts Böses zu ahnden und der Zukunft nicht sorgend zu gedenken. ... Gastfreundschaft üben sie im höchsten Grade aus, bestreuen dem Gast den Ort, wo er sich niederlassen soll, mit Blättern, reichen ihm Erfrischung, und nötigen ihn oft sogar, beim Fortgehen etwas mitzunehmen. Ihre Art zu bitten, könnte Barbaren bewegen. ... Ihre Freundschaft ist ebenso zärtlich als dauerhaft; sie nehmen mit den größten Bewegungen des Herzens Abschied und erkundigen sich sorgfältig ums Wiedersehen!«[46]

Papst beschließt seine Schilderung mit einem Zitat des bekannten Naturforschers Johann Reinhold Forster (1729–1798), der James Cook auf dessen zweiter Erdumseglung begleitet hatte: »Lasterhafte Gemütsarten gibt's unter allen Völkern, aber einem Bösewicht in diesen Inseln könnte man in England oder andern zivilisierten Ländern 50 entgegenstellen.«[47]

Auch Campe erlag dem Trugbild vom unverdorbenen edlen Wilden. Es schien ihm eine Bestätigung der These zu sein, daß das Böse durch falsche Erziehung und durch den Widerstreit von Natur und Kultur in die Welt gesetzt würde.[48] Denn am Beispiel der kindlich arglosen Wilden ließ sich die inhaltliche Richtigkeit der philanthropischen Sittenbüchlein und Seelenlehren begründen, in denen es um die Reinerhaltung der Seele geht. Über die edle Gesinnung der Bewohner der pazifischen Palau-Inseln heißt es in der Einleitung zum 9. Teil der Reisebibliothek, sie seien ein Volk ... »dessen Gesinnung, Sitten und Betragen unsere höchsten Begriffe von der ursprünglichen Güte der menschlichen Natur vollkommen zu rechtfertigen scheinen, indem sie uns das rührende Gemälde der unverdorbten, aus ihrem eigenen Stoffe ganz natürlich entwickelten Menschheit darstellen, ohne alle künstliche Verfeinerung auf der einen, und ohne barbarische Wildheit und Dummheit auf der andern Seite«.[49]

Campes Reisebeschreibungen führten die Kinder in fast alle Teile der Welt. Sie lasen die Berichte von den Südseefahrten Byrons (1764–1766), Wallis' (1766–1768), Carterets (1766–1769) und Cooks (1768–1771). Andere Reisen führten nach Spitzbergen und Nowaja Semlja, nach Peru und Ostindien, durch die Indianergebiete im Innern Nordamerikas, durch Südafrika sowie nach Kamtschatka und Sibirien. Bei Campe las Schinkel gewiß den Bericht von der Besteigung des Ätnas (Brydone, *Reisen durch Sizilien und Malta*), den er später selber besteigen wird, um vom Gipfel den Sonnenaufgang über den Meer zu bewundern. Die Beschreibung dieses erhabenen Naturschauspiels sei »eine der anziehendsten und schönsten Stellen«, urteilte Campe, der dieses »so reizende Werk für unsere Jugend« bearbeitete.[50]

So spannend die Reisen in ferne Länder waren – den Blick auf die Besonderheiten der eigenen Heimat sollte die Jugend ja nicht vergessen. Auf seiner eigenen Reise von Hamburg bis in die Schweiz gab Campe sich ganz als der aufgeklärte Reisende, der seinen Lesern demonstriert, worauf sie den Blick zu richten haben, wie man sich an kompetenter Stelle informiert, wie man aktuelle Fragen und Probleme aufgreift, wie man Land und Leute studiert und lokalen Größen begegnet.

Campe besuchte nacheinander Göttingen, Frankfurt, Karlsruhe und den Rheinfall bei Schaffhausen und verteilte kräftig Lob und Tadel. Anerkennend wies er auf alles Nützliche hin und kritisierte, was nicht dem Fortschritt diene. Die Verbesserung der Lebensumstände, des Straßenpflasters oder der Kanalisation, schien ihm wichtiger als jede Schöngeisterei.[51] Eine Stadt beurteilte er vor allem danach, ob sie den Anschluß an die Errungenschaften der neuen Zeit gefunden hatte. Göttingen, tadelte er, habe nicht einmal auf dem Bibliotheksgebäude einen Blitzableiter und keinen Professor für Pädagogik. Er besuchte die Universität und die Professoren J. G. H. Feder und A. L. Schlözer, sprach mit einem Mitglied der Stadtverwaltung, einem gewissen Meienberg, dessen hohe Verdienste um die Allgemeinheit er nicht genug rühmen konnte, denn ihm verdanke »man das jetzige gute Vernehmen zwischen der hohen Schule und der Stadtobrigkeit, die Verlegung der Kirchhöfe außerhalb der Tore, die Anlegung eines Werkhauses, die Verbesserung der hiesigen Armenanstalten und eine sehr heilsame Veranstaltung zur Reinheit der Gossen, deren faule ... und stinkende Ausdünstungen ehemals die Luft vergifteten. ... Solche Männer kennenzulernen, sich mit ihnen zu unterhalten und ihnen die Hand zu drücken, gewährt demjenigen, dessen Seele noch für jedes Gute empfänglich ist, hundertmal mehr Vergnügen und Nutzen, als das Angaffen aller möglichen Natur- und Kunstseltenheiten. ... Ich rate daher meinen jungen Lesern, doch ja keine Gelegenheit, solche Bekanntschaften zu machen, jemals zu versäumen, und sollten sie darüber auch auf alles andere Sehenswürdige eines Orts Verzicht tun müssen.«[52]

In Karlsruhe wurde Campe die Ehre einer Audienz bei dem Markgrafen Karl Friedrich zuteil, den er dem Leser als vorbildlichen Landesvater vorstellt. »In stiller Größe und edler Einfachheit« wirke dieser menschenliebende Fürst zum Besten seiner Untertanen. Er sei durchdrungen von der Wahrheit, daß auch die niedrigen, bisher am meisten vernachlässigten Stände einer »größern Veredlung fähig seien«, und daß er »die Pflicht auf sich habe, für eine zweckmäßige größere Aufklärung derselben Sorge zu tragen. ... Sogar das Soldatenspiel, dem die meisten andern Fürsten ergeben sind, scheint für ihn nichts Anziehendes zu haben.«[53] Gelegentlich mahnt Campe zu Toleranz und Duldsamkeit.

Campe legte auf dieser Reise eine überhebliche Haltung an den Tag, die auf den jungen Schinkel abgefärbt zu haben scheint. Wenn Fontane später sagte, Schinkel wäre auf seiner Italienreise »immer etwas auf dem Kothurn«[54] gewesen, ließe sich das ebenso von Campe behaupten. Campe reiste mit vorgefaßten Meinungen, ein Nützlichkeitsfanatiker,[55] der angesichts des berühmten Rheinfalls bei Schaffhausen nur den Kopf schütteln konnte und seiner gröbsten Mißbilligung Ausdruck gibt.[56]

»Herrlich! sagte ich, fühlte aber in der Tat weder Herzklopfen, noch Zittern der Glieder. ... Und woher rührte denn diese ungewöhnliche Mäßigung meiner Empfindungen? Und wie kam es, daß ich an dieser Stelle nicht eben dieselbe Rührung empfand, welche so viele Reisende daselbst empfunden zu haben erzählen?... Der Rhein kam mir nämlich hier gerade wie ein junger Feuerkopf, Genie genannt, in derjenigen Bedeutung vor, worin man dieses Wort seit ungefähr zehn Jahren in Deutschland zu nehmen gewohnt ist, und nach welcher es einen zwar kraftvollen, aber aufbrausenden jungen Geist bedeutet, der etwas Ungewöhnliches, Seltsames und Auffallendes darbietet; sich über hergebrachte Sitten, Gebräuche und Wohlanständigkeit hinwegsetzt, nicht anders, als aus innerem Drange und im Sturme handeln zu können wähnt, und daher zu keinem einzigen, nach Zeit und Ort bestimmten regelmäßigen Geschäfte des bürgerlichen Lebens tauglich ist. ... Die Luftsprünge, die er hier und an einigen andern Orten macht, schienen mir in der Tat schauderhaft schön zu sein, aber ich konnte mich dabei der Frage nicht erwehren: wozu nützen sie denn aber? Wird irgend etwas zum Besten der menschlichen Gesellschaft dadurch bewirkt? Ganz und gar nicht. Sie sind vielmehr gerade Das, was den Strom in dieser Gegend hindert, den Menschen nützlich zu werden. Wäre der Rhein hier minder Genie, ginge sein Strom, wie andere ehrliche Flüsse, fein gemäßigt und regelmäßig einher, so könnte er Handlung und Gewerbe befördern; so könnten die Erzeugnisse beider Indien [(Ost)Indien und Westindische Inseln], zum Vergnügen und Nutzen der Bewohner dieser Gegend, auf seinem Gewässer bis nach Schaffhausen und Konstanz schwimmen.«

Es bleibt verwunderlich, wie Campe, der seinen Lesern hinreißende Bücher schenkte, hier seine schriftstellerische Begabung förmlich mißbraucht. Schinkel, der in Italien in schwärmerischen Worten die Schönheit des Landes preist, hat sich von Campes Naturphilosophie nicht anrühren lassen – aber die Rolle eines Kritikasters und Besserwissers übernahm er gelegentlich doch.

Ratgeberbücher für den Lebensweg

Die Krönung der belehrenden philanthropischen Jugendliteratur bildeten die sogenannten Ratgeberbücher, auch »Väterliche Räte« oder »Vermächtnisse« genannt. In ihnen ging es darum, die »jungen Leute der gesitteten Stände«, die im Begriff standen, das »väterliche Haus oder die Schule« zu verlassen, auf das Leben vorzubereiten, denn ein junger Mann damals, im Glauben an das Gute im Menschen erzogen, war – jedenfalls für unsere Begriffe heute – recht naiv. Karl Friedrich Schinkel machte da keine Ausnahme. Aufgewachsen in einer behüteten Welt, geprägt von einer idealischen Erziehung, in der schädliche Einflüsse möglichst fern gehalten wurden, stand ihm nun der Eintritt in die reale Welt der Erwachsenen bevor. Lehrer und Eltern hatten ihm Anstand und Ehrlichkeit, Pflichtgefühl und Gehorsam gelehrt, ihm fehlte aber, was keine Erziehung – sei sie noch so vortrefflich – vermitteln kann: die Lebenserfahrung. Wie sollte er sich in der Welt der Erwachsenen mit ihren Widersprüchen, Verlockungen und Gefährdungen zurechtfinden? Wie sollte er den sittlichen Grundsätzen, die ihm eingeprägt worden waren, treu bleiben und nicht wankelmütig werden? Was bewahrte ihn davor, nicht dem Zynismus zu verfallen, wenn er der Welt ins Antlitz blickte, so wie sie nun einmal ist?

Der Inhalt der Reisebibliothek (gekürzte Titel)

Sammlung interessanter und durchgängig zweckmäßig abgefaßter Reisebeschreibungen für die Jugend. Teil 1–12. Zugleich Bd. 7–18 der *Kinderbibliothek*. 1785–1793.

1. Jacob Heemskerks und Wilhelm Barenz' *Entdeckungsreise nach Spitzbergen und Nowaja Semlja*; Vasco da Gamas *Reise nach Ostindien*; Campes *Reise von Trittow nach Weimar*.
2. Campes *Reise von Hamburg bis in die Schweiz im Jahre 1785*.
3. *Beschreibung einer Reise um die Erdkugel* von dem englischen Commodore Byron in den Jahren 1764–1766; *Beschreibung einer Reise um die Erdkugel* des britischen Schiffskapitäns Samuel Wallis 1766–1768; *Beschreibung einer Reise um die Erdkugel* von dem britischen Schiffskapitän Philip Carteret 1766–1769.
4. *Die traurigen Schicksale der Madam Godin des Odonais auf einer Reise ohnweit Quito in Peru durch das Amazonasland; das Interessanteste aus Johann Carvers Reisen durch das Innere Nordamerikas* [Bräuche und Gemütseigenschaften der Indianer].
5. Wilhelm Isbrand Bontekus *Abenteuer auf einer Reise nach Ostindien*; *Beschreibung einer Reise um die Erdkugel* von Cook und den Gelehrten Banks und Solander 1768–1771.
6. Beschluß der Reisebeschreibung von Cook.
7. P. Brydones *Reise durch Sizilien und Malta im Jahre 1770*.
8. Campes *Reise von Braunschweig nach Paris im Heumonat 1789*.
9. *Über die Bewohner der Pelju(Paulau)-Inseln*.
10. Le Vaillants *Reise in das Innere Afrikas vom Vorgebirge der Guten Hoffnung aus 1780–1785*.
11. Fortsetzung des 10. Teils.
12. Lesseps' *Reise durch Kamtschatka und Sibirien 1788*.

47. Joachim Heinrich Campe, *Theophron*, 3. gänzlich umgearbeitete Ausgabe, 1790. Ein Ratgeberbuch für die Jugend zum Eintritt in das Erwachsenenalter. Als Auszug wurde es auch an den Gymnasien im mündlichen Unterricht gelesen.

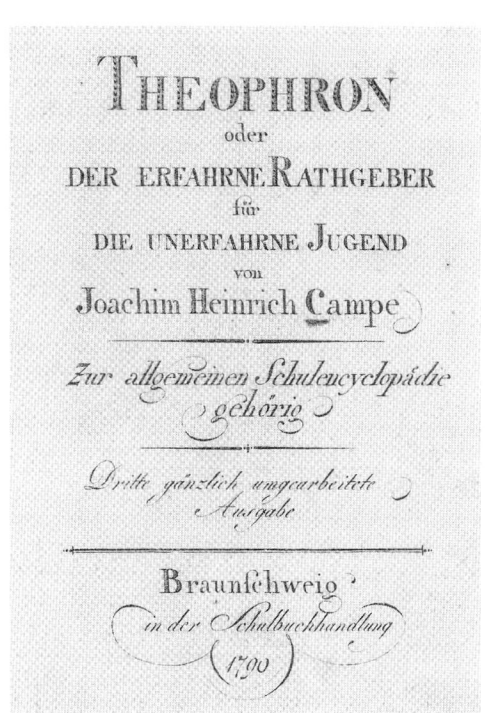

Das wohl berühmteste Ratgeberbuch schrieb Joachim Heinrich Campe: *Theophron oder Der erfahrne Rathgeber für die unerfahrne Jugend. Zur allgemeinen Schulencyclopädie gehörig*.[57] Es erfreute sich eines jahrzehntelangen Erfolgs, es wurde an den Schulen durchgenommen und sollte selbst den Erwachsenen ein zuverlässiger Führer sein. Es ist eigentlich unvorstellbar, daß dieses Buch dem jungen, zumal vaterlosen Schinkel, kein Ratgeber von großem Einfluß war und nicht seine charakterliche Entwicklung wesentlich mitbestimmte. Campe wünschte, daß dem *Theophron* »die ehrenvolle Bestimmung eines Schulbuchs« zuteil werde, denn seines Wissens gebe es kein anderes Werk zu gleichen Zwecken, das außer Religion und Sittenlehre all die menschlichen Kenntnisse enthielte, die ein in die Welt eintretender Jüngling wissen müßte.[58] Tatsächlich ließ Gedike den *Theophron* nach eigener Bekundung während seines Direktorats am Friedrichswerderschen Gymnasium in den oberen Klassen lesen,[59] und dies wird er auch am Grauen Kloster so gehalten haben. Mit Sicherheit gehörte das Werk zum festen Bestand der Schulbibliothek wie auch Campes für den mündlichen Unterricht verfertigter kurzer Auszug.[60] Es ist ein Buch voll tiefgründiger Menschenkenntnis, das man sich – sorgfältig überarbeitet – noch heute als nützlichen Leitfaden für junge Menschen denken könnte. Für die weibliche Jugend verfaßte Campe übrigens ein Gegenstück, den *Väterlichen Rat für meine Tochter*.[61] Es wurde für Jahrzehnte zum populärsten Buch über die Mädchenerziehung. Schinkels Schwestern lasen es bestimmt sehr aufmerksam, erinnerte sie doch die Tochter an niemand anders als die ihnen von Robinson her bekannte kleine, nun fast erwachsene Lotte.

Theophron ist in zwei Hauptteile gegliedert: I. Erfahrungen und Vorschriften zu einer klugen Berufswahl und die Vorbereitung dazu, und II. Erfahrungen und Vorschriften zum Umgang mit Menschen.

Das Buch enthält insgesamt sechs Belehrungen. Teil I: 1) Über die sittlichen und geistigen Fähigkeiten, die ein junger Mann vor dem Eintritt in das Berufsleben erworben haben soll. 2) Fragen der Berufswahl. 3) Vorbereitung auf den Beruf. Als Grundregel solle gelten, nicht von allen Dingen etwas wissen zu wollen, sondern sich in dem gewählten Fach auszubilden. 4) Über die Ausübung der beruflichen Tätigkeit. Teil II: 5) und 6) Die im Umgang mit Menschen notwendigen Kenntnisse.[62]

Beeindruckend ist die Gründlichkeit, mit der die Ratschläge auf rund 550 Seiten vorgetra-gen werden. Der II. Hauptteil, etwas umfangreicher als der erste, ist vielleicht der bedeutsamere, er spiegelt die Moralregeln und Sittlichkeitsideale wider, mit denen Schinkel aufwuchs. So sind es denn überhaupt die Väterlichen Räte gewesen, in denen die Jugendbuchautoren der Aufklärung am gewichtigsten Position bezogen.[63]

Titelfigur des Buchs ist der alte Theophron. In der Rahmenhandlung wird er vorgestellt als ein »Mann von Verdiensten, der in wichtigen Geschäften grau geworden« ist und nun, »am Abend seines gemeinnützigen Lebens«, den er auf einem kleinen Landsitz verbringt, seinen einzigen Sohn Kleon auf den Lebensweg vorbereiten will, auf »eine Wanderung, bei der zahllose Gefahren drohen«, und die er nun allein und ohne Führer antreten muß. Kleon ist die Identifikationsfigur für den jugendlichen Leser, vorgestellt als »junger Geist«, »mit den nötigsten Kenntnissen ausgeschmückt, sein Herz voll der edelsten Gesinnungen: aber es fehlte – woran es jungen Leuten immer fehlt – an Erfahrung«.[64]

Das Wichtigste im eigenen Leben, beginnt der weise Theophron, sei der feste eigene Standpunkt: »Archimedes verlangte nur einen festen Punkt, um den ganzen Erdball aus seinem Gleise zu schieben. Auch in der moralischen Welt bedarf jeder, der große Wirkungen hervorbringen will, gleichfalls eines solchen festen Punktes. Und der muß in uns selbst sein.« Besonders »wer äußerliche Geschäfte, welche auf das Wohl der menschlichen Gesellschaft abzielen, übernehmen will, der fange doch ja damit an, sich selbst zu bessern, sich selbst in allem, was gut und edel ist, auf immer zu befestigen ...«[65]

Er beginnt die Belehrung mit dem grundsätzlichen Rat »Wolle, indem du auf die Schaubühne des geschäftigen Leben trittst, nicht glänzen, sondern nützen und glücklich sein.«[66]

Voraussetzung für ein glückliches Berufsleben sei die eigene moralische Bildung. Rechtschaffenheit und Glückseligkeit seien wie Quelle und Bach,[67] wie Ursache und Wirkung. Rechtschaffenheit bringe dem Menschen den »beseligenden und stärkenden Beifall«. Wichtigste Tugend sei die »strenge religiöse Gewissenhaftigkeit«. Sie mache die Pflicht zum obersten Prinzip des Handelns und müsse verbunden sein mit der Unerschütterlichkeit und der Festigkeit des Gemüts durch Abhärtung an Leib und Seele, welche erreicht wird durch eine »natürliche, simple, frugale und arbeitsame Lebensart«. »Wer wenig bedarf, der hat nicht nötig, seine Freiheit für die Befriedigung seiner Bedürfnisse zu verkaufen.«[68] Ohne Umschweife geht Theophron dazu über, die unerfahrene Jugend eindringlich vor den Lastern und Leidenschaften der Menschen zu warnen.

»Höre, mein Sohn, ich habe dir eine traurige Wahrheit zu sagen: auf dieser schönen Erde, welche für Wesen, die den Gesetzen der Natur – Gottes Gesetzen – beständig treu blieben, ein wirkliches Paradies sein müßte, leben wenig glückliche Menschen. Nimm diese unselige Beobachtung so lange auf Treu und Glauben von mir an, bis du sie selbst wirst bestätigt gefunden haben. Die Quelle dieses allgemeinen Elends, welches die Menschheit ergriffen hat, ist nicht in Gott, nicht in der von ihm geschaffenen Natur; sie ist in den Menschen selbst, in ihrem verwöhnten, von unreinen Leidenschaften unaufhörlich beunruhigten Herzen. Unter diesen Leidenschaften gibt es vornehmlich drei, welche das in Wahrheit für die Menschen sind, was in der Fabellehre die drei Höllenfurien für die Verdammten waren: sie heißen Ehrsucht, Üppigkeit und Unzucht. Jede von diesen Leidenschaften ist ein gefräßiger Wurm, der die schöne Blume, Glückseligkeit genannt, wovon der Schöpfer den Keim in alle seine Geister gelegt hat, unaufhörlich an der Wurzel benagt.«[69]

Mit drastischen Worten prangert Theophron Laster und Leidenschaft an. Er warnt vor Spielsucht, Trunksucht und Völlerei, vor den Versuchungen zur Unzucht, vor unzüchtigen Bildern und Büchern, wovon die Häuser der Reichen und die Büchersäle der Wollüstlinge wimmeln – sie »sind Werkzeuge der Hölle«. Er prangert den Luxus an, die überfeinerten Sitten und den Müßiggang. Das sicherste Verwahrungsmittel dagegen seien Arbeitsamkeit, Mäßigkeit und Nüchternheit.[70]

Theophron preist das tätige, pflichterfüllte bürgerliche Berufsleben, für das der Leitsatz gelten soll, daß der Beruf »der einzige und ausschließende Gegenstand aller Gedanken, Sorgen und Bestrebungen« sei. Doch solle man sich vor jeder »Überspannung der Kräfte« hüten.

»Setze dir daher, wenn deine Arbeit nicht in außerordentlichen Fällen durchaus unaufschieblich ist, von Zeit zu Zeit einige Ruhepunkte, und wende diese wohltätigen Pausen zu deiner Ermunterung an, entweder durch einen Blick in die schöne offene Natur, und durch ein dankbares Aufsehen zu dem allgütigen Vater derselben, oder durch einen stärkenden Zwischengenuß der allbeseligenden Liebe in dem Schoße deiner Familie. ... Beglücke die Lieben, welche Gott mit Dir verbinden wird, so sehr du immer kannst; erwirb dir dadurch einen Schatz von häuslicher Glückseligkeit, zu dem du jedesmal deine Zuflucht nehmen könntest, so oft du einer Ermunterung bedarfst ...«[71]

Verdienste, Bescheidenheit, äußerliche Annehmlichkeiten und ein guter Ruf seien die vier Stücke, die uns garantierten, daß es an »Freunden und Gesellschaftern unter den edelsten und würdigsten Menschen an jedem Orte niemals fehlen werde«.[72] »Wahre Verdienste mit wahrer Bescheidenheit zu verbinden – das ist kurzer Inbegriff der ganzen Kunst, sich gefällig und beliebt zu machen.«[73]

Über den Umgang mit den Menschen

Die größte Zahl der Menschen, so Theophron, gehöre zu den » stumpfen und dummen Leuten«, die sich in allen Ständen finden. Sie werden unterschieden, in »geborene Dummköpfe«, die von Natur aus dumm seien und deswegen von keiner Erziehung verändert werden könnten, und in »gemachte« Dummköpfe, deren gute Anlagen durch schlechte Erziehung unentwickelt geblieben seien. Die ersteren seien gutmütig, anspruchslos, lenksam und dienstbeflissen. Die letzteren hingegen unangenehm, gemeingefährlich, so daß man sich diese Menschen »nicht weit genug vom Leibe halten kann«.[74] Zu den bestimmten Klassen, vor denen Theophron warnt, zählen die Einflußreichen und Mächtigen.

»Auch von den Großen dieser Erde – wie gütig und zuvorkommend sie sich auch zu dir herablassen mögen – erwarte keine wahre Freundschaft, keine fortdauernde Zuneigung, keine bleibende Erkenntlichkeit für das, was du an deinem Vermögen, an deiner Ruhe und an deiner Gesundheit für sie aufopferst. Es wäre ein Wunder aller Wunder, wenn diese Leute, die von früher Kindheit an gewöhnt werden, sich selbst für den Mittelpunkt der Schöpfung, für die allgemeine Sonne zu halten, ... sich wirklich zur Dankbarkeit verbunden glauben. ... Bemühe dich, ihnen so viel Achtung gegen dich einzuflößen, daß sie nie auf den für dich unglücklichen Einfall geraten, dich zu ihrem besondern Liebling zu wählen. Denn widerführe dir dies, so wär' es um deine Ruhe, oder um deine Sicherheit oder um deine Tugend getan; und das sind Dinge, die dir wichtiger sein müssen, als alle Gunstbezeugungen.«[75]

Schinkel verstand es im Laufe seines Lebens fast immer, mit den Großen seiner Zeit geschickt umzugehen. Besonders den in Kunstangelegenheiten weniger kompetenten König Friedrich Wilhelm III., für den er größere Aufträge ausführte, wußte er gut zu nehmen.

Andere Klassen, mit denen der Umgang tunlichst zu meiden sei, seien die Schwärmer und Frömmler, die lebensuntüchtigen Empfindsamen, denn sie seien die Feinde von Vernunft, Erfahrung und Aufklärung.

»Überhaupt, mein Sohn, dränge dich nie zu einem engeren Verhältnis mit Virtuosen, Sehern, schönen Geistern und Dichtern, bevor du nicht aus langer Beobachtung und aus vielen übereinstimmenden Tatsachen zuverlässig weißt, daß sie zu den seltenen Ausnahmen gehören, deren Kopf über dem Rauchfasse des Lobes, welches ihnen törichter Weise so nahe unter die Nase gehalten wird, nicht schwindlicht, und deren Herz durch die Einbildung, daß sie eine eigene, über alle andere weit erhabene Klasse von Geistern ausmachen, nicht verdreht worden ist.«[76]

Hart geht Theophron ins Gericht mit der »Sekte« der von ihm verachteten »Genies«, die, ohne selbst ein »Gestirn« zu sein, sich für »außerordentliche Wesen« hielten, und »von nichts als hohen Gefühlen, Kraft, Genie, und innerem Drange redeten« und alle bürgerlichen Tätigkeiten, die durch Fleiß und Anstrengung gelernt sein wollten, aufs tiefste verachteten.[77]

Die einzigen Genies seiner Zeit, die Schinkel verehrte, sind Friedrich Gilly und Goethe gewesen. Seine erste Begegnung mit Goethe in Weimar kleidete er in die schönen Worte: »In seiner Nähe wird dem Menschen eine Binde von den Augen genommen ...«[78] Zu Dichtern wie Achim von Arnim und Clemens Brentano, dessen Phantastereien ihn bisweilen nervten, hielt er Abstand,[79] wenngleich er freundschaftlich mit ihnen verkehrte. Auch zu Brentanos quirliger Schwester Bettine, der er gelegentlich Zeichenstunden gab, wahrte er Distanz. Die Persönlichkeiten, denen Schinkel sich in enger Freundschaft verbunden fühlte, waren von anderem Kaliber: verdienstvolle »gemeinnützige« Männer wie der Philosophieprofessor Solger, der »Vater des preußischen Gewerbewesens« P. C. Beuth, der Berliner Obermedizinalrat J. G. Langermann[80] und der Kunsthistoriker und Direktor der Berliner Gemäldegalerie G. F. Waagen.

Zu den Themen jedoch, die das Herz eines jungen Mannes zutiefst bewegen, die Wahl der Ehegattin, der Umgang mit Frau und Kindern, fand Theophron leider unbefriedigende Antworten. Den vorehelichen Umgang mit Frauen schilderte er nur im Zusammenhang mit der Unzucht.[81] Das Problem, mit dem die Aufklärung nicht zu Rande kam, war ja das natürliche Verhältnis der Geschlechter zueinander. Was Theophron dazu vorträgt, ist aus heutigem Verständnis inakzeptabel, entspricht jedoch den krassen Vorbehalten, mit dem man junge Männer ins Leben entließ. Der greise Theophron – eben der Jugenderzieher Campe selbst – betrachtete die Frauen als ein gefährliches Geschlecht, dem der Jüngling oder Mann nur mit festen Moralgrundsätzen begegnen dürfe. Sogar der Umgang mit »wirklich ehrbaren Frauenzimmern« sei für das »Wohlergehen« des Jünglings von Übel.

»Wirst du aber dennoch einen besonderen Hang zu einer Person weiblichen Geschlechts bei dir gewahr, so vermeide doch ja jede Gelegenheit, mit ihr allein zu sein, vornehmlich aber jede Gelegenheit zu irgend einer Berührung ihres Körpers, weil das Feuer der Wollust in diesem Stück dem elektrischen Feuer gleicht, welches hervorprasselt, sobald der elektrisierte Körper angerührt wird.«[82]

Auch die reinste und unschuldigste Liebe [ist] für die Seele eines Jünglings, dem Alter und Glücksumstände noch nicht vergönnen, die eheliche Gefährtin seines Lebens zu wählen, ein verderbliches Gift ..., welches sie entnervt, welches jeden Keim des Guten in ihr erstickt, sie unlustig und unfähig zu jeder edlen Anstrengung und zur Erwerbung rühmlicher Verdienste macht.[83] Das sicherste für einen jungen Menschen ohne Erfahrung, ohne Weltkenntnis und ohne tief eingewurzelte Grundsätze der Ehre und der Tugend, wäre freilich, sich diesem, seiner Unschuld und seinem Wachstum an Vollkommenheit gefährlichem Geschlechte, bis auf die Zeit, da er die Freundin und Gefährtin seines Lebens wählen soll, ganz und gar zu entziehen. Aber zum Unglück ist kein ander Mittel vorhanden, Erfahrung, Welt- und Menschenkenntnis zu erlangen, als gerade dieses einzige, sich in die Schule dieser gefährlichen Lehrmeisterinnen zu begeben. Denn sie sind es, und nur sie allein, welche das Höckerichte in unsern äußerlichen Sitten abzuhobeln, das Rauhe zu glätten, und unserm ganzen Wesen denjenigen Weltfirnis anzustreichen wissen, ohne welchen die liebenswürdigsten Tugenden verkannt, die größten Verdienste vernachlässigt werden. Sie sind es, durch welche wir mit unserm eigenen Geschlechte, fast möcht' ich sagen, mit uns selbst, erst recht bekannt werden, weil sie sowohl mehr Interesse dabei haben, sich in die verschlossenen Männerherzen einzuschleichen, als auch mehr Gelegenheit und mehr natürliche Geschicklichkeit dazu. ... Man kann also ihrer nun einmal nicht entbehren, muß nun einmal ihnen zu gefallen suchen; und die Frage ist also bloß: wie man es anzufangen habe, um aus ihrer Gesellschaft Vorteil zu ziehen, ohne dabei Gefahr zu laufen, sein Wachstum an Vollkommenheit, seine Tugend, seine Gesundheit, und die Zufriedenheit seines ganzen Lebens aufzuopfern?[84] Erfülle dein Herz mit einem tiefen lebendigen Abscheu gegen alle die schamlosen, frechen und unverschämten Dirnen und Weiber, welche in ihren Blicken, Mienen, Anzuge, Reden, Handlungen das Schild der Unzucht anhängen, und wohl gar so weit gehen, es recht geflissentlich darauf anzulegen, der Unschuld tausend verführerische Fallstricke zu legen, um sie ins Verderben zu ziehen. Ein solcher tief eingeprägter Abscheu kann allein dich retten, wann deine Vernunft erliegen würde ...«[85]

In Schinkels Reisetagebüchern tritt diese Abscheu mehrfach zutage. In Syrakus beklagte er, daß die »vielbesungenen« Quellen der »schönen« Nymphe Arethusa von »alten, schmutzigen halbnackten Waschweibern [wimmelten], welche die heiligen Quellen durch den Schmutz der Kleider aus ganz Syrakus entweihten. Getäuscht auf das unangenehmste, verließen wir plötzlich den Ort, der uns das schöne Bild der Phantasie verdarb.«[86] In Genua empörte er sich über das unbeherrschte Verhalten seines Reisegefährten Steinmeyer, als der in dem Hotel, wo sie Quartier genommen hatten, »an allen Gliedern zitternd« durch die Türritze eine Dirne und ihren Liebhaber beobachtete, »die vor unsern Augen den ganzen Sturm der Begierden austoben«. Schinkel las dem Freund, wie er sich in einem Brief an den Berliner Architekten J. G. Moser, den sie in Rom getroffen hatten, ausdrückte, »ein gräßliches Kapitel über die Ruhe und Bezähmung, das Edelste der Menschen«. Er war dermaßen empört, daß er völlig übersah, wie sehr er Steinmeyer bloßstellte. Schinkel notierte nach diesem Zwischenfall: »Das Diner und eine Promenade in der Stadt zerstörten die Eindrücke jenes Auftritts und schenken mir Ruhe am Abend für ein kleines Aufreihen meiner Begebenheiten, seit ich Rom verließ.«[87]

Kennzeichnend für den euphemistischen Geist und das Lebensgefühl in der Aufklärungszeit ist Theophrons Bekenntnis zur Gegenwart und sein unerschütterlicher Glaube an die »wahre Bestimmung des Menschen«.

»Denn noch nie, nie sind die Menschen, im Ganzen genommen – gleichviel aus was für Ursachen – ihrem gegenseitigen Betragen nach, menschlicher gewesen, als jetzt; noch nie hat man für seine Ruhe, für sein Eigentum und für sein Leben selbst, von Ungerechtigkeit und zügelloser Gewalttätigkeit weniger zu besorgen gehabt; ... nie ist der gesittete Mensch dem Mutwillen und der Grobheit eines rohen Pöbels weniger ausgesetzt gewesen, als bei uns; ... nie ist man an die Erziehung der Jugend mit so viel Kenntnis der menschlichen Seele, mit so viel Rücksicht auf die dermalige Lage der Menschheit, mit so viel Aufopferung an eigener Gemächlichkeit, mit so viel Trotzbieten gegen verjährte Mißbräuche, mit so viel eigener Befreiung von herrschenden Vorurteilen und mit so viel äußerer Freiheit gegangen, als jetzt; nie sind die Kräfte und Fähigkeiten des menschlichen Geistes in einem solchen Grade und von so vielen Seiten zugleich geübt worden; mit einem Worte: nie und nirgends ist man der wahren Bestimmung der Menschen – der gleichzeitigen und proportionierten Ausbildung, Stärkung und Veredelung aller unserer geistigen und körperlichen Naturkräfte ... näher gekommen, als grade jetzt, und grade hier in unserm deutschen Vaterlande.«[88]

Paradoxerweise huldigte aber die Aufklärung, die sich so viel auf ihre Vernünftigkeit einbildete, einem irrationalen Optimismus. Campe, die Philanthropen, Schinkel und andere Geistesgrößen der Zeit haben das nie richtig durchschaut. Ihr Vertrauen in die Macht der Vernunft und die Entwicklungsfähigkeit der Menschennatur war in Wirklichkeit nur ein bloßer Glaube, für die Aufklärer jedoch ein Credo, auf dem sie unbeirrbar bestanden. Für Schinkel, der mit diesen Lehren aufwuchs, wurden die Thesen und Träume der Philanthropen ein hohes Gut. Ihre Saat fiel bei ihm – vielleicht wie bei keinem anderen bedeutenden Künstler sonst – auf fruchtbaren Boden. Seine idealische Weltanschauung hat hier ihre Wurzeln.

Bilderbücher und Enzyklopädien

Eines der interessantesten Werke für die Jugend, das in keiner Schulbibliothek fehlen durfte, war das *Bilderbuch für Kinder* des Weimarer Verlegers Friedrich Justin Bertuch – ein prachtvolles enzyklopädisches Tafelwerk von zwölf Bänden, das in 237 monatlichen Einzellieferungen das Wissen der Epoche vor den Kindern ausbreitete und in gründlichen Kommentaren erläuterte. Allein der erste Band umfaßte 100 kolorierte Kupfertafeln. Bertuch meinte, für Kinder sei das beste gerade gut genug. »Ein Bilderbuch ist für eine Kinderstube ein ebenso wesentliches und noch unentbehrlicheres meuble als die Wiege, die Puppe, das Schaukelpferd.«

48. *Der Koloß von Rhodos*, eines der berühmten Sieben Weltwunder, aus: Friedrich Justin Bertuch, *Bilderbuch für Kinder*, 1790 ff.
49. Fischer von Erlach, *Statue des Zeus*, aus: *Entwurff einer Historischen Architectur*.
50. Schinkel, Entwurf zum Diorama *Die Statue des Zeus in Olympia*.
51, 52. *Bilderbuch für Kinder*. Tafel »Linienschiff« mit Beschreibung.
53. *Bilderbuch für Kinder*. Tafel »Menschen und Trachten«: Paare aus: 1 Ostindien, 2 Sibirien, 3 Mongolei, 4 Arabien.
54. *Bilderbuch für Kinder*. Tafel »Reiterei des Altertum«: 1 Römischer Feldherr, 2 Reitender Imperator, 3 Römischer Ritter, 4 Numidischer Renner (»sie waren die Husaren des Altertums«), 5 Reiter im Schuppenharnisch, 6 Dacischer Reiter aus der Walachei.
55. *Bilderbuch für Kinder*, Tafel »Fabelhafte Tiere«: 1 Harpyie, Sturmdämon, 2 Greif, 3 Satyr, 4 Giganten oder Titanen, »welche an Statt der Füße Schlangen hatten«, 5 Seepferd, 6 Nereide, weibliche Halbgöttin aus dem Gefolge Neptuns.

Die Kupfertafeln, von jungen Künstlern gestochen, waren ein wahrer Augenschmaus. Das hohe Niveau der Präsentation machte das Unterrichtswerk auch für den Erwachsenen interessant. Es enthielt auf 1185 Kupfertafeln, »schön und richtig gezeichnet, subtil gestochen und heiter koloriert«, Gegenstände aus allen Bereichen der Wissenschaften, Blumen, Früchte, Tiere, Völkerschaften, exakte Darstellungen der neuesten Erfindungen und Entdeckungen, Gegenstände aus dem Reich der Altertümer und der Künste, darunter Abbildungen der legendären Sieben Weltwunder. Schinkel hat einige dieser Tafeln später offenkundig als Vorlagen für die Entwürfe zu seinen Dioramen-Vorführungen verwendet. Die Zeichner des Bilderbuchs griffen ihrerseits auf Abbildungen in Fischer von Erlachs *Entwurff einer Historischen Architectur* zurück. Die drei ersten Bände von Bertuchs Prachtwerk sind in unseren Tagen als Nachdruck neu aufgelegt worden.

56. Johann Georg Rosenberg, *Ansicht des Neuen Marktes*, 1785. Von den drei Häusern im Hintergrund ist links das Predigerwitwenhaus, in dem die Schinkels wohnten. Das zweite Haus rechts davon ist die Militärische Hauptwache. Rechts die Marienkirche, vorn die Buden der Fleischer und Fischhöker.

57. *Allgemeiner Straßen- und Wohnungs-Anzeiger der Residenzstadt Berlin*, »Polizeirevier No. 1«. Rechts der Grundriß der Marienkirche, daneben der Neue Markt mit der vorbeiführenden Papen-Straße, schräg durch den Plan die Spandauer Straße, die zur Garnison-Kirche und der Neuen Friedrich-Straße führt.

58. Johann Ferdinand Krethlow, Valentin Rose, Schinkels Vormund.

Schuljahre am Gymnasium zum Grauen Kloster

Die Übersiedlung nach Berlin

In den Tagen vor Ostern 1794 ging es bei den Schinkels im Predigerwitwenhaus am Neuen Markt drunter und drüber. Nicht wegen des nahenden Festes – die Kinder waren völlig außer sich, seit die Mutter ihnen verkündet hatte, daß sie mit ihnen nach Berlin umziehen werde, um »noch mehr Gelegenheit für die Ausbildung« der fünf Kinder zu finden, wie Schinkel sich später erinnerte.[1] Was würde der Umzug aus dem stillen Viertel am Ruppiner See in die große Haupt- und Residenzstadt wohl bringen? Es kam der Tag, an dem es hieß, Abschied zu nehmen von den Freunden und Bekannten, von Inspektor Seger, von Lämmel und den Lehrern. Dann setzte sich die Fuhre in Bewegung und rumpelte, mit Möbeln und Hausrat voll bepackt, in Richtung Berlin – einer ungewissen Zukunft entgegen. Das Schicksal hielt für Karl Friedrich eine große Rolle parat. Was wäre wohl geworden, wenn die Mutter nicht diesen beherzten Entschluß gefaßt hätte? Dann wäre aus ihrem ältesten Sohn bestimmt kein Architekt geworden. Ein anderer, wahrscheinlich weniger bedeutend als er, wäre an seine Stelle getreten, jedenfalls sähe das architektonische Berlin dann heute anders aus.

Zur Verblüffung der Kinder unterschied sich ihr neues Zuhause und die Straßen drumherum nur wenig von dem in Neuruppin. Sie bezogen wieder ein Predigerwitwenhaus, das wieder an einem Neuen Markt stand, und sie blickten wieder auf den Turm einer Marienkirche. Das Predigerwitwenhaus war die Nr. 10 der am Marktplatz vorbeiführenden Papenstraße. Dort richteten sich die Neuankömmlinge im Vorderhaus in »einer Hälfte des unteren Stocks« häuslich ein.[2]

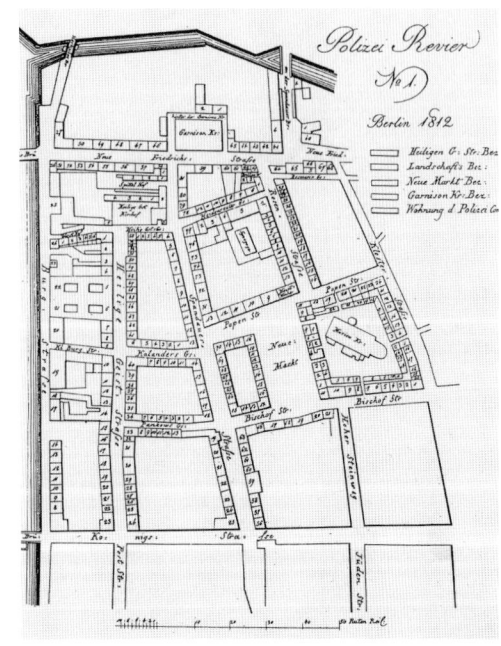

Obwohl Berlin eine Großstadt mit 150 000 Einwohnern und 10 000 Häusern[3] war, wirkte sie provinziell. In den Straßen rund um den Neuen Markt drängten sich die Läden und Werkstätten kleiner Kaufleute und Gewerbetreibender, Mehl- oder Viktualienhändler, Schmiede, Posamentierer, Bäcker, Tischler, Glaser, Schuhmacher.[4] Ein emsiges Treiben. Das Haus nebenan gehörte einem Brauer. Das erinnerte die Kinder an Großvater Rose, der in Neuruppin eine Brauerei besaß. Auf dem Markt wurden Fisch, Gemüse, Fleisch und Gartenpflanzen verkauft.[5] Und genauso wie in Neuruppin, wo man auf Schritt und Tritt einer Uniform begegnete, war das Militär stets präsent. Zwei Häuser weiter, noch am Markt, befand sich eine militärische Hauptwache. Es gab davon vier in Berlin, darunter eine beim Schloß, für die Schinkel später ein neues Wachgebäude, eben die »Neue Wache«, bauen sollte.[6]

Die neue Wohnung mit vier Fenstern zum Markt, mit Küche, Kellerraum und Garten, war geräumig und dabei preiswert. An Miete zahlte Dorothea Schinkel jährlich 60 Taler Courant.[7]

Valentin Rose
geboren zu Berlin am 30 Octb. 1762
gestorben daselbst am 9 August 1807.

Gewöhnlich kostete in dieser Gegend eine mittelgroße Etage 100 Taler.[8] Doch als Mieter waren die Schinkels nur geduldet, denn das Predigerwitwenhaus war eigentlich für Witwen der Gemeinde St. Nikolai/St. Marien bestimmt; nur vakanter Wohnraum durfte anderweitig vergeben werden.[9] Die Hausordnung war streng. Die Schinkelkinder bekamen es bald zu spüren. »Ständige Einwohner [durften] nicht geduldet werden, wofern sie nicht redlich still und eingezogen leben, oder etwa Unseren Witwen zuwider seien, darum sich ein jeder gottesfürchtig still und tugendsam darinnen soll verhalten«. Besonders sei den ständigen Einwohnern »Ehre und guter Wille« zu erweisen, um »miteinander ohne Zank und Streit und Neid fein freundlich« zu leben. In diesem stillen Hause wohnte Karl Friedrich während seiner gesamten Gymnasialzeit. Er verbrachte zehn Jahre seiner Jugend in Predigerwitwenhäusern!

Glücklicherweise stand Dorothea Schinkel nicht allein. Ihr Neffe, der Apotheker Valentin Rose, Schinkels Vormund, führte wenige Häuser weiter, in der Spandauer Straße 77, die Apotheke zum Weißen Schwan.[10] Vielleicht war er es, der ihr riet, mit den Kindern nach Berlin zu gehen. Rose war ein sehr befähigter Mann und stieg wie sein Vater auf zum Assessor im Obermedizinalkollegium, der Gesundheitsbehörde. Durch ihn kam Karl Friedrich mit der Botanik und der geheimisvollen Welt der Heilkräuter in Berührung. Wie lebhaft das Interesse war, das Rose in ihm weckte, bezeugt ein Brief, den ihm Karl Friedrich 1804 aus Capri schrieb, und in dem er berichtet, daß er eine »erstaunliche« Anzahl »mir ganz fremder Pflanzen« entdeckt hätte, die er konservieren und nach Berlin schaffen wolle.[11]

Durch Rose wurde Schinkel mit dem berühmten Chemiker Klaproth bekannt, der die Apotheke eine Zeitlang geführt hatte. Dessen Grabmal entwarf er 1817.[12] Auch die Bekanntschaft mit dem Obermedizinalrat Langermann geht auf Rose zurück. Die naturwissenschaftlich-medizinische Seite an Schinkel ist bislang kaum beachtet worden. Rose half Schinkel während dessen erster Italienreise über manche finanzielle Klippe hinweg. Von ihm sprach Schinkel stets mit großem Respekt.

Unterstützung fand Dorothea auch bei ihrem fünfzehn Jahre älteren Halbbruder, dem Bankier Friedrich Rose. Er wohnte in der nahegelegenen Heilige Geist-Str. 15 im Haus der Bankiersfamilie Salomon.[13] Friedrich Rose ist es wohl gewesen, der dem Jungen anriet, einen kaufmännischen Beruf zu ergreifen. Er war gut bekannt mit Lämmel, dessen erste Tochter sein Patenkind war (get. 1789). Auch dieser Rose war ein hochangesehener Mann. Sein Porträt, vom Berliner Hofmaler Friedrich Bock gemalt, wurde 1787 auf der Akademieausstellung gezeigt.[14]

Die dritte einflußreiche Persönlichkeit, auf die Dorothea Schinkel zählen durfte, war Justizrat Noeldechen in Neuruppin. Es fügte sich gut, daß er allwöchentlich zu Dienstgeschäften in die Hauptstadt reiste, um im Hause des Ministers Freiherr von Voß in der Wilhelmstraße an den Sitzungen der »General-Landarmen- und Invaliden-Verpflegungs-Direktion« teilzunehmen.[15] Als Schinkels Schwester Sophie im Juni 1795 eine Tochter bekam – das erste Enkelkind von Schinkels Mutter – wurde Justizrat Noeldechen als Taufpate geladen.

Wie fand sich der 13jährige Schinkel, der doch als Landkind aufwuchs, in der Großstadt zurecht? Die Stadt wird ihm imponiert haben, doch für die baulichen Besonderheiten hatte er noch keinen Blick. In seinem ersten, am Gymnasium begonnenen Skizzenbuch finden sich keine Berliner Architekturmotive.

Berlin hatte breite und helle Straßen, viele Plätze, solide gebaute Privathäuser. Das Herz der Stadt schlug Unter den Linden, wohin es den jungen Schinkel und seine Geschwister oft hingezogen haben mag. Das Opernhaus, das Zeughaus, die königliche Bibliothek, die Palais boten einen stattlichen Anblick. Dort, zwischen Lustgarten und Brandenburger Tor, flanierte die elegante Welt. Dort herrschte ein reger großstädtischer Verkehr mit Roß und Reiter, Kutschen, Kaleschen, Staatskarossen, die einen prächtigen Anblick boten, besonders wenn sie in den dunklen Abendstunden oder in der Nacht mit Fackeln fuhren. Es gab keine ausreichende Straßenbeleuchtung. Die Straßen waren ungenügend befestigt, so daß, besonders im heißen Sommer, »die nie ruhenden, feinkörnigen Sandwirbel« die Passanten quälten.[16] Ein spektakuläres Schauspiel war der Aufzug der Wachparade gegenüber vom Schloß. Reizvoll waren für die Schinkelkinder die Spaziergänge in den Tiergarten hinter dem Brandenburger Tor oder über die Brücken der Spree und entlang den Kais, wo Schiffe gebaut wurden. Oft war Leben und Gewühl auf den Flußschiffen bis in die späte Nacht.[17] Berlin war nicht so dicht bevölkert wie London oder Paris, bei weitem nicht so groß, doch galt es nicht wenigen auswärtigen Besuchern als ausgemachte Sache, daß Preußens Hauptstadt ihre Konkurrentinnen an Schönheit übertraf.

Die Schinkelfamilie erlebte den ersten Sommer in Berlin. Die Neuruppiner Katastrophe schien vergessen. Die beiden Jungen wurden am Gymnasium eingeschult, die Zweitälteste heiratete und ging zurück aufs Land nach Kränzlin. Umsichtig hatte die Mutter alles besorgt. Doch das Schicksal holte wie aus heiterem Himmel aus zu einem doppelten Schlag. Keine fünf Monate nach dem Umzug starb Karl Friedrichs älteste Schwester Dorothea bei einem Besuch in Kränzlin,[18] im darauf folgenden Jahr der geliebter Bruder Friedrich Wilhelm August.[19]

Über die Todesumstände des Bruders ist kaum etwas bekannt. Laut Kirchenbuch starb er am 10. Juli 1795 im Hause des Hofrats Stantke in der Neuen Friedrichstraße Nr. 44 an »Entzündungsfieber«. Stantkes Haus stand bei der Garnisonkirche,[20] nicht weit vom Predigerwitwenhaus. Stantke ist wahrscheinlich identisch mit Bergrat Standtke, mit dem Gedike bekannt war. Vielleicht nahm er gelegentlich Schüler des Gymnasiums in Logis.

Der Tod des Bruders ging ihm besonders nah und legte einen dunklen Schatten über die nächsten Jahre. Nach dem Urteil der Lehrer hatte Friedrich Wilhelm August durch seine Lebhaftigkeit und seine Fähigkeiten die angenehmsten Hoffnungen erregt.[21] Der Bruder war das Zugpferd, während Karl Friedrich nur »langsame Fortschritte« machte, berichtet Waagen. »Dieser Bruder, voll Talent und frischer, jugendlicher Begeisterung für Poesie, übte einige Jahre einen bedeutenden Einfluß auf Schinkel aus; denn er steigerte hierdurch nicht allein die verwandten Gefühle in der jungen Künstlerseele, sondern ward durch sein rascheres Fortschreiten in den Schulkenntnissen bei dem lebhaften Ehrgefühl Schinkels für ihn ein gewaltiger Sporn.«[22]

Die Berliner Lebensumstände erweiterten Schinkels Blickfeld enorm. Doch die erneuten Schicksalsschläge, die über die Schinkelfamilie niedergingen, müssen ihm wie ein Menetekel erschienen sein. Es ist bewunderungswürdig, daß er den Lebensmut nicht verlor. Karl Friedrich Schinkel lebte sich in dieses Berlin, dem er zwanzig bis dreißig Jahre später behutsam seinen Stempel aufdrücken sollte, erst nach längerer Zeit wirklich ein. Es war keine Liebe auf den ersten Blick.

Am Grauen Kloster

Am 3. April 1794, vermutlich am Tag des Unterrichtsbeginns nach den Osterferien, betraten Karl Friedrich Schinkel und sein Bruder mit klopfenden Herzen – in Begleitung der Mutter und des Vormunds – das Schulgebäude des Gymnasiums zum Grauen Kloster. Es war ein nicht unfreundlicher, einladender Bau, wenn auch nicht so formidabel wie der in Neuruppin, aber der Name »Graues Kloster« weckte in den Knaben ungute Gefühle, er verhieß klösterliche Zucht und Ordnung, und darin irrten sie sich nicht.

Wie gewöhnlich prüfte Gedike die Neuankömmlinge selbst, »am sorgfältigsten natürlich diejenigen, welche schon für eine der oberen Klassen reif sind oder reif zu sein glauben. Überdies verlange ich von jedem Novitius, der ein Mitglied der oberen Klassen werden kann, ein Zeugnis von der von ihm vorher besuchten Schule.«[23] Daß die beiden Brüder von der Neuruppiner Schule kamen, war eine gute Empfehlung, denn Gedike selbst bescheinigte der Schule, daß an ihr »einige treffliche Lehrer« unterrichten.[24]

Karl Friedrich Schinkel und sein Bruder bestanden die Aufnahmeprüfung. Der Bruder, obwohl anderthalb Jahre jünger, überraschte durch seine Reife und durfte zusammen mit Karl Friedrich in die Klein-Tertia eintreten.[25] Die beiden Knaben waren gewiß ein wenig stolz, diese Hürde genommen zu haben, ihnen war bewußt, daß in einem Gymnasialbesuch eine Auszeichnung lag. Nun mußten sie sich ihrer würdig erweisen.

Als Schinkel und sein Bruder ins Graue Kloster eintraten, leitete der 40jährige Oberschulrat Gedike die Anstalt als Amtsnachfolger von Direktor Büsching gerade erst ein halbes Jahr.[26] In diesen wenigen Monaten krempelte er den Schulbetrieb völlig um.[27] Eine Musteranstalt wollte er schaffen in der verödeten Schullandschaft dieser Jahre. Gedike besaß eine jahrelange pädagogische Erfahrung und ausreichende Vollmachten, um »sein« Gymnasium, das er wie eine Kaserne führte, zu einer führenden Schulanstalt Preußens zu erheben.

Dorothea Schinkel kannte den Oberschulrat Gedike, der zuvor dem Friedrichswerderschen Gymnasium zur Blüte verholfen hatte,[28] aus den Tagen, als er mit ihrem verstorbenen Mann zusammengearbeitet hatte. Wahrscheinlich war es Gedike selbst, der ihr vorschlug, die beiden Söhne in seine Obhut zu geben. Sie wußte sicherlich um seinen schwierigen Charakter, sie kannte sein zurückweisendes Wesen, und sie ahnte, daß die Ursachen dafür in seiner unglücklichen Kindheit lagen. Freimütig bekannte er vor Freunden, daß er bis ins neunte Jahr »wild und ohne sonderlichen Unterricht unter Bauernknaben« aufgewachsen sei, da sein Vater, zeitweilig ein Zuchthausprediger, die Ansicht vertreten hätte, man dürfe »die Seele eines Kindes nicht zu früh anstrengen, ehe nicht der Körper des Kindes zu einer gewissen Festigkeit gekommen«

59. Anton Graff, Friedrich Gedike, 1800.

sei.[29] Nach dem Tod des Vaters kam der Achtjährige in das damals berühmte Steinbart'sche Waisenhaus in Züllichau (heute polnisch), wo man seine außerordentliche Begabung erkannte.

Gedike war nicht nur Schulmann, sondern – wie mancher der Kollegen – auch Gelehrter. Seine zahlreichen Publikationen zu aktuellen Schulfragen, seine neuartigen Schulbücher für den Sprachunterricht sicherten ihm die Anerkennung der Fachwelt. Er war Mitglied der Akademie der Wissenschaften und der Akademie der Künste. Gedike stand mit den Gelehrten seiner Zeit in regem Verkehr und erfreute sich der besonderen Wertschätzung des Ministers von Zedlitz, der ihm stets ein offenes Ohr lieh und kraft seines Amtes die Schulverbesserung vorantrieb. Zedlitz hatte einst öfter als Beobachter an Gedikes Unterricht am Friedrichswerderschen Gymnasium teilgenommen.

Als Schuldirektor bewährte sich Gedike in ungewöhnlichem Grade. Allerdings litten nicht wenige Schüler unter ihm. Der Dichter Ludwig Tieck, einer seiner früheren Schüler und Bruder des später mit Schinkel befreundeten Bildhauers Friedrich Tieck, berichtete in seinen Lebenserinnerungen, daß er sich von Gedike oft ungerecht behandelt und gedemütigt fühlte.[30] In der Berliner Öffentlichkeit war Gedike bekannt wegen seines heftigen Temperaments; er war oft grob in seinen Äußerungen. Geradheit und Offenheit waren seine hervorstechenden Charakterzüge. Er ging nicht um eine Sache herum und kümmerte sich wenig um Urteil und Folgen.[31]

Fleiß und Disziplin galten Gedike als höchste Tugenden. Selbst an seinem Hochzeitstag hielt er alle seine Stunden selbst.[32] Dorothea Schinkel wußte, wem sie ihre Söhne anvertraute.

Schulgebäude und -geschichte

Das Graue Kloster galt in gebildeten Kreisen als die ehrwürdigste Schulanstalt neben den übrigen drei Berliner Gymnasien, dem Friedrichswerderschen, dem Joachimsthalschen und dem Französischen. Sie wurde als erste gelehrte Schulanstalt der Mark Brandenburg errichtet. Und sie war am besten ausgestattet.

Direkt neben der alten gotischen Kirche vom Kloster der »Grauen Brüder« an der Klosterstraße gelegen, machte das dreistöckige Schulgebäude mit den hohen schmalen Fenstern auch von außen etwas her. Erst 1786–88 hatte man es aus den Geldern der Stiftung Sigismund Streits, eines ehemaligen Schülers, errichtet und endlich das alte Schulhaus mit den ungesunden feuchtschimmeligen Klassenzimmern, die einige Ellen tiefer lagen als Straße und Hof und »gut zu Weinkellern«[33] geeignet waren, abreißen können. Die alten Gebäude des ehemaligen Franziskanerklosters waren nun durch Neu- und Umbauten ersetzt.[34]

Ein neuer Geist herrschte an der Schule. Die Lehrerschaft pflegte einen selbstbewußt aufklärerischen Kanon. Im Oktober 1795, anläßlich der zu Ehren Streits alljährlich veranstalteten Gedächtnisfeier – es war die zweite, an der Schinkel teilnahm – erinnerte Professor Fischer, einst Privatlehrer der Humboldt-Brüder, im großen Hörsaal vor versammelter Schüler- und Lehrerschaft daran, daß »die Außenwände des Gebäudes, in welchem wir itzt versammelt sind, nebst der benachbarten Kirche ... noch die einzigen Überreste eines im 13ten Jahrhundert auf dieser Stelle errichteten Franziskaner-Mönchs-Klosters [sind]; dessen Ehre wir schwerlich zu nahe treten, wenn wir es einen Sitz der Unwissenheit und des stumpfsten Aberglaubens nennen ...« Im Jahre 1574 habe man die »seit der Religionsverbesserung verödeten Mauern dieses Klosters durch die vereinigte Tätigkeit einiger einsichtsvollen und menschenfreundlichen Männer zu einer besseren Bestimmung geweiht und in denselben die damals einzige und erste gelehrte Schule der Mark Brandenburg errichtet«.[35]

Das eigentliche Schulgebäude enthielt 1794 neun Lehrzimmer, ein Zimmer für die Aufbewahrung der mathematisch-physikalischen Apparate und zwei Zimmer für die Gemäldesammlung.[36] 1796 waren es zehn Lehrzimmer, sowie je ein Zimmer für die Apparate und Versuche. Das daran anstoßende Hintergebäude enthielt den neuerlich wesentlich vergrößerten Hörsaal mit der Gemäldesammlung. Über dem Hörsaal befand sich 1796 der ebenfalls erweiterte Büchersaal und zwei Lehrerwohnungen. In den Vordergebäuden waren Wohnungen für den Direktor und die drei ältesten Professoren.[37]

Einziges Manko war der zu kleine Schulhof. Gedike: »Was wir bei unserm Lokale bei der itzigen Frequenz am meisten vermissen, ist ein großer Hof, wo unsere jungen Leute zwischen den Lektionen sich noch mehr ausdehnen könnten, ohne sich aus dem Gesichtskreis der Lehrer zu verlieren.« Indessen gewähre »doch auch der itzige kleine Hof uns den Vorteil, daß unsere Jugend zwischen den Lektionen nie auf die Straße hinauszugehen nötig hat, welches sonst leicht zu Mißbräuchen Gelegenheit geben würde«.[38]

60. Aula des Gymnasiums zum Grauen Kloster um 1832, deren Umgestaltung Schinkel zugeschrieben wird. Zu beiden Seiten des gotischen Portals Direktorenporträts und Ölgemälde mit venezianischen Motiven aus der Streitschen Stiftung.

61. Ansicht des Schulgebäudes und der Klosterkirche mit den nach Schinkels Entwürfen vorgesetzten gotisierenden Türmchen und dem Dachreiter. Die Arkaden standen nicht in Schinkels Schulzeit.

Bis in unsere Zeit genoß das Graue Kloster einen hervorragenden Ruf. Die Anstalt wurde reich und berühmt. Die von Streit gestiftete wissenschaftliche Bibliothek und die 1794 durch Gedikes Initiative eingerichtete Schülerbibliothek wuchsen enorm. Aus Nicolais Nachlaß erhielt die Bibliothek, von ihm testamentarisch verfügt, 907 Titel kostbarer griechischer und lateinischer Autoren. Die Inventaraufnahme von 1837 ergab 15 231 Bände. Mit rund 50 000 Büchern zählte die Sammlung gegen 1940 zu den bedeutendsten Schulbibliotheken. Die Bildersammlung wuchs auf etwa 100 Kunstwerke an.[39] Das Ensemble Schule Klosterkirche mit seinen kostbaren Schätzen hat den Krieg nicht überstanden. Das Gymnasium wurde 1945 schwer beschädigt. 35 000 Bände gingen im Flammenmeer unter.

Von der Kirche sind nur die Umfassungsmauern erhalten, 1963 als Ruine gesichert und in eine kleine Parkanlage an der Klosterstraße einbezogen.[40] Die Ruinen der vielfach veränderten Kloster- und Schulgebäude sind abgetragen. Von der Galerie wurden fast alle wertvollen Bilder gerettet. Das Schularchiv hat, im Gegensatz zu der Bibliothek, die auf rund 15 000 Bände dezimiert wurde, den Bombenkrieg unbeschadet überstanden.

Die Gemälde der Streitschen Stiftung befinden sich heute als Leihgabe in der Gemäldegalerie Berlin der Stiftung Preußischer Kulturbesitz am Kulturforum.

Die Ausrichtung des Gymnasiums

Am Grauen Kloster wurde Karl Friedrich Schinkel zusammen mit Kindern aus allen Ständen unterrichtet. Das Gymnasium verstand sich – wie die Neuruppiner Schule – als Bürger- und Gelehrtenschule. Gedike: »Unsere Anstalt ... hat es vornehmlich mit der Bildung des künftigen Gelehrten und solcher Stände zu tun, die von ihren Mitgliedern wenigstens einen Anstrich von gelehrter oder doch feinerer Kultur verlangen. Der künftige Ökonom, Kaufmann, Offizier findet hier zu seiner Vorbereitung gute Gelegenheit, und ich arbeite fortgesetzt daran, unsere Anstalt auch für diese Stände immer nützlicher zu machen.«[41] Vier Prinzipien sollten den Schulbetrieb leiten: 1. Das Fachsystem; 2. der Leistungswettstreit; 3. die Disziplin; 4. die Chancengleichheit.

Aus der Leistung sollten die Schüler ihr Selbstwertgefühl beziehen, denn man könne »einen jungen Menschen nicht früh genug daran gewöhnen, sich persönlichen Wert zu erwerben. Und diese Gewöhnung ist allerdings in solchen Schulen am ersten zu erhalten, in welchen Kinder aus allen Ständen des bürgerlichen Lebens unterrichtet werden, dagegen in solchen Schulen, die bloß für reicher und angesehener Eltern Kinder bestimmt sind, der Geist des Knaben sich leicht zu einem unrichtigen Maßstabe in Beurteilung seines Wertes oder wohl gar zur Geringschätzung der niederen Stände verwöhnt.«[42] Nicht ohne Genugtuung verwies Gedike darauf, daß »auch in den untersten Klassen Kinder aus den wohlhabendsten und angesehensten Familien unserer Stadt« sitzen.[43] Dieses war denn auch einer der Beweggründe, warum Dorothea Schinkel und Valentin Rose Karl Friedrich an das Graue Kloster gaben. Aus einer Kaufmannsfamilie stammend, gingen sie nicht davon aus, daß aus ihm unbedingt ein Gelehrter oder Prediger werden müsse.

Die Schuldisziplin

Herrschte an der Neuruppiner Schule ein gedeihliches Miteinander von Lehrern und Schülern, legte das frostige Klima am Grauen Kloster Rauhreif auf Schinkels empfindsame Seele. Bei uns werden keine philanthropischen »Tändeleien« geduldet, verkündete Gedike, denn diese »gewisse modische Erziehungsart, die jetzt in vielen Häusern und Anstalten herrscht«, verspreche »eine nervenlose, empfindsamseinwollende, anstrengunghassende, an Geist und Körper schlaffe Menschenbrut«.[44] Von den didaktischen Methoden der Philanthropen, die er und die Berliner Aufklärer einst in Dessau mit »ungeteiltem Jubel« begrüßten,[45] hatte er sich abgewandt. Gedike verlangte Diszipin. Leistung und Moral betrachtete er als einander bedingende Tugenden.[46]

Gedike, der sich nach schwerer Kindheit durch spartanische Härte gegen sich selbst nach oben gekämpft hatte, verlangte dieselbe Härte von seinen Schülern. Schinkel, der vier Jahre unter Gedikes übermächtigem Einfluß stand, der nicht aufmuckte, als Halbwaise ohne ausgleichenden Vater, scheint sich die Gedikeschen Maximen geradezu zwanghaft angeeignet zu haben, so daß Waagen bei ihm von einer »entschiedenen, ja fast grausamen Herrschaft des Geistes über den Körper« sprach, die er sonst bei niemanden beobachtet habe.[47] Gedikes Leistungssystem prägte sich Schinkel so tief ein, daß er es später zum Vorbild nahm,[48] als es darum ging, die Schulordnung für das von ihm gemeinsam mit Staatsrat Beuth ins Leben gerufene »Gewerbinstitut« festzulegen.

Gedike war als Pädagoge nicht so feinfühlend wie Stuve und Lieberkühn. Er machte aus der Schule eine vom Ausleseprinzip geleitete Anstalt, in der die Schüler ständig unter Konkurrenzdruck standen. Zuchtmittel war nicht mehr die Prügelstrafe, sondern Demütigung und Beschämung. Hoffnung und Furcht galten ihm als die stärksten Triebfedern des Menschen. »Lob ist Futter. Tadel ist Sporn.«[49]

Gedike kontrollierte täglich alle Klassen.[50] Schinkel und seine Mitschüler saßen bis weit in den Nachmittag hinein auf der Schulbank und standen auch in den Pausen unter Aufsicht der Lehrer. Zwischen den Lektionen wurde nur sieben Minuten pausiert.[51] Ihr »Privatfleiß« wurde angemahnt. Jede Unregelmäßigkeit wurde ins Klassentagebuch eingetragen. Wer fünfzehn Minuten zu spät zum Unterricht kam, mußte von seinem Taschengeld sechs Pfennig Strafe zahlen. Eine andere – nicht unumstrittene – Maßnahme Gedikes, die er aus seiner eigenen Studienzeit übernommen hatte, bestand darin, daß die Schüler angehalten wurden, ihre schriftlichen Arbeiten in Latein, Griechisch und Deutsch gegenseitig zu bewerten.[52]

Die Ferien waren kurz. Selbst während der heißen Hundstage im Sommer gab es nur zwei Wochen. Den Gymnasiasten stand es frei, auswärtige Angehörige zu besuchen. Doch sie erhielten »angemessene« Ferienaufgaben mit auf den Weg. Gedike: »Ferien sind für unsere Scholaren keine Tage des bloßen Müßiggangs, sondern sie werden vielmehr genutzt, die jungen Leute früh zu eigener Selbsttätigkeit zu gewöhnen.«[53]

»Eine der wirksamsten Maschinen in unserer Disziplin ist die Zensur«,[54] verkündete Gedike. Alle sechs Wochen mußten sämtliche Klassen im großen Hörsaal zu der kleinen »kleinen« oder »großen Zensur« antreten. Oft traf es die Schüler völlig unvorbereitet, denn der Termin wurde vorher nicht bekanntgegeben.[55] Bei diesen Zensuren verlas Gedike die Beurteilungen und kommentierte sie. Bei der kleinen Zensur wurden auch kleinere Strafen vollzogen. Keiner sollte wegen mangelnder Fähigkeiten getadelt werden, wohl aber »auf die Flecken in seinem Charakter aufmerksam gemacht« werden.[56] Gedike erzielte mit seinen Methoden erstaunliche Leistungserfolge, allerdings litt darunter das schulische Klima. Dies war die eigentliche Ursache für die hohe Zahl vorzeitig abgehender Schüler. Aber es drängten genügend Anwärter nach, hauptsächlich aus den zahlreichen Berliner Privatschulen.

Karl Friedrich Schinkel hielt es keine vier Jahre an der Schule. Regulär hätte er noch drei bis vier weitere Jahre am Grauen Kloster verbringen müssen, bis 1801 oder 1802.

Bei alledem gab es zwischen Schinkel und Gedike wenig Gemeinsamkeiten. Gedike war ein Schulmonarch, der unumschränkt über Lehrer und Schüler herrschte. Doch so verschieden ihre Charaktere auch waren, zeigen sich doch signifikante Parallelen. Beide verloren in der Kindheit den Vater, beide waren unerhört fleißig, von Ehrgeiz besessen und bürdeten sich, als sie gesundheitlich bereits angeschlagen waren, ein unglaubliches Arbeitspensum auf. Gedike starb im Alter von knapp fünfzig Jahren infolge körperlichen Raubbaus. Schinkel lebte zehn Jahre länger, aber die Todesursache war die gleiche. Schinkel und Gedike bekleideten Beamtenstellungen mit weitreichendem Einfluß. Doch Schinkel, der spätere Oberbaurat und Oberlandesbaudirektor, sollte seinen gymnasialen Übervater an ausgeübter Macht noch weit übertreffen! Er griff oft gnadenlos in die Entwürfe der ihm unterstellten Provinzbaumeister ein.[57] Er wurde buchstäblich zum »Schulmeister« der Architekten Preußens. Gedike hingegen ging als »Architekt« des neuen Schulwesens in die brandenburgisch-preußische Bildungsgeschichte ein.

Zwei geniale Männer bestimmten den Lebensweg des jungen Schinkel: Der Oberschulrat Gedike und der Oberhofbauamts-Inspektor Friedrich Gilly. Gedike hat er gefürchtet – Gilly hat er verehrt.

Ein humanistisches Gymnasium?

Darf das Graue Kloster als ein »humanistisches« Gymnasium bezeichnet werden? Dem Anschein nach: Ja! Denn Gedike legte großes Gewicht auf die »Humaniora« und forderte gründliche Kenntnisse in Latein und Griechisch. Doch dieses Kriterium allein kann nicht genügen.

Im Dezember 1797 hielt Gedikes junger Kollege Heindorf, ehemals Schüler des Gymnasiums, anläßlich der Übernahme seines Lehramts als Altphilologe 1797 eine Ansprache *Über den letzten Zweck der humanistischen Studien*. Er schlußfolgerte, es sei »ein goldener Traum, die Vollkommenheit des Altertums im Geiste zurückzurufen«.[58] Vielmehr müsse dieses Studium als »unerschöpfliche Quelle der Menschenkenntnis auch dem Welt- und Geschäftsmann Achtung abnötigen.«[59] »Mit Geist und Nerven im Gewühl der lebendigen Welt erlernte der Jüngling des Altertums die Kunst, in der schon Griechenlands ältester Sänger die Vollendung des Menschen erkannte, mit Kraft und Wahrheit sprechen, mit Kraft und Besonnenheit handeln.«[60]

Heindorfs Ausführungen deckten sich mit Gedikes Auffassungen. Humanistische Studien sollten der Ertüchtigung zum Welt- und Geschäftsmann dienen als nützliches Mittel zum Zweck. Gedike hatte Jahre zuvor in Campes Revisionswerk sogar erklärt, das Verstehen der Alten sei gar nicht der eigentliche Zweck des Unterrichts, sondern die Förderung des Bestrebens dazu. Es sei das »glücklichste Hilfsmittel zur intellektuellen und moralischen Ausbildung«, das »alle Kräfte der Seele weckt, bildet und schärft«.[61]

Gedike setzte sich mit dieser Thematik mehrfach auseinander. So gegen Ende 1792, als der erst 25jährige Wilhelm von Humboldt eigentlich recht aufrührerische, seiner Zeit weit vorauseilende Gedanken dazu veröffentlichte, und zwar ausgerechnet in der von Gedike einst mitbegründeten *Berlinischen Monatsschrift*, deren Herausgeberschaft er aber durch den auf ihn ausgeübten politischen Druck hatte abgeben müssen und deren Redaktion inzwischen nach Jena verlegt worden war. Im November/Dezember publizierte die Zeitschrift Humboldts Gedanken »Über die Sittenverbesserung durch die Anstalten des Staats«.[62] Humboldt, der übrigens niemals eine öffentliche Schule besucht hatte, sondern durch Privatlehrer wie Campe, Kunth,[63] die

Professoren Fischer vom Grauen Kloster und Engel[64] vom Joachimsthalschen Gymnasium auf das Universitätsstudium vorbereitet worden war,[65] sprach dem Staate gerade das Recht ab, das dieser nun als seine hoheitliche Funktion erkannte: die Erziehung der Bürger. Es sei dem »Staat nicht erlaubt, mit positiven Endzwecken auf die Lage der Bürger zu wirken«.[66] Diese Auffassung widersprach entschieden den Vorstellungen Gedikes von den erzieherischen Aufgaben des Pädagogen an öffentlichen Schulen. Die Sorge für »die öffentliche Nationalerziehung« sei ein wichtiger Teil der »Regentenpflicht«.[67] Mit dem 1794 verkündeten Allgemeinen Landrecht erklärte der Staat die Schule zum politicum, zur eigenen Angelegenheit, und betrachtete sie – mit Hilfe der Kirche – als Instrument zur Loyalisierung der Untertanen.[68]

Humboldts Ausführungen enthielten bereits den Keim der neuhumanistischen auf die Erziehung zum Individuum gerichtete Bildung. Er befürchtete, daß eine »vom Staat angeordnete oder geleitete Erziehung von vielen Seiten bedenklich« sei. Es käme »schlechterdings alles auf die [freieste] Ausbildung des Menschen in der höchsten Mannigfaltigkeit an; öffentliche Erziehung« aber müsse, selbst wenn sie »sich bloß darauf einschränken wolle, Erzieher anzustellen und zu unterhalten immer eine bestimmte Form begünstigen«.[69] Zwang würde niemals Tugend hervorbringen, denn der Mensch sei »an sich mehr zu wohltätigen, als eigennützigen Handlungen geneigt. Dies zeige sogar die Geschichte der Wilden [!].[70] ... Öffentliche Erziehung scheint mir daher ganz außerhalb der Schranken zu liegen, in welchen der Staat seine Wirksamkeit halten muß.«[71]

Humboldt entwickelte diese Gedanken hin zu einer philosophischen Idee des Griechentums als Maßstab historischer, ethischer und ästhetischer Bildung. Zwar hatte auch Gedike eine enge Bindung zur Geschichte und Kultur der Antike, (in der er übrigens auch Schattenseiten wie die Sklaverei nicht übersah), aber er verabsolutierte nicht den Bildungswert des Studiums der Alten.[72] Gedike, dem Übersetzer der Pindarschen Siegeshymnen, blieb die Tiefe der Anschauung der Neuhumanisten fremd. Ihm gelang es nicht, den Schülern zu vermitteln, worin die Größe und Erhabenheit griechischer Dichtung bestand.[73]

Gedike, der preußische Oberschulrat, konnte Humboldts Entwurf einer freien Bildung niemals gutheißen. Für ihn konnte es keine Alternative geben zu einer Erziehung, die den untertänigen, dem Staate dienenden Bürger zum Ziel hat.

In diesen 80er und 90er Jahren wurde Humanität zu einem Programm- und Modewort, das die verschiedenen Teilbegriffe Menschheit, Menschlichkeit, Menschenliebe, Menschenwürde, Menschenrechte, Menschenpflichten zusammenfaßt.[74] Der Aufklärer Carl Friedrich Bahrdt schrieb 1789, die Menschenliebe werde durch Aufklärung gefördert. Aufklärung fördert die Toleranz, sie wendet sich gegen Haß und Unterdrückung, orientiert den Menschen an persönlichem Glück und allgemeiner Wohlfahrt. Deshalb sind der Nutzen der Aufklärung für das Individuum und den Staat bzw. die Gesellschaft identisch. Der »aufgeklärte Untertan« ist leichter zu regieren, da er aus ökonomischen Gründen an Rechtssicherheit interessiert ist. Aufklärung vervollkommnet die Seele, bildet den Charakter, mindert Laster und fördert die Tugenden des Fleißes, der Arbeitsamkeit und der Wohltätigkeit, sie vermehrt Industrie, hebt Handwerke, Künste und Wissenschaften und versteht alle »in ein stets steigendes Wachstum«.[75] Bahrdts zweckgerichtete Auslegung dürfte die allgemeine aufklärerische Auffassung gewesen sein.

Ihr folgte auch Gedikes Unterrichtsgestaltung. Auch Campe glaubte, daß nur in den Schulen moralische und politische Tugenden gebildet werden könnten.[76] Die volle Bedeutung des Humanismus im Sinne der Anerkennung des anderen und seines Andersseins entfaltete sich in der deutschen Klassik und im Neuhumanismus, von dem Pädagogen wie Gedike nicht ergriffen worden sind.

Schinkel wurde mit dem eigentlich humanistischen Gedankengut erst durch seinen Umgang mit Solger und Humboldt vertraut. Als reifem Mann gelang es ihm, das Ideal zu verwirklichen, das Humboldt in die schönen Worte kleidete: »Daher erscheint also der gebildete Mensch in seiner höchsten Schönheit, wenn er ins praktische Leben tritt, wenn er, was er in sich aufgenommen hat, zu neuen Schöpfungen in und ausser sich fruchtbar macht.«[77]

Die Rangordnung

Wenn der jugendliche Schinkel unter Aufsicht des Lehrers eine Klassenarbeit schrieb und sein Blick den Aushang an der Klassenzimmertür streifte, konnte es passieren, daß ihn ein Schreck durchfuhr, ja nicht in seinem Lerneifer nachzulassen. Denn die dort auf Gedikes Anordnung ausgehängte »Rangordnungsliste«[78] zeigte – für jedermann publik – unbeschönigt den Leistungsstand aller Schüler der Klasse. Der Primus führte die Liste an mit Nr. 1, der schlechteste Schüler war der letzte. Nach der Rangfolge saßen die Schüler auf ihren Bänken![79]

Gedike hatte die Rangordnung vom Friedrichswerderschen Gymnasium, wo er sie mit Erfolg praktizierte, an das Graue Kloster mitgebracht und sogleich als eine der wichtigsten Neuerungen eingeführt. Die Rangordnung wurde vierteljährlich auf der Lehrerkonferenz nach dem Leistungsdurchschnitt der Schüler neu festgelegt. Daß dieses System zu einem gesunden Wettstreit führte, ist zu bezweifeln. Es säte Zwietracht, Neid und Häme.

In der Sekunda saß Schinkel nur wenige Monate, wohl bis Ende 1797. Da die Schüler in der Regel ein bis zwei Jahre in einer Klasse verbrachten, und Gedike bei allen, die auf die Universität wollten, für die Prima »wenigstens einen dreijährigen Aufenthalt« wünschte, fehlten ihm nach seinem verfrühten Abgang mindestens vier Jahre. Sein Leistungsstand entsprach etwa der heutigen mittleren Reife. Das Abitur hätte er als Sekundaner nicht machen können. Denn »nach unsrer Einrichtung«, so Gedike, »würde ein Sekundaner bei dem Abiturientenexamen auf das Zeugnis der Reife nicht Rechnung machen dürfen.«[80]

Eine öfters angesprochene Ungereimtheit ist zu klären. Schinkel schreibt in seiner Selbstbiographie, er habe seine Studien am Gymnasium »bis zur ersten Klasse« fortgesetzt.[81] Waagen folgerte daraus, Schinkel habe die Schule als 17jähriger Primaner verlassen.[82] Laut Schulschrift zum Osterexamen 1798 ging Schinkel jedoch aus der Sekunda ab. Was ist nun richtig? Der Widerspruch löst sich auf, wenn man berücksichtigt, daß es jedem Schüler aufgrund des Fachsystems möglich war, in einem bestimmten Fach, für das er eine besondere Begabung besaß, schneller in die nächsthöhere Klasse aufzurücken. Vielleicht ist dies im Falle des Sekundaners Schinkel so gewesen. Zudem wurden Prima und Sekunda für den Enzyklopädie-Unterricht ohnehin zusammengelegt. Schinkels Angaben scheinen getrickst, sind aber nicht völlig falsch.

Schinkels Abgangsvermerk, gedruckt in der Schulschrift zum Osterexamen 1798, ist – wie fast alle von Gedike ausgestellten Zeugnisse sehr – zurückhaltend formuliert: »Karl Friedrich Schinkel aus Ruppin empfahl sich durch ein gesetztes bescheidenes Betragen und bewies in vielen Lektionen lobenswerten Fleiß. Er hat sich der Baukunst gewidmet, wo ihm seine Geschicklichkeit im Zeichnen sehr zu Statten kommen wird.«[83]

Größeres Lob sprach Gedike nur bei wirklich überragenden Leistungen aus. Auf die Unbestechlichkeit seines Urteils hielt er sich viel zu Gute. Bei der Ansprache anläßlich der Übernahme des Direktorats versicherte er den Schülern: »Nie soll der Unterschied des Rangs und Vermögens Ihrer Väter, er sei so groß er wolle, auf meine Gesinnungen gegen Sie einen Einfluß haben. Nur allein Ihr eigener persönlicher Wert wird den Grad meiner Zuneigung für jeden von Ihnen entscheiden.«[84]

Aus Schinkels Schulzeit sind drei Ranglisten seiner Klasse erhalten (1794, 1796, 1797). Danach bot er keine schlechten Leistungen. Er kam zwar langsam voran, eroberte sich dann aber einen akzeptablen Platz. In der Rangliste zum Osterexamen 1794 ist er nicht aufgeführt wegen seines eben erst erfolgten Schuleintritts. Die Rangliste auf das Jahr 1795 ist verloren, doch die Schulschrift 1796 bestätigt, daß sein Bruder vor Schluß des Sommerhalbjahres 1795 der Klein-Tertia angehörte. Er wird dort in der Rubrik »schon abgegangen« genannt.

Auch Schinkel, der ja schwächere Leistungen als sein Bruder zeigte, kann um diese Zeit nur der Klein-Tertia angehört haben. Karl Friedrich wurde offensichtlich im Herbst (Michaeli) 1795 in die Groß-Tertia versetzt. Zum Osterexamen 1796 rangierte er in Groß-Tertia unter Nr. 10 (unter 30 Schülern), bis Ostern 1797 verbesserte er sich auf Nr. 5. In die Sekunda kann er frühestens zu Ostern 1797 nach bestandenem Translokations-Examen versetzt worden sein.

Schinkel in den Rangordnungslisten

1794. Rangliste zum Osterexamen[85]
Groß-Prima: 1–15
Klein-Prima: 16–33
Groß-Sekunda: 1–14
Klein-Sekunda: 15–33
Groß-Tertia: 1–20
Klein-Tertia: 21–46

Insgesamt 112 Gymnasiasten der vier oberen Klassen als dem »eigentlichen« Gymnasium: Prima, Sekunda, Groß-Tertia, Klein-Tertia

1795. Rangliste zum Osterexamen nicht erhalten

1796. Rangliste zum Osterexamen
Groß-Prima: 1–12
Klein-Prima: 13–35
Groß-Sekunda: 1–20
Klein-Sekunda: 21–40
Groß-Tertia: 1–26
Klein-Tertia: 1–30
Insgesamt 147 Gymnasiasten
Schinkel in Groß-Tertia unter Nr. 10
In Groß-Tertia 14 Schüler aus Berlin, 12 Auswärtige (Königsberg, Stargard u. a. O.)
Klein-Tertia. Unter der Rubrik »schon abgegangen«.
»August Friedrich Wilhelm Schinkel, aus Ruppin, erregte durch seine Lebhaftigkeit und durch seine Fähigkeiten angenehme Hoffnungen, die durch seinen frühzeitigen Tod vereitelt wurden.«[86]

Schulabgänger (zur öffentlichen Prüfung bekanntgegeben).
I. Schon abgegangen sind:
A: Klein-Tertia: 10 Schüler (mitgezählt 2 Todesfälle)
B: Groß-Tertia: 11 Schüler
C: Sekunda: 3 Schüler
D: Prima: 4 Schüler (darunter ein 24- und ein 26jähriger, ein 17jähriger)
II. Gegenwärtig gehen ab:
A: Klein-Tertia: 1 Schüler (»obgleich 23 Jahr alt, vier Jahre in der Klein-Tertia gesessen«)
B: Groß-Tertia: 2 Schüler
C: Sekunda: 3 Schüler

1797. Rangliste zum Osterexamen
Groß-Tertia: 1. Abtlg.: 1–15; 2. Abtlg.: 16–39
Klein-Tertia: 1. Abtlg.: 1–15; 2. Abtlg.: 16–34
Schinkel in Groß-Tertia unter Nr. 5

1798. Rangliste zum Osterexamen nicht erhalten

Väterliche Berufe von insgesamt 146 Abiturienten des Grauen Klosters 1789–1801[87]

Berufsgruppen	Abiturienten
Prediger, Kircheninspektor	47
Kaufmann, Fabrikant, Buchhalter, Professor, Rektor, Sekretär	9
Bürgermeister, Amtmann, Kriegsrat	39
Gutsbesitzer	6
Arzt, Apotheker, Chirurg	4
Bauer, Ackerbürger	2
Regimentsquartiermeister, Feldwebel	4
Sonstige, ohne Berufsangabe	8
Handwerker: Destillateur, Koch, Töpfer, Perückenmacher, Bäcker, Knopfmacher, Müller, Schönfärber, Goldarbeiter u. a.	27
Gesamt	146

An die Universität gingen 144 Abiturienten: Halle 118; Frankfurt/O. 20; Erlangen 4; Göttingen 2.

Die Abiturientenquote am Grauen Kloster war niedrig. Bei einer Frequenz von jährlich rund 140 Schülern erwarben etwa zehn pro Jahr das Abitur. Überhaupt machte das Abitur eigentlich nur, wer studieren wollte.

Von Schinkels Klassenkameraden hielten nur wenige durch bis zum Abitur, so ein gewisser F. Gust. H. Toll (1800), Sohn eines Proviantkommissars, und der Gutsbesitzerssohn F. K. L. von

Levezow aus der Altmark (1801). Sie gingen wie die meisten zum Studium nach Halle. Manch einer ging ohne Abitur an die Universität, dies war gestattet, denn man sah »eine zu harte Beschränkung der bürgerlichen Freiheit« darin, wenn »irgend einem noch unreif zur Universität befundenen Jüngling die Besuchung derselben verboten wird« (Gedike).[88] Viele scheiterten aber trotz besten Willens. In der Klein-Tertia saß Schinkel mit einem gewissen J. H. Fleischhammer zusammen, einem 19jährigen [!] Berliner, der vier Jahre in der Klein-Tertia verweilte, ehe er als 23jähriger zu Ostern 1796 das Handtuch warf.[89] Von Ostern 1789, dem ersten Abiturientenexamen in Preußen, bis Ostern 1801 bestanden am Grauen Kloster zehn Adlige das Abitur: darunter der Sohn eines Oberlandesforstmeisters, eines Kammergerichtsvizepräsidenten sowie zwei Gutsbesitzerssöhne aus der Prignitz und Schwedisch-Pommern.

Mitschüler und Freunde

In den ersten Wochen am Gymnasium kam Schinkel sich ein wenig verloren vor. Er war ein unauffälliger Schüler, trat »gesetzt« auf und hatte als auswärtiger Provinzler unter den Berliner Schulkameraden, die teils aus einfachen Verhältnissen kamen, keinen leichten Stand. Wäre da nicht sein kontaktfreudiger Bruder gewesen, der mit dem Witz und der Schlagfertigkeit der Berliner gut zu Rande kam, wäre es ihm vielleicht schlecht ergangen.

Gedike beachtete derlei Querelen nicht sonderlich. Im Gegenteil – er bestand darauf, daß die Schüler sich ungeachtet aller Klassenschranken und Standesunterschiede untereinander abschleifen sollten. »Eine öffentliche Schulanstalt wie die unsrige, die ihre Zöglinge aus allen möglichen Klassen und Ständen der Staatsbürger erhält, hat ohnehin vor andern Anstalten, die nur allein für die ärmere oder für die reichere Klasse bestimmt sind, den großen Vorzug, daß der Jüngling früh gewöhnt wird, sich durch eigenes Verdienst die Achtung und Aufmerksamkeit seiner Mitschüler zu erwerben.«[90]

Etwa zwei Drittel der Schüler kamen aus dem Mittelstand. Knapp ein Fünftel waren Handwerkersöhne. Auch Adlige gaben ihre Söhne ins Graue Kloster. Ein Musterschüler des Gymnasiums, der sieben Jahre privat bei Gedike wohnte und glänzende Leistungen vorwies, war Karl Robert Graf von Nesselrode, ein in Lissabon geborener Diplomatensohn. Er wurde im Sommer 1796 als Primaner zum Seedienst nach Kronstadt (bei Petersburg) abgerufen.[91]

Ein Viertel der Gymnasiasten waren »Auswärtige« (aus Charlottenburg, Spandau, Ruppin u. a. O.), man hörte die unterschiedlichsten Dialekte. In Groß-Tertia saß Schinkel mit einem Gutsbesitzerssohn und mehreren Handwerkersöhnen zusammen. Ein Klassenkamerad kam aus Königsberg (Ostpreußen), einer aus Stargard (Pommern). Andere Schüler des Gymnasiums stammten aus der Provinz Sachsen, aus Calbe und Bernburg/Saale, aus der Alt- und Mittelmark, vereinzelt aus nichtpreußischen Provinzen.[92]

Ein Musterschüler, den Gedike mehrfach vor versammelter Schülerschaft belobigte, war Karl Wilhelm Ferdinand Solger, Sohn eines Kammerdirektors aus Schwedt/Oder.[93] Er war Schinkels einzig namentlich bekannter Schulfreund am Grauen Kloster. Sie blieben viele Jahre lang befreundet.[94] Solger, der 1811 zum Professor der Ästhetik an der Berliner Universität berufen wurde, machte Schinkel später bei gemeinsamen privaten Studien mit den großen griechischen Tragikern vertraut.[95]

Solger und Schinkel gingen nicht in dieselbe Klasse. Der fast gleichaltrige Solger, wurde von Gedike im Januar 1795 in die Groß-Tertia aufgenommen, als Schinkel in der Klein-Tertia saß. Solger kam rasch voran. Beim Osterexamen 1796 rückte er in die Klein-Sekunda auf und schon Ostern 1797 in die Klein-Prima. Zwei Jahre danach, im März 1799, bestand er mit Auszeichnung das Abitur.

Solger war einer der wenigen, denen Gedike ein glänzendes Zeugnis ausstellte: »Ein in der Tat seltener Jüngling, der während der vier Jahre, in denen er das Gymnasium besuchte, und wovon er drittehalb [2 1/2] Jahre in der ersten Klasse saß, nie sein Ziel aus den Augen verlor. ... Er war in allen Klassen ein anerkanntes Muster seiner Mitschüler durch Güte und Festigkeit des Charakters, durch tadelloses Betragen, durch unermüdeten Fleiß und durch glückliche Fortschritte in allen Gegenständen des Unterrichts, ... daher denn auch, so oft von ihm die Rede war, sich alle ordentliche und außerordentliche Lehrer zu seinem uneingeschränkten Lobe vereinigten. Er bezieht itzt mit gründlicher und glücklicher Ausbildung seiner guten Fähigkeiten die Universität Halle, um die Rechte zu studieren.«[96]

Unter den Schülern war Solger eine Erscheinung. Seine »gedrungene breitschultrige Figur mit großen Händen und Füßen hatte nichts Feines«, berichtet Nicolais Schwiegersohn, der Altertumsforscher Parthey, »aber das klare blaue Auge blickte mit einem seelenvollen Feuer und mit wahrhafter Innigkeit«. Er war ein »edeldenkender Jüngling«.[97] Zeitgenossen sahen auch in Schinkel den »edelreinen« Menschen, dessen »feuriges, dunkles Auge, sich bei jedem interessanten Gespräch sofort geistvoll belebte«.[98]

Italienische Impressionen am Grauen Kloster

Karl Friedrich Schinkel reiste dreimal nach Italien. Die erste und dritte Reise bestritt er aus eigenen Mitteln, die zweite finanzierte der König. Die erste und dritte unternahm er als Privatmann, die zweite als hochrangiger Beamter in staatlicher Mission. Zuvor jedoch war er im Geiste auf etlichen Reisen nach »bella Italia« unterwegs – als Schüler des Grauen Klosters, das eine ganz besondere Beziehung zu Italien pflegte.

Schinkels Liebe zu dem vielbesungenen südlichen Land begann mit seinem ersten Besuch in der Galerie italienischer Meister am Grauen Kloster, die zunächst in zwei gesonderten Klassenzimmern ausgestellt war. Diese in Berlin damals einmalige Sammlung war ein Geschenk des ehemaligen Schülers Sigismund Streit, der in Venedig als Kaufmann großen Reichtum erworben hatte. Die Sammlung, die nach der Erweiterung des Hörsaals dorthin verlegt wurde, war wie keine andere sonst geeignet, einen phantasievollen Schüler auf eine imaginäre Reise nach Italien zu entführen. Die 46 im Jahre 1763 aus Venedig nach Berlin gesandten Gemälde zeigten Motive aus Venedig, die Piazza San Marco, ein Bootsrennen, die Börse, den Saal des großen Rats, den Canal Grande, aber auch Landschaften und Porträts sowie diverse biblische und mythologische Szenen.[99] Es war die erste Bildergalerie überhaupt, die Schinkel zu sehen bekam. Er hat dies Erlebnis nie vergessen.

Den Namen Sigismund Streit kannte jeder Schüler am Gymnasium.[100] Ihm zu Ehren versammelten sich Lehrer und Schüler alljährlich im Oktober im großen Hörsaal zu einer öffentlichen Gedächtnisfeier, um des großzügigen Wohltäters zu gedenken, der dem Gymnasium den größten Teil seines Vermögens mit der Auflage gestiftet hatte, ihn selbst und Italien zu rühmen. Durch Streits Stiftung wurde das Graue Kloster zur reichsten und bestausgestatteten Schulanstalt Berlins – zu einer Zeit als für die Förderung des Schul- und Bildungswesens kaum Geld vorhanden war.

Zu dieser einzigartigen Festveranstaltung, zu der die italienischen Gemälde den stimmungsvollen Rahmen bildeten, waren »alle Beschützer, Gönner und Freunde des Schulwesens« eingeladen. Seit Michaelis 1795 waren auch »Damen« willkommen,[101] und so werden denn auch Schinkels Mutter und die Schwestern unter den Gästen gewesen sein. Zur Wohltätigkeitsfeier fiel für drei Tage der Unterricht aus.

Das Ritual war stets das Gleiche. Die Feier begann morgens um 9.00 Uhr mit einer Trauermusik und der Ansprache des Direktors oder eines der Lehrer.[102] Dann traten nacheinander Schüler der oberen Klassen ans Rednerpult und hielten »selbstverfertigte« Reden zum Ruhme Venedigs und Italiens, und zwar in sechs Sprachen – griechisch, lateinisch, französisch, englisch, deutsch und italienisch –, so hatte es Sigismund Streit testamentarisch festgelegt. Er hatte auch bestimmt, daß Italienisch am Grauen Kloster Unterrichtsfach wurde. Schinkel trat nie ans Rednerpult. Vielleicht begnügte er sich, bescheiden wie er war, mit einer kleineren Rolle als einer der im Festprogramm nicht namentlich aufgeführten »kleineren Deklamanten«.[103]

Bei der Feier vom 19. Oktober 1796 wurden 17 Themen behandelt. Drei Klassenkameraden Schinkels – er saß jetzt in der Groß-Tertia – diskutierten über Zweck und Nutzen des Reisens, besonders einer Reise nach Italien. Der Groß-Primaner A. F. Lindau, der später mit Solger in Halle studierte, sprach in Latein von dem Nutzen und Vergnügen einer Italienreise. Ein Klein-Primaner würdigte den römischen Kaiser Mark Aurel (121–180 n. Chr.). Ein anderer sprach über den »berühmten« Papst Sixtus V. (1521–1590), den Reformator der römischen Kurie, Begründer von Seiden- und Wollmanufakturen, Verschönerer Roms und Vollender der berühmten Kuppel des Petersdoms. Sixtus war eine der geschichtlichen Lieblingsfiguren der Aufklärung wie auch Mark Aurel, der Verfasser der in stoischem Geist geschriebenen Selbstbetrachtungen.

Zwei Redner befaßten sich mit einem höchst aktuellen Thema, der von Napoleon befohlenen Verschleppung antiker Kunstwerke aus Italien nach Paris. Der von den Franzosen systematisch durchgeführte Kunstraub löste im gebildeten Europa eine Woge der Empörung aus. Bereits im August 1796 stand eine Liste von hundert Kunstwerken fest, die dem Papst abgenommen werden sollten.

62. Sigismund Streit (neuere Schreibweise), Kaufmann in Venedig und Wohltäter. Als ehemaliger Schüler des Gymnasiums stiftete er der Anstalt den größten Teil seines Vermögens. Sie wurde zur reichsten und bestausgestatteten Schulanstalt Berlins.

63. Antonio Canaletto, *Campo di Rialto*, das Geschäfts- und Bankenzentrum Venedigs. Das Ölgemälde gehörte zu der von Streit gestifteten Bildergalerie und war in der Aula aufgehängt. (SMPK, Gemäldegalerie Berlin, Leihgabe der Streitschen Stiftung.)

64. Karl Friedrich Schinkel, *Forum Romanum*, Tuschzeichnung vom 17. September 1797. Vorn rechts die Säulen des Castor- und Pollux-Tempels. Schinkel hat, obwohl er das Blatt als eigene Erfindung ausgab, eine unbekannte Vorlage abgewandelt. Kenntnis von der Anlage des Forums hatte er durch den Schulunterricht in den Altertümern. (Privatbesitz.)

65. Antonio Canaletto, *La Vigilia di S. Pietro*. Das Gemälde, das das Volksfest am Vorabend des Petrus-Festes darstellt, ist mit großer Wahrscheinlichkeit von Streit bei Canaletto in Auftrag gegeben worden. Es schmückte ebenfalls die Aula. (SMPK, Gemäldegalerie Berlin, Leihgabe der Streitschen Stiftung.)

Die zwei Reden über diesen Kunstfrevel wurden in Deutsch gehalten. So waren sie auch den Schülern der weniger sprachkundigen unteren Klassen verständlich. Der 15jährige Klein-Primaner Karl Gustav Kircheisen, Sohn des Vizepräsidenten des Berliner Kammergerichts, sprach über den »berühmtesten Überrest der alten Bildhauerkunst, dem Vatikanischen Apoll, der jetzt von Rom nach Frankreich verpflanzt werden soll«. Und der 16jährige Groß-Sekundaner Friedrich W. von Bärensprung, Sohn eines Oberlandesforstmeisters, befaßte sich »mit dem Verlust, den jetzt Italien durch Verpflanzung seiner schönsten Antiken und Gemälde nach Frankreich erleidet«. Überhaupt war es in den oberen Klassen üblich, daß neben dem vorgegebenen Lehrstoff aktuelle Ereignisse behandelt wurden.[104]

Durch die Streitschen Schulfeiern wurden Schinkel und seine Mitschüler in einem Maße mit der Geschichte und den Bräuchen, Sitten, Trachten und Festen in Italien vertraut, das weit über den Unterrichtsrahmen der Berliner Gymnasien hinausging. Wohl schon als Gymnasiast bemühte er sich, tiefer in die Mentalität der Bewohner dieses Landes einzudringen, »das man mit recht für das schönste Europens hält, ... dieses glücklichen Teils der Erde«.[105] Die Briefe von seiner ersten Italienreise zeugen von seiner Liebe zu diesem Volk. »Ich hoffe, daß Sie die Reise ins erste Land Europens nicht aufgegeben haben«, schrieb er an seinen Gönner Heinrich Graf von Reuß-Schleiz-Köstritz, »da wünschte ich nichts mehr, als Ihnen mündlich gegen manches Vorurteil und manche falschen Ansichten dieses Landes und seiner Bewohnern einige Worte zu sagen, die sie vielleicht mir einmal danken würden. Es sind die Kleinigkeiten, die allein dem Genuß sowie der Auffassung sehr oft den größten Eintrag tun, wie mich das Beispiel unzählig vieler Reisender belehrt.«[106]

Gedike reist nach Neapel

Im Frühsommer 1797 horchten die Schüler auf, als es hieß, Direktor Gedike würde nach Italien reisen. Mitte Juni reiste er ab. In zwei Monaten bewältigte er die 3000-Kilometer-Tour, zu Fuß und zu Pferd über den Sankt Gotthard, im Reisewagen über Rom bis nach Neapel und Pompeji und über Venedig und Zürich zurück.[107] Eigens für diese Reise lernte er etwas Italienisch.

Seine Reise glich einer Rekordjagd. Er hat nicht viel davon gehabt. »Meine Seele ist viel mehr in Berlin in der Klosterstraße als in Rom«, schrieb er an seine Frau. Den Ausgrabungen in Pompeji – das Aufsehen erregende kulturelle Ereignis der Zeit – widmete er nur drei Zeilen. »Ich bin auf dem Vesuv gewesen, bin herumgewandert in der ehedem verschütteten, jetzt aufgegrabenen Stadt Pompeji«, berichtete er aus Neapel. Seine Briefe sind erstaunlich nüchtern, enthalten eigentlich nur die Aufzählung der Reisestationen. Er wolle »künftig lieber erzählen als jetzt

umständlich schreiben«, vertröstete er die Gattin. Gedike mußte die Reise einen Monat früher als geplant beenden, denn in Venedig erreichte ihn die Nachricht, daß sein Stellvertreter und Freund, Professor Michelsen, schwer erkrankt sei. In Zürich fand er dann einen Brief vor, daß Michelsen gestorben sei. Neun Tage später war Gedike wieder in Berlin.[108]

Die Italienreise Gedikes und deren jähes Ende fesselte die Schüler. Sie kannten Italien ja nur aus dem Unterricht und aus den Schülerreden. In Gedike trat ihnen leibhaftig ein Italien-Reisender vor Augen, und davon gab es in Berlin kaum ein halbes Dutzend. Doch in ihren freudigen Erwartungen, Gedike werde bei der diesjährigen Wohltätigkeitsfeier von seinen Erlebnissen berichten und seinerseits eine Rede zum Lobe Italien halten, sahen sie sich enttäuscht. Die Feier fand erst drei Monate später als gewöhnlich statt, nämlich zwei Tage vor Weihnachten. Die Ansprache hielt Prof. Heindorf jr. mit einem die Herzen der Schüler weniger erwärmenden gelehrten Thema.[109] Doch zu diesem Zeitpunkt war Schinkel wohl nicht mehr am Gymnasium. Vieles deutet darauf hin, daß er es Hals über Kopf verließ.[110] So wird er denn auch die Rede seines Schulfreundes Solger in Italienisch *Zum Lobe der Republik Venedig* nicht mehr angehört haben. Aber zweifellos hat Gedikes Reise Schinkel in seinen künstlerischen Ambitionen mächtig beflügelt und zu verschiedenen Veduten und Ideallandschaften mit antiken Ruinen inspiriert – es sind seine frühesten überlieferten Arbeiten. Unter diesen Tuschzeichnungen ist eine bald nach Gedikes Rückkehr gezeichnete Ansicht vom Forum Romanum,[111] dem Zentrum des alten Roms.

Programm zur Gedächtnisfeier am 19. Oktober 1796 im großen Hörsaal des Gymnasiums zum Grauen Kloster

Eröffnungsrede Prof. Spalding (in Deutsch) über den Wert des gelehrten Standes.

Groß-Primaner Karl Friedr. Aug. Brohm aus Berlin beweist in einer kurzen griechischen Rede, daß der Reichtum nur dann Achtung verdiene, wenn er mit gemeinnütziger Tätigkeit verbunden ist. [Abitur: 1798. Vater: Kriegskommissar.]

Groß-Primaner Joh. Christ. Friedr. Peterich aus Zehdenick redet deutsch von den physischen Merkwürdigkeiten Italiens. [Abitur: 1797. Vater: Bäcker.]

Klein-Primaner Ludw. Gottl. Aug. von Beyer aus Berlin redet französisch zum Lobe des berühmten Venezianischen Nationalmathematikers Galilei. [Abitur: 1798. Vater: Geh. Finanzrat.]

Klein-Primaner Adam Heinr. Müller aus Berlin, englisch: Der Traum des Galilei. (Aus Engels mit Recht bewundertem Original übersetzt.) [Es handelt sich offensichtlich um den berühmten späteren Staats- u. Gesellschaftstheoretiker Adam Heinrich M., 1779–1829.] [Abitur: 1798. Vater: Hofrentmeister.]

Klein-Primaner Heinr. Leop. Wegely aus Berlin redet deutsch von der Eroberungssucht der alten Römer. [Abitur: 1798. Vater: Kaufmann.]

Groß-Primaner Aug. Ferd. Lindau (o. O.) redet lateinisch von dem Nutzen und Vergnügen einer Reise nach Italien. [Abitur: 1797. Vater: Prediger.]

Die drei Groß-Tertianer Friedr. Wilh. Becker, Joh. Friedr. Emil Thürnagel und Joh. Karl Friedr. Kühz, alle drei aus Berlin, unterreden sich deutsch über Zweck und Nutzen der Reisen, besonders einer Reise nach Italien.

Groß-Tertianer Karl Friedr. Mylius: Cicero's Erscheinung im jetzigen Italien. Zu Ende dieses ersten Abschnitts werden vielleicht noch einige kleinere Deklamanten auftreten.

Klein-Primaner Gottlieb Ernst Maurer, Sachsen, schildert in einer deutschen Rede den Nationalcharakter der alten Römer.

Klein-Primaner Karl Ferd. Franz Vogelgesang, Berlin, redet italienisch zum Lobe der Republik Venedig, in literarischer Rücksicht.

Groß-Primaner Karl Friedr. Ferd. Bouneß, Berlin, redet deutsch vom Entstehen und Wachstum der Macht des Papstes. [Abitur: 1797. Vater: Regiments-Chirurgus.]

Klein-Primaner Georg Wilh. Friedr. Schwarz, aus der Mark, hält eine deutsche Lobrede auf den berühmten Papst Sixtus V.

Klein-Primaner Friedr. Wilh. von Schütz, Berlin, redet französisch von dem Wiederaufleben der schönen Künste in Italien. [Abitur: 1799. Vater: Bankier.]

Klein-Primaner Karl Gustav Kircheisen, Berlin, redet deutsch von dem berühmtesten Überrest der alten Bildhauerkunst, dem Vatikanischen Apoll, der jetzt von Rom nach Frankreich verpflanzt werden soll. [Abitur: 1799. Vater: Vizepräsident des Kammergerichts.]

Groß-Sekundaner Friedr. Wilh. von Bärensprung (o. O.) redet deutsch von dem Verlust, den itzt Italien durch Verpflanzung seiner schönsten Antiken und Gemälde nach Frankreich erleidet. [Abitur: 1800. Vater: Oberlandes-Forstmeister.]

Klein-Primaner Karl Fried. Aug. Pittelkow, Berlin, redet deutsch von den Trümmern des alten Roms, zuletzt von der noch vorhandenen Bildsäule des edelsten und weisesten römischen Kaisers, Mark Aurel. [Abitur: 1797. Vater: Geheimer Rat.]

Klein-Primaner Joh. Christ. Peschke, Berlin, hält eine deutsche Lobrede auf den Kaiser Mark Aurel. [Abitur: 1799. Vater: Knopfmacher.]

Abschließend eine Kurzansprache Gedikes.

Das Te Deum von Mozart.

Der Unterricht am Grauen Kloster

Latein

Dem Lateinischen, der »Brücke der Gelehrsamkeit zwischen mehreren Nationen«,[112] galt Gedikes besondere Aufmerksamkeit. Latein hielt den ersten Platz unter allen vermittelten Fächern. Die Erlernung dieser Sprache sei nützlich wegen der »mancherlei damit verbundenen Übungen des Verstandes, teils durch die vielen moralischen, historischen, geographischen und besonders naturhistorischen Begriffe«.[113] So war denn Schinkels Ausbildung in Latein außerordentlich gründlich. Er lernte die Sprache aktiv, nicht nur das lateinisch Lesen und Übersetzen, sondern auch lateinisch frei zu sprechen. Die höheren Weihen des Lateins wurden ihm aber nicht zuteil: Vergil und Horaz, die großen Klassiker, blieben ihm wegen seines verfrühten Schulabgangs versagt.

Mit zehn Wochenstunden Latein (jeweils für Tertia und Sekunda 10, und Prima 8) hielt Latein den ersten Platz.[114] Die fünf Lateinlehrer waren Fachkräfte von hohem wissenschaftlichem Rang.[115] Spalding, einst selbst ein Zögling Gedikes, der sein Hauslehrer gewesen war, war Erzieher im Hause des Prinzen Ferdinand von Preußen,[116] und Prof. Fischer bei den Humboldt-Söhnen.

Grundlage und Leitfaden des Unterrichts waren Gedikes *Lateinisches Lesebuch für alle Klassen* und seine *Lateinische Chrestomathie aus den klassischen Autoren* für mittlere Klassen. Von ihm eigens für den Schulunterricht zusammengestellt,[117] dienten sie ihm als Leitfaden für den Unterricht nach den von ihm selbst erstellten Richtlinien. Sie waren abwechslungsreich, unterhaltsam, moralisch bildend, vor allem aber berücksichtigten sie, im Gegensatz zu den älteren Chrestomathien, die Reifungsstufen des Knabenalters. Der Lateinunterricht sollte, wie überhaupt jeder Sprachunterricht, zugleich Sachunterricht und Brücke zu den andern Fächern sein.

In der Klein- und Groß-Tertia fand Schinkel in Gedikes beiden Lateinbüchern schätzungsweise 250 Auszüge aus den Werken von mehr als 20 lateinischen Autoren, fast sämtlichst Geschichtsschreiber, und zwar historische, naturgeschichtliche, mythologische, geographische, landeskundliche Darstellungen, Fabeln und Charakterporträts berühmter Männer der Antike. Diese Lektüre vermittelte allerdings nur eine flüchtige Bekanntschaft mit den alten Autoren, denn Gedikes Bestreben, möglichst viele Autoren vorzustellen, verhinderte eine eingehendere Beschäftigung mit ihnen.

In Klein-Tertia las Schinkel aus der *Chrestomathie* Abschnitte aus Eutropius, Cornelius Nepos, Justinus, und in Groß-Tertia dann Cicero, Cäsar, Curtius, Vellejus Paterculus, Pomponius Mela und Valerius Maximus. In Klein- und Groß-Tertia gelesen wurden die Ovidschen *Verwandlungen* (*Metamorphosen*) in einem für die Jugend bereinigten Auszug »unsers Herrn Prof. Seidel«.[118]

In der Sekunda wurde die Lektüre der *Chrestomathie* fortgesetzt mit Auszügen aus dem Sallust, Livius, beiden Plinius', Sueton, Tacitus, Florus, Seneca. Dabei wurde besonders auf die stilistischen Besonderheiten der Autoren geachtet. Begonnen wurde mit dem bedeutendsten Werk lateinischer Dichtkunst, mit Vergils mythologisch-historischem Epos *Aeneas*. Vergil unternimmt darin eine Deutung der weltgeschichtlichen Sendung Roms, aufgezeigt am Schicksal des Aeneas, der nach dem Fall von Troja nach wechselvollen Seefahrten mit seinen Gefährten eine neue Heimat in Latium findet. Aeneas ist der durch Pflichttreue, Frömmigkeit und Kindesliebe ausgezeichnete Held der Römer.

Grammatik wurde vor allem praktisch eingeübt. Die zweckmäßigste Lehrmethode, so Gedike, sei zunächst eine Lektüre leichterer Latinität und damit Hand in Hand die Vergrößerung des Wortschatzes und die schrittweise Einführung in die Grammatik, »ohne befürchten zu müssen, daß dem Lehrling das ganze Studium der Grammatik verekelt werden dürfte«.[119]

Mit Plinius dem Jüngeren wurde Schinkel nur flüchtig bekannt. Plinius' Villenbeschreibungen, mit denen er sich später bei seinen Entwürfen zu einem Landhaus für den Kronprinzen befaßte, kannte er nicht aus der Schule. Wahrscheinlich las er sie in der Übersetzung von Aloys Hirt.[120] Den Untergang Pompejis und den Tod des älteren Plinius beim Ausbruch des Vesuvs, eine unverzichtbare Gymnasiallektüre, las er authentisch bei dem jüngeren Plinius. Der ältere Plinius, Verfasser der berühmten *Historia Naturalis* wurde »mit beständiger Rücksicht auf die neueren Entdeckungen und Berichtigungen in der Naturhistorie gelesen«.[121] Durch die Lektüre des älteren Plinius lernte Schinkel einige berühmte Maler des Altertums kennen. Eine deutsche Übersetzung der Naturgeschichte fand er in Gillys Bibliothek.

Die Primaner lasen Horaz, Vergils *Georgica* (ein Lehrgedicht auf das tätige Landleben), gelegentlich andere Dichter. Ferner Tacitus sowie Reden und philosophische Schriften Ciceros. Die Beschäftigung mit Cicero wurde von Gedike als »ungemein nützlich« empfohlen. »Es ist kein einziger alter Philosoph von einigem Ansehen, dessen vornehmste Lebensumstände nicht von ihm erwähnt und … kein wichtiges Theorem der alten Philosophie von [dem] man nicht ziemlich vollständige Nachrichten bei ihm finden sollte.«[122] Falls Schinkel tatsächlich eine kurze Zeit am Lateinunterricht der Prima teilnahm, was indes wenig wahrscheinlich ist, waren dort seine Lehrer Gedike und der am Beginn einer bedeutenden Gelehrtenkarriere stehende jüngere Spalding. Gedike dozierte in der Prima öfter abwechselnd lateinisch und deutsch und ließ in lateinischer Sprache über verschiedene philosophische Sätze disputieren, um »vornehmlich die Beurteilungskraft und die Fertigkeit, die Gründe für und wider einen Satz schnell zu übersehen«, zu schulen.[123]

Insgesamt war der von Gedike ausgesuchte Lesestoff auf eine punktuell vermittelte Bekanntschaft möglichst vieler Autoren angelegt. Dadurch sollten den Schülern vielseitige praktische und nutzbringende Kenntnisse vermittelt werden, ohne daß dabei eine vertiefende Behandlung stattfand.

Griechisch

Am Grauen Kloster war Griechisch (jeweils vier Wochenstunden von Tertia an) keine Pflicht. Selbst der künftige Universitätsabsolvent konnte sich freistellen lassen und stattdessen Mathematik, Physik, Handlungswissenschaft oder Naturgeschichte wählen.[124] Schinkel wird jedoch auf Wunsch seiner Vormünder am Unterricht teilgenommen haben. Griechisch öffnete den Zugang zur Gelehrtenlaufbahn, besonders des künftigen Theologen. Letztlich war niemand imstande, bei Schinkels Einschulung zu überblicken, ob er nicht eines Tages dem Vorbild des Vaters folgen würde. Da Schinkel später mit Solger »lange Jahre hindurch«[125] die griechischen Tragiker las, »meist des Sonntags, teils im Original«,[126] muß er Schulkenntnisse mitgebracht haben.

Gedikes griechischer Unterricht hatte hohes Nivau. Lehrer waren er selbst und die Altphilologen, Heindorf (gest. 1796), Thieme und Spalding. Gedike stellte die griechische Sprache in mancherlei Hinsicht über das Latein.[127] Er war ein anerkannter Übersetzer der Pindarschen olympischen Siegeshymnen,[128] Herausgeber von Sophokles' Tragödie *Philoktet* wie auch einer Auswahl Pindarscher Gesänge.[129] Er hielt zeitweilig im Hause des Ministers von Zedlitz auf dessen Wunsch private Lesungen. Neben Pindar war Horaz Gedikes Lieblingsdichter.

Auch das in den unteren Klassen benutzte *Griechische Lesebuch für Anfänger* hatte Gedike zusammengestellt. Der Preis von 8 Groschen war für eine »gewöhnliche Schule, wo Kinder reicher und armer Eltern durcheinander unterrichtet« werden, nicht zu hoch (Gedike).

Das *Lesebuch* enthielt eine Auswahl von über 200 Lesestücken aus den Werken von siebzehn antiken Schriftstellern, darunter Äsop, Plutarch, Diogenes Laertius, Strabo, Diodor, Herodot, Anakreon und Lukian. Es bot den 13- bis 15jährigen Griechisch-Anfängern, so Gedike, »reichlich Gelegenheit«, sich mit der Kultur, dem Menschenbild und den großen Gestalten der Antike bekanntzumachen. Es sollte auch bestimmte Tugenden vor Augen führen. Es geht da beispielsweise um die Großmut Alexanders, die Standhaftigkeit des jungen Cato, um Coriolans Ehrfurcht gegen die Mutter, die Gelassenheit des Anaxagoras oder um die Gerechtigkeit des Aristides, die List des Thebaners Ismenias, die Unerschrockenheit des Darius und so fort.

In der Sekunda las Schinkel als leichte poetische Lektüre einige Abschnitte aus Homers *Odyssee* und der *Iliade*.[130] (Er las beide Werke später in der berühmten Übersetzung von Voß in der Gillyschen Bibliothek.)[131] Die großen Tragiker Euripides (*Hekuba*), Sophokles (*Philoktet*), Äschylus (*Prometheus*) sowie Pindars *Olympische Siegeshymnen* kamen erst in der Prima dran. Schinkel las etliche kleinere Abschnitte des Plutarch. Das Lesebuch enthielt 63 Lesestücke dieses berühmten griechischen Historikers und Philosophen. Außerdem 25 mythologische Erzählungen des Apollodor, 19 Kriegsgeschichten aus dem *Polyän* und an die 20 Abschnitte von Athenäus und Stobäus über Sitten und Gebräuche fremder Völker, vor allem der Ägypter, Äthiopier, Kelten, Syrer, Phryger. Von Lukian waren acht Gespräche aufgenommen, so z. B. *Jupiter, Äskulap und Herkules*; *Ajax und Agamemnon*; *Der Kyklop Polyphem und sein Vater Neptun*. Lukian war ein Lieblingsautor der Aufklärung. Er galt als der »griechische Voltaire«, weil er Aberglauben und mythische Schwärmerei verspottete. Ein anderer Liebling der Aufklärer, der in der Sekunda gelesen wurde, war Xenophon. Er lieferte mit seiner *Cyropädie* (*Erziehung des Cyros*) eine anspielungsreiche Tugendlehre für den Staatsmann, dargestellt an der Gestalt des Perserkönigs Cyrus (d. Ä.).[132] Die großen Geschichtsschreiber lernte Schinkel eher beiläufig kennen. Herodot,[133] dem »Vater der Geschichtsschreibung«, räumte Gedike nur vier kleine Kapitel ein, so beispielsweise *Vom Krokodil und der göttlichen Verehrung desselben in Ägypten*. Thukydides,[134] einer der ersten großen kritischen Historiographen, wurde völlig übergangen. Vermutlich weil Gedike bei ihm, im Gegensatz zu Herodot, den kulturgeschichtlich-religiösen Aspekt vermißte. Aber auch manch schöne Erzählung, so Gedike, mußte zurückbleiben, weil sie zu schwere sprachliche Wendungen enthielt.

Pausanias' berühmte *Reisebeschreibung von Griechenland* kannte Schinkel nicht aus dem Unterricht. Er holte die Lektüre später bei Friedrich Gilly nach, der eine zweibändige deutsche Übersetzung besaß.[135]

Mit Platon, dessen Dialoge Gedikes philosophische Lieblingslektüre für die Prima waren, kann er sich kaum befaßt haben. Gedike schätzte vor allem den *Kriton*, »dies Meisterstück des Platon, das kein Mann ohne Tränen lesen kann. Alle Grundsätze des Naturrechts liegen in diesem Dialog klar da ...«.[136]

Zur Einübung in die Rhetorik diente in der Prima die von Spalding herausgegebene Rede des bedeutendsten Redners der Antike, des Demosthenes, gegen den Midias. Außerdem der *Panegyrikus* (Lobrede) des Isokrates, der darin die Notwendigkeit des gemeinsamen Kampfes aller Griechen gegen die Perser beschwor. Der sprachgewaltige Isokrates wurde von den Lehrern geschätzt, weil er die Beredsamkeit als eine Kunst betrachtete, die zu richtigem Denken und praktischer Lebenstüchtigkeit erzieht.

Keine Dichtung dieser Großen wurde ausschließlich wegen ihres dichterischen Rangs gelesen. Mindestens ebenso wichtig war, daß sich aus ihnen Bezüge zur aufklärerischen Gegenwart ableiten ließen. Pindar verlieh »dem Wettbewerbs- und Ruhmesdenken griechischer Monarchen und Aristokraten wortgewaltig Ausdruck«. Ähnlich tat es Homer mit der von ihm vermittelten »agonale[n] Mentalität des Immer der Beste zu sein und die anderen zu übertreffen«.[137]

Sophokles schrieb mit dem *Philoktet* so etwas wie ein »Thesenstück«, mit dem er zu einem vieldiskutierten Problem seiner Zeit Stellung nahm, und das von der Aufklärung erneut aufgegriffen wurde: die wichtige Frage nach dem Verhältnis von Erziehung und angeborener Anlage. Daß der Mensch im Innersten durch sein ererbtes Wesen, seine physis, geprägt ist, war die überkommene altgriechische Anschauung, die uns besonders bei Pindar begegnet. Demnach kann der Mensch geformt und gebildet werden, und diese Möglichkeit der Bildung (paideia, paideusis) beruht vor allem auf der Macht des Wortes (logos, legein).[138] Euripides' *Hekuba*, einst Königin im nun zerstörten Troja, ist eine typologische Studie über die Wandlung eines Menschen unter der Geißel eines furchtbaren Schicksals.

Deutsch

Das Fach, dessen sich die Aufklärer mit besonderer Gründlichkeit annahmen, war das jahrhundertelang vernachlässigte Deutsch. Die Wiederentdeckung der deutschen Sprache, ihre Förderung und Pflege wurde zu einem nationalen Anliegen des Jahrhunderts. Im Jahre 1750, während seines Aufenthalts am Hof Friedrichs des Großen, schrieb Voltaire aus Berlin, »niemand spricht etwas anderes als Französisch. Deutsch ist nur für die Soldaten und die Pferde; man gebraucht es nur auf der Straße.« Das literarische »Deutsch« jener Zeit war ein seltsames Kauderwelsch, gespickt mit französischen Redewendungen und lateinischen Endungen. Bis in die Jahrhundertmitte hielten sich die wenigen deutschen Schriftsteller an die in Paris formulierten literarischen Gesetze. Erst die deutschen Aufklärer wehrten sich, mit Erfolg, gegen die sprachliche und kulturelle Unterwürfigkeit. Sie »mußten eine Sprache schaffen und Themen finden, die ihrer eigenen Kultur entsprachen, mußten ihre eigenen Gesetze aufstellen und sich ihr Publikum heranbilden. All das brauchte Zeit und herkulische Kräfte.«[139]

Zu denen, die sich beharrlich für die Hebung des Ansehens der deutschen Sprache einsetzten, gehörte Friedrich Gedike.[140] Er war Mitglied der Philologischen Abteilung der Akademie der Wissenschaften und gehörte der von Minister Graf von Hertzberg gegründeten Deputation zur Vervollkommnung der deutschen Sprache an.[141] Dem Deutschunterricht galt seine größte Aufmerksamkeit. Wo denn sonst, wenn nicht auf der Schule, ließ sich die Bekanntschaft mit den Werken eines Lessing, Wieland oder Klopstock, den gefeierten Dichtern der neu erblühenden deutschen Literatur, besser vertiefen? Doch selbst in Schinkels Gymnasialzeit gab es, wie Gedike beklagte, noch »Schulen, wo es ein mit schweren Strafen verpöntes Verbrechen für den Schüler ist, einen deutschen Dichter zu lesen«, wo man nach wie vor lateinische und griechische Autoren bevorzugte und es als »pädagogische Sünde« ansah, deutsche Schriftsteller im öffentlichen Unterricht zu lesen.[142]

Dementsprechend lag das Schwergewicht des Unterrichts auf der korrekten Beherrschung der deutschen Sprache. In Klein- und Groß-Tertia gab es Übungen in Erzählungen, Sprichwörtern oder mehreren aufgegebenen Wörtern, die in eine zusammenhängende Erzählung gebracht werden mußten, um den Verstand zu schärfen. In allen Klassen von Klein-Tertia an, wurde – was Schinkel später für Karriere und Beruf besonders gut brauchen konnte – die Abfassung von Briefen, Schriftsätzen, Eingaben an Kanzleien, Berichten, Memorialien und Beschwerden geübt.[143] Er lernte, sich gewandt auszudrücken und eignete sich die höchst komplizierten Regeln der damals in gebildeten Kreisen üblichen angemessenen ehrerbietungsvollen Anrede an, die man genau kennen mußte, um gesellschaftlich nicht anzuecken. Selbst die äußere Behandlung des Briefes, wie er mit der Anschrift zu versehen, zu falten und zu sigeln war, war Unterrichtsgegenstand. Es war die große Zeit der Briefkultur, »der Brief war eine der charakteristischen Erscheinungen des aufblühenden bürgerlichen Lebens«,[144] privat wie auch geschäftlich. In der Rechtschreibung, für die es noch keine einheitlichen Regeln gab, orientierte Gedike sich an Adelungs Orthographie, wenngleich er in manchem »anderer Meinung war als Herr Adelung«.[145]

Weniger die Auslegung von Lektüre, sondern Stilübungen beherrschten die Deutschstunde. In Sekunda und Prima wurde eine vollständige Theorie des Stils mit Vorlesung bewährter Beispiele vorgetragen und Übungen in allen Stilarten verlangt. Die Gymnasiasten übten sich im Disputieren und in der freien Rede. Jeder Primaner mußte im Laufe des Jahres eine Rede halten.[146]

Aufsätze wurden regelmäßig aufgegeben. Versetzungsentscheidend waren die vierteljährlich angesetzten Probeaufsätze unter Aufsicht des Lehrers nach einem von Gedike aufgegebenen und erst zu Anfang der Stunde bekanntgegebenen Thema. Aufsätze zu theoretischen und moralischen Gemeinplätzen lehnte Gedike ab. Er wünschte sich aufgeweckte, am Leben teilnehmende junge Leute, die befähigt waren zu einer richtigen Beurteilung zeitgenössischer Begebenheiten und ihre Gedanken in tadellosem Deutsch vorzutragen verstanden. Er schlug politische und wissenschaftliche Themen vor wie die Unabhängigkeit Amerikas,[147] Montgolfières Erfindung des Heißluftballons oder Ausarbeitungen zu Themen von temporärem und lokalem Interesse: Maskeraden, Winterlustbarkeiten, Kartenspiel oder die Verlegung der Friedhöfe vor die Stadtmauern. Gedike verlangte von den Schülern, daß sie ihre Arbeiten untereinander kritisierten. Abgelieferte Aufsätze ließ er in den Klassen »zur gegenseitigen schriftlichen Beurteilung« austeilen.[148] Poetische Übungen wurden nicht verlangt, »aber wer Talent dazu hat, bringt dergleichen zuweilen von selbst, vornehmlich metrische Übungen«.

Unverzichtbarer Bestandteil des Unterrichts in Sekunda und Prima war neben Poetik die Rhetorik. Als Leitfaden diente der *Entwurf einer Theorie und Literatur der schönen Wissenschaften* des renommierten Braunschweiger Literaturprofessors Eschenburg.[149] Er definierte »Rhetorik« nicht als bloße »Redekunst«, sondern als die gute prosaische Schreibart überhaupt. Diese wiederum unterteilte er in die Gattungen Briefe, Romane, Abhandlungen, Gespräche, historische Schriften und die Rede selbst.

Daß Schinkel im Unterricht auch nur ein einziges deutsches Schauspiel in Gänze gelesen hat, scheint äußerst zweifelhaft. Gedike selbst nennt in seinen Schulschriften kein spezielles im Unterricht durchgenommenes Schauspiel. Offensichtlich wurde Literatur nur in kleineren Ausschnitten in Beispielen für die Stilübungen und -analyse behandelt. Schillers *Räuber* oder Goethes *Götz von Berlichingen* wurden sicherlich nicht gelesen. Und schon gar nicht der empfindsame *Werther*, den jedoch Eschenburg damals schon als »eines der herrlichsten Meisterstücke deutscher Prosa« rühmte. Die Genies der Sturm- und Drangzeit fanden bei Gedike keine Gegenliebe. Er bevorzugte die pathetischen Oden eines Klopstock oder Ramler, dessen Oden er von den Gymnasiasten nach den Regeln des Horaz interpretieren ließ. Mittelbar spielte bei der Gestaltung des Deutschunterrichts eine Rolle, daß Gedike mit Ramler, dem Co-Direktor des Berliner Nationaltheaters persönlich befreundet war. Gedike nannte Ramler eine »Zierde des preußischen Staats«.[150]

Als literarischer Fundus diente den Lehrern Eschenburgs achtbändige *Beispielsammlung zur Theorie und Literatur der schönen Wissenschaften*,[151] angelegt von der Antike bis in die Gegenwart. Seine in dieser »Handbibliothek der schönen Literatur« (Eschenburg) abgegebenen Beurteilungen und Einschätzungen sind als repräsentativ anzusehen. Klopstock feierte er als »großen Dichter«, und Ramler sei als »Lyriker ganz das, was Horaz den Römern war«. Im 7. Band der Sammlung, *Dramatische Dichtungsarten*, wählte Eschenburg[152] unter Goethes bis dahin gedruckten Trauerspielen – *Clavigo*, *Egmont*, *Torquato Tasso* und *Iphigenie auf Tauris* – eben letzteres heraus. »Dies letztere ist die glücklichste Übertragung der tragischen Manier der Griechen auf die deutsche Bühne, durch die größte Einfachheit des Plans, die trefflichste Entwicklung der Gesinnungen, und die interessanteste Behandlung des leidenschaftlichen Gefühls. Auch die Schreibart hat große Schönheiten.« Als beipielhafte Szene für die Sammlung wählte Eschenburg die Wiedererkennung der Iphigenie mit ihrem Bruder Orest. Goethe, so Eschenburg, sei der »Lieblingsschriftsteller« seines deutschen Publikums. Von Gedike hingegen liegen keine Urteile zu Goethe, Schiller und anderen heute noch gelesenen und gespielten Dichtern vor.

Schiller wurde von Eschenburg geringer eingestuft. Als beispielhafte deutsche Oper nennt Eschenburg Wielands *Alceste* (1773) – die »erste deutsche Oper von Bedeutung«. Inhaltlich führt sie in die Nähe des damals beliebten Iphigenie-Stoffs, mit dem Schinkel sich gründlicher auseinandersetzte. Iphigenie war neben der Alceste eine der großen Opfergestalten der griechischen Mythologie. Ein Iphigenie-Motiv diente ihm als Vorlage zu seinem ersten, bei der Akademieausstellung 1802 ausgestellten Bühnenbildentwurf. Glucks Alceste wurde eine seiner Lieblingsopern. Er entwarf dafür zwei Bühnenbilder und brachte so erstmals Dekorationen und Kostüme im altgriechischen Stil auf die Bühne.[153]

Der Deutschunterricht reflektierte den literarischen Geschmack der Zeit. Das schönste deutsche Lustspiel, so Eschenburg, sei Lessings *Minna von Barnhelm* (1763). Es sei »noch jetzt, nach dreißig Jahren, das unübertroffenste Meisterwerk der Deutschen dieser Gattung«. Besonders herausgehoben wird Gellert,[154] dessen Schriften »in aller Hände« seien. Als Beispiele »prosaischer Schriftsteller« zitiert Eschenburg Briefe von Winckelmann, Rousseau und Lessing (an

---

Eschenburg, *Beispielsammlung*

Inhalt (ohne Unterabteilungen)
1. Band: Poetische Erzählungen. Schäfergedichte.
2. Band: Sinngedichte. Satiren. Lehrgedichte.
3. Band: Poetische Briefe. Beschreibende Gedichte. Lehrgedichte.
4. Band: Elegien. Lyrische Gedichte.
5. Band: Fortsetzung Lyrische Gedichte. Lieder. Romanzen. Heldengedichte ernsthafter und komischer Gattung.
6. Band: Romantische Heldengedichte. Poetische Gespräche. Heroiden. Kantaten.
7. Band: Dramatische Dichtungsarten: Lustspiele. Trauerspiele. Opern.
8. Band. 1. und 2. Teil: Beispiele prosaischer Schriftsteller: Briefe. Gespräche. Abhandelnde Schriftsteller. Historische Schriftsteller (Charakteristiker, Biographen, Romanschriftsteller, Geschichtsschreiber, Redner).

Von Eschenburg zur Lektüre empfohlen (Auswahl)

J. H. Campe (1746–1818), *Theophron*, 1790, *Kleine Seelenlehre*, 1780.
J. W. v. Goethe (1749–1832), *Die Leiden des jungen Werthers*, 1774.
A. v. Haller (1708–1777), *Usong, eine orientalische Geschichte*, Bern 1773 (politischer Roman).
Sophie La Roche (1731–1807), *Geschichte des Fräuleins von Sternheim*, 1771.
J. C. A. Musäus (1735–1787), *Volksmärchen der Deutschen*, 1782–86.
F. Nicolai (1733–1811), *Das Leben und die Meinungen des Herrn Magister Sebaldus Nothanker*, 1773–76.
J. M. Schröckh (1733–1808), *Lehrbuch der allgemeinen Weltgeschichte*, 1774.
Johann Karl Wezel (1747–1819), *Lebensgeschichte des Tobias Knaut des Weisen*, 1774.
J. K. Wezel (1747–1819), *Hermann und Ulrike*, 1780 (komischer Roman).
C. M. Wieland (1733–1813), *Die Abenteuer des Don Sylvio von Rosalva*, 1764.

Mendelssohn) sowie die ersten 17 Paragraphen aus Lessings Schrift *Erziehung des Menschengeschlechts*.

Nicht zuletzt beinhaltete der Deutschunterricht einen wichtigen anthropologischen und soziologischen Aspekt. Der Mensch war nach aufklärerischer Auffassung verpflichtet, seine Fähigkeiten zum Nutzen aller auszubilden und zu vervollkommnen. Dazu gehörte insbesondere die fehlerfreie Beherrschung der deutschen Muttersprache.

Lebende Fremdsprachen

Im Sprachunterricht war das Graue Kloster führend. Gelehrt wurden neben den drei toten Sprachen Latein, Griechisch, Hebräisch (für künftige Theologen) vier lebende Fremdsprachen: Französisch, Englisch, Italienisch und Polnisch.

Französisch dominierte. Niemand, der auf Bildung und feinere Sitten hielt, konnte daran vorbeigehen. Das Interesse an französischer Sprache, Literatur und Kultur war seit der Französischen Revolution enorm gestiegen, nicht zuletzt wegen des zunehmenden Einflusses Frankreichs auf die europäische Politik. Aus Frankreich kamen viele grundlegende Werke zur Kunst und Kunsttheorie, speziell zur Architektur. Die wichtigsten davon fand Schinkel später in Gillys Bibliothek. Französisch wurde in allen Klassen der Gymnasialstufe unterrichtet.[155] Gelesen wurden Gedikes *Französisches Lesebuch für Anfänger nebst einer kurzen Grammatik* sowie die *Französische Chrestomathie zum Gebrauch der höheren Klassen*. Ersteres, aus den besten Quellen zusammengestellt (z. B. aus dem Buch *Ami des enfants* des führenden französischen Jugendbuchautors Berquin),[156] vereinte ein buntes Gemisch von 120 Fabeln, Erzählungen, Anekdoten und Überlieferungen. Letzteres enthält ausschließlich Texte der neuesten und berühm- testen französischen Schriftsteller, mit denen die Gymnasiasten bekanntgemacht werden sollten, »weil bekanntlich die französische Sprache seit etwa dreißig Jahren einen neuen Schwung genommen, und gewissermaßen, schon lange vor der Nation selbst, eine Revolution erlitten hat«. Schinkel lernte also ein modernes Französisch. Die Chrestomathie brachte u. a. Texte von Voltaire, D'Alembert, Rousseau (*Emile*), Montesquieu, Berquin und anderen hervorragenden Schriftstellern der Grande Nation.

Schinkels gymnasiale Englisch-Kenntnisse waren gleich Null. Denn Englisch war von Gedike 1796 zunächst nur für die Prima (zwei Wochenstunden) eingeführt worden.[157] Gedike stellte dafür ein *Englisches Lesebuch für Anfänger nebst Wörterbuch und Sprachlehre* aus nur englischen Quellen zusammen, das auch der »Selbstlehrling« gebrauchen und mit dessen Hilfe er »sich unbedenklich an jedes andere Buch wagen«[158] könne.

Schinkel, der später Probleme mit dem Englischen hatte, wird sich seine Sprachkenntnisse mit mehr oder weniger Erfolg auf diese Weise angeeignet haben. »Leider will es mit meinem Englisch-Sprechen noch gar nicht gehn«, schrieb er 1826 aus London, »besonders bin ich aber harthörig gegen die Aussprache und verstehe nie, was die Leute sagen. Ich gebe auch die Hoffnung auf, dem Grafen Danckelmann, welcher weit mehr vorher wußte als ich, geht es nicht viel besser. Mannigmal haben wir uns doch in Gesellschaft recht gut mit dem Französischen helfen können.«[159]

Als sehr nützlich erwiesen sich die in der Sekunda angeeigneten Italienisch-Kenntnisse.[160] Sein Lehrer war der aus Livorno stammende italienische Sprachmeister Joseph Leonini. Seit 1786 lebte er in Berlin und hatte hier 1791 mit Genehmigung Gedikes und des Ministers Wöllner eine private Philologische Akademie gegründet. Leider mußte er das Institut wegen finanzieller Schwierigkeiten bald wieder schließen, da Gedike und Wöllner ihm die beantragte öffentliche Unterstützung nicht gewähren konnten.[161] Leonini unterrichtete nach dem von ihm selbst verfaßten *Italienischen Lese- und Wörterbuch* (1797), das übrigens auch Gilly für seine Bibliothek erwarb.[162]

Außerdem wurde am Grauen Kloster und den anderen Berliner Gymnasien im März 1797 Polnisch eingeführt, und zwar für diejenigen Sekundaner und Primaner, die später in einer der neuen, 1795 Preußen angegliederten, großenteils unerschlossenen polnischen Provinzen als Landbaumeister, Feldmesser, Kameralisten oder anderweitig tätig sein wollten.[163] Schinkel, der mehrfach in Polen als Architekt tätig war[164] und dort u. a. für den Grafen Artur Potocki ein Schloß und eine Kirche bei Krakau baute, hat das Angebot des Gymnasiums jedoch nicht wahrgenommen.

Französisch und Italienisch sprach Schinkel später gut. In beiden Sprachen führte er eine umfangreiche Privatkorrespondenz.[165]

Geschichte

In Geschichte eignete Schinkel sich gründliche Kenntnisse an. Im Mittelalter war er jedoch kaum bewandert. Es stand im Ruch einer finstern, ja barbarischen Epoche und wurde am Gymnasium nur kursorisch gelehrt. Ein von Gedike gegebenes Abiturthema lautete: »Wie, wann und wodurch ward nach der Barbarei des Mittelalters die Wiederherstellung der Wissenschaften bewirkt?«[166] Die »Größe und Herrlichkeit des Mittelalters« entdeckten erst die Romantik und der Patriotismus der Freiheitskriege, von dem auch Schinkel mitgerissen wurde.[167]

Schinkels Geschichtslehrer war Prof. Günther Karl Friedrich Seidel. Er unterrichtete in der Klein-Tertia abwechselnd Geschichte des Vaterlandes und Geschichte der Griechen und Römer; in der Groß-Tertia Universalgeschichte; in der Sekunda neuere Staatengeschichte und in der Prima wiederum Universalgeschichte sowie deutsche und preußische Geschichte.[168] Die jüngste Geschichte, bis in die Gegenwart, wurde ausführlich behandelt. Was in der Welt vorging und zeitgeschichtlich bedeutend war, wurde dem Lehrstoff einverleibt. Die Aufklärer betrachteten die Errungenschaften ihres Jahrhunderts nicht ohne Stolz.

Seidel hat das Weltbild der Gymnasiasten nachhaltig beinflußt. Er war ein Schüler des Göttinger Historikers J. C. Gatterer,[169] des Mitbegründers der neueren deutschen Geschichtsschreibung. Wie sein berühmter Lehrer vertrat Seidel die sogenannte pragmatische Geschichtsschreibung, die die Begebenheiten in ihren ursächlichen Zusammenhängen darzustellen versucht. Er vertrat typisch optimistisch aufklärerische Auffassungen.

Bezeichnend dafür ist Seidels bei der Streitschen Gedächtnisfeier von 1798 gehaltene Rede *Über den Einfluß der wissenschaftlichen Kultur auf die moralische Veredlung unsers Zeitalters*. Seidel äußerte darin die These, daß bei den Völkern trotz der zerstörerischen Kriege dieses achtzehnten »philosophischen Jahrhunderts«, Fortschritte zu verzeichnen seien. Es sei »ein erfreulicher Anblick«, wie seit Friedrich dem Großen, den er »die Vollendung unseres Zeitalters« nennt (und den auch Gedike verherrlichte),[170] »erleuchtete Regierungen sich bestreben, die Zahl der politischen Übel zu vermindern, und das Gemeinwohl zum höchsten Ziel der Staatskunst zu machen; wie Sicherheit des Eigentums und der Personen durch eine verbesserte Gerechtigkeitspflege befestigt werden; wie Handel und Gewerbe bei wohltätigern Finanzgrundsätzen aufblühen, und eine menschenfreundliche Politik den Bauernstand teils durch Aufhebung der Sklaverei, teils durch einen humaneren Schutz und eine bessere Erziehung zur Würde der Menschheit zu erheben sich bemüht; wie die edlern Machthaber anfangen dem Kriege als einem zu fürchtenden Übel, vielmehr mit Weisheit entgegen zu streben, als ihn aus wilder Leidenschaft zu suchen«.[171]

Seidel war ein hervorragender Kenner »der amerikanischen Revolution«. In der »politischen Freiheit des amerikanischen Volkes« sah er die Ideen Rousseaus verwirklicht. Die Repräsentation des Volkes durch Deputierte rühmte er als »herrliche Erfindung der Politik, die dem ganzen Altertume unbekannt war«.[172] In der Frage nach der besten Regierungsform, ob Monarchie oder Republik, vermieden die Lehrer, sich zu exponieren. Verfassungsfragen wurden diskutiert, aber im allgemeinen galt, daß die geschichtliche Erfahrung bestätigt, daß die beste Regierungsform die Oberherrschaft eines gerechten und weisen Fürsten sei.[173] Seidel sprach mit den Schülern öfter über das Ideal der Menschenwürde.

Seidel: »Eine anständigere Würde des Menschen verbreitet sich immer allgemeiner durch alle Verhältnisse des Lebens. ... Ein erhöhtes Ideal des Menschen ermuntert die Edlen des Volkes durch Lehren und Handeln die Würde der Menschheit zu beschützen und zu erhöhen. ... Die Periode der reifenden Vernunft ist begonnen, aber weit noch entfernt von ihrer Vollendung, ... [doch stehe fest, daß] noch in keinem Zeitalter die Summen der Übel, die das Menschengeschlecht zurückhielten von seiner Veredlung ... glücklicher durch die Kraft der Vernunft bekämpft wurden, als seit der Mitte unseres Jahrhunderts.«[174]

Welche Geschichtsbücher Seidel zugrundelegte, ist nicht bekannt. Er selber verfaßte kein Schulbuch, doch er empfahl den Schülern seine Übersetzung der *Römischen Geschichte* von C. Middleton.[175] Die Kenntnisse der republikanischen Verfassung Roms und das Leben und Wirken Ciceros sollte die Gymnasiasten »mit einem vernünftigen Freiheitssinn und mit Liebe zur Tätigkeit erfüllen«.[176]

Im Geschichtsunterricht erhielt die Darstellung der Kulturen der Völker einen breiten Raum, denn an ihnen sei das Erblühen und der Niedergang eines jeden Volkes abzulesen. Als begleitende Lektüre lasen die Schüler Schröckhs – von Eschenburg der Jugend empfohlene[177] – *Allgemeine Weltgeschichte für Kinder*. Dort heißt es, am Beispiel der Griechen und Römer sei

66. Christian Bernhard Rode, *Der Feldmarschall Schwerin fällt in der Schlacht mit der Fahne in der Hand*. Illustration aus: Schröckh, *Allgemeine Weltgeschichte, Brandenburg*, Tafel XXVII. Rode war von 1783–1797 Direktor der Berliner Kunstakademie.
67. J. M. Schröckh, *Allgemeine Weltgeschichte für Kinder*. »Zeittafel zur alten Weltgeschichte«.
68. J. M. Schröckh, *Allgemeine Weltgeschichte für Kinder*. »Zeittafel zur neuern Weltgeschichte ...«

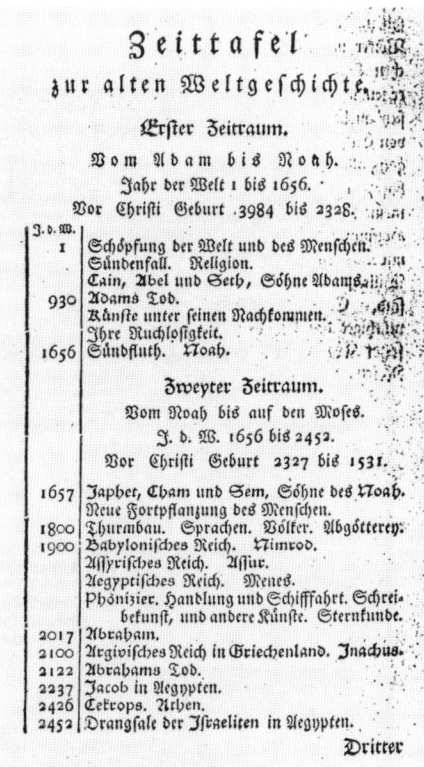

zu erkennen, »was für ein rühmliches, immerwährendes Andenken sich solche Nationen stiften, die nicht nur in artigen Sitten, weisen Gesetzen, tugendhafter Größe, Künsten des Verstandes und Witzes, auch vielen Wissenschaften, zu einer gewissen Vollkommenheit gelangt sind, sondern die selbst andere Nationen durch all dieses erleuchtet, und vortreffliche Denkmäler ihrer Einsichten und Taten an Schriften oder andern Werken hinterlassen haben«.[178] Der Lauf der Geschichte werde bestimmt durch große Männer, die aus einer Nation hervorgingen und sie prägten. In Abituraufsätzen am Grauen Kloster wurde gefragt: »Vergleichung Cäsars und Friedrichs des Großen. Wer war größer und warum?«, »Welche Regierungen sind für Frankreich die unglücklichsten gewesen, und über welche Könige hat daher die französische Nation am meisten zu klagen. Ursache?«, »Welche Philosophen des Altertums haben den größten und dauerndsten Einfluß auf die Nachwelt gehabt und wodurch?«[179]

Doch so aufgeklärt der Geschichtsunterricht auch war, die Ereignisse der frühesten Geschichte der Menschheit wurden nach wie vor aus der Bibel abgeleitet. Die Urgeschichte lag völlig im Dunkeln. Nach dem von Büsching erarbeiteten *Chronologischen Grundriß der allgemeinen Weltgeschichte zum Gebrauch an den Gymnasien*[180] war die Erde gerade erst rund 5570 Jahre alt! Danach begann die Geschichte mit der Schöpfung der Welt und der Erschaffung von Adam und Eva im »Jahr 1 der Welt« (nach damaliger Zeitrechnung 3984 vor Christi Geburt). Diesem ersten Zeitraum der Alten Geschichte Epoche folgte ein zweiter mit Christi Geburt beginnender Zeitraum der Neueren Geschichte, der in neuer Zählung wieder mit dem Jahr 1 beginnt. Büschings Grundriß enthält, in sechs Millennarien gegliedert, knapp 200 Daten. Davon entfallen etwa 80 auf die Geschichte seit dem »Jahre 1 der Welt« bis zur Abschaffung des weströmischen Kaisertums. Eine ähnlich strukturierte Zeittafel errechnete Schröckh.

Die auf biblischen Quellen fußende Darstellung der Urgeschichte galt bis weit ins 19. Jahrhundert hinein. Dabei hatte der große französische Naturforscher Graf von Buffon bereits um die Mitte des 18. Jahrhunderts anhand des Studiums von Fossilienknochen das Alter der Welt auf 85.000 Jahre geschätzt, davon 5.000 Jahre für die Entwicklung des Menschen. Die »Tage« der Schöpfung faßte Buffon als Epochen auf.[181]

Religion

Schinkel stand sein Leben lang in einem ambivalenten Verhältnis zur Kirche. Die Ursache ist nicht in einer theologischen Überfütterung in seinem pastoralen Elternhaus zu suchen. Es spricht vielmehr eigentlich alles dafür, daß der Vater ihn auf eine vernünftige Weise in Religionsfragen unterwies und ihn nicht, wie in ungezählten Elternhäusern üblich, in frühester Kindheit Bibelsprüche, Tischgebete und Psalmen auswendig lernen ließ. Diese Unsitte prangerten die Philantropen und auch Gedike an. Er sah in ihr ein Hauptübel, das in der irrigen Meinung gezüchtet werde, es käme gar nicht darauf an, »ob die Religion von dem Kinde verstanden werde, es sei genug, wenn das Gedächtnis frühzeitig mit Wahrheiten und ihrem Bekenntnis angefüllt werde«.[182]

Paradoxerweise ist es aber gerade der schulische Religionsunterricht gewesen, der viele Kinder dem Glauben entfremdete. Dies war eine Folge der Religionspolitik des preußischen Staates. In diesem Fach herrschte große Verwirrung.

An der Neuruppiner Schule hatte Karl Friedrich Schinkel ein aufklärerisches praktisches Christentum gelernt. Doch um 1794, vor seinem Wechsel ans Berliner Gymnasium, wurde an allen höheren und niederen Schulen infolge des berüchtigten von Minister Wöllner erlassenen Religionsedikts (1788) mit zunehmendem Druck das orthodoxe Dogma wieder eingeführt. Im Februar 1794 erging ein königliches Dekret an alle Lehrer, Schuldirektoren und Prediger, in dem sie aufgefordert wurden, die »Grundsätze der christlichen Religion nicht nach ihren eigenen Grillen und vielfältigen Irrtümern«, sondern »nach den orthodoxen, auf richtige Erklärung der Bibel gegründeten Prinzipien zu lehren«.[183] Die bis dahin an fast allen Gymnasien gelesene und von Gedike als »unübertroffen« bezeichnete *Unterweisung zur Glückseligkeit nach der Lehre Jesu*[184] des Berliner Oberkonsistorialrats Diterich hatte ab sofort aus den Klassenzimmern zu verschwinden. Ersetzt wurde sie auf Weisung des Königs durch den von den Aufklärern als überwunden geglaubten *Lutherischen Katechismus* und die von Diterich einst für den Konfirmandenunterricht gedruckte Schrift *Die christliche Lehre im Zusammenhang* – eine Jugendarbeit, von der er wegen der darin von ihm geäußerten orthodoxen Auffassung aber längst abgerückt war. Sie wurde 1790 in Berlin unter dem geänderten Titel *Die ersten Gründe der christlichen Lehre* »Auf Befehl und mit allergnädigstem Königlich Preußischen Privilegio« wieder neu aufgelegt. Diterichs Werk umfaßte 440 Fragen und Antworten und 850 zum Beweis herangezogene Bibelstellen.[185]

In den beiden oberen Klassen des Grauen Klosters wurde nach dem »vorgeschriebenen Kompendium« des Leipziger Theologen Morus[186] gelehrt. Es handelte sich wohl um die deutsche Übersetzung des Morus aus dem Lateinischen von Johann F. Heynatz, betitelt *Inbegriff der christlichen Gottesgelahrtheit*. In Groß- und Klein-Tertia wurde das ebenfalls vorgeschriebene (von Gedike nicht näher bezeichnete) »deutsche Lehrbuch« durchgenommen. Damit ist sicherlich Diterichs Schrift gemeint.

Die plötzliche Abkehr von der bis dahin an der Schule vorgetragenen Lehre war pädagogisch ein Desaster. Es mußte junge Menschen wie Schinkel völlig unbegreiflich erscheinen, denn sie mußten ja glauben, man habe ihnen bisher das Falsche beigebracht. Das Hin- und Her in Glaubensfragen war den Gymnasiasten, deren religiöses Weltbild sich erst zu festigen begann, nicht nur schwer zu vermitteln, es blieb in vielen Fällen nicht ohne tiefgehende seelische Folgen.

Die Revision des Religionsunterrichts wurde vom Oberkonsistorium und Oberschulkollegium mit Nachdruck durchgesetzt und von den Räten persönlich überprüft. Bereits am 23. Oktober 1793 besuchte eine Kommission von drei Räten alle Klassen des Gymnasiums, um »unparteiisch« zu untersuchen, ob der Unterricht der »alten« reinen Lehre Christi folge. In ihrem abschließenden Revisionsprotokoll kamen sie zu dem Ergebnis, daß die Religionskenntnisse der Jugend ungenügend seien und der Lutherische Katechismus »in dem Gymnasio gar nicht traktiert [wird], daher er auch nur wenigen der Schüler gehörig bekannt war«.

Die Inspektoren prüften zuerst Spaldings Unterricht in der Prima. Das Protokoll vermerkt:

»Der geschickte Professor Spalding ging mit der ersten Klasse einige allgemeine Begriffe von der Religion in lateinischer Sprache durch, die er als Prolegomena zu dem nach dem Morus anzustellenden weitern Unterricht angab, wobei er sich hauptsächlich bei dem Satz nach Act.17.24 aufhielt: daß Gott nicht durch die Sinnlichkeit erkannt werden könne. Der Oberkonsistorialrat Hermes setzte das Examen über diesen Gegenstand, noch mehr aber über einige eigentliche Dogmen des Christentums in lateinischer Sprache fort. Die mehrsten antworteten so, daß man Spuren eines erhaltenen eigentlich christlichen Unterrichts deutlich wahrnahm.

Mit der zweiten Klasse ging Prof. Spalding einige Verse des 5. Kap. Matth. philologisch und exegetisch durch, weil er, nach seiner eigenen Aussage in dieser Klasse kein Lehrbuch zum Grunde gelegt hat, sondern bloß über selbstgewählte biblische Stellen eine Art des religiösen Unterrichts gegeben. Commissarii konnten aber mit seiner Erklärungs- und Auslegungsart nicht ganz zufrieden sein; indem z. B. das Stück der Bergpredigt Jesu, Matth. 5,2 usw., worüber er sein Examen anstellte, nach ihm nichts weiter heißen sollte als: Glücklich sind, die nicht nach zeitlichen Gütern streben, sondern von dem Messias die Belehrung für den Geist erwarten, denn diese verlangen sie. Glücklich sind, die das Joch der römischen Herrschaft mit Gelassenheit tragen, denn diese werden ruhig in dem ihnen erblich eingeräumten jüdischen Lande bleiben pp.

Der Oberkonsistorialrat Hermes katechisierte hienächst die Knaben über die Person Jesu und den wahren Grund seiner Menschwerdung. Von den Antworten der Schüler galt das, was bei der ersten Klasse gesagt ist.

Die dritte und vierte Klasse wurden über die Allwissenheit Gottes befragt. Die Kinder dieser Klassen, welche in dem vorigen halben Jahre von dem Subrektor Seidel unterrichtet wurden, scheinen sehr versäumt zu sein und bewiesen weniger Bekanntschaft mit der Heiligen Schrift und den Lehren des Christentums als die vorigen Klassen.

Der Lutherische Katechismus wird auf dem Gymnasio gar nicht traktiert, daher er auch nur wenigen der Schüler bekannt war.

Überhaupt fanden Visitatores die Religionskenntnisse der Jugend in diesem Gymnasio nicht ganz ihren Wünschen gemäß. Indessen kann die Schuld davon nicht dem gegenwärtigen Direktor [Gedike] beigemessen werden, als welcher nur erst seit acht Tagen sein Amt bei dieser Schulanstalt angetreten hat. Nach der Anzeige desselben ist unter der vorigen Direktion [Büsching] in den obern Klassen gar kein Religionsunterricht erteilt worden. Es ist daher von der bekannten Tätigkeit des Herrn O. K. R. Gedike zu erwarten, daß derselbe bessere Einrichtungen in Ansehung dieses so wichtigen Teils des Unterrichts treffen werde, wozu er auch bereits den Anfang gemacht hat. Die Visitation sämtlicher Klassen wurde mit einem Gebet des O. K. R Hermes beschlossen. Hermes. Hillmer. Hecker.«[187]

Auch wenn die Räte ihre Rüge in höfliche Worte verklausulierten, für Gedike, der öffentlich vor den Schülern erklärt hatte, Christus sei nichts weiter als ein ehrlicher Mann gewesen, war dies eine sehr ernstzunehmende Angelegenheit. In den nächsten Monaten wurde die Situation bedrohlich. Am 12. April 1794 erklärte Friedrich Wilhelm II., daß er die »bekannten Neologen und sogenannten Aufklärer« Gedike, Teller, Zöllner nur »kurze Zeit noch dulden werde. ... Ihr kennt Meinen ganzen Ernst, die alte reine Religion Jesu in Meinen Staaten aufrechtzuerhalten«.[188]

Denjenigen Lehrern und oder Predigern, die weiterhin in Abweichung von den Lehren der »Augsburgischen Konfession und der symbolischen Bücher« die freie Religionsausübung vertraten, drohte die Amtsenthebung. Die Schuldirektoren wurden verpflichtet, den in jeder Klasse wöchentlich mindestens zweimal zu erteilenden Unterricht regelmäßig persönlich zu überprüfen, denn besonders die Gymnasien galten als Brutstätten des »Heidentums«.

Nach dem Tod Friedrich Wilhelms II. und der Aufhebung des Religionsediktes im Dezember 1797 erfuhr der Religionsunterricht erneut eine Kehrtwendung. Schinkel brauchte sich indes damit nicht mehr zu plagen, da er um diese Zeit das Gymnasium verließ. Doch trotz seiner bedrückenden persönlichen Erfahrungen bestand er später darauf, daß nicht nur sein Sohn, sondern auch seine beiden Töchter eine angemessene religiöse Unterweisung erhielten.[189]

Geographie

Im Fach Geographie, das man an den Schulen lange Zeit lediglich nur als ein Anhängsel des Geschichtsunterrichts betrachtete, war das Graue Kloster führend. Gedikes Vorgänger Büsching hatte überhaupt erst die Geographie in den Rang einer Wissenschaft erhoben und sich als »Europas Geograph« einen Namen gemacht. Er verfaßte in vier Jahrzehnten das Werk die *Neue Erdbeschreibung*[190] in elf Bänden.

Gedike vertrat die Überzeugung, daß die Geographie dem Geschichtsunterricht vorangehen müsse, denn Historie ohne geographische Kenntnisse sei ein »verworrenes Chaos«.[191] »Ohne geographische Kenntnis ist der Mensch ein Maulwurf, der, ohne vorwärts und um sich zu sehen, sein Loch auf- und zuwühlt«.[192] Geographie dürfe nicht als »bloße Gedächtnissache« behandelt werden. Wir lernen Geographie »wahrlich nicht, um eine Menge Namen im Kopf zu haben, sondern vornehmlich, um uns diese oder jene Tatsache nach ihren Ortsverhältnissen desto deutlicher vorzustellen. Dazu ist aber ein in der Imagination vorschwebendes Bild, gleichsam eine unsichtbare uns überall hin begleitende Karte, schlechterdings notwendig«.[193] Zu diesem Zweck entwickelte Gedike die sogenannte Imaginationsmethode. Sie sollte die Schüler befähigen, Landkarten aus dem Gedächtnis zu zeichnen. Die Schüler mußten sich eine vom Lehrer an die Tafel gezeichnete Karte einprägen und nachzeichnen, nachdem sie von der Tafel gelöscht worden war.[194] Schinkels Skizzenbuch enthält offenbar zwei solche Kartenskizzen.[195]

Neben dem Kartenzeichnen und dem Einstudieren von Daten und Fakten, mußten die Gymnasiasten sich sprachlich in Landschaftsbeschreibungen üben. Gedike empfahl den Lehrern, Aufsätze in Form fingierter Reisebeschreibungen schreiben zu lassen.[196] Eine Fähigkeit, die Schinkel später in seinen Reisetagebüchern und Briefen überzeugend unter Beweis stellen konnte.

Geographie wurde von Prof. Seidel gegeben, verbunden mit Statistik der Staaten, die stufenweise in allen Klassen gelehrt wurde.[197] In der Sekunda wurde in einer besonderen Stunde Büschings Werk *Vorbereitung zur Kenntnis der Staaten gelesen*[198] mit einer Einleitung in die Technologie, Ökonomie, Handel und Gewerbe.[199]

Alte Geographie wurde erst in der Prima in einer Extrastunde in Verbindung mit der Lektüre klassischer Autoren oder Alter Geschichte gelehrt. Ein Handikap, das den Unterricht eine zeitlang erheblich beeinträchtigte, war der auch an andern Schulen beklagte Mangel an Landkarten. Die Gymnasiasten mußten eigene Karten mitbringen. Im Frühjahr 1796 gab Gedike bekannt, daß inzwischen ein ausreichender Vorrat an Karten angeschafft werden konnte, die »alle auf Pappe gezogen werden«. Für Neuerwerbungen und Instandhaltung mußte jeder Gymnasiast vierteljährlich einen Groschen zahlen.[200]

Mathematik

Im Mathematikunterricht setzte das Graue Kloster neue Maßstäbe. Die Mathematik, teils mit Physik gekoppelt, war ein junges Fach, das sich erst konsolidierte. Ein modernes Lehrbuch lag noch nicht vor, es fehlten Aufgabensammlungen für Rechnen, besonders für Mathematik. So war es ein glücklicher Umstand, daß dem Direktor Gedike in den Professoren Michelsen (seit 1793 Mitglied der Akademie der Wissenschaften) und Fischer (dem späteren Universitätsprofessor) zwei hervorragende Mathematiker zur Seite standen. Gedike rühmte zu Recht, »daß für mathematische Kenntnisse an unserer Anstalt sehr viel Gelegenheit ist.«[201]

Das Angebot reichte von einfachen vorbereitenden praktischen Rechenstunden bis zur angewandten Mathematik in der Prima. Grundsätzlich orientierte sich der Lehrstoff an seiner Nutzbarkeit im Alltagsleben. In der Klein- und Groß-Tertia beschäftigten die Schüler sich in zwei Abteilungen mit zusammengesetzten kaufmännischen Rechnungen, besonders mit der Wechselrechnung. Die zweite Abteilung bot eine Art Nachhilfeunterricht für diejenigen, die beim Eintritt ins Gymnasium die einfachen Rechenarten, vornehmlich das Bruchrechnen, nicht beherrschten.[202] Reine Mathematik begann in der Groß-Tertia. Arithmetik und Geometrie wechselten halbjährlich. In der Sekunda gab es die mathemathische Arithmetik nebst Buchstabenrechnung mit den Elementen der Algebra, und mit der Geometrie die an allen Schulen praktisch wie theoretisch betriebene Feldmeßkunst.[203]

Im Mathematikunterricht hätte Schinkel sich eine solide Grundlage für die Bauakademie aneignen können, doch wegen seines frühen Abgangs versäumte er das Wichtigste: Michelsens Unterricht in angewandter Mathematik in der Klein- und Groß-Prima. Dieser befaßte sich mit Aerometrie (Lehre von der Luft, ihrer Schwere, Feuchtigkeit etc.), mit Hydrostatik, Hydraulik und Hydrotechnik »in beständiger Rücksicht auf die Anwendung derselben im gemeinen Leben«.[204] Letztere sind technisch von großer Bedeutung, da auf ihnen die Sicherheit der Wasserbauten beruht. Schriftliche Ausarbeitungen wurden verlangt. Als Anschauungsunterricht unternahm Michelsen mit den Primanern Exkursionen zu Brücken, Dämmen, Schleusen, wozu die Spree-Stadt Berlin reichlich Gelegenheit bot.

Eine besondere Einrichtung des Gymnasiums war der durch die Streitstiftung fundierte außerordentliche Unterricht in der Astronomie und ihren Hilfswissenschaften für die Sekunda, den der Berliner Astronom und Chronologe Prof. Ideler erteilte.[205] Laut Gedike wurden die »wißbegierigsten Lehrlinge an sternenhellen Abenden zur Beobachtung des Himmels angeleitet«.[206] In Idelers spannenden Sternstunden wird sich Schinkel, der später mit Unterstützung von Johann Franz Encke[207] und Alexander von Humboldt die neue Berliner Sternwarte erbaute, astronomische Grundkenntnisse angeeignet haben.

Naturgeschichte

Die Wissenschaften von der Natur, die Naturgeschichte (Naturkunde), Naturlehre (Physik), die Chemie (als Teil der Physik) waren in Schinkels Jugend noch recht jung. Erst um die Mitte des Jahrhunderts wurden an den Universitäten naturwissenschaftliche Fakultäten eingerichtet. Lieblingskinder der Aufklärung, wurden sie an den Universitäten und Gymnasien endlich ernstgenommen.

Die Naturgeschichte, meinte Gedike, könne nicht früh genug getrieben werden. Sie sei »unstreitig eines der anziehendsten und angemessensten Studien für die Jugend«, denn sie schärfe den Beobachtungsgeist.[208] Das am Gymnasium gelesene Schulbuch *Anfangsgründe der Naturgeschichte* gehörte zu den besten der Zeit.[209] Verfasser war der Göttinger Naturforscher und Mediziner Prof. Erxleben, Sohn von Dorothea Christine Leporin, der ersten Frau in Deutschland, die die medizinische Doktorwürde erlangte. Er schrieb außerdem eine *Naturlehre*.[210] Beide Bücher zusammen betrachtete er »gewissermaßen« als »Handbuch« der physikalischen Wissenschaften«. Es erschienen mehrere jeweils dem neuesten Forschungsstand angepaßte Auflagen.

Naturgeschichte hat, so Erxleben, »den ganzen Vorrat von Tieren, Pflanzen und Mineralien zu ihrem Gegenstande, welcher auf unserer Erde anzutreffen ist«. Diese Wissenschaft habe noch viele Lücken und Mängel, die auszufüllen und zu ersetzen seien.[211]

Erxleben beginnt mit einem geschichtlichen Abriß dieser Wissenschaft, die »eigentlich« mit Aristoteles (»im Jahr der Welt 3364«, vom Jahr der Schöpfung an gezählt) begonnen habe und von Plinius Secundus, Conrad Gesner[212] und Linné[213] weitergeführt worden sei. Für weiterführende Studien nahm er in seine *Naturgeschichte* eine Titelliste von rund 120 naturgeschichtlichen Werken und Reisebeschreibungen auf: von Plinius' *Naturgeschichte* bis hin zu Lord Ansons[214] *Weltumseglung*.

Mit »gelehrter Botanik« wurden die Gymnasiasten nicht traktiert. Im Sommer gab es Gewächskunde,[215] in der die Klassen öfters Exkursionen in die freie Natur unternahmen. Dabei

Erxlebens Anfangsgründe der Naturgeschichte

1. Abschnitt: § 1–38. »Einleitung in die Naturgeschichte«. S. 1 ff.
2. Abschnitt: § 39–63. »Betrachtung der organischen Körper überhaupt«. Seite 55 ff.
3. Abschnitt: § 64–141. »Vom Tierreich überhaupt«. S. 71 ff.
4. Abschnitt: § 142–195. »Von den säugenden Tieren«. S. 122 ff.
5. Abschnitt: § 196–254. »Von den Vögeln«. S. 154 ff.
6. Abschnitt: § 255–300. »Von den Amphibien«. S. 189 ff.
7. Abschnitt: § 301–340. »Von den Fischen«. S. 209 ff.
8. Abschnitt: § 341–387. »Von den Insekten«. S. 231 ff.
9. Abschnitt: § 388–433. »Von den Gewürmen«. S. 265 ff.
10. Abschnitt: § 434–663. »Von dem Pflanzenreich«. S. 298.
11. Abschnitt: § 664–749. »Von dem Mineralreich«. S. 540–592.

lernten sie auf Besonderheiten der Pflanzen zu achten, offenbar wurde auch das Präparieren und Konservieren gelehrt.[216]

Das Gymnasium besaß ein aus 660 Nummern bestehendes Mineralienkabinett. Ein »edler Patriot«, der ungenannt bleiben wollte, stiftete es 1795. Geordnet und registriert wurde es von dem »vortrefflichen Bergrat Karsten« in einem »zugleich zur Unterweisung des Nichtkenners bestimmten Katalog«.[217] (Schinkel zeigte auf seiner ersten Italienreise ein auffallendes Interesse an unteridischen geologischen Formationen. Er besuchte in der Nähe von Triest in Begleitung mehrerer Fackeln tragender Männer die Tropfsteinhöhlen von Prediama, »wo die wunderbarsten Gestalten von Tropfstein hängen. ... Beständig tropfendes Wasser durchnäßt die Kleider, empfindliche Kälte und ängstliche Luft umgibt den Wanderer«.)[218]

Als Anschauungsmaterial für Tiergeschichte wurden für die Bibliothek laufend Werke mit illuminierten Kupfern angeschafft. In der Ordnung des Tierreichs übernahm Erxleben Linnés »schöne« Überlegung, daß es mit einem »wohleingerichteten Staate« zu vergleichen sei, in welchem alle dem Menschen als dem Oberhaupt gleichsam unterworfen sind.

»Der Ritter von Linné vergleicht das gesamte Tierreich sehr schön mit einem wohleingerichteten Staate in welchem nicht allein die gehörige Anzahl der Personen vorhanden und an den angewiesenen Orten gegenwärtig ist, sondern wo auch eine jede die zu ihren bestimmten Geschäften erforderlichen Fähigkeiten besitzt, und zur Erfüllung derselben durch Belohnungen und Bestrafungen angetrieben, dabei aber auch vor ihren Feinden hinlänglich geschützt wird.« (§ 125) »In dieser tierischen Republik ist eine größere Anzahl geringerer und schwächerer Untertanen einer kleinen Anzahl edlerer und stärkerer untergeordnet, welche alle dem Menschen als einem einigen Oberhaupt gleichsam unterworfen sind.« (§ 126)

Erxleben befaßte sich auch mit der Frage, ob denn Gott die Tiere zugleich erschuf, oder ob sie sich nach und nach über die Erde ausgebreitet haben.

»Vielleicht ist gleich beim Anfange die Erde mit Tieren auf ein Mal bevölkert worden. Wenn man dieses annimmt, so fällt eine Menge von Schwierigkeiten weg, die man vielleicht nicht heben kann, wenn man glaubt, Gott habe von jeder Art von Tieren Ein Paar geschaffen, und durch dessen Vermehrung haben sich die Tiere über die ganze Erde verbreitet.« (§ 128)

Die von Descartes vertretene These, daß Tiere seelenlose Geschöpfe seien, die mechanisch funktionieren, teilte Erxleben nur bedingt. Er übernahm die aufklärerische Metapher vom Körper als einer »Maschine«, gestand ihr jedoch eine Seele zu:

»Man kann sich gewissermaßen fünf besondere Maschinen in dem Körper eines Tieres als abgesondert gedenken. Die erstere erhält das Tier (machina naturalis) durch den Umlauf des Geblüts (§ 69–74), die zweite (vitalis) befördert dieses durch Einführung der Luft in den Körper (§ 75–78), die dritte ernährt das Tier (alimentaris) durch die Nahrungsmittel (§ 115–120), die vierte beschützt und regiert das Tier (animalis) und befördert zugleich die Wirkungen der übrigen Maschinen durch die Nerven, welche ihr eigen sind, und die dadurch geschehene Verbindung des Körpers mit der Seele (§ 79–105), und die letztere endlich erzeugt ein neues Tier (genialis) durch die Befruchtung (106–114).« (§ 124)

Die Schüler lernten, daß das Tierreich von rund 26 000 Arten bevölkert sei. Säugetiere 300; Vögel 2000; Amphibien 700; Fische 2000; Insekten 15 000; Gewürme 5000 (§ 140). Nach heutigen Erkenntnissen beträgt die Zahl der lebenden Tierarten etwa eine Million.[219]

An die Naturgeschichte angehängt war Anthropologie, die sich dem gründlichen Studium des menschlichen Körpers und den Gesundheitsregeln widmete, nach Gedikes Urteil »ein höchst notwendiger Gegenstand«. Bis Ostern 1796 wurde Anthropologie nur in der Klein- und Groß-Tertia gegeben, danach auch in der Sekunda abwechselnd mit Physik, so daß Schinkel in allen von ihm besuchten Klassen Anthropologie-Unterricht gehabt hat. Es wurden schriftliche Ausarbeitungen verlangt.[220] Lehrer war bis 1797 Prof. Michelsen.

Naturlehre (Physik)

In der Tertia begann die Allgemeine Naturlehre (physica generalis) bei Prof. Fischer. Benutzt wurde Erxlebens Lehrbuch *Anfangsgründe der Naturlehre*, mit aktualisierenden Zusätzen des Physikers Georg Christoph Lichtenberg.[221]

Erxlebens nannte die Physik »eine der allernützlichsten Wissenschaften, denn der vernünftige Gebrauch von verschiedenen Körpern macht unser Leben angenehmer und bequemer; andere können uns auf mancherlei Weise höchst gefährlich werden. Eine richtige Kenntnis dieser Körper muß also auf unser Wohl einen großen Einfluß ausüben« (§ 1). Zur Physik rechnete

Erxleben verschiedenes, was eigentlich in die Chemie gehört, wie Auflösung, Niederschlag, Kristallisation. Zur Physik gehöre ferner die Erdbeschreibung (geographia physica) sowie die physische Astronomie (astronomia physica), die die »außerhalb unserer Erde liegenden übrigen großen Weltkörper und zugleich die Verhältnisse derselben gegen unsere Erde« untersucht« (§ 12).

In der Sekunda und Prima lehrte Prof. Michelsen Experimentalphysik. Dafür stand ein »nicht unansehnlicher physikalischer Apparat«, der laufend ergänzt wurde, zur Verfügung. Die Versuche wurden in einem gesonderten Raum durchgeführt.[222] Die Schüler lernten, daß naturwissenschaftliche Erkenntnisse auf genauer Beobachtung der Erscheinungen und der Wiederholbarkeit im Experiment beruhen. Die Wirksamkeit von Flaschenzug und Hebel (Statik und Mechanik) wurde demonstriert, das spezifische Gewicht (Hydrostatik) untersucht.

Schinkel und die Mitschüler erlebten im Naturlehre-Unterricht die Welt als ein einzigartiges unermeßliches Forschungsobjekt. Die Wissenschaft sei aufgerufen, die physikalischen Rätsel nach und nach zum Nutzen der Menschheit zu lösen.

Ungeklärt waren die Phänomene des Lichts, des Schalls, des Magnetismus und des Feuers. Licht wurde als eine »höchst feine, flüssige und dabei elastische Materie« erklärt, die »allerwärts ausgebreitet ist«. »Diese feine Materie nennt man auch Äther« (§ 311). Materie war nach Ansicht vieler Naturforscher eine feine Flüssigkeit, die selbst dichte Körper wie Eisen durchdringen kann (§ 565). Auch Wärme und Feuer hielt man für Substanzen. »Gibt es also etwa vielmehr eine eigene Materie des Feuers, ein Elementarfeuer, ein sehr feines flüssiges Wesen, das durch die Zwischenräume aller Körper gleichförmig ausgebreitet ist ...? (§ 481). Zitiert wurde der Gelehrte Mairan, der ein großes Zentralfeuer im Erdinnern vermutete, dem er einen großen Teil der Wärme zuschrieb (§ 763). Doch die feuerspeienden Berge ließen sich nicht von einem Zentralfeuer ableiten, glaubhaftere Ursachen seien unterirdische Verwitterungen solcher Mineralien wie Schwefel, die sich erhitzen und entzünden können (§ 786).

Das Erxleben/Lichtenbergische Lehrbuch befaßt sich am Schluß in zwanzig Paragraphen mit »Ergründungsversuchen und Mutmaßungen« wie Gott die Welt erschaffen habe. Erxleben: »Daß sie einen Anfang gehabt habe, kann und darf ich hier erweisen; und daß sie von einem weisen, mächtigen, gütigen Schöpfer vorgebracht worden sei, lehrt die Betrachtung einen jeden Vernünftigen« (§ 773). Deshalb vermittle die Wissenschaft zugleich »auch die sichersten Quellen zur Erkenntnis der Macht, Weisheit und Güte des erhabenen Wesens« und schütze uns vor tausend ungläubigen und abergläubischen Einfällen und Torheiten (§ 2).

Die physikalische Wissenschaft zog den Schöpfergott nicht in Zweifel, im Gegenteil, sie bestätigte ihn. Gefragt wurde bloß, wie er die Schöpfung zuwege gebracht habe. Erxleben schreibt, nach Descartes sei die Welt ein Klumpen von ungemeiner Härte gewesen, den Gott durch seine Allmacht zerschlug und alle Teile in Bewegung setzte, die sich dann aneinander zerrieben und die Elemente bildeten. Die feine Materie sei sein erstes Element, und daraus sei die Sonne neben den übrigen Fixsternen entstanden. Die Erde sei ehemals eine Sonne gewesen und nachher, ausgebrannt, in einen Planeten verwandelt worden (§ 775). Burnet meinte, unsere Erde sei lange nach der übrigen Welt hervorgebracht, und Moses berichte bloß über die Schöpfung unserer Erde (§ 776). Auch der Engländer William Whiston bezog die mosaische Schöpfungsgeschichte nur auf die Erde. Sie sei vorher ein wüstes Chaos, ein ausgebrannter Komet gewesen, aus welchem sie in sechs Jahren, so wie sie jetzt ist, gebildet worden sei (§ 777). Der Franzose Maillet ließ die Erde aus einer ausgebrannten Sonne entstehen (§ 778).

Es wurde versucht, die biblischen Ereignisse naturwissenschaftlich zu erklären. So ging es z. B. um die Frage, woher denn die ungeheuren Wassermassen der Sintflut gekommen seien. Burnet vermutete, sie seien vorher in der Erde eingeschlossen gewesen. Nach Joh. Woodwords Theorie »kam ebenfalls ein großer Teil dieses Wassers aus der Erde heraus, und Gott hob die Gesetze des Zusammenhangs und der Schwere zum Teil auf, um dieses zu bewirken« (§ 782).

Solche Erörterungen waren in den Augen der Gymnasiasten gewiß der fesselndste Teil des Unterrichts. Gilly besaß Exlebens *Naturlehre* in seiner Bibliothek.[223] Da sie Hinweise auf die einschlägige in- und ausländische Fachliteratur enthielt, empfahl sie sich denkbar gut für eine weiterführende Beschäftigung mit diesem aufregenden Forschungsgebiet.

Erxlebens *Anfangsgründe der Naturlehre*

1. Abschnitt: § 1–18. »Einleitung in die Naturlehre«. S. 1 ff.
2. Abschnitt: § 19–39. »Einige allgemeine Untersuchungen über die Körper überhaupt«. S. 25 ff.
3. Abschnitt: § 40–66: »Von der Bewegung überhaupt«. S. 38 ff.
4. Abschnitt: § 67–149. »Statik und Mechanik«. S. 53 ff.
5. Abschnitt: § 150–179. »Hydrostatik«. S. 109 ff.
6. Abschnitt: § 180–201. »Wirkungen der anziehenden Kraft bei flüssigen Körpern«. S. 133. Hierzu Anhang S. 145–165
7. Abschnitt: § 202–296. »Von der Luft«. S. 166 ff.
8. Abschnitt: § 297–416. »Vom Licht«. Seite 253 ff.
9. Abschnitt: § 417–494. »Von der Wärme und der Kälte«. S. 334 ff.
10. Abschnitt: § 495–552. »Von der Elektrizität«. S. 418 ff.
11. Abschnitt: § 553–570. »Von der magnetischen Kraft«. S. 492 ff.
12. Abschnitt: § 571–670. »Vom Weltgebäude und der Erde überhaupt«. S. 515 ff.
13. Abschnitt: § 671–792. »Von der Erde insbesondere«. S. 595–710.

Anschließend 38 Seiten Register mit über 1000 Stichworten.

Allgemeine Enzyklopädie

Die Krönung aller Fächer war die in der Sekunda und Prima vorgetragene »Allgemeine Enzyklopädie, verbunden mit Geschichte und Literatur der Wissenschaften und Künste«. Dieser siebenteiligen kursorischen Reihe maß Gedike eine so außerordentliche Bedeutung bei, daß er sich vorbehielt, nur selbst darin zu unterrichten. »Bei der Überzeugung von dem mannigfaltigen Nutzen, der dadurch gestiftet wird«, lasse er sich »die Zeit nicht reuen, die mir die sorgfältige Vorbereitung darauf kostet. ... Ich mache mir wenigstens keine Schande daraus, zu gestehen, daß manche Stunde des Unterrichts mir drei Stunden Vorbereitung kostet«.[224]

Gedike hat sich nirgends näher über die Inhalte seiner enzyklopädischen Kurse ausgelassen. Da sie aber nur in den Oberklassen gegeben wurden, ist mit Gewißheit anzunehmen, daß er den Unterrichtsstoff der unteren Klassen systematisch zusammenfaßte, um schließlich das wissenschaftliche Rüstzeug für ein Universitätsstudium anzubieten. Dabei kam es ihm darauf an, den Gymnasiasten den Zugang zu den einzelnen Wissenschaften in der Weise zu ermöglichen, daß sie selbständig in der von ihnen bevorzugten Disziplin vorankommen konnten.

Jedes Jahr wurde eine andere »Abteilung« der Enzyklopädie gegeben, in zwei Stunden wöchentlich und stets für die Prima und Sekunda zusammen. Die Abteilung, die Schinkel am meisten interessiert haben dürfte, die »Enzyklopädie der Künste sowohl der mechanischen[225] als schönen«, konnte er leider nicht hören. Sie wurde im Schuljahr 1795/96 gegeben, als er noch in der Tertia saß. Sie hat »den jungen Leuten«, wie Gedike betont, »viel Vergnügen gemacht«.[226] 1796/97 folgte turnusgemäß die »Enzyklopädie der philologischen Wissenschaften und allgemeine Übersicht der verschiedenen alten und neuen Sprachen und ihrer Geschichte«.[227]

Der Enzyklopädische Unterricht dauerte sieben Jahre – die Zeitspanne, die ein Schüler in der Sekunda und Prima insgesamt zubringen sollte.

Allgemeine Enzyklopädie
Enzyklopädie der Fakultätswissenschaften.
Enzyklopädie der historischen Wissenschaften, als Teil davon Literaturgeschichte. Eine Einleitung in die Literatur der Griechen und Römer von Zeit zu Zeit in einer besonderen Lektion statt einer griechischen und einer lateinischen Lektion.
Enzyklopädie der mathematischen Wissenschaften.
Enzyklopädie und Geschichte der Physik im weitesten Verstande.
Enzyklopädie der Philosophie, verbunden mit einer Übersicht der Geschichte derselben und einem Abriß der Logik.
Enzyklopädie der Künste sowohl der mechanischen als schönen.
Enzyklopädie der philologischen Wissenschaften und allgemeine Übersicht der verschiedenen alten und neuen Sprachen und ihrer Geschichte.

Mythologie

Der einzige mythologische Stoff, den Schinkel am Gymnasium wirklich gründlich las, waren Ovids Metamorphosen. Er las sie als 13- bis 16jähriger im Lateinunterricht der Klein- und Groß-Tertia[228] in einem eigens für das Graue Kloster zusammengestellten Auszug »unsers Herrn Prof. Seidel«.[229]

Leider wurde die Mythologie, die in Schinkels Werk eine zentrale Rolle spielen sollte, am Grauen Kloster mangelhaft vermittelt. Sie war kein selbständiges Fach. Gedike hatte es nach der Übernahme des Direktorats vom Lehrplan gestrichen. Außer dem Ovid in Latein wurden in Griechisch einige mythologische Kapitelchen aus dem Lukian und Apollodor gelesen.[230] So konzentrierte sich der Unterricht auf die Metamorphosen. Ovids Sammlung von rund 250 Verwandlungssagen war unentbehrlich, um andere antike Werke zu verstehen. Die Metamorphosen fließen wie eine Erzählung dahin, beginnend mit der Schöpfung bis in die Epoche Ovids unter Kaiser Augustus.[231] Ovid holte die Götter und Halbgötter gleichsam vom Himmel auf die Erde, sie wirken menschlich. Wegen seines Humors und seiner Ironie war Ovid gerade in der Aufklärung sehr beliebt.

Indes würdigte Gedike die Metamorphosen nicht ihrem Rang gemäß. Er ließ sie nicht, wie sein Vorgänger Büsching, in der reiferen Sekunda lesen,[232] sondern in den beiden unteren Klassen – als handele es sich um Erzählungen für Kinder.

Gedike war »der ganzen Mythologie herzlich gram«. Sie sei ein Aberglaube, der »noch jetzt nach Jahrtausenden« viel Schaden anrichte.[233] Die Mythologie sei »für das kindische Alter der Menscheit eben das, ... was Wiegenlieder und Ammenmärchen noch jetzt für unsere Kinder sind.«[234] Um die Mythologie richtig zu verstehen, sei es notwendig, »sich in die Rohheit und Ideenarmut eines wilden Volkes« hineinzudenken.[235] So mußte sich bei den Schülern der Eindruck festsetzen, die mythologischen Erzählungen seien bloß Erfindungen von Barbaren.

Gedikes Einstellung war zwiespältig. Einerseits erschien ihm die Mythologie suspekt, andererseits kam er um sie nicht herum. Sie enthielt Metaphern, die weder die christliche noch die neuzeitliche Philosophie ersetzen konnten. Kunst und Literatur verarbeiteten in Hülle und Fülle mythologische Motive. Sie waren unersetzbares Bildungsgut. Wie aber herauskommen aus diesem Dilemma? Wie sollte man der Jugend begreiflich machen, daß Kenntnisse in der Mythologie notwendig seien, wenn es sich angeblich doch nur um Ammenmärchen oder Phantasiegespinste aus grauer Vorzeit handelte? Es gab nur einen Weg. Man nahm den Allegorien, den Fabeln und Sagen ihren Zauber und suchte nach rationalen Erklärungen. Dies sei, wie Gedike meinte, möglich, wenn man sie nicht in ihrer Gesamtheit, sondern einzeln betrachte. Bislang habe man den »Hauptfehler« begangen, »daß man die Mythologie nicht als eine unzusammenhängende Sammlung von Märchen betrachtete, nicht als einzelne Rätsel, deren jedes auf verschiedene Art gelöst werden konnte und mußte.«[236]

Seidel widmete seinen »nach den Bedürfnissen der Gymnasiasten«, von »Verfänglichkeiten gereinigten Auszug« Direktor Gedike. Es ist mit Sicherheit davon auszugehen, daß er die Auswahl mit Gedike besprach. Seidel und Gedike gehörten zu den Aufklärern, die viel Scharfsinn und Mühen darauf verwandten, den Sagen und Fabeln wirklich vorgefallene Ereignisse oder Begebenheiten zugrunde zu legen. Die Auslegungskunst galt in der Aufklärung als ernstzunehmende Wissenschaft, doch bei all ihren Verdiensten trieb sie seltsame Blüten.

Seidel ließ die Metamorphosen nicht nur lesen, er diskutierte mit den Schülern über ihren Sinn und Ursprung. Er erklärte den Gymnasiasten, daß die Iphigenie-Sage »unstreitig« auf eine historische Begebenheit zurückzuführen sei. Niobes Kinder seien nicht durch die tödlichen Pfeile von Apoll und Diana gestorben, in Wirklichkeit hätte eine plötzliche Seuche sie alle zugleich hingerafft. Scylla und Charybdis sei bloß ein sizilianisches Schiffermärchen gewesen, das Homer den Stoff geliefert habe. Orpheus und Euridike seien eine phantasievolle Erfindung alter Barden.[237] Gedike nannte Prometheus einen klugen Mann, der nicht, wie es im Mythos heißt, das Feuer vom Himmel holte, sondern den günstigen Zufall, daß ein Blitz einen Baum entzündete, für die Menschheit nutzte.[238] Schröckh sah in Dädalus einen Erfinder und in Orpheus den Volkserzieher.

Weniger Pädagogen wie Gedike und Seidel waren es, die die Sprache der Mythologie verstanden, sondern Dichter und Künstler. An der Berliner Kunstakademie sah man die Mythologie als das, was sie wirklich war, die weise Gefährtin der bildenden Künste. Rambach, Professor der Altertumskunde an der Akademie, fand dafür in seinen Vorlesungen, die er in einem *Abriß einer Mythologie für Künstler* zusammenfaßte, treffende Worte: »Man würde so zarten Geschöpfen einer schönen Ideenwelt, als die mythologischen Dichtungen sind, allen Reiz und alle Wahrscheinlichkeit rauben, wenn man entweder mit kalter historischer Erzählung, oder wohl gar – denn auch dies ist geschehen – mit einer bedauernden Verachtung, die dem gebildeten Zeitalter nicht zur Ehre gereicht, diese harmlosen Träume, als verächtliche Hirngespinste darstellen wollte.«[239]

Nicht in der Schule, erst während der Lehrzeit bei dem jungen Gilly begann Schinkels eigentliche, tiefergehendere Beschäftigung mit der Mythologie. Gilly hatte sich einige Jahre zuvor in Privatstudien sehr gründlich mit der Mythologie der Ägypter, Griechen und Römer beschäftigt und wurde dadurch mit »ihrer wahren Seite bekannt«. Diese Studien führten ihn, wie Levezow berichtete, »notwendig zu der genauern Bekanntschaft mit den übrigen Denkmälern ihrer Kunst, in jeder Art von Bildnerei«.[240] So entwarf Gilly, während Schinkel sein Schüler war, einen von Schadow ausgeführten bandartig umlaufenden allegorischen Figurenfries als Schmuck für die Fassade der Münze, des ersten dieser Art an einem öffentlichen Gebäude Berlins.

In Gillys Bibliothek fand Schinkel ein Buch, das ihm das Herz höher schlagen ließ und die Augen öffnete. Gilly kannte den Autor – den Goethe-Freund Professor Karl Philipp Moritz[241] – ganz sicher persönlich, und er hatte bestimmt dessen tiefsinnige Vorlesungen an der Kunstakademie über die *Theorie der Schönen Künste, Altertümer, Mythologie* gehört. Es war die *Götterlehre*. Sie war das gedankenreichste und schönste Buch über Mythologie, das jene Zeit hervorbrachte. Ein Buch, das die antiken mythologischen und epischen Dichtungen neu erzählte, doch sparsam ist mit Deutungen. Es wird noch heute aufgelegt.

69. Karl Philipp Moritz (1756–1793), gestochen von Peter Haas. Moritz trat nach seinem Studium als Lehrer ins Philanthropinum ein, doch Basedows Tyrannei vertrieb ihn. 1778 ging er als Lehrer nach Potsdam ans Militärwaisenhaus, einige Zeit später an das Gymnasium zum Grauen Kloster. 1786 reiste er nach Italien, wo er mit Goethe zusammentraf, der ihn schätzen lernte und ihm manche Anregung verdankte. Nach seiner Rückkehr wurde Moritz Mitglied der Berliner Akademie der Wissenschaften und 1789 Professor der Altertumskunde an der Kunstakademie in Berlin.

70. Karl Friedrich Schinkel, *Athena erfindet das Zahnrad*. Schinkel entwarf die witzige Plakette als Geschenk für seinen Freund Beuth.

Nach Moritz' poetischer Auffassung waren die mythologischen Dichtungen eine »Welt für sich«. Dadurch daß in ihnen »zugleich eine geheime Spur zu der ältesten verlorengegangenen Geschichte verborgen liegt, werden sie ehrwürdiger, weil sie kein leeres Traumbild oder bloßes Spiel des Witzes sind, das in der Luft zerflattert, sondern durch ihre innige Verwebung mit den ältesten Begebenheiten ein Gewicht erhalten, wodurch ihre Auflösung in bloße Allegorien verhindert wird. Die Göttergeschichte der Alten durch allerlei Ausdeutungen zu bloßen Allegorien umbilden zu wollen, ist ein ebenso törichtes Unternehmen, als wenn man diese Dichtungen durch allerlei gezwungene Erklärungen in lauter wahre Geschichte zu verwandeln sucht.«[242]

Für Moritz konnte Prometheus niemals einfach nur ein Schlaukopf sein, sondern, wie bei Goethe, dessen Gedicht Prometheus er widergibt, allein der tragische Heros, der die Götter versucht und dafür grausam bestraft wird.[243] »Die Alten«, führte Moritz den Gedanken weiter, »liebten in ihren Dichtungen vorzüglich den tragischen Stoff, wozu das Verhältnis der Menschen gegen die Götter, so wie sie es sich dachten, nicht wenig beitrug«. Die armen Sterblichen sind »den Göttern oft ein Spiel«.[244]

Moritz hat sein zweites mythologisches Werk, das *Mythologische Wörterbuch für Schulen*,[245] nicht mehr vollenden können. Es wurde von V. H. Schmidt, Professor an der dem Grauen Kloster angegliederten Köllnischen Schule zu Ende, gebracht. Flüssig geschrieben, enthält es auf fast 500 Seiten in rund 1000 Abschnitten die Porträts griechisch-römischer und ägyptischer Götter nebst Erklärungen der wichtigsten mythologischen Begriffe.

Ein anderes, gründliches Nachschlagewerk zur Mythologie, das Schinkel in Gillys Bibliothek zur Verfügung stand, war das *Neue Mythologische Wörterbuch*[246] des Pfarrers P. F. A. Nitsch, ein gewichtiger Wälzer von fast 2000 Seiten »für studierende Jünglinge und angehende Künstler«. Nitsch berücksichtigte die neuesten Berichtigungen und benannte verdienstvoller Weise die antiken Quellen. Wie Moritz' *Wörterbuch* enthält es ikonographische Hinweise zur zeichnerischen Darstellung mythologischer und allegorischer Gestalten.[247]

Ein Dutzend Jahre später fand Schinkel in Solger einen ähnlich wie Moritz argumentierenden geistigen Weggefährten. Solger meinte, die Mythologie der Griechen sei »nicht zum bloßen Spiel und zu einem Schmucke des Lebens erfunden worden; vielmehr nahmen die alten Völker das größte und tiefste Interesse daran ...«[248] Die Mythologie sei zum größten Teil religiösen Inhalts.[249] »Der Mythus ist also das notwendige Mittel, wodurch die Idee der Gottheit zur besonderen Erscheinung werden kann.«[250]

Die bedeutende Rolle, die die Mythologie in Schinkels Schaffen spielte, ist bis heute nicht untersucht. Bettina von Arnim, die freundschaftlich mit Schinkel verbunden war, machte sich einmal über diese Seite Schinkels lustig. Als der Wiederaufbau des abgebrannten Theaters am Gendarmenmarkt diskutiert wurde und sein Name in diesem Zusammenhang fiel, meinte sie, es sei fraglich, ob Schinkel »den Bau ganz allein übernehmen dürfte, denn schon jetzt spricht man davon, daß alles, was er je erfunden habe, viel zu phantastisch sei, und daß er keinen Kuhstall erbauen könne, wo er nicht seine Ideale anbringen würde.«[251] Bettina traf den Nagel auf dem Kopf. Doch Schinkel erhielt den Auftrag und baute das Theater – mit bildnerischem Schmuck aus der griechischen Mythologie.

Mit mythologischem Beiwerk schmückte er die Fassade seines letzten Bauwerks, der oft als seine »modernste Konstruktion« bezeichneten Bauakademie. An einem der beiden mit figürlichem Terrakottschmuck umrahmten Haupttore gestaltete er eines seiner Lieblingsmotive: wie der sagenhafte König Amphion durch das Spiel seiner Leier bewirkt, daß die Töne die Steine bewegen und sie zu den Mauern Thebens zusammenmenfügen. Diese Episode las er zuerst in Seidels Ovid – von Seidel allerdings unkommentiert.

Die Gestalten der antiken Sagen besaßen für Schinkel eine geistige Realität. Paul Ortwin Rave, der Nestor der Schinkelforschung, meinte zu Recht, in Schinkels ästhetischem Idealismus lebe »ein gutes Stück Heidentum«.[252] Noch um 1830, als mit der Industriealisierung bereits das technische Zeitalter angebrochen war, wählte Schinkel für den geplanten Wandschmuck des Alten Museums Bilder aus der altgriechischen Kosmologie.[253] Ja, er reihte sich selbst in den mythologischen Reigen ein. Auf einer der Fresken stellte er sich in der Gestalt eines Schiffers dar, der den Gruß einer tanzenden Muse, die ihm die Hand reicht, erwidert.[254]

Doch bisweilen ironisierte Schinkel selbst seine Verehrung der antiken Götter. Für seinen »Urfreund« Peter Christian Beuth, den Staatsrat und Gründer des Berliner Gewerbinstitutes, schuf er die anmutige und witzige Plakette *Athena erfindet das Zahnrad*.[255]

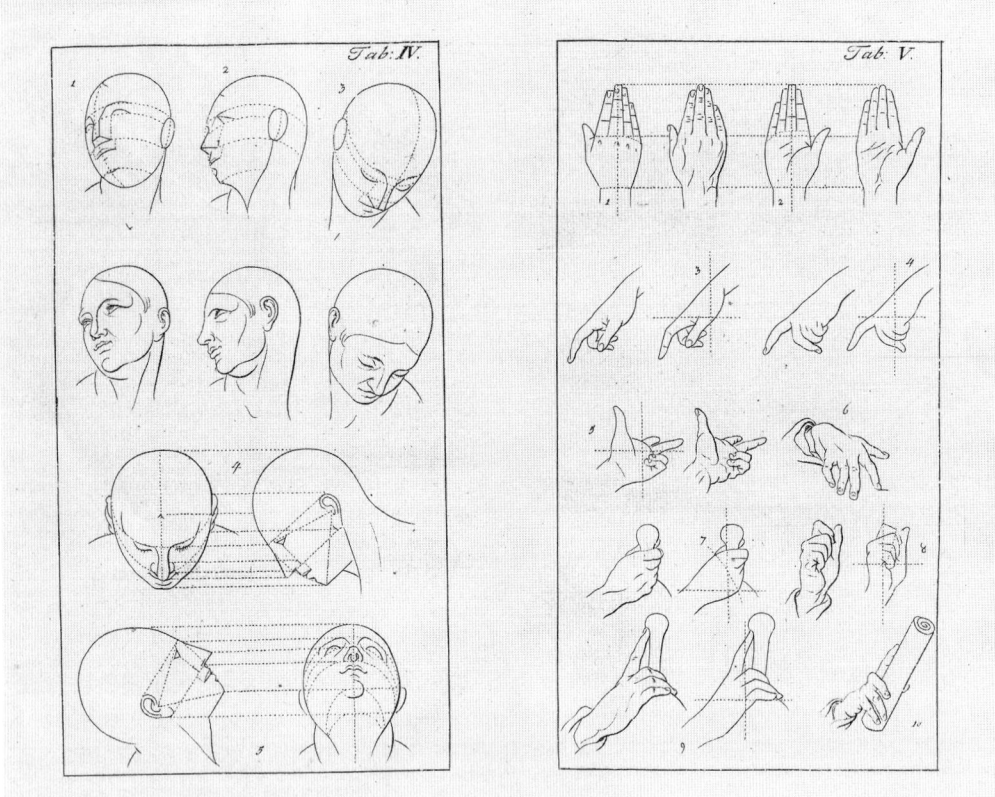

71. Heinrich Meil d. Ä., *Unterricht im Zeichnen für Kinder*. Tafeln IV und V.

Erste musische Bildung

Musische Fächer wie Musik und Zeichnen standen nicht auf dem regulären Lehrplan des Gymnasiums. Sie wurden außerhalb der öffentlichen Stunden für diejenigen gegeben, die »die Fähigkeit und Lust« dazu haben.[1] Schinkel wird gewiß daran teilgenommen haben.

Musik

Schinkel hatte bereits in Neuruppin beim dortigen Organisten und Kantor den ersten Klavierunterricht bekommen.[2] Wahrscheinlich hatte er an dessen Gesangunterricht teilgenommen und dem Schulchor angehört, der bei Schulfeierlichkeiten und Leichenbegängnissen auftrat.[3] Am Grauen Kloster bot sich die Gelegenheit, den Gesangunterricht von Chordirektor Lehmann zu besuchen[4] und im Schulchor des Gymnasiums mitzuwirken.

Schinkel besaß eine hohe musikalische Begabung. Der Gesangunterricht am Grauen Kloster konnte ihm nicht genügen, doch hatte er das Glück, sich mit einem auf musikalischem Gebiet »sehr erfahrenen jungen Mann namens Dolz« anzufreunden, bei dem er praktischen und theoretischen Unterricht nahm. »Früh lernte er durch ihn die großen Meister Gluck, Haydn und Mozart kennen und gelangte dadurch zu einem sichern Bewußtsein des Klassischen in der Kunst, welches ihn alles Andere leicht an seinen Ort stellen ließ. ... Der Sinn für Harmonie und Schönheit, welcher auch in der Musik so zeitig bei ihm ausgebildet wurde, mußte notwendig auf seine Gesamtheit einwirken und auch mittelbar der Ausbildung derselben Eigenschaften in den bildenden Künsten zu Gute kommen«, berichtet Waagen. Seine liebste geistige Erquickung war der Besuch von Opern von Gluck, Mozart und Beethoven.[5] Schinkel hat in seinem Schaffen die Musik in vielen Variationen thematisiert – in seinen Gemälden, Skulpturen und Innendekorationen.[6] Berühmt wurden seine Bühnenbilder zu Mozarts *Zauberflöte*. Seine Dioramen ließ er dem Publikum oft mit musikalischer Begleitung vorführen. Musik und Architektur waren ihm verwandte, ja, sich verbindende Künste wie in der Sage von Amphion, der die Mauern Thebens kraft der Gewalt der Töne seiner Leier bewegte, und Orpheus, dessen Lied die Steine zur Ordnung zwang (am linken Tor der Bauakademie).[7] Sich selbst und seine Frau Susanne zeichnete er, in Erinnerung an seine Hochzeitsreise, bei einer musikalischen Bootsfahrt auf dem Königssee bei Berchtesgaden.[8]

Zeichnen

Schinkels zeichnerisches Geschick fiel schon seinen Lehrern auf und wurde in seinem Abgangsvermerk von Direktor Gedike bestätigt.[9] Am Zeichenunterricht, der kostenlos war, durften Schüler aus allen Klassen teilnehmen.[10] Wieviel Stunden wöchentlich Zeichenunterricht gegeben wurden, ist nicht bekannt.

Nach Gedikes Vorstellungen sollte der Zeichenunterricht vor allem der Vorbereitung auf das spätere Leben dienen, denn diese Übung könne »in mancher Rücksicht auf die Geschäfte des gemeinen Lebens, ... sowohl dem männlichen als dem weiblichen Geschlecht überaus vorteilhaft werden«.[11] Ein Kind, das Zeichnen eher als Schönschreiben lerne, würde im eigentlichen Schönschreiben oft schnellere Fortschritte machen, »da es durch das Zeichnen Auge und Hand zur Betrachtung und Darstellung schöner bedeutender Formen gewöhnt hat«.[12]

In der Tertia wurde Schinkel von dem Zeichenmeister Carl Wilhelm Zimmermann[13] unterrichtet, der jedoch vor Ostern 1797 als Hofmaler in die kleine schlesische Standesherrschaft Öls abging. Die frei gewordene Stelle übernahm laut Schulschrift 1797 der Maler und Zeichner Heinrich Steinberg.[14] Zimmermann soll sich später in Weimar niedergelassen und dort Zeichnungen und Bildnisse für Buchhändler gefertigt haben.

Außer ihm wird im Berliner Adreßkalender dieser Jahre als Zeichenmeister am Grauen Kloster Gottlieb Heinicke, wohnhaft in der Klosterstraße beim Goldschmied Wegner, genannt. Laut Gedike war der Miniaturmaler und Zeichner Heinicke aber nicht Zeichenlehrer am eigentlichen »Gymnasium« des Grauen Klosters, sondern an der angegliederten Berlinischen Schule[15] – also in den drei untersten Klassen – und kann daher nicht Schinkels Lehrer gewesen sein, es sei denn, daß Schinkel in diesem Fach aus eigenem Entschluß eigens auf die Schule überwechselte.

An anderer Stelle wird als Zeichenmeister am Grauen Kloster noch der seit 1770 in Berlin lebende Augsburger Zeichner und Wachsbossierer Otto Christian Sahler genannt.[16] Sahler malte Pastellbildnisse und Landschaften in Aquarell. Er war Lehrer der Dritten Zeichenklasse an der Berliner Kunstakademie (von 1783 oder 1784 bis zu seiner Emeritierung 1800) und hat Mitglieder der preußischen Königsfamilie und die russische Zarin in Wachs bossiert. Er dürfte vor Schinkels Schulzeit unterrichtet haben.[17]

Alle vier Zeichner waren hervorragende Vertreter ihres Fachs. Steinberg,[18] ein gebürtiger Schlesier, war vor allem Zeichner. Er studierte von 1787 bis mindestens 1789 an der Berliner Kunstakademie. Sein wichtigster Lehrer muß dort Sahler gewesen sein. Die Landschaftsklasse der Akademie leitete zu der Zeit der Hackert-Schüler Peter Ludwig Lütke (1759–1831). Er gilt »gewissermaßen« als deren Stifter (Schadow).[19]

Steinberg, Heinicke und Sahler traten regelmäßig als Künstler an die Öffentlichkeit und stellten Arbeiten auf den Akademieausstellungen aus. Steinberg tat dies schon als Student. Er muß, als er den Unterricht am Grauen Kloster übernahm, Anfang Dreißig gewesen sein. Zimmermann stellte nicht aus.

Grundlage des Unterrichts war zunächst die Einübung solider Zeichentechniken. Es folgten Tuschzeichnungen und später für die Fortgeschrittenen vermutlich etwas Ölmalerei. Das Malen mit Ölfarben, mit dem Schinkel nach eigenem Eingeständnis Probleme hatte,[20] könnte er als Sekundaner begonnen haben. Erste Anweisungen dazu erhielt er vielleicht von Heinicke, der nach der Natur Miniaturgemälde malte.

Im reinen Zeichenunterricht folgten die Lehrer zweifellos den Lehrstufen[21] der akademischen Zeichenklassen. Dort begannen die Zöglinge in der untersten 1. Klasse mit den Anfangsgründen, Blumen, Zierat, Ornamente; in der 2. Klasse: Köpfe Hände, Füße und dergl.; 3. Klasse: ganze Figuren; 4. Klasse: architektonisches, Landschafts- und Perspektivzeichnen. Gezeichnet wurde nach Vorlagen, nicht nach der Natur.[22]

Ein nützliches Zeichen- und Vorlagenbuch, das von Schinkels Zeichenlehrern bestimmt benutzt worden ist, war die vom damaligen Rektor an der Kunstakademie, Johann Heinrich Meil d. Ä.,[23] verfaßte kleine Schrift Unterricht im Zeichnen für Kinder.[24] Meil, daselbst Leiter der anatomischen Klasse, sah im Zeichnen eine bewährte Methode, den Verstand der Kinder zu bilden: »Alles für Kinder, und es ist recht gut, daß man Sorge trägt, ihren Verstand zu bilden; allein man muß sie nicht kindisch traktieren, sondern mit Vorsicht zu Werke gehen, weil die ersten Eindrücke sich bei Kindern dem Gedächtnis so imprimieren, daß es [ein] Schade[n] ist, wenn sie mit schlechten Sachen unterhalten werden, und dieses gilt vorzüglich beim Zeichnen. Ist eine Kunst geschickt, den Verstand zu bilden, so ist es gewiß das Zeichnen, weil ich durch diese Kunst im Stand gesetzt werde, alle Gegenstände in der Natur richtig zu beurteilen, wenn die Unterweisung nach richtigen Grundsätzen geschieht.«[25]

Meils Schrift befaßte sich ausschließlich mit der Anatomie des menschlichen Körpers. Sie sollte den Kindern zeigen, wie sie mit Hilfe eines Gerüsts aus Horizontal-, Perpendikular- und Kreuzlinien die einzelnen Körperteile proportionsgerecht darstellen könnten. Begonnen wurde mit der zeichnerischen Darstellung einer Haarlocke, dann wurden körperabwärts nacheinander alle Teile geübt, bis »daß wir einen Menschen zusammensetzen können«.[26]

Eine Vorstellung davon, wie der Zeichenunterricht an den Gymnasien gehandhabt wurde, vermittelt der Bericht eines Lehrers aus Brandenburg, der in allen Klassen freies Handzeichnen gab: »Der Anfang ist mit Strichen und Landschaften in Blei, dann Tusche, wie auch mit den Geübteren in Farben. Alsdann folgen Köpfe, Perspektive und das Kopieren in der Natur.«[27] So wird auch der Unterricht am Grauen Kloster ausgesehen haben.

Schinkel übte also am Gymnasium Techniken im Umgang mit Stift, Kreide, Pastell- und Wasserfarben und vielleicht mit Ölfarben. Er wechselte vermutlich zwischen den Kursen und den künstlerischen Techniken. Ein Wechsel in eine höhere Klasse war begabten Schülern ja ohne Weiteres möglich. Seine ersten Bildchen in Deckfarben sind offenkundig in Zusammenhang mit dem Zeichenunterricht entstanden. Ein origineller Kopf muß Heinicke gewesen sein. Von sich reden machte er auf der Ausstellung von 1797, wo er einen »Kopf, als Versuch mit Schmetterlingsstaub gemalt«, ausstellte. Er wird seine Schüler auf dieses originelle Werkchen aufmerksam gemacht haben.

Aufstellung der von den Zeichenlehrern auf den Akademieausstellungen gezeigten Arbeiten und deren Themen und Maltechniken (1786–1814).

Heinrich Steinberg

1787. In der Abteilung: Studierende.
   Nr. 363: Eine lavierte Zeichnung aus den *Räubern*.
1788. In der Abteilung: Studierende.
   Nr. 316: *Abrahams Knecht redet mit Rebekka am Brunnen*.
   Nr. 317: Szene aus *Otto von Wittelsbach*, beides Erfindungen.
   Nr. 318: Zwei Landschaften in Wasserfarben gemalt.
1789. In der Abteilung: Verschiedene Arbeiten akademischer Zöglinge. Herr Steinberg.
   Nr. 200: *Maria Magdalena*, Tuschzeichnung nach Guido Reni.
1793. Herr Steinberg.
   Nr. 186: Tuschzeichnung aus Wielands *Oberon*, eigene Erfindung.
1794. In der Abteilung: Von angehenden Künstlern. Herr Steinberg.
   Nr. 196: Eine Landschaft in Wasserfarbe, nach Dietrich.
1800. In der Abteilung: Galerie vaterländisch-historischer Darstellungen. Herr Steinberg aus Schlesien.
   Nr. 24: Eine skizzierte Zeichnung *Kurfürst Joachim II. in der Türkenschlacht*.
1802. Im Anhang: Später eingesandte Arbeiten. Herr Steinberg aus Schlesien.
   Nr. 452: Tuschzeichnung *Kurfürst Joachim I. entgeht einem Attentat*.
1804. Herr Steinberg.
   Nr. 129: Zeichnung mit schwarzer Kreide *Markgraf Waldemar von Brandenburg in der Schlacht bei Gransee*.
1806. Herr Heinrich Steinberg. Lehrer am Berlinischen Gymnasio.
   Nr. 180: Tuschzeichnung *Hermann der Cherusker besiegt die Römer*.
1814. Herr Steinberg.
   Nr. 150: Tuschzeichnung *Fürst Blücher in der Schlacht bei Leipzig*.

Gottlieb Heinicke (Heinecke, Heineke).[28]

1787. In der Abteilung: Studierende. G. Heinicke.
   Nr. 321: 3 Brustbilder nach dem Leben gezeichnet.
   Nr. 322: *L'Admiration nach Bartolozzi*, ein Engelskopf.
   Nr. 323: *Amor und Psyche*. Alles Zeichnungen.

1788. In der Abteilung: Kunststudierende. Herr Heinecke.
 Nr. 319: Bildnis in schwarzer Kreide.
1793. C. G. Heineke.
 Nr. 221: Ein Miniaturgemälde nach der Natur.
1794. C. G. Heinecke.
 Nr. 158: 3 Miniaturgemälde nach der Natur (eine Nr.).
1797. Herr Heinecke.
 Nr. 133: Ein Miniaturgemälde nach der Natur.
 Nr. 134: Ein Kopf, als Versuch mit Schmetterlingsstaub gemalt.

Johann[29] Otto Sahler, Wachsbossierer, Zeichenmeister.

1786. In der Abteilung: Jetzt in Berlin lebende Künstler.
 Nr. 202: *Ein Mädchen mit einem Licht*, halbe Figur nach Liszewski in Pastell.
 Nr. 203: *Das Urteil des Paris*, in weißem Wachs bossiert.
 Nr. 204: *Das Urteil des Midas*, eben so.
 Nr. 205: *Das Dorf Lichtenberg*, in der Manier des Aberly radiert und illuminiert,
 nach Schaub, auf halben Bogen.
1787. In der Abteilung: Lehrer bei der Akademie. Herr Sahler.
 Nr. 186: Drei Prospekte, in Saftfarben.
 Nr. 187: Bildnis, in Pastell.
 In der Abteilung: Bildhauerei:
 Nr. 381: Zwei allegorische Vorstellungen.
1788. Herr Sahler, Wachsbossierer.
 Nr. 179: *Zwei spielende Kinder*, in Pastell gemalt nach Graff.
 Nr. 180: Zwei Landschaften in Wasserfarben.
 In der Abteilung: Bildhauerarbeiten:
 Nr. 378: Bildnis in Basrelief von Wachs bossiert, S. Majestät des Königs.
 Nr. 379: *I. Maj. der Königin*.
 Nr. 380: *I. K. H. der Prinz. Friederike*.
 Nr. 381: *S. K. H. des Prinz Heinrich v. Pr*.
 Nr. 382: *S. Ex. des Königl. Etats Ministers Freiherrn von Heinitz*.
 Nr. 383: *S. Ex. des Königl. Etats Ministers Grafen von Herzberg*.
1789. Vom Herrn Otto Sahler, Zeichenmeister.
 Nr. 102: Drei Landschaften in Wasserfarbe.
 In der Abteilung: Bildhauerei und Architektur.
 Nr. 240: Zwei Porträts in Wachs bossiert.
 Nr. 241: *Ein gejagter Hirsch*, in Wachs bossiert.
1791. Vom Herrn Sahler. Lehrer der Zeichenschule. In der Abteilung: Bei der Akademie
 angestellte Künstler.
 Nr. 49: *Porträt Sr. Hochfreiherrl. Excellenz des Hrn. Staatsminister von Heinitz*,
 in Wachs bossiert.
 Unter derselben Nummer: a) *Zwei Gegenden in dem Plauischen Grunde bei Dresden*.
 b) *Das Dorf Tegel und Charlottenburg von der Wasserseite*, in Wasserfarbe.
 1793. Herr Otto Sahler. In der Abteilung: Akademische Lehrer. Zwei bossierte Stücke.
 Nr. 102: *Aus Geßners Daphnis*, 2. Buch, S. 277: »Daphnis ging jetzt freudig den Hügel hin
 unter, um seine kleine Herde auf das Feld zu führen.«
 Nr. 103: *Aus Geßners Idyllen: Idas und Mycon*, S. 18: »So sprach Mycon und gab ihm die
 neunstimmige Flöte.«
 Nr. 348: *Vertumnus und Pomona*, in Wachs modelliert.
 1794: Von Herrn O.C. Sahler. Akademischer Lehrer. In der Abteilung: Bildhauer-
 arbeiten.
 Nr. 242: *Das Bad der Diana*, in Wachs modelliert.
 Nr. 243: *Zwei Viehstücke*, in Wachs modelliert.
 Nr. 244: Elf Köpfchen in Seemuscheln geschnitten, meist Porträts.
1795: Herr Otto Sahler, akad. Lehrer. In der Abteilung: Bildhauerarbeiten.
 Nr. 177: *Eine Allegorie auf den Basler Frieden*. Basrelief in Wachs.
 Nr. 178: *Jean Callas nach Chodowicki*, Basrelief in Wachs.

1797: Vom Herrn Otto Sahler, akad. Lehrer. In der Abteilung: Bildhauerarbeiten.
  Nr. 212: *Aus Geßners Idyllen*, 3. Band, S. 27.
  Nr. 213: *Daphne, Chloe und Alexis*, 3. Band, S. 7.
  Nr. 214: *Chloe und Amintas*, 2. Band, S. 71.
  Nr. 215: *Daphne, ihr Bruder und Micon*, 3. Band, S. 19.
  Nr. 216: *Milon*, 2. Band, S. 17.
  Nr. 217: *Daphne und Alexis*, 3. Band, S. 12.
  Nr. 218: *Daphnis und Philetas mit seinem Kinde. Daphne*, 2. Buch, S. 80.
  Nr. 219: *Milon*, 2. Buch, Seite 87.
  Nr. 220: *Maria Magdalena*.
  Nr. 221: *Die Arbeiter im Weinberge*.
  Nr. 222: *Jesus läßt sich die Zinsmünze zeigen*.
  Nr. 223. Neun Porträts.
  Nr. 224: *Daphne, Chloe und Alexis*.
1798: Vom Herrn O. Sahler, akad. Lehrer. In der Abteilung: Bildhauerarbeiten.
  Nr. 217: *Hoffnung und Geduld*.
  Nr. 218: Ein Porträt, beide in Wachs en medaillon bossiert.
  1798 und danach hat Sahler nicht mehr ausgestellt.

Ein Maler Namens Zimmermann stellte im Zeitraum von 1786–1814 nicht aus.

Quellen: Kataloge der Akademieausstellungen. Bd. I, 1786–1824 und Registerband.

72. Karl Friedrich Schinkel, *Ideale Flußlandschaft mit Ruine eines antiken Grabbaus*, Tuschzeichnung vom 1. Oktober 1797. (Privatbesitz.)
73. Karl Friedrich Schinkel, *Tempelruinen*, Federzeichnung von 1795. (SMPK, Sammlung der Zeichnungen.)
74. Karl Friedrich Schinkel, *Felsenhöhle mit einem Götterbild*, Aquarell um 1798. Ein Priester weist auf das Standbild eines Heiligen, vor dem zwei Gläubige niederknien. (SMPK, Kunstbibliothek.)
75. Karl Friedrich Schinkel, *Südliche Küstenlandschaft mit Pinien, Trauerweide, Architektur und Kühen*, Tuschzeichnung von 1798. (Privatbesitz.)

Die ersten Bilder

Die Zeichnungen und Tuschbildchen, die Schinkel in seiner Schulzeit mit Pinsel und Tusche fertigte, verraten nach dem strengen Urteil der Kunstwissenschaft keine überdurchschnittliche Begabung.[30] Wichtig aber ist die Frage, welche Sujets er wann gemalt hat und welche Techniken er bevorzugte. Auffallend ist, daß er ungefähr die Hälfte der uns aus dieser Zeit bekannten Arbeiten mit viel Phantasie selbst erfand.[31] Darin ist durchaus eine künstlerische Betätigung zu sehen, denn eigentlich beschäftigten sich die Gymnasiasten im Zeichenunterricht nur mit dem Kopieren.

Seine frühen Bilder, meist kleine Blätter, sind gemalte Tagträume eines Schülers. Als Technik wandte er Pinsel und Tusche an, später Deckfarben, – 1799 nach der Schulzeit – zunehmend Federzeichnungen. Manches ist als Stammbuchblatt oder zum Andenken für Verwandte oder Freunde gemalt. Eine *Seelandschaft mit Baum, Herde und Bergen*[32] erfand er 1798 für ein Fräulein Reichardt aus der Verwandtschaft seines Patenonkels Seger, dessen Mutter eine geborene Elise Reichardt war.[33] Als Geschenk, zur Erinnerung gedacht, zeichnete er eine *Landschaft mit Kuppeldom* (1799).[34]

Die früheste überhaupt erhaltene Zeichnung (mit der Feder), die *Tempelruinen* darstellt, malte er 1795[35] als Klein-Tertianer im ersten Berliner Schuljahr. Die wohl nächste erhaltene ist eine getuschte *Landschaft mit Segelschiff und Felsenschloß* vom 5. März 1797.[36] Die Federzeichnung könnte nach einer Vorlage entstanden sein, die Tuschzeichnung hingegen, eine schwungvoll gemalte Küstenansicht mit Schloß, Kirche, Fischerhütte und einem Schiff mit geblähten Segeln ist eine eigene Erfindung. Seine frühesten Bilder zeigen eine felsige und unwirtliche Natur,[37] ab Sommer 1797, wohl unter dem Eindruck der Italienreise Gedikes, wandte er sich südländischen Motiven zu. Die Landschaften werden lieblicher, als Thema dominiert die Landschaft mit bukolischen Szenerien wie in Vergils *Georgica* besungen. Er zeichnete u. a. eine selbst erfundene *Landschaft mit Kuhhirt und Segelschiff*, eine *Südliche Küstenlandschaft mit Pinien, Trauerweide und Kühen* aber auch, topographisch ziemlich genau, den *Blick auf Potsdam beim Sonnenaufgang*, von den Babelsbergen her gesehen.[38]

Der Gymnasialunterricht vermittelte ihm viele Ideen. Um archäologische Genauigkeit bemüht, benutzte er oft Vorlagen und wandelte sie ab. So die Ansicht vom Forum Romanum, die er am 17. September 1797[39] nach Gedikes Italienreise malte, oder die *Ideale Flußlandschaft mit Ruine eines antiken Grabbaues* vom Oktober desselben Jahres.[40] In seinen frühesten Bildern drückt sich bereits die später geäußerte Maxime aus, daß reine Landschaften unbefriedigend seien. Auf fast allen diesen Bildern befindet sich Architektur, wenn auch oft in Form von Ruinen dargestellt.

Mit Beginn seiner Lehrzeit bei David Gilly erweiterte er den Themenkreis. Er wandte sich nun auch konkreten Bauten zu. Ein Beleg dafür ist die nach einer Radierung des Schweizer Malers Ludwig Heß enstandene Zeichnung *Gebäude am Wasser* (1797 oder 1798).[41] Möglich, daß David Gilly sie ihm als Vorlage zum Kopieren gegeben hat.

In der Lehrzeit bei Friedrich Gilly führte er die Landschaftsmalerei weiter. Er zeichnete u. a. ein *Felstal mit Soldaten*, das *Meer mit steil aufsteigender Felsküste und Segelboot* (1799).[42] Diese nur postkartengroßen Blätter malte er, wie fast alle anderen zuvor, mit Pinsel und Tusche. Dann aber, von 1800 an, nahm ihn die Tätigkeit im Gilly-Kreis so sehr gefangen, daß er kein Interesse mehr am Malen solcher Bildchen zeigte. Die Landschafts- und Ölmalerei, die er später trotz mangelhafter Ausbildung zur Meisterschaft steigerte, hat Schinkel aber nie ganz aufgegeben.

Schinkels Zeichnungen befassen sich verschiedentlich mit Themen, die in der Privatgesellschaft erörtert wurden. Das Aquarell *Felsenhöhle mit einem Götterbild*[43] wurde zweifellos angeregt durch die im Gilly-Kreis geführte Diskussion über den Ursprung der Baukunst.[44] Das postkartengroße Bild zeigt das Innere einer Höhle, in der sich die Menschen zur Anbetung eines Heiligenbildes versammeln.[45] Daß im Gilly-Kreis Rousseau und dessen Philosophie Gesprächsgegenstand war, belegt Schinkels Tuschzeichnung der *Rousseaugrotte* im Park von Ermenonville [46] (b. Paris). Als Vorlage verwendete Schinkel wahrscheinlich eine Illustration aus dem Parkführer, den Gilly bei seinem Besuch in Ermenonville, wo Rousseau seine letzten Tage verbrachte, erworben hatte.[47] Gilly hatte dort das Innere dieser legendären Grotte gezeichnet.[48]

Schinkels Arbeitsweise als Maler hat Waagen treffend dahingehend charakterisiert, es habe ihm an einer lebendigen Überlieferung gefehlt, er habe sich »ganz aus sich herausbilden müssen.«[49] Schinkel hat keine Malerschule durchlaufen. Als Maler blieb er Autodidakt.[50] Doch er besaß eine große Fähigkeit, das Gesehene im Gedächtnis zu speichern und optische Eindrücke künstlerisch zu verarbeiten. Waagen berichtet, Schinkel habe, als er 1803 in Dresden eine Fülle von Gemälden »ersten Ranges« sah, sich nicht mit einer bloßen Bewunderung begnügt, sondern habe sich davon zu eigenen Kompositionen anregen lassen. »Von dort an fand sein Sinn für das Malerische, welches Natur und Bauwerke darbieten, mannigfaltige Nahrung.«[51] Schinkel eignete sich rasch und sicher Neues an. Seine frühen Zeichnungen belegen den »rapiden Entwicklungsgang und Wandlungsprozeß«[52] von den Schulanfängen an bis zu seiner Begegnung mit Friedrich Gilly.

Das frühe Skizzenbuch

Auch wenn Schinkel sich nach den Worten Gedikes durch ein bescheidenes, gesetztes Wesen empfahl, rumorte es in ihm doch oft gewaltig. Sein jugendlicher Widerspruchsgeist verschaffte sich dann in einem kleinen Skizzenbuch[53] mit schalkhaften und aggressiven Karikaturen und Zeichnungen Luft. Nicht alles, was er mit bemerkenswerter Beobachtungsgabe aufspießte, bezog sich auf die Schule, wohl aber die Zeichnung eines gestikulierenden »Lehrers«[54] hinter dem Katheder und eines »Schülers« mit einer Tasse in der Hand. Vermutlich karikierte Schinkel einen Vorfall aus dem Unterricht; darauf deutet das hinter dem »Lehrer« an der Wand hängende Gemälde hin. Vielleicht ist es ein Porträt des Stifters Sigismund Streit.

Schinkel begann das Skizzenbuch mit Sicherheit während der Schulzeit. Es enthält auf 261 Seiten 93[55] Zeichnungen und Skizzen und verrät uns mehr über den jugendlichen Schinkel, als er selber jemals preisgegeben hätte. Es ist das einzige von ihm hinterlassene »biographische« Zeugnis aus seiner Jugend. Dabei hat er es bestimmt nicht – das wird beim Durchblättern deutlich – in Hinblick auf eine spätere künstlerische Tätigkeit angelegt. Es hat den Rang eines geheimen Tagebuchs in Bildern, in dem er festhielt, was ihn bewegte. Der Wert des Skizzenbuchs liegt weniger in der künstlerischen als in der psychologischen Bedeutung.

Sein Hauptaugenmerk galt den Menschen. Fast zwei Drittel der Skizzen (58) sind figürliche Darstellungen: Prediger, Lehrer, Fußgänger, Tänzer, Soldaten, Reiter, Alltagspersonen. Hingegen stehen landschaftliche und architektonische Motiven weit im Hintergrund. Nur fünf Skizzen sind reine landschaftliche Motive: 2 Flußlandschaften, Vulkanausbruch, Parklandschaft, Brücke in einer Landschaft.[56] Die Architektur ist mit sieben Zeichnungen eher ein beiläufiges von Gilly angeregtes Thema ohne eigene Erfindung.[57] Vier davon sind Architekturzeichnungen, eine Basilika und ein walmgedecktes Gebäude,[58] ein Grabmal[59] und das Innere einer Basilika.[60]

Zeitlich sind die Zeichnungen schwer einzuordnen. Mit Sicherheit ist die Federzeichnung der Basilika in seiner Lehrzeit bei David Gilly entstanden, denn Schinkel hat das gleiche Motiv im Februar 1798 auf einem gesonderten Blatt mit Tusche als *Entwurf zu einer Basilica nach Philibert de l'Orme*[61] gezeichnet. Als Vorlage benutzte er eine Zeichnung Friedrich Gillys,[62] die David Gilly, während sein Sohn im Ausland weilte, wohl seinem neuen Schüler (als erste?) zum Abzeichnen gegeben hat. David Gilly war ein großer Bewunderer von Philibert Delorme, dem Erfinder der sogenannten Bohlendächer. Diese von Delorme bei der Basilika angewendete Dachkonstruktion wollte David Gilly in Preußen verbreiten. In seiner Schrift über die Vorteile der Bohlendächer (1797) hat er Delorme ausgiebig zitiert,[63] und eben die Nachzeichnung seines Sohnes, die Schinkel als Vorlage gedient hatte, als Vignette aufgenommen. Delorme hatte für David Gilly dieselbe zukunftsträchtige Bedeutung wie für Friedrich Gilly der französische Architekt François-Joseph Bélanger, mit dessen bedeutendstem Werk, dem Schlößchen Bagatelle bei Paris, er Schinkel früh bekanntmachte. David Gilly bewunderte den Konstrukteur Delorme, Friedrich Gilly den modernen Baukünstler Bélanger.

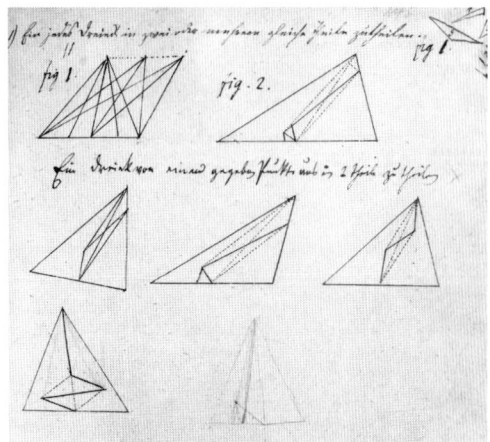

Das Skizzenbuch enthält im Gegensatz zu manchen etwa zur gleichen Zeit entstandenen Tuschzeichnungen leider keine Datierungen. Es enthält etliche Ungereimtheiten! Es ist unmöglich, in der Abfolge der Zeichnungen eine biographische und künstlerische Entwicklung ablesen zu wollen. Schinkels Basilika-Skizze befindet sich auf S. 181 des Skizzenbuchs, also im letzten Drittel, doch eigentlich müßte sie am Anfang stehen, da Schinkel sich doch sehr früh mit diesem Objekt befaßte. Deshalb wäre notwendig, einmal zu prüfen, ob die Blätter nicht erst im Nachhinein mehr oder weniger willkürlich zu einem Büchlein zusammengebunden worden sind, wie es ja bei einigen frühen Tuschzeichnungen, die ursprünglich zu einem Album zusammengefaßt waren, der Fall gewesen ist.[64]

Welche der beiden Basilika-Zeichnungen hat Schinkel denn nun zuerst gefertigt? Die Federzeichnung im Skizzenbuch oder die separate Tuschzeichnung? Ist die Federzeichnung eine Vorstufe[65] zur Tuschzeichnung vom Februar 1798, oder ist sie eine Weiterführung? Tatsächlich dürfte letzteres der Fall sein, denn Schinkel hat die Vorlage verändert und sich sogar als »Inventor« bezeichnet.[66] Dies ist übertrieben, aber er tat es in jugendlichem Überschwang.

Wenn wir hingegen annehmen, daß beide Skizzen – Feder und Tusche – etwa gleichzeitig entstanden, wäre die Federskizze im Skizzenbuch (Seite 181) zu Beginn der Lehrzeit bei David Gilly im Februar 1798 gefertigt worden. Mithin wären alle Zeichnungen auf den Seiten 1–180 während Schinkels Schulzeit entstanden, und alle anderen danach in seiner Lehrzeit bei David und Friedrich Gilly.

So türmen sich beim Versuch einer zeitlichen Zuordnung immer neue Probleme auf. Die Federzeichnung der Basilika gehört zu den wenigen auf Friedrich Gillys Einfluß verweisenden Zeichnungen des Skizzenbuchs. Eine andere, auf die dies zutrifft, ist das *Taubenhaus im Park von Bellevue*.[67] Sie kann frühestens 1799 entstanden sein, da Gilly die Entwürfe zur Meierei im Park erst nach seiner Rückkehr gefertigt hat. Paradoxer Weise befindet sich das Taubenhaus im Skizzenbuch aber auf Seite 43, fast 140 Seiten vor der Basilika. Diese Ungereimtheit löst sich nur auf, wenn die Basilika-Federskizze nach dem Taubenhaus und nach der Tuschzeichnung angefertigt worden ist.

76. Karl Friedrich Schinkel, Skizzenbuch. Karikatur eines Lehrers?
77. Karl Friedrich Schinkel, Skizzenbuch. Übungen in der Euklidschen Geometrie. Offenbar eine Schulaufgabe.
78. Karl Friedrich Schinkel, Skizzenbuch. Selbstporträt des 16- oder 17jährigen.
79. Karl Friedrich Schinkel, Skizzenbuch. Basilika und Gebäude mit Walmdach.

Es gibt weitere Ungereimtheiten: Die ersten Zeichnungen im Skizzenbuch, die den Einfluß von Friedrich Gilly verraten, sind zwei Ansichten von (Grab)-Denkmalen auf Seite 27.[68] Wie das Taubenhaus, können sie erst nach Gillys Heimkehr entstanden sein. In die von Friedrich Gilly geprägte Lehrzeit würden demnach die nachfolgenden schülerhaft aggressiven Skizzen fallen. So eben das Blatt mit der wütenden Lehrersperson (S. 51) oder die zotige Karikatur eines seine Notdurft verrichtenden, dabei an einem Rosenstock riechenden Mannes (S. 91). Diese letztere rangiert im Skizzenbuch fast vierzig Seiten nach dem Taubenhaus, was bedeuten würde, daß Schinkel sich, obwohl bereits unter dem Einfluß Gillys stehend und eine Architektenkarriere vor Augen, noch immer mit solchen unreifen Späßen abgegeben hat.

Schinkel erweist sich im Skizzenbuch trotz seiner Jugend als ein genauer Beobachter. Um so mehr verwundert es, daß ihn diese Genauigkeit ausgerechnet verlassen sollte, als er sich an einem Selbstporträt versuchte.[69] Es wirkt ungekonnt und unbeholfen, und doch ist dieses scheinbar mißlungene Bild auf seine Weise ehrlich. Es verrät uns, wie Schinkel sich als 16- oder 17jähriger selber sah: voller Abwehr, trotzig, mit finsterem, durchdringendem Blick und dämonischen Zügen. Wir begegnen hier einem ungebärdigen Jüngling, der mit sich und seiner Umwelt nicht im Reinen ist.

Ungefähr ein Drittel der Zeichnungen können als Karikaturen angesehen werden, darunter einige recht deftige. Mit jugendlichem Übermut karikiert er die Repräsentanten der Obrigkeit: den Klerus,[70] die Schule, die hohe Politik, ja selbst den König Friedrich den Großen[71] – zu seiner Zeit etwas Unerhörtes! Den Anstoß zu seiner ersten politischen Karikatur gab ihm der von den Zeitgenossen vielfach verspottete, seit Dezember 1797 tagende Friedenskongreß von Rastatt, der mit Sicherheit im Unterricht behandelt worden ist. Die Abgesandten werden als Ochsen-, Schafs- und Eselsköpfe unter Napoleons Fuchtel verhöhnt.[72] Die auf dem Boden zu Napoleons Füßen liegenden Friedenspalmen sollen den Geist dieses Kongresses entlarven.[73] Schinkel fühlte mit den preußischen Patrioten, die im März 1798 miterleben mußten, wie das linke Rheinufer Frankreich zugeschlagen wurde.

Wo aber bleibt der begeisterungsfähige junge Schinkel? Bekannte er, der Zornige und leicht Verletzbare, sich zu Idealen? Welche Männer waren ihm Vorbild? Verschiedene Skizzen mit antiken Heldenfiguren deuten darauf hin, daß er sich an den am Gymnasium vermittelten klassischen Vorbildern orientierte.[74] Auffallend ist, daß er seine Heldenfiguren erhöht, indem er sie in Parenthese setzt zu anderen auf derselben Seite festgehaltenen jämmerlichen Gestalten. So beispielsweise eine antike Heldenfigur, die von feindseligen, Grimassen ziehenden Gestalten umgeben ist.[75] Sah er sich selbst in dieser Situation?

Gegen Ende des Skizzenbuchs findet sich die idealisierende Skizze eines Jünglings mit Jakobinermütze vor einer Gruppe französischer Soldaten.[76] Sie ist zu deuten als ein Bekenntnis zu den Idealen der französischen Revolution und der Erklärung der Menschen- und Bürgerrechte. Herzuleiten ist diese Skizze vielleicht von der Lektüre von Campes *Bericht seiner Reise nach Paris im Heumonat im Juli 1789 für die Jugend*.[77] Campe feierte das revolutionäre Paris als »Hauptstadt der Menschheit«, die Revolution als die »schönste Periode der Weltgeschichte« und nannte seine Reise eine »Wallfahrt zum Grabe des französischen Despotismus«.[78]

Es ist signifikant, daß Schinkel sich mit dem dargestellten Jüngling identifizierte. Dessen weiche Gesichtszüge scheinen eher einem Träumer zu gehören als einem entschlossenen Revolutionär. In einem absichtlichen Kontrast dazu steht die daruntergesetzte Karikatur von zwei Spießertypen mit langen sich windenden Schlangenhälsen.

Solche Gegenüberstellungen von Ideal und Wirklichkeit sind kennzeichnend für den Schinkel dieser Jahre, aber sie sind nicht allesamt aggressiv. Manche sind liebenswürdig, haben Witz wie die Skizze eines an das Kloster Chorin erinnernden gotischen Gebäudes, unter der sich das Bild eines pechschwarzen besenschwingenden Teufelchens befindet, das auf einer Wolke balanciert und einen schwarzen Ziegenbock an den Zügeln führt.[79] Ein Motiv, das ähnlich heiter gestimmt ist, wie die eingangs erwähnte Zeichnung von der Kutschfahrt[80] durch die märkische Landschaft.

Als talentierter Zeichner mit einem wachen Blick für die Natur und ihre Geschöpfe erweist sich Schinkel in seinen Natur- und Tierstudien. Beispielsweise zeichnete er einen Elefanten mit Reitern, darunter einen von oben gesehenen Menschen, drei Pferde und – einen Käfer;[81] oder eine wilde Sau mit Reitern vor einer johlenden Menge;[82] einen Frosch mit einem Strichmännchen;[83] oder – auf der von Museumsleuten bei Ausstellungen gern aufgeschlagenen Seite – einen neunreihigen Mäusefries,[84] auf dem 43 possierliche Nager Kapriolen schlagen. Diese humorigen Skizzen sind gelungene Bewegungsstudien.

Schinkels Phase des Sturm und Drangs findet sich verschlüsselt in seiner Darstellung des an der Meeresküste stehenden zottigen Caliban[85] aus Shakespeares Komödie *Der Sturm*, dieses halbwilden von niedriger Genußsucht und gefährlichen Aufruhrgedanken getriebenen Zwitterwesens von Mensch und Tier. Das Schauspiel wurde 1789 in Berlin zuerst aufgeführt.[86] Es spricht vieles dafür, daß er das Stück im Theater gesehen hat. Am Gymnasium dürfte es jedoch nicht behandelt worden sein, denn in Eschenburgs Beispielsammlung ist daraus kein Textabschnitt aufgenommen.[87] Das Stück war dennoch nach dem Gusto der Aufklärer, denn es ging um ein Grundthema der Zeit: um die Wechselbeziehung von »Natur« und »Kunst«. Der mißgestaltete Caliban verkörpert die zu freier Selbstbestimmung unfreie Natur, Kunst hingegen bedeutet Triebkontrolle und die in einem Selbsterziehungsprozeß erworbene Bildung – geradezu das Leitthema in Schinkels späterem Leben.

Seine Liebe zum Theater, die in jungen Jahren im Elternhaus geweckt und gefördert worden war, drückt sich auch aus in der Skizze eines Ritters, die unterschrieben ist mit *Feige von Bomsen*.[88] So heißt eine komische Gestalt in dem Ritterstück *Hasperl a Spada*. Schinkel kannte es vielleicht durch die Aufführung auf einem Liebhabertheater[89] oder aus einer der Stückesammlungen zum Aufführen für die Jugend.

80. Schinkel, Skizzenbuch. Napoleonischer Soldat und Bürger.
81. Schinkel, Skizzenbuch. Römisches Capriccio mit dem Pantheon (links.), Rundtempel, Obelisk und dem Marcellus-Theater.
82. Schinkel, Skizzenbuch. Karikaturen. Mitte Friedrich den Große, unten rechts Caliban.
83. Schinkel, Skizzenbuch. Jüngling mit Jakobinermütze, darunter eine Karikatur.

Zwei Gedichte aus dem Skizzenbuch

Elegie

Nachts beim blassen bleichen Mondscheinschimmer
Aus dem düstern dunkeln Klostertor
Huschen lose leise mit Gewimmer
Luftig leicht die Geister stumm hervor.

Dröhnend dumpf ertönt die Grabesglocke
Es entfaltet sich das nächste Grab
Und im langen weiten Leichenrocke
Schwebt die blasse Geisterschar hinab.

Schauer beben frostig durch die Lüfte
Es erbebt dem Wandrer Mark und Bein
Aus den Gräbern steigen Todtendüfte
Sichtbar bei des Mondes blassem Schein.

Horch jetzt klirren Klosterfensterscheiben
Leis erschüttert durch des Windes Sturm
Den die Zephyrs durch die Hallen treiben
In den Wunden pickt der Todtenwurm.

An des Hochaltares Heiligtume
Weht im Winde Flittergold und Moos
Traurig sproßt empor die Totenblume
Aus der mütterlichen Erde Schoß.

An der runden Fensterscheibe Ecken
Bricht sich tausendmal des Mondes Strahl
Füllt die Brust des Wanderers mit Schrecken
Ob der leeren Luftgebilde Zahl.

In dem hohen öden Kirchgemäuer
Ächzt die Eul im alternden Gestein.
»Ach schweig still, mach weiter kein Gesäuer!
Willst gewiß ein zweiter Hölty sein?«

[Ohne Titel]

Der Abend schwindet von den Fluren
Die kühle Nacht umzieht den dunkeln Hain
Die Stille läßt des leisen Windes Murmeln
Durchs weite Tal harmonisch hörbar sein.
Es schellt aus tiefer Ferne noch das Läuten
Der Herde, die ins stille Dorf gekehrt,
des späten Wandrers[?] Fußtritt der nach langer Wandrung
Erquickung sehnsuchtvoll begehrt.
Ihm leuchtet noch aus tiefem Eichengrunde
Der stillen Hütten schwacher Lampenschein,
doch immer stiller wird's in weiter Runde
und bald erlischt auch jener schwache Schein.
O süßer Gott des Schlafs der du mit sanften Schwingen
die weite Gegend drückst[?] und meines Mädchens Tür,
Laß sanft sie ruhen und süße Träume fühlen.
Wie überselig wär ich, träumte sie von mir.

Eine seit dem Neuruppiner Großbrand in ihm lauernde Katastrophenangst kommt in zwei Feuermotiven zum Ausdruck. *Der Brand Roms*[90] und ein *Vulkanausbruch*.[91] Häufig boten Alltagsbegebenheiten Anlaß zum grotesken Spaß. *Eine Prügelei in einem Dorf*[92] im Stil Brueghels oder das Brustbild eines Idioten[?] mit der Beschriftung *Streitt in Bernau*.[93] Es ist sicherlich eine Anspielung auf einen Vorfall in den Irrenanstalten in Bernau bei Berlin. Mit dieser Karikatur schließt er das Skizzenbuch, das er bereits auf der ersten Seite mit einer Karikatur begann.

Gelegentlich ließ Schinkel seine Freunde im Skizzenbuch zeichnen. Ein nicht mehr ermittelbarer Mitzeichner signierte mit A. W. P. Er wetteiferte mit Schinkel und zeichnete ein zweistöckiges Hausboot in der Sintflut, in dem sich die Menschen drängen und zwei aus den Fluten ragende Kirchturmspitzen, an die sich Ertrinkende klammern.[94] A. W. P. zeichnete mit schwarzem Humor einen Selbstmörder, an einem Baum erhängt,[95] sowie einen putzigen Pudel *Milord* mit zwei Laternen in der Schnauze und der Beschriftung »heimleuchtend« auf dem Halsband.[96]

Wiederholt gelten Zeichnungen schulischen Belangen. Die Übung in der Euklidschen Geometrie,[97] die Schinkel in der Groß-Tertianer lernte, ist gewiß eine Schularbeit gewesen. Hinter den Signaturen L. S. und F. L. S. verbirgt sich mit Sicherheit Schinkels Neuruppiner Schulfreund Friedrich Ludwig Schumann. Dessen Zeichnungen könnten noch in Neuruppin als Arbeiten für den Geographie- oder Zeichenunterricht entstanden sein: ein aus dem Zirkelschlag entwickeltes Ornament,[98] Übungen im Kartenzeichnen[99] sowie Schraffierproben.[100] Solche Schraffuren zur Erzeugung von Helligkeitswerten erfordern eine akribische millimetergenaue Strichführung, die in einem aufgeschlagenen Buch und ohne glatte Unterlage nicht ausgeführt werden kann. Es ist hier erneut Anlaß zu fragen, ob das Skizzenbuch aus einzelnen losen Blättern zusammengebunden worden ist.

Auch drei kontrastierende Gedichte vertraute Schinkel dem Büchlein an: einen zotigen pubertären Achtzeiler, der hier nicht wiederzugeben ist, ferner eine (vielleicht abgeschriebene) Parodie auf elegische Empfindsamkeit[101] à la Hölty,[102] dessen Lied *Üb immer Treu und Redlichkeit* seit 1797 vom Glockenturm der Potsdamer Garnisonkirche erklang,[103] sowie ein Gedicht an eine Jugendliebe.[104] Vielleicht handelt es sich um jene Unbekannte mit einem Stirnreif, die Schinkel in antikisierender Manier im Halbprofil[105] im Skizzenbuch verewigt hat. Auch seine geliebte Schwester Sophie käme als Modell in Frage, vielleicht sind es aber bloß Kopien aus einem Zeichenbuch. Von seiner romantischen und gefühlvollen Seite zeigt sich Schinkel auf zwei andern Blättern: ein auf einer Bank sitzendes Liebespaar[106] und zwei tanzende Paare.[107]

Schinkel, das Brandenburger Tor und die Baukunst der Alten

Das erste »klassizistische« Bauwerk, das Schinkel auf seinen Rundgängen durch Berlin erblickte, war das Brandenburger Tor am Ende der Prachtstraße Unter den Linden. Es stand erst drei Jahre und war schon eine Berühmtheit!

Das »Friedenstor« nannten die Berliner das imposante Bauwerk mit den zwölf Dorischen Säulen und dem darüberliegenden schweren Steingebälk, der mit einem antikisierenden Relief geschmückten Attika. Denn die Siegesgöttin mit dem Viergespann (Quadriga) oben auf dem Tor stellte den Triumph des Friedens dar.[108] Manchmal hieß es auch das »Griechische« Tor, oder, zungenbrecherisch, das »Atheniensische«. Doch »klassizistisch« nannte es keiner. Den neuen Baustil, in dem das Tor errichtet worden war, nannte man »antikisch« oder »nach dem Geschmack der Alten« – der Stil, in dem Schinkel seine berühmtesten Bauten in Berlin, diesem Spree-Athen,[109] errichten sollte.

So möchte man den Gedanken weiterspinnen und meinen, er sei bei seiner Einfahrt in Berlin durch dieses Tor gefahren und habe so als 13jähriger »en passant« den »Klassizismus« entdeckt. Doch das kann so nicht sein, denn der kürzeste Weg von Neuruppin führte nun einmal durch das Oranienburger Tor. Aber daß das »Griechische Tor«, wann immer Karl Friedrich es erstmals gesehen haben mag, einen tiefen Eindruck auf ihn machte, das ist bestimmt richtig. Denn das Genie hat ein feines und untrügliches Gespür für das, was seinen späteren Weg bestimmen wird.

Unzählige Male passierte er auf seinen Spaziergängen in den Tiergarten das mächtige 26 Meter hohe Tor und hat hier sozusagen sein Säulenerlebnis gehabt. Das Tor war ein Bekenntnis zum Griechentum. Es muß für den jungen Schinkel, wie überhaupt für die Gebildeten seiner Zeit, ein überwältigendes Erlebnis gewesen sein, ein Bauwerk zu betrachten, das der großen Baukunst der Antike nachempfunden war. Der Torbau war die Bestätigung, daß die Kunst der

84. James Stuart und Nicholas Revett, die Propyläen, aus: *The Antiquities of Athens*, Bd. 2, 1787. Das Zugangstor zur Akropolis in Athen wurde 437–431 v.Chr. erbaut. Die beiden Engländer leiteten mit ihrem berühmten Kupferstichwerk eine Neubesinnung auf die griechische Baukunst ein. Es wurde zur bedeutendsten und einflußreichsten Veröffentlichung über die klassisch-griechische Architektur.

85. C. Knight, James Stuart. Frontispiz in: *The Antiquities of Athens*, Bd. 1. Der Architekt James Stuart hielt sich von 1751 bis 1755 in Griechenland auf und erbaute nach seiner Rückkehr nach England den Tempel in Hagley (1768), das erste dorische Bauwerk seit der Antike.

86. Benjamin Calau, das Brandenburger Tor von Carl Gotthard Langhans – eine freie Nachschöpfung des Burgtors der Akropolis.

Alten »noch immer die schönsten nachahmungswürdigsten Muster« bietet.[110] So lernte es die Jugend in den Gymnasien.

Diese »Alten« bekamen im künstlerischen Berlin dieser Jahre mehr und mehr das Sagen. Angeleitet durch die Kunstakademie orientierten sich die Künstler an dem von Winckelmann neu entdeckten antiken Ideal von »edler Einfalt und stiller Größe«.[111] Er meinte damit das Einfache, unverfälscht Reine. Darin sah er »das allgemeine vorzügliche Kennzeichen der griechischen Meisterstücke«.

Das »Griechische Tor« ist das erste in Berlin nach dem »Geschmack der Alten« errichtete Monument. Es wurde buchstäblich zum Einfallstor des neugriechischen Stils. Es war einem Bau aus dem klassischen Zeitalter Griechenlands nachgebildet,[112] errichtet vor mehr als 2400 Jahren unter Perikles, dessen ruhmreiche Taten jeder Gymnasiast im Schlafe hersagen konnte. Dieses monumentale antike Tor, die sogenannten »Propyläen«, diente einst als Zugang zum Tempelbezirk der Akropolis, zur Athener Burg. Nun wurde es zum Vorbild für das Tor einer modernen Residenzstadt. Mit dem Bau wurde 1789 begonnen. Im selben Jahr stürmten die Pariser die Bastille, wütete der Pöbel in den Straßen der französischen Hauptstadt. Die Victoria auf dem »griechischen Tor« sollte jedoch den Frieden bringen. Sie fährt in die Stadt hinein!

Die »alleinige erste Idee«[113] dazu stammte – wie das Direktorium der Kunstakademie versicherte – von dem baufreudigen König Friedrich Wilhelm II. selber. Abgestoßen von den gekünstelten französisierenden Effekten der Bauten seines Vorgängers, der bis zuletzt auf dem Gebiet der Architektur das Eindringen eines neuen Zeitgeistes verhindert hatte, begeisterte er sich für den »antikischen Geschmack«.

Kennengelernt hatte er den neuen Baustil auf seinen Reisen in das aufklärerische Musterländchen Dessau,[114] wo mit dem Bau des Schlosses im Wörlitzer Park die Auseinandersetzung mit der griechischen Baukunst ihren Anfang nahm. Friedrich Wilhelm II. war den Künstlern zugetan, besonders den Architekten unter ihnen. Nach der Thronbesteigung kündigte er an, er wolle seine Hauptstadt verschönern, ja man kann sagen, daß die Architektur unter allen Künsten seine eigentliche Passion gewesen ist. Die anderen Künste betrachtete er, wie später auch Schinkel, mehr als Helferinnen der Baukunst.[115] Das neue Tor war sein Antrittsgeschenk an die Berliner.

Dem 1791 zur Nutzung freigegebenen Bauwerk, auf das im Sommer 1793 Schadows Quadriga gehoben worden war, gehörte von Anfang an die Bewunderung der Berliner, denn sie hatten sich schon immer einen monumentalen Abschluß der Linden gewünscht.[116] Die Anlage des Tors, mit den tempelartigen Nebengebäuden für Zoll und Militärwache, war einmalig in seiner Art. Nicht der übliche Torbogen, kein Berlinischer Arc de Triomphe, (wie ja die Linden auch nicht als Via triumphalis, sondern als Promenade angelegt worden waren), sondern etwas grundsätzlich Anderes. Unübertroffen war die schöne Lage. Sie sei »ohnstreitig die schönste

James Stuart und Nicholas Revett, *The Antiquities of Athens*

First VOLUME
A large View of the Acropolis.
A general Plan of the antiquities included in this Volume.
The Propylaea, Temple of Victory, Doric and Ionic.
The Doric Temple of Minerva Parthenion, enriched with Sculpture.
The Ionic Temples of Minerva Polias, and Erechtheus and that of Pandrosus, adorned with Caryatides.
The Theatre of Bacchus
The Church of the Panagia Spiliotissa.

Second VOLUME
A large View of the City of Athens.
A Plan of the remains of the ancient City.
A Chart of the three Ports of Athens.
The Temple of Jupiter Olympius, Chorinthian Order.
The Temple of Augustus, Doric order.
The Temple of Theseus, Doric Order, enriched with Sculpture.
The Temple of Ceres, Ionic Order.
The Odeum of Herodes Atticus, or of Regilla.
The Monument of Philopappus, Corinthian Order.
The Tower of the Winds, enriched with Sculptures.
The Lanthorn of Demosthenes, enriched with Sculptures.
The Arch of Hadrian, Corinthian Order.
The Columns of Hadrian, Corinthian Order.
An Antique Bridge on the Ilissus.
The Acqueduct of Adrian, Ionic Order.

Third VOLUME
The Antiquities of Eleusis, Megara, Sunium, &c.

von der ganzen Welt«, rühmte Carl Gotthard Langhans, der Erbauer – der König hatte ihn aus Breslau nach Berlin berufen und zum Direktor des Oberhofbauamts ernannt –, und deshalb habe er »dem Tor so viel Öffnung« als möglich gegeben. Dadurch hatte man von den Linden her durch die Säulen des Tores, das damals weiß gestrichen war, einen wunderschönen Durchblick auf das Grün der Tiergartenbäume.[117] Dem Gymnasiasten Schinkel muß aufgefallen ein, wie gut Tor und Umgebung harmonierten. Denn er selbst liebte es während seiner Schulzeit auf den ersten Tuschzeichnungen antikische Bauwerke in ideale Landschaften hineinzusetzen.

Die Tordurchgänge wurden zur Nacht durch Holzflügel geschlossen. Die breite Durchfahrt (5,50 m) durfte nur von den königlichen Kutschen genutzt werden, die einfachen Bürger mit ihren Wagen und die Reiter benutzten die vier schmaleren Durchfahrten (3,79 m) im Linksverkehr. Fußgänger hatten freie Wahl.[118]

Die Geschichte des Berliner »Klassizismus« begann 1789 mit der Vorstellung eines Modells des »Griechischen Tors« in der Akademieausstellung. Der Katalog rühmte, das Monument verdiene die öffentliche Aufmerksamkeit, »weil es selbst ein öffentliches Werk [ist], das in der Geschichte des Geschmacks Epoche macht, indem es die edle Simplizität der Alten in ihren Werken uns wieder näher vors Auge rückt, und unter dem nördlichen Himmelsstrich die Ruinen von Athen zu einem schönen Ganzen sich wieder verjüngen und bilden läßt. – Denn wirklich ist der Plan zu diesem Tore nach einem Atheniensischen Tore entworfen, das in der fünfundachtzigsten Olympiade von Perikles erbaut ward, und wovon noch jetzt ansehnliche Überbleibsel vorhanden sind.«[119]

Aber die genauere Kunde von diesen »Überresten« kam erst durch die Engländer James Stuart und Nicholas Revett nach Europa. Sie hatten im türkisch beherrschten Griechenland unter unendlichen Mühen und gegen Widerstände kämpfend die berühmtesten antiken Bauten in jahrelanger Arbeit vermessen,[120] gezeichnet und ihre Forschungsergebnisse in drei Prachtbänden, *The Antiquities of Athens*, 1762 und 1787, veröffentlicht.[121] Das kunstliebende Europa betrachtete das Werk mit Ehrfurcht. Friedrich Wilhelm II. entnahm ihm seine Idee. Es war die Wiederentdeckung verloren geglaubter Altertümer, die Wiederbesinnung auf altgriechische Baukultur, an sie – und nicht mehr nur an die römische Überlieferung – sollte wieder angeknüpft werden.

Carl Gotthard Langhans galt den Berliner Architekten als »Wiederhersteller des klassischen Stils«.[122] Zunächst jedoch blieb der neugriechische Stil eine Privatangelegenheit des Königs, denn die schönsten Schöpfungen entstanden als Innendekorationen im Berliner Stadtschloß und im Potsdamer Schloß Sanssouci unter Langhans und dem Dessauer Architekten von Erdmannsdorff. Die Umgestaltung dieser Räume in einem Stil, über den Friedrich der Große einst gespottet hatte, symbolisierte eine Wende in der Politik und der Kunst in Preußen.

Langhans gelang nie wieder eine so faszinierende Lösung wie das Brandenburger Tor. Es blieb für mehr als zwei Jahrzehnte der einzige öffentliche Bau dieser Art. Vielleicht hätte Erdmannsdorff, nach des Königs Worten der »beste Kenner des antiken Geschmacks«,[123] den klassischen Stil in Berlin besser voranbringen können, doch wegen der Mißwirtschaft bei Hofe kehrte er bereits 1789 nach zweijähriger Tätigkeit nach Dessau zurück.

Mehr als zwei Jahrzehnte stand das Brandenburger Tor wie ein uneingelöstes Versprechen auf die Erneuerung der Baukunst. Napoleon ritt nach dem Sieg über Preußen durch das Tor in Berlin ein. Die Quadriga wurde nach Paris entführt und 1814 nach dem Sieg über Napoleon mit Triumph zurückgebracht. Jetzt war es Zeit für Schinkel, den Wechsel einzulösen: 1816 begann er mit dem Bau der »Neuen Wache« Unter den Linden, nicht weit vom Brandenburger Tor. Er bewunderte Langhans, doch da die Antikenforschung inzwischen ein gutes Stück vorangekommen war und er am »griechischen« Tor »einige Fehler« gefunden hatte, gestaltete er die Dorischen Säulen der Wache exakt nach wissenschaftlich genauen Aufnahmen der Tempel von Agrigent, die er an der Südküste von Sizilien einst selbst bewundert hatte.

87. Friedrich Gilly, *Entwurf zu einem Tempel als Monument Friedrichs des Großen*. (SMPK, Kupferstichkabinett.)

Der künstlerische Aufbruch

Ein Traum im antiken Stil

Als der 16jährige Schinkel an einem Septembertag des Jahres 1797 das Akademiegebäude betrat, kreisten seine Gedanken, wie das bei Gymnasiasten so ist, um die allgegenwärtigen schulischen Probleme. Um die nächste Klassenarbeit, den ärgerlichen Eintrag ins Klassenbuch und die Ängste vor dem bevorstehenden Examen zu Michaelis. Aber die Aussicht, die Akademieausstellung zu besuchen, zu der die Berliner in Scharen pilgerten, lenkte ihn ab von den fruchtlosen Grübeleien. Daß dieser Tag sein Leben verändern würde, das ahnte er freilich nicht. Als er die Ausstellung verließ, war er ein anderer geworden.

Was ihn bewog, sich die Ausstellung anzusehen, wissen wir nicht. Höchstwahrscheinlich ging er gar nicht allein dorthin, sondern in Gesellschaft seiner Klassenkameraden unter der Anleitung seines (Zeichen)Lehrers. Denn weil Künstler bekanntlich manche verfängliche Szene malen, wie beispielsweise die berühmte *Leda mit dem Schwan*, die diesmal auf Leinwand in Lebensgröße zu sehen war,[1] fanden es die Erziehungspersonen angebracht, die Sprößlinge auf dem Gang durch die Bildersäle zu begleiten. Dieses Mal war der Besuch der Kunstschau überdies ein vaterländisches Muß. Denn dem Publikum wurden die Entwürfe zu einem Denkmal für Friedrich den Großen, dessen Gestaltung seit seinem Tod diskutiert wurde, gezeigt. Sein Neffe, Friedrich Wilhelm II., hatte dafür einen Wettbewerb ausgeschrieben.

Jeder, der in diesen Jahren die Ausstellung besuchte, erhielt für das Eintrittsgeld nicht, wie allgemein üblich ein Billett, sondern das Verzeichnis der gezeigten Kunstwerke.[2] Da der kleine Katalog (Taschenformat) viele Erläuterungen enthielt, bekamen die Besucher Gelegenheit, sich den Kunstwerken mit mehr Verständnis zu nähern. Überhaupt war es empfehlenswert, vorab die Einleitung des Katalogs zu lesen, in der das Direktorium seine Absichten darlegte. Es ging darum, dem Publikum den Sinn und Zweck der künstlerischen Tätigkeit vor Augen zu führen. Es ging um die moralische Kraft des Schönen, um die Aufgabe der Kunst in der Gesellschaft, und eben auf diese Weise erfuhr Schinkel erstmals von Gedanken, die ihm die am Gymnasium stiefmütterlich behandelte Kunst von einer bislang verschlossenen Seite zeigten. Der feinere Sinn für das Schöne, las er im Katalog, übe auf den Einzelnen wie auf die Nationen eine wohltätige Wirkung aus. Die Eintracht, Tapferkeit und Entschlossenheit eines Volkes würden zwar die Bewunderung der Mitwelt erregen, aber erst die besondere »Ausbildung des Gefühls für das Schöne und Wahre« und »die verdienstvollen Bemühungen für die Verbreitung der Humanität« sicherten einer Nation »Ansprüche auf den Dank und die Liebe einer teilnehmenden Mitwelt«. Humanität und Kultur seien imstande, kriegerische Leidenschaften zu dämpfen:

»Rohe Leidenschaften werden verschwinden, und diejenigen, welche die schaffende Weisheit als belebende Triebfedern mit der menschlichen Natur vereinte, werden sich sanfter, edler und humaner äußern. ... Denn das Gefühl für das Schöne ist nicht allein auf dasjenige eingeschränkt, was in die Sinne fällt, sondern die Spuren desselben werden, wenn es die Seele ganz durchdringt und erfüllt, in jeder Handlung, in jedem Worte sichtbar sein, und so ist es möglich, daß das Leben des Menschen nicht allein ein moralisches sondern auch ein schönes Ganze und – wenn dieser Ausdruck nicht zu kühn ist – ein Kunstwerk werde. Dieser Einfluß der Kultur und Humanität auf den einzelnen, selbst auf den geringern im Volke, ist so anerkannt, daß die

Völker sogar diejenige Erscheinung, wo Grausamkeit und wilde Äußerung heftiger Leidenschaften von einer gewissen Unvermeidbarkeit in Schutz genommen wird, den Krieg, wenn er in gebildeten Nationen gegen einander bewaffnet, weit weniger fürchten, als wenn er rohe Horden in den Harnisch jagt.«[3]

Schinkel wird diese Gedanken Jahrzehnte später in seiner Kunstphilosophie fast wortwörtlich ebenso formulieren.[4]

Der Katalog enthielt auf 84 Seiten die Auflistung von 409 Exponaten.[5] Zwölf Seiten widmeten sich der Beschreibung der Zeichnungen und Entwürfe von fünf Künstlern für das Friedrichsdenkmal. So konnte Schinkel die einzelnen Projekte mit allem Für und Wider gut vergleichen und eigene Überlegungen dazu anstellen. Vom König als bester ausgewählt war der Entwurf von Oberhofbauamts-Direktor Carl Gotthard Langhans: ein Rundtempel mit einer von zwölf ionischen Säulen getragenen Kuppel.[6] Das Monument sollte auf Befehl des Königs am Anfang der Linden zwischen dem Palast des Prinzen Heinrich, der Bibliothek und dem Opernhaus errichtet werden. Die dem römischen Pantheon nachgebildete Kuppel sollte nach oben offen sein, »um auf die in der Mitte des Tempels sich erhebende Bronzestatue Friedrich II. ein Licht fallen zu lassen, welches sie vorteilhaft beleuchtet und dem Ganzen die Feierlichkeit antiker Tempel gibt«. Antikisch waren auch die andern Entwürfe, doch wäre es nach der Meinung des Publikums gegangen, hätte nicht der 64jährige Langhans, sondern der junge Hofbauamts-Inspektor Friedrich Gilly den Sieg davongetragen. Schinkel war von Gillys Zeichnung so überwältigt, daß er spontan beschloß, Architekt zu werden. Es durchfuhr ihn wie ein Blitz!

Dieses Schlüsselerlebnis fehlt in keiner Schinkel-Biographie. Doch was in diesen Augenblicken in Schinkel wirklich vorging, vermag niemand zu sagen. Waagen schreibt überschwenglich, Gillys Entwürfe seien es gewesen, »welche zuerst den zündenden Funken der Kunst in seine Seele warfen und ihm bald zu der lebendigen Quelle in der künstlerischen Wüste wurden, woraus sein innerstes Wesen mit heißer Begierde trank und sich durch und durch erquickte.«[7]

Gillys Denkmalentwurf war »so etwas wie ein Traum im klassizistischen Stil, eine gewaltige Anlage modernisierter Antike« (H. Ohff).[8] Es vereinte ägyptische Monumentalität, römisches Pathos und griechische Würde. Dargestellt jedoch nicht als die übliche nüchterne Reißbrettzeichnung, sondern als ein fast 1 1/2 Meter breites farbig getuschtes Architekturgemälde:[9] die Schrägansicht einer tempelartigen Anlage. Auf einem gigantischen Sockelgeschoß, in dem der Sarkophag Friedrichs des Großen aufgestellt werden sollte, thronte ein lichter Dorischer Tempel, zugänglich über umlaufende Stufen und so groß wie der Parthenon. Hoch über den Dächern der Stadt und von überall her sichtbar. Von den obersten Stufen, zu Füßen des Tempels, hatte man einen überwältigenden Blick über die Hauptstadt.[10]

Schinkel sah das Bild wie eine Vision: Der Platz mit den Baumreihen und Obelisken, den niedrigen Bauten und dem mächtigen Triumphbogen war ohne alle Menschen, Wagen und Reiter gezeichnet, sozusagen in einem Moment erhabener Stille, als bedürfe es nur eines Zauberspruchs, um das Werk des Architekten mit Leben zu erfüllen. Schinkel wird lange und tief versunken davorgestanden haben. Denn zum ersten Mal erblickte er in der Gestalt des Baumeisters den Schöpfer idealer Verhältnisse, den Verschönerer der Bühne des menschlichen Lebens.

Gillys Genietat bestand darin, daß er herkömmliche Lösungen vermied. Kein Mausoleum, kein Rundtempel, keine Statue oder Reiterstandbild. Er schuf ein Nationalheiligtum zur Verherrlichung des großen Königs. Es sollte vor dem Potsdamer Tor errichtet werden und Wahrzeichen der Hauptstadt sein. Damit traf er genau den Geschmack der Zeit.[11] So ist es nicht verwunderlich, daß gerade ein Heldendenkmal Schinkels Begeisterung für die Architektur entfachte. Die Aufklärung gefiel sich in der Verehrung bedeutender Männer. Die Tertianer, Sekundaner und Primaner begegneten in den Schulbüchern Schlachtenlenkern wie Alexander, Staatsmännern wie Perikles, großen Philosophen wie Sokrates und Dichtern wie Homer und Horaz. Wenn Männer tatsächlich Geschichte machten und die Geschicke der Menschen gestalteten, dann mußte man damit beginnen, den Ruhmreichsten unter ihnen, wie es die Antike tat, Denkmäler zu setzen. Die Bildhauer und Architekten befleißigten sich, von der hohen Denkmalkunst des Altertums zu lernen. Sulzer plädierte für eine Wiederbelebung der Denkmalkunst, zu der nicht nur Statuen, sondern auch Ehrenpforten, Triumphbögen und Grabmäler zählen sollten und berief sich auf moderne Architekturkenner wie Milizia und Laugier. Sulzer erblickte in den Werken der Denkmalkunst eine Schule der Tugend und der großen patriotischen Gesinnung.[12] Größe und Erhabenheit konnte seine Zeitgenossen sich nur vorstellen in antiker Manier.

Schinkel entnahm dem Katalog, daß im Tempelinnern die Statue Friedrichs des Großen, gekleidet in ein antikes Gewand, aufgestellt werden sollte. Der König war auch dargestellt in den

Allegorien der beiden Tempelgiebel: »Friedrich mit Blitzen [des Jupiter] gewaffnet, der von einem mit geflügelten Pferden bespannten Wagen, den Adler mit dem Siegeskranze über ihm, seine Feinde zu Boden schlägt«. Und am anderen Tempelgiebel: »Friedrich, der auf dem Thron vor dem versammelten Volke, den Adler mit den Blitzen ruhend neben ihm, mit der Palme des Friedens erscheint.«[13]

Gilly schuf eine neue Architektur, weg von Rokoko und Zopfstil, voll von mitreißendem Pathos – insbesondere für einen 16jährigen Jüngling. Zudem hatte das Denkmal eine städtebauliche Dimension. Der jugendliche Schinkel konnte dies, obwohl architektonisch völlig ungebildet, unmöglich übersehen. Daß man die Wirkung eines Gebäudes gewaltig steigern kann, indem man es auf einen monumentalen Sockel oder auf eine Anhöhe stellt – diesen Baugedanken weckte in ihm Gilly, und er gefiel Schinkel so gut, daß er sein Leben lang davon nicht mehr loskommen sollte, ihn aber fast nie verwirklichen konnte. Träume blieben das Schloß an der Felsküste auf der Krim und der Königspalast auf der Akropolis.

Auch eigene Ideen zu einem Friedrichsdenkmal, die ihm jedoch mißglückten, beschäftigten ihn eine längere Zeit. Unbeirrt davon, daß Gilly mit seinem kostspieligen Vorhaben scheiterte, wollte Schinkel fast 20 Jahre danach auf demselben Platz nun selber ein weit größeres Nationalheiligtum errichten – einen Dom zur Erinnerung an die Freiheitskriege. Ein Idee, die bei dem sparsamen König nicht die Spur einer Chance hatte.

Zu Schinkels Werdegang gibt Waagen einen nachdenkenswerten Hinweis. Er meint, »der Umstand, daß das einzige damals in Berlin Schinkeln geistig verwandte Kunstnaturell gerade ein Architekt war«, sei entscheidend dafür gewesen, welche »Hauptrichtung« er in der Kunst verfolgen sollte. »Wäre dieses Naturell ein Bildhauer, oder ein Maler gewesen, so würde er eben so gut die eine oder die andere dieser Künste vorzugsweise ausgebildet haben.«[14]

In Schinkel steckte tatsächlich ein Maler. Sogar ein sehr fähiger. Doch mit diesem wollte er sich nicht identifizieren. Er reagierte gekränkt, wenn man ihn für einen Maler hielt[15] – jedenfalls zu der Zeit als er noch unbekannt war. Er malte mit dem Herzen und baute mit Verstand. Selbst wenn ihm die Entscheidung, welche Seite seiner Doppelbegabung er ausbilden sollte, schwerfiel – so zufällig, wie Waagen andeutet, fiel sie nicht. Das Friedrichsdenkmal führte ihm vor Augen, daß ein Bauwerk den Geist einer Zeit verkörpern kann. Er erkannte, daß ein Architekt einen sehr viel größeren, in die Öffentlichkeit hineinwirkenden Tätigkeitskreis hat als ein Maler, dessen Wirken meist auf den inneren Bereich beschränkt bleibt. Schinkel wollte höher hinaus.

Das Friedrichsdenkmal war, nach dem Friedenstor, für den jungen Schinkel das zweite eindrucksvolle Beispiel, wie antike Baukunst für die zeitgenössische Architektur wieder erweckt werden kann. Vorlage war diesmal aber nicht, wie beim Griechischen Tor, der Zugang zu einem Heiligtum, sondern ein Heiligtum selbst. Ein Tempel zur Verehrung Jupiters.

Kunst für den Bürger

Die Berliner Akademieausstellungen waren nicht das, was man heute unter einer Kunstausstellung versteht. Sie widmeten sich nicht dem Werk einzelner Künstler oder einer bestimmten Thematik – sie waren eher Kunstmessen. Sie hatten den Charakter einer Leistungsschau. Sie sollten Künstlern wie auch talentierten Laien die Möglichkeit geben, sich der Öffentlichkeit vorzustellen, denn Berlin besaß noch kein öffentliches Museum. Dem Publikum boten sie die einzigartige Gelegenheit, sich über das aktuelle Kunstschaffen zu informieren und dabei den Kunstsinn zu schulen. Denn die königlichen und privaten Galerien waren den Bürgern gewöhnlich verschlossen. Nur die Maler erhielten Sondergenehmigungen für das Kopieren von Gemälden in den königlichen Galerien in Berlin und Potsdam.

Etwa zwei Drittel der in Berlin und Potsdam ansässigen Künstler schickten zu dieser alle ein bis zwei Jahre stattfindenden Veranstaltung Arbeiten ein. Die besten wurden prämiiert. Die Akademieausstellung vereinte alle bildenden Künste unter einem Dach. Malerei, Bildhauerei und Architektur. Ihre Besonderheit lag darin, daß auch Erzeugnisse des Kunsthandwerks und Laienarbeiten ausgestellt wurden. Schinkel bezog von diesen Ausstellungen einen großen und wichtigen Teil seiner künstlerischen Bildung.

Lange Zeit war die von Kurfürst Friedrich III., dem späteren ersten preußischen König Friedrich I. (1701–1713), 1696 begründeten Kunstakademie zur Bedeutungslosigkeit einer Zeichenschule herabgesunken. Erst kurz vor dem Tode Friedrichs des Großen (1786) wurden Schritte zu einer Erneuerung eingeleitet, die sein Nachfolger Friedrich Wilhelm II. beschleunigte, so daß die Akademie bald wieder an Ansehen und Einfluß gewann.[16] Hatte Friedrich Wilhelm II. mit

88. Katalog zur Akademieausstellung von 1797.

dem berüchtigten Religionsedikt der Aufklärung einen schweren Schlag versetzt, zeigte er sich doch als zielstrebiger Förderer der Künste. Vom ersten Tage seiner Regierung an ließ er keinen Zweifel daran, daß er als ein Beschützer der Kunst und Architektur zu regieren gedenke.

Die Akademie, zu deren Erneuerung die Einrichtung der Kunstausstellung gehörte, betrachtete sich nicht als eine elitäre, sondern als eine bürgernahe Institution. Sie wollte Pflanzstätte eines ausgedehnten nationalen Kunstbetriebs sein. Minister von Heinitz, der von Friedrich Wilhelm II. 1786 berufene Kurator und unermüdliche Förderer der Akademie, hatte Schritt für Schritt ihre Einflußsphäre erweitert. Er stellte nicht nur die meisten Gewerbetreibenden unter ihre künstlerische Aufsicht, sondern auch die Kunstbeamten anderer Institute und Anstalten, die Direktoren der königlichen Bauten, den Hofmedailleur der Münze, die künstlerischen Leiter der Porzellanfabrik. Selbst den Dekorationsmaler der Königlichen Oper brachte er mit ihr in Verbindung.[17] In der Regierungszeit Friedrich Wilhelm II. ließ die Hauptstadt jungen Talenten mehr Unterstützung und Förderung angedeihen als Paris, Europas traditionelles Zentrum der Kultur und des guten Geschmacks. Schinkel kam zu einem denkbar günstigen Zeitpunkt nach Berlin.

Die Ausstellungen wurden im Gebäude des Kgl. Marstalls Unter den Linden, dem Sitz der Akademie, in drei, später dann in vier Sälen mit mehr als 300 qm Fläche veranstaltet.[18] Zeitgenossen berichten, daß die Menschen sich in den Ausstellungsräumen drängten.[19] Dabei war das Eintrittsgeld in Höhe von acht Groschen relativ hoch und nicht für jedermann erschwinglich. Für einen Taler zu 24 Groschen erhielt man bereits ein gutes Buch.

Gezeigt wurden fast ausschließlich Werke lebender Künstler. Arbeiten der Akademiedirektoren und -lehrer, der Akademieschüler, Architekten, Bildhauer, Medailleure sowie von »Dilettanten« aus allen Bevölkerungsschichten. Die Kunstakademie und die ihr angegliederte Kunstgewerkschule betrachteten sich »nicht nur als eine hohe Schule für die bildenden Künste«, sondern wollte auch »Richterin und Ratgeberin in Sachen des Geschmacks« sein und »überhaupt dem Staate unmittelbar nützlich werden«.[20] Es sei die vordringlichste Aufgabe, die Aufmerksamkeit des Publikums vor allem auf diejenigen Künstler zu lenken, »die zu ihren Fortschritten in der Kunst entweder der Aufmunterung des Publikums noch bedürfen oder auf den lohnenden Beifall desselben Anspruch haben«. Künstler und Publikum sollten sich gegenseitig bilden![21] Ziel war die Förderung der Kunst und des einheimischen Kunstgewerbes, das auf das Niveau der ausländischen Vorbilder gehoben werden sollte. Auch der »mechanische Arbeiter« könne durch »Kunstfleiß und geschmackvolle Verzierungen das in ihm schlummernde richtige Gefühl des Schönen entwickeln und dadurch beweisen, »daß das Nützliche und Schöne auf das innigste verwebt sei.«[22] Nicht nur das erlesene Kunstwerk, sondern auch die Arbeiten von Dilettanten, beispielsweise »die Werke der kunstreichen Nadel, von weiblicher Hand geführt«, verdienten »unter den Erzeugnissen der nachbildenden Kunst einen aufmunternden und ehrenvollen Platz.[23] ... Denn der darstellende Genius offenbart sich in der treuen und schönen Nachahmung der kleinsten Blume des Feldes, wie in dem erhabensten Kunstwerke, und keine Art des Bestrebens, das Schöne hervorzubringen, ist der Aufmerksamkeit und näheren Prüfung unwert.«[24]

Es ist aufschlußreich, wie sehr die Akademie als staatliche Institution Nachahmung und »Kunstfleiß« mit dem Nützlichen und Schönen verbindet. Man gewinnt fast den Eindruck, daß weniger das herausragende Genie, sondern der nachahmende, auf das Nützliche und Zweckmäßige abzielende Handwerker der eigentliche Künstler sei. Und tatsächlich trugen die gezeigten kunstgewerblichen und dilettantischen Arbeiten erheblich zur Beliebtheit der Akademieausstellungen bei. Denn vor den Augen der Besucher, die ja meist aus bescheidenen Verhältnissen kamen, tat sich ein verlockendes Angebot auf: Uhren mit Marmorgehäuse, gläserne Gießkannen, Teppiche, vergoldete Kronleuchter, Fortepianos, Tuschkästen, bemalte Kacheln, Steingutteller, Lacktische, Fayencevasen, ausgestopfte Vögel, in Seide gestickte Landschaften, Wollarbeiten oder Porzellane aus der königlichen Manufaktur. 1806 zeigte allein die Porzellanmanufaktur 90 von 590 Katalognummern. Regelmäßig wurden »Dilettantische« und »Fabrik- und Gewerkarbeiten« in eigenen Abteilungen ausgestellt. So nahm denn mancher Besucher Anregungen für die Gestaltung der eigenen Wohnung mit nach Haus oder wurde angespornt sich an eigenen Arbeiten zu versuchen.

Auch Schinkel nahm von den Ausstellungen im Kunstakademiegebäude einen Schatz wertvoller Anregungen und Ideen mit nach Hause. Sie boten eine einmalige Gelegenheit, die unterschiedlichen Maltechniken am Kunstobjekt selber – ob Rötel, Kohle, Kreise, Öl oder Aquarell – zu studieren. Aber nicht nur das. Auf der Ausstellung von 1797 sah er die allegorische Zeichnung des Rektors Johann Christoph Frisch *Dibutade oder die Erfindung der Zeichnung durch den Umriß*, ein Motiv, das er viele Jahre danach in seine Museumsfresken aufgenommen hat.[25]

Von dem Theatermaler Prof. Peter Ludwig Burnat sah er die Zeichnung *Festbeleuchtung des Kreuzes im Innern der römischen Peterskirche*[26] am Tage der Heiligen Paulus und Petrus. Schinkel übernahm dieses Motiv später in seine vielbesuchten Dioramen-Vorführungen, bei denen er die Darstellung spektakulärer Ereignisse oder berühmter Sehenswürdigkeiten bevorzugte und mit dem Element der Belehrung und Bildung verband.

Die Akademieausstellung von 1797 war die erste, die Schinkel nachweislich besuchte. Sie wurde am 26. September 1797 eröffnet und dauerte etwa vier Wochen. Geöffnet war vormittags von 9 bis 13 Uhr und nachmittags von 14.00 bis 17.00 Uhr. Gezeigt wurden 409 Katalognummern, einige davon mit mehreren Exponaten.

Die Exponate waren wie üblich nach der Rangfolge der Künstler in mehreren Abteilungen geordnet. An der Spitze standen nach Maßgabe der Akademie – und damit auch im obersten künstlerischen Rang – vier Gemälde des im Sommer 1797 verstorbenen Direktors der Akademie, des Historienmalers Christian Bernhard Rode.[27] Ausgewählt aus seinem Werk hatte man 2 biblische Themen, 1 historisches und 1 mythologisches Thema. *Das biblische Gleichnis von den klugen und törichten Jungfrauen*. – *Die Samariterin beim Brunnen*. – *Alexander deckt die Leiche des erschlagenen Königs Darius, seines Feindes, mit seinem eigenen Mantel zu*. – *Die Überfahrt der ägyptischen Toten zum Gericht*. (Der Katalogtext dazu: »Die Ägypter pflegten über ihre Toten, ehe sie ihnen die Ehre der Bestattung zuerkannten, Gericht zu halten. Man fuhr sie nach einer Insel über, und dies hat wahrscheinlich zu der griechischen Dichtung der Überfahrt der Toten über den Acheron Anlaß gegeben«). Die Episode mit Darius kannte jedes Schulkind. Rode hatte sie auch als Illustration für Schröckhs *Allgemeine Weltgeschichte für Kinder* gezeichnet: Erst Nach dem Tode Darius´ erkennt Alexander die menschliche Größe seines Feindes.

Die Gewichtung der Themen der ausgestellten Werke ist interessant. Die zahlenmäßig größte Gruppe, etwa 135 und damit ein Drittel aller Katalognummern, bestand aus Porträts und Büsten: Mitglieder der Königsfamilie, Angehörige des hohen Adels, Wissenschaftler, Militärs, Schauspieler, Beamte und andere verdienstvolle Zeitgenossen. Darin ist abzulesen, daß das Individuum in der Aufklärung einen neuen Rang bekommen hatte, zudem übernahmen die Künstler die Position, die heute der Porträtfotograf oder der Bildberichterstatter einnimmt. Einige der Dargestellten kannte Schinkel vom Ansehen her, wie beispielsweise Gedike, oder aus Schulbüchern die Naturwissenschaftler Blumenbach und Lichtenberg.[28] Hier erlebte er sie in ihrer Würde als bedeutende Persönlichkeiten des öffentlichen Lebens.

Die zweitgrößte Gruppe bildeten allegorisch-mythologische Darstellungen mit 63 Nummern. Hingegen sah man nur 20 christlich-religöse Darstellungen. Ferner 35 Landschaften und Veduten. 25 Kopien nach alten Meistern (Raffael 7, Rembrandt 3, je 2 von Reni, van Dyck und Rubens; je 1 von Correggio, Lorrain, Bardou u. a.) sowie 10 Historische Gemälde. Außerdem mehrere Buchtitel[29] (u. a. zum Allgemeinen Landrecht, das unter Friedrich Wilhelm II. 1794 in Kraft trat) und -illustrationen: Von Daniel Chodowicki, dem Nachfolger Rodes, 24 Illustrationen zu dem damals sehr beliebten Roman *Clarisse Harlowe* von Samuel Richardson,[30] Bühnenbilder von Prof. Johann Adam Breysig[31] und eine szenische Darstellung aus Schillers Don Carlos[32] von einem Maler L. Wolf.

Als »dilettantische Arbeit« fiel auf *Eine große Landschaft in Wolle*[33] von einer gewissen Frau von Schönau, geb. von Collrepp. Der Zeichenmeister Heinicke zeigte (wie oben erwähnt) einen *Kopf, als Versuch mit Schmetterlingsstaub gemalt*.[34] Obwohl die Akademie ausdrücklich zur Einsendung von Arbeiten ermunterte, ließ Schinkel sich niemals dazu verleiten, eigene Werke unter der Rubrik »Dilettanten« einzuschicken. Er wartete ab.

Glanzpunkt unter den über 100 ausgestellten Werken der Bildhauerkunst, die regelmäßig einen größeren Anteil stellte, war das Doppelstandbild der Kronprinzessin Luise und ihrer Schwester Friederike.[35] Es wurde erstmals öffentlich in Lebensgröße gezeigt und begründete den Ruhm und die Volkstümlichkeit des Hofbildhauers Johann Gottfried Schadow.

In der Abteilung »Architektur« erhielt neben zeitgenössischen Entwürfen die antike Baukunst einen festen Platz. Oberhofbau-Inspektor Heinrich Gentz zeigte 1797 die Restauration eines griechischen Bades von dem Architekten Hippias nach der Beschreibung des Lukian:

»Nr. 315. Lukian in dem Dialog, den er Hippias betitelt, spricht von dem blühenden Zustande der Künste bei seinen Vorfahren. Nachdem er sich in ihrem Lobe beinahe erschöpft hat, so erwähnt er eines seiner Zeitgenossen, des Architekten Hippias, und sagt, daß dieser Mann sich, was Kenntnisse, Genie und Beredsamkeit beträfe, mit jedem der berühmtesten Männer der Vorzeit messen dürfe. Zum Beweise, daß er den Hippias nicht unverdienterweise erhebe, beschreibt er uns ein Bad, welches dieser erbauet. Ich kann unmöglich, sagt er, eines seiner

Katalognummern und Abteilungen der Akademieausstellung 1797

1. Mitglieder des akademischen Senats (Nr. 1–22).
2. Mitglieder der Akademie (23–56).
3. Akademische Lehrer (57–61).
4. Einheimische und auswärtige Künstler (62–176).
5. Dilettanten (177–199).
6. Bildhauerarbeiten (200–308).
7. Zeichnungen und Entwürfe zum Denkmal Friedrich II. (309–313).
8. Architektonische Arbeiten (314–324).
9. Akademische Zöglinge (325–336).
10. Fabrik- und Gewerkarbeiten, sowohl einheimische als auswärtige (337–355).
11. Probestücke: Modelle und Kunstsachen (356–369).
12. Anhang später eingesandter Kunstwerke (370–409).

Werke, welches ich erst kürzlich mit Bewunderung gesehen habe, mit Stillschweigen übergehen. Ein Bad ist freilich eine sehr gemeine Sache unter uns; und doch zeigt sich das Genie dieses Mannes bewunderungswürdig in einem, welches er angelegt hat.«

Die thematischen Schwerpunkte wechselten von Jahr zu Jahr. Im nächsten Jahr, 1798, hielten sich die mythologischen und die christlich-religiösen Motive die Waage: jeweils 35. Es wurden rund 60 Landschaften gezeigt, 20 Historienbilder und 85 Porträts. In der Ausstellung von 1798 wurden sechs Gemälde des vielgefeierten und von Goethe geschätzten Landschaftsmalers Jacob Philipp Hackert gezeigt. Bilder, die Schinkel in helle Freude versetzt haben müssen, denn Hackert, ein Landsmann Schinkels und gebürtiger Prenzlauer aus der brandenburgischen Uckermark, lebte im Rang eines königlichen Hofmalers in Neapel. Er hatte Ansichten aus Süditalien eingesandt, wo er die Ausgrabungen in Pompeji malte.[36]

»Nr. 72. Aussicht von Pompeja. Den Vordergrund bildet ein Teil dieser ausgegrabenen alten Stadt. Man nimmt davon hauptsächlich den Isistempel, das Theater und das Fechterquartier gewahr: doch bleibt es in einer perspektivischen Aussicht schwer sich einen deutlichen Begriff von diesen Gebäuden zu machen. Man sieht dabei Arbeiter, welche mit Ausgraben anderer Teile beschäftigt sind. Der Mittelgrund zieht sich nach Castellamare an den Meerbusen hin, den hohe Kalkgebirge, ein vortretender Zweig der Apeninnen, einschließen. In dem ferneren Grunde nimmt man noch das reizende Sorrento gewahr. Das Gemälde hat gewöhnliche Abendbeleuchtung.«

Hackerts Bildmotive verweisen auf den späteren Schinkel als Maler. Auch Schinkel liebte es ja, landschaftliche Ansichten darzustellen, die kulturelle Botschaften enthielten. Es ist durchaus zulässig zu sagen, Hackerts italienische Motive hätten ihn zuerst auf diesen Gedanken gebracht. Reine Landschaftsbilder, so Schinkel, könnten zwar etwas »Großartiges und Schönes haben«, aber sie stimmten den Betrachter »unbestimmt, unruhig und traurig, weil der Mensch das am liebsten erfahren will, wie sich seinesgleichen der Natur bemächtigt«. Der Reiz der Landschaft werde »erhöht, indem man die Spuren des Menschlichen recht entschieden hervortreten läßt«.[37]

Eine kleine Kostbarkeit für alle an der Architektur und antiker Baukunst interessierten Besucher waren die sieben maßstabgerechten geschnitzten Korkmodelle antiker Bauten[38] des in Rom lebenden Architekt Antonio Chichi (Chigi) nebst gewissenhaften Erläuterungen zur Baugeschichte und Konstruktion. Schinkel sah hier wohl erstmals in dreidimensionaler Ausführung klassisch-antike Monumente wie das Pantheon, den Triumphbogen des Septimus Severus am Fuße des Kapitols, den Tempel der Minerva, den Tempel der Friedensgöttin in Rom, den Tempel der Vesta zu Tivoli (b. Rom) und den mittleren der drei Tempel in Pästum. Die teils aufklappbaren Modelle, wurden bald darauf an die Bauakademie abgegeben, wo sie zum Schmuck der Räume und als Lehrstücke für die Eleven aufgestellt wurden. Das Korkmodell vom Triumphbogen (55 x 66 x 33 cm) hat sich bis heute erhalten und befindet sich im Archiv der Akademie der Künste.

In den nächsten Jahren wurde auf Anordnung von Friedrich Wilhelm III. die Sparte der vaterländischen Malerei gefördert. Die Ausstellung von 1800 zeigte eine »Galerie« vaterländisch-historischer Gemälde zur Brandenburgisch-preußischen Geschichte.

Abgesehen davon, daß der Besuch der Ausstellung von 1797 eine Wende im Leben des jungen Schinkel bedeutete, vermittelten ihm diese »Kunstmessen« auch allgemeine Erkenntnisse von großer Bedeutung. Es ist mit absoluter Sicherheit davon auszugehen, daß er seitdem jede Akademieausstellung besuchte, nicht nur einmal, sondern öfter. Die Ausstellung von 1797 führte ihm zudem die Anstrengungen des Staates vor Augen, die dieser zur Förderung des allgemeinen Kunstsinns und insbesondere des Kunstgewerbes unternahm. Wir wissen, wie sehr Schinkel sich als Baurat um die Förderung von Handwerk und Kunstgewerbe bemühte. Das »Nützliche« und »Schöne«, diese typischen Begriffe der Aufklärung, vereinten sich im »Kunstgewerbe«. Später in Amt und Würden, ging es ihm nicht nur um die Förderung des Kunsthandwerks an sich, sondern vor allem um die Schaffung von Ausbildungsstätten[39] für den künstlerischen Nachwuchs in Preußen.

89. Karl Friedrich Schinkel, *Entwurf zu einem Museum*. Schinkel zeichnete das Blatt als idealen Entwurf für die Privatgesellschaft junger Architekten. (Privatbesitz.)
90. Daniel Chodowiecki, Oberbaurat David Gilly, 1796.
91. David Gilly, *Handbuch der Land-Bau-Kunst*, 1. Teil, 1797. Die Titelvignette zeigt Friedrich Gillys Entwurf eines Landhauses aus dem Jahr 1796.
92. *Sammlung nützlicher Aufsätze und Nachrichten, die Baukunst betreffend*. Titelblatt des erstes Bandes, 1797. Die von Friedrich Gilly gezeichnete Vignette zeigt den Landsitz des Hofmarschalls von Massow in Steinhöfel, errichtet von David Gilly.

Die Lehrjahre

Das erste Lehrjahr bei David Gilly

Nach dem Besuch der Kunstausstellung setzte Schinkel alles daran, Friedrich Gilly persönlich kennenzulernen. Doch der befand sich auf einer Studienreise durch Frankreich und England und war vor Ende 1798 nicht zu erwarten. Schinkels Geduld wurde auf eine harte Probe gestellt.[1] Er war fest entschlossen, die Schulausbildung abzubrechen, stieß damit aber bei der Mutter und dem Vormund Rose auf heftigen Widerstand. Ein Künstlerberuf erschien ihnen denn doch zu suspekt. Waagen berichtet, man habe dem Jungen geraten, wegen des sicheren Fortkommens doch »lieber Branntweinbrenner oder Bierbrauer« zu werden.[2] Manche Biographen verweisen Waagens Mitteilung ins »Reich des Anekdotischen«,[3] doch Schinkels Großvater mütterlicherseits war tatsächlich ein Bierbrauer gewesen.[4] Er hatte ein Vermögen zusammengebracht.

Schinkel entwickelte jene stupende Hartnäckigkeit, die ihn nie verließ, wenn ihm um eine Sache ernst war. Es gelang ihm, den Justizrat Noeldechen[5] für sich zu gewinnen, jenen Mann, der bei der Berufung der Philanthropen Stuve und Lieberkühn eine so glückliche Hand gehabt hatte.

Noeldechen hat sicherlich rasch gehandelt. Er wandte sich an den Berliner Oberbaurat David Gilly, den er von Dienstgeschäften her kannte. Gilly beaufsichtigte das Bauwesen in der Kur- und Altmark. In seinen Zuständigkeitsbereich fiel das Neuruppiner Retablissement. Ein Neffe von ihm, Wilhelm Gilly, (nicht Friedrich!) hatte 1789 als Kondukteur in Neuruppin gearbeitet.[6]

Noeldechen fuhr jede Woche geschäftlich in die Hauptstadt, und bei einem dieser Besuche wird er David Gilly in dessen Haus in der Taubenstraße aufgesucht und ihm Schinkels Angelegenheit vorgetragen haben. Dem 50jährigen Gilly, der von 1793 bis 1796 selbst eine private Bauschule in Berlin unterhalten hatte, ging der Ruf voraus, daß er sich persönlich um die Ausbildung junger Architekten kümmere. Schon in Stettin, als Landbaudirektor für Pommern, sammelte er Bauanwärter um sich und unterrichtete sie im geometrischen und architektonischen Zeichnen.[7]

Gilly hörte sich die Sache an. Da er der Meinung war, daß die Architektenausbildung an der Berliner Kunstakademie zu theoretisch sei, weil ein Architekt vor allem praktisch ausgebildet werden müsse, konnte er eigentlich schlecht Nein sagen, denn er war selbst ein Mann der Praxis, mehr Ingenieur als Architekt!

Daß sich der junge Schinkel das ehrgeizige Berufsziel nicht würde ausreden lassen, erkannte Oberbaurat Gilly gewiß sofort. Zum pflichtbewußten Staatsbürger hatte man den Jungen erzogen, und so wird Karl Friedrich in ehrlicher Überzeugung das Argument vorgebracht haben, das er einige Jahre später gegenüber Graf von Haugwitz äußerte: er wolle, »dem Staat mit dem was ich vermag, nach aller meiner Kraft [zu] nützen«.[8] Diese Beteuerung dürfte die

letzten Zweifel des Oberbaurats Gilly ausgeräumt haben. Er erklärte sich bereit, den jungen Mann für das übliche Honorar zu unterrichten. Schinkel trat die Lehre spätestens im Februar 1798 an, sehr wahrscheinlich aber bereits im Herbst 1797 nach seinem abrupten Abgang vom Gymnasium.

Gilly war ein angesehener und vielbeschäftigter Mann. Bevor er 1788 von Friedrich Wilhelm II. nach Berlin in die Oberbaudeputation berufen wurde – neben Schadow, Erdmannsdorff, C.G. Langhans, – hatte er in Pommern und Ostpreußen Schleusen und Hafenanlagen gebaut, Kanäle angelegt, die Meliorationen in Westpreußen geleitet und Herrenhäuser und Gutshöfe für den Landadel eingerichtet. Und jetzt übernahm er die Einrichtung des Landsitzes Paretz für König Friedrich Wilhelm III., der seit November 1797 regierte. Für die Königinmutter besorgte er den Umbau von Schloß Freienwalde, überdies beschäftigte er sich mit der Verschönerung der Linden und der Neugestaltung des Lustgartens vor dem Berliner Stadtschloß. Mit seinen häßlichen Verkaufsbuden war er zu einem Schandfleck für die Hauptstadt geworden.[9]

Schinkels Lehrzeit bei David Gilly steht in einem schlechten Licht. Denn es wird gewöhnlich übersehen, wie prägend sie für Schinkel war. Das liegt hauptsächlich an Schinkel selber, denn er hat sich abfällig über die Lehrzeit geäußert. Angeblich bestand der Unterricht »in wenig mehr«, als daß Gilly »ihm diese oder jene architektonische Zeichnung zum Kopieren gab«, so jedenfalls berichtet Waagen. »Schinkel fand sich hier also nicht sonderlich gefördert«.[10] Waagen hat dies natürlich nicht erfunden. Schinkel selber hat es ihm erzählt, oder aber Waagen hat dies so gedeutet, weil er selber ein musischer Mensch gewesen ist und mit Schinkel fühlte. Doch Gilly tat nur das, was unbedingt nötig war. Er holte seinen Eleven aus dem Wolkenkuckucksheim der Architekturphantasien auf den Boden der Tatsachen zurück. Einen besseren Lehrmeister hätte Schinkel für den Anfangsunterricht gar nicht finden können. Daß David Gilly ihm den Kopf zurechtrückte und erst einmal das Bauzeichnen beibrachte, war absolut in Ordnung. Aber wie das im Leben so ist. Wir erinnern uns gern an den Lehrer, der uns begeisterte, und nicht an den, der uns das Einmaleins eingepaukt hat. So blieb Schinkels Erinnerung an David Gilly bemerkenswert blaß.

Bei David Gilly lernte Schinkel, daß Sparsamkeit des preußischen Baumeisters höchste Tugend ist. Friedrich Wilhelm III. warf nicht, wie sein Vorgänger, das Geld mit vollen Händen zum Fenster hinaus. »Nur immer denken, daß Sie für einen armen Gutsherrn bauen«, hatte er zu David Gilly gesagt, als er ihm die Arbeiten für Paretz übertrug.[11] Ein Architekt mußte unbedingt wissen, wie man Kostenpläne erstellte. Schinkel beherrschte diese Kunst später exzellent.

Als Schinkel die Lehre bei Gilly begann, hatte er vom Bauhandwerk wenig Ahnung. Er wußte nicht, wie Mauern und Wände hochgezogen, wie Kalk gelöscht wird und wie man Wohngebäude, Ställe und Scheunen baut. Gewiß, er hatte während des Aufbaus in Neuruppin an der einen oder anderen Baustelle den Arbeitern zugeschaut – aber bestimmt nicht in der Absicht, eines Tages selbst ins rauhe Maurerhandwerk zu wechseln.

Gilly ermöglichte dem Jungen – und auch das wird gewöhnlich übersehen – neben dem Bauzeichnen den Umgang mit Kelle, Mörtel und Senkblei zu lernen. Gilly unterhielt nämlich mit allerhöchster Genehmigung ein eigenes Baugeschäft mit Gesellen und Gehilfen.[12] Schinkels Maurerlehre ist zwar nicht belegt, doch es ist kaum denkbar, daß Gilly, der bei seinem Sohn darauf bestand, daß er als angehender Architekt das Maurer- und Zimmerhandwerk erlernte, seinen Schüler anders behandelte und nicht zumindest von ihm verlangte, daß er eine Zeitlang hospitiere. David Gilly, der Praktiker, besaß eine erstklassige Modellsammlung für Unterrichtszwecke. Ein Prachtstück war die viereinhalb Meter lange, zerlegbare Schiffahrtsschleuse.[13] Schinkel kann sie unmöglich übersehen haben.

Schinkels erstes Lehrbuch war das von David Gilly verfaßte *Handbuch der Landbaukunst, vorzüglich in Rücksicht auf die Konstruktion der Wohn- und Wirtschaftsgebäude für angehende Cameralbaumeister und Ökonomen*. Der 1. Band war kurz vor Beginn von Schinkels Lehrzeit erschienen und widmete sich dem Bau von Kellern, Souterrains, Mauern, Wänden und Überwölbungen. Über 300 Baumeister, Handwerker und Konduteure aus den preußischen Provinzen, ja aus dem Ausland, bestellten Exemplare.[14] Noch in Schinkels erstem Lehrjahr kam der zweite Band heraus mit Anweisungen zum Bau von Dächern, von Balkenlagen und zum Innenausbau. Das Handbuch, das auch die ausländische Fachliteratur berücksichtigte, war das erste brauchbare Lehrbuch dieser Art und blieb für Jahrzehnte ein Standardwerk. Gilly erhielt vom König als Anerkennung für das Handbuch die Goldene Krönungsmedaille.[15]

David Gilly darf, obwohl von konservativer Gesinnung, als Pionier im Bauwesen bezeichnet werden. Er hatte eine Reihe von vorzüglichen Fachschriften verfaßt, die den neuesten Stand der Bautechnik widerspiegelten. Sie enthielten alles, was der Architekt, der Konduteur und

Maurer wissen muß: Wie man gut funktionierende Schleusen baut und feste Deiche errichtet; wie man billiger baut mit getrockneten Lehmziegeln, Bohlen- oder Lehmschindeldächern, und wie man große Felsbrocken mit Eisenkeilen spaltet. Bei David Gilly eignete sich Schinkel die neuen Erkenntnisse an über die Anbringung von Blitzableitern, über die Verbesserung des Brandschutzes und über die Ursachen dörflicher Feuerkatastrophen. Schinkel war ja selbst ein gebranntes Kind.

Gilly und seine Kollegen vom Oberbaudepartement gaben seit 1797 eine auf eigene Kosten gedruckte Fachzeitschrift heraus, die erste und einflußreichste in Berlin, die *Sammlung nützlicher Aufsätze und Nachrichten, die Baukunst betreffend, für angehende Baumeister und Freunde der Architektur*. Im Bestreben, das preußische Bauwesen voranzubringen, schauten sie auf technisch fortgeschrittenere Länder wie England und Frankreich. Ein Symbol des technischen Fortschritts war ihnen die von Coalbrookdale, die erste Eisenbrücke, die je gebaut wurde (in der Grafschaft Shropshire). Sie ist im ersten Band beschrieben und als Frontispiz abgebildet. Schinkel besichtigte sie 1826 auf seiner Englandreise.

Schinkel wurde von David Gilly in die neuesten Bautechniken eingeführt, und er würdigte dies. Im Jahr der Englandreise, die unter dem Eindruck epochaler technischer Neuerungen stand, schrieb er in einem für das Lexikon verfaßten Lebenslauf, er habe »mit großer Freude die Gelegenheit [ergriffen], ein Schüler des Geheimen Oberbaurats Gilly zu werden, dessen Verdienst um das Studium der Baukunst durch seine allgemein geschätzten Schriften bekannt sind«.[16]

Schinkel begegnete seinem Lehrmeister mit Ehrfurcht und Respekt. Doch ein vertrauteres Verhältnis wird sich zwischen ihnen nicht angebahnt haben, denn David Gilly war eine hochrangige Amtsperson und hielt auf Abstand und Würde. Zur selben Zeit wurde er zum zweiten Direktor des Oberhofbauamts ernannt. Wahrscheinlich wohnte Schinkel, wie damals üblich, im Hause seines Lehrherrn.

In Schinkels Lehrzeit bei Gilly fielen die Vorbereitungen für die Gründung der ersten preußischen Bauakademie, die von Oberbaurat Gilly und seinen Kollegen vorangetrieben wurden. Die Notwendigkeit einer solchen Einrichtung begründeten sie in der *Sammlung nützlicher Aufsätze* in mehreren Aufsätzen, und so erfuhr Schinkel von Anfang an alles Wissenswerte, was die geplante Lehranstalt betraf, aus erster Hand. Die Lehrzeit bei Gilly war gewiß nicht bequem, doch Schinkel hat sie, wie seine Briefe aus Italien und Frankreich belegen, genutzt. Schinkel reiste nicht ja nur als angehender Architekt und Landschaftsmaler – er reiste auch als Bautechniker, der Nützliches für das heimische Bauwesen auskundschaften will.

»Die Bauart dieses Landes, schreibt er 1804 gegen Ende der Italienreise an den einstigen Lehrherrn, »gewährt ... den Vorteil mehrerer Feuersicherheit, große Feuersbrunst ist ein fast in ganz Italien jetzt nicht gekanntes Unglück.«[17] Ganz der Schüler David Gillys, beschreibt Schinkel verschiedene Baumaterialien und -techniken. Er befaßt sich mit Schallproblemen und Steinkonstruktionen, er untersucht die Vorteile des Bauens mit gebrannten Ziegeln und bewundert akkurat ausgeführte Fassaden, die »keine fehlerhafte Arbeit unter einem Kalküberzug zu verstecken haben«. Er berichtet Gilly von vielfältigen Erkundungen, »die Ihnen vielleicht eine Idee geben können, welchen Nutzen die Architektur aus diesem Lande fürs Vaterland ziehen kann«.[18]

Nach der Heimkehr 1805 überließ Schinkel seinem Lehrer für die *Sammlung nützlicher Aufsätze* einige seiner Reiseskizzen.[19] Doch wegen der am politischen Horizont aufziehenden dunklen Wolken und des Rückgangs des Bauwesens kam es nicht zu einer beständigen Zusammenarbeit.

David Gilly wurde für Schinkel zum Vorbild des pflichtbewußten Beamten, der sich selbstlos in den Dienst des Staates stellt. David Gilly starb 1808 in großer Armut, weil er nach der Niederlage Preußens und der Flucht des Königs nach Königsberg mehr als ein Jahr lang kein Gehalt (2000 Rtl.) mehr erhielt. Gillys verzweifeltes, aber ergebenes Bittschreiben an den König, das er an seinem eigenem Todestag verfaßte, ist ein erschütterndes Dokument der damaligen Lebensumstände in Preußen.[20]

Friedrich Gilly

Als Gilly gegen Ende 1798 in Berlin eintraf, schien es, als habe nicht nur Karl Friedrich Schinkel, sondern das ganze architektonische Berlin auf ihn gewartet. Wenig Aufregendes war seit der Vorstellung des Friedrichsdenkmals, das während seiner Abwesenheit vorgestellt worden

---

Die folgenden Fachschriften David Gillys lagen in Schinkels Lehrzeit vor

Beschreibung einer vortheilhaften Bauart mit getrockneten Lehmziegeln. 1790.
Grundriß zu den Vorlesungen über das Praktische bei verschiedenen Gegenständen der Wasserbaukunst. Berlin 1795.
Beschreibung, wie große Felssteine mit eisernen Keilen zu spalten sind. Berlin (o.J.) um 1796.
Beschreibung der Feuer abhaltenden Lehmschindeldächer. Berlin 1796, mit Kupfern.
Über Erfindung, Construction und Vorteile der Bohlendächer. Berlin 1797, mit Kupfern.
Über schnelle Verbreitung eines entstehenden Feuers in Dörfern. Berlin 1797.
Zus. mit J. A. Eytelwein. *Kurze Anleitung, auf welche Art Blitzableiter in den Gebäuden anzubringen sind*. Berlin 1798.
Abriß der Cameral-Bau-Wissenschaften zu Vorlesungen. Berlin 1799.
Handbuch der Landbaukunst, vorzüglich in Rücksicht auf die Konstruktion der Wohn- und Wirtschaftsgebäude für angehende Cameralbaumeister und Ökonomen. Mit illuminierten Kupfern, Titelvignette von Friedrich Gilly. Berlin 1797/1798:
1. Teil: Baumaterialien; 2. Beschaffenheit von Grund und Boden in Rücksicht auf die darauf aufzuführenden Gebäude; 3. Fundamente, Keller, Souterrains und deren Überwölbung; 4. Von Mauern und Wänden.
2. Teil: Balkenlagen, Decken, Dächer, Innenausbau.

93. Johann Gottfried Schadow, *Friedrich Gilly*, 1800/01. Die Marmorbüste wurde 1801 zum Andenken an den früh Verstorbenen im großen Zeichensaal der Bauakademie aufgestellt. (Akademie der Künste, Berlin.)

war, geschehen. Zu wenig seit dem Bau des Friedenstores. Langhans probierte weiter, er entlehnte, wie Schadow abfällig bemerkte. Der Einzige, der die neue Baurichtung unauffällig weiterführte, war der tüchtige David Gilly mit den Landschlössern Paretz (1797) und Freienwalde (1798), schlichte Bauten, die freilich kaum die Bezeichnung Schloß verdienen. Doch wirkliche Impulse zur Erneuerung der Baukunst »nach dem Stil der Alten« erwartete man von dessen Sohn, dem mit frühem Lorbeer bedachten Friedrich Gilly. Er galt »für das größte Genie im Baufache« (Schadow).[21]

Gilly hatte eine große Leidenschaft für das Monumentale. Dies wurde dem Berliner Kunstpublikum erstmals vor Augen geführt, als er auf der Akademieausstellung von 1795 mit zehn Ansichten der Marienburg (Westpr.), die er 1794 auf einer Dienstreise seines Vaters, den er begleitete, gezeichnet hatte, an die Öffentlichkeit trat. Diese Blätter waren ein verklärter Blick auf die hohe Baukunst des Mittelalters. Sie gaben den ersten Anstoß zur Wiederherstellung des dem Verfall preisgegebenen imposantesten deutschen Ordensritterschlosses im Osten. Er sah in der Marienburg das vaterländische Denkmal »eines wirklich großen einfachen Stils«[22] und zog damit die Aufmerksamkeit des Königs auf sich, der ein Blatt erwarb. Ein anderes erwarb Minister von Heinitz, der Kurator der Kunstakademie.[23] Noch im selben Jahr, im November, bewilligte Friedrich Wilhelm II. für Friedrich Gilly ein vierjähriges Auslandsstipendium, insbesondere für Italien. Der König erhoffte sich offenbar Großes von dem jungen Hofbauamts-Konducteur.

Indessen, wenn man bedenkt, daß selbst das Genie eine Portion Glück zum Weiterkommen braucht, daß die Verhältnisse günstig sein müssen und der Zeitpunkt stimmen muß, so erlitt Gilly just am Beginn einer hoffnungsvollen Karriere einen Rückschlag. Er wurde, wohl für ihn selbst überraschend, in eine gänzlich andere als die klassische künstlerische Richtung gedrängt.

Gilly hatte sich in privaten Studien mit der Kunst und Kultur der Antike beschäftigt. In Italien wollte er sie an den Objekten studieren, doch wegen der ungünstigen politischen Entwicklung mußte die Reise mehrfach aufgeschoben werden und wurde schließlich durch Napoleons Einfall in Italien undurchführbar.[24] Sie führte nun nicht mehr in die antike Vergangenheit zu den großen Monumenten der Alten, sondern in die Gegenwart in das moderne nachrevolutionäre Frankreich und das industrielle England. Friedrich Gilly sah Italien nie mit eigenen Augen! Die italienische Kunstlandschaft, die noch C. G Langhans, Erdmannsdorff, Schadow, Gentz besuchen durften, blieb ihm, dem künftigen Lehrer Schinkels, verwehrt.[25] Und dies mußte – mittelbar auf Schinkels Werdegang Einfluß haben!

Gilly hatte, wie Schinkel, keine abgeschlossene Schulausbildung. Mit siebzehn arbeitete er auf dem Bau an der Berliner Stadtvogtei. Ein »tüchtiger Wasserbaumeister« sollte er nach dem Wunsche seines Vaters werden. Aber Friedrichs »Neigung zur Prachtbaukunst« führte ihn an die architektonische Klasse der Kunstakademie, die er nebenher besuchte. Durch »seine Geschicklichkeit und die Feinheit seiner Sitten« empfahl er sich 1789/90 dem Freiherrn von Erdmannsdorff und Langhans. Er arbeitete unter beiden in Berlin und Potsdam. Langhans nutzte Gillys Begabung für Innenraumverzierungen bei der Einrichtung des Kronprinzenpalais 1793.[26] Bei diesen Arbeiten kam Gilly zu der Einsicht, daß ihm Wichtiges fehle. Auch er war »bis dahin gewöhnt, dem herrschenden Geschmack an neuer französischer Baukunst in der Hauptstadt zu huldigen«, berichtet der eng mit ihm befreundete spätere Archäologe Konrad Levezow. Auch Gilly hatte »in ihr die äußerste Grenze der architektonischen Schönheit zu finden geglaubt. ... Aber sein denkender Kopf führte ihn endlich plötzlich, da er um und neben sich von Künstlern und Handwerkern von nichts als von der Antike und antikem Geschmack reden hörte, ohne daß er doch in ihren Produkten selbst eine ... gründliche Bestimmung des Begriffs ... gefunden hätte«, zur »Untersuchung der Frage: was jene Antike und antiker Geschmack sei, und wie er sich von jedem andern Geschmack unterscheide. Ehe er sich diese Frage nicht gründlich beantwortet haben würde, (tat er sich gleichsam selbst das Gelübde), wollte er nicht, teils in seinen Privatstunden, teils in seinen Geschäftsarbeiten, von einer Sache Gebrauch machen, die ihm zwar immer als etwas Wesentliches und Besonderes in der Kunst gerühmt worden war, wobei er aber nur zu sehr fühlte, daß er davon keine deutlichen Vorstellungen hätte ...«[27]

Zu dieser Zeit begegnete Gilly dem fast gleichaltrigen Wilhelm Heinrich Wackenroder, einem Bewunderer Albrecht Dürers und der deutschen Kunst des Mittelalters. Wackenroder, der einen ganz anderen Weg ging als Gilly, berichtete in einem Brief im Februar 1793 an Ludwig Tieck, mit dem er auf dem Friedrichswerderschen Gymnasium Freundschaft geschlossen hatte:[28] »Ich habe eine Bekanntschaft gemacht, die mir nicht erfreulicher sein konnte; mit einem jungen Architekten, Gilly. ... Aber jede Schilderung ist zu schwach! Das ist ein Künstler!! So ein verzehrender Enthusiasmus für alte griechische Simplizität! – Ich habe einige sehr glückliche Stunden ästhetischer Unterhaltung mit ihm gehabt. Ein göttlicher Mensch.«[29] Gilly war zu der Überzeugung gelangt, daß das Studium der Baukunst der Alten der Schlüssel sei zu einer »architektonischen Wiedergeburt«.[30]

Die Lehrzeit bei Friedrich Gilly

Während seiner Auslandsreise faßte Friedrich Gilly den Entschluß, seine Eindrücke und Erfahrungen in Berlin an junge Architektenkollegen weiterzugeben. In Paris und London hatte er durch sein gewinnendes Wesen und seine außerordentlichen Kenntnisse die Sympathien bedeutender Männer gewonnen. Besonders wichtig waren für ihn die Begegnungen mit dem Architekten Julien Le Roy, der 1754 in Athen Altertümer aufgenommen hatte,[31] und dem Baumeister Jacques-Germain Soufflot,[32] dem Erbauer des Pariser Pantheon. Er begegnete dem Maler David und anderen bekannten Künstlern und Gelehrten, besichtigte die Werke der neuen Architektur und die Dekorationen auf dem Marsfeld, wo die Revolution ihre Feste feierte und er an einem Staatsakt teilnahm.[33] Er besuchte Abend für Abend das Theater, schlenderte tagsüber zeichnend und notierend durch die Straßen von Paris und versäumte keine Gelegenheit, wichtige Neuerscheinungen, seltene Stichwerke, wertvolle Prachtausgaben und Kupferstiche zu erwerben. Er plante eine Arbeitsbibliothek mit architektonischen Standardwerken aus Vergangenheit und Gegenwart.[34]

Kurz vor Silvester traf Gilly in Berlin, in der Taubenstraße 16 ein, wo er im Hause des Vaters wohnte. In diesen Tagen kam es zur ersten Begegnung zwischen ihm und dem jungen Schinkel. David Gilly gab seinen Schüler in die Hände seines Sohnes. Friedrich Gilly muß es überrascht haben, daß es gerade sein Entwurf zum Friedrichsdenkmal war, der diesen Jungen zu ihm geführt hatte. Vielleicht ahnte Gilly in den Augenblicken ihrer ersten Begegnung, daß ihn mit seinem Schüler bald mehr verbinden würde als die übliche Lehrer-Schüler-Beziehung.

Dennoch konnten die beiden Naturen kaum verschiedener sein. Gilly eine vulkanische Natur, ein Feuerkopf. Schinkel bedachtsam, unsicher und schülerhaft wirkend. Sein Verhältnis zu dem »höchst genialischen Mann«[35], wie er ihn später bezeichnete, gestaltete sich schwierig. Das lag an Schinkels übergroßen Respekt gegenüber dem weitgereisten, sicher auftretenden Gilly. Ein Meister in Optik und Perspektive, ein brillanter Kopf in Mathematik und Geometrie, ein Baukünstler mit revolutionierenden Ideen.

Friedrich Gilly war eine charismatische Gestalt. Nur so lassen sich Waagens häufig zitierte Worte verstehen, Schinkels Verehrung für Gilly sei so groß gewesen, »daß er ihn wie ein höheres Wesen betrachtete und sich ihm fast nicht ohne Zittern nahen konnte«.[36]

Schinkel war gelehrig und anpassungswillig. Doch sein Bestreben, dem verehrten Lehrer zu gefallen, führte dazu, daß er sich selbst verleugnete. Seine unter Gilly enstandenen Skizzen sind Belege einer künstlerischen Unterwerfung: Schinkel eignete sich den Zeichenstil Gillys so gekonnt an, daß die Kunsthistoriker bis heute Mühe haben, die Arbeiten beider auseinanderzuhalten und Schadow in seinen Erinnerungen schrieb, Schinkel sei »eine Naturwiederholung dieses seines Meisters«.[37] Andererseits: Wie hätte Schinkel sich gegen diesen übermächtigen Mann behaupten sollen, zumal in einer Zeit, in der ein Lehrer-Schüler-Verhältnis auf strikten Gehorsam gegründet war?

Schinkel, dessen Selbstgefühl am Gymnasium unterdrückt worden war, bedurfte einer persönlichen Zuwendung, um sich zu öffnen. Lernen vermochte er nur bei Menschen, denen er sich anvertrauen konnte. Friedrich Gilly erkannte die besondere psychologische Situation seines Schülers und behandelte ihn mit Nachsicht. »Er mischte seinem Tadel jene feine Schonung bei, die nur die edle Frucht einer höhern Bildung ist, wenn er sah, daß er dadurch empfindlich treffen, anderweitige Verdienste beeinträchtigen oder das aufkeimende Genie unterdrücken würde«, berichtet Konrad Levezow.[38]

Wie Gilly den Unterricht im Einzelnen handhabte, ist nicht bekannt. Schinkel äußerte sich aber später gegenüber David Gilly in großer Dankbarkeit, was ihm die anderthalbjährige[39] Lehrzeit bei Friedrich Gilly bedeutete: »… daß für jedes Glück, was mir bis jetzt in meiner Laufbahn begegnete und was in Zukunft vielleicht noch meiner wartet, nur von ihm her der erste Samen fiel; daß ein unauslöschliches Dankgefühl immer in meinem Herzen leben und mich an den Schöpfer dessen, was ich bin, erinnern wird. Ja selbst das Verhältnis, in welchem ich stand, da ich nicht allein in jenem teuren Umgang täglich die nützlichste Belehrung empfing, sondern mir schmeicheln kann, als Freund sogar behandelt worden zu sein …«[40]

94. Friedrich Gilly, Vorderansicht und Grundriß des Schlößchens Bagatelle bei Paris, 1799.

95. Friedrich Gilly, Entwurf zum Landhaus für Bergrat Mölter im Tiergarten, 1799. Es war das einzige Landhaus Gillys, das ausgeführt worden ist.

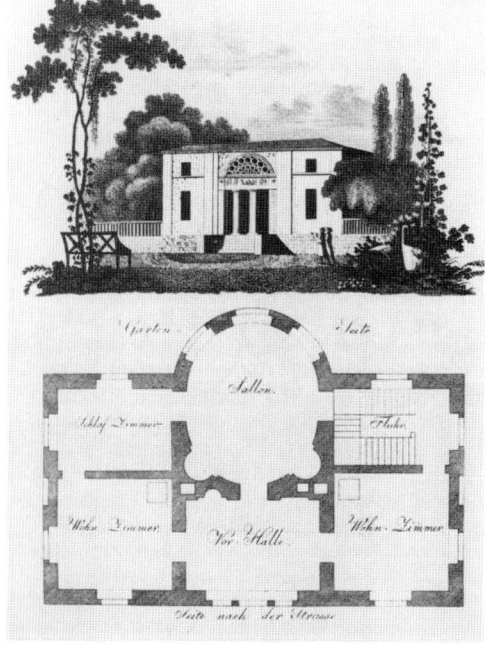

Schloß Bagatelle

Die erste Arbeit, welche ihm Gilly auftrug, war ein Grundriß des Lustschlosses Bagatelle bei Paris,[41] das er auf seiner Reise besichtigt hatte.« Es gibt keinen Grund, an Waagens Mitteilung zu zweifeln, aber man stutzt! Warum gab Gilly, der Palladio-Schüler und Bewunderer antiker Erhabenheit und Größe, seinem Schüler als erste Arbeit ausgerechnet das Werk eines modernen französischen Architekten an die Hand? Warum nicht einen Klassiker? Warum nicht Bauaufnahmen von Palladio oder Stuart/Revett, warum nicht Vitruv oder Le Roy? Es gibt nur eine Erklärung: Gilly wählte Bagatelle nicht zufällig aus. Er wollte seinen Schüler an die aufregendsten Bauten der Gegenwart heranführen. Die hatte er in England gesehen und besonders in Frankreich, wo ihm die rücksichtslose Kühnheit, mit der fortschrittliche Architekten zu Werke gingen, mächtig imponierte. Die Reise hatte Gilly verändert, sie hatte ihn mit der architektonischen Gegenwart konfrontiert. Ein Friedrichsdenkmal zu bauen, war ihm nun nicht mehr möglich. Jetzt wollte er Neues durchsetzen.

Schon Waagen fiel auf, daß es Gilly nicht gelang, »seine Begeisterung für die Kunst des Altertums ... bei seinen Gebäuden in reine Anwendung zu bringen«.[42] Doch Gillys vermeintliche Unfähigkeit ist anders zu deuten: Er wollte diese »reine Anwendung« gar nicht. Das Friedrichsdenkmal hatte ihm Schinkel zugeführt, doch Bagatelle wies in eine andere Richtung – auf den kritischen Punkt, wo die Kunstauffassungen von Lehrer und Schüler auseinander gehen sollten.

Friedrich Gilly bevorzugte die schwere, monumentale Form. Schinkel hingegen wird bemüht sein, dem Schweren Leichtigkeit zu verleihen und seinen Bauten einen Hauch von Poesie zu geben. Hinzuweisen ist auch auf etwas anderes Grundsätzliches: Gilly war zu diesem Zeitpunkt selbst noch nicht fertig. Er drängte vorwärts, er suchte. Das färbte auf den Unterricht ab. Wäre eine weniger impulsive, ausgewogenere Natur als Lehrer zuträglicher gewesen?

Das Schlößchen Bagatelle, am Pariser Bois de Boulogne gelegen, inspirierte Gilly wie kein anderes Gebäude. Gleich nach der Heimkehr berichtete er darüber in der *Sammlung nützlicher Aufsätze* – es ist eine sehr französische Geschichte, seine hugenottische Abstammung ließ sich nicht verleugnen. Schinkel hat diesen Aufsatz bestimmt gelesen.

Bagatelle, im Jahre 1777 im Auftrag des Grafen von Artois, dem Bruder des Königs Ludwig XVI. erbaut, war eine moderne Schöpfung des Architekten François-Joseph Bélanger,[43] nach Gillys Urteil unstreitig »eines der besten Werke der neueren französischen Baukunst«.[44] Es sollte ein Geschenk des Grafen für seine Schwägerin Marie-Antoinette sein – eine »Kleinigkeit«, eben eine »Bagatelle«. Das Schlößchen mußte in sechs Wochen, bis sie von einer Reise heimkehren würde, fertig sein. Alle verfügbaren Arbeiter und Künstler wurden zusammengerufen, erzählt Gilly. Man »arbeitete am Fuß und am Gesims zugleich, und Tag und Nacht bei Fackellicht war das Gebäude mit Arbeitern angefüllt«. Diese meisterhafte Koordinierung der unterschiedlichsten Bauarbeiten fand seine uneingeschränkte Bewunderung. »Man hatte das Unternehmen der Königin besonders geheimgehalten, und so überraschte sie bei ihrer Rückkehr der zauberische Anblick dieser fast unbegreiflichen Schöpfung.« Gillys Beschreibung von Bagatelle wurde zu einem der schönsten Aufsätze der Architekturgeschichte.

Betrachtet man das zweistöckige Schlößchen nicht mit Gillys sondern mit Schinkels Augen, verliert Bagatelle mit seiner kunstlosen Fassade und dem kubischen Baukörper jedoch an Charme. Würden nicht Baumkronen und Buschwerk Bagatelle umschmeicheln, stünde es nicht in einem nach englischem Geschmack eingerichteten Park, dem berühmtesten »jardin anglais« dieser Jahre, würde es abweisend wirken. Aber Gilly, der Neuerer, sah Bagatelle mit anderen Augen. Dieser nüchterne Stil, der glatte Flächen geometrisch gliederte, war ganz nach seinem Geschmack. Eine durch und durch rationale Architektur, mit der sein Schüler Schinkel allerdings seine Schwierigkeiten haben wird!

Schloß und Garten von Bagatelle verraten viel über Gillys architektonische Pläne. Bagatelle enthielt ein Programm. Er bewunderte Bagatelle wegen seiner Vollkommenheit, der geglückten Symbiose von Menschenwerk und Naturschöpfung. Es stand auch für eine neue erlesene Wohnkultur, an der die bürgerlichen Schichten sich orientieren und an der sie teilhaben sollten. Sie war ja noch kein allgemeines bürgerliches Anliegen, sondern Sache der Adligen und Fürsten. Gillys Aufsatz wies seinen Schüler bereits zu Beginn der Lehrzeit auf die Bedeutsamkeit der Innenraumgestaltung hin.

Die Anlage von Bagatelle, schrieb Gilly, sei »überhaupt eine der schönsten ihrer Art«. Sie verdiene von den deutschen Künstlern beachtet zu werden. Der Garten sei »nach dem neuern Geschmack, den auch die Franzosen unter dem Namen des englischen Geschmacks ergriffen haben«, und er überlegte, ob die Deutschen »vorzüglich fähig [seien], selbst den großen Sinn, der dem Engländer für malerische Natur angeboren ist, zu fassen und in eigener Kunst wirken zu lassen«.[45]

Bis ins geringste Detail beschrieb Gilly die elegante Innenausgestaltung, die beispielhaft sei. Er nannte die verwendeten Materialien, die Dekorationen, Tapeten und Gardinen, die Täfelungen, die Marmorfußböden und Wandmalereien, das Treppengeländer aus Mahagoni, die Türfüllungen etc. Er schilderte die originelle Schlafzimmer-Anordnung, die damals beim Adel in Mode kam: nämlich »in der Form eines Zeltes angeordnet. Seidene, weiß und blau gestreifte Teppiche bedecken die Wände, zeltförmig aufgehängt und an ringsumher aufgestellten Lanzen befestigt«. Kronprinz Friedrich Wilhelm [IV.] hat sich von Schinkel in Schloß Charlottenhof ein solches Zeltzimmer einrichten lassen.[46]

Gilly schrieb den Aufsatz einzig aus der Sicht des Baumeisters. Die revolutionären Ereignisse, die erst wenige Jahre zuvor über Bagatelle hinweggegangen waren, erwähnte er mit keinem Wort. Daß der König und Marie-Antoinette guillotiniert wurden, überging er. Warum? War Gilly vielleicht insgeheim ein Anhänger der Französischen Revolution? Nein. Er war ein überzeugter und loyaler Monarchist. Daran lassen seine Gedanken über das Schicksal des einer fürstlichen Laune entsprungenen Schlößchens Bagatelle, die nicht ohne eine gewisse Wehmut sind, keinen Zweifel. Er beschließt den Aufsatz mit den Worten: »Das königliche Bagatelle, vormals der abgeschiedene, ruhige Zufluchtsort vor den rauschenden Zerstreuungen des Hofes, stand übrigens Jedem, durch leicht zu erhaltende Einlaßzettel, offen. Als National-Eigentum ist es einem Restaurateur zu öffentlichen Gelagen vermietet, und dem Taumel des flüchtigen Genusses preisgegeben, ein Sammelplatz der eleganten Pariser Welt geworden.«[47]

Die Privatgesellschaft junger Architekten

Nach der Heimkehr gründete Friedrich Gilly unverzüglich die Privatgesellschaft junger Architekten, in die er Schinkel aufnahm. Die Mitgliedschaft war ein großer Ansporn für Schinkel, denn er kam dadurch früh mit tüchtigen jungen Architekten zusammen. Sie stammten teils aus dem engeren Umkreis der beiden Gillys und hatten mit ihnen gemeinsam an Bauvorhaben gearbeitet. Sie waren fast alle unter Dreißig. Schinkel war mit 17 Jahren mit Abstand der Jüngste. Für ihn war die Mitgliedschaft von größtem Nutzen, denn während ein Bau-Eleve meist von einem Lehrherrn, dem er zur Hand ging, ausgebildet wurde, erhielt er seine Ausbildung gewissermaßen im Kollegenkreis. Er war zwar ganz der Lehrling, durfte aber gemeinsam mit den anderen bereits eigene Entwürfe vorlegen.

Absicht dieser Vereinigung, damals ein Novum, war die Erarbeitung bestimmter Aufgaben und die Weiterbildung, insbesondere in Hinblick auf die gegenwärtige Bausituation und den zu erwartenden neuen Aufgaben. Gilly als Spiritus rector verfolgte offenbar weitergehende ehrgeizige persönliche Ziele, für die er sich einen Mitarbeiterstamm heranbilden wollte.

Die Freunde versammelten sich in den Wintermonaten wöchentlich einmal. Jeder mußte eine »fingierte« kleinere architektonische Aufgabe lösen. Größere Aufgaben, die in Muße zuhause bearbeitet werden sollten, wurden verlost. Die ausgearbeiteten Pläne und Entwürfe wurden gemeinsam besprochen und freundschaftlich untereinander kritisiert.[48] Man hielt auch historische Vorträge zur Entwicklung der Baukunst und beschäftigte sich mit den Biographien berühmter Architekten.[49]

Die dominierenden Persönlichkeiten waren Friedrich Gilly und sein 33jähriger Schwager Heinrich Gentz als Mitbegründer. Sie standen im Rang eines Inspektors des Oberhofbauamts, einer von Friedrich Wilhelm II. nach Regierungsantritt 1786 eingerichteten Behörde, die die Immediatbauten, d. h. die vom König selbst in Auftrag gegebene Bauten, beaufsichtigte. Gentz lehrte überdies seit 1796 als Professor und zweiter Lehrer der Architekturklasse bei der Akademie der Künste.

Landsmann und Schulkamerad Gillys aus Stettin war der 30jährige Joachim Ludwig Zitelmann, seit 1794 Assessor am Oberbaudepartement, der von Friedrich dem Großen begründeten und den provinzialen Bauämtern übergeordneten zentralen Behörde.[50] Zitelmann hatte Vorlesungen an David Gillys privater Bauschule gehalten. Zusammen mit Friedrich Gilly und Gentz war er Mitarbeiter an der Sammlung nützlicher Aufsätze. Das vierte Mitglied, der 24jährige Architekt Martin Friedrich Rabe, arbeitete als Bauleiter unter David Gilly für Schloß Paretz. Rabe, Sohn eines Buchhalters in Stendal, studierte unter Becherer und David Gilly Architektur. Fünftes Mitglied war (vermutlich) der Konducteur Carl Ferdinand Langhans, ein Sohn des Direktors des Oberhofbauamts. Sechstes Mitglied war der 25jährige Stipendiat Baron Carl Haller von Haller-

96. Gerhard v. Kügelgen, Heinrich Gentz, um 1792.

stein, Sohn eines Majors aus Nürnberg. Hallerstein reiste später als erster Deutscher zu Ausgrabungen nach Griechenland. Siebentes Mitglied war Schinkel. Haller, Rabe und Schinkel beabsichtigten, die neue Bauakademie nach der Fröffnung zu besuchen. Zitelmann, Gentz und F. Gilly wurden im April 1799 als Dozenten berufen. So hatte Schinkel das große Glück, bereits in der Privatgesellschaft[51] von drei designierten Lehrern der Bauakademie zu lernen.

Die Gesellschaft trat wahrscheinlich am 29. Januar 1799 erstmals zusammen, denn unter diesem Datum ist das Konzept einer Grundsatzrede Gillys erhalten, in der er darauf hinwies, wie wichtig es sei, die Baukunst der Alten zu studieren, denn auf diesem Weg hätten Palladio und seine Zeitgenossen mustergültige Vorbilder einer reineren und unverfälschten Bauart geschaffen.

»Es war dem Sinne eines wahren Künstlers angemessen, mit dieser Forschung alle Wege der weiten Laufbahn vorzuzeichnen und als Muster zur Bildung das Vortreffliche aller Zeiten, – aller Zeiten des guten Geschmacks zur Empfehlung herauszuheben. Die älteren italienischen Baumeister, Andrea Palladio und seine Zeitgenossen besonders, haben den Ruhm, nach den Zeiten der Alten gewonnen, ... Vorbilder einer reinern unverfälschten Bauart in ihren Werken hinterlassen zu haben – Vorbilder, die ganz besonders zu näherer Anwendung dieser Kunst auch unsere Bedürfnisse leiten und zu einem einfachen schönen Geschmack den beobachtenden Archit.[ekten] anführen werden. – Italien hat tausend Schätze dieser Art für den Studierenden, auch aus der neuern Periode der Kunst, neben dem herrlichen Altertum – und ist es ein Wunder, daß hier, wo alle Kunst so fruchtbringend gedieh, auch diese immer vorzüglich blühte?«[52]

Palladio

An Palladio führte kein Weg vorbei. Seine *Vier Bücher zur Architektur* wurden für Schinkel zum ABC der Baukunst. Palladio, der sich als ein publizierender Praktiker verstanden wissen wollte, schrieb, er habe durch das lebendige Studium erhaltener antiker Bauten mehr gelernt, als aus den zehn Büchern zur Baukunst seines berühmten römischen Vorgängers, des »göttlichen Vitruv«.[53]

Für das Studium Palladios war Gilly gut gerüstet. Er besaß eine englische und eine französische Übersetzung, allerdings nicht die unvollständige deutsche Ausgabe von 1698.[54] So wird Schinkel, dessen Englischkenntnisse gering und dessen Französisch nicht gerade überragend war, mehr oder weniger mit Gillys Hilfe die französische Ausgabe durchgearbeitet haben. Erleichtert wurde dies durch die Tatsache, daß Palladio es verstand, seine Leser in einer leicht faßlichen Form in der »edlen Wissenschaft« der Architektur zu unterweisen und auf theoretisierende Kommentare verzichtete.

Von dem Renaissance-Baumeister sprachen die zeitgenössischen Architekten mit Enthusiasmus. Palladios Botschaft lautete: Maß, Einfachheit und Würde! Klarheit der Gliederung, Schönheit der Proportion, Sparsamkeit des Schmucks. Er wage zu sagen, schrieb Palladio 1570, daß er aufgrund langer Erfahrung »einige Probleme der Architektur so erhellt habe, daß jene, die nach mir kommen, an meinem Beispiel die Schärfe ihres eigenen Verstandes übend, die Herrlichkeit ihrer eigenen Bauten leicht zur wahren Schönheit und Anmut antiker Gebäude führen können«.[55]

Einer dieser ideal gesinnten Architekten, die nach Palladio kamen und die Baukunst zu wahrer Schönheit führen wollten, war der junge Gilly. Sein Friedrichsdenkmal, das Schinkel so tief beeindruckt hatte, war modern gebauter Palladio! Gilly hielt sich genau an Palladios in den *Vier Büchern zur Architektur* gelehrten Regeln, die dieser anhand der von ihm selbst vermessenen Bauten des alten Roms aufgestellt hatte.[56]

Gillys Entwurfsskizzen sind übersät mit Anmerkungen[57] zu Palladios viertem Buch – für Schinkel ein geradezu »klassisches« Lehrstück aus dem Atelier seines Meisters. Über den besten Standort eines Tempels, der ja bei dem Friedrichsdenkmal eine dominierende Rolle spielte, schrieb Palladio, dieser sollte stets errichtet werden »... fern von unehrenhaften Gegenden und auf schönen und geschmückten Plätzen, auf die viele Straßen einmünden; dort, wo alle Teile des Tempels in ihrer Würde, mit den dargebrachten Ehrerweisungen und mit Bewunderung von jedem gesehen werden können, der sie anschaut und wahrnimmt. Wenn es in der Stadt Hügel gibt, so suche man den höchsten Teil aus. Sind aber keine höher gelegenen Stellen vorhanden, so lege man den Boden des Tempels um so viel gegenüber dem übrigen Niveau der Stadt höher, wie es sich schickt. Man wird dann über Stufen zum Tempel emporsteigen. Außerdem bringt dieses Hinaufsteigen zum Tempel eine größere Ehrerbietung und eine größere Erhabenheit mit sich. Man macht die Vorderseiten der Tempel so, daß sie den größten Teil der Stadt überblicken ...«[58]

Gilly setzte Friedrich den Großen mit Jupiter gleich. Der preußische König – in den Olymp erhoben – wurde »zum Herrscher schlechthin«. Die Gleichsetzung bedingte eine bestimmte, festgeschriebene Tempelform. Nach Palladio mußte ein dem Jupiter geweihter Tempel nach oben offen sein[59] – wie in Gillys Entwurf. Warum aber wählte Gilly gerade einen Tempel? Ein Tempel war für ihn der höchste Inbegriff der Verherrlichung des Königs, weniger ein Tempel, sondern mehr ein »Heroon«.[60] Darunter verstanden die Griechen das Grabmal eines Heros, eines Helden von halbgöttlicher Abkunft oder eines wegen seiner Taten als Halbgott verehrten. Gilly notierte auf dem Skizzenblatt:

»Dem Jupit[er]. Herrscher des Himmels. Palladio [Seite] 196 ... Was waren die alten Tempel. Kein Tempel./Heroum. Er muß ganz offen sein. Ohne Zelle. ... Ein bedeckter geschlossener Raum muß sehr groß sein, um einen großen Eindruck zu machen. Alle[s] Glas zur Bedeckung ist unschicklich. Ich kenne keinen schöneren Effekt als von den Seiten umschlossen, gleichsam vom Weltgetümmel abgeschnitten zu sein und über sich frei, ganz frei den Himmel zu sehen. Abends. Heraufsteigen zur Zelle wie in Paestum? ... Die Säulen nicht zu weit voneinander, man muß hinein sehen können, aber nicht ganz durchsichtig; Ebenso heraus. Groß auch in dem Maßstab. Billig der größte in der ganzen Stadt. Jupiter Tempel zu Agrigent. Die Alten haben das im Ganzen befolgt. ... Athen ist ein Muster. Acropolis.«[61]

Mit dem Friedrichsdenkmal brachte Gilly seine Empfindungen bei seinem Studium der antiken Baukunst zum Ausdruck. Niemand konnte dies besser beurteilen als Levezow. Er schrieb:

»Eine neue Welt entschleierte sich hier nach und nach vor den ahnungsvollen Blicken des jungen Künstlers. Größe und Erhabenheit in dem Charakter dieser Nationen; Reinheit und zarte Schönheit in den Geschöpfen ihrer Einbildungskraft; Grazie und Ausdruck in den mannigfaltigen Formen, worin sie die leichten Spiele ihrer Phantasie, ihres Witzes, oder ihre gehaltvollen Gedanken und Ideen eingehüllt haben. Die Bekanntschaft mit diesen Vorzügen konnte unmöglich die Wirkung auf das Gemüt eines Jünglings von solcher Beschaffenheit verfehlen. Jene Größe und Erhabenheit mußte seine ehrfurchtsvolle Bewunderung erregen und sein eigenes Gefühl über die Schranken seines Zeitalters erheben.«[62]

Diese Worte könnten auch für den jungen Schinkel gelten.

Bei diesem wohl ersten Zusammentreffen der Mitglieder der Privatgesellschaft lenkte Gilly die Aufmerksamkeit seiner Freunde auf die moderne Fachliteratur. Er forderte sie auf, dazu beizutragen, die allgemeine Kunstkenntnis durch die Verbreitung von neuen Architekturbüchern und Stichwerken nach Kräften zu fördern.

»Wir können nicht genug wünschen, daß jene Werke durch die Auswahl geschickter Künstler, in treuen und geschmackvollen Abbildungen möglichst bekannt gemacht und ausgebreitet werden mögen. Wie sehr müssen es besonders die wünschen, denen das Glück noch nicht zuteil ward, den Anblick jener Meisterwerke und die Wärme des heiligen Landes selbst zu genießen.«[63]

Als Musterbeispiel legte er eine aus Paris mitgebrachte Neuerscheinung zur Renaissancearchitektur und zur Kunstgeschichte römischer Paläste vor, für die er die »in vieler Hinsicht interessante« Einleitung selbst übersetzt hatte. Es handelte sich um die 1. Lieferung der von Charles Percier, Pierre François Léonard Fontaine und Bernier herausgegebenen Hefte *Palais, Maisons et autres Edifices modernes, dessinés à Rome*, 1798.[64]

Bauten für den Bürger

Die Privatgesellschaft bekannte sich zu dem modernen Ideal des freien Architekten. Unabhängig von staatlichen Aufträgen sollte er mit eigenen Gestaltungen an die Öffentlichkeit treten. Das bisherige Berufsbild vom Maurerarchitekten oder dem friderizianischen Baubeamten, dem adligen Hofbaumeister, der seine architektonische Bildung durch Reisen und Auswertung von Stichwerken erlangt wie beispielsweise Erdmannsdorff oder Knobelsdorff, genügte nicht mehr.

Die Architekten standen vor neuen Aufgaben. Es ging weniger darum, königliche Prachtbauten zu errichten, sondern den Bedürfnissen der Bürger Rechung zu tragen. Neue Gebäudetypen wurden verlangt – das Badehaus, das öffentliche Museum, das Kaffeehaus, die Fabrik, die Manufaktur. Das Herangehen an die bürgerlich bestimmten Bauaufgaben ließ auch neue, von traditionellen Überlieferungen freie Lösungen erwarten. Doch dem Kirchenbau wurde – jedenfalls in der Privatgesellschaft – kaum Beachtung geschenkt.

Palladio in Gillys Bibliothek

Palladio behandelte in seinen *Vier Büchern* 1: Die wichtigsten architektonischen Grundregeln bei der Errichtung eines jeden Gebäudes. Die Säulenordnungen. 2: Den Schmuck und die Schicklichkeit, die beim Bau privater Gebäude zu beachten ist. Den privaten Wohnungsbau in der Stadt und auf dem Land. 3: Die Anlage von Straßen, Plätzen, der Brückenbau. 4: Den Tempelbau. Palladio beschreibt u. a. das Pantheon in Rom, den Tempel in Nimes, genannt »Maison carée«, dem Schinkel hier wohl erstmals begegnet und den er später als Alternativentwurf zum Bau der Friedrichswerderschen Kirche heranziehen wird.

Les Batiments & les dessins d'André Palladio, recueillis & illustrés par O.B. Scamozzi, 1 Teil Beschreibung, 1 Teil Kupfer (GB 5,46–47).
The four books of Architecure by A. Palladio. Translated from the original Italian by Isaac Ware. London, 2. Bde, mit Kupfern (GB 5,48–49).
Les Batiments inedits d'Palladio, mit Kupfern, Tome I, à Venice 1760 (GB 5,50).
Architecture de Palladio, mise au jour par L. Leoni, mit Kupfern (GB 5,52).
Les quattres livres d'architecture d'André Palladio, mis en françois, à Paris 1650, mit Holzschnitten (GB 5,53).
Idea d'un teatro, nello principali sue parti, opera d'Andrea Palladio, Vicenza 1762, mit Kupfern (GB 9,8).

97. Karl Friedrich Schinkel, Schloß Köstritz, 1802, nicht ausgeführter Entwurf für Graf Heinrich XLIII. von Reuß-Schleiz-Köstritz. (SMPK, Sammlung der Zeichnungen.)

Die Mitglieder der Privatgesellschaft waren bis auf Schinkel und Haller Beamten, aber sie arbeiteten miteinander als seien sie ein unabhängiges Architektenteam. Die »Aufträge« waren zwar »fingiert«,[65] wurden jedoch so sorgfältig bearbeitet, als seien sie zur Ausführung bestimmt. Diese Arbeitsweise deutet darauf hin, daß Gilly von Anfang an die Gründung eines eigenen Architektenbüros ins Auge faßte und die Privatgesellschaft das Modell dafür war.

Gelegentlich erarbeiteten die Freunde konkurrierende Entwürfe zu Bauvorhaben, mit denen »sich irgendein königlicher Architekt von Amts wegen« beschäftigte.[66] Gilly, selber königlicher Hofbauamtsinspektor, versicherte, daß die Privatgesellschaft aber nicht beabsichtige, irgendeines der eigenen Projekte zur Ausführung anzubieten, was bei königlichen Gebäuden überdies nicht anginge. Vielmehr wähle »man solche Fälle bloß darum, weil diese sehr oft interessante Aufgaben zu öffentlichen Gebäuden in einer großen Stadt enthielten, und daher wichtige Gegenstände des eigenen Studiums junger Architekten« seien.[67] Nach Lage der Dinge verschleierte Gilly offenbar seine wahren Absichten.

Tatsächlich trat die Privatgesellschaft bereits wenige Wochen nach ihrer Gründung in Konkurrenz zum Oberhofbauamt. Es ging um den Neubau der Börse am Lustgarten, zu dem der Oberhofbaurat Becherer im März 1799 dem König einen herkömmlichen Entwurf vorgelegt hatte. Unabhängig davon erarbeitete die Privatgesellschaft modernere eigene Entwürfe. (Erhalten sind Zeichnungen von Rabe, Gilly, von unbekannt, jedoch keine von Schinkel.) Der König, der davon erfuhr, ließ sich die Blätter zeigen und gab den Gillyschen Entwurf an die Kaufmannschaft als mögliche Alternative weiter:

»Wenn Sie indessen unter den architektonischen Zeichnungen der Privatgesellschaft junger Baukünstler eine sehr schöne Zeichnung des Bauinspektors Gilly gesehen haben, die, wenn sie auch etwas mehr ins Enge gezogen werden müßte, einen noch besseren Effekt machen würde [als die Becherers], so überlassen Sie es den Ältesten, ob sie nicht im Geschmack dieser Zeichnung den Bau aufführen wollen.«[68]

Friedrich Gilly, dem gewiß nichts daran lag, als Rivale seines ehemaligen Lehrers aufzutreten, versicherte, daß die Absicht dieses Entwurfs allein die Darstellung eines idealen Gebäudes in Anlehnung an die Verhältnisse sei. Der Plan sei zu kostspielig und lasse sich nicht »ins Enge ziehen, ohne dem Ganzen zu schaden«.[69] So wurde Becherers Entwurf ausgeführt. Schinkel indes mußte, so wie die Sache unerwarteter Weise gelaufen war, daraus folgern, daß der König mit Gillys neuartiger Bauweise sympathisiere. Ihm imponierte wohl auch, mit welcher Schnelligkeit Gilly diesen Entwurf, der an verschiedene Auflagen gebunden war, baureif vorlegen konnte. In den Börsenbau sollte ein bereits vorhandenes Waschhaus nebst einem Kaffeehaus einbezogen werden,[70] und er sollte repräsentativ sein, damit die Würde des Platzes vor dem königlichen Schloß nicht beeinträchtigt werde. Die Börse wäre neben der um diese Zeit noch im Bau befindlichen »Münze« der zweite bedeutende moderne Bau in der Berliner Innenstadt gewesen.

Die wohl interessanteste Aufgabe, die gestellt wurde, war der ideale Entwurf zu einem Kunstmuseum. Die Errichtung eines solchen »Lehrinstituts« war einige Monate zuvor, im September 1798, durch eine Initiative des Archäologen Hirt ins Gespräch gekommen, der ein Konzept vorgelegt hatte, wie die königlichen auf die Schlösser verteilten Sammlungen zusammengefaßt und der Öffentlichkeit zugänglich gemacht werden könnten. Hirt versprach sich von diesem erstmals einzurichtenden autonomen Museumsbau Preußens[71] einen wichtigen Beitrag zur Förderung der allgemeinen Bildung und des Geschmacks und den Anstoß zur Erneuerung der zeitgenössischen Kunst.

Nach Gillys Vorgaben sollte das Museum mit einer wissenschaftlichen Bibliothek vereinigt sein. Schinkel zeichnete hierzu seinen ersten größeren Entwurf, der allerdings von seinem späteren Museumsbau erheblich abweicht. Hallers Entwurf wurde später Ausgangspunkt seines Münchner Glyptothekplans von 1815.[72] Ein anderes bürgerliches Bauprojekt war für den Berliner Tiergarten gedacht, als eine weiträumige Anlage mit Kaffee- und Badehäusern, bezogen auf die real gegebene örtliche Situation (Januar 1800).[73] Andere Aufgaben lauteten: »Idee zu einem Brunnen auf einem öffentlichen Platz«, »Idee zu einem Jagdschloß« in einer hügeligen Landschaft nebst Stallungen für Pferde und Hunde«. Schinkels Entwurf dazu ist nicht bekannt. Haller hielt seine Zeichnungen offenbar für so gelungen, daß er sie in einem Heft zusammenfaßte und auf die Akademieausstellung von 1800 gab.

Die Enwürfe aus der Privatgesellschaft lehnten sich stark an moderne französische Vorbilder an. Es ist anzunehmen, daß Gilly dies ausdrücklich wünschte und er in der Privatgesellschaft die Keimzelle sah für eine Wiedergeburt der Architektur. Aus den vielen Skizzen, Plänen und baufertigen Entwürfen, die in dem Freundeskreis entstanden, konnte Schinkel nur den Schluß

ziehen, daß Friedrich Gilly sich attraktive Bauaufträge erhoffte und er ihm eines Tages zur Seite stehen würde. Auch mußte er wohl glauben, daß dem Gillyschen Monumentalstil die Zukunft gehören werde. Umso mehr, als Gilly bereits seinen ersten größeren privaten Bauauftrag, das Landhaus für den Bergrat Mölter, dazu nutzte, es geradezu als Kopie von Bagatelle in den Tiergarten zu stellen. Schinkel fertigte eine Nachzeichnung an, die 1800 in der *Sammlung nützlicher Aufsätze* als Titelvignette aufgenommen wurde.[74]

Was Schinkel in der Privatgesellschaft an ersten Versuchen vorlegte, war stark von Gilly geprägt. August Grisebach, dem wir die erste modernere Schinkel-Monographie verdanken, schrieb treffend: »Was er [Gilly] an Ideen Schinkel übermittelte, das ging wohl für die Einzelformen auf die Antike zurück, war aber in der Hauptsache unmittelbar angeregt durch die Pariser Directoire-Achitektur, unter deren Eindruck er stand, als Schinkel sein Schüler wurde«.[75] Schinkel wurde von Gillys künstlerischem Impetus regelrecht überfahren.

Julius Posener urteilte treffend über Schinkels »größten Entwurf im Stile Gillys«, dem Schloß Köstritz, man fände »da eine seltsame Unbeholfenheit – aber täte man nicht besser, von einem inneren Widerstand zu sprechen?«[76] Es hat lange gedauert, bis Schinkel sich von Gillys Einfluß befreite. Als er nach etlichen Jahren der Tätigkeit als Maler und einem ziemlich brotlosen Architektendasein 1816 mit dem Bau der Neuen Wache von sich reden machte, war er ein völlig anderer geworden. Schinkel hat fast ein Jahrzehnt danach sein Verhältnis zu Gilly mit den Worten charakterisiert, sie seien »bald aufs innigste befreundet in einer schönen Kunsttätigkeit« gewesen. Die Arbeiten Gillys hätten einen »besonderem Reiz« gehabt für sein »junges Gemüt, welches in diesen geistreichen, in einer ganz eigentümlichen Manier behandelten archtektonischen Gegenständen zuerst in nähere Berührung mit der Kunst trat«.[77] Eine Bemerkung, die ebensoviel Bewunderung verrät wie Distanz!

Kant, Laugier und die Genie-Diskussion

Hauptanliegen der Privatgesellschaft waren nicht nur die Förderung »gründlicher architektonischer Studien«, sondern auch die »Aufmunterung des Genies durch gemeinschaftlichen Wetteifer, zur Erholung nach den gewöhnlichen Geschäftsarbeiten durch Veranlassung zu Arbeiten genialischer Art.«[78] Levezows Hinweis auf das Genie ist zweifellos so zu verstehen, daß die Mitglieder sich als freischaffende Künstler verstanden. Es ist mit Sicherheit davon auszugehen, daß die Freunde sich mit dem damals kontrovers diskutierten Geniebegriff auseinandergesetzt haben.

Den spektakulären Anlaß lieferte der in Kunstkreisen heftig diskutierte Fall des hochbegabten Malers Asmus Jakob Carstens. Carstens, Stipendiat in Rom, hatte sich unter Berufung auf die künstlerische Freiheit gegen seine staatlichen Förderer gestellt und erklärt, daß er als »Genie ... nicht der Berliner Akademie, sondern der Menschheit angehöre«, er habe niemandem versprochen, sich »zeitlebens zum Leibeigenen einer Akademie zu verdingen«.[79] Carstens berief sich auf Kant,[80] die große moralische Autorität Preußens; er ließ sich von seiner Überzeugung nicht abbringen und nahm Not und Entbehrungen, ja einen frühen Tod auf sich. Er starb am 25. Mai 1798 in Rom.

Gilly ergriff für den Gemaßregelten mutig Partei, obwohl er als Beamter selbst in einem Abhängigkeitsverhältnis stand. Er sah in Carstens den Märtyrer, der, seiner Zeit vorauseilend, den durch keinerlei Beschränkungen gehinderten Künstler verkörpere. Ihm zum Gedenken entwarf Gilly wenige Wochen nach der Gründung der Privatgesellschaft ein Denkmal,[81] das aber wohl nur für die interne Diskussion gedacht war und nicht ausgeführt wurde. Schinkel erhielt die Kenntnis von Carstens' Werk mit Sicherheit von Gilly. Carstens war einer der ersten Maler, die der von Winckelmann vorbereiteten klassischen Richtung künstlerischen Ausdruck verliehen. Schinkel schätzte ihn sehr. Auf seiner zweiten Italienreise, ließ er sich in Rom aus dem Besitz Thorwaldsens »einige köstliche Zeichnungen« Carstens' kopieren.[82]

Befeuert durch das Schicksal Carstens' muß sich Schinkel bereits im Gillykreis mit dem neuen Verständnis vom Genie, so wie Kant es formuliert und Carstens es vorgelebt hatte, auseinandergesetzt haben. Deren Überzeugungen standen hoch über den geniefeindlichen philanthropischen Ansichten, die ihm während der Schulzeit vermittelt worden waren.

Gilly besaß in seiner Bibliothek als einziges Werk von Kant die Kritik der Urteilskraft (1790). Darin verlieh Kant dem Genie eine neue Würde und Legitimation. Kant: »Genie ist das Talent (Naturgabe), welches der Kunst die Regel gibt.«[83] Die schönen Künste seien »notwendig als Künste des Genies« zu betrachten.[84] Kunst sei die Verwirklichung des Schönen durch das Ge-

98. Friedrich Gilly, Entwurf zu einem Denkmal für Asmus Jakob Carstens, 1799. (Märkisches Museum Berlin.)
99. Schinkel, Begräbniskapelle für Königin Luise, nicht ausgeführter Entwurf, 1810. (SMPK, Sammlung der Zeichnungen.)

nie. »Das Schöne ist das Symbol des Sittlich-Guten«.[85] Die Kunst sei also der eine Weg, die Spannung zwischen der realen und der geforderten sittlichen Weltordnung zu überbrücken.[86] Kant sah das Genie aber nur im Künstler (nicht im Wissenschaftler) am Werk.[87] Nach Kant muß »schöne Kunst ... freie Kunst sein«.[88] Für Schinkel wurde der Fall Carstens zum Lehrstück in der Nutzanwendung der »vollkommen neuen Genielehre Kants ..., in der ... die immer wieder in Frage gestellte Beziehung zwischen Natur und Kunst auf eine neue Ebene gestellt wird«.[89]

Eine hohe Meinung vom Genie hatte auch der Philosoph J. H. G. Heusinger, dessen *Handbuch der Ästhetik* mit Sicherheit bei der Geniediskussion herangezogen worden ist. In dem Schlußkapitel »Über das Künstlertalent oder das Genie« schreibt er, »Genie also, oder das Talent, ein schönes Werk zu machen, läßt sich weder mitteilen noch erwerben, sondern es wird, wie man mit Recht sagt, angeboren. ... Vervollkommnet wird nun das Genie durch vieles Studieren, durch vieles Arbeiten, durch Vermehrung der Kenntnisse und durch Bildung des Geschmacks.«[90]

Und noch ein anderes – epochales – Werk aus der Gillyschen Bibliothek belegt das hohe Niveau, auf dem die Genielehre erörtert wurde. Es ist das Architekturtraktat *Observations* des französischen Jesuitenpaters Marc-Antoine Laugier. Diese Schrift wie auch sein *Essay sur l'Architecture* (nicht bei Gilly) wurden über Frankreichs Grenzen hinaus zum Manifest einer neuen, Vernunft und Empfindung gleichermaßen ansprechenden Architektur. Laugiers Thesen zur Erneuerung der Architektur beeinflußten wie keine anderen die Vorstellungen der jüngeren Architekten. Laugier, der den zeittypischen »Liebhaber« der Künste verkörperte, bekannte sich zum Schöpfertum des Architekten:

»Sagen wir doch nicht, die Künste hätten Grenzen. ... Wenn sie an Grenzen stoßen, ist es, weil das Genie aufgehört hat, ihren Fortschritt zu leiten. Deshalb blieb die Architektur an dem Punkt stehen, an den die Griechen sie gebracht hatten. Es ist uns angemessen, uns von diesen alten Schranken zu befreien. Wagen wir es, zu glauben, daß es darüber hinaus Schönheiten gibt. Laßt uns die Flamme des Genies in die Hand nehmen, dringen wir dahin durch, wohin die Griechen nicht gelangten, und bringen wir ungekannte Wunder mit zurück.«[91]

Laugier rief die Architekten auf, sich von überalterten Formenkonventionen zu lösen und sich nicht zu scheuen, selbst ehrwürdige Baudenkmäler kritisch zu betrachten:

»Sogar die Griechen besaßen nicht die Fruchtbarkeit des Genies, die wir ihnen zuzuschreiben versucht sind.«[92] ... »Wir variieren die Formen unserer Gebäude nicht genug. ... Laßt uns hier nicht nur unterwürfige Nachahmer derer sein, die uns vorangegangen sind. Nichts beweist das mangelhafte Genie unserer Architekten und die Unfruchtbarkeit ihrer Ideen besser als das geschmacklose Einerlei, das in ihren Grundrissen herrscht.«[93]

Laugiers Appell dürfte nicht nur Gillys uneingeschränkten Beifall gefunden haben. Ja, es scheint sicher, daß Laugiers Thesen auch in Schinkel noch lange nachgewirkt haben. Laugier bewunderte die Gotik. Er brachte dem jugendlichen Schinkel wohl als erster die gotische Baukunst nahe, der er in seinen beiden Traktaten so viel Gerechtigkeit angedeihen ließ wie keine andere Architekturschrift zuvor.[94] In den *Observations* zeigte Laugier eine romantische Begeisterung von dem mystischen Charakter des Inneren der Kathedralen und die ehrfürchtige Stimmung, in die das Spiel der Lichtstrahlen den Betrachter versetze.[95]

Offenbar ermutigten Laugiers Gedanken Schinkel, selbst nach neuen Lösungen zu suchen und eigene Wege zu gehen. Sein ungewöhnlicher Entwurf zu einer Begräbniskapelle für die Königin Luise (1810) geht offenkundig auf den Einfluß Laugiers zurück. Nicht nur, daß Schinkel gotisierende Säulen vorsieht, die den Eindruck eines schönen Palmenhaines erwecken sollen, sondern vor allem, »um an ihr zu zeigen, daß das Wesen der Baukunst einer höheren Freiheit fähig ist, als die neue Zeit derselben gewöhnlich zugestehen will.«[96] Da dieses Projekt überhaupt das erste war, mit dem er als Architekt an die Öffentlichkeit trat, hatte dieser Schritt programmatischen Charakter.

Dennoch blieb Laugiers genialische Attitüde Schinkel lebenslang fremd. In Schinkels Schriften sucht man vergebens nach der Auseinandersetzung mit dem Begriff des Genies. Gelegentlich äußert er sich poetisch über den Genius in der Kunst, der die Materie in gewissem Sinne zu einem lebendigen Wesen mache, mit dem man umgeht.[97] In seinem letzten Konzept zum architektonischen Lehrbuch spricht er »von der gänzlichen Durchbildung eines Kunstwerks, in einem einfachen großartigen Sinne von einem Gusse, wie es nur aus der Genialität hervorgehen mag.«[98]

Die Freunde in der Privatgesellschaft

Heinrich Gentz

Der zweite führende Kopf in der Privatgesellschaft war der Oberhofbau-Inspektor Heinrich Gentz, Sohn des Berliner Generalmünzdirektors. Seit Jahren mit Gilly befreundet, teilte er mit diesem die Bewunderung der Antike, und doch darf man sagen, daß sie Antipoden gewesen sind. Jeder von ihnen formte den jungen Schinkel auf eine besondere Weise.

Gilly und Gentz verehrten Palladio, doch gingen ihre Wege nach Gillys Frankreichreise auseinander. Auch Gentz hatte in Paris die avantgardistische Architektur gesehen, doch bei ihm bewirkte sie keine innere Wandlung wie bei Gilly. Er blieb der Griechenfreund. Gentz, seit 1796 Lehrer an der Akademie der Künste, bestimmte Schinkels klassisch-antike Ausrichtung nachhaltiger als Gilly. Gentz' »persönliche Leidenschaft für Palladio geht bis ins Krasseste«, urteilte einer der beiden Kunst sammelnden Kölner Brüder Boisserée, »nichts als Palladio und Palladio«.[99]

Gentz war der einzige im Gilly-Kreis, der Italien aus eigener Anschauung kannte. Er hatte dort ein profundes Wissen erworben. Als erster deutscher Architekt vermaß er die Tempel von Pästum (Unteritalien) und Girgent (Sizilien). Er zeichnete als Oberhofbau-Konduktor und Stipendiat in Rom den Jupiter-Tempel auf dem Kapitol, den Tempel der Vesta und das Grabmal des Plautius bei Tivoli (b. Rom), den Jupiter-Serapis-Tempel zu Pozzuoli (b. Neapel) und sandte die Blätter 1793 zur Ausstellung an die Akademie.[100] Seine zuverlässigen Aufnahmen griechischer Bauten Dorischer Ordnung auf italienischem Boden erregten in der Kunstwelt Berlins Aufsehen. Seine Zeichnungen waren erheblich jünger als die von Stuart/Revett und übertrafen diese an Aktualität. Gentz rühmte die »zweckmäßige Anlage und die zweckmäßige Verzierung der griechischen Gebäude« und erkannte darin »das Ziel der griechischen Architektur«. Seine zahlreichen Notizen belegen, daß er seine Beobachtungen in die neue Architektur einbringen wollte, daß er versuchte in der Tradition Winckelmanns das Charakteristische dieser schwer und schlicht anmutenden Architektur zu erfassen.[101] Seine italienischen Bauaufnahmen bildeten später die Grundlage seines *Elementar-Zeichenwerks* (1803–1806), eines der wichtigsten Lehrbücher für die Eleven an den preußischen Kunst- und Gewerkschulen.[102]

Schinkel konnte das Zeichenwerk während seiner Lehr- und Studienjahre noch nicht nutzen. Doch er wird im Kreis der Privatgesellschaft Gelegenheit gehabt haben, Gentz' Blätter im Original zu studieren. Gentz zeichnete nicht nur technische Details der Tempel, Gebälke und Bauteile, sondern auch ganze Stadtanlagen im Grundriß. Wie Schinkel hatte Gentz das Gymnasium als Sekundaner verlassen (das Joachimsthalsche), sich aber genauere archäologische Kenntnisse angeeignet, die ihn zum Lehramt befähigten. »Durch Fleiß und Gründlichkeit ersetzte er, was das Geschick ihm an Kraft und Temperament versagte«.[103]

Während seines fast zweijährigen Aufenthalts in Rom[104] begegnete Gentz bedeutenden Malern, Architekten und Gelehrten: Er traf in Rom Aloys Hirt, Weinbrenner, Fernow und Carstens, in Neapel die Maler J. H. W. Tischbein, Hackert und Kniep, Goethes sizilianischen Reisegefährten; in Syrakus den hochgebildeten, gastfreundlichen Altertumsforscher Landolina,[105] den bereits Goethe vor ihm aufgesucht hatte, und dem bald auch Schinkel, der Gentz' Route ziemlich genau durch Sizilien folgte, seine Aufwartung machte. Gentz bestärkte Schinkel in seinen Gedanken, nach Italien zu gehen und zwar nicht zuletzt durch dessen in der *Neuen Deutschen Monatsschrift* publizierten sizilianischen Reisebriefe.[106] Schinkel hat sie mit Sicherheit gelesen – und dies sollten auch die Architekturstudenten von heute tun, meint der Schinkel-Forscher Hermann G. Pundt: »Diese Passagen ... sind hervorragende Beispiele für eine beschreibende, analytische Prosa aus der Feder von Berufsgenossen einer vergangenen Zeit«.[107] Die Ähnlichkeit der Erlebnisse von antiken Stätten kennzeichnen die Nähe der Auffassungen von Gentz und Schinkel. Als literarischen Reiseführer werden sie die von Goethe benutzten *Historisch-kritischen Nachrichten von Italien* von Volkmann benutzt haben,[108] eine Beschreibung des Landes, der Sitten, der Regierungsform, des Handels, des Zustandes der Wissenschaften und insbesondere der Werke der Kunst. Gilly besaß den »Volkmann« in seiner Bibliothek, Goethes *Italienreise* erschien erst 1816 im Druck.[109]

Als Architekt wurde Gentz dem jungen Schinkel bereits auf der Ausstellung 1797 ein Begriff. Gentz zeigte dort außer einem eigenen Entwurf zum Friedrichsdenkmal den *Entwurf zu einem großen fürstlichen Lustschlosse auf einem Hügel anzulegen*.[110] Schinkel muß von diesem farbigen Aquarell, das mit 77 x 142 cm sogar noch größer war als Gillys Entwurf zum Friedrichsdenkmal, sehr beeindruckt gewesen sein. Es zeigte eine bastionsartig befestigte, von Dorischen Säulenreihen eingerahmte Schloßanlage in einem von Hügeln umgebenen Flußtal. Es war ein Musterbeispiel der Umsetzung des Dorischen Stils in neuzeitliche Architektur. Überdies nahm Gentz mit dieser Tuschzeichnung ein Lieblingssujet des »Malers« Schinkel vorweg, der es liebte, »großartige Baulichkeiten zum Hauptgegenstand seiner landschaftlichen Bilder zu machen«. Dazu angeregt wurde Schinkel durch Gillys Friedrichsdenkmal und Gentz' Fürstenschloß. Er malte, wie Franz Kugler, sein erster Biograph, treffend meinte, »gewissermaßen die Architektur in ihrem Verhältnisse zum Leben«.[111]

Heinrich Gentz war, wie Schinkel, alles andere als ein Revolutionär. Wenn er entwarf und baute, tat er dies nach gründlicher Abwägung. Trotzdem geriet ihm – wie er meinte – sein größter Bau in einer neuen Architektur, das Münzgebäude am Werderschen Markt, das zu dieser Zeit im Entstehen war, nicht zur Vollkommenheit. Der Bau kam ins Gerede, denn die Berliner meinten, daß der kubisch strenge Klotz nicht zu den übrigen Gebäuden der Innenstadt passe.[112] Gentz sah sich gezwungen, die »Münze« wegen ihres »disparaten Äußeren« in der *Sammlung nützlicher Aufsätze* zu rechtfertigen.

Carl Haller von Hallerstein

Zur ersten Begegnung Schinkels und des Barons von Hallerstein kam es vor der Gründung der Privatgesellschaft. Zwischen ihnen muß in mancherlei Hinsicht eine bedeutsame Beziehung bestanden haben. Hallerstein war ein durch und durch musischer Mensch, den mit Schinkel die Liebe zum Altertum verband. Sie scheinen zur gleichen Zeit bei den Gillys als Eleven gewohnt zu haben. Baron Carl Haller von Hallerstein, ehemals Page am Nassauisch-Saarbrücker Hof und Leutnant im Dienst des jungen Fürsten Erbprinz Heinrich, kam 1798 als Stipendiat der Stadt Nürnberg über den Weimarer Hof nach Berlin um Schüler David Gillys zu werden.[113]

Haller, acht Jahre älter als Schinkel und als achtes von zehn Kindern auf Schloß Hilpoltstein (b. Nürnberg) geboren, hatte an der berühmten Stuttgarter Karlsschule eine standesgemäße Allgemeinbildung erhalten. Sie war wirklich umfassend. Er eignete sich Kenntnisse an in Kunstgeschichte, Mathematik, Philosophie, Theorie der Schönen Künste, Mythologie, Allegorie, Anatomie, Literaturgeschichte, auch in alten Sprachen und Naturwissenschaften. An Bildung war Hallerstein, der eine ungewöhnlich attraktive Erscheinung war, Schinkel turmhoch überlegen. Schinkel kann davon nur profitiert haben, andererseits war er selber dem Baron in der praktischen Bauausbildung ein ganzes Stück voraus. Haller hatte an der Karlsschule auch Architekturstudien betrieben, aber dort hatte man sich noch immer an den französischen Prachtbauten à la Louis seize orientiert. In Berlin wollte Haller Einblick in die Bemühungen um eine Erneuerung der Architektur gewinnen.

Warum er gerade auf David Gilly kam, wissen wir nicht. Sicherlich reichte der ausgezeichnete Ruf Gillys bis nach Nürnberg, wahrscheinlicher jedoch ist, daß der Kontakt über den Weimarer Hof und den Kreis um Großherzog Karl August zustande kam. Friedrich Gilly war dort seit seinem Besuch auf seiner Studienreise bekannt. Überdies war Haller ein Protegée des Erbprinzen, der Beziehungen zu Weimar unterhielt. Offensichtlich bestand auch eine familiäre Verbindung mit Weimar, denn Hallers Mutter war eine geborene Freiin Amalie von Imhoff auf Mörlach.[114] Sie scheint eine Schwester von Carl Imhoff gewesen zu sein, der ein Schwager von Frau von Stein gewesen ist.[115]

100. Baron Carl Haller von Hallerstein (1774–1817), Mitglied der Privatgesellschaft, forschte als erster deutscher Archäologe in Griechenland, wo er an tückischen Fieberanfällen starb.

Haller und Schinkel, waren die einzigen Mitglieder der Privatgesellschaft, die keine Berufsausbildung hatten. Sie waren, wie man heute sagen würde, Werkstudenten. Haller erhielt ein schmales Stipendium von jährlich 150 Gulden für die Ausbildung zum Bauinspektor, so daß er, wie er erzählt, »mein Studium in Berlin soweit fortsetzen konnte, bis ich durch architektonischen Unterricht und geometrische Arbeiten mir eine Beihilfe verschaffen konnte. Vieles wurde mir – ich sage es mit Dank – durch das Wohlwollen meiner Lehrer erleichtert«.[116] Schinkel bekam keine Unterstützung und mußte sich den Lebensunterhalt selbst verdienen. So gab er dem jungen Fürsten Anton Radziwill (1775–1833) Unterricht in Perspektive.[117] Fürst Anton war ein Schwiegersohn von Prinz Ferdinand (1730–1813), für dessen Gemahlin Luise Gilly im Park des Schlosses Bellevue gerade eine Meierei baute. Schinkels Verbindung zum Fürsten Radziwill dürfte durch Friedrich Gillys Vermittlung zustande gekommen sein.

Die Steingutfabrik des Barons von Eckardtstein

Gilly verhalf Schinkel und wohl auch Haller zu einer künstlerisch wie finanziell einträglichen Beschäftigung in der Steingutfabrik des Freiherrn Ernst Jakob von Eckardtstein (1742–1803), die dieser mit seinem ältesten Sohn, Gottfried Bernhard Freiherr von Eckardtstein (1769–1816), im Januar 1800 erworben hatte.[118] Der Großkaufmann E. J. Eckard hatte als Hauptlieferant der englisch-hannoverschen Armee in den Revolutionskriegen ein Vermögen verdient, wurde 1799 zum Freiherrn von Eckardtstein erhoben und übersiedelte nach Berlin. Die 1797 gegründete Fabrik und Eckardtsteins Wohnung befand sich im Zentrum, in der Landsberger Straße 65. Es ist die gleiche Adresse, die Schinkel 1808 in einem Brief als seine Adresse angab.[119] Offensichtlich wohnte er dort mehrere Jahre, möglicherweise schon seit Beginn seiner Tätigkeit bei Eckardtstein.

Wann Schinkel und Haller in das Arbeitsverhältnis eintraten, ist nicht bekannt, wahrscheinlich bereits im Laufe des Jahres 1799. Von Waagen wissen wir, daß Schinkel jährlich 300 Taler Gehalt erhielt.[120] In dem aufstrebenden Betrieb entwarf er im Stile Gillys »Schalen und Krüge einfachster Form mit wenig Dekoration, deren Vorbilder vor allem die neuen archäologischen Ausgrabungen zutage gefördert haben«.[121]

Eckardtstein war Schinkels »aufrichtiger Gönner und Freund«. Schinkel malte für ihn selbsterfundenes Dekor für Teller, Tassen und sonstige Gefäße. Er fand Anschluß an die Eckardtsteinsche Familie. Waagen berichtet, Schinkel habe sich »der seltenen Schönheit« der Gemahlin des Barons selbst in seinen spätern Jahren noch mit Lebhaftigkeit« erinnert. »Hieran knüpften sich freundliche Verhältnisse mit den in der Gegend begüterten Brüdern des Barons, welchen Schinkel auf seinen ländlichen Besuchen gelegentlich als Architekt zu Rate ging.«[122] Ernst Jakob Eckardtstein erwarb die Lichtenausche Besitzung in Charlottenburg, 1801 die Herrschaft Prötzel in Barnim nicht weit von Schloß Buckow, wo Schinkel später tätig war.

Gilly hatte eine Vorliebe für kunstgewerbliche Produkte, die er auf Schinkel übertrug. »Die Reinheit seines Kunstgefühls [Gillys] und seine Fähigkeit in der Erfindung schöner und gefälliger Formen, zeigte sich auffallend in seinen Zeichnungen, die er zu mancherlei Möbeln, Gefäßen aller Art und anderm Hausgerät entwarf« (Levezow).[123] Vor seiner Auslandsreise, die ihn auch nach England führte, interessierte er sich für die Fayence-Technik. In England versuchte er zusammen mit dem Chemiker Bergrat Alexander Nicolaus Scherer,[124] der vom Großherzog von Weimar ein Reisestipendium erhalten hatte, dem Herstellungsgeheimnis der berühmten Wedgwood-Mischung auf die Spur zu kommen. Scherer wurde 1801 von Eckardtstein als chemischer Leiter der Fayence-Fabrik angestellt.

Mit Gillys künstlerischer Beratung kreierte der Baron als einer der ersten in der Fayence-Manufaktur den neuen klassischen Trend: »Der überall richtig spekulierende Unternehmer«, schrieb das tonangebende *Journal des Luxus und der Moden*, »wußte den verdienstvollen königlichen Baumeister und Prof. Friedrich Gilly nach seiner Rückkunft von seiner artistischen Reise durch Frankreich und England, dahin zu gewinnen, daß er ihm für die gesuchtesten und beliebtesten Artikel Zeichnungen entwarf, die nun auch mit der größten Präzision ausgeführt wurden.«[125] Nach Gillys Tod übernahm Schinkel die Nachfolge und fertigte »noch mehrere Musterzeichnungen, wovon einigen von Gilly selbst der Preis würde erteilt worden«, schreibt das Journal. »Von dieser Seite tut es also die neue Fabrik selbst mancher Porzellanfabrik zuvor, wo nicht immer der regste Umschwung neuer Ideen in veralteten Direktoren- und Aufseherköpfen bemerkbar wird.«[126] Bei Eckardtstein gewann Schinkel Einblick in die Techniken der Steingutherstellung, um auch in diesen Fabrikaten [frei nach Vitruv] Festigkeit, Nützlichkeit und Schönheit zu vereinen. An die 200 Artikel lieferte die Fabrik, von fast 60 Arbeitern gefertigt,[127] um »die Abhängigkeit der Deutschen vom englischen Steingut ... täglich zu verringern«.[128]

Die Ofen- und Tonwarenfabrik Höhler/Feilner

Eine andere bedeutende Berliner Manufaktur für die Schinkel, Haller und Gentz arbeiteten, war die Ofen- und Tonwarenfabrik von Höhler/Feilner.[129] Der Zeitpunkt, wann sie dort die Arbeit aufnahmen, ist nicht genau belegt, sicherlich aber auf Betreiben Friedrich Gillys bald nach der Gründung der Privatgesellschaft. Sie zeichneten Entwürfe für bemalte und glasierte gemauerte Tonöfen,[130] die die schwarzen eisernen Ofen-Ungetüme verdrängten und wegen ihrer sauberen weißen Glasuren und des antikischen Dekors großen Anklang fanden. Schinkel lieferte reizvolle Entwürfe in einem strengen und noblen Stil mit kubischen Formen, glatten Flächen und antiki-

101. Karl Friedrich Schinkel, bemalte Tonöfen aus der Fabrik Höhler/Feilner, um 1806. Hier gelang Schinkel, was im während der Lehrzeit bei Gilly schwerfiel – den Stil seines Lehrherrn zu assimilieren.

sierendem Dekor – hier gelang ihm im Kleinen, was ihm als angehenden Architekten schwerfiel – den Gillyschen Stil wirklich zu assimilieren.

Das Fabrikgebäude, das Feilner 1800 in der Hasenheyer Gasse Nr. 4 zur Vergrößerung des Betriebes erbauen ließ, war mustergültig. Feilner hatte einen großen Saal zur Aufstellung der Modelle und als Magazin für die angefertigten Öfen, Vasen, Gruppen, Figuren und Gefäße eingerichtet: eine vielbesuchte Dauerausstellung, die die außerordentlichen Fortschritte in der Ofen- und Tonwarenfabrikation demonstrierte, die den Liebhabern der plastischen Künste ein hohes Vergnügen und den Bestellern und Käufern Erleichterung bei der Auswahl verschaffte.[131] Im Jahre 1804 trat Feilner mit seiner Erfindung der Malerei in gebrannter Tonerde hervor, die der Hofrat Hirt mit dem Namen »enkaustische Malerei« belegte,[132] und so heißt sie bis heute. Die Öfen, Vasen und Gefäße mit dieser Malerei verkauften sich gut, denn die Ofenfabrikation war ein florierender Wirtschaftszweig, der den Bedarf aller Gesellschaftskreise umfaßte, bis hinauf in den fürstlichen Adel. Abbildungen neuer Öfen publizierte das *Journal des Luxus und der Moden* 1794, 1795, 1799 und 1803.

Fabrikate von Höhler/Feilner waren regelmäßig auf den Akademieausstellungen zu sehen. Schadow erinnerte sich: »Man sah von einer Töpferwerkstatt ausgehen Öfen, Kamine, Gefäße und ganze Figuren, wo hohe Erfindungsgabe mit den Handgriffen des Gewerks und den chemischen Kenntnissen sich vereint hatten, nämlich Schinkel, der Architekt, und Feilner, der Töpfermeister, und ein Material erhielt wieder seinen Wert. ... Der gebrannte Ton ist seitdem von unsern Baumeistern auch im Großen sinnreich und zierlich benutzt worden.«[133]

Dem Baron Haller von Hallerstein verdankte Schinkel manche interessante Bekanntschaft, denn auch zwei von dessen Brüdern waren nach Berlin gekommen: Fritz, der in preußische Dienste trat,[134] und der ältere Bruder Christoph Jakob (1771–1839). Letzterer machte sich einen ausgezeichneten Namen als Miniaturmaler.[135] Baron Christoph Jakob porträtierte wiederholt Mitglieder der königlichen Familie, u. a. Königin Luise, Prinz Heinrich von Preußen und Prinzessin Luise, die Tochter der Prinzessin Radziwill.[136] Zudem gab er dem Kronprinzen, dem späteren König Friedrich Wilhelm IV., Zeichenstunden und dem jungen Fürsten Radziwill Unterricht im Radieren.

Von 1800 an stellte Christoph Jakob öfter auf den Akademieausstellungen aus, und er dürfte es gewesen sein, der die glänzende Rezension des *Panoramas von Palermo*, das Schinkel 1808 auf dem Opernplatz in einer eigens dafür errichteten Bude zeigte, für die *Berlinischen Nachrichten* schrieb: »Es machte mir ungemeine Freude ... mit dem Künstler, Herrn Schinkel, selbst zu sprechen. Ich lernte ihn hierbei als einen geübten Kenner der Perspektive kennen. ... Bei seinem vorzüglichen Talent für die Landschaftsmalerei, bei seinem ausgesuchten Geschmack, seinem besonders glücklichen Erfolg in der malerischen Wirkung, und seinem reichen Vorrat an Zeichnungen, die er in Italien nach der Natur gemacht hat, kann man nur Vortreffliches von ihm erwarten.«[137]

Martin Friedrich Rabe und Friedrich Gilly

Martin Friedrich Rabe war ein Mann mit Bauerfahrung. Der ältere Gilly hatte ihn ausgebildet und als Bauleiter nach Schloß Paretz geholt, wo Rabe von 1796 bis 1799 tätig war. Der junge Gilly übertrug ihm 1799 die Bauaufsicht[138] über die im Park von Schloß Bellevue im Tiergarten zu errichtenden Meierei für Prinzessin Luise und ihren Gemahl Prinz Ferdinand.[139]

Nach der Mode der Zeit, man folgte den Gedanken Rousseaus, sollte die Meierei Milch und Milchprodukte für die fürstliche Tafel liefern. Gilly mußte ein einstöckiges Landhaus in eine Parklandschaft einfügen: mit einem Strohdach, unter dem auf engem Raum Kuhstall, Futterkammer, Küche, Meierwohnung, Gerätekammer und Salon unterzubringen waren. Gilly löste das Problem auf bewundernswerte Weise. Schinkel fertigte eine Skizze der Meierei, hinter Baumwerk verborgen und mit einem Taubenhaus im Vordergrund.[140] Er zeichnete sicherlich nach der Natur und nicht als Kopie nach Gilly. Das Anwesen, eine Viertelstunde östlich der Hauptstadt an der Spree gelegen, orientierte sich am »englischen« Park von Wörlitz, den Gilly auf seiner Studienreise besichtigt hatte.

Die Anlage der Meierei, ein Musterbeispiel ländlicher Architektur, lenkte Schinkels Blick auf die Kunst der Gartenarchitektur. Die wichtigste aktuelle Literatur dazu fand er in Gillys Bibliothek.[141] So die vom Wörlitzer Kabinettsrat August Rode (1751–1837) verfaßte minutiöse Beschreibung des Wörlitzer Schlosses und des Englischen Gartens[142] mit seinen hübschen Einfällen wie die dem französischen Original nachgeahmte Pappel-Insel mit dem Grabmal Rousseaus.¹⁴³ Rodes meisterhaftes Werk, das Friedrich Gilly zweifellos ein Vorbild war für seine Beschreibung von Bagatelle, kennzeichnet Wörlitz als einen Hort der Klassik und der Aufklärung. Der Fürst von Anhalt-Dessau setzte mit Schloß Wörlitz ein Vorbild für eine neue Wohnkultur, so wie das Dessauer Philanthropinum einst Pflanzstätte der neuen Pädagogik gewesen ist. Gilly, der im Mai 1797 zu Beginn seiner Studienreise Schloß Wörlitz besuchte und dort bestimmt mit Erdmannsdorff und Rode zusammengetroffen ist, trug das Wörlitzer Gedankengut in den Freundeskreis. Gilly brachte aus Wörlitz eigene Zeichnungen mit, so von den Vestibülen im Schloß, im Georgium und im Luisium.¹⁴⁴

Ob Schinkel in einem vertrauten Verhältnis zur Gilly-Familie stand, ist ungewiß. Sicher aber ist, daß er mit den Angehörigen der französischen Kolonie in engere Berührung kam. Friedrich Gilly heiratete am 25. April 1799 Marie Ulrique Hainchelin,¹⁴⁵ die Tochter des verstorbenen Geheimrats Hainchelin, in dessen Berliner Haus die Gillys nach ihrer Übersiedlung aus Stettin 1788 zunächst gewohnt hatten. Ludwig Gentz, Geheimsekretär und Bruder von Heinrich Gentz, heiratete am 30. Mai 1800 deren Schwester Anna Henriette.¹⁴⁶ Der andere Bruder, der gefeierte Publizist Friedrich Gentz, heiratete 1793 Gillys Schwester Mina. Die Ehe wurde 1802 gelöst, bevor Friedrich Gentz Berlin verließ. Friedrich Gilly und Marie Ulrique wurde am 4. März ein Sohn geboren, der am 1. April 1800 auf den Namen Edouard getauft wurde,¹⁴⁷ aber einen Monat vor Gillys Tod starb. Schinkel ist nicht als Taufpate aufgeführt.

Die eineinhalb Lebensjahre, die Friedrich Gilly nach seiner Rückkehr blieben, glichen dem Feuerschweif eines Kometen, der plötzlich erlischt. Er brachte von seiner Reise einen hartnäckigen Husten mit, »der in der Folge immer mehr zunahm und, aller Sorgfalt seiner teilnehmenden Ärzte ungeachtet, in eine förmliche Lungensucht überging«.¹⁴⁸ Auf Anraten der behandelnden Ärzte Markus Herz und Grapengießer ersuchte Gilly am 9. Juli 1800 beim Direktorium und dem Kuratorium der Bauakademie um sechs bis acht Wochen Urlaub, um seine geschwächte Gesundheit zu stärken. Dieser wurde vom Hohen Kuratorium genehmigt unter der Voraussetzung, daß das Direktorium der Bauakademie dafür sorge, »daß, durch seine Abwesenheit nichts versäumt werde« (19.7.).¹⁴⁹ Gilly entschloß sich zu einer Reise nach Sachsen, die er zuletzt bis nach Karlsbad ausdehnte, »um hier unter gewissen Bedingungen Versuche mit dem Gebrauche des Brunnen zu machen. Kaum hatte er vier Tage mit einer sehr gemäßigten, und unter großen Einschränkungen ihm erlaubten Brunnenkur den Anfang gemacht, als er am dritten August 1800, des Morgens früh um drei Uhr, nach einem kurzen Kampfe, in den Armen seiner trostlosen Mutter und Gattin ... entschlief« (Levezow).¹⁵⁰ Das Kuratorium bezeugte in einem Brief (12.9.) an David Gilly aufrichtige Teilnahme, wegen dieses auch »für die gesamte vaterländische Architektur äußerst empfindlichen Verlust[s]«. Die Witwe erhielt das volle halbjährige Honorar in Höhe von 125 Talern, obwohl es erst am 1. Oktober fällig gewesen wäre.¹⁵¹

Das Ende der Privatgesellschaft

Nach dem Tode Friedrich Gillys zerstreuten sich die Freunde der Privatgesellschaft in alle vier Himmelsrichtungen. Schinkel, dessen Mutter kurz zuvor im März gestorben war, stand buchstäblich mutterseelenallein.

Zitelmann verzog 1801 nach Stettin, wo er zum Kriegs-Domänen- und Baurat ernannt worden war.

Rabe führte den Bau der Meierei zu Ende. Daß er, und nicht Schinkel, der auf Gillys Wunsch dessen nachgebliebenen Bauten vollenden sollte, diese Arbeit übernahm, liegt sicherlich daran, daß es sich um einen fürstlichen Auftrag handelte, den Gilly als Hofbauinspektor übernommen hatte. Anschließend ging Rabe zur Unterstützung von Gentz nach Weimar¹⁵² und nach Lauchstädt (nahe Merseburg)¹⁵³ zum Bau des von Gentz für Goethe entworfenen Theaters. 1806 wurde Rabe zum Inspektor am Hofbauamt ernannt, 1810 zum Professor an der Bauakademie. Seine wichtigste Arbeit wurde 1816–1822 der Umbau und die Erweiterung des Akademiegebäudes, der ihn erneut mit Schinkel zusammenführte.

Haller, der erst 1805 aus Berlin in seine Heimat zurückkehrte, schloß sich Gentz an, den er als seinen Freund und Lehrer bezeichnete.¹⁵⁴ Haller übernahm in Nürnberg die Stelle eines königlich-bayerischen Bauinspektors. Eine von Schadow vermittelte Professur an der Düsseldorfer Schule lehnte er aus Loyalität zu seiner Heimatstadt ab. Im April 1808 wurde ihm »zu seiner Vervollkommnung im Architekturfach« eine anderthalbjährige Studienreise gewährt.¹⁵⁵ Gegen Ende des Jahres war er in Rom. Er besuchte Neapel, Pompeji, Paestum und schloß sich im Sommer 1810 einer Expedition nach Griechenland an. Dort grub er im Frühjahr 1811 mit dem

102. Friedrich Gilly, Selbstbildnis mit Marie Ulrique Hainchelin, 16. 10. 1798. Gilly heiratete die Tochter des Geheimrats Hainchelin aus der französischen Kolonie im April 1799. (Privatbesitz.)

Engländer C. R. Cockerell (1788–1863) die Giebelskulpturen des Aphaia-Tempels auf Aegina aus.[156] 1812 vermaß er den Apollo-Tempel in Phigalia-Bassae und fand dort das älteste korinthische Kapitell der Antike.[157] Haller, der Ergänzungen zum Werk von Stuart/Revett beabsichtigte, blieb sieben Jahre in Griechenland, bis er dort 1817 an einem schleichenden Fieber starb.[158] Haller gilt als der erste deutsche Archäologe in Griechenland, einem Land, das Schinkel niemals mit eigenen Augen sah. Es wäre interessant, der Frage nachzugehen, ob Schinkel mit Haller, nach dessen Fortgang in brieflichem Austausch gestanden hat.[159] Beide lieferten unabhängig voneinander Entwürfe für den vom bayerischen Kronprinzen Ludwig ausgeschriebenen Wettbewerb für den Bau einer Walhalla bei Regensburg.

Schinkel machte sich selbständig und führte Gillys Privataufträge zu Ende, was mit mancherlei beschwerlichen Reisen verbunden war. Er baute Treibhäuser, Wirtschaftsgebäude, nahm Umbauten an Landsitzen vor und verbrachte so einige Sommer in den ländlichen Gegenden der Mark.

Gentz ging nach Weimar und übernahm dort für Herzog Karl August zu Anfang 1801[160] die Gestaltung des Festsaals und des Treppenhauses im ausgebrannten Schloß. Schadow bezeichnete das in noblem griechischen Stil gehaltene Treppenhaus zu Recht als Gentz' »ruhmvollstes Werk«.[161] Gentz ließ von den schönsten Stuckarbeiten Abgüsse für die neue Bauakademie herstellen, darunter ein ionisches und korinthisches Kapitel.[162] Schinkel, dessen Lieblingsfach an der Bauakademie ja »Bauverzierung« war, scheint, wie aus Schadows Weimarer Reisetagebuch hervorgeht,[163] die Arbeiten im Schloß, vom nahegelegenen Köstritz aus, wo er sich öfter bei seinem Gönner, dem Grafen Heinrich von Reuß-Schleiz-Köstritz aufhielt, besichtigt zu haben. In Berlin gab es zu dieser Zeit keine vergleichbaren Dekorationsarbeiten von solcher Erlesenheit. Gentz beendete die Weimarer Arbeiten im Herbst 1803, als Schinkel in Italien weilte.

In den nächsten Jahren entwickelte sich das Verhältnis von Schinkel und Gentz nicht zum Besten. Im Jahr 1806 bat Gentz Schinkel um Mithilfe bei der Ausarbeitung der Reinzeichnungen für ein »Verschönerungsprojekt«[164] Unter den Linden. Dort sollte eine Anlage entstehen, die ein Friedrichsdenkmal, die Artilleriewache, ein Kaffee- und Speisehaus sowie ein »Einkaufszentrum« mit Läden nebst Wohnungen für die Kaufleute vereinte.[165] Dazu ist es nicht gekommen. Sicherlich widerstrebte es Schinkel, sich dem älteren Gentz unterzuordnen. Die Niederlage Preußens und die französische Besetzung Berlins machten den Plan endgültig zunichte.

Erst nach 1809, nach der Rückkehr der nach Ostpreußen geflüchteten königlichen Familie, wurden wieder kleinere Bauvorhaben vergeben. Inzwischen war Schinkel zu einem Rivalen von Gentz herangewachsen. Beide legten Pläne zur Erweiterung des Königlichen Palais, dem sogenannten »Prinzessinnenpalais« und zum Mausoleum für Königin Luise vor.[166] Von da an kann die Beziehung zwischen beiden kaum noch als freundschaftlich bezeichnet werden. Sie wurden Konkurrenten. Es spricht vieles dafür, daß Schinkel kraft seines 1810 neu angetretenen Amtes als Oberbauassessor bei der Oberbaudeputation als Begutachter auf die endgültige Fassung der zur Ausführung gekommenen Mausoleumspläne eingewirkt hat.[167]

Mitte Juni 1810, einen Monat nach seinem Dienstantritt als Oberbauassessor bei der Technischen Oberbaudeputation, kam es zu einer ernsten Auseinandersetzung zwischen ihm und Gentz. Am 29. Juni notiert Schadow in seinem Schreibkalender den Besuch von Gentz und fügt hinzu: [Gentz] »erzählt mir seine fatale Geschichte mit der technischen Baudeputation«. Am 3. Oktober 1811 starb Heinrich Gentz noch vor der Fertigstellung des Luisen-Mausoleums.

Es fällt auf, daß Schinkel in seiner Selbstbiographie keinen seiner Lehrer außer David und Friedrich Gilly erwähnt. Der Name Gentz fehlt – selbst dort, wo er am ehesten zu erwarten wäre, nämlich in Schinkels italienischen Briefen. Schinkel und sein einstiger Lehrer waren sich wohl in ihren künstlerischen Anschauungen zu ähnlich und als Kollegen zu nahe, um nicht Rivalen zu werden.

103. Das Münzgebäude mit dem allegorischen Fries von Friedrich Gilly. Im dritten Stock, über den Münzwerkstätten, war die Bauakademie untergebracht. Als Schinkel studierte, waren die Räume jedoch noch nicht fertig. Die Vorlesungen für das erste Semester wurden in einem Gebäude Unter den Linden abgehalten.

Die Königliche Bauakademie

Die Gründung

»Schinkel bietet seine Dienste im Allgemeinen an. Ich zweifle aber an seiner Fähigkeit zu einem Lehramt. Auch würde er immer wohl nur für die schöne Baukunst zu brauchen sein.«[1] Wilhelm von Humboldts Beurteilung, die er 1809 als Leiter der Sektion für Kultus und Unterricht abgab, traf den Nagel auf den Kopf. Denn Werke der schönen Baukunst, wie Gillys Friedrichsdenkmal oder Gentz' Fürstenschloß, waren es, die Schinkels Begeisterung für den Architektenberuf entfachten. Zu dieser Zeit hatten sich David Gilly und seine Kollegen vom Oberbaudepartement, bereits gründlich überlegt, wie die Ökonomie- und Landbaukunst, die »wissenschaftliche« Kenntnisse verlange, gefördert werden könne. Sie sei wichtiger als die Prachtbaukunst, und überhaupt sei die Baukunst keine Kunst, »in der jeder nach seinen Einfällen ungestraft pfuschen könnte«. So wurde denn dem jungen Schinkel in seinem Überschwang von David Gilly von Anfang an ein Dämpfer aufgesetzt. Bezeichnenderweise war in den Plänen für die neue Bau-Unterrichtsanstalt der »Prachtbau« auch gar nicht vorgesehen.

Die Diskussion um die Gründung einer neuen Bau-Unterrichtsanstalt war 1796 von den Oberbauräten David Gilly, Johann Albert Eytelwein und Heinrich August Riedel d. Ä. eröffnet worden. Sie hatten damit eine Entwicklung eingeleitet, in der der Staat die Architektenausbildung in die Hände nahm. Als Forum diente ihnen die von ihnen selbst herausgegebene *Sammlung nützlicher Aufsätze, die Baukunst betreffend*, in der sie ihre Pläne in die Öffentlichkeit trugen. David Gilly hat seinen jungen Schüler selbstverständlich darauf hingewiesen.

Die Oberbauräte wandten sich an angehende Baumeister, Freunde der Architektur und Bauhandwerksleute, »da Baumeister bei aller eigenen Geschicklichkeit, ohne geschickte Handwerker doch nicht viel ersprießliches ausrichten können«. Die Förderung des Bauwesens, schrieb Riedel im Eröffnungsband der Sammlung, sei ein patriotischer Auftrag, denn im Vergleich mit der Baukunst des Auslands lägen die Deutschen auf diesem Felde »hie und da« zurück.

»Es kann den Deutschen nicht zum Vorwurf gereichen, wenn sie in den Werken der Baukunst den Ausländern hie und da nachstehen. Sie, welche noch im Stande der Wildheit lebten, als bei den Völkern im Morgen und Mittag, Künste und Wissenschaften schon in voller Blüte standen, haben diese doch großen Teils eingeholt, sind ihnen in manchen Stücken vorgekommen, sind auch nie rückgängig geworden, wie jene, sondern, trotz der ungünstigen Zeitumstände des Mittelalters, seit dem Erwachen ihrer Talente immer vorwärts geschritten. Jene ehemals so berühmten Länder erkennt man gegenwärtig nur noch an den Ruinen der großen Werke ihrer ehemaligen Erbauer; während Deutschland zwar nur langsam, aber in überlegter Ruhe vorwärts schreitet.[2] ... Weiter würden wir wahrscheinlich schon sein, wenn Kunst und Gelehrsamkeit sich früher und inniger für die Architektur vereinigt hätten. Gemeinschaftlich können beide viel leisten, aber wenn jede ihren eigenen Gang geht, so ist dieses nicht möglich.«[3]

Dem Oberbaurat Riedel ging es in seinem Aufsatz »Allgemeine Betrachtung über die Baukunst«[4] zunächst darum, die Bedeutung der Baukunst bei der kulturellen Entwicklung der Menschheit, die lange nicht genügend gewürdigt worden sei, herauszustellen.

»Endlich hat die für die Menschheit so sehr wichtige Architektur noch immer das Schicksal, von vielen verkannt, als eine Kunst angesehen zu werden, in der ein jeder nach seinen Einfällen ungestraft pfuschen könnte; ja sie wird sehr oft, gerade von denen, welche sie als eine gute Gehilfin zu schätzen am mehresten Ursache hätten, als eine bloß dienstbare Sklavin behandelt.«[5] Deshalb müsse es zumal »dem jungen Manne, welcher sich der Baukunst widmen, und dem Staat dadurch nützlich werden will, eben so aufmunternd sein, die Aussicht vor sich zu haben, wie und in welchem Maße er es werden kann, als es ihm nötig ist, das Feld, in welches er sich wagt, zu übersehen, um seine Kräfte nach diesem Maßstabe zu prüfen«.[6]

Die Baukunst habe, so Riedel, »schon in den frühesten Zeiten eine vorzügliche Wirkung auf das Wohl der Menschen« gehabt.[7] Die alten, noch »rohen Völker« hätten sich durch die Baukunst zum wahren Menschsein erhoben. Auf der untersten Stufe unterschieden sich die Menschen kaum von reißenden Tieren, sie seien arm, raubsüchtig und grausam gewesen. Ihre Ausbildung begann »eigentlich mit dem Zeitpunkt des Bedürfnisses gegenseitiger Hilfe; welches sie zuerst und am stärksten und anhaltendsten bei der Einrichtung von Wohnungen empfinden mußten«.[8] Erst die Baukunst habe den Menschen durch ihren »mächtigen Einfluß so weit gebracht, daß er sich schneller der Wildheit entreißen kann«.[9] Die Baukunst habe im Leben der Menschen viele »glückliche Hauptveränderungen« bewirkt, sie lernten, wie der Tempelbau zeigt, für einen gemeinschaftlichen Zweck zu arbeiten und nicht nach der Willkür eines einzelnen, wodurch Ordnung für das Werk und die Gesellschaft entstand.[10] Sie sei »ein Mittel des unumgänglichen Erfordernisses zur Benutzung der Kultur, und dadurch zur Erlangung und Erhaltung menschlicher Glückseligkeit«.[11] Riedel räumte aber ein, daß die Baukunst bei allen Bequemlichkeiten, die sie uns biete, bisweilen zu einem Werkzeug des Luxus und der Üppigkeit und Verschwendung ausarte. »Aber dies ist Mißbrauch der Baukunst, so wie der Bequemlichkeit und der Schönheit selbst.«[12] Dennoch verbinde sich mit solchen ausschweifenden Werken des Prachtbaus guter Geschmack. Dieser ginge, indem er gefällt, »in die Arbeiten der Künstler und Handwerker, durch diese aber in die Werke der Gelehrsamkeit über; sie tragen sehr vieles dazu bei, den Menschen wahres Schöne kennen zu lehren«.[13] Letztlich liege darin auch ein volkswirtschaftlicher Nutzen, denn »eben diese Ausschweifung setzt aber auch eine größere Menge Geld in regelmäßigen Umlauf, und verbreitet daher Wohlstand über eine größere Volksmenge, und zwar meisten Teils unter die dürftigeren und arbeitsamen Klassen. Insofern könnte man sagen, daß die Baukunst diesen Ausschweifungen noch eine dem Staate nützliche Richtung gebe.«[14]

Im April 1797 ließ Riedel seiner »Allgemeinen Betrachtung« eine Fortsetzung[15] folgen. Darin befaßte er sich mit den Aufgaben und der Ausrichtung des preußischen Bauwesens. Nicht der Prachtbau sei der wichtigste Zweig, sondern die »Ökonomie- und Landbaukunst«. Der Geschmack werde durch das »Künstlergefühl geleitet, das übrige Bauwesen erfordert aber eigentlich wissenschaftliche Kenntnisse«. Deshalb seien staatliche Bauakademien in den deutschen Staaten und Provinzen »die vorzüglichsten Mittel ..., ihr Bauwesen bald bis dahin und weiter zu bringen, als es bei den Ausländern bereits gediehen ist«.[16] Durch die Heranbildung von Fachkräften könne sich der Staat viele überflüssige Ausgaben ersparen, es sei »daher wahrscheinlich, daß die öffentlichen Kassen bei der Ausführung wichtiger Gebäude schon mehr Lehrgeld haben bezahlen müssen, als die Akademie mehrmals gekostet hätte«.[17]

Der staatliche Bedarf an Fachkräften stieg zu dieser Zeit enorm, denn dem Staat waren durch die 2. und 3. Teilung Polens (1793, 1795) riesige kaum erschlossene Gebiete zugefallen. Preußen vergrößerte sich um mehr als die Hälfte des Gebiets!

Im Januar 1798 legten die Oberbauräte Riedel d. Ä., D. Gilly und J. A. Eytelwein in der »Nachricht wegen der Fortsetzung der allgemeinen Betrachtung über die Baukunst« einen Plan zu einer Bauschule vor.[18] Dieser Plan wurde vom Hohen Kuratorium, den Staatsministern Freiherr von Heinitz und Freiherr von Schrötter, geprüft und ein Jahr später, am 14. Februar 1799, erneut als vollständiger Entwurf zu einer Bauakademie vorgelegt.[19] Am 13. April genehmigte der König die Errichtung der Bauakademie.[20] Schon eine Woche danach ergingen im Namen des Hohen Kuratoriums die Berufungsschreiben an 18 designierte Dozenten.[21]

Im Dezember 1799 stellte Eytelwein, nachdem bereits im Juli die Gründung der Bauakademie öffentlich bekanntgemacht worden war, in der Sammlung die Grundsätze, den Lehrplan und ihre Ausrichtung vor.[22] Dringend erforderlich bei der Ausbildung angehender Baumeister sei eine engere Verbindung von Theorie (»Gelehrsamkeit«) und Praxis: »Der Baumeister erhielt sehr oft seine Bildung, indem er die Baukunde vorzüglich als Gegenstand der schönen Kunst betrachtete, ohne sich um das mechanische derselben zu bekümmern. Er hielt es auch wohl unter seiner Würde, wenn er in das Detail der Ausführung gehen sollte, ohne welches es doch nicht möglich ist, zweckmäßige Baue anzuordnen und auszuführen. Der bloß praktische Baumeister, welcher zur Ausführung gebildet wurde, vernachlässigte sehr häufig den ästhetischen und wissenschaftlichen Teil, und es war ihm hinreichend, das, was er nicht wußte, mit dem Namen Theorie oder Studierstubensubtilität zu belegen.[23] ... Die Rechtsgelehrten, Kameralisten, Mediziner und Theologen hatten alle Gelegenheit sich die ihnen nötigen Kenntnisse in dem erforderlichen Zusammenhange zu erwerben, nur dem Baumeister fehlte es an einer zweckmäßigen Anstalt, wodurch er in den Stand gesetzt wurde, soviel Kenntnisse zu erlangen, als die Führung seiner Berufsgeschäfte erfordert, und wodurch er dem Staat und seinen Mitbürgern große Kosten ersparte, die ohne sein Verschulden verschwendet wurden, weil es ihm an Gelegenheit fehlte, die Baukunst zweckmäßig zu erlernen.[24] ... Lange vergebens wünschte der Baumeister, welcher die Bedürfnisse der Architektur übersehen konnte, ein Institut, wo hinlänglicher Unterricht über alle Zweige der Baukunst in gehöriger Verbindung erteilt würde, und wobei Theorie und Praxis, Hand in Hand, zur Bildung des angehenden Baumeisters beitrügen.«[25]

Neben der Architekturklasse an der Kunstakademie bestand nun mit der Bauakademie eine gesonderte Ausbildungsstätte.[26] Im Gegensatz zur Architekturklasse umfaßte sie den gesamten Bereich der Baukunst. Angehende Kondukteure, Architekten, Feldmesser, Wasser-, Schleusen- und Brückenbaumeister, Landbaumeister und Kameralisten hatten die Möglichkeit, sich zu spezialisieren. Ein zusätzliches Studium an der Kunstakademie sollte nur unter Aufsicht des Oberbaudepartements gestattet sein.[27] Bis zu diesem Zeitpunkt gab es kein reguläres Architekturstudium. Es war eine mehr zufällige und unsystematische Ausbildung sowohl für den Land- als auch für den Prachtbau. Gewöhnlich suchten sich die Eleven einen erfahrenen Landbaumeister, der sie vor allem in den praktischen Fächern unterwies. Oder aber sie entschieden sich für den Prachtbau – Kirchen, Schlösser, öffentliche Bauten – und bildeten sich an Kunsthochschulen oder in den Ateliers bedeutender Baukünstler aus.[28]

Die Bauakademie eröffnete am 1. Oktober 1799.[29] Jedoch hatte sie noch kein Zuhause. Gentz hatte seine Zusicherung, bis zum Oktoberende im Münzgebäude am Werderschen Markt geeignete Räume für den Lehrbetrieb fertigzustellen, nicht einhalten können. Das zweite Obergeschoß der Münze, worin sie unterkommen sollte, konnte erst im Herbst 1800 zur Nutzung übergeben werden.

So begannen die Vorlesungen provisorisch in zwei Räumen der Kunstakademie Unter den Linden. Wegen des Raummangels wurden zunächst nur die Fächer Geschichte der Baukunst sowie Zeichnen, Optik/Perspektive gegeben.[30] Vier Wochen danach, nachdem in der Nähe

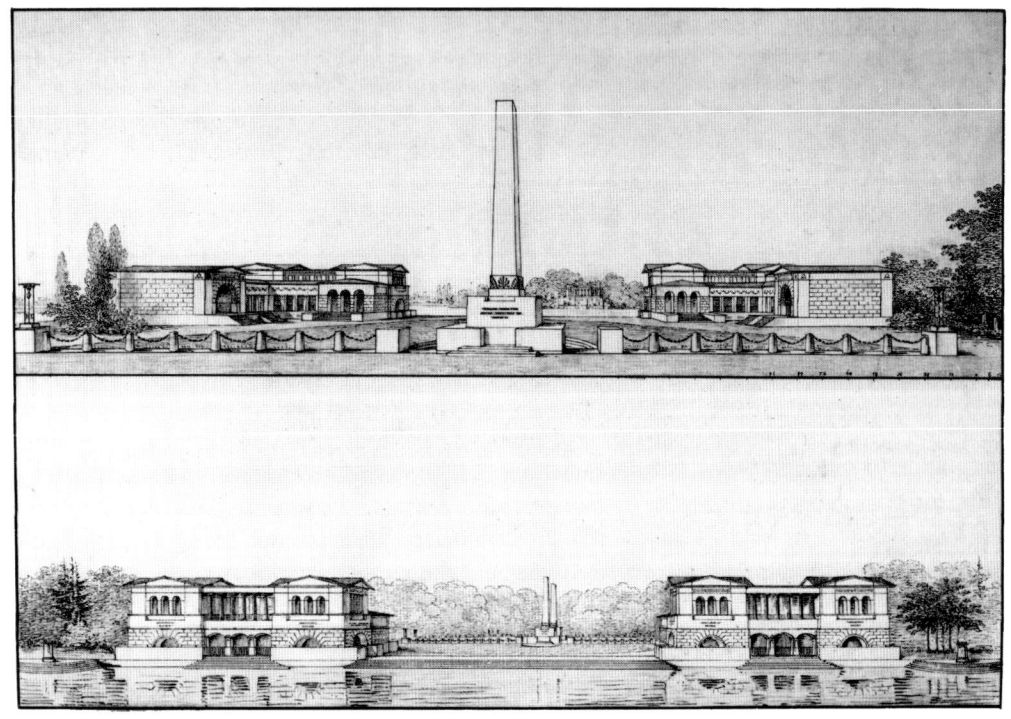

104. Karl Friedrich Schinkel, *Zwei Villen am Wasser*, 1800. Entwurf für den Ausbau der »Zelten« am Berliner Tiergarten, gezeichnet als Aufgabe für Gillys Privatgesellschaft. (SMPK, Sammlung der Zeichnungen.)

Schinkel und Steinmeyer gehörten der zahlenmäßig größten Altersgruppe an, den 18- bis 20jährigen. Der älteste Eleve, Sohn eines Pächters, war 31 Jahre alt, die Jüngsten 15.

Die Altersgruppen:
15- bis 17jährige	12
18- bis 20jährige	62
21- bis 23jährige	21
24- bis 25jährige	13
Darüber	8
Ohne Angabe	4

Als Ausbildungsziel haben angegeben:
56 Eleven: Baukunst / Feldmeß- mit Baukunst
19 Eleven: Land- und Wasserbaukunst
 8 Eleven: Ökonom. Baukunst / Zivilbaukunst
 4 Eleven: Kameralbau
10 Eleven: Konducteur bzw. Weiterbildung
 4 Eleven: Feldmesser
 1 Eleve: Land- und Stadtbaukunst
 1 Eleve: Maurerprofession
 1 Eleve: Zimmerprofession
Restliche ohne bestimmte Angaben.

der Akademie neben dem Hotel Stadt Rom ein Gebäude mit mehreren Sälen gemietet werden konnte, konnte am 28. Oktober der reguläre Unterricht mit sämtlichen Kollegien aufgenommen werden.[31]

Als die Akademie ihre Pforten öffnete, hatten sich 72 Kandidaten immatrikuliert, unter ihnen Schinkel mit der Matrikel Nr. 19. Die Zahl der Eleven erhöhte sich bald auf 120 im ersten Semester, darunter elf »Ausländer«, also Nichtpreußen. Die Zulassungsbedingungen waren moderat und dem Bildungsstand von Handwerkersöhnen angepaßt. Gymnasialbildung wurde nicht vorausgesetzt.

»Ein jeder Eleve, welcher die Bauakademie besuchen will, muß ein Alter von 15 Jahren erreicht haben, und nur in außerordentlichen Fällen kann das Direktorium eine Ausnahme gestatten. Außerdem muß derselbe eine gute leserliche Hand schreiben und über einen ihm zu bestimmenden Gegenstand einen orthographisch richtigen Aufsatz verfertigen können; eine Grundlage in der lateinischen und französischen Sprache besitzen; mit Fertigkeit alle Rechnungen des gemeinen Lebens verrichten können, übrigens aber sich den Gesetzen der Akademie zu unterwerfen. Unter dieser Voraussetzung wird zum Besuchen der Akademie erfordert, daß sich ein jeder bei dem präsidierenden Direktor [Becherer] melde, von demselben einen Rezeptions-Schein erhält, worauf ihm ein für allemal gegen Erlegung von zehn Reichstalern an die Bauakademie-Kasse eine gedruckte Matrikel eingehändigt wird.«[32]

Die erste Voraussetzung für jeden Eleven, der als Bautechniker für den Staatsdienst ausgebildet werden möchte,[33] sei »strenge Rechtschaffenheit«, die zweite die »Erwerbung der erforderlichen Baukenntnisse«, weil er »sonst die erste nur in sehr geringem Grade ausüben kann«.[34] Da »Ehrlichkeit und Sittlichkeit Tugenden sind, welche man bei einem guten Baumeister vorzüglich voraussetzen muß, so wird bei künftiger Wahl der Subjekte aus diesem Institut zu Besetzung der Stellen auf diese Tugenden besonders Rücksicht genommen werden, weswegen wohl ohnedies jeder einsehen wird, daß er sich derselben vorzüglich befleißigen müsse.«[35]

Schinkel an der Bauakadamie

An der Bauakademie kam Schinkel, wie zuvor am Grauen Kloster, mit jungen Leuten aus allen Ständen zusammen. Der Anteil der Handwerkersöhne war, obwohl es um eine handwerklich-praktische Ausbildung ging, sogar etwas geringer, nämlich ziemlich genau nur ein Viertel. Ihre Väter waren überwiegend »Meister« und gehörten zu den besser Verdienenden in ihrem Beruf, die in der Lage waren, das Studium zu finanzieren: Maurer-, Steinmetz-, Zimmermeister; Seifensieder-, Schneider-, Bäcker- oder Wagenmeister; Mühleneigentümer und -besitzer; auch Destillateur, Mechanikus, Schönfärber, Handschuh- und Uhrmacher. Mit dem Sohn eines Zimmermeisters, dem gleichaltrigen Gottfried Steinmeyer, schloß Schinkel eine enge Freundschaft.

Hingegen gehörten die Väter von mehr als der Hälfte der Eleven gehobenen Berufen an: Inspektoren, Räte, Ärzte, Chirurgen, Prediger, Konsistorialräte, Nuntius, hochrangige Militärs (Oberst, Generalmajor), Amtmänner, Forstingenieur, Münzkassierer, Rentmeister, Musikdirektor, Legationssekretär u. a. Fünf Studierende waren Söhne von Adligen. Offensichtlich hatte der Architektenberuf durch die Gründung der Bauakademie stark an Ansehen gewonnen.

Die Vorlesungen bildeten zwei Hauptabteilungen: die Sommervorlesungen ab 1. April, mit dem das akademische Jahr anfing, bis zum ersten Oktober, und in Wintervorlesungen vom 1. Oktober bis zum 1. April. Alle Kollegien wurden in einem ganzen oder halben Jahr beendet, damit in jedem Jahr neue Zöglinge hinzutreten konnten. Eine Ausnahme machte die Geschichte der Baukunst, sie wurde zwei Winter gelesen.[36]

Für das gesamte Studium waren vier Jahre erforderlich, »wenn der Eleve die Akademie ohne Vorkenntnisse betritt«. Für Feldmesser war ein anderthalbjähriges Studium vorgesehen, für »Baukünstler« zweieinhalb Jahre. Das Studium war relativ teuer.[37] Schinkel zahlte außer der Einschreibgebühr weitere 24 Taler Honorar für die fünf von ihm belegten Kollegien im ersten Halbjahr. So war z. B. Friedrich Gilly berechtigt, außer dem ihm von der Akademie gezahlten Honorar von 125 Talern für sein Winterkolleg, von jedem seiner Hörer fünf Taler Sonderhonorar zu verlangen. Das ganzjährige Studium kostete, je nachdem wie viele Vorlesungen ein Eleve belegte, pro Jahr also etwa 50 Taler, was etwa einem Zehntel des Jahresgehalts eines Gymnasiallehrers entprach. Hinzu kamen die Ausgaben für Lehrbücher, Reißzeug und Zeichenmaterial.

Der Besuch aller Zeichenfächer wie auch der Geschichte der Baukunst war unentgeltlich. Gebührenbefreiung wurde nur in Ausnahmefällen den Zöglingen gewährt, die »bei vorzüglichen

Talenten arm sind und sonst gute Zeugnisse ihres Fleißes und Wohlverhaltens« vorweisen konnten.³⁸ Ob Schinkel unter den vierzehn namentlich nicht aufgeführten Eleven des ersten Semesters war, denen die Studiengebühren erlassen wurden, wissen wir nicht. Ausgezeichneten Eleven wurden Studienreisen gewährt.

»Nach gemachten guten Fortschritten werden die Eleven bei den vorfallenden Bauen in der Königl. Residenz und in den Provinzen mit Nutzen praktisch beschäftigt, und nach dem Befinden, als Cadets oder Aufseher angestellt; auch sollen einige Eleven, welche den meisten Fleiß und die besten Applikation zeigen, auch eine Aufgabe von einiger Wichtigkeit am besten bearbeitet haben, zur Belohnung, um sich noch mehr vervollkommnen zu können, auf *Reisen* gesandt und ihnen die zu diesem Ende erforderlichen Reisegelder aus der Bauakademie bewilligt werden.«³⁹

Es ist sehr wahrscheinlich, daß Schinkel von dieser Regelung profitierte und bereits als Baueleve bei dem einen oder anderen Gillyschen Bauvorhaben tätig war.

Die Leistungskontrolle durch die Dozenten war streng. Sie selbst unterstanden der Aufsicht des Hohen Kuratoriums, das dem König einmal jährlich einen Bericht über den Zustand der Bauakademie vorlegen mußte. Es wurden Noten vergeben. Der Leistungsstand der Eleven wurde nach Abschluß jedes Halbjahres in tabellarischen Verzeichnissen erfaßt und »nebst den dazugehörigen Probezeichnungen« dem Kuratorium eingereicht. Die Tabellen enthielten die Namen der Lehrer, die gegebenen Fächer, die Namen der unterrichteten Eleven sowie die gegebenen Bewertungen. Die Halbjahrestabellen wurden jedes Jahr zu einem »General-Tableau« zusammengefaßt.

Das Hohe Kuratorium verlangte von den Lehrern eine differenzierte Beurteilung der Leistungen. Heinitz und Schrötter wiesen die Bauakademiedirektion mit Schreiben vom 5. Mai 1800 an, daß ein »ganz bestimmtes, gewissenhaftes Urteil über das Verhalten, Fleiß und Fähigkeit und Applikation der Eleven« verlangt werde, ferner eine detaillierte Spezifizierung zwischen in- und ausländischen Eleven sowie eine Liste derer, die sich ganz vorzüglich vor den andern ausgezeichnet haben«. Diejenigen Zöglinge, die teils gar keine Fortschritte machen, »unordentlich« und »ungesittet« seien, sollten namentlich genannt werden. Ferner sollten jährlich »öffentliche Preisfragen«, nämlich Ende März und September vorgenommen werden und die Tage der öffentlichen Prüfung in den öffentlichen Blättern bekanntgemacht werden. Die besten architektonischen Arbeiten sollten bei jeder öffentlichen Kunstausstellung ausgestellt werden. Ferner seien Seiner Majestät alljährlich nach Beendigung des Unterrichtsjahres über den Zustand der Bauakademie Bericht zu erstatten und darin fleißige, talentierte Zöglinge »namentlich anzuzeigen«.⁴⁰ Die Direktion sollte dies den Lehrern und Eleven bekanntgeben.

Präsidierender Direktor im ersten Jahr war Oberbaurat Becherer. Er hatte bereits am 20. April, also zwei Wochen vor Erhalt des Schreibens des Kuratoriums, die Zeugnislisten und diverse Probezeichnungen abgeliefert, darunter einige außerhalb des Unterrichts von den Eleven angefertigte. Becherer, der mit den Eleven Baustellen besuchte und an dessen Vorlesung Schinkel teilnahm, lehrte Konstruktion einzelner Teile eines Gebäudes nebst der Lehre von den besonderen Arbeiten des Bauhandwerks. Becherer beschrieb in seinem Brief an Schrötter und Heinitz seine Unterrichtsmethode und fügte »einige Arbeiten, so meine Zuhörer meiner Aufforderung und Anleitung zufolge außer meinen Vorlesungen gemacht und abgegeben haben, zur hochgefälligen Einsicht und unter gehorsamster Bitte der Rückgabe mit bei. Wir besuchten diese Baugegenstände in verschiedenen Abteilungen, ich machte auf das Interessanteste derselben aufmerksam, sie mußten Beobachtungen anstellen und daraus entstanden die anliegenden Berichte. Der Inhalt derselben ward zur Belehrung aller meiner Zuhörer vorgetragen, das Gute gelobt, und wo gefehlt war, das Nötige bemerkt.«⁴¹

Schinkel hat sich mit großem Eifer in das Studium gestürzt. Er war der erste auf einer Liste von 18 Eleven,⁴² die sich im ersten Winterhalbjahr »besonders durch gutes Betragen und Eifer in der Erlernung ihrer Wissenschaften« ausgezeichnet haben und zur Prämierung vorgeschlagen wurden. Am 17. November 1800 reichte das Direktorium beim Kuratorium zwei Namenslisten mit preiswürdigen Eleven ein – nachträglich für das Winterhalbjahr 1799/1800 und für das Sommerhalbjahr 1800.

»... und daher diese einer besonderen Aufmunterung verdienen. Wir würden auch nicht verfehlt haben, die Art der Belohnung für jeden einzelnen in Vorschlag zu bringen, wenn wir auf unserm gehorsamsten Bericht über die in Vorschlag gebrachte Prämien die höhere Bestimmung erhalten hätten, ob diese Prämien Einem Hohen Curatorio der Königl. Bau-Academie genehmigt sind oder nicht.«

105. J. H. Schröder, Staatsminister Freiherr Friedrich Leopold von Schrötter, Kurator und Chef von Preußens erster Bauakademie, im Jahr 1800.

Zur Vergabe der Prämien kam es jedoch nicht. Das Hohe Kuratorium teilte dem Direktorium am 6. Dezember 1800 mit, der genannte Zeitpunkt sei »verfrüht«.[43] Als Preise vorgeschlagen hatte das Direktorium: Logarithmentafeln, Winkelmeßgeräte, Lineal und Triangel, Reißzeug, Zeichenmaterial und wichtige Lehrbücher: D. Gilly, *Handbuch der Landbaukunst*; Meinert, *Landwirtschaftliche Bauwirtschaft* (6 Rtl.); Milizia, *Grundsätze der bürgerlichen Baukunst*, 3 Teile (5 Rtl.); Bugge, *Feldmeßkunst* (3 Rtl.); Stieglitz, *Geschichte der Baukunst* (2 Rtl.).[44]

Schinkel scheint verblüffender Weise nur ein Semester an der Bauakademie studiert zu haben. Denn sein Name taucht lediglich in dem tabellarischen Verzeichnis des ersten Halbjahres auf und in den folgenden nicht mehr. In der Liste der Preiswürdigen des zweiten Halbjahres wird er nicht mehr genannt, was doch wohl der Fall gewesen wäre, wenn er sein Studium fortgesetzt hätte. Da die Lehrer verpflichtet waren, in ihren Fächern jedem ihrer Hörer eine Note zu geben, sind die Tabellen zweifellos so zu lesen, daß diejenigen, die in einem Fach keine Note erhielten, daran nicht teilgenommen haben. Die Bewertungen waren präzis und individuell. Beispielsweise: gibt Hoffnung, ist aufmerksam, ordentlich, rühmlich, fehlte oft, kam nur selten, kam nicht, sehr lobenswert, sehr gut, mittelmäßig, guter Wille, rühmlich, strengt sich an, nach seinen Kräften, unordentlich und unruhig, ordentlich aber mittelmäßig, erträglich, langsam, fehlt an Vorkenntnissen, läßt Gutes hoffen, Talent und großer Fleiß.

Ob es eine Regelung für Gasthörer gab, und ob Schinkel, falls dies der Fall gewesen sein sollte, diese nutzte, ist aus den erhaltenen Akten nicht ersichtlich. (Die Matrikel sind im letzten Weltkrieg mit großen Beständen der Technischen Hochschule verbrannt). In besonderen Fällen war eine verkürzte Studienzeit erlaubt.

»Sollten aber Eleven schon mit mehreren Kenntnissen ausgerüstet zur Akademie kommen, so können sie von dem Besuch der Vorlesungen über diejenigen Wissenschaften befreit werden, worin sie nach dem erhaltenen Examinations-Attest sich schon die hinlänglichen Kenntnisse erworben haben, und es steht ihnen frei, nur diejenigen Vorlesungen anzuhören, welche ihnen noch besonders nötig und nützlich sind; daher auch ein Eleve, den Umständen nach, die Baustudien in einem kürzeren Zeitraume als vier Jahre vollenden kann.«[45]

Schinkels tatsächliche Studiendauer wird wohl für immer ein Rätsel bleiben. Denn selbst wenn man bedenkt, daß er bei den Gillys mehr als zwei Jahre lang eine erstklassige Ausbildung erhielt, scheint ein einziges Semester unzureichend. Aber die äußeren Umstände zwangen ihn wohl zum vorzeitigen Abbruch. Möglich, daß er schon während des Sommerhalbjahres, das wegen der Bausaison stets weniger stark besucht war, Friedrich Gilly bei dessen Privataufträgen zur Hand ging, und nach dessen Tod nicht mehr zurück an die Bauakademie fand. Waagen berichtet ja, daß Schinkel durch die Weiterführung der Gillyschen Privatbauten »zeitig auf das Praktische hingedrängt«[46] wurde. Dies sei »sicherlich als ein Glück zu betrachten, da er bei seiner lebhaften Phantasie, welche ihm eine Menge Gedanken zuführte, sonst leicht in Gefahr geraten wäre, sich in phantastischen Skizzen zu verlieren«. Daß er aber, wie Waagen berichtet »gleichzeitig das theoretische Studium der Baukunst auf der Bauakademie so eifrig fort[setzte], daß er sein Examen als Kondukteur machen konnte«,[47] ist nirgends belegt. Andererseits berichtet auch Wolzogen, Schinkel habe neben der praktischen Arbeit das theoretische Studium der Bauwissenschaften fortgesetzt »und sein Examen als Conducteur bestanden«.[48]

Auf Wunsch des Königs wurden auf der Akademieausstellung vom Herbst 1800 erstmals (in der Abteilung »Architektonische Arbeiten«) »Probezeichnungen von Zöglingen der königlichen Bauakademie« des Winter- und des Sommerhalbjahres gezeigt: Plan- und Bauzeichnungen, Bauverzierungen und Maschinenzeichnungen.[49] Auch einige Arbeiten Schinkels, dem Besten der Akademie, müssen darunter gewesen sein. Alle diese Zeichnungen wurden nicht einzeln aufgehängt, sondern in Portefeuilles auf Tischen ausgelegt. Diesem Umstand ist es wohl zuzuschreiben, daß der König, der die Ausstellungen alljährlich mit seinem Besuch beehrte, die Probezeichnungen übersah und demzufolge vermißte. Auf seine Anmahnung beim Kuratorium (18. 10.) beeilten sich Heinitz und Schrötter, dem König mit Schreiben vom 23. Oktober mitzuteilen, daß die Zeichnungen »aus dieser Ursache wahrscheinlich E. K. M. allerhöchste Aufmerksamkeit entgangen sind, so bitten wir alleruntertänigst um Erlaubnis zu vorläufiger Erledigung E. K. M. allerhöchste Cab. ordre solche Arbeiten der Eleven der Bau-Academie in beigehenden 2 Portefeuilles vorlegen zu dürfen, und wir werden nach deren Zurückerhaltung den Allerhöchst verordneten vollständigen Jahresbericht über den Zustand und die Fortschritte der Bau-Academie pflichtmäßig an E. K. M. verstatten«.[50]

Friedrich Wilhelm III. gab die Portefeuilles in Erwartung »Eures Hauptberichts« schon nach einer Woche, am 30. Oktober zurück.[51] So könnte Schinkel dem König bereits als Bauschuleleve aufgefallen sein.

Aber wenn dem so war, geschah es ohne Schinkels Dazutun. Er hätte die Möglichkeit gehabt, selbständig Arbeiten zur Akademieausstellung unter seinem Namen einzureichen. Sein Studiengefährte Haller von Hallerstein und Prof. Gentz taten dies. Gentz stellte ein vom Hofzimmermeister Glatz gefertigtes Modell des Vorderhauses des neuen Münzgebäudes vor,[52] und Hallerstein zeigte ein Heft architektonischer Zeichnungen, bestehend aus Ideen zu einem kleinen Jagdschloß, die er für die Privatgesellschaft gezeichnet hatte, sowie einen architektonischen Entwurf zu einem Denkmal für den verstorbenen Friedrich Gilly.[53] Auch Schinkel hätte einen seiner für die Privatgesellschaft gezeichneten Entwürfe vorlegen können, so die bauliche Anlage im Tiergarten.[54] War sie ihm nicht gut genug?

Erst auf der nächsten Akademieausstellung von 1802 wagte er sich als »Architect« an die Öffentlichkeit. Bezeichnenderweise jedoch nicht mit einem reinen Architekturentwurf, sondern mit einer Bühnendekoration, die – wie Schadow sich erinnerte – »den großen Meister in diesem Fach bekundete«:[55] den Dianentempel in der Schlußszene von *Iphigenie in Aulis*, »auf einem Untergemäuer, zu welchem mehrere Stufen führen«,[56] offensichtlich in Anlehnung an den Standort des Friedrichsdenkmals. Schinkel zeigte den Bühnenentwurf in der Abteilung »Architectonische Arbeiten«. Der Dianentempel ist auch als eine Hommage an Gilly zu verstehen, durch den Schinkel in die Theatermalerei, »soweit sie den Architekten betrifft«, eingeführt wurde. Zudem war der Stoff durch Goethes Iphigenie und Glucks Opern *Iphigenie in Aulis* und *Iphigenie in Tauris* zu einem zentralen Gegenstand der zeitgenössischen Kunst geworden. Nicht zufällig wählte man 1821 Goethes Schauspiel für die Einweihung von Schinkels neu erbautem Schauspielhaus. Und daß im Gilly-Kreis das Thema als bedeutsam galt, beweist ein Trauerspiel *Iphigenie in Aulis* von Konrad Levezow, das 1804 in Berlin uraufgeführt wurde«.[57]

Vorlesungen des Wintersemesters 1799/1800 geordnet nach der Anzahl der Teilnehmer

12 Riedel d. Ä.: Strom- und Deichbau
21 Eytelwein: Maschinenlehre (mit Schinkel)
22 Sachs: Maschinenzeichnung
26 Simon: Bauphysik
29 Gilly, Friedrich: Perspektive (mit Schinkel)
29 Gilly, David: Schleusen-, Hafen- und Wegebau
29 Gentz: Stadtbau
31 Mandel/Zitelmann: Statik (mit Schinkel)
31 Hirt: Baugeschichte
34 Grüson: Trigonometrie
40 Riedel d. J.: Ökonomischer Landbau
46 Roesel: Bauverzierungen (mit Schinkel)
48 Jahn: Situationskartenzeichnung
52 Meinecke/Schloetzer: Bauzeichnen
88 Becherer: Konstruktion (mit Schinkel)

Die von Schinkel besuchten Vorlesungen[58] im ersten Winterhalbjahr

Schinkel belegte fünf Kollegien mit insgesamt 22 Wochenstunden:

Bei F. Gilly Perspektive/Optik (4 St.), bei Eytelwein Mechanik/Maschinenlehre (6), bei Becherer Konstruktion (3), bei Mandel/Zitelmann Statik (3), bei Rösel Bauverzierungen (6). Rösels und Becherers Kollegien waren ganzjährig, die anderen halbjährig. Das Vorlesungsverzeichnis des Winterhalbjahres nennt sechzehn Dozenten und siebzehn Fächer.

Schinkel hörte mit 20 Eleven bei Eytelwein drei Doppelstunden. Im ersten Quartal Mechanik fester Körper und Hydraulik, und im zweiten Maschinenlehre. Eytelwein benutzte Karstens Anfangsgründe der mathematischen Wissenschaften, »bis ich ein eigenes für Baubediente zweckmäßiges Lehrbuch über diese Wissenschaften ausgearbeitet habe, woran es uns jetzt noch fehlt und womit ich in einem Jahr fertig bin«.

Das Kolleg Mechanik fester Körper handelte von den Kräften. Von gleichförmiger und beschleunigter Bewegung und freiem Fall der Körper, vom freien Fall auf einer schiefen Ebene. Wurfbewegung, vom Stoß der Körper und vom Pendel.

In Hydraulik: Vom Ausfluß des Wassers durch kleine Öffnungen. Durch große Öffnungen, mit Anwendung auf die Konsumption bei Schutzöffnungen; Anfüllung und Ausleerung der Schleusenkammern; Ablassung der Seen, etc. Von der Bewegung des Wassers in Flüssen; von der Geschwindigkeit und den Mitteln, solche zu finden. Von der Konsumption der Ströme. Vom Aufstau. Anwendung auf Kanäle. Bestimmung der Wassermenge bei Röhrenleitungen. Druck des bewegten Wassers gegen die Wände. Von springenden Strahlen; Anwendung auf Feuerspritzen. Vom senkrechten und schiefen Stoß des Wassers, bei isolierten Strahlen, engen Kanälen und großen Strömen, mit Anwendung auf den Stoß gegen die Schaufeln der Wasserräder. Von Druck- und Saugpumpen. Von den Stromgeschwindigkeitsmessern; archimedische Wasserschnecke, Spiralpumpe, Reaktionsmaschine.

Die Maschinenlehre begann mit einem theoretischen Überblick und beschäftigte sich dann mit den Kräften belebter und unbelebter Körper und deren Anwendung bei Maschinen: Von den Mehl-, Schrot- und Graupenmühlen, deren Berechnung und Anordnung. Desgleichen von den Walk-, Loh-, Öl-, Pulver-, Hammer-, und Pochmühlen; ferner von Säge-, Steinschneide- und Häckselmühlen, Windmühlen, Kränen etc. Von der Anwendung und Berechnung der hydraulischen Maschinen: Schöpfräder, Spiralpumpen, Wasserschnecken, Schaufelkasten-Paternoster- und Eimerwerke. Druckwerke, Saugpumpen, Feuerspritzen, Wassersäulenmaschine, Reaktionsmaschine, Dampfmaschinen. Desgleichen von der Veranschlagung der vorzüglichsten der Maschinen. Die Maschinen wurden anhand von Modellen erläutert. Die Bauakademie

106. Vorlesungsverzeichnis für das erste Semester. (Geh. Staatsarchiv PK.)

Verzeichniß und Ordnung der Vorlesungen bei der Königl. Bau-Akademie zu Berlin vom 1sten October 1799 bis 1sten April 1800.

Der Gegenstand.	Der Lehrer. Herr	Bestimmte Zeit. Tag.	Stunde.	Benennung des Saals	Honorarium für den ganzen Cursus.
1. Ebene Trigonometrie, Körperlehre, Curven	Grüson	Mittwoch Donnerstag Sonnabend	v. 8 — 9 11 — 12 11 — 12	2 3 2	1½ thl.
2. Optik, Perspektive	Gilly jun.	Montag Freytag	10 — 12 10 — 12	5	5 —
3. Statik, Hydrostatik	Zitelmann	Montag Mittwoch Freytag	9 — 10 — — — —	3	5 —
4. Mechanik, Hydraulik, vom 1. Oct. bis 1. Jan.	Eytelwein	Montag Dienstag Donnerstag	2 — 4 10 — 12 2 — 4	4	5 —
5. Maschinenlehre, vom 1. Jan. bis 1. April	Eytelwein	dieselbe Stunden		—	6 —
6. Bau-Physik	Simon	Mittwoch Sonnabend	2 — 4 2 — 4	2	5 —
7. Konstrukzion	Becherer	Dienstag Donnerstag Sonnabend	9 — 10 — — — —	3	3 —
8. Ökonomische Baukunst	Riedel jun.	Dienstag Mittwoch Freytag	3 — 4 11 — 12 3 — 4	2	5 —
9. Stadtbaukunst	Genz	Dienstag Mittwoch Sonnabend	2 — 3 8 — 9 10 — 11	3	3 —
10. Strohm- und Deichbaukunst	Riedel sen.	Montag Donnerstag Freytag	10 — 11 10 — 11 9 — 10	4	6 —
11. Schleusen-, Haven-, Brücken- u. Wegebau	Gilly sen.	Mittwoch Donnerstag Freytag	10 — 11 11 — 12 10 — 11	4 1 5	6 —
12. Geschichte der Baukunst	Hirt	Dienstag Freytag Sonnabend	3 — 4 — — — —		—
13. Handzeichnung von den dazu bei der Academie der Künste besonders bestellten Lehrern		Mittwoch Sonnabend	9 — 12 2 — 4 9 — 12 2 — 4		
14. Anfangsgründe des architektonischen Zeichnens	Meinefe und Schläzer	Montag Dienstag	2 — 4 9 — 12	1	—
15. Bauverzierungen	Rösel	Montag Mittwoch	9 — 12 9 — 12	1	—
16. Maschinenzeichnung	Mandel und Gilly jun.	Dienstag Freytag	2 — 4 2 — 4	1	—
17. Situationskartenzeichnung	Jahn	Mittwoch Donnerstag	2 — 4 2 — 4	1	

Direktorium der Königl. Bau-Akademie.

verfügte über eine stattliche Sammlung, die durch den Ankauf von Modellen aus dem Besitz David Gillys bereichert werden konnte.[59] Eytelwein gab Schinkel die Note »fleißig«.

Schinkel hörte mit 30 Eleven bei Zitelmann drei Stunden Statik und Hydrostatik in der Anwendung auf die praktische Baukunst. Nach dessen Erkrankung übernahm zum Novemberanfang Mandel die Vorlesung. Als Grundlage wählte Zitelmann Mönnichs Lehrbuch der Mathematik.

Statik fester Körper: Das spezifische Gewicht fester Körper, Hebel, Schwerpunkte und Anwendung auf den sicheren Stand und die Unterstützung der Körper. Zusammensetzung und Zerlegung der Kräfte, mit Anwendung auf die Verbindungen in der Zimmermannskunst, als Winkelbänder, Streben, Dächer, Hänge- und Sprengwerke, Winden, Göpel, Haspeln, Kurbeln, Stirn- und Kammräder, Getriebe etc. Von den verschiedenen Flaschenzügen, der schiefen Ebene, der Schraube und dem Keil, Rad an der Achse, Winden, mit Anwendung auf die Lehre von den Gewölben und der Stärke der Widerlager. Von der Friktion der Körper bei Flächen, liegenden und stehenden Zapfen und Anwendung auf die Berechnung der Friktion bei den einfachen Maschinen. Von der Steifigkeit der Seile mit Anwendung. Von der absoluten und respektiven Festigkeit der Materialien mit Benutzung der vorzüglichsten Versuche und Anwendung auf die Baukörper und ihre vorzüglichsten Formen.

Hydrostatik: Gleichgewicht und Druck des Wassers, Anwendung auf Schutzbretter, Schleusentüren und Deiche. Von der Stärke der Röhrenwände. Vom Mittelpunkt des Drucks und Anwendung auf Futtermauern. Vom Gleichgewicht des Wassers mit festen Körpern und Anwendung auf Inhaltsbestimmung und das Einsenken der Schiffe. Von den Senkwagen. Bestimmung des spezifischen Gewichts des Wassers und anderen Körpern.

Schinkel erhielt die Note »mit Stillschweigen«.

Schinkel hörte mit 87 anderen Eleven drei Stunden bei Becherer über Konstruktion einzelner Teile eines Gebäudes und die besonderen Arbeiten der Bauhandwerker. Becherer las nach eigenen Heften.

Die Vorlesung gab eine Übersicht über die Baumaterialien, die Bauhandwerker. Von den vorzüglichsten Arbeiten bei der Ausführung eines Baues, nebst der Konstruktion, einzelne Teile des Gebäudes und Einleitung in die gesamte Baukunst. Die speziellen Arbeiten von Maurer, Zimmermann, Steinmetz, Tischler, Schmied, Schlosser etc. Von den Holz- und Steinverbindungen, dem Steinschnitt. Von den Mauern, Feuerungen, Schornsteinen, Gewölben, Holzwänden, Balkenlagen. Dächer, Treppen, Brunnen, Türen, Fenster etc. Vom Abputz, vom Baugrund und allem demjenigen, was der Stadt- und ökonomischen Baukunst gemein ist.

Die Eleven erhielten an Bauten gesonderten Unterricht in Konstruktionslehre, außerdem nachmittags praktischen Unterricht auf Baustellen. Vorgesehen waren Besichtigungen von Gips- und Kalk- und Ziegelbrennereien.

Schinkel erhielt die Note »mit Stillschweigen«.

Schinkel besuchte mit 45 anderen Eleven Rösels Unterricht im Architektonischen Zeichnen und Bauverzierungen. Zweimal je drei Stunden. Es wurde nicht nur Zeichnen geübt, die Vorlesung beinhaltete auch die Anwendung historischer Formen auf fast alle dem angehenden Architekten gestellte Aufgaben.[60] Rösel unternahm mit den Eleven Ausflüge und kleinere Reisen, damit sie nach der Natur zeichnen lernten.

Schinkel erhielt die Note »selten aber ausgezeichnet«. (Er war durch die gleichzeitig angesetzten Vorlesungen in Statik und Perspektive gehindert.)

Schinkel hörte mit 28 anderen Eleven in zwei Doppelstunden Friedrich Gillys Vorlesung über Optik und Perspektive. Gilly lehrte nach vorausgeschickter Übersicht der älteren Methoden nach Lamberts System und den neuesten Schriften von Mönnich, Hindenburg, Breysig sowie eigenen Heften.[61] Auszug aus Gillys Richtlinien für den Unterricht an der Bauakademie vom 18. 9. 1799 (gekürzt):

»Vorlesungen über Optik und Perspektive als Grundlage einer theoretisch artistischen Anweisung zur Zeichenkunst besonders für den Architekten:

1. Teil. Die linearische Zeichenkunst nach Theorie und Ausübung. Kritisch-historische Übersicht der perspektivischen Zeichenkunst. Geschichte ihrer wissenschaftlichen Ausbildung und Anwendung. Wissenschaftliche Behandlung der Perspektive. Literatur derselben. Geschmack und Kunst des Perspektivzeichnens. Perspektivische Projektionslehre. Perspektivkunst in Wahl und Behandlung der Ansichten. In Rücksicht auf den malerischen Effekt, äußere Anlagen der Gebäude. Verbindung derselben mit Gartenanlage und Landschaft. Innere Anordnung der Gebäude nach verschiedenen Ansichten. Einzelne Teile derselben, Verzierungen. Theatermalerei soweit sie den Architekten betrifft. Besondere Artistische Beobachtungen über perspektivische Projektion.

2. Teil. Lehre von Licht und Schatten. Beleuchtung und Schattierung der Zeichnung. Über Eigenschaft und Wirkung des Lichts im Allgemeinen. Strahlung leuchtender Körper. Schlagschatten, Schattenzeichnung.

3. Teil. Lehre von den Farben. Eigenschaft und Wirkung der Farben. Farbtonleiter. Farbige Schatten durch Lichtbrechung. Perspektive der Farben. Luftfärbung.«[62]

Von Friedrich Gilly erhielt Schinkel seine beste Note: »ausgezeichnet und viel Fähigkeit«.
Schinkel erhielt in seinen Lieblingsfächern auch die besten Noten.

In der Fachliteratur ist oft geäußert worden, Schinkel habe bei Gentz und Hirt studiert. Erstaunlicher Weise war dies aber nicht der Fall, denn er erhielt in diesen beiden Fächern keine Noten (siehe oben).[63] Schinkel hörte weder die Stadtbaukunst (ganzjährig) von Gentz noch Hirts Geschichte der Baukunst (zwei Winterhalbjahre). Er hätte aber Gelegenheit gehabt, beide Kollegien zu besuchen, denn sie fielen in seine vorlesungsfreie Zeit. Doch warum tat er es nicht? Schließlich waren Gentz und Hirt die führenden Experten ihres Fachs. Sie gehörten in Berlin zu den ersten Altertumsverehrern, die die Baukunst der Alten in Italien studiert und wissenschaft-

---

Francesco Milizia, *Grundsätze der bürgerlichen Baukunst* (1784–1786, 1824). In Anlehnung an die Vitruvschen Kategorien ist das Werk in drei Teile gegliedert.

Inhalt gekürzt

1. Teil: Von der Schönheit
1. Buch: Von der Zierlichkeit (Ordnungen u. a.)
2. Buch: Von dem Ebenmaß oder der Symmetrie (Verhältnisse u. a.)
3. Buch: Von der Wohlgereimtheit oder Eurythmie (Ordnungen, Einheit, Simplizität, Abwechslung, Kontrast u. a.)
4. Buch: Von dem Schicklichen oder der Convenienz (Natur des Schicklichen, Gebrauch der Säulenordnungen, Giebel, Pfeiler u. a.)

2. Teil: Von der Bequemlichkeit
1. Buch: Von der Lage
2. Buch: Von der Form der Gebäude
3. Buch: Von der Einteilung, Anordnung der Teile

3. Teil: Von der Dauerhaftigkeit der Gebäude
1. Buch: Wahl und Gebrauch der Materialien zum Bauen
2. Buch: Von dem zum Bauen erforderlichen Boden und dem Grunde
3. Buch: Von der Art zu Bauen
4. Buch: Von dem Widerstand der Materialien.

107. Unbekannter Künstler, Hofrat Aloys Hirt (1759 bis 1836).

lich untersucht hatten. Schinkels Abwesenheit läßt sich eigentlich nur so erklären, daß er sich, zumindest was die Stadtbaukunst betrifft, bereits im Kreise der Privatgesellschaft die nötigen Kenntnisse angeeignet hat.

Gentz gab den Eleven wenigstens zwei halbe Tage wöchentlich besonderen praktischen Anschauungsunterricht auf Baustellen. Auch dies wird sich für Schinkel erübrigt haben, da er als Mitglied der Privatgesellschaft mit Sicherheit öfter auf dem im Rohbau befindlichen Münzgebäude gewesen ist.

Gentz unterrichtete nach eigenen Unterlagen. Nebenher erarbeitete er einen vollständigen Vorlesungsplan, den er im folgenden Jahr als Wegweiser und »gleichsam als Skelett meines Lehrsystems« in Druck geben wollte,[64] und dies um so mehr, »als ich kein einziges schon existierendes Lehrbuch kenne, was sich meiner Meinung nach dazu qualifizire, als etwa die in den Jahren 80 aus dem Italienischen übersetzten *Grundsätze der bürgerlichen Baukunst* von Milizia, und doch sind diese, des so sehr verschiedenen Lokals und unserer von der italienischen weit abweichenden Bauart wegen, ihres wirklichen Werts ungeachtet, wohl nicht als Norm für unser Land anwendbar.«[65]

Zum Lehrstoff in Stadtbaukunst gehörte 1. ein Überblick über die Theorie der Baukunst, die Lehre der guten Verhältnisse, die Lehre der Säulenordnungen und aller daraus entstehenden Anwendungen zwar in extenso, die Grundsätze des Schönen, der Festigkeit und Bequemlichkeit und die Regeln, worauf sie beruhen. 2. Anlegung einer Stadt. Auswahl des Orts und Entwurf aller Gebäudearten: Paläste, Landeskollegiengebäude, Rathäuser, Kirchen, Türme, Akademien, Bibliotheken, Manufakturgebäude, Schulen, Schauspielhäuser, Hospitäler, Zuchthäuser, Reitbahnen, Magazine, Zeughäuser, Kasernen, Lazarette, Gefängnisse, Wachen, Stadttore, Stadtmauern, Kirchhöfe, öffentliche Brunnen, Wasserleitungen, Denkmäler, Kloaken. Bürgerhäuser besonders für Bäcker, Brauer, Schmiede, Schlosser. Gewächshäuser, Spritzenhäuser, Eisgruben nebst Übungen in der Entwerfung und Veranschlagung dieser Gebäude. Gentz bewältigte ein gewaltiges Stoffpensum. Deshalb schlug er für das Sommersemester 1801 vor, die Theorie des Schönen ganz ausfallen zu lassen, »zumal die Vorlesungen überhaupt, so wie es mir scheint, zu überhäuft sind, so daß die jungen Leute gar nicht wissen, was sie wählen sollen ...«[66]

Ausschlaggebend dafür, warum Schinkel nicht Hirts Kritische Geschichte der Baukunst hörte,[67] könnte die Tatsache sein, daß Hirt sich zu ausführlich mit den Säulenordnungen befaßte, anstatt, wie mit dem Direktorium vereinbart, eine enzyklopädische Einführung in die Geschichte der Baukunst mit Rücksicht auf die verschiedenen bildenden Künste vorzutragen: a) kritische Geschichte der Konstruktion, b) chronologischer und geschichtlicher Teil der Baukunst bei den verschiedenen älteren und neueren Völkern, c) Geschichte der Gebäude.[68] Die Kritische Geschichte der Baukunst ist nicht im heutigen Sinne zu verstehen. In diesem Fach sollte vielmehr eine Betrachtung der Baudenkmäler unter dem Gesichtspunkt und den Idealen des Kunstverständnisses betrieben werden.[69]

Auch war Hirt, der eine hohe Meinung von seiner Gelehrsamkeit hatte, unter den Eleven unbeliebt. Er triezte seine Schüler, klagte beim Direktorium über deren ungenügende Vorbildung und verlangte für seine Vorlesung Zeugnisse in Geometrie, Perspektive, Optik, Bauphysik, ferner Probezeichnungen und architektonische Risse.[70] Hirt, der Gelehrte, machte kein Hehl aus seiner Geringschätzung von Architekten. Wenn Hirt, wie es oft heißt, auf Schinkel von Anfang an großen Einfluß ausgeübt habe, so kann dies kaum die Studienzeit betreffen, sondern allenfalls die Jahre nach 1809, nachdem Hirts Hauptwerk *Die Baukunst nach den Grundsätzen der Alten* gedruckt vorlag.

Der ideale Baumeister

Den Eleven an der Bauakademie, insbesondere den angehenden Baumeistern unter ihnen, wurde gewiß aufgetragen, sich anzueignen, was der römische Baumeister Vitruv und seine schreibenden Kollegen der Neuzeit – Milizia, Sulzer, – über einen idealen Baumeister zu sagen hatten.

Eine Zeit, die der Baukunst einen so hohen Rang beimaß wie die Aufklärung, mußte zwangsläufig dem Baumeister eine neue Würde verleihen. Vitruvs Postulate über die notwendigen charakterlichen Eigenschaften des Baukünstlers bekamen eine neue Aktualität. Sie hatten für den Architektenstand eine ähnliche ethische Bedeutung wie der Eid des Hippokrates für die Ärzte. Denn ein Beruf, der so sehr im Dienste der Allgemeinheit stehe, erfordere eine besondere moralische Festigkeit. Vitruv hatte sich über die Charakterlosigkeit mancher Architekten beklagt, über ihre Selbstüberschätzung, ihre Bestechlichkeit, über Grundstücksspekulation und Korruption. Was der römische Baumeister einst an den Kaiser Augustus über die unerläßlichen Tugenden und Fähigkeiten eines Baumeisters schrieb, erhielt für die Architekten im modernen Preußen eine neue Gültigkeit.

Vitruv wünschte sich vom Baumeister eine edle Denkungsart. Diese sei nicht möglich ohne »Philosophie«, denn sie »macht, daß er nicht stolz, sondern vielmehr bescheiden, billig und rechtschaffen, vorzüglich aber nicht geizig sei, denn ohne Treue und Redlichkeit kann nichts geziemend von Statten gehen. Er muß nicht begehrlich sein, noch darauf ausgehen, Geschenke zu erhaschen; sondern mit Standhaftigkeit seiner Würde nichts vergeben und auf seinen guten Namen halten; denn also heischt es die Philosophie.«[71]

Naturgaben allein genügten nicht, meinte Vitruv,[72] vielmehr müsse der Architekt »auch Lernbegier besitzen; denn weder Genie ohne Kenntnis, noch Kenntnis ohne Genie, kann einen vollkommenen Künstler bilden. Er muß fertig mit der Feder, geschickt im Zeichnen, der Geometrie kundig, in der Optik nicht unwissend, in der Arithmetik unterrichtet, in der Geschichte bewandert sein, die Philosophen fleißig gehört haben, Musik verstehen, von Medizin Kenntnis haben, mit der Rechtsgelehrsamkeit bekannt sein und die Sternkunde (astrologia) samt dem Himmelslaufe (ratio coeli) erlernt haben.«[73] Wegen der Fülle des zu vermittelnden Stoffs müsse die Unterweisung bereits in früher Jugend beginnen.[74]

Auch Milizia befaßte sich gründlich mit der Erziehung und Ausbildung[75] des Baumeisters, verlangte aber von einem modernen Architekten insbesondere Kenntnisse in der Experimentalphysik und der Naturgeschichte, in der angewandten Mathematik, in der Geometrie in allen ihren Teilen, in der Hydraulik (Wasserbau), Optik/Perspektive sowie in der Astronomie (um die Gebäude ins richtige Licht zu stellen und Sonnenuhren einzurichten). Ein umfangreiches Kapitel widmet er der Rechtsgelehrsamkeit in Hinblick auf die Architektur.[76] Sulzer wiederholte diese Gedanken, legte jedoch besonderen Wert auf Kunstkenntnisse und künstlerische Fähigkeiten.

Sulzer riet den Baumeistern und denen, die es werden wollen, nach Italien oder Frankreich zu reisen. Dort sollten sie nirgends und niemals versäumen, »die besten Gebäude sowohl von außen als innen genau zu betrachten; die Ausübung der Regeln darin zu entdecken, und das Gute, das ihm noch nicht bekannt gewesen, daran zu erkennen. Bei diesen Reisen muß er nicht bloß einzelne Gebäude an sich betrachten, sondern sie im Zusammenhang mit dem Platz, worauf sie stehen, und in der Verbindung mit anderen nach allen Regeln untersuchen.«[77] Milizia zitierte abgewandelt einen von ihm nicht namentlich genannten »beredten Philosophen« (es ist Rousseau): »Eile nach Rom, betrachte das Pantheon, das Forum und die vornehmsten Überbleibsel der ehemaligen römischen Größe. Fühlst Du, daß du durch Bewunderung derselben begeistert wirst, so ergreife Rötel und erfinde.«[78]

Schinkel ist es so ergangen, als er aus der Ferne erstmals Rom erblickte: »Plötzlich fährt wie ein Blitzstrahl der Anblick des ersten Tempels der Welt, des Doms von St. Peter, der hinter den Hügeln zuerst sich zeigt, in das Herz, und dann breitet sich in der reichen Ebene nach und nach auf seinen 7 Hügeln das weite Rom mit seinen unzähligen Schätzen unter dem Staunenden aus«, schrieb er überwältigt in sein Tagebuch.[79]

Schinkel hat sich mehrfach über die Eigenschaften eines idealen Baumeister geäußert. Erste Gedanken notierte er in einem 1810 verfaßten romantisierenden Skript mit dem Titel *Versuch über das glückselige Leben eines* [religiös empfindenden] *Baumeisters*. Darin gab er sich ganz als Philosoph, denn es sei »zuförderst das vollendet ideale Leben der Menschlichen Gattung auf der irdischen Welt zu denken, wo er bei der Religion anfängt, als Grundlage alles andern. ... Vom religiösen Gebäude aus ginge der Baumeister über zu allen anderen Gegenständen seiner Kunst. ... Welche seligen Wohnungen der tiefsten Gemütlichkeit müßten da hervorgehen. Welche Alltagswerke des reinsten Vergnügens für ein edel gesinntes Volk ...«[80]

Konkreter äußerte er sich in zwei Texten, die er 1830 und 1835 als erfahrener Architekt, einflußreicher Beamter und vielseitig gebildeter Mann niederschrieb. Nun stellte er besonders die geistigen und künstlerischen Fähigkeiten heraus, die ein Baumeister mitbringen müsse. Grundlegend sei für den Baumeister die Kenntnis des geschichtlich Alten, um im Geiste jener Zeiten frei voranzugehen.

»In der Baukunst ist vor allem dem Künstler eine allgemeine Bildung vonnöten, nicht daß er ein Übermaß müßigen Wissens in seinem Kopf herumtrage und auf dessen Grund Gelegenheit habe, jeden Augenblick mit einer professorhaften Sprache zu lehren und mit positivem Wissen des Vorhandenen zu glänzen, oder sich über dies Vorhandene in Philosophischen Begriffen,

Abstraktionen und Systemen zu bewegen, sondern vielmehr, daß er seinen Geist mit dem Wesen der klassischen Zeiten so durchdrungen habe, um in seiner Tätigkeit, die auf neue Verhältnisse gerichtet unter neuen Bedingungen nur möglich sein kann, in dem Geiste jener klassischen Zeiten frei fortzugehen und das Rechte Schöne und Charakteristische nach einem freien Takte unter neuen verwandelten Verhältnissen hervorzubringen.«[81]

Eine längere Betrachtung über die notwendigen Fähigkeiten des Baumeisters stellte Schinkel der letzten Fassung seines *Architektonischen Lehrbuchs* voran. Er entwickelt dort ein Programm für die *Residenz eines Fürsten* in günstiger Lage in der Nähe einer großen Stadt. Das Konvolut der darin gestellten Aufgaben diente ihm zu dem Zweck, seine Gedanken über Architektur zu entwickeln und deutlich auszusprechen und die von ihm gewonnenen allgemeinen Resultate für die Baukunst daran anzuknüpfen. Er wandte sich an fertig ausgebildete Architekten, die schon einen selbständigen Wirkungskreis haben.[82]

»Es scheint mir notwendig, die verschiedenen Sphären, worin das Gefühl des Architekten sich notwendig ausbilden muß, genau nebeneinander hinzustellen, um zugleich den Umfang der Kunst für ihn zu überschauen. Zuförderst ist zu erwägen, was unsere Zeit in ihren Unternehmungen der Architektur notwendig verlangt. Hierbei tritt zugleich eine Kritik ein über das, was dem Geiste der Zeit selbst in diesen Unternehmungen ganz klar oder nicht klar ist ..., und die Freiheit bei den Ausführungen hemmt und in konventionellen Anordnungen wiederholend immer weiter fortfährt, bis das schöpferische ganz erloschen ist. Zweitens ist ein Rückblick auf die Vorzeit notwendig, um zu sehen, was schon zu ähnlichen Zwecken vormals ermittelt ward, und was als ein Vollendetgestaltetes davon für uns brauchbar und willkommen sei könne. Drittens [sei zu überlegen] welche Modifikation bei dem günstig aufgefundenen für uns notwendig werden müsse, [und] viertens, wie und in welcher Art die Phantasie sich tätig beweisen müsse, für diese Modifikationen ganz Neues zu erzeugen; und wie dies ganz neu erdachte in seiner Form zu behandeln sei, damit es mit dem geschichtlich Alten in einen Harmonischen Zusammenklang komme, ... wodurch eine glückliche Schöpfung unserer Tage entstehe.«[83]

Schinkel entwirft in diesem Teil des Lehrbuchs die ideale Residenz eines »Herrschers, der überall auf der Höhe der Zeit steht und sich demgemäß umgibt«: Regierungsgebäude, Anlagen für Volksfeste, Gebäude für die Auszeichnung verdienstvoller Personen des Landes, Bildergalerie, Bibliothek, Antikensammlung, Theater, Kathedrale, Ateliers für Maler und Bildhauer, Musiksaal, Naturaliensammlung, Festsäle, Sommer- und Winterwohnung für die fürstliche Familie, Stallungen, Schloßkirche, Pfarrhaus etc.

Schinkel fügte seinen Ausführungen die persönliche Bemerkung hinzu, daß ihm die Bekanntschaft mit einem Fürsten von edelster Gesinnung die glückliche Gelegenheit bot, sich durch die »gestellten geistreichsten Aufgaben fast in allen Abteilungen der Kunst« zu versuchen. Die Vielfalt der Aufgaben verdeutlicht, daß nur ein ungewöhnlich befähigter Architekt – eben der ideale Baumeister – solch ein gigantisches Werk vollbringen kann.

Über die notwendigen Tugenden eines Baumeisters

Der römische Baumeister Vitruv

»Ich meines Teils, o Cäsar, habe mich nie aus Habsucht auf meine Kunst gelegt; sondern mäßiges Auskommen in Ehren hat mir immer vor Überfluß in Unehren den Vorzug zu haben geschienen. Ich bin freilich bei solcher Denkart nicht sehr berühmt geworden; jedoch schmeichle ich mir durch Herausgebung dieser Bücher bei der Nachwelt nicht unbekannt zu bleiben. ... In dieser Rücksicht übertrugen die Alten ihre Baue nur solchen Baumeistern, die nicht allein von ehrbaren Eltern abstammten, sondern auch eine anständige Erziehung genossen hatten; in der Überzeugung, daß edle Bescheidenheit, nicht aber freches Hervordrängen, Vertrauen verdiene. Die Künstler selbst aber unterrichteten bloß ihre eigenen Kinder oder Anverwandten, und bildeten diese zu rechtschaffenen Leuten, deren Ehrlichkeit man ohne Bedenken die Gelder zu ansehnlichen Gebäuden anvertrauen konnten.«[84]

»Fertig mit der Feder muß ein Baukünstler sein, um seinem Gedächtnisse durch Niederschreibung merkwürdiger ... Sachen – commentarii – zu Hülfe zu kommen; des Zeichnens aber – graphis – bedarf er, um mit Leichtigkeit allerlei Baurisse verfertigen zu können. Die Geometrie leistet der Baukunst mancherlei Hilfe: Erstlich lehrt sie den Gebrauch des Richtscheits – euthygrammus – und des Zirkel – circinus, – womit die Grundrisse der Gebäude auf das allerleichteste verfertiget werden; und zweitens, die Handhabung des Winkelmaßes – norma, – der

Setzwage – libra – und der Schnur – linea. – Vermittelst der Optik erhalten die Gebäude von den bestimmten Himmelgegenden das ihnen gehörige Licht. Mit Hilfe der Rechenkunst werden die Bau-Anschläge gemacht, die Beschaffenheit der Maße bestimmt und schwer anzugebende Verhältnisse durch künstliche Rechenmethoden gefunden. Allein in der Geschichte muß der Baukünstler bewandert sein, weil die Architekten oft in ihren Gebäuden verschiedene Zierraten anbringen, wovon er doch denen, die ihn darum fragen, Auskunft zu geben im Stande sein muß. Zum Beispiele, wenn jemand marmorne weibliche Bildsäulen in vollem Anzuge, welche Karyatiden heißen, an einem Gebäude, anstatt Säulen anbringt, der hat den Fragenden ... Rechenschaft davon abzulegen ...

Die Philosophie aber handelt auch noch von der Beschaffenheit der Dinge ... und muß mit vorzüglichem Fleiße erlernt werden; weil darin viele mannichfaltige Untersuchungen [physikalische] die Natur betreffend begriffen sind ...

Musik muß er aber wissen, um das kanonische und mathematische Verhältnis, desgleichen die gehörige Beziehung – temperatura – der Ballisten, Katapulten und Skorpionen [Kriegsmaschinen] zu verstehen. Denn in den Kapitälen – capitulum – befinden sich rechts und links die Löcher der Einklänge – homotonus, – wodurch mittelst Winden – ergata – oder – haspel – sucula – und Hebel – vectis – aus Sehnen gedrehete Seile gespannt werden, welche weder eher verkeilt – percludere – noch angebunden werden dürfen, als bis sie dem Ohre des Künstlers bestimmte gleiche Töne angeben; weil die in diese eingespannten Seile eingeklemmten Arme – brachia – beim Abschießen ganz gleich zurückschnellen müssen, wenn der Schuß treffen soll. Sind sie aber nicht im Einklange, so wird auch der abgeschossene Pfeil von der geraden Richtung abweichen. Auch die ehernen Vasen in den Theatern, welche die Griechen ... Schallgefäße nennen, und welche in Zellen unter den Stufen nach mathematischem Verhältnisse gestellt werden, werden nach der Verschiedenheit der Töne, der Consonanz – Griechisch Symphonie – gemäß geordnet, damit die auf der Bühne erschallende Stimme, indem sie sich rings umher verbreitet und die zusammen stimmenden Gefäße berührt, verstärkt, heller und angenehmer zu den Ohren der Zuschauer gelange ...

Wissenschaft von der Medizin muß er haben, um zu beurteilen, ob die Beschaffenheit der Himmelsgegend – Klima von den Griechen genannt – ob Luft und Wasser gesund oder ungesund sind; denn ohne hierauf genommene gehörige Rücksicht, ist keine gesunde Wohnung möglich.

Der Rechte muß er in so fern kundig sein, ... damit er, bevor er ein Gebäude anfängt, alle Vorsicht gebrauche, daß nach dessen Vollendung nicht dem Eigner Prozesse daraus entstehen ...

Die Sternkunde – astrologia – endlich lehrt ihn, wo Morgen, Abend, Mittag und Mitternacht sei; die Kenntnis des Himmels – ratio coeli – aber die Tag- und Nachtgleichen, die Sonnenwenden und den Lauf der Gestirne, ohne deren Kenntniß niemand die Theorie der [Sonnen]- Uhren inne haben kann.

Da nun die Baukunst mit so vielen und mancherlei Kenntnissen so in der Fülle ausgeschmückt ist; so glaube ich nicht, daß sich leicht jemand anders mit Recht für einen Baukünstler ausgeben könne, als der, so von Kindheit auf alle diese Stufen des Wissens betreten hat, vertraulich mit den verschiedenen Wissenschaften und Künsten erzogen worden und also zum höchsten Gipfel – ad summum templum – der Baukunst gelangt ist.«[85]

Der Renaissance-Architekt Alberti

Die Architektur sei »eine große Sache«, so schrieb Alberti in einem Kapitel über die Pflichten, die Eignung und die Ausbildung des Architekten, und es käme »nicht allen zu, eine so gewaltige Sache in Angriff zu nehmen«, denn wer es »wage, sich Architekt zu nennen«, müsse höchste Gelehrsamkeit, größe Erfahrung und eine ernste und gründliche Urteilskraft besitzen.[86]

»Was aber noch zuträglich ist, oder vielmehr, was für den Architekten von den Künsten unumgänglich notwendig ist, das sind Malerei und Mathematik. Daß er in den übrigen erfahren sei, fordere ich nicht unbedingt. Denn wenn einer behauptet, der Architekt müsse rechtskundig sein, weil beim Bauen das Recht der Wasserableitung, die Absteckung der Grenzen, die Bauanzeige und was dergleichen durch Vorschriften geregelt ist, vorkommt, den werde ich nicht anhören. Eine genaue Kenntnis der Sterne fordere ich auch nicht deshalb von ihm, weil gegen Norden die Bibliotheken und gegen Westen die Bäder angelegt werden solle. Ich werde auch nicht sagen, daß er ein Musiker deshalb sein müsse, weil in den Theatern die Schallgefäße aufgestellt werden ...[87]

Es wird genügen, wenn er nicht auf öffentlichem oder fremdem Grunde baut; wenn er nicht die Beleuchtung verbaut, nicht durch die Traufe, die Ableitung oder einen Durchgang ein Servitut schafft, außer den bestehenden. Wenn er von den Winden weiß, aus welcher Weltgegend sie kommen und wie sie heißen. Ist er aber dennoch etwas besser unterrichtet, werde ichs nicht zurückweisen. Doch der Malerei und der Mathematik wird er ebensowenig entbehren können, als der Dichter der Stimme oder der Silben.«[88]

Der Architekturtheoretiker Milizia

Denn da »nichts kostbarer ist als das Bauen, und wenn es betrüglicherweise schlecht verrichtet wird, nicht so leicht wieder ersetzt werden kann, so sieht man wohl ein, daß ein jeder Architekt ein wahrhaft rechtschaffener Mann sein, und jene Sammlung edler moralischer Tugenden besitzen muß, die ihm Vitruvius mit väterlicher Sorgfalt empfiehlt.[89] ... Neid, Eifersucht, Freundschaft, Haß und überhaupt alle heftigen Leidenschaften und Vorurteile sind lauter Hindernisse für den guten Geschmack und dessen Ansprüche. ... Zum guten Geschmack gehört ein ruhiger Verstand in einem gesunden Leibe bei mittelmäßigen Glücksgütern. Alles dieses wird zu einer richtigen guten Denkungsart erfordert, ohne welche man von der Kunst nicht urteilen kann.«[90]

Der Ästhetiker und Philosoph Sulzer

»Wer den Namen eines Baumeisters in seiner ganzen Bedeutung verdienen will, muß nicht nur reich an natürlichen Talenten sein, sondern auch aus den meisten Künsten und Wissenschaften viel gelernt haben.[91] Der künftige Baumeister muß so gut wie der Dichter von Jugend auf in Künsten und Wissenschaften geübt werden. Nachdem er die allgemeinen Wissenschaften hinlänglich getrieben, muß er sich insbesondere in den mathematischen Wissenschaften gründlich unterrichten lassen, sich auf das Zeichnen legen, welches er so treiben muß, als wenn er ein Maler werden wollte, damit er nicht nur dadurch einen feinen Geschmack für das Schöne in Figuren und Zieraten bekomme, sondern, im Falle es nötig ist, dergleichen Sachen auch selbst angeben könne.«[92]

»Wir fordern zuerst von dem Baumeister eine gründliche und weitläufige Kenntnis der Sitten und Lebensart der vornehmsten Völker, und desjenigen insbesondere, unter welchem er lebt. Diese hilft ihm zuvorderst, jedes Gebäude nach dem Stand und der Lebensart des Eigentümers einzurichten. Jede Klasse der Menschen hat ihre eigenen Verrichtungen, Bequemlichkeiten und äußerlichen Bedürfnisse, die der Baumeister genau kennen und in Überlegung ziehen muß, wenn er in der Einrichtung der Gebäude nicht große Fehler begehen will.«[93]

Der angehende Baumeister dürfe sich nicht nur in die einschlägige Fachliteratur vertiefen, er solle sich auf Reisen begeben, um im Ausland Vergleiche zu ziehen, zu forschen und praktische Erfahrungen zu sammeln. Dabei solle er »seinen Fleiß vornehmlich auf die Betrachtung der vornehmsten Gebäude richten, welche in den verschiedenen Ländern von Europa zerstreut sind. Zuerst muß er die verschiedenen Schriften der vornehmsten Baumeister mit großem Fleiß lesen, sich ihre Regeln bekannt machen, und nach denselben zeichnen. Hierauf schafft er sich von den Zeichnungen schöner Gebäude, Gärten und ganzer Städte an, so viel er habhaft werden kann. Diese betrachtet er mit einem nachforschenden Auge, zuerst nach ihrem ganzen Ansehen, wobei er genau auf die Empfindung, die sie in ihm erwecken, achthaben muß. Hernach betrachtet er jeden Teil insbesondere in seinem Verhältnis zum Ganzen, in seiner Stellung, in seiner Figur, in seinen Verzierungen und in den Verhältnissen seiner kleinen Teile, mit Zirkel und Maßstab in der Hand. Bei diesen Untersuchungen ist es sehr wesentlich, daß er beständig auf die allgemeinen Grundsätze der Baukunst zurücksehe, und jeden Teil des Gebäudes gleichsam frage: warum bist du da? Wie erfüllst du deinen Endzweck? was tust du zum Ansehen, zur Festigkeit, zur Bequemlichkeit, zur Zierde? Tust du deiner Bestimmung vollkommen und auf das beste genug?«[94]

Studien in Gillys Bibliothek

Prachtwerke

Gillys Bibliothek, zum Nutzen junger Architekten gegründet, war für Schinkels berufliche Fortbildung von größter Bedeutung. Sie enthielt rund 700 Titel zur Kultur- und Kunstgeschichte, Ästhetik, Baukunst und Architekturtheorie, neuzeitliche historische Werke und Reiseliteratur. Außerdem zahlreiche Werke antiker Dichter und Geschichtsschreiber wie Seneca, Cicero, Livius, Sallust, Cornelius Nepos, Tacitus, Plautus, Vergil, Ovid, Horaz (meist in Latein), sowie (auch in deutscher Übersetzung) Plinius, Pausanias und Homer. Es fehlten jedoch die Schriften der großen klassischen Philosophen Sokrates, Aristoteles und Plato. Ferner besaß Gilly einige naturwissenschaftliche Sachbücher, darunter an den Schulen benutzte Lehrbücher, die er wohl auch deshalb aufgenommen hatte, weil seine Schulausbildung nicht abgeschlossen war. Neuzeitliche Dichtung war allerdings kaum vertreten, so einiges von Wackenroder/Tieck und Carl Philipp Moritz. Goethe und Schiller überhaupt nicht, von letzterem jedoch die Schrift *Über Anmut und Würde*. Prachtstücke der Bibliothek waren die Stichwerke von den wiederentdeckten Altertümern, die Schinkel wohl bei keinem andern Lehrmeister in einer solch reichhaltigen Auswahl vorgefunden hätte.

»Mit größter Ehrfurcht«, berichtet Waagen, »betrachtete der junge Schinkel diese Herrlichkeiten von außen und seine Sehnsucht, sich darin umzusehen, war unbeschreiblich. Wie glücklich fühlte er sich daher, als Gilly die Freundlichkeit hatte, mit ihm ein solches Werk durchzugehen, ja vollends als er ihm gestattete, allein in diesen Schätzen zu schwelgen. Man muß mit Schinkel Kupferwerke besehen haben, um sich eine Vorstellung zu machen von der Wirkung, welche diese Anschauungen auf seinen jungen Geist gemacht haben müssen. Fand sich in solchen Werken etwas Neues, was ihn besonders anmutete, so malte sich der lebhafte Eindruck auf seinem ganzen Gesicht, und seine dunklen Augen erglänzten von jenem tiefen Feuer, worin sich seine ganze schöne Seele spiegelte.«[1]

Es waren die Reise-Stichwerke, die Schinkel vor Augen führten, zu welch grandiosen Bauwerken der Kunstsinn des Menschen fähig ist. Sie standen in Ländern, die zu bereisen nur sehr wenigen Zeitgenossen vergönnt war, in Griechenland, Italien, Syrien oder Ägypten. Viele waren zerstört, doch noch an den Ruinen ließ sich der Geist erspüren, aus dem heraus sie geschaffen worden waren. Das Blättern in diesen Prachtausgaben ist auch heute von großer Faszination. Sie vermitteln uns einen Eindruck, mit welcher Bewunderung und Ehrfurcht die Zeichner jener Zeit diese Bauwerke vergangener Kulturen angeschaut und gezeichnet haben, meist unter vielen Mühen, Entbehrungen und dabei oft große Strapazen auf sich nahmen – zu einer Zeit, die keine Fotografien kannte.

Schinkel ging bei seinen ersten Lesestudien gewiß nicht systematisch vor. Er nahm sich aus den Regalen, was ihm ins Auge sprang oder ihn weiterbringen könnte. Er ließ auch in späteren

Reisewerke in Gillys Bibliothek (Auswahl)

Œuvres d'Architecture (Paris an IV und 1765), Marie-Joseph Peyre (GB 6,66–67; 6,77).
Les ruines de Palmyre, autrement dite Tedmor au desert (1753), von Robert Wood (GB 4,18).
Les ruines de Balbec, autrement dite Heliopolis dans la Coelosyrie (1757), von Robert Wood.
Les ruines des plus beaux monuments de la Grèce (1758), von Julien-David Le Roy (GB 3,15).
The antiquities of Athens (1762, 1787, 1794), von James Stuart und Nicholas Revett (GB 3,1–3).
Sammlung von ägyptischen, etrurischen, griechischen und römischen Altertümern (1766), von Graf Caylus (GB 10,15–16).
Ruins of the palace of the emperor Diocletian at Spalatro in Dalmatia (1764), von Robert Adam (GB 3,10).
Les ruines de Paestum (1768); F. Majors (GB 3,4).
Jonian antiquities (1769), von Richard Chandler, N. Revett, William Pars (GB 3,5–6).
Historisch-geographische Beschreibung der Gegend um Heliopolis und Memphis (1782), von Fourmont (1782). Aus dem Franz. (GB 20,149).
Voyage pittoresque ou description des Royaumes de Naples & Sicile (1781–1786), (GB 4, 20–24).
Voyage pittoresque de la Grèce (1782), von Choiseul-Gouffier mit Kupfern (GB 4,26). – Desgl. 1. Bd. In deutscher Übersetzung, mit Kupfern und Karten (GB 19,137).
Voyage pittoresque des Isles de Sicile, de Malte & de Lipari (1782–1797), von J. Houel (GB 4,27–30).
Voyage d'Egypte et de Nubie (Paris an III), von F. L. Norden (GB 13,83–84).
Handbuch der römischen Altertümer (1796), von Alex. Adam. Aus dem Englischen übersetzt (GB 18,104–105).
Les edifices antiques de Rome, dessinés & mesurés (1799), von M. Desgodetz, mit Kupfern (GB 3,8).

Nicht in Gillys Bibliothek

Voyage pittoresque en Syrie, de la Phoenicie, de la Palestine et de la Basse-Aegypte (1799), von L. F. Cassas, denen Schinkel Anregungen für seine Bühnendekorationen zu Mozarts *Zauberflöte* entnahm.[2]
Voyage dans la Basse et la Haute Egypte (1802), von Vivant Denon.

108. Johann Bernhard Fischer von Erlach, *Dianen-Tempel zu Ephesus*, »woran gantz Asien 220 Jahr gebauet« – eines der berühmten Sieben Weltwunder.
109. August Rode, *Marci Vitruvii Pollionis de Architectura Libri decem*, 1800. Die neuzeitliche lateinische Vitruv-Ausgabe des Dessauer Kabinettsrats zeigt auf dem Titel die Rekonstruktion des Grabmals für den König Mausolos in Halikarnoss, gezeichnet von Genelli.
110. James Stuart und Nicholas Revett, *The Antiquities of Athens*, 1762. Titelblatt zum ersten Band.

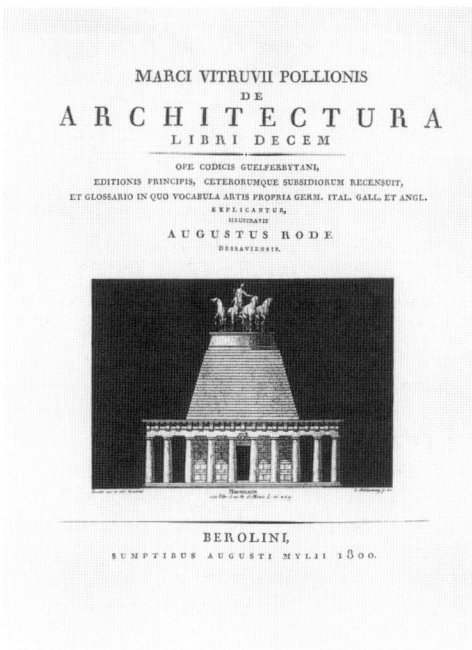

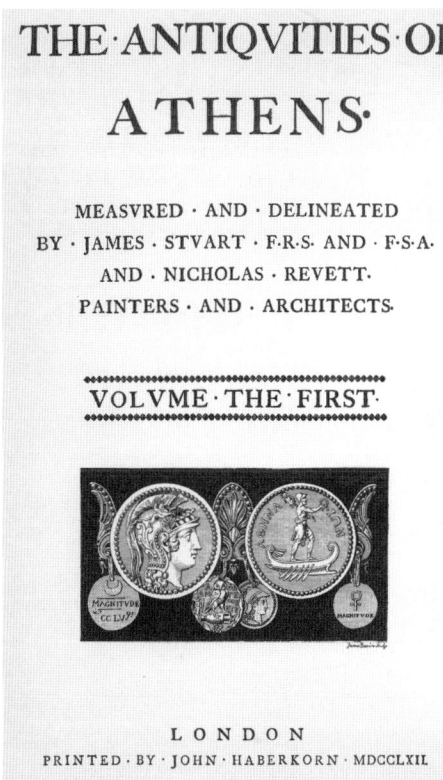

Jahren »keine wichtige Erscheinung im Gebiet der Wissenschaft und Kunst an sich vorübergehen«,[3] er las fast nichts, was nicht auf seine Tätigkeit Bezug hatte, und »Zeitschriften kamen gar nicht ins Haus«.[4]

Leider verhinderten nach Gillys Tod die Berufsgeschäfte eine intensivere Weiterführung des Studiums. Überdies wechselte die Bibliothek den Besitzer. Sie wurde von David Gilly der Bauakademie zum Geschenk gemacht und 1801 mit der Bauakademie-Bibliothek vereint.[5]

Vitruv und Palladio

Festigkeit, Nutzbarkeit und Schönheit

Was hat Schinkel mit Sicherheit bei Gilly gelesen? Selbstverständlich die beiden Klassiker Vitruvius Pollio und Andrea Palladio. Doch Palladios berühmter Vorgänger Leon Battista Alberti, der ja erst den Boden bereitet hatte für das Erblühen der Baukunst in der Renaissance, war nicht vertreten, auch nicht in englischer oder französischer Übersetzung. Seine *Zehn Bücher über die Architektur* wurden erst 1912 ins Deutsche übertragen.

Ein Schinkelzitat aus späterer Zeit deutet darauf hin, daß ihm Alberti dennoch kein gänzlich Unbekannter war. Alberti erkannte die Schönheit als »bestimmte gesetzmäßige Übereinstimmung aller Teile«, wovon man weder etwas hinzufügen noch hinwegnehmen oder verändern könnte, »ohne sie weniger gefällig zu machen. Das ist eine gewaltige und göttliche Sache, bei deren Ausführung es der Anspannung aller künstlerischen und geistigen Kräfte bedarf ...«.[6] Schinkel hingegen wird schreiben: »Nur das Kunstwerk, welches edle Kräfte gekostet hat, und dem man das höchste Streben des Menschen, eine edle Aufopferung der edelsten Kräfte, ansieht, hat wahres Interesse und erbauet.«[7]

Alberti hat es nicht verdient, daß sein Werk in der Architekturgeschichte so unzureichend wahrgenommen wurde. Ein Grund dafür liegt wohl in der Tatsache, daß er es nicht verstand, so herausfordernd für sein eigenes Werk zu werben wie Palladio es tat, ein anderer Grund in dem schwer zu bewältigenden immensen Umfang seiner Bücher.

Die Hauptwerke von Vitruv und Palladio waren in Gillys Bibliothek in mehreren Ausgaben vertreten, lateinisch, französisch, italienisch. Von Palladio besaß er sieben Ausgaben, von Vitruv elf, darunter die ausgezeichnete Übersetzung des Dessauer Kabinettsrats August Rode (Berlin 1796).[8] Gilly hatte den Kabinettsrat, der einst bei Basedow am Philanthropinum tätig war, sicherlich zu Beginn seiner Auslandsreise bei seinem Besuch in Dessau persönlich kennengelernt. Rode hatte sich auch als Übersetzer von Apuleius' *Goldenem Esel* (1783) und Ovids *Metamorphosen* (1791) einen Namen gemacht. Er hielt es – darin ganz ein Aufklärer – nicht für unter seiner Würde, Schauspiele für Kinder zu schreiben. Seine meisterhaften Übersetzungen beider Werke werden noch heute verlegt.

Rodes Vitruv-Übersetzung darf als ein epochemachendes Werk der Spätaufklärung bezeichnet werden. Hatte der Dessauer Baumeister Erdmannsdorff, den Friedrich Wilhelm II. als »besten Kenner antiken Geschmacks«[9] außerordentlich schätzte, im Berliner Stadtschloß und im Potsdamer Schloß Sanssouci in einem neuen antikischen Stil Innenräume eingerichtet, lieferte Rode nun die wissenschaftlich-theoretischen Grundlagen für die Erforschung antiker Baukunst, wiederum aus Dessau-Wörlitz.[10] Nun hatte auch der weniger gebildete, nicht mit fremdsprachigen Kenntnissen ausgerüstete Baumeister, der Kondukteur und eben auch der junge Schinkel Zugang zu dem im Original schwer lesbaren Grundlagenwerk des römischen Baumeisters, zumal Rodes Übersetzung mit begleitenden Anmerkungen, angehängtem Sach- und Personenregister und einem »Vitruvianischen« Wörterbuch, selbst für den Laien leicht zu erschließen war.[11] Vitruv hatte das Werk vor mehr als anderthalbtausend Jahren seinem Kaiser, dem Imperator Augustus, zugeeignet. Jetzt erlebte Schinkel, wie es durch die Entdeckung der griechischen Bauten erneut Aktualität bekam, denn Vitruv wurde nicht nur als Römer, sondern als Klassiker verstanden.[12]

Rode erwarb sich auch dadurch große Verdienste, daß er, ebenfalls in Berlin, *Kupfer zu Vitruvs zehn Büchern von der Baukunst, mehrentheils nach antiken Denkmälern gezeichnet*, herausgab (1800). In diesem Werk werden die von Vitruv angeschnittenen Baufragen von den Arten des Mauerwerks über Säulenordnungen bis zu den Tempeltypen anhand von Rekonstruktionszeichnungen erläutert und mit den neu bekannt gewordenen antiken Bauten verglichen. Beide Werke bildeten den Mittelpunkt der um diese Zeit verstärkt einsetzenden Erforschung antiker Baukunst.

Vitruv betonte, daß er seine *Zehn Bücher über die Baukunst* als ausübender Architekt und Mann der Praxis geschrieben hätte. Es sollte zugleich theoretisches Lehrbuch und praktisches Nachschlagewerk sein. Im ersten Buch behandelte er 1. die Eigenschaften, die ein Baukünstler notwendig mitbringen muß, 2. das Wesen der Baukunst und 3. die Gattungen der Baukunst. In diesem Abschnitt las Schinkel die berühmten Vitruvschen drei Grundsätze über das richtige Bauen. Die Baukunst wurde von Vitruv in zwei Teile geteilt, einerseits die Anlage einer Stadt mit den öffentlichen Gebäuden, und andererseits die Errichtung von Privatgebäuden.

»Alle insgesamt aber sind so anzulegen, daß dabei auf Festigkeit [firmitas], Nutzbarkeit [utilitas] und Schönheit [venustas] gesehen werde. Die Festigkeit beruhet darauf, daß der Grund tief und auf festen Boden gelegt, und daß bei der Auswahl der Baumaterialien mit Sorgfalt, aber sonder Kargheit verfahren werde. Der Nutzbarkeit geschieht Genüge, durch verständige Einrichtung des Platzes, vermittelst welcher nichts der Bestimmung des Gebäudes entgegen steht, und jeder Theil die füglichste und bequemste Lage erhält. Die Schönheit aber wird erreicht, wenn das Werk einen angenehmen, geschmackvollen Anblick gewährt, und die Verhältnisse der Teile das gehörige Ebenmaß haben.«[13]

Die Vitruvsche Formel verlangte, daß Festigkeit, Nutzbarkeit und Schönheit in Ausgewogenheit zueinander stehen müssen, wenn ein Gebäude vollkommen sein soll. Palladio, mit dessen Werk Schinkel mittelbar ja schon durch die Beschäftigung mit dem Friedrichsdenkmal erste Bekanntschaft schloß, übernahm Vitruvs drei Grundsätze, hielt es aber für notwendig, die »Ausgewogenheit« näher zu erläutern und fügte den Begriff der »Annehmlichkeit« hinzu:

»Wie Vitruv lehrt, [müssen] drei Dinge beachtetet werden, ohne die ein Gebäude kein Lob verdient: Diese drei Dinge sind: der Nutzen oder die Annehmlichkeit, die Dauerhaftigkeit und die Schönheit. Denn ein Gebäude, das nützlich, aber von geringer Lebensdauer ist oder aber stark und fest, ohne bequem zu sein oder auch die beiden ersten Bedingungen erfüllt, aber jeder Schönheit ermangelt, kann nicht als vollkommen bezeichnet werden. Annehmlichkeit erzielt man, wenn jedem Teil der ihm angemessene Ort und die Lage zugeteilt werde, die weder geringer sein dürfen, als es seine Würde verlangt, noch größer, als er seinem Gebrauch zukommt; so wie die Loggien, die Säle, die Zimmer, die Keller und die Kornböden alle den Platz, der ihnen entspricht, einnehmen. Dauerhaftigkeit wird dadurch erreicht, daß man alle Mauern lotrecht errichtet, sie unten breiter als oben macht und mit guten und ausreichenden Fundamenten versieht. Darüber hinaus müssen die Säulen genau übereinander stehen und ebenso alle Öffnungen wie Türen und Fenster, damit Gemauertes über Gemauertem und Leeres über Leerem zu stehen kommt.

Schönheit entspringt der schönen Form und der Entsprechung des Ganzen mit den Einzelteilen, wie der Entsprechung der Teile untereinander und dieser wieder zum Ganzen, so daß das Gebäude wie ein einheitlicher und vollkommener Körper erscheint. [Vgl. Albertis Schönheitsbegriff, S. 155.]

Hat man nun diese Dinge in der Zeichnung und im Modell berücksichtigt, kalkuliere man sorgfältig alle anfallenden Kosten und kümmere sich beizeiten um Geld und die Vorbereitung des notwendigen Materials, das gebraucht wird, damit während des Bauens nichts fehlt ...«[14]

Auch Palladio wollte seine *Vier Bücher zur Architektur*, in die er Musterzeichnungen von alten und auch eigenen Bauwerken aufnahm, als praktische Anleitung für den Baumeister verstanden wissen. Er führte eine gewandtere Feder als Vitruv, dessen Werk Goethe einmal als »düster geschrieben«[15] bezeichnete. Goethe, zu Anfang seiner italienischen Reise ein Laie in Sachen Architektur, schrieb 1786 in Venedig: »Palladio hat mir durch seine Worte und Werke, durch seine Art und Weise des Denkens und Schaffens, den Vitruv schon näher gebracht und verdolmetscht, besser als die italienische Übersetzung tun kann«.[16] Palladio mache »wenig Worte, sie sind aber alle gewichtig.«[17] Goethe: »Seitdem ich in Vitruv und Palladio gelesen, wie man Städte bauen, Tempel und öffentliche Gebäude stellen müsse, habe ich einen großen Respekt vor solchen Dingen. Auch hierin waren die Alten so groß im Natürlichen.«[18] Palladio war eben ein glänzender Stilist. Schinkel wird dies sehr geschätzt haben, denn er konnte ihn in Friedrich Gillys Bibliothek nur in französischer Übersetzung lesen.

Palladios Werk fußte auf dem Werk des »göttlichen Vitruv«, den er als seinen »Meister und Führer«[19] bezeichnete. Er wollte es weiterführen, um den Glanz antiker Baukunst wieder neu zu beleben.[20] Nichts anderes hatte der jugendliche Schinkel vor, nur wußte er das zu diesem Zeitpunkt, wie seine frühesten noch sehr schülerhaften Entwürfe zeigen, noch nicht so genau, wie dies zu bewerkstelligen sei.

Vitruv über die Erfindung der Häuser, der Sprache und des Feuers

»Die Menschen wurden vor Alters, gleich den wilden Tieren, in Wäldern und Höhlen geboren, und lebten von wilden Gewächsen. Einstmals schüttelte irgendwo Sturm und Ungewitter die dicht stehenden Bäume so sehr, und rieb ihre Zweige so hart an einander, daß sie in Brand gerieten. Erschreckt von der Heftigkeit der Flamme, entflohen erst die Bewohner der Gegend. Nachher, als des Feuers Ungestüm nachgelassen, nahten sie sich demselben; bemerkten, daß die Wärme dem Körper sehr behaglich sei; unterhielten sie durch angelegtes Holz, und holten noch andere mehr herbei, denen sie durch Gebärden zu verstehen gaben, welchen Nutzen sie davon hatten.

In dieser Versammlung brachten die Menschen mancherlei Töne vermittelst des Atems hervor, welche sie im täglichen Gebrauche als Benennungen derjenigen Dinge, bei welchen sie zuerst vorgekommen waren, beibehielten. Indem sie darauf öfters die gewöhnlichsten Dinge bezeichneten, fingen sie nach und nach von selbst zu reden an. So schufen sie unter einander die Sprachen.

Als nun, bei Gelegenheit der Erfindung des Feuers, unter den Menschen erst Zusammenkünfte, Umgang und Gesellschaft entstanden, und mehrere sich an Einem Orte versammelten; der Mensch auch überhaupt von Natur vor den übrigen Thieren den Vorzug hat, daß er nicht gebückt, sondern aufrecht einhergeht und der Welt Gestirne Pracht anschauet, ingleichen vermittelst der Hände und Gelenke zu jeder Arbeit Geschick hat; so fingen sie an, die Einen aus Laube Obdächer zu machen, die Andern Höhlen unter Bergen zu graben, und noch andere, in Nachahmung der Schwalben in dem Baue ihrer Nester, aus Lehm oder Reisern Hütten zu ihrer Wohnung zu verfertigen. Einer stellte darauf über des Andern Bau Betrachtungen an, und nutzte diese zu neuen Zusätzen bei seinen eigenen Gedanken; und so kamen von Tage zu Tage bessere Arten von Wohnungen zum Vorscheine. Denn die Menschen sind nachahmerischer und gelehriger Natur; indem sie sich täglich der gemachten Erfindungen rühmten und sich unter einander die Wirkungen ihrer Gebäude zeigten, übte sich ihr Geist durch Wetteifer, und ihr Geschmack ward mit jedem Tage besser. Zuerst errichtete man Gabelhölzer (furcae), flocht Reiser (virgultae) dazwischen und bekleidete die Wände mit Lehm. Darauf trockneten einige Lehmstücke und erbauten davon, vermittelst Fachwerks (jugumentantes) Wände, welche sie zum Schutz vor Regen und Sonnenhitze mit Schilf (harundines) und Laube bedeckten. Als aber nachmals während des Winters dieses flache Dach den Regen nicht abhielt, errichteten sie Giebel (fastigia), überzogen diese mit Lehm, und leiteten, indem sie die Dächer schräg machten, die Traufe ab.«

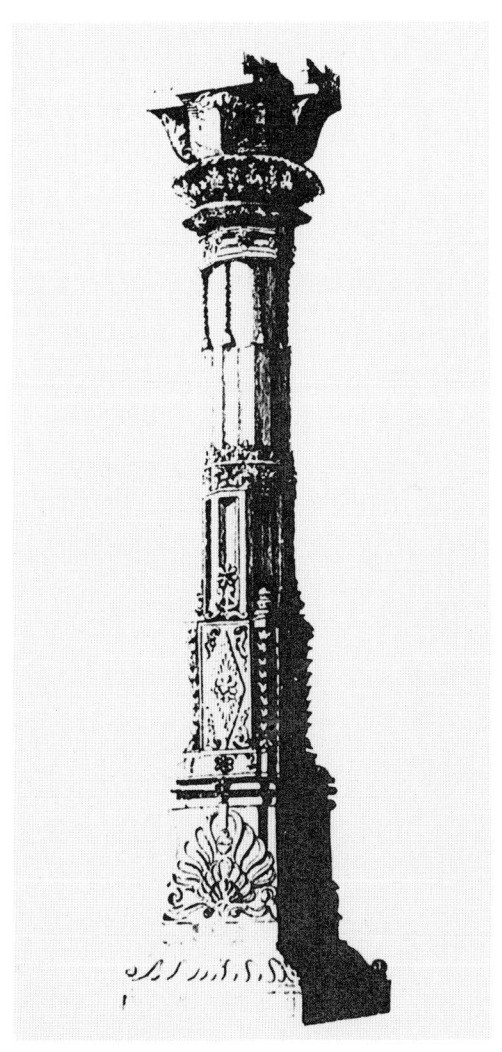

111. William Hodges, *Akanthusblatt am Fuß einer hindustanischen Säule*.

Geschichte der Baukunst

Angeregt durch die Betrachtung der großen Prachtwerke mit den großartigen Baudenkmälern untergegangener Kulturen befaßte sich der Gilly-Kreis mit der Frage nach den Ursprüngen der Baukunst und ihrem Rang im Leben der Völker. Gilly besaß die erste vergleichende Architekturgeschichte der Zeit, ein großformatiges Tafelwerk, das auch fast unbekannte chinesische und japanische Bauwerke einbezog: den *Entwurff einer Historischen Architektur* des österreichischen Barockbaumeisters Fischer von Erlach.[21] Johann Bernhard Fischer zeichnete in seinem in 16jähriger Arbeit verfaßten Tafelwerk ein Panorama der Weltarchitektur, das sich von der Residenz des Königs von Siam über die Suleiman-Moschee in Konstantinopel bis zur Trajanssäule in Rom und dem Wiener Palais des Prinzen Eugen erstreckt. Fischer schrieb, er habe sein Werk nicht so sehr für »Gelehrte« gedacht, es solle »das Auge der Liebhaber ergötzen und den Künstlern zu Erfindungen Anlaß geben«.[22] Fischer eröffnete sein Tafelwerk mit Abbildungen der architektonischen Weltwunder. Schinkel benutzte sie offenkundig als Vorlage für seine Dioramenvorführungen, so z. B. für die Darstellung des Olympischen Zeus oder des Dianentempels von Ephesus.[23] Fischer hat die Tafeln mit Erläuterungen versehen und die Quellen – Diodor, Plinius, Pausanias, Strabon u. a. – genannt.[24] Daß Gilly und und die Mitglieder der Privatgesellschaft öfter über den Ursprung der Baukunst diskutierten, ist belegt. Wir wissen das aus einer Notiz von Friedrich Rabe, in der er ankündigte, daß er – unter Zugrundelegung eines Reisewerkes über Ostindien des Engländers William Hodges – einen Vortrag über die Entstehung der verschiedenen Bauarten halten wolle.[25] Der Ursprung der Baukunst der Völker war eine der interessantesten Fragen der Zeit. Es war ja überhaupt das erste Mal, daß man sich ernsthaft Gedanken darüber machte, daß man wissenschaftlich vorging und dabei die Berichte von Weltreisenden auswertete.

Über die Entstehung der Baukunst kursierten unter den Gelehrten und Gebildeten unterschiedliche Theorien. Die bekannteste basierte auf der Vitruvschen These, die Baukunst sei aus dem primitiven Hüttenbau der Urmenschen hervorgegangen.[26] Eine andere besagte, die Baukunst habe sich aus den uralten in Felsen geschlagene Höhlen entwickelt. Ebenfalls auf Vitruv fußte die von dem einflußreichen französischen Architekturschriftsteller Laugier vertretene These, die Hütte sei das von der Natur selbst aufgestellte Ideal der Baukunst.[27] Aus ihr leitete er die Entstehung von Säule, Gebälk und Giebel ab. Die Urhütte wurde so zum Prinzip und Maßstab aller Architektur.[28] William Hodges lehnte diese Theorien aufgrund seiner eigenen Beobachtungen ab. Er war auf seinen Reisen rund um die Erdkugel zu der Überzeugung gelangt, daß die einzelnen Bauarten sich je nach der Kultur und den natürlichen Verhältnissen unabhängig von einander entwickelt haben. Zu diesem Schluß kam später auch Schinkel.

William Hodges war Zeichner und ein aufgeklärter, vielseitig gebildeter Mann. Er war Forscher, Naturbeobachter, Historiker, Anthropologe und Kunstliebhaber in einer Person. Offensichtlich hatte er James Cook auf dessen zweiter Erdumseglung von 1772–1775 als wissenschaftlicher Zeichner begleitet, denn er sagt von sich, »eine lange Seefahrt und anhaltende Berufsarbeit für Kapitän Cooks zweite Reise kostete mir verschiedene Jahre«. Von 1781–1783 unternahm Hodges mehrere Reisen ins Innere von Indien. Seine Eindrücke legte er in einem 1793 in deutscher Übersetzung erschienenen Buch *Reisen durch Ostindien* nieder, »um diese Lücken der Erdbeschreibung einigermaßen auszufüllen«.[29] Das Buch muß großes Aufsehen erregt haben, denn es wurde von August Rode in seiner Vitruvübersetzung als wichtige Begleitlektüre zu Vitruvs Kapitel über den »Ursprung der Häuser« empfohlen.[30] Offensichtlich hatte sich Rabe das Buch besorgt, denn Gilly besaß es nicht.

Den größten Teil seines Berichtes widmete Hodges, der die Neugier seiner Zeitgenossen auf fremde Völkerschaften teilte, der Schilderung der Bräuche in dem von ihm bereisten Teil Indiens. Er sah das Land mit den Augen des zeichnenden Berichterstatters und gab seinen reisenden Zunftgenossen den Rat, seinem Beispiel zu folgen:

»Ein unternehmender Künstler hat noch viel andere Reisen in diesem Lande anzutreten. Die ganze Küste von Malabar [Westküste Südindiens] steht keinem Reiche der Welt an malerischer Schönheit nach. Als Naturbeobachtung, als Erläuterung der Geschichte dieses Landes und der Gebräuche seines Volkes, wie willkommen müßte uns die Darstellung seiner Gegenden sein? Man sammelt Gemälde als schöne Denkmale menschlicher Trefflichkeit, und Geistesproben einer schönen Kunst. Noch schätzbarer werden sie mir, wenn sie die Geschichte verschiedener Länder aufklären, und ein treuer Abdruck menschlicher Sitten sind.«[31]

Hodges beschränkte sich als Maler nicht nur auf die Darstellung von landschaftlichen Motiven. Er sah den Auftrag eines Künstlers auch darin, seinen Zeitgenossen Erkenntnisse, Wissen und Bildung zu vermitteln. Dieses programmatische Anliegen wurde Schinkel offenbar schon von Hodges vor Augen geführt und bestimmte sein Schaffen als Maler. Der treffendste und schönste Beweis dafür ist sein bekanntes – nach Beendigung seiner Malertätigkeit gemaltes – Panoramabild *Blick in Griechenlands Blüte*. Er schrieb dazu, man könne hier »im Bilde mit diesem Volke leben und dasselbe in allen seinen rein menschlichen und politischen Verhältnissen verfolgen. Das letztere soll die Aufgabe dieses Bildes sein.«[32]

Hodges wußte noch mehr Interessantes zu berichten. In Benares [heute: Varanasi] hatte er eine Entdeckung gemacht, die ihn verblüffte. Am Ufer des Ganges, fand er an einem imposanten Hindu-Tempel »den größten Teil der Zierate griechischer Baukunst«, u. a. ein Akanthusmotiv am Fuße einer Säule, die er abzeichnete und in das Reisewerk aufnahm. Seine Beobachtungen veranlaßten ihn, in einem gesonderten Kapitel einige Gedanken über die unterschiedlichen Arten der Baukunst, der hindustanischen, der maurischen und der gotischen niederzuschreiben.«[33] Ihm wurde schlagartig klar, daß die Baukunst nicht nur einen Ursprung hat und die griechische Baukunst nicht isoliert betrachtet werden dürfe.[34]

Hodges: »Daß griechische Baukunst alle nur mögliche Trefflichkeit in sich vereinige, scheint mir ein irriger knechtischer Grundsatz, welcher jede Hoffnung der[35] Verbesserung ausschließt. Baukunst soll und muß sich nach der Erde und dem Himmel richten, worauf und worunter Menschen wohnen. Die Temperatur der Luft, die Beschaffenheit der Baumaterialien, die Sitten und Bedürfnisse der Einwohner haben einen mannigfacheren Einfluß auf die Bestimmung dieser Kunst, als auf jede andere.

Vater Lodola's[36] berühmte Abhandlung gegen die Ungereimtheit übel angewandter und unvernünftiger Nachahmung griechischer Bauart, habe ich nicht gelesen. Auch hege ich nicht das leiseste Vorurteil gegen ihre erhabenen Schönheiten und Vorzüge. Aber warum sollen wir nichts wahrnehmen als sie allein? Warum vor der wunderswürdigen Majestät, Kühnheit und Pracht ägyptischer, hidostanischer, mohrischer [maurischer] und gotischer Baukunst die Augen verschließen und diese ohne Schonung tadeln und verachten, weil ihre Gestalt so mannigfach ist und sich nicht unter die eingeschränkte Richtschnur der griechischen Vorbilder einer Hütte oder Säule bringen läßt? Oder weil bei kleineren Teilen, die einander vielleicht zufällig ähneln, ihre Verhältnisse von den Verhältnissen abweichen, an die wir uns einmal gewöhnten?

Man muß allerdings zugeben, daß die griechischen Säulen, in geistvoller Zeichnung und Anwendung, die schönsten und steinernen Nachbildungen[37] der hölzernen Pfeiler oder Stützen ihrer ersten Hütten sind. Einfalt, Stärke und Zierlichkeit [Verzierung] kann weder im Ganzen, noch in jedem untergeordneten Teile weiter getrieben werden. Sollen wir aber nun den übereilten Schluß festsetzen, nur auf der Säule beruhe das ganze Verdienst der Baukunst? Sollen wir vergessen, ihre mächtigste Wirkung werde vielmehr durch große Massen und Formen hervorgebracht, durch Stärke, Ebenmaß und Schicklichkeit?

Gewohnheit und Erziehung machen mich parteiisch für die Griechen, deren fesselloser Geist in einer langen Reihe von Jahrhunderten die erste Hütte einer waldigen Gegend so lange verbesserte, bis die unvergleichlichen Schönheiten eines Marmortempels oder Palastes daraus entstanden. Dennoch gesteh' ich, daß ich darum nicht minder parteiisch für Länder bin, wo ein ganz verschiedenes Vorbild zu gleicher Vollkommenheit empor gewachsen ist. Die Gestalten der ersten Wohnsitze weichen so sehr von einander ab, als der Boden, der Himmel und die Sitten der Erbauer, als die Natur, der Überfluß oder Mangel ihrer Baumaterialien.

Höhlen, tiefe Hügel, buschigte gewölbte Felsen und dickbelaubte undurchdringliche Äste des Waldes dienten allerseits zum natürlichen Obdach und[38] zufälligem Aufenthalt wilder Tiere oder solcher Menschen, welche durch verschiedene Zufälle, der Bequemlichkeit des geselligen Lebens unkundig, sich der rauhen Witterung ausgesetzt sahen, oder nicht minder gefährliche Feinde ihrer eigenen Gattung.

Werkzeuge zum Bauen werden dem Menschen nicht angeboren, noch kann man annehmen, daß er einen anschaulichen Begriff irgend eines für ihn schicklichen Wohnsitzes mit auf die Welt bringe, wie ihn die Natur dem Biber, der Schwalbe oder der Biene verlieh. Aber der Mensch hat ein eigentümliches Gefühl seiner Bedürfnisse, hat Urteilskraft und Verstand, seine Lage durch solche Mittel zu verbessern, wie die Gegend um ihn her sie darbietet und der Himmelsstrich sie angibt.

So viel weiß ich mit Gewißheit, nicht bloß weil ich es in Büchern gelesen habe, sondern durch eine stärkere Überzeugung. Das hab' ich mit Augen gesehen in den verschiedenen Himmelsstrichen und Weltteilen, wo ich die Menschheit fast in allen möglichen Lagen, geringer oder hoch getriebener Ausbildung, beobachtete.«[39]

112. William Hodges, *Reisen durch Ostindien*, 1793. Titelblatt. Die Ausführungen von Hodges über die Entstehung der Baukunst wurden in Gillys Privatgesellschaft diskutiert.

Davon würden die Wigwams der Bewohner der eisigen Küste des Feuerlandes ebenso zeugen wie die Strohhütten und Zelte der Eingeborenen auf den Südsee-Inseln oder der Neger an der Küste Guineas. Hodges führte die Pfahlbauten in überschwemmungsgefährdeten Landstrichen an, die aus Häuten gefertigten Zelte der Nomaden wie bei den Arabern, Mongolen, Tataren. Alle diese ursprünglichen Ausformungen der Behausungen würden sich meist unverfälscht über Generationen erhalten.

»Wachsen aber Wohlstand und Ehrgeiz, gelingt es der Unterdrückung, so erzeugen sich erkünstelte Bedürfnisse, so trachtet man nach vergrößerter Bequemlichkeit und Auszeichnung. Die ursprüngliche Nationalhütte wird erweitert und mit allem ausgeschmückt was man köstliches kennt. Wandert man aus in fremde Länder, so nimmt der Kolonist sein Vorbild mit, und das Genie wird es endlich zum höchstmöglichen Grad der Ausdehnung und Vollkommenheit bringen. Wie weit der in der Baukunst reicht oder geführt werden kann, sehen wir mit Bewunderung an dem Beispiel der alten Griechen und Römer. Hier ist die hölzerne strohbedeckte Hütte durch Künstlerhand in ein Marmorgebäude[40] verwandelt, und doch sind ihre ursprünglichen Teile durch solche Verhältnisse ausgedrückt, als die Natur des Steins und Marmors nur immer verträgt.«

Nach Hodges' Auffassung bildeten sich in den verschiedenen Kulturen unterschiedliche Schönheitsbegriffe. Dies sei bedingt durch die Beschaffenheit und die Verwendungsmöglichkeit der landestypischen Baumaterialien. Demzufolge weiche beispielsweise der chinesische Schönheitsbegriff in der Baukunst von der griechischen ab, weil er eben auf anderen Voraussetzungen beruhe. Die zierliche chinesische Architektur sei offenbar durch die Nachahmung jener Formen entstanden, wie sie bei der Konstruktion von Zelten, aus biegsamen Bambusrohr geflochten, entstehen. Den chinesischen Schönheitsbegriff dürfe man »unmöglich nach griechischen Schönheitsregeln beurteilen«.[41] So habe denn auch der Steinbau eigene Gesetze. Anders als Vitruv, leitet Hodges die Steinbaukunst nicht von der Hütte ab, sondern von dem Ausbau felsiger Höhlen:

»Die Höhle und Grotte, von der Natur zur sicheren Zuflucht und Wohnung des Menschen gebildet, hat an sich selbst viele Vorzüge; hauptsächlich jene Festigkeit und Dauerhaftigkeit, welche die Kunst nie im Stande gewesen ist zu erreichen: denn ihre undurchdringliche Mauer, ihre Außenseite bildet der Berg.[42] ... Damals war eine gute Höhle ein trefflicher Palast, und ist es unter gewissen Umständen noch. ... So wird es uns leicht, die fast durchgängige Sage zu erklären, welche Felsen und Höhlen zu geheiligten Niederlassungen und Wohnsitzen der Götter macht, deren Gestalt und Dunkelheit man in den ältesten Gotteshäusern nachzuahmen suchte. Ihre äußerliche Bildung und Anblick ist der emporstrebende Fels, der aufgetürmte Hügel, der unermeßlich ausgebreitete Berg.«[43]

Die Höhlen hätten »unleugbare« Vorbilder der Architektur gegeben, wie das der »rundlich zulaufenden Kuppel und des Bogengewölbes, deren Begriff die Hütte der Griechen nicht hergeben könnte«.[44] Hodges führt beispielhaft die (von Schinkel später besichtigte) schottische Fingalshöhle an, in der die von der Natur gebildeten pfeilerartigen Basaltformationen den Eindruck eines monumentalen, von Menschen geschaffenen Säulengangs erwecken.

»Reichten die erweiterten und verbesserten natürlichen Höhlen und Felsen und Bergen, für die vermehrte Anzahl der Menschen und Familien nicht mehr hin, so mußte ihre Verbesserung und Erweiterung, natürlicher Weise, zu Nachahmungen ihrer Gestalt Anlaß geben.[45] So bildete man künstlich ausgehöhlte Felsen, künstliche Grotten; Höhlen und Katakomben, indem man einzelne bewegliche natürliche Steine zusammentrug. So verfertigte man endlich Ziegel oder andere künstliche Nachahmungen natürlicher Steine: und auf diese Weise entstanden Mauern; Hütten und Häuser, von Stein, Ton oder Ziegeln, die jener Gestalt nahe kamen.«[46]

Insgesamt seien die verschiedenen, mehr oder weniger vervollkommneten steinernen Gebäude der ägyptischen, der gotischen, der hindustanischen und maurischen Baukunst »eigentümliche« Geisteswerke verschiedener Länder. Sie seien »notwendige Wirkungen gleicher Notwendigkeit und Baumaterialien«, gleichsam »ältere und jüngere Brüder und Schwestern eines Hauses; in den ägyptischen, hindostanischen und anderen künstlichen Grotten und Höhlen erzeugt, erzogen und zu mehrerer oder minderer Erhabenheit, Zierlichkeit und Vollkommenheit ausgebildet. Die Pyramide, der Obelisk, der emporstrebende Turm und Minarett sind offenbar kühne, staunenswürdige Nachahmungen der malerischen Gestalten emporstrebender aufgetürmter Felsen, woran sich die[47] Nachahmer demütiger Hütten niemals wagten. Der ägyptische Tempel, mit plattem Dach, auf hundert Pfeiler gestützt; die ostindische Pagode und Choultry [?] sind eben so offenbare Nachbildungen der zahlreichen Höhlen, kühlen Grotten und Gewölbe, an den felsigen Ufern des Nils in Oberägypten und in der Insel Elephante und

Salsette [beides Inseln] in der Nachbarschaft von Bombay. Beiden sind Finsternis und Dunkelheit gemein und willkommen; denn die Phantasie arbeitet am liebsten verhüllt in nächtliche Schleier.«[48]

Den gewölbten Bogen und die Kuppel hätten die Ägypter und älteren Hindus nicht von den Höhlen übernommen. Denn diese finden wir erst in der maurischen und gotischen Architektur.[49] Hodges kommt zu dem Schluß: »So denk' ich über die Entstehung dieser verschiedenen Bauarten. Die Griechen bekennen, sie entlehnten die ihrige von der ursprünglichen Gestalt einer ländlichen Hütte auf den Fluren eines waldigen Landes. Die morgenländische und gotische entlehnte, meinem Ermessen nach, ihre Gestalt und Verzierungen von den wundernswürdigen Höhlungen, die man in felsigen gebirgigen Gegenden antrifft. In Ostindien findet man diese ganz von einander abweichenden Bauarten selten vereinigt; und das Beispiel, welches zu dieser Betrachtung Anlaß gab, ist in der Tat außerordentlich. Wie diese unnatürliche Verbindung Statt gefunden habe, läßt sich unmöglich bestimmen. Vermutungen darüber würden uns dem Zweck dieser Blätter entfremden, die sich mit Erzählung und Beschreibung der Wirklichkeit beschäftigen.«[50]

Von Hodges' indischen Impressionen zu Schinkels Bühnendekorationen ist es kein weiter Bogen. Sie wirken wie eine Weiterführung dieser Diskussionen im Gilly-Kreis. Für die Bühnenbilder schlüpfte er in die Haut der Baumeister der unterschiedlichsten Völker: der Römer, Griechen, Ägypter, Peruaner, Inder, Mexikaner, Franzosen u. a. Hodges' Schilderungen könnten für den jungen Schinkel der entscheidende Anstoß gewesen zu sein, sich näher mit der Baukunst der Völker zu befassen. Die Bühnenbilder dienten als Vorstudien zu einem anderen zu einem späteren Zeitpunkt auszuführenden bühnenhaften Werk – er trug sich mit dem Gedanken, ein Riesenpanorama von 30 Metern Durchmesser aufzustellen, das die größten und bedeutendsten Kulturdenkmäler verschiedener Zeiten und Völker in einem Rundblick vereint.[51] Es war das große Verdienst der Aufklärer, daß sie darauf bestanden, über den eigenen Horizont hinaus unvoreingenommen auf die Kulturen fremder Kontinente zu blicken.

Christian Ludwig Stieglitz

Ein anderes Schlüsselwerk, das Schinkel gewiß zu Rate zog, ist die *Geschichte der Baukunst der Alten*[52] (1792). Sie wurde an der Bauakademie benutzt und war die erste wissenschaftliche Untersuchung zu diesem Thema überhaupt. Der Verfasser, der renommierte Bauforscher Christian Ludwig Stieglitz, verwies einleitend darauf, daß die Geschichte der Baukunst bislang vernachlässigt und »noch nie so ausführlich behandelt worden« sei.[53] Seine Absicht sei es, den Ursprung der Baukunst nicht allein bei einem Volk zu suchen.[54] Das zweibändige Werk befand sich in Gillys Bibliothek, es wurde grundlegend für den jungen Schinkel.

Stieglitz und Hodges liegen in ihrer Betrachtungsweise erstaunlich nah beieinander, und ihre Bücher erschienen in Deutschland fast zur gleichen Zeit. Stieglitz' Geschichte bezog sich nicht auf die alten Griechen und Römer allein, sondern befaßte sich mit der Baukunst aller Völker. Er beabsichtigte, nicht nur »die zerstreuten Nachrichten« von der Baukunst der Alten zu sammeln, sondern »auch, was das vorzüglichste ist, alsdenn erst über den Wert, den die Gebäude der Alten als Werke der Kunst gaben, gründlich urteilen und ihn gehörig bestimmen [zu] können ...«[55] Er stützte sich auf antike Quellen (die er belegt) wie auch auf Werke zeitgenössischer Wissenschaftler und Reisender. Um Kosten zu sparen, wurden keine Zeichnungen aufgenommen. Stieglitz verwies jedoch auf die Stichwerke von Stuart/Revett, Niebuhr, Norden, Houel, Chardin u. a.[56]

Stieglitz ging, anders als Vitruv, Laugier und Milizia,[57] nicht davon aus, daß »die Kunst mit Steinen zu bauen, durch die Nachahmung der Holzbaukunst« entstand, »wie Laugier und andere nach ihm annehmen, so wenig als die steinernen Säulen eine Nachahmung der hölzernen sind.«[58] Am Anfang stand der Höhlenbau. Denn es sei zu vermuten, daß die Menschen sich eher die große Mühe gaben, Höhlen in den Fels zu graben, als Mauern aus behauenen Steinen und gebrannten Ziegeln zu errichten, was eine ungleich größere Kunstfertigkeit verlange.[59] Stieglitz wies zunächst darauf hin, daß in der Geschichte der Baukunst ein Unterschied zu machen sei, zwischen öffentlichen Gebäuden und Privatwohnungen. »Erst in späteren Zeiten unter den Griechen wurde die schöne Baukunst auch in Privatwohnungen angewendet.«[60] Die Baukunst als Kunst habe ihren Ursprung »den Wohnungen der Menschen zu danken; allein sie würde sich nie erhoben haben, wenn man nicht andere Gebäude errichtet hätte, an denen alle Bewohner einer Stadt oder ganze Nationen Anteil nahmen, und die sich durch Größe und ein

---

Christian Ludwig Stieglitz. *Geschichte der Baukunst der Alten*. Leipzig 1792, 477 S.

1. Teil:
Geschichte der Baukunst in den ältesten Zeiten.
 Von dem Ursprunge und Anfang der Baukunst, S. 3–30
Geschichte der Baukunst bei den ältesten Völkern, S. 31–58
Von der Baukunst der Ägypter, S. 59–113
Von der Baukunst der Indier, S. 114–122
Von der Baukunst der Perser, S. 123–138
Von der Baukunst der Etrusker, S. 139–168

2. Teil:
Von der ältesten Baukunst der Griechen, S. 171 bis 212
Von der Baukunst der Griechen nach den persischen Kriegen bis zu Alexander dem Großen, S. 213–258
Von der Baukunst der Griechen von Alexander dem Großen bis zu den Römern, S. 259–272
Von der Bauart der Griechen, S. 274–366
Von der Baukunst bei den Römern, S. 367–476.

Stieglitz über die Anfänge der Baukunst

»Der erste Anfang der Baukunst darf nicht bei einem Volke allein gesucht werden, alle Erdbewohner brauchten eine Zuflucht, um für die üble Witterung, für die Hitze der Sonne, für die Kühle der Nacht, für die wilden Tiere sich zu schützen, und einen Aufenthalt, um von der Arbeit des Tages auszuruhen. Allein die Art dieser Wohnungen war verschieden, indem sie allezeit nach dem Charakter der Nationen, nach ihrer Lebensart, und besonders nach der natürlichen Beschaffenheit eines jeden Landes verschieden mußten eingerichtet und angelegt werden. Und daher finden wir in den ältesten Zeiten dreierlei Arten von Wohnungen, Hütten, Höhlen, Zelte.

Da, wo ein Überfluß von Holz war, mußten die Bewohner des Landes notwendig anfangs in den Wäldern unter den Bäumen sich einen Aufenthalt suchen, bis sie, in der Folge der Zeit, darauf verfielen, die Zweige der Äste zusammen zu flechten, um etwas mehr Schutz zu haben. Endlich, um sich von allen Seiten für die Witterung oder für die wilden Tiere zu verwahren, brachen sie Äste von den Bäumen ab, die sie, wahrscheinlich in der Form unserer Zelte, schräg zusammenstellten, mit Laub, mit Zweigen, Erde oder Rasen bedeckten, und sich auf diese Art Hütten errichteten. Einige Völker, die sich an Gewässern aufhielten, wo wenig Holz wuchs, bauten sich Hütten aus Rohr und Schilf, oder aus Lehm und Erde.

In den gebirgigen Gegenden, wo wenig oder gar keine Waldungen angetroffen wurden, hatten die Landesbewohner keine andere Zuflucht als Berge und Felsen, in deren Klüfte sie sich verbargen. Sie versuchten hernach, diese Klüfte an den Orten, wo der Stein nicht zu hart war, tiefer zu machen, bis sie es endlich dahin brachten, Höhlen auszugraben. In den Gebirgen Vorderasiens, in Ägypten längsthin an dem arabischen Meerbusen, waren viele solche Höhlen, wo ganze Völkerschaften wohnten, die den Namen Troglodyten, Höhlenbewohner, bekamen. Einiger der ältesten Äthiopier wohnten in Steinhöhlen, andere aber, die, weil sie von Fischen lebten, Ichthyophagi genannt wurden, hatten ihren Aufenthalt in Höhlen, welche durch die Länge der Zeit von Seemoos entstanden waren, das sich mit Erde und Sand vermischt und in eine feste Masse verwandelt hatte.

Die dritte Art Wohnungen waren Zelte, welche diejenigen Völker gebrauchten, die von der Viehzucht lebten, und deswegen mit ihren Familien und Herden oft von einem Orte zum andern zogen, um die Gegend zu verlassen, die ihnen keinen Unterhalt mehr gab, und eine andere aufzusuchen, in der sie wieder nur so lange blieben, bis sie daselbst keine Weide mehr fanden. Solche Völker heißen Nomaden. Die herumwandernde Lebensart nötigt sie, in Zelten oder Hütten zu wohnen, die sie leicht mit sich nehmen konnten, wenn sie einen Ort verließen, und die sie gleich wieder aufschlagen konnten, wenn sie einen neuen Aufenthalt gewählt hatten. Ein solcher Nomade war Abraham, der verschiedene Weltgegenden, Mesopotamien, Palästina und Ägypten auf diese Art durchzog. Auch Jakob und Esau waren solche Nomaden, und die Israeliten wanderten auf gleiche Weise umher ...«[63]

besseres Aussehen vor den Wohngebäuden auszeichneten. Die erste Art solcher Gebäude waren die Tempel.«[61] Stieglitz verweist, wie Hodges, auf indische Höhlenbauten.

»Von den Indiern finden wir noch auf der Insel Elephanta und Salsette [an Indiens Westküste vor Bombay] unterirdische Tempel, die in die Felsen eingegraben sind, und an einigen anderen Orten Indiens, in Indostan, Tempel, welche die Gestalt von Pyramiden hatten.«[62]

Stieglitz forderte die Architekten auf, aus den Werken der alter Völker zu lernen. Die Gebäude der Alten seien die Muster und das Vorbild des Baukünstlers, »die ihm eben das sein müssen, was den Malern und Bildhauern die Natur ist, die sie in ihren Werken nachahmen. Der Baukünstler müsse »sich daher mit der Baukunst der alten Völker und mit ihrer Geschichte genau bekannt machen, um zu wissen, wo er seine Muster finden soll, um zu erfahren, wie diese Kunst nach und nach ausgebildet wurde, und welches Volk sie am besten und vollkommensten ausführte.«[64] Doch letzlich behandelte Stieglitz die ägyptische, indische, persische und etruskische Architektur, um die Vollkommenheit der griechischen Baukunst desto deutlicher herauszustellen.

»Wenn ihm [dem Baumeister] das Riesenmäßige der ägyptischen Gebäude ein Erstaunen, die Pracht und der Fleiß der Perser und Indier eine Bewunderung ablockt, so wird er von der edlen Einfalt, von der Erhabenheit und Größe der griechischen Meisterstücke sanft angezogen werden, er wird nicht länger bei jenen verweilen, bei diesen aber die Sehnsucht fühlen, ihnen in seinen Werken gleichzukommen. Und so wie er die Griechen in Rücksicht des wahren und wesentlichen Schönen, allen anderen Völkern vorziehen wird, so werden ihm die Römer als Meister, in dem was zur Zierlichkeit und zur Verzierungskunst gehört, erscheinen. Die Griechen und Römer werden also die Muster des Baukünstlers sein, und er wird das Studium der Alten als einzigen Weg betrachten, um groß zu werden.«[65]

»Die ältesten Völker, welche die Baukunst ausübten, wie die Ägypter und andere, konnten sich nie über das Mittelmäßige erheben und nie zu Schönheit gelangen; die Etrusker aber nahten sich zwar der schönen Kunst, allein sie wurden in ihrer Kultur gestört, und hörten frühzeitig auf, eine Nation zu sein. Die Griechen allein können auf den Ruhm Anspruch machen, die Baukunst von der niedrigsten Stufe an bis zu der höchsten Vollkommenheit geführt, sie zu einer Kunst erhoben und solche Regeln in dieser Kunst hinterlassen zu haben, die noch bis jetzt von keinen andern verdrängt wurden, und die ihren Wert so lange behalten werden, als man Schönheit und guten Geschmack zu dem Wesentlichen der höhern Baukunst rechnen wird.«[66]

Schinkel befaßte sich also nachweislich bereits seit 1799 mit den Theorien über die Entstehung der Architektur. Überblickt man sein immenses bildnerisches Werk, wird deutlich daß sie ihm ein zentrales Thema gewesen ist. Die Baukunst berührte damals die Menschen sehr viel unmittelbarer als heute. Sie war die Dienerin der Menschen und der Schlüssel zum Verständnis anderer Kulturen. Am Stand der Baukunst ließ sich der Entwicklungsstand eines Volkes ablesen. Dieser anthropogische Aspekt beschäftigte Schinkel zeit seines Lebens. Seine Gedanken faßte er in zwei für das geplante architektonische Lehrbuch geschriebenen Texten zusammen. Sie sind betitelt: »Entstehung der Baukunst« und »Plan des Ganzen«.[67]

Schinkels Ausführungen blieben Entwurf, geben aber eine Übersicht dessen, was er beabsichtigte. Seine Kernthese ist, daß die Frage nach dem Ursprung der Architektur, Höhlen- oder Holzbaukunst, nicht isoliert gesehen werden dürfe: Es sei »ein wesentlicher Umstand, unter welchen Bedingungen eines Volkes, unter welchen Naturumständen, in einem Volk die Baukunst zuerst begann«. Ob zuerst von Holz gebaut wurde, Hütte, oder zuerst von Stein, Höhlen die »aptiert« [angepaßt, hergerichtet] wurden, ob ein Volk Prinzipien eines anderen Volkes annahm oder ob es »überhaupt durch das Klima so begünstigt war, daß die Baukunst mehr als ein geniales Spiel von Anfang an dastand«.[68] Behandelt werden sollte: Entstehung der Höhlentempel in Indien und Oberägypten, durch die Versammlung roher Nationen an feierlichen Orten in der Natur zur Verehrung von Gottheiten, welche gemeinschaftliche Verehrung diese Nationen zusammenhalten sollte. Ausgezeichnete Plätze in Wäldern und Gebirgen, Höhlen waren am geschicktesten hierzu, und man tat dazu sie noch mehr auszuzeichnen durch die Kunst. Hier liegt der Grund für die Höhlenbaukunst, welche nur einfache Stein- und Eisenwerkzeuge ohne Hebewerkzeuge und mechanische Verrichtungen erforderte. – Nachweisung wie das System der Höhlenbaukunst in den Ländern, wo sie entstand, einwirkt auf die nachmaligen Formen der später entstehenden konstruktiven Baukunst. – Nachweisung wo sich dies System vermischt mit der in anderen Gegenden entstandenen Holzbaukunst. – Entstehung der Holzbaukunst und Wirkung derselben auf die anderweitige Entwicklung derjenigen Nationen, in welchen sie entstand. ... Charakter der Steinbaukunst, welche aus dem Holzbau entstand.[69]

Schinkel ging davon aus, daß die Holzbaukunst bei manchen Nationen zeitlich vor dem Steinbau stand:

Sie konnte selbst bei geringeren Kenntnissen in der Mechanik früher entstehen als die Steinkonstruktion, in solchen Ländern, wo die Natur Wälder im Überfluß hervorgebracht hatte.

In sie tritt bei ihrem Entstehen sogleich der Verstand ein und die Phantasie wird mehr gebunden. Dagegen die Höhlenbaukunst der freien Phantasie nachging, wozu die Natur stets anmutete.

Einfluß dieses Unterschiedes in dem Fortgang der Baukunst aller Länder, wo die Holzbaukunst in die Steinbaukunst übertragen wurde.

In beiden Texten folgt Schinkel den Ausführungen von Stieglitz und Hodges. Er übernahm die globale Betrachtung der Entwicklung der Baukunst und würdigte deren besondere Bedingungen in den unterschiedlichen Kulturen. Dies ist umso bemerkenswerter, da er seine Überlegungen einem ganz auf europäische Verhältnisse ausgerichteten Lehrwerk voranstellen wollte. Er plante eine »Übersicht der Baukunst von ihrem Entstehen an bis auf unsere Zeit mit Rücksicht auf ihre notwendige Entwicklung in der Geschichte.« Dazu gehöre die »Würdigung einer jeden Epoche, die ihre Eigentümlichkeit durch einen beträchtlichen Zeitraum hindurch behauptete und in derselben ganze Nationen leben ließ«.[70] Bei einem tüchtigen Baumeister setzte er historische und kulturgeschichtliche Kenntnisse voraus.

Stadtbaukunst

Die Architekten der Aufklärungszeit gingen wie Vitruv davon aus, daß sie vor die Aufgabe gestellt werden könnten, eine ganze Stadt zu planen und zu erbauen. Sei es die Anlage einer fürstlichen Residenzstadt oder der Wiederaufbau einer zerstörten Stadt, wie beispielsweise Neuruppin. Dort beging man allerdings einen gravierenden Fehler, vor dem Milizia in seinen *Grundsätzen der bürgerlichen Baukunst* warnte. Der Stadtplan wurde schematisch angelegt, anstatt ihn aufzulockern. Eine solche Einfallslosigkeit sei, so Milizia, wenn sie einmal ausgeführt sei, nicht wieder gutzumachen.

Vitruv und Milizia waren die beiden wichtigen Autoren, denen Schinkel seine Kenntnisse über die Stadtbaukunst verdankte. Sulzer hingegen widmete der Stadbaukunst[71] nur wenige Zeilen, und selbst der große Palladio befaßte sich mit ihr nur marginal, und zwar im 3. Buch über den Bau und die Anlage öffentlicher Gebäude, Straßen, Brücken und Plätze. Stieglitz gab in seiner *Encyklopädie der bürgerlichen Baukunst* im wesentlichen die Auffassungen von Milizia und Laugier wieder. Grundsätzliche Ausführungen zum Städtebau hatte Vitruv formuliert. Manches von dem, was er zu diesem wichtigen Thema vorzubringen hatte, war zwar durch den technischen und wissenschaftlichen Fortschritt überholt, doch bestach er durch praktische Überlegungen und gesunden Menschenverstand.

Vitruv befaßte sich mit der Anlage von Städten, mit dem Bau von Türmen und Mauern, mit der Ausrichtung der Straßenzüge mit Rücksicht auf den Wind. Ferner mit der Anlage von Märkten, Plätzen und dem Bau von öffentlichen Gebäuden, von Theatern nach den örtlichen akustischen Verhältnissen, den Säulenordnungen. Mit dem Bau von Häfen und Meerdämmen. Er beschrieb die Baumaterialien und Baumaschinen. Vieles war schon zu Schinkels Zeit nur noch von historischem Interesse, so die Beschreibungen von Kriegsmaschinen, von Katapulten, Steinschleudern und anderem Gerät. Letztere zeigten den Architekten als Gehilfen kriegführender Herrscher, und, was er bis in Schinkels Zeit geblieben ist, als Ingenieur.

Unter Schinkels Zeitgenossen war es Francesco Milizia, der in Anlehnung an Laugier neue Ideen zur Stadtplanung vorbrachte. Milizia, dessen Standardwerk *Grundsätze der bürgerlichen Baukunst*, an der Bauakademie gelesen wurde, vertrat eine europäisch aufklärerische Auffassung,[73] übernahm jedoch Elemente aus der Renaissancetradition, die eine regelmäßige Stadtanlage vorsah. Milizia schrieb, der Architekt müsse zunächst die wesentlichen Stücke einer jeden »schönen und mit den gehörigen Bequemlichkeiten versehenen Stadt bedenken«: 1) die Lage, 2) den regulären Plan, 3) die wohlverstandene Einteilung der Teile und 4) die Schönheit und Pracht der öffentlichen und privaten Gebäude.[74] Milizia hat aber, wie Stieglitz feststellte, »das meiste von der Einteilung der Stadt aus dem Laugier entnommen«.[75] So beispielsweise die originelle Forderung, daß im Stadtinnern Abwechslung, Kontraste, ja stellenweise »Chaos« herrschen müsse. Er verglich die Stadt mit einem Wald und die Aufteilung mit einem nach »französischem Geschmack« angelegten Park. »Es müssen Plätze, Kreuzwege und viele geräumige gerade Durchschnitte oder Gassen darin sein.«[76] Der Stadtplan müsse mit »Geschmack«

Vitruv über die Wahl eines gesunden Ortes beim Bau einer Stadt

»Bei Anlegung einer Stadt ist das Erste, was man in Überlegung zu nehmen hat, die Wahl eines gesunden Ortes. Gesund ist ein Ort, wann er hoch liegt, weder dem Nebel ausgesetzt, weder gegen heiße, noch kalte, sondern gegen gemäßigte Himmelsgegenden gerichtet ist: auch wenn in der Nachbarschaft keine Sümpfe befindlich sind; denn wann die Morgenluft bei aufgehender Sonne zur Stadt kommt, und den aufsteigenden mit dem Aushauche der Sumpftiere vermischten Nebel mit sich führt, so verbreitet sie über die Einwohner giftige Dünste und macht den Ort ungesund. So ist auch die Lage einer Stadt am Meere, gen Mittag oder Abend ungesund; weil im Sommer der Süd von der aufgehenden Sonne erwärmt wird und um Mittag sengt; der West aber beim Aufgange der Sonne lau, um Mittag warm und abends glühend ist; daher denn der Körper an solchen Orten durch Abwechslung und Hitze erkrankt. Dies bemerkt man selbst an leblosen Dingen; weshalb auch niemand in einem ... Weinkeller die Fenster auf der Mittags- oder Abend-, sondern auf der Mitternachtsseite machen wird; weil diese Himmelsgegend zu keiner Zeit Veränderungen unterworfen ist. ... Aus keiner anderen Ursache schlägt auch in Kornspeichern ..., welche gegen die Sonne liegen, alles gar bald um; und hält sich weder Obst, noch Küchenspeise lange, so nicht an Orten, die von der Sonne abgewandt liegen, verwahrt wird.«

entworfen werden, damit man Ordnung, etwas Besonderes, Abwechslung und »Wohlgereimtheit« darin antreffe. Um die »glücklichste« und »schicklichste« Verbindung zu wählen, benötige der Architekt »Feuer und Genie«.[77]

»Der Plan einer Stadt soll dergestalt angelegt werden, daß die Pracht des Ganzen aus einer Menge untergeordneter Schönheiten besteht, die alle so verschieden sind, daß man nirgends dieselben Gegenstände, sondern im Durchgehen allenthalben etwas Neues und Besonderes antreffe. Es muß mitten in der Unordnung eine Art von Ordnung herrschen, alles gerade und regelmäßig, jedoch ohne Monotonie sein, und aus einer Menge regulärer Teile muß im Ganzen ein Begriff von Unregelmäßigkeit und Chaos erwachsen, welcher für große Städte so schicklich ist. ... Vier Stücke müssen zusammentreffen, um eine schöne Stadt zu bilden: die Eingänge, die Straßen, die freien Plätze und die Gebäude.«[78]

Die Straßenbreite müsse nach dem Verkehr und der Bebauungshöhe festgelegt werden. Diese dürfe höchstens dreigeschossig sein. Milizia kritisierte die Überfüllung großer Städte wie London oder Paris.

»Sie sind »Abgründe, die alles verschlingen. ... Hunderttausend Einwohner wären für die größte Stadt genug. Es ist gar nicht nötig, daß ihrer mehr sind, aber die Notwendigkeit erfordert, daß sie gesund, bequem und angenehm wohnen, und deswegen werden viele breite Gassen, Plätze, nicht zu hohe Häuser, Gärten, oder wenigstens eine Terrasse mit einem kleinen Garten bei jeder Wohnung erfordert.«[79]

Milizia forderte eine vom Staat einzusetzende Baupolizei! Nicht einmal die Verzierung der Gebäude dürfe dem Eigensinn einer jeden Privatperson überlassen werden.

»Die Regierung muß nicht nur den Ort, sondern auch die Art und Weise, wie gebaut werden soll, vorschreiben.[80] Alles was gegen die Gasse sieht, muß sich nach dem für die ganze Gasse bestimmten Plan richten. ... Zu den Fassaden der Häuser gehört Regelmäßigkeit und noch mehr Abwechslung. ...[81] Es wäre aber auch ein großer Fehler, wenn bei der großen Abwechslung alles gleich verziert und reich aussähe ...« Sollen die Straßen »schön ins Auge fallen, so gehört viel Simplizität, hin und wieder etwas Vernachlässigung, Zierlichkeit und Pracht dazu. Von der Vernachlässigung soll man gemeiniglich zur Simplizität, von dieser zur Zierlichkeit, und wieder von dieser zur Pracht übergehen. ... Zuweilen überlasse man sich der Wohlgereimtheit und auch dem Sonderbaren und mische auf eine angenehme Art Hartes und Weiches, Starkes und Zartes, Edles und Bäuerisches unter einander. Aber nie entferne man sich von der Wahrheit und Natur.«[82]

Abschließend plädierte Milizia für den Abriß überalteter oder heruntergekommener Quartiere. Dies müsse von der Regierung mit Mut und Entschlußkraft durchgesetzt werden, denn in einer großen Stadt müsse öfter vieles abgerissen und von neuem wiederaufgebaut werden: »Man trage die Ausführung einsichtsvollen und unparteiischen Personen aus der Regierung auf, welche das allgemeine Beste allen Privatabsichten vorziehen.« Es ginge dabei nicht nur um das bloße äußerliche Gefallen, »sondern es sollen Annehmlichkeit, Bequemlichkeit [Lage, Anordnung], Nutzen, Gesundheit, Wohlstand, Bewunderung der Fremden, und die Ehre der Nation zu einem gemeinschaftlichen Zweck miteinander verbunden werden. ... Was braucht es vieler Gründe, da wir redende Exempel vor Augen haben? Wie schön ist Turin und Berlin geworden.«[83] Milizia fügte ironisch hinzu, man dürfe sich nicht wundern, daß fast alle Städte unordentlich angelegt seien, da es »um weit wichtigere menschlichen Anstalten, um Sprachen, Gesetzgebung und Politik noch weit verwirrter« bestellt sei.[84]

An der Bauakademie wurde Stadtbaukunst von Gentz gelehrt. Ein Indiz, daß er sich von Milizia anregen ließ, ist sein 1806 entworfenes Verschönerungsprojekt Unter den Linden. Er beabsichtigte dort zur Auflockerung eine »leichte und freie englische Anlage« zu schaffen, mit schlängelnden Fußwegen und kleinen Gartenplätzen mit Bänken unter Kastanienbäumen. Außerdem sollten dort ein Kaffeehaus und elegante Kaufmannsläden »etwa für Bijouterien, Goldschmiedearbeiten oder Modewaren, wodurch die ganze Gegend etwas lebendig würde«, errichtet werden. Gentz ist es nicht gelungen, Schinkel zur Mitarbeit an diesem Projekt, das übrigens nicht ausgeführt wurde, zu gewinnen.[85]

Vom »Charakter« eines Gebäudes und der »sprechenden Architektur«

Ein zentrales Anliegen der Aufklärer war die Allgemeinverständlichkeit der Kunst. Die künstlerische Bildung sollte nicht mehr nur Vorrecht der »gesitteten Stände« sein, sondern allen Menschen ermöglicht werden. Dieser Grundsatz galt auch für die Wahrnehmung der Architektur als Baukunst und die Umsetzung der Architekturtheorien in die allgemeine Verstehbarkeit. Die wichtigsten beiden Architekturtheorien kamen aus Frankreich: die These von der »architecture parlante«, der sprechenden Architektur, und die vom »caractère« eines Gebäudes.[86] Die eine ist ohne die andere nicht denkbar. Sie flossen in Schinkels Wirken ein.

Was besagt die Charakterlehre? Sie fordert, daß ein Gebäude, sowohl innen als auch außen, seine Bestimmung ausdrücken müsse. Jede Bauaufgabe verlangt ihren eigenen Ausdruck, ihren Charakter. Die Architektur wirkt, sie »spricht« zum Betrachter. Die Mitglieder der Privatgesellschaft haben sich mit diesen Lehren praktisch wie auch theoretisch beschäftigt. Einen schlagenden Beweis dafür liefert die dramatische Baugeschichte des im Frühjahr 1798 begonnenen Münzgebäudes von Gentz. Sie wurde dem Gilly-Kreis zum Exempel, welche schlimmen Folgen es haben kann, wenn die Charakterlehre inkonsequent angewandt wird.

Gentz war überzeugt davon, daß »der denkende Architekt« – ein beliebter Terminus der Zeit – den Charakter seines Gebäudes aus dessen Inneren und dessen Bestimmung entwickeln müsse. Daran hielt er sich bei seinem Entwurf für die Münze. Doch im Frühjahr 1799, ein Vierteljahr nach der Grundsteinlegung (10. 11. 1798), wurde ihm durch eine Kabinettsorder aufgetragen, das zweite Obergeschoß, das ursprünglich die Plankammer und das Vorlesungszimmer des Berg-Departements aufnehmen sollte, für die Aufnahme der Vorlesungsräume der neuen Bauakademie umzugestalten. Die ursprünglichen Pläne wurden geändert, der Bau erhielt eine zusätzliche Bestimmung. Gentz sah zu Recht den eigentlichen Charakter des Gebäudes verfälscht. Er beklagte sich in der *Sammlung nützlicher Aufsätze* über das nun entstandene »Disparate im Äußern«, und daß er, wenn er rechtzeitig davon in Kenntnis gesetzt worden wäre, vielleicht »den ganzen Bau in einem anderen Stil ausgeführt haben würde. So aber sah ich in dem ursprünglichen Projekt dieses Hauses nichts als die Münze, diese ansehnlich dem Staate so wichtige Fabrik, und deswegen wählte ich den starken, kräftigen, festen und doch dabei reichen Stil, welcher mir dieser Klasse von Gebäuden am angemessensten erschien. Hätte ich, wie gesagt, wissen können, daß die Schule der Baukunst mit allen ihren Branchen hierher verlegt würde, so würde ich mich einer größeren Leichtigkeit beflissen haben und mich überhaupt bemüht haben, das Äußere des Gebäudes der Würde der inneren Bestimmung anzupassen.«[87]

Gentz bekannte freimütig, es sei darüber gestritten worden, ob er die Münze in einem römischen, griechischen oder ägyptischen Geschmack gebaut habe. Diese Frage sei eine bloße Nebensache, denn es könne wohl nie Zweck und Augenmerk des denkenden Architekten sein, der den Charakter eines Gebäudes aus seinem Inneren und seiner Bestimmung entwickeln soll, eine »Kopie eines römischen, oder griechischen oder ägyptischen Hauses (!) dem Urbild seiner eigenen Überzeugung vorzuziehen«.[88]

Schinkel war als Mitglied der Privatgesellschaft Zeuge der internen Auseinandersetzung darüber. Auch er mußte bald erfahren, in welch Dilemma ein Architekt geraten kann, »wenn ein mächtiger Bauherr ... das beste seines Entwurfs mit völligem Unverstand und sehr bequem mit einem Strich durchstreicht« (Schinkel).[89] Die Münze wurde schon 1896 wieder abgerissen. Es fand sich offenbar niemand, der sich energisch genug für den Erhalt dieses charaktervollen Gebäudes einsetzte.[90]

Die bedeutsamste Schrift, durch die Schinkel von Friedrich Gilly in die Charakterlehre eingeführt wurde, waren die 1788 anonym publizierten *Untersuchungen über den Charakter der Gebäude; über die Verbindung der Baukunst mit den Schönen Künsten und über die Wirkungen, welche durch dieselbe hervorgebracht werden sollen*.[91] In ihr macht sich der französische Einfluß besonders stark bemerkbar. Der bis heute anonym gebliebene Verfasser meint, es sei Aufgabe der Architektur, »uns den Zustand des Menschen« zu schildern. Die Wirkung eines Gebäudes sei sein Charakter.[92] Ein Gebäude dürfe nicht als abstrakter geometrischer Körper betrachtet werden. Dieser Körper sei »keine tote Form. Er ist Gegenstand der Empfindung, denn der Raum, den er einschließt, ist eine Wohnung für den Menschen, oder ein Schauplatz ihrer Geschäfte.« Der Verfasser äußert den eigenartigen Gedanken: »Ein prächtiges Haus stellt uns allemal einen glücklichen Menschen vor.[93] ... Die Eigenschaft eines Gebäudes, wodurch es eine merkliche Wirkung auf unser Herz tut, nenne ich seinen Charakter.«[94]

Wie soll der Charakter eines Gebäudes ausgedrückt werden? Der unbekannte Autor beantwortet diese Frage, indem er verschiedene Charakteristiken beschreibt (z. B. erhaben, romantisch, ländlich, prächtig usf.) und den Gebrauch architektonischer Formen untersucht, mit denen der Charakter übermittelt werden könne. So etwa mit Hilfe der Dachformen, der Tür- und Fenstergrößen. Der heute als zwiespältig empfundene Charakterbegriff blieb im gesamten 18. Jahrhundert,[95] ja bis in die Schinkelsche Zeit gültig.

Diese Theorien haben den jungen Schinkel gewiß beeindruckt. Sicher nahm er auch Milizias Werk zur Hand, um zu erfahren, wie dieser das Thema behandelte. Milizia reduzierte den Charakter eines Gebäudes auf den Ausdruck seiner Bestimmung.[96] Theater oder Bibliothek müßten für den Betrachter als solche erkennbar sein. Sicherlich befragte Schinkel auch die Stieglitzsche Encyklopädie. Dort konnte er unter dem Stichwort Charakter lesen, die Bestimmung eines Gebäudes müßte »demselben den Charakter geben, und nach ihr muß die äußere Ansicht des Gebäudes angeordnet sein, so wie eine jede Rede nach ihrem Inhalt eine besondere Schreibart erfordert ...«[97] Die Gestaltung einen Gebäudes sei durch seine Bestimmung notwendig vorgegeben. Stieglitz ging noch weiter als Milizia: er fügte ein moralisch-ästhetisches Moment hinzu. Es sei nicht genug, daß ein jedes Gebäude seinen eigentümlichen Charakter zeige, dieser Charakter müsse auch »edel sein und sich vom Gemeinen entfernen«:

»Ein Gebäude ist edel gedacht, wenn der Künstler den Charakter desselben scharf gezeichnet hat, wenn er von der Bestimmung desselben stark gerührt worden ist, oder den Grad der Begeisterung gefühlt hat, den man von edeldenkenden Menschen erwartet. ... Edel ausgeführt aber wird ein Gebäude, wenn es mehr auf die Einbildungskraft als aufs Auge wirkt, das heißt, wenn es uns stark rührt, wenn es uns lange unterhält und vielen Stoff zum Denken gibt ...«[98]

»Die vorzüglichsten Quellen des Edeln sind die Einfalt und die stille Größe. ... Die Einfalt zeigt sich in der Harmonie der Teile und in den Verzierungen. Um Harmonie zu erhalten, muß alles an dem Gebäude zum Hauptcharakter desselben etwas beitragen und ihn bezeichnen helfen. Nicht nur die Form des Ganzen muß einfach, und es müssen, zum Beispiel, nicht zu viel Fenster, nicht zu viel Zierrathen dabei angebracht sein ... Die stille Größe wird an einem Gebäude durch die Einförmigkeit hervorgebracht.«[99]

Stieglitz benutzte hier Winckelmanns Formel von der »edlen Einfalt«, auf die sich auch Schinkel bei seinem Museumsbau beziehen wird. Schinkel: »Was den Stil der Architektur betrifft, welcher sowohl im Äußern als durch das ganze Innere herrscht, war die Einfachheit der Hauptformen dabei der vorzüglichste Gesichtspunkt.«[100]

Ein originäres Bauwerk Schinkels, das edel gedacht ist und das Herz anrühren soll, ist die gotisierende Begräbniskapelle für Königin Luise. Sie diente ihm nicht nur als Exempel, das zeigen soll, daß das Wesen der Baukunst einer höheren Freiheit fähig ist. Die Kapelle sollte auch beispielhaft sein für eine Empfindungen auslösende »sprechende« Architektur. Der Innenraum, der einen Palmenhain darstellt, sollte eine »liebliche Feierlichkeit« erwecken und zur Frömmigkeit und Verehrung erheben.[101] Sie verkörperte, was er zu dieser Zeit an der Architektur des heidnischen Altertums im Gegensatz zur christlichen Architektur des Mittelalters zu vermissen glaubte, nämlich daß sie sich größtenteils kaum »über die physische Zweckmäßigkeit«[102] erhebe. Später korrigierte er sich und meinte nun, die »wahre Baukunst« sei gleich von der Idee ausgegangen, denn schon die »rohen Völker« hätten bei der Einrichtung heiliger Stätten in den Wäldern für die Idee gebaut.[103] Aber auch Gedanken Milizias, sind in den Kapellenentwurf miteingeflossen. Milizia war zwar kein glühender Verehrer der Gotik wie Laugier, doch er hat aus der Sicht des Klassikers nach deren Ursprüngen gefragt und war zu dem Schluß gekommen, daß deren Anfänge wahrscheinlich in der »Nachahmung der Wälder, welche die ersten Tempel aller auf dem Lande lebenden Nationen gewesen sind«, zu suchen seien.[104]

Mit der Charakterlehre befaßte sich Schinkel demnach schon in seinen Anfängerjahren. Sie sollte in seiner Architekturphilosophie bald eine zentrale Rolle spielen. So machte er sich schon um 1804 in einem von ihm so genannten Werkchen Gedanken über das Ideal der Architektur. Er kam zu dem Schluß, daß der Charakter ein Prinzip der Wahrhaftigkeit eines Kunstwerks sei.

»Die Hauptforderung bei jedem Werke der Darstellung ist Charakter. Mit möglichster Treue das darzustellen was er darstellen soll. ... Trägt ein Gegenstand den höchsten Charakter seiner Gattung so ist er Ideal dieser Gattung. Das Ideal der bildenden Kunst liegt folglich in der höchsten Wahrheit des Charakters So wie die Statue und das Bild nur einen vorgesetzten Zustand aussprechen soll, so soll das Werk der Architektur einen in demselben vorgesetzten Zweck aussprechen, oder eine dem Zwecke entsprechende Physiognomie tragen. Sein Kunstwert wächst mit der Wahrheit dieser Physiognomie oder dieses Charakters.«[105]

Die »Physiognomie« erlaube es durchaus, traditionelle Architekturregeln zu umgehen. In einem 1830 für das Lehrbuch geschriebenen Passus über Die Vollendung eines Kunstwerkes theoretisierte er über zulässige Abweichungen von den Regeln der Symmetrie und knüpfte an die Untersuchungen über den Charakter der Gebäude und dem dort angesprochenen Verhältnis zwischen einem Gebäude und seinen Bewohnern an. Vollständige Symmetrie sei »nicht unbedingt bei allen Bauwerken notwendig«. Verschiedene Bestimmungen und Verbindungen brächten »oft die interessantesten Verstöße gegen die allgemeine Symmetrie mit sich. ... Überhaupt werden Bauwerke dieser Art das Wohnliche haben und das Individuelle einzelner menschlicher Verhältnisse, die erst so interessant sein können als der Charakter des Individuums selbst. ... Die recht eigentlich moderne Symmetrie wird ganz aus der Architektur verbannt werden müssen. Heuchelei, Langeweile, Affektation, Entbehrung aller Poesie und alles malerischen, sind allein die Früchte dieser unglücklich angewandten Kunst.[106] In der letzten Lehrbuchkonzeption von 1835 schrieb Schinkel, er habe, als er seine Studien in der Baukunst begonnen, und einige Fortschritte in den verschiedenen Zweigen gemacht hätte, bemerkt »daß der Grund großer Charakterlosigkeit und Stillosigkeit, ... woran so viele neue Gebäude zu leiden schienen«, in dem willkürlichen Gebrauch überlieferter, teils Jahrtausende alten bei verschiedenen Völkern entwickelten architektonischern Formen, zu finden sei. Es sei ihm eine Lebensaufgabe gewesen, hierin Klarheit zu gewinnen.[107]

Schinkel über das Schauspielhaus:

»Die Konstruktion der Pilaster, wie sie an den griechischen Monumenten, z. B. an dem des Trasyllos zu Athen vorkommt, schien mir dem Charakter eines öffentlichen Gebäudes mehr zu entsprechen und mit dem Peristyl der Hauptfassade mehr in Harmonie zu treten, als gewöhnliche Fenster ...«[108]

»Hierbei ist zu bemerken, daß die Schönheit eines Gebäudes nicht in dem angebrachten Schmuck zunächst bestehe, sondern vorzüglich aus der Wahl der Verhältnisse erwachse, die aber ihren ersten Grund in der Verteilung und Anordnung des Planes haben, aus dem die Verhältnisse der Profile und Fassaden erst bestimmt werden können. Der Plan daher muß schon ein regelmäßiges ästhetisch geordnetes Ganze sein; unerläßlich ist es aber auch, daß der Charakter des Gebäudes sich von außen vollkommen ausspreche und das Theater durchaus nur für ein Theater gehalten werden kann ...«[109]

Ästhetik

Als erste originäre Einführung in die alte griechische Baukunst boten sich für Schinkel die *Anmerkungen über die Baukunst der Alten*[110] (1762) von Winckelmann an. Johann Joachim Winckelmann, Begründer der klassischen Archäologie, beschreibt in dem schmalen Bändchen seine Untersuchungen an den erst seit 1745 genauer bekanntgewordenen Dorischen Tempeln von Pästum am Golf von Sorrent, von denen er, wie er im Vorbericht sagt, »die erste ausführliche Nachricht« vorlege. Seitdem beschäftigten sich viele gebildete Zeitgenossen mit diesen ehrwürdigen Bauten der griechischen Antike. Goethe besuchte sie auf seiner Italienreise und fand »diese stumpfen, kegelförmigen, enggedrängten Säulenmassen« zunächst »lästig, ja furchtbar«.[111] Doch im Mai 1787 schrieb er begeistert an Herder, es sei »die letzte und, fast möcht' ich sagen herrlichste Idee, die ich nun nordwärts vollständig mitnehme«.[112]

Winckelmann kommt in seiner Schrift, die heute als sein »wichtigster Beitrag zur Architektur«[113] angesehen wird, auch zu allgemeineren Aussagen zur alten Baukunst. Er unterteilt sie in das »Wesentliche« und die »Zierlichkeit« (Verzierung). Das Wesentliche beinhaltet die Baumaterialien, Bauart und -konstruktion. Mit der Zierlichkeit verbindet er die Schönheit. Verzierungen seien »als die Kleidung anzusehen, welche die Blöße zu decken dient, und je größer ein Gebäude von Anlage ist, desto weniger erfordert es Zierathen«.[114] »Ein Gebäude ohne Zierde ist wie die Gesundheit in Dürftigkeit ... und wenn die Zierde in der Baukunst sich mit Einfalt gesellet, entsteht Schönheit.«[115]

Eine Pflichtlektüre war für Schinkel Winckelmanns *Gedanken über die Nachahmung der griechischen Werke in der Malerei und Bildhauerkunst* (1756). Den von Winckelmann darin erstmals benutzten Begiff »edle Einfalt und stille Größe« fand er in Sulzers enzyklopädisch angelegten *Allgemeinen Theorie der Schönen Künste*[7] in einem eigenen Kapitel abgehandelt.

Sulzer: »Man schreibt einer Sache eine edle Einfalt zu, ... wenn sie nur durch das Wesentliche, so in ihr ist, gefällt und alle zufällige Verschönerungen wegbleiben. So schreibt man einer körperlichen Form oder Figur eine edle Einfalt zu, wenn sie, wie die meisten antiken Vasen oder Krüge bloß durch ihre Gestalt und sanfte Umrisse angenehm in die Augen fallen, ohne daß sie durch ausgeschweifte Zierraten, durch kühn geschlungene Handgriffe oder daran gesetztes Schnitzwerk einen mehrern Grad der Mannigfaltigkeit haben. In einem Gebäude bemerkt man die edle Einfalt, wenn die ganze Masse desselben eine einzige, unteilbare, wohl in die Augen fallende Figur vorstellt, an welcher außer den wesentlichen Teilen keine zufälligen Zierraten angebracht sind. Von dieser Art ist das Pantheon oder die sogenannte Rotonda in Rom ...«[117]

Winckelmann in Gillys Bibliothek

Alte Denkmäler der Kunst. Aus dem Italienischen, von Fr. L. Brunn. 2 Bde. Berlin 1791, mit vielen Kupfern (GB 5,64–65).

Sendschreiben von den Herkulanischen Entdeckungen. Dresden 1762 (GB 10,21).

Anmerkungen über die Baukunst der Alten. Leipzig 1762 (GB 10,22).

Abhandlung von der Fähigkeit der Empfindung des Schönen in der Kunst, und dem Unterrichte in derselben. Dresden 1771 (GB 10,23).

Gedanken über die Nachahmung der griechischen Werke in der Malerei und Bildhauerkunst. Dresden 1756 (GB 11,31).

Histoire de l'art antiquité, traduit de l'allemand par Huber. 3 Bde. Leipzig 1781 (GB 12, 66–68).

Lettres familières de M. Winkelmann. Amsterdam 2 Bde. 1781 (GB 21,193–194).

Winckelmanns Briefe an seinen Freund. Berlin 1781 (GB 23,239).

Andere Werke zur Ästhetik in Gillys Bibliothek

Heydenreich, Karl Heinrich. *System der Ästhetik*, 1. Bd. Leipzig 1790 (GB 14,32).

Schmidt Phiseldeck. *Briefe ästhetischen Inhalts mit Hinsicht auf die Kant'sche Theorie. Erste Sammlung über die allgemeinen Grundsätze der Ästhetik, und die Dichtkunst insbesondere.* Altona 1797 (GB 14,30).

Anonym. *Versuch über den Geschmack in der Baukunst.* Leipzig 1788 (GB 21,200).

Hogarth, William. *Zergliederung der Schönheit, die schwankenden Begriffe von dem Geschmack festzusetzen.* Aus dem Englischen. Berlin 1754, mit Kupfern (GB 10,28).

Schiller, Friedrich. *Über Anmut und Würde.* Briefe an C. v. Dalberg. Leipzig 1793 (GB 14,31).

Alison, Archibald. *Über den Geschmack.* Verdeutscht und mit Anmerkungen versehen von Heydenreich. 2 Bde. Leipzig 1792 (GB 14,35 bis 36).

Sulzer, J. G.. *Allgemeine Theorie der Schönen Künste.* 4 Bde. 2. Aufl. Leipzig 1786 (GB 14, 37–40).

Koller. *Entwurf zur Geschichte der Literatur der Ästhetik, von Baumgarten bis auf die neuesten Zeiten.* Regensburg 1799 (GB 15,41).

Burke, Edmund. *Philosophische Untersuchung über den Ursprung unserer Begriffe vom Erhabenen und Schönen*, aus d. Engl. Riga 1773 (GB 15,45).

Hagedorn, Christian Ludwig von, anonym. *Betrachtungen über die Malerei.* 2 Bde. Leipzig 1762 (GB 17, 97–98).

Lessing, Gotthold Ephraim. *Laokoon oder Über die Grenzen der Malerei und Poesie.* Berlin 1766 (GB 18,113).

Mengs, Raphael. *Gedanken über die Schönheit und den Geschmack in der Malerei.* Zürich 1774 (GB 17,87).

Moritz, Karl Philipp. *Vorbegriffe zu einer Theorie der Ornamente.* Berlin 1793 (GB15,46).

Moritz, Carl Philipp. *Über die bildende Nachahmung des Schönen.* Braunschweig 1788 (GB 15,49).

Tieck, Ludwig (Hsg). *Phantasien über die Kunst.* Hamburg 1799 (GB 15,43).

Wackenroder/Tieck. *Herzensergießungen eines kunstliebenden Klosterbruders.* Berlin 1797 (GB 16,75).

Überhaupt wird Schinkel Sulzers Werk oft zu Rate gezogen haben. Sulzer betonte, er schreibe als »Philosoph« und nicht als »sogenannter Kunstliebhaber«, er wolle dem Künstler keine »mechanischen Regeln« an die Hand geben, aber »ihm hier und da nützliche Regeln geben, wie er sein Genie schärfen, seinen Geschmack verbessern, wie er studieren, wie er sich in Begeisterung setzen« könne. »Hernach war meine zweite Hauptsorge, den Künstler von seinem hohen Beruf zu überzeugen, und ihn auf den Weg zu führen, auf welchem er fortgehen muß, um seine Bestimmung zu erfüllen.«[118] Sulzer glaubte, daß die Kunst »die völlige Bewirkung der menschlichen Glückseligkeit«[119] herbeiführen könne. Unter Ästhetik verstand Sulzer die Wissenschaft vom Gefühl für das Wahre und Gute. Dieses Empfinden, das durch die schönen Künste hervorgerufen werde, habe die Aufgabe, zu entflammen und zu begeistern. Kunstwerke hätten eine wohltuende Wirkung auf den Betrachter, denn die Natur des Menschen sei derart angelegt, daß sie dafür empfänglich sei.

Sulzer: »Wer irgend einen Geschmack an Ordnung, Schönheit und Pracht in bloß körperlichen Gegenständen hat, der lese die Nachricht, welche Pausanias von Athen gibt, und überlege hernach, was für Wirkungen es auf einen Athenienser müsse gehabt haben, in einer solchen Stadt zu wohnen. Der würde gewiß eine geringe Kenntnis der menschlichen Natur verraten, der nicht begreifen könnte, wie viel vorteilhafte Wirkung auf die Veredlung des Menschen dergleichen Gegenstände haben können.«[120]

Gilly besaß einige der wichtigsten ästhetischen Schriften der Zeit. So z. B. Edmund Burkes *Philosophische Untersuchung über den Ursprung unserer Begriffe vom Erhabenen und Schönen* (1773).[121] Burke, der englische Staatsmann und Schriftsteller, stellte hier den von ihm selbst eingeführten Begriff des Erhabenen dem Begriff der Schönheit gegenüber. In einigen Teilen seines Essays wandte sich Burke bereits gegen die mechanistische Kunstauffassung der Aufklärung.

Burke: »Schönheit, so hat man gesagt, besteht in bestimmten Proportionen der Teile. Bei genauerer Überlegung habe ich Anlaß zu zweifeln, ob Schönheit wirklich eine Idee ist, die mit Proportion zu tun hat. Proportion bezieht sich nahezu gänzlich auf Angemessenheit, wie auch jede Idee oder jedes Gesetz; es [sie?] muß daher ebenfalls als ein Geschöpf des Verstehens und nicht als eine generelle Ursache angesehen werden, die auf die Sinne und die Imagination einwirkt …«[122]

Bei Gilly fand Schinkel Kollers *Entwurf zur Geschichte der Literatur der Ästhetik, von Baumgarten bis auf die neuesten Zeiten* (1799). Diese Neuerscheinung war insofern bemerkenswert, als sie ihn mit Alexander Gottlieb Baumgarten bekanntmachte, der zuerst den Begriff der Ästhetik eingeführt hatte, allerdings im Gegensatz zu Burke innerhalb der Grenzen der mechanistischen Auffassung der Aufklärungsphilosophie blieb.[123] Für Baumgarten war Ästhetik gleichermaßen eine Wissenschaft der sinnlichen Erkenntnis wie auch eine Theorie der schönen Künste, aber es wird von ihm kein Beispiel aus den bildenden Künsten herangezogen; und die Schönheit der Natur spielt als solche keine Rolle.[124]

Weniger philosophisch als Burke ging Milizia mit dem Begriff des »Schönen« um. Milizia definierte sie pragmatisch: »Wer wissen will, was schön ist, muß die Gelehrten nicht darum fragen. Plato, Wolf, Crouzas, Hutcheson und viele andere haben sich die Köpfe darüber zerbrochen und ganze Bücher davon geschrieben; ein jeder hat sich ein besonderes System ersonnen und sich in ihm selbst undeutlichen Ideen verirrt, und das Schöne, anstatt es der Welt vor Augen zu legen, in ein Chaos verhüllt.«[125]

Milizia forderte auf, den Begriff des »Schönen« nicht abstrakt zu interpretieren. »Mit einem Wort, schön ist das, was ein lebhaftes Wohlgefallen bei uns erregt. … Kenntnis des Schönen ist Kenntnis der Mittel, wodurch angenehme Empfindungen, und die es desto mehr sind, je neuer und deutlicher sie sind, erregt werden. Um das Schöne zu kennen und zu beurteilen, muß man sich einen guten Geschmack zu erwerben suchen.«[126] Für Milizia bildete sich »Geschmack« durch die »Kenntnis der Schönheiten und der Fehler in allen Künsten«.[127] Er sei erlernbar.[128] Den guten Geschmack erlange ein Architekt durch fleißige Ausübung, durch Überlegung und kluge Auswahl, durch gute Denkungsart und Duldung des Geschmacks anderer.

»Den Geschmack in der Architektur erlangt man nicht bloß durch Theorie und Regeln, welche nur den Weg dazu bahnen, sondern durch Vergleichung der Meisterstücke großer Architekten: wodurch sich auch zugleich das Genie zu eigenen Erfindungen entwickelt.«[129]

Wie Milizia bekannte sich J. G. H. Heusinger, Privatlehrer der Philosophie an der Universität Jena, zu den sogenannten »denkenden Künstlern«. Er stellt seinem zweibändigen *Handbuch der Ästhetik* Lessings Satz voraus. »Der denkende Künstler ist noch eins so viel wert«. Heusinger erweist sich als Anhänger Burkes. Kunst trage zur Vervollkommnung der Menschen bei. Ihr sei ein sittlicher Charakter beizulegen. Je sittlicher, desto näher der ästhetischen Vollkommenheit, so daß »nur Kunstwerke, welche das Sittengesetz gleichsam in Person darstellen«, den ersten Rang beanspruchen dürften. Kunst stelle Ideale dar. »Je schöner sie also dargestellt sind, desto mehr müssen sie gefallen; und so wäre es unmöglich, daß die Sittlichkeit schön dargestellt ihre wohltätige Wirkung auf Geist und Charakter des Menschen verfehlen sollte.«[130]

Die Nachahmungstheorie

Die Theorie von der Nachahmung in der Kunst und der Natur als Vorbild aller Künste ist vielschichtig. Sie reicht bis zu Platon und Aristoteles zurück und spielte bei den Architekten der Aufklärung wieder eine bedeutende Rolle. Laugier, einer der interessantesten Theoretiker der Zeit, übernahm Vitruvs Gedanken über den Ursprung der Häuser und entwickelte die These, daß die Hütte das von der Natur selbst aufgestellte Ideal der Baukunst sei. Milizia machte sich diese Anschauung zu eigen: »Da nun jener rohe Bau der ersten Hütten das Modell der Architektur ist, so müssen nach ihr auch die besten Teile nachgeahmt, verfeinert und auf eine schickliche Art zum Zweck des Gebäudes angewandt werden, damit ein gefälliges Ganze daraus entstehe.«[131] Man müsse auf das von der Natur selbst gewiesene Ideal und ihre einfachen Prinzipien zurückgreifen. Die Nachahmung dürfe man jedoch nicht als sklavische Nachbildung verstehen, prinzipiell sei sie entweder streng oder frei.[132]

Milizia: »Die Architektur ist eine Kunst, die in der Nachahmung besteht, ungefähr wie die Malerei, Bildhauerei, Musik und Poesie. ... Die ungekünstelte grobe Hütte ist natürliche Architektur, und das Original zu ihrer Schönheit. Die Vollkommenheit oder die vollkommene Schönheit der Architektur beruht, so wie bei allen schönen Künsten, auf der Nachahmung der schönen Natur.[133] ... Wer mit Klugheit die besten Baumeister aufzusuchen, ihre Fehler zu vermeiden, Schönheiten von eigner Erfindung hinzuzusetzen, oder, wo er sie findet, zu sammeln und zu vereinigen weiß, ist ein Mann von Genie und kein sklavischer Nachahmer. Eine vernünftige, freie und edle Nachahmung ist eine fortgesetzte Erfindung.«[134]

»Der Gegenstand der schönen Künste ist die Nachahmung der schönen Natur, eine Sache, die nie genug wiederholt werden kann. ... Der gute Geschmack in den schönen Künsten ist also eine Empfindung, die uns erinnert, ob die Natur gut oder schlecht nachgeahmt ist. ... Die Natur hat uns gewisse Gesetze eingeprägt, um das Schöne zu erkennen und zu empfinden.«[135]

»Die ersten Urheber einer Kunst haben kein anderes Vorbild als die Natur gehabt. Die Verbesserer sind, wenn man es genau nehmen will, nichts anderes als die Nachahmer von jenen. Das benimmt ihnen aber nicht die Ehre, Männer von Genie zu sein. ... Wer eine Art der Nachahmung erfindet, ist ein Mann von Genie, wer sie verbessert und groß darin wird, ist es eben so sehr.«[136]

Die Lehre von der Nachahmung der Natur fand Schinkel wahrscheinlich schon bei Palladio: »Ich sage daher, daß die Architektur, wie auch alle anderen Künste, eine Nachahmerin der Natur ist und daher nichts duldet, was dieser fremd ist, und nur das erlaubt, was mit der Natur verbunden ist. Und so sehen wir, daß die alten Architekten begonnen haben, jene alten Gebäude, die sie aus Holz gemacht hatten, aus Stein zu errichten. Sie setzten fest, daß die Säulen an ihren Spitzen weniger dick gemacht werden als an ihrem Fuß. Sie nahmen dazu die Bäume als Beispiel.«[137]

Palladio spricht an dieser Stelle »von der wahren, guten und schönen Art zu bauen«, ein Gedanke, den Milizia aufgriff: »Die ganze Untersuchung der architektonischen Schönheit beruht also auf einer ununterbrochenen Rücksicht auf das, was natürlich und wahr ist.«[138] Diesen Überlegungen begegnen wir auch in Schinkels Bauphilosophie.

Auch Sulzer vertrat die Auffassung, daß der Baumeister, »wie jeder andere Künstler, die Natur für seine eigentliche Schule zu halten« habe, und verwies analog auf den bewundernswerten menschlichen Körperbau, dem ein »jedes vollkommene Gebäude« gleichen müsse:

»Alle Weisheit und aller Geschmack, den man an dem äußeren und inneren Bau des menschlichen Körpers bewundert, daran alles vollkommen ist, muß nach Beschaffenheit des Gegenstandes auch in einem vollkommenen Gebäude zu bemerken sein. Also hat der Baumeister, wie jeder andere Künstler, die Natur für seine eigentliche Schule zu halten. Jeder organisierte [organische] Körper ist ein Gebäude, jeder innere Teil ist vollkommen zu dem Gebrauch, wozu er bestimmt ist, tüchtig; alle zusammen sind in der bequemsten und engsten Verbindung; das Ganze hat zugleich in seiner Art die beste äußerliche Form und ist durch gute

Heusinger, J. H. G.. *Handbuch der Ästhetik oder Grundsätze zur Bearbeitung der Werke einer jeden schönen Kunst, als der Poesie, Malerei, Bildhauerkunst, Musik, Mimik, Baukunst; Gartenkunst etc. Für Künstler und Kunstliebhaber*. 2 Bde. Gotha 1797 (GB 14,28–29)

Erster Teil:
1. Abteilung: Über das Schöne und Erhabene oder von den Eigentümlichkeiten der Geschmacksurteile.
Erster Abschnitt. Über das Schöne
I. Beobachtungen über das Wohlgefallen am Schönen, S. 3
II. Erklärung des Wohlgefallens am Schönen, S. 30
Reflexionen über diese Erklärung des Wohlgefallens am Schönen, S. 44
Zweiter Abschnitt. Über das Erhabene
I. Beobachtungen über das Wohlgefallen am Erhabenen, S. 51
II. Erklärung des Wohlgefallen an dem Erhabenen, S. 59
Reflexionen über diese Erklärung, S. 70
2. Abteilung: Grundsätze zur Bearbeitung und zur Beurteilung der Kunstwerke überhaupt, nebst Bemerkungen über das Genie
Erster Abschnitt. Grundsätze zur Bearbeitung und zur Beurteilung der Kunstwerke
I. Was ist ein Kunstwerk? S. 79
1. Von der freien und anhängenden Schönheit, S. 91
2. Von dem Ideale des Wohlgefallens und von dem Gebiet und den Grenzen der Kunst überhaupt, S. 106
3. Einteilung der Künste, und von dem Gebiet und den Grenzen einer jeden einzelnen Kunst, S. 126
 A. Von den Werken der Tonkunst, S. 135
 B. Von den Werken der Gartenkunst, S. 215
 C. Von den Werken der Baukunst, S. 220
 D. Von den Werken der Malerei und Bildhauerkunst, S. 232
 E. Von der Tanzkunst, S. 293
4. Vergleichung des Künste gegen einander, S. 296
5. Was leistet die Kunst zur Vervollkommnung des Menschen? S. 322
II. Was ist Kritik? Und was heißt ein Kunstwerk kritisch beurteilen? S. 329
Zweiter Abschnitt. Über das Künstlertalent oder das Genie, S. 345

Zweiter Teil:
Grundsätze zur Bearbeitung und Beurteilung der verschiedenen Dichtungsarten

113, 114. Johann Georg Sulzer, *Allgemeine Theorie der Schönen Künste*. Titel und Frontispiz zur erweiterten Neuauflage von 1792. Dies Standardwerk der Kunstphilosophie der Aufklärung befand sich in Gillys Bibliothek.

Verhältnisse, durch genaue Übereinstimmung der Teile, durch Glanz und Farbe angenehm. Diese Eigenschaften hat auch das vollkommene Gebäude.«[139]

Anders als Milizia und Sulzer unterschied Stieglitz zwischen den »nachahmenden Künsten« und der nach »Idealen« arbeitenden Baukunst.[140]

Stieglitz: »Die schöne Baukunst findet in der Natur kein Vorbild zur Nachahmung, sie beschäftigt sich mit Idealen, und sie muß ihren Werken Symmetrie geben, damit ihre ganze harmonische Einrichtung sich auf einmal zeige.[141]. Die Baukunst ist also eine schaffende Kunst, die kein Vorbild in der Natur hat.[142]

»So wie aber der Maler und Bildhauer die Natur nicht sklavisch nachahmen, sondern aus verschiedenen Gegenständen nur das Schönste erwählen soll, um ein schönes und idealisches Ganzes zusammen zu setzen, so muß auch der Baukünstler seine Muster nicht bloß kopieren, sondern sie aufmerksam betrachten, zwischen ihnen Vergleichungen anstellen und sich bemühen, ihre Schönheiten zu entdecken. Ein solches Studium der Gebäude der Alten macht uns mit dem Geiste ihrer Kunst bekannt, es lehrt uns denken, es bildet unsern Geschmack und erweckt in uns ein Gefühl für das wahre Schöne, dahingegen durch eine ängstliche Nachahmung nur ein mittelmäßiger Künstler entstehen wird.«[143]

Für Schinkel galt die Baukunst nur einem höheren idealen Sinne als nachahmende Kunst. Die Architektur würde wie in der übrigen Kunst »rein aus der Natur heraus empfunden, wie sie nach allgemeinen Naturgesetzen überhaupt möglich ist. ... Sie ist also nicht weniger nachahmend, im höheren Sinne gedacht, als die Bildnerei und Malerei, d.h. sie schafft nach denselben Naturprinzipien Gegenstände für Zwecke in der Natur, in welcher in diesem Falle der ganze Mensch mit seinen Bestrebungen miteingerechnet wird, denn für diesen allein werden ja auch die Kunstwerke der Malerei und Bildnerei geschaffen.«[144] Hierin stimmte Schinkel mit Sulzer überein, der meinte, »man könnte mit einigem Schein behaupten, daß dem Baumeister die Erfindungskraft und das Genie noch nötiger sind als dem Maler; denn dieser kann schon durch eine pünktliche Nachahmung der Natur gute Werke hervorbringen, da der andere nicht die Werke der Natur, sondern das Genie und den Geist derselben nachzuahmen hat, wozu mehr als ein bloß leibliches Auge nötig ist. Der Maler erfindet seine Formen nicht, sie sind schon in der Natur vorhanden; aber der Baumeister muß sie erschaffen.«[145]

Andererseits seien in der Baukunst an sich viele Formen bereits vorgegeben. Schinkel meinte dazu: »Das Bekenntnis, daß wir in der Architektur nicht eigentlich eigentümlich sind, sollte uns anregen die unserer Eigentümlichkeit entsprechende Architektur zu finden. Wer die Geschichte nur mit den Vorurteilen der Spätzeit (Jetztzeit) fragt, wird Sklave der Nachahmung, welches der hohen Bestimmung einer ewigen Fortentwicklung des Menschengeschlechts höchst unwürdig ist.«[146] Dasselbe Gebäude der Alten kann nicht für uns passen. Und man kann den tiefsten Geist der Alten nicht schlechter verstehn und wird dasjenige Teil des Altertums, welches das ewige in sich trägt niemals einführen können in unsere Verhältnisse, wenn man zur gemeinen Nachahmung sich erniedrigt.«[147]

Auch Goethe, mit dem Schinkel später einen fruchtbaren Gedankenaustausch pflegte, verlieh der Baukunst einen hohen Rang. Er schrieb in einer 1795 im Weimarer Freundeskreis herumgereichten Schrift:

»Die Baukunst ist keine nachahmende Kunst, sondern eine Kunst für sich, aber sie kann auf ihrer höchsten Stufe der Nachahmung nicht entbehren; sie überträgt die Eigenschaften eines Materials zum Schein auf das andere, wie zum Beispiel bei allen Säulenordnungen die Holzbaukunst nachgeahmt ist ...«[148]

Die Baukunst der Alten verbessern

Als Schinkel im Frühjahr 1803 als 22jähriger nach Italien reiste, tat er dies auf eigene Kosten, nicht als Stipendiat, sondern privat, dafür aber frei von staatlich-akademischen Auflagen. Ihn trieb der Wunsch, sich künstlerisch weiterzubilden, zugleich wollte er als loyaler Bürger seines Vaterlandes Nützliches für die heimische Kunstausübung entdecken. Er sah sich als Angehöriger einer neuen Achitektengeneration, die ihre Aufgabe darin sah, die Baukunst, »zum höchsten Stand der Vollkommenheit zu bringen« (Milizia).[149] Er reiste mit ganz bestimmten Vorstellungen in den Süden.

In einem Brief an den Verleger Johann Friedrich Unger berichtete er voller Begeisterung, er habe in Italien und Sizilien eine Reihe von Bauwerken entdeckt, welche »durch glückliche Auffassung der Idee ... ohne alle Rücksicht der oft aufgestellten Kunstregeln des Palladio, charakteristischer sind, als der größte Teil dessen, was bei uns produziert wird«. Unstreitig habe mit Bramante der beste Stil der Architektur aufgehört. Auf jene »Gegenstände von ausgezeichneter Art« wolle er sein Augenmerk richten, um sie nach der Heimkehr in einem zu publizierenden »Werkchen« darzustellen, in dem »Freunde und Studierende der Architektur« nicht das »Gewöhnliche, nach den Regelbüchern Schmeckende« finden sollten.[150]

Schinkels abfällige Bemerkungen über Palladio und architektonische Regelbücher sind nicht aus seiner Unerfahrenheit oder jugendlicher Überheblichkeit zu verstehen, denn auch ernsthafte aufklärerische Köpfe der Zeit machten sich Gedanken, wie die Architektur zu verbessern sei. Architekturtheoretiker wie Stieglitz, Milizia und der Ästhetiker Sulzer plädierten dafür, daß der Architekt sich von den herkömmlichen Regeln löse und im Rahmen eines vernünftigen Bauens Freiheiten haben müsse.

Milizia forderte dazu auf, die Architektur der Alten kritisch zu betrachten: »Das architektonische Genie entwickelt sich, wenn man die vornehmsten Gebäude fleißig studiert, und solche nach den Regeln, welche die Vernunft vorschreibt, beurteilt.«[151] Zwar könne niemand »ohne Kenntnis und Gebrauch der [architektonischen] Verhältnisse ein Architekt sein«,[152] weil auf ihnen »die Schönheit der Architektur beruht«, aber »man müsse dem Vitruv nicht alles blindlings glauben!«[153] Baumeister wie Alberti, Serlio, Palladio, Scamozzi, Vignola und Delorme verdienten zwar große Achtung, aber jeder von ihnen hätte seine Anhänger, keiner diene zu allgemeinem Muster, und »alle haben einzelne Fehler«.[154] Die Griechen und Römer hätten »uns keine Architektur ohne Fehler geliefert«,[155] es bliebe »noch übrig, das zu tun, was man bereits nach Vitruvs Tod hätte tun sollen, nämlich sie von den Fehlern zu reinigen.[156] ... Jetzt sind die Ruinen Griechenlands öffentlich bekannt, gedankt sei es dem edlen Fleiß des Le Roy und zweier eng-lischer Architekten, James Stuart und Nicholas Revett. ... Diese müssen nun in der Baukunst genutzt werden, um sie immer mehr zu verbessern.«[157] Stieglitz war der gleichen Auffassung. Er meinte, der Architekt müsse »die Grundsätze, die er [Vitruv] uns vorträgt, mit den Werken der Baukunst aus den guten Zeiten der Kunst« vergleichen, und alsdann das Beste erwählen, und das weniger Gute verwerfen.[158] Zwar sei in keiner Architekturschrift »der ganze Umfang der Baukunst in einem solchen Zusammenhang und in so systematischer Ordnung vorgetragen worden als in dem Werke des Vitruv«,[159] doch fehle »es ihm an Geschmack und an der Kenntnis des Schönen«.[160] »Er schätzte die Simplizität der Alten zu wenig und zog ihr die Zierlichkeit [Verzierung] der Neuern vor«.[161]

Sulzer mahnte den Baumeister, daß er sich durch kein Ansehen verblenden lassen solle. »Sieht er etwas, davon kein hinlänglicher Grund vorhanden ist, oder das seiner Bestimmung kein Genügen tut, oder das gar wider notwendige Regeln, oder doch gegen den Geschmack streitet, so soll ihn weder die Ehrfurcht gegen das Altertum, noch das Ansehen eines Palladio, noch der allgemeine Gebrauch abhalten, es zu verwerfen.[162] Sich gänzlich an die Regeln der Alten binden wollen, heißt eben so viel, als urteilen, daß keine weibliche Natur schön sein könne, die nicht in allen Stücken der mediceischen Venus gleicht, und keine männliche, die nicht alle Verhältnisse der Apollo in Belvedere hat.«[163] Sulzer meinte, daß nur diejenigen Regeln bestimmt und unveränderlich seien, deren Verabsäumung einen Fehler hervorbringe, »der der natürlichen, allgemeinen Art aller Menschen zu denken und zu empfinden zuwider ist, und der das Auge notwendig beleidigt. Da hingegen in der Natur kein Grund vorhanden ist, warum[164] ... das korinthische Kapitell drei, und nicht zwei Reihen Blätter haben soll; so muß man diese zufällige Schönheiten nicht in notwendige Regeln fassen.« Eine lange Erfahrung lehre uns, daß die griechischen Baumeister ein feines Auge gehabt haben, daß ihre Verhältnisse gefallen, daß ihre Verzierungen angenehm sind. »Aber niemand ist im Stand, zu beweisen, daß sie die einzigen guten sind.«[165]

Schinkel stellte, den Ausführungen Sulzers, Milizias und Stieglitz' folgend, für das architektonische Lehrbuch eine Liste mit Fehlern der römischen und späteren italienischen Architektur zusammen.[166] Auch der große Renaissance-Baumeister Palladio hatte die Mißbräuche in der Baukunst angeprangert und sie in einem eigenen Kapitel abgehandelt.[167]

Schinkel reiste nicht nur als Architekt oder Architekturkritiker, man darf sagen, er reiste auch als philosophierender Künstler. In seinem Brief an Unger berichtete er, er hätte Gelegenheit gehabt, »eine Menge interessante Werke der Architektur zu sammeln, die bis jetzt weder betrachtet noch benutzt worden sind«. An ihnen hätte er »das wahre Gepräge philosophischen Kunstsinns und Charakterfülle, ... die glückliche Auffassung der Idee und besonders die ... vorteilhafte Benutzung der Umgebungen der Natur« gefunden.[168]

Dieser scheinbar beiläufig hingeworfene Satz enthält wie in einem Dreiklang bereits den Keim der Schinkelschen Kunst- und Architekturphilosophie: Architektur soll Charakter haben,

Johann Georg Sulzer über die Wiederherstellung der Baukunst

»Aber in dem fünfzehnten Jahrhundert fing die Baukunst an, sich aus den alten Trümmern wieder empor zu heben. ... Ein gewisser Brunelleschi war einer der ersten, die sich die Mühe gegeben, in Rom, mit dem Maßstab in der Hand, auf den Trümmern der alten Gebäude herum zu gehen. Von dieser Zeit an wurde die Aufmerksamkeit auf diese Muster immer größer, bis am Ende dieses und am Anfang des sechzehnten Jahrhunderts Alberti, Serlio, Palladio, Michel Angelo, Vignola und andere Männer erschienen, die sich außerordentliche Mühe gegeben, jede Regel zu entdecken, durch welche die Gebäude der Alten ihre Schönheit bekommen haben. Und so wurde die Baukunst wieder hergestellt.

Doch erschien sie nicht in ihrer ehemaligen Reinigkeit. Auch die spätern Gebäude des alten Roms, die schon viel Fehler hatten, besonders die Diokletianischen Bäder, wurden zu Mustern genommen. Selbst die größten Baumeister, Palladio und Michel Angelo, nahmen die Fehler des unter den Kaisern schon sinkenden Geschmacks unter ihre Regeln auf. ... Inzwischen breitete sich der gute Geschmack aus Italien nach und nach auch in den übrigen Ländern von Europa aus. ... Indessen, da fast alle Überbleibsel der griechischen und römischen Baukunst abgezeichnet, und überall ausgebreitet sind, fehlt es den neuern Baumeistern an nichts mehr, sich in den wahren Geschmack des Altertums zu setzen, als an überlegter Betrachtung derselben.«

115. Karl Friedrich Schinkel, *Landhaus bei Syrakus*, 1804. Schinkel besuchte das idyllisch gelegene Anwesen, das einem Engländer gehörte, am 30. Mai 1804. Das sich an einen Abhang schmiegende und mit der Natur im Einklang stehende Haus wurde ihm zum Muster einer »poetischen« Architektur. (SMPK, Sammlung der Zeichnungen.)

sie soll der Idee verhaftet und von philosophischem Kunstsinn geprägt sein, und sie soll mit der Natur in Einklang sein. Baukunst wurde von Schinkel philosophisch »rein aus der Natur heraus empfunden, wie sie nach allgemeinen Naturgesetzen überhaupt möglich ist« (Schinkel).[169] Wann ihm dies in aller Deutlichkeit bewußt wurde, sagt Schinkel nicht. Aber es gibt einen Schlüsselsatz aus dem Werk Fichtes, der es zuläßt, diesen Moment ziemlich genau zu bestimmen. (Siehe Schlußkapitel.) Mit keiner philosophischen Frage setzte sich Schinkel so gründlich auseinander wie mit der vom Verhältnis von Mensch (Baumeister) und Natur (Umgebung). Dieser Prozeß nahm in seinem italienischen Natur- und Landschaftserleben seinen Anfang.

Baukunst – eine Schöne Kunst?

Die Kunstdiskussionen der Zeit wurden von der Frage mitbestimmt, ob denn die Baukunst als eine höhere, als Schöne Kunst anzusehen sei. Man hatte erkannt, daß es einfach nicht genügte, sie lediglich als eine profane aus den praktischen Bedürfnissen entstandene Kunst anzusehen. Andererseits wurde an der neugegründeten Bauakademie die Baukunst fast nur in Ingenieurfächern gelehrt. Prachtbau und Ästhetik standen nicht als eigenständige Fächer auf dem Lehrplan. Aber was war sie eigentlich, die Baukunst? Sie hatte keine Muse als Beschützerin und Lenkerin wie die Tanzkunst, der Gesang oder die Dichtkunst. Die Baukunst schien heimatlos zu sein. Wollte man ihr Ansehen heben und sie wieder in ihre alten Rechte einsetzen, mußte man ihr eine neue Aura verleihen. Wie sollte dies geschehen? Mit dieser Frage befaßten sich, unter der Anleitung Gillys, auch die Mitglieder der Privatgesellschaft.

Es ist davon auszugehen, daß man bei der Erörterung einer so wichtigen Frage die Ausführungen bewährte Architekturtheoretiker wie Milizia, Stieglitz und Sulzer zu Rate zog und das Für und Wider ihrer Standpunkte diskutierte. Stieglitz und Sulzer billigten der Baukunst mit gewissen Einschränkungen den Status einer höheren Kunst zu. Milizia wies ihr gar eine Schlüsselrolle unter den Künsten zu und stellte ihre kulturelle und gesellschaftliche Bedeutung heraus. Einig waren sie sich darin, daß sie eine nützlich Kunst und allein schon deshalb förderswert sei.

Milizia: »Wir sehen auch, daß die Architektur in allen gesitteten und wohleingerichteten Staaten von jeher mit Fleiß befördert wurde. Vom Fortgang derselben hängt der Fortgang der übrigen Künste ab. Sucht man jene emporzubringen, so blühen zugleich Malerei, Bildhauerei, Kupferstecher- und Gartenkunst, und alle übrigen dekorierenden Künste, die ohne jene nicht bestehen können.«[170]

»Man hat daher der Baukunst nicht ohne Grund den prächtigen Namen Architektur[171] gegeben, welcher soviel heißt als eine Hauptkunst, die den Vorzug vor allen anderen hat. Sie ist gleichsam der Grund der übrigen Künste«. Sie ist »ein so wichtiges Werkzeug der menschlichen Glückseligkeit, die so viel zum Schutz und Ruhm der Nationen beiträgt«, daß sie notwendig die »Unterstützung und Aufmunterung kluger Fürsten« benötige. Sie werde in allen »gesitteten und wohleingerichteten Staaten« von jeher mit Fleiß gefördert. »Vom Fortgang derselben hängt der Fortgang der übrigen Künste ab.«[172]

Sulzer hingegen meinte, das Mechanische und die Wissenschaften abgesondert, bleibe »noch genug übrig, um dieser Kunst einen Rang unter den schönen Künsten zu geben. ... Eben der Geist, wodurch Homer oder Raphael groß geworden, muß auch den Baumeister beleben, wenn er in seiner Kunst groß sein soll. Alles, was er, durch diesen Geist geleitet, hervorbringt, ist ein wahres Werk der schönen Künste.«[173] Die Baukunst zähle insofern zu den Schönen Künsten, als sie in ihren vollendeten Werken »dem Gemüt Bewunderung, Ehrfurcht, Andacht, feierliche Rührung einprägt: dieses sind Wirkungen des durch Geschmack geleiteten Genies.«[174]

Stieglitz meinte, daß man der Baukunst »unter den schönen Künsten einen falschen Platz angewiesen hatte, und daß sie zu den Künsten des physischen Bedürfnisses, oder zu den mechanischen Künsten gehöret. Unter diesen aber nimmt sie den ersten Rang ein.«[175] Stieglitz: »Die Baukunst ist eine der vorzüglichsten Künste, weil sie nicht allein den Sinnen und der Einbildungskraft Vergnügen verschafft, sondern auch einen ausgebreiteten Nutzen gewährt. ...[176] Gleichwohl hat diese Kunst vieles wider sich, und sie ist weniger beliebt als andere Künste. ... Auch ihr Ursprung setzt sie gegen andere schöne Künste herab. Diese haben dem Vergnügen ihr Dasein zu danken, da die Baukunst durch die Notwendigkeit und durch Bedürfnisse entstand. ... Vielleicht ist ihr auch durch den Grundsatz, daß die schönen Künste die Natur nachahmen, geschadet worden, da es augenscheinlich ist, daß sie gar nichts nachahme,

weswegen man sie kaum mehr zu den schönen Künsten zählen wollte. Man muß daher ein anderes Mittel suchen, um sie mit den schönen Künsten in Verbindung zu bringen, und dieses kann kein anderes sein, als daß man ihr eine Wirkung auf das Herz zueignet, und diese wird man ihr nicht absprechen können, da alle ihre Werke eine Beziehung zum Menschen haben. Jedes Gebäude schildert uns den Zustand der die Menschen. Ein Tempel ist ein Bild der Andacht und der Heiligkeit, ein Prachtgebäude zeigt uns Hoheit und Reichtum, ein Wohnhaus[177] Geselligkeit und häusliche Zufriedenheit, ein Landhaus Ruhe und Freiheit, und eine Bauerhütte Armut.«[178]

Welche Position nahm Gilly ein? Von ihm durften Schinkel und die Freunde Hinweise erwarten. Und tatsächlich unternahm er anläßlich der Eröffnung der Bauakademie in einem in der *Sammlung nützlicher Aufsätze* publizierten Essay den Versuch, der Baukunst einen neuen Rang zu geben. Der Titel: »Einige Gedanken über die Notwendigkeit, die verschiedenen Theile der Baukunst, in wissenschaftlicher und praktischer Hinsicht, möglichst zu vereinigen«.[179] Er versuchte eine Standortbestimmung der Baukunst und übte unverkennbar Kritik an der einseitigen Ausrichtung der Anstalt. Gilly wandte sich gegen zu viel Theoretisieren, denn die zwischen den Kunstschulen ausgetragenen akademischen Zwiste hätten dazu beigetragen, die Baukunst zu isolieren.[180] Die Lösung dieses Problems, so Gilly, sei weder vom reinen Theoretiker oder dem Kunsthistoriker, noch von dem auf die Technik ausgerichteten Ingenieurarchitekten zu erwarten. Nicht der moderne Spezialist zeige den Ausweg aus der Krise, sondern ein Mann des Geistes, ein »Philosoph«.[181]

Dieser von Gilly nicht namentlich genannte »Philosoph« war – wie Fritz Neumeyer nachgewiesen hat – der Dichter und Ästhetiker Karl Heinrich Heydenreich (1764–1801), der bis 1798 als Professor an der Leipziger Universität lehrte. Gilly war auf Heydenreich aufmerksam geworden, als dieser im Oktober 1798 in der von Gillys Schwager Friedrich Gentz herausgegebenen *Deutschen Monatsschrift* den Aufsatz »Neuer Begriff der Baukunst als schönen Kunst«[182] veröffentlichte.

Bei Heydenreich fand Gilly die befreiende These, die die Baukunst aus »ihrem Exil« heimführen sollte. Heydenreich unterschied zwischen einem höheren und einem niederen Zweck in der Architektur.[184] Ein Gebäude, das außer seinem »Naturzweck«, eine Behausung zu bieten, keinen höhern Zweck habe, sei »ein Werk der gemeinen Baukunst«. Handele es sich aber um Gebäude, bei denen »der physische Zweck Mittel für einen höhern und an sich edlern Zweck« war, was man von »Kirchen, Gebäuden zu Versammlungen in Staatsangelegenheiten, Arsenalen, Gebäuden für die Kultur der Wissenschaft und Kunst, Landhäusern und dergleichen« sagen kann, so hat der Architekt beim Entwurf »den schönen Ausdruck des höhern Zwecks« darzustellen.[185]

Heydenreich: »Wenn es dem Künstler gelingt, seinem Gebäude solche Formen zu geben, daß der Gedanke des physischen Zweckes ganz verschwindet und der Betrachter sogleich durch den Anblick zu dem höhern Zweck erhoben, und zu einem freiern Spiele unter Bildern, die mit ihm zusammenhängen, begeistert wird, dann ist sein Werk ein Werk der schönen Architektur. Es versteht sich von selbst, daß es außerdem allen Gesetzen eines zweckmäßigen und verhältnismäßigen Gebäudes genüge leisten muß. ... Man kann jedes Werk der schönen Architektur ansehn, als eine dichterische Darstellung des höhern Zwecks des Gebäudes in schönern architektonischen Formen, bey deren Empfindung alle bloß physische Rücksichten gänzlich verschwinden. ... Einen höhern und edlern Standpunkt wird wohl schwerlich auch der enthusiastischeste Freund der schönen Architektur für sie bestimmen. Sie erscheint als wahre schöne Kunst. Ihre Werke sind nur durch Genie möglich, und der erfindende Architekt befindet sich mit dem erfindenden Dichter und Bildner in ziemlich gleicher Stimmung. Sein Plan wird nicht etwa vom physischen Zwecke herbeigezwungen, sondern durch die dichterische Vorstellung des höhern Zweckes des Werkes erzeugt.«[186]

Wie Sulzer verlangte Heydenreich vom Architekten Genie. Die Baukunst beschrieb er als mögliche wahre schöne Kunst, deren Anblick den Betrachter zu höhern Zwecken erhebe.

Schinkel sollte bald Heydenreichs Unterscheidung von einer für das praktische Bedürfnis arbeitenden Baukunst und einer, »aus der unmittelbar nur die Idee« spreche,[187] übernehmen. Um 1804 äußerte er in seinen ersten Lehrbuchplänen:

»Man streitet sich noch oft, 1) welchen Platz die Baukunst unter den übrigen Künsten einnimmt, oder 2) ob sie gar unter die Künste gerechnet werden kann, ob sie nicht Handwerk oder Wissenschaft oder beides zugleich sei«. Er beantwortete die Frage auf eigene Weise, indem er den Begriff des »Ideals« zu Hilfe nahm. Seine Antwort lautete: »Die Frage: was ist

---

Gilly über die Rehabilitierung der Baukunst

»Mit ihrem Verfall geriet die Baukunst in einen oft nur handwerksmäßigen Zustand, aus dem sie erst wieder gerissen werden mußte. Es standen glücklicherweise im Vaterlande der Künste [Italien] endlich wieder Baumeister auf, voll Kraft und tätigem Eifer, denen man eine neue Wiederbegründung, besonders der Kunst, zu danken hat. ...

Lange hatte man ihr zugestanden, eine wirkliche Gefährtin der schönen Künste zu sein: doch behielt sie damals wenig Verteidiger dieses Rechts, selbst kaum ihres Kunst-Namens. Einige gestanden ihr eine halbe Stimme unter den Künsten zu, doch andere strichen sie ganz von dieser Liste und verwiesen sie an ihre notwendige Dürftigkeit und Dienstbarkeit. So wurde sie als bloße Mechanik selbst betrachtet, bald unter diese, bald unter jene Herrschaft gegeben – zu dienen und zu nützen. Eine so strenge Verweisung förderte notwendig die neueren Kritiker zu näherer Betrachtung und zum milderen Anspruche auf, und ein Philosoph zeigt uns unter einem ganz neuen Begriffe, daß die Baukunst noch aus ihrem Exil gerettet werden könne, und bedingungslos wieder in ihre alten Rechte treten dürfe ...«[183]

Aphorismen Schinkels über Mensch und Natur

»Zwei verschiedene Richtungen der geistigen Kraft gibt es, um die Natur unter menschliche Herrschaft zu bringen, einmal durch Sehen, einmal durch Tun. Das erste geschieht nach und nach durch Schlußfolgen, – der Weg der Wissenschaft; das andere, wo das Leben der Natur in seinem höchsten und vollendeten Dasein in einem Schlage aufgefaßt wird, – durch die Kunst, die in ihrer Vollendung auch nicht anders als schön sein kann.«[219]

»Der Mensch hat den Beruf, die Natur weiter zu bilden nach der Konsequenz ihrer Gesetze mit Bewußtsein und ohne Willkür.«[220]

»Die Welt der Kunstformen läuft parallel mit den Formen der Natur, sie hat aber nicht diese selbst um ihrer selbst willen, sondern sie dienen ihr um eines menschlichen Ausdruckes willen ...«[221]

»Die Mineral- und Pflanzenwelt ist für die Kunst benutzbar, aber nur zu untergeordneten Teilen und nie mit Übermaß, auch nie ohne eine zum Grunde gelegte Schönheitsidee.«[222]

»Die Sprache der Kunst ruht auf Gegenständen der Natur – und zwar am sichersten auf die naivsten und einfachsten – in denen noch keine menschlichen Begriffe und Auslegungen die Natur mißverstanden haben.«[223]

»Der Naturgegenstand in der Kunst soll nur Träger der Idee des Dichters, Künstlers sein.«[224]

»Liebe zur Natur wirkt ähnlich der feinen Aufmerksamkeit, die in menschlichen Verhältnissen da eintritt, wo Achtung und Vertrauen sich die Waage halten.«[225]

»Die unendliche Natur bleibt immer die unendliche Aufgabe für die Erkenntnis des menschlichen Geistes.«[226]

»Das sittliche Prinzip in der Natur, die Bezüglichkeit derselben auf den Menschen und seine sittlichen Verhältnisse, oder der Mensch in seinen sittlichen Verhältnissen zur Natur, oder die Beziehung des sittlichen Menschen zum sittlichen Menschen – dies werden immer die schönsten Aufgaben der Kunst sein.«[227]

Schinkel über das Verhältnis von Natur und Architektur

»Die Architektur ist die Fortsetzung der Natur in ihrer konstruktiven Tätigkeit.«[228]

»In der Baukunst muß wie in jeder Kunst Leben sichtbar werden, man muß die Handlung des Gestaltens der Idee sehen, und wie die ganze bildliche Natur ihr zu Gebote steht und sich hervordrängt, herandrängt um ihrem Willen zu genügen ...«[229]

»Wir haben auf dem Erdenleben nichts als die uns gegebene Natur mit ihren Gestalten. (Die höheren bis zu den niederen.) Die Anwendung derselben und dieselben durch Auffassung eines gebildeten Auges als Träger unserer Ideen zu benutzen, darin liegt das ganze Feld der schönen Kunst in der Architektur.«[230]

Kunstwerk würde am gedrängtesten in dem Begriff: Darstellung des Ideals beantwortet werden können. Das Ideal ist dasjenige, welches den höchsten Charakter seiner Gattung trägt. ... Je mehr das Kunstwerk diese Eigenschaften trägt, je näher ist es dem Ideal, je charaktervoller je höher sein Wert.«[188]

Schinkel ging in jungen Jahren zunächst davon aus, daß die Baukunst aus dem bloßen physischen Bedürfnis hervorgegangen sei. Im Jahre 1810 bekannte er anläßlich seines Entwurfs zur Begräbniskapelle für Königin Luise rückblickend, daß ihm »das religiöse Mittelalter einen Fingerzeig gab«, wie sich in dessen Bauten »die Darstellung einer freien Idee« ergreifend »emporhebt über die nackte Bedürftigkeit«; es bleibe »überall unverkennbar, daß von Ideen ausgegangen wurde, dagegen die bekannte Architektur des heidnischen Altertums sich größtenteils in ihrem eigentlichen Wesen über die physische Zweckmäßigkeit nicht erhebt.«[189] Zu einem späteren Zeitpunkt korrigierte er sich, die wahre Baukunst sei gleich von der Idee ausgegangen, denn schon die rohen Völker hätten »für die Idee gebaut« und Heiligtümer errichtet.[190] Und als 30jährigem war es ihm bereits eine Gewißheit: In seiner Hirt-Polemik schreibt er, »der Ausdruck von Ideen« sei »das einzige, wodurch auch die Baukunst zur höheren Kunst« werde.[191]

Viele Jahre später, um 1835, in den letzten Entwürfen für das Architektonische Lehrbuch, bemerkte er selbstkritisch, daß er anfangs in den »Fehler der rein radikalen Abstraktion« geraten sei, »wo ich die ganze Konzeption für ein bestimmtes Werk der Baukunst aus seinem nächsten trivialen Zweck allein aus der Konstruktion entwickelte«. Aber dadurch »... entstand etwas Trockenes, Starres, das der Freiheit ermangelte und zwei wesentliche Elemente: das Historische und das Poetische, ganz ausschloß. Ich forschte weiter, sah mich aber bald in einem großen Labyrinth gefangen: wo ich abwägen mußte, wie weit das rationelle Prinzip wirksam sein müsse ... und wie weit andererseits jenen höheren Einwirkungen von Geschichtlichen und artistischen poetischen Zwecken der Eintritt dabei gestattet werden dürfe, um das Werk zur Kunst zu erheben. ... Durch einen leichten Schluß ward es mir anschaulich, daß ich auf dem Punkt in der Baukunst angekommen sei, wo das eigentlich artistische Element seinen Platz in dieser Kunst annähme, die in allem übrigen ein wissenschaftliches Handwerk sei und bleibe ...«[192]

In dieser »labyrinthischen« Zeit entstanden die unbeholfen wirkenden Entwürfe zum Museum und Schloß Köstritz. Erst die Besichtigung der ihn tief beeindruckenden gotischen Dome in Wien, Mailand, Paris auf seiner Italienreise und die Auseinandersetzung mit der Fichteschen Ideenlehre führten ihn auf den für ihn richtigen Weg.

Schinkel war und blieb als konstruierender und ausführender Architekt ein durch und durch musischer Mensch. So brachte er in seine Kunstphilosophie den Begriff des Poetischen ein. Nach Schinkels Auffassung bedurfte es der höheren Einwirkung des poetischen und des historischen Elements, um ein Bauwerk zu einem Kunstwerk zu erheben. Er hat jedoch die Rolle der Poesie in der Baukunst nie klar definiert, und es ist nicht ersichtlich, wie er darauf kam. Vielleicht in Zusammenhang mit seinen Studien über den Charakter der Gebäude. Vielleicht hat er die Heydenreichsche Formel von der »dichterischen Vorstellung des höhern Zwecks« in die naheliegende Formel von der »poetischen Vorstellung« abgewandelt. Es ist aber sicher, daß ihn in Italien die Poesie der oft in eine idyllische Landschaft eingebetteten Bauwerke gefangennahm.[193] Es war aber auch der Zeitgeist, der für Poesie besonders aufgeschlossen war. So hat August Wilhelm Schlegel 1801 in seinen Berliner Vorlesungen, einen neuen Begriff von der Poesie geprägt und behauptet, »daß es in allen schönen Künsten, außer dem mechanischen (technischen) und über ihm, einen poetischen Teil gebe, d. h. es wird eine freie schaffende Wirksamkeit der Phantasie in ihnen erkannt.«[194] Erik Forssman schreibt in seiner Schinkel-Monographie: »Wenn Schinkel das Poetische als ein wichtiges Element bezeichnete, das in der Architektur nicht fehlen dürfe, dann meinte er damit wahrscheinlich eben diese künstlerische Phantasie, welche die Romantiker als Bewegerin in allen Künsten erkannt hatten.«[195] Diese frei schaffende Phantasie spricht Schinkel in einer Bemerkung über die »Sklaverei der Regel« an: »Freiheit steht obenan im ethischen Gefühle, mit Freiheit sich aus Vernunftgründen oder aus poetischem Gefühl einem hohen Gesetz zu unterwerfen ist etwas Erhabenes und Schönes.«[196] Und an anderer Stelle: »Völlig durchgebildet« sei »griechische Kunst mit poetischer Benutzung manches Zufälligen, welches jedoch dem Stil allein nicht schadet, sondern ihn erhob (der glücklichste Freiheitszustand im Gesetz)«.[197]

Nicht weniger wichtig wie die Poesie war für Schinkel das Element des Historischen. Schinkel dachte und empfand historisch – gerade in Bezug auf die Architektur. Denn weil die menschlichen Verhältnisse »sich nie ganz rein nach vollkommenen Vernunftgesetzen« gestalteten, könnten »ihre Architektonischen Aufgaben auch nicht rein gelöst werden und deshalb müssen

173

dieselben ein bedeutendes historisches Element aufnehmen. Dies gut benutzt gibt Interesse und kann selbst einen Teil der Schönheit und Poesie bilden, – schlecht benutzt, führt es zum barocken und Geschmacklosen hin«[198]

Schinkel sah den Künstler als einen Handelnden im geschichtlichem Strom. In der Kunst bedeute das Historische »nicht Kopie aus der Geschichte«, sie sei »vielmehr immer etwas ganz Neues aus dem eine Folge erwächst; ein Fortgang der Geschichte, jedes Kunstwerk der Anfang neuer Geschichte.«[199]

»Historisches ist nicht, das Alte allein festzuhalten oder zu wiederholen, dadurch würde die Historie zu Grunde gehen, historisch handeln ist das, welches das Neue herbeiführt und wodurch die Geschichte forgesetzt wird. Aber dadurch eben, daß die Geschichte fortgesetzt werden [soll], ist sehr zu überlegen, welches Neue und wie dies in den vorhandenen Kreis eintreten soll. Es gehört höchste Bildung dazu, die schöne Kunst, welche alles in Maß und Ruhe setzt, ist vielleicht ein Probierstein.«[200]

Schinkel beschließt seine Ausführungen mit der poetischen Metapher: »Es wäre vielleicht die höchste Blüte einer neuen Handlungsweise der Welt, wenn die schöne Kunst voran ginge, etwa so wie das Experiment der Wissenschaft der Entdeckung vorher geht und als ein eigentümliches Element der neuen Zeit angesehen werden kann.«

Fichte – ein Leitstern Schinkels

Wir wissen von Schinkels Schwiegersohn Alfred von Wolzogen, daß Schinkel auf seiner ersten Italienreise im Reisegepäck Schriften Fichtes mit sich führte. Trotz der vielen auf ihn einstürmenden Eindrücke fand er Zeit, sich »eifrig« in sie zu versenken.[201] Mit Sicherheit gehörte dazu die 1800 in Berlin erschienene Schrift *Die Bestimmung des Menschen*. Gilly dürfte ihn auf die viel Aufsehen erregende Publikation aufmerksam gemacht haben. Die anderen von Fichte bis dahin erschienenen Schriften waren weniger geeignet für den philosophischen Anfänger als eben diese schnell populär gewordene Schrift, überdies die einzige aus Fichtes Werk, die Gilly sein eigen nannte. *Die Bestimmung des Menschen* ist eine glänzende Einführung in die Fichtesche Philosophie, in der er darlegt, daß der höchste Punkt, von dem die Bestimmung des Menschen ihren Sinn empfängt, die zum Handeln auffordernde Stimme des Gewissens ist, die jedem seine besondere Pflicht auferlegt.

Fichte wandte sich nicht an »Philosophen von Profession«. Er wünschte sich seine Schrift in die Hand eines jeden nachdenklichen Menschen, der sich die Frage stellt, »was bin ich selbst, und was ist meine Bestimmung?«[202]

Doch zunächst ist nicht dieser ethische Gedanke, der einen entscheidenden Einfluß auf Schinkels persönliche Lebensphilosophie haben sollte, zu untersuchen, sondern die in dieser Schrift vorgetragenen Ideen Fichtes zur Natur und Kunst. Behandelt wird dieser Aspekt zwar nur in wenigen Passagen, aber genau diese hat Schinkel sich herausgepickt und zu eigen gemacht. Sie bilden den Kern seiner Natur- und Kunstphilosophie. Ohne die Fichtesche Philosophie zu kennen, ist es kaum möglich Schinkel richtig zu verstehen.

Fichte schreibt in *Die Bestimmung des Menschen*, der Mensch sei das »höchste Meisterstück der Natur, in ihm kehrt sie in sich selbst zurück, um sich selbst anzuschauen«.[203] Während Kant in seiner Genielehre formulierte, »Genie« sei die »angeborene Gemütslage, durch welche die Natur der Kunst die Regel gibt«,[204] kehrte Fichte diesen Gedanken um: Der Mensch strebe danach, die Natur durch die Kunst unter seine Herrschaft zu zu bringen. Darin liege jedoch keine Anmaßung, denn der Mensch handele in Übereinstimmung mit der Majestät der Ideen.

Im Winter 1804/05, während Schinkel in Italien und Frankreich weilte, hielt Fichte im Berliner Akademiegebäude vom November bis April zeitkritische Vorlesungen über *Die Grundzüge des gegenwärtigen Zeitalters*, in denen er versuchte, »ein philosophisches Gemälde« der Gegenwart zu geben. Er sprach vor rund 140 Zuhörern beiderlei Geschlechts, vor vielen Adligen, Gelehrten, Professoren, Gesandten und Beamten. Auch Schinkels Freund Solger war unter den Hörern. In der elften Vorlesung (Februar 1805) führte Fichte die Naturgedanken aus der *Bestimmung des Menschen* weiter. Und eben diesen Abschnitt finden wir von Schinkel fast wörtlich zitiert in zwei kunsttheoretischen Skripten, die in Zusammenhang gesehen werden dürfen mit seinem 1804 begonnenen Werkchen wie auch mit den Abhandlungen zum *Religiösen Gebäude* gegen 1815. Schinkel muß sich Nachschriften besorgt haben oder aber er übernahm das Zitat erst, nachdem die insgesamt 17 Vorlesungen Anfang April 1806 gedruckt vorlagen.

116. Friedrich Bury, Johann Gottlieb Fichte, 1800.

Der betreffende Abschnitt aus den Grundzügen lautet: »Der äußere Zweck jener Herrschaft der [menschlichen] Gattung über die Natur ist ... ein doppelter: entweder nämlich soll die Natur bloß dem Zwecke unserer sinnlichen, leichteren, und angenehmeren Subsistenz unterworfen werden, – welches die mechanische Kunst gibt; oder sie soll dem höheren geistigen Bedürfnisse des Menschen unterworfen, und ihr das majestätische Gepräge der Idee aufgedrückt werden, – welches die schöne Kunst gibt.«[205]

Schinkel: »Die höhere Herrschaft über die Natur, wodurch der widerstrebenden das majestätische Gepräge der Menschheit als Gattung, das der Idee, aufgedrückt wird, diese Herrschaft ist das eigentliche Wesen der schönen Kunst. Sie ist das Werkzeug der Ewigkeit der Ideen.[206] [um 1806] – Die schöne Kunst drückt der widerstrebenden Natur das Gepräge der Menschheit als Gattung auf.«[207] [gegen 1815]

Um Schinkels in sich nicht ohne weiteres verständliche philosophischen Gedanken logisch einordnen zu können, muß man wissen, wie Fichte den Begriff der Idee verstanden wissen wollte. Die Frage, was die Idee ihrem eigentlichen Wesen nach sei, beantwortete Fichte folgendermaßen: »Die Idee ist ein selbständiger, in sich lebender, und die Materie belebender Gedanke.«[208] »Alles Leben in der Materie ist Ausdruck der Idee: denn die Materie selber in ihrem Dasein ist nur Wiederschein einer unserm Auge verdeckten Idee.«[209]

Fichte sagte in seiner vierten Vorlesung über das gegenwärtige Zeitalter, daß die erste Form der Idee der am frühesten ausgebrochene Ausfluß der Urtätigkeit in Materie die schöne Kunst sei.[210] An anderer Stelle sprach er davon, die persönliche Aufopferung des Lebensgenusses für Ideen sei zu billigen,[211] und daß der wahre Künstler bei der Ausübung seiner Kunst in den höchsten Genuß der Seligkeit[212] zerfließe, wie sie die Seligkeit des Lebens in der Idee[213] gewähre.

Schinkel schmiedete sich daraus als Mensch und als Künstler eine asketische Lebensmaxime, von der er niemals abließ. Man darf ihn mit Fug und Recht als einen der prominentesten Schüler Fichtes bezeichnen. Er hat später, 1807, ein solches Ereignis wie Fichtes berühmte Reden an die Nation, die eine Fortsetzung der Grundsätze waren, sicherlich nicht versäumt. Belegt ist, daß er im Winter 1809/10 Fichtes Kolleg über Wissenschaftslehre, im Winter 1810/11 dasjenige über *Tatsachen des Bewußtseins* gehört hat. Nachschriften davon ließen sich in Schinkels Nachlaß identifizieren.[214] Die Ereignisse der Freiheitskriege führten Fichte, den Philosophen, und Schinkel, den Künstler, persönlich zusammen. Bei der Gründung des Landsturms in Berlin wurden sie zu Mitgliedern des Divisionsgerichtes ernannt: Schinkel und Fichte gehörten dem östlichen Divisionsgericht an, Solger dem westlichen.[215]

Der Philosoph Fichte bot Schinkel, dem Baumeister, das weltanschauliche Fundament. Der Mensch sei für sich »selbst der letzte Grund« seiner Bestimmung, indem er sich zu dem machen wolle, was er sein wird.[216] Alles Handeln müsse der Stimme des Gewissens gehorchen.[217] »Die Tugend ist der dauernde, ohne alle Ausnahme waltende gute Wille, die Zwecke der menschlichen Gattung aus allen Kräften zu befördern; und besonders im Staate, sie auf die von ihm angewiesene Weise zu befördern.«[218]

Johann Gottlieb Fichte, dessen Ethos eherner Pflichterfüllung Schinkel – der Sohn der Spätaufklärung – für sich persönlich und sein Schaffen übernahm, wurde nach Friedrich Gedike und Friedrich Gilly die dritte überragende Persönlichkeit mit wegweisendem Einfluß auf sein Leben und Werk! Ein Pädagoge, ein Künstler und ein Philosoph. Schinkel fand sich in ihnen allen wieder.

Lektionsplan der Neuruppiner Stadtschule 1788		Erste Klasse	Zweite Klasse	Dritte Klasse	Vierte Klasse	Fünfte Klasse	Sechste Klasse
08–09	Montag, Dienstag	Anthropologie. Danach Moral, Naturlehre und Enzyklopädie mit Literaturgeschichte	Anthropologie und Naturlehre, welche jährlich miteinander abwechseln (bis zur fünften Klasse)				
08–09	Mittwoch, Donnerstag	Anthropologie. Danach Moral, Naturlehre und Enzyklopädie mit Literaturgeschichte	Religion	Religion	Religion	Naturgeschichte	
08–09	Freitag, Samstag	Erste mathematische Klasse	Zweite mathematische Klasse	Erste Rechenklasse	Zweite Rechenklasse	Dritte Rechenklasse	Elementarrechenklasse
09–10	Montag bis Samstag	Erste lateinische Klasse	Zweite lateinische Klasse	Dritte lateinische Klasse	Vierte lateinische Klasse	Fünfte lateinische Klasse	Rechenklasse für diejenigen, welche die lateinsiche Sprache nicht lernen
10–11	Montag bis Donnerstag	Erste griechische Klasse	Zweite griechische Klasse	Dritte griechische Klasse	Schreibklasse für diejenigen der 2., 3. und 4. Klasse, welche die griechische Sprache nicht lernen wollen	Übungen im Denken für die kleineren Schüler	
10–11	Freitag, Samstag	Erste Geschichtsklasse	Zweite Geschichtsklasse	Dritte Geschichtsklasse	Vierte Geschichtsklssse		
11–12	Montag und Dienstag (?)	Privatzeichnen für diejenigen aus allen Klassen, welche es lernen und dafür besonders bezahlen wollen					
11–12	Mittwoch, Donnerstag	Erste französische Klasse		Dritte französische Klasse			
11–12	Freitag, Samstag		Zweite französische Klasse				
02–03	Montag, Dienstag, Donnerstag, Freitag	Statistik. Danach physikalische Geographie und systematische Naturgeschichte	Geographie von Europa, nachher auch von den übrigen Weltteilen	Geographie vorzüglich von Deutschland und allgemeine Übersicht der europäischen Staaten	Geographische Vorkenntnisse der preußischen Staaten. Das Allgemeine von Deutschland	Geographische Vorkenntnisse und Beschreibung der Kurmark Brandenburg	
03–04	Montag, Dienstag, Donnerstag, Freitag	Übungen im richtigen und schönen Ausdruck in der Muttersprache, im Lesen, Rechtschreiben, Erzählen und Deklamieren					

Der Sprachunterricht am Grauen Koster 1795–98; tote Sprachen	Prima I (bis ca. 20 Jahre)	Sekunda II (bis ca. 18 Jahre)	Groß-Tertia III (bis ca. 16 Jahre)	Klein-Tertia III (bis ca. 14 Jahre)

Latein
 	
Lehrer:
Heindorf, Joh. Friedrich (gest. 25.11.1796); Nachfolger: **Heindorf jr., Ludwig F.**
Fischer, in allen vier Klassen
Seidel, Günther K. F., in Groß-Tertia
Thieme (gest. 7. 6. 1797)
Spalding
	Horaz, Vergils *Georgica* und gelegentlich andere Dichter.
	    Zur prosaischen Lektüre Ciceros *Reden* und philosophische Schriften
	    Ferner Tacitus.
	    Wöchentlich werden zwei lateinische Aufsätze geschrieben, und zwar abwechelnd freie Behandlung eines Themas und dann eine Übersetzung aus dem Deutschen. Ein anderer Aufsatz wird sogleich in der Klasse geschrieben.
		Vergils *Aeneis*; aus Gedikes *Chrestomathie*, die Abschnitte a. d. Sallust, Livius, beiden Plinius, Sueton, Tacitus, Florus, Seneca.
		    Eine Stunde ist für die Grammatik, eine für die Korrektur der lateinischen Ausarbeitungen, wozu der Stoff aus der Mythologie und den Antiquitäten genommen wird, bestimmt.
			Ovids *Verwandlungen* nach dem Auszug unsers Herrn Prof. Seidel
			    Ferner aus Gedikes *Chrestomathie* die Abschnitte aus dem Cicero, Cäsar, Curtius, Vellejus, Valerius Maximus.
			    Eine Stunde ist für die Grammatik, eine andere für ein übersetzendes Exerzitium bestimmt.
				Ovids *Verwandlungen*.
				    Aus Gedikes *Chrestomathie* die Abschnitte aus dem Eutropius, Aurelius Victor, Cornelius, Justinus.
				    Ferner drei Stunden zur Theorie und Praxis der Grammatik.

	In allen Klassen benutzt wird Gedikes *Lateinisches Lesebuch*,1782; 6. mit einer Grammatik vermehrte Auflage 1790; 8. Auflage 1793, alle Berlin).			
		In Sekunda, Groß- und Klein-Tertia Gedikes *Lateinische Chrestomathie aus den klassischen Autoren für mittlere Klassen*, Berlin 1792.		
Hebräisch Lehrer: **Spalding**, in Prima, Sekunda	Die Psalme und Propheten.	Historische Bücher des alten Testaments.	Die grammatischen Elemente mit der Lesung der Genesis.	

Griechisch
 	
Lehrer:
Gedike, in Prima
Spalding, in Prima, Sekunda
Thieme (gest. 7. 6. 1797) in Klein-Tertia, Groß-Tertia
	Zur prosaischen Lesung abwechselnd platonische Dialoge; die von unserm Herrn Prof. Spalding herausgegebene Rede des Demosthenes[1] gegen den Midias, Isokrates[2] *Panegyrikos* u.s.w.
	    Zur poetischen Lesung teils in einer Stunde kursorisch Homers *Ilias*, teils in zwei andern entweder Pindar[3] (nach Gedikes *Anthologie*) oder die Tragiker Äschylus: *Prometheus*, Sophokles: *Philoktet* (nach Gedikes Ausgabe), Euripides: *Hekuba* u.s.w.
	    Ferner Aristophanes, Theokrit[4] u.s.w.
		Zur prosaischen Lesung: Xenophons[5] *Cyropädie*, einige Biographien von Plutarch[6], Lukianische[7] Gespräche. Zur poetischen Lesung: Homers *Odyssee*.	*Griechisches Lesebuch für die ersten Anfänger*. Text deutsch/griechisch. Herausg. v. F. Gedike. 1. Auflage 1781; 4. Auflage Berlin 1787; 6. Auflage bei Mylius. Berlin 1795.
			    Von 1796 an wurde Buttmanns[8] *Griechische Grammatik* (Berlin 1792; 22. Aufl. 1869) benutzt.	

[1] Demosthenes, geb. um 384 v. Chr., griech. Redner. Suchte in seinen *Philippinischen Reden* ganz Griechenland zum Freiheitskrieg gegen Philipp II. v. Mazedonien zu bewegen.
[2] Isokrates, geb. 436 v. Chr., Redner und Rhetoriklehrer. Gilt als Vater der allgemeinen Bildung. Er sah in der Beredtsamkeit eine Kunst, die das Denken und rechtes Handeln lehrt und zu praktischer Lebenstüchtigkeit erzieht. Der *Panegyrikos* begründete die Notwendigkeit des gemeinsamen Kampfes aller Griechen gegen Persien.
[3] Pindar, geb. 522 v. Chr., griech. Chorlyriker. 1777 publizierte Gedike seine Übersetzung von *Pindars olympischen Siegeshymnen*.
[4] Theokrit, geb. um 270 v. Chr., Hauptvertreter der bukolischen Poesie der Griechen. Er ist das Vorbild für die Hirtendichtung Vergils.
[5] Xenophon, geb. um 430, Geschichtsschreiber, Schüler des Sokrates. Seine *Cyropädie* ein »ethischer Fürstenspiegel« oder eine Tugendlehre für den Herrscher eines großen Staates.
[6] Plutarch, geb. um 50 n. Chr., griech. Schriftsteller, Anhänger der Philosophie Platons. Berühmt durch seine vergleichenden Lebensbeschreibungen großer Griechen und Römer.
[7] Lukian, geb. um 125 n. Chr., eklektischer Philosoph und Schriftsteller, der »griechische Voltaire«, Kritiker des Aberglaubens, der mystischen Schwärmerei, Feind der Populärmythologie (Hetären-, Götter- und Totengespräche). Von großem Einfluß in der Zeit der Aufklärung.
[8] Philipp Buttmann (1764–1829), Studium in Göttingen unter Heyne. Erzieher des Erbprinzen v. Dessau. 1796 Sekretär an der Kgl. Bibliothek in Berlin, 1800 daneben Prof. am Joachimsthalschen Gymnasium, Berlin. 1806 Mitglied der Akademie der Wissenschaften.

Der Sprachunterricht am Grauen Kloster 1795–98; lebende Sprachen	Prima I (bis ca. 20 Jahre)	Sekunda II (bis ca. 18 Jahre)	Groß-Tertia III (bis ca. 16 Jahre)	Klein-Tertia III (bis ca. 14 Jahre)
Französisch Lehrer: Madlinger	Übungen im Übersetzen, Schreiben, Sprechen in allen Klassen. Auch werden französische Ausarbeitungen gemacht, nicht bloß übersetzende, sondern auch selbstgedachte, teils in der Klasse, teils zuhause. Im Gymnasium wird vornehmlich Gedikes französische *Chrestomathie* gebraucht (*Französische Chrestomathie zum Gebrauch der höheren Klassen, aus den nützlichsten neuern Schriftstellern gesammelt*, Berlin 1792). Im Unterricht wird auch Gedikes *Französisches Lesebuch* (1785; 5. Auflage 1794) benutzt. Daraus wird übersetzt, auch kleinere Formeln und Aufsätze bald an der Tafel, bald auf dem Papier aus dem Deutschen übersetzt.			
Englisch Lehrer: Amberg	Bis jetzt nur in der Prima, in 2 Abteilungen. Die Anfänger lesen, übersetzen und werden mit der Grammatik bekanntgemacht. Benutzt wird Gedikes *Englisches Lesebuch* (Berlin. 1795, 3. Auflage 1804 ebd.). Die schwereren Abschnitte derselben werden mit der ersten Abteilung gelesen, außerdem auch öfters Abschnitte aus andern prosaischen und poetischen Schriftstellern, die der Lehrer vorsagt und, was bei jeder, besonders aber bei der engl. Sprache sehr nützlich ist, nach dem bloßen Gehör übersetzen läßt. Ferner wird aus dem Deutschen ins Englische übersetzt, auch Übungen im Sprechen verlangt.			
Italienisch Lehrer: Leonini	Künftig auch in der Prima.	Bis jetzt bloß in der Sekunda. Nach Leoninis *Italienischem Lese- und Wörterbuch* (1797).		
Polnisch Lehrer: Kgl. Prof. Bucky	1796: Die Einrichtung des Fachs Polnisch ist beabsichtigt, weil die Kenntnis dieser Sprache »den künftigen Geschäftsmännern im Preußischen Staat von großem Nutzen sein kann, ja in manchen Verhältnissen unentbehrlich ist«. (Schulschrift 1796, S. 21.) Polnisch: Seit März 1797 neu eingeführt bei unserm und anderen hiesigen Gymnasien. »Diese Königliche Wohltat« wird auch bei uns von vielen jungen Leuten der 1. und 2. Klasse, die einst in den neuen Provinzen des preußischen Staats tätig sein wollen, dankbar genutzt«. (Schulschrift 1797, S. 20.)			
Deutsch Lehrer: Gedike, in Prima, Sekunda Seidel, Johann Friedrich, in Klein-Tertia Seidel, G. K. F., in Prima	Gelegentlich wird von Gedike auch die Literatur der deutschen Sprache vorgetragen. Oft wird ein schwereres Gedicht eines deutschen Dichters wie das Werk eines alten Autors interpretiert. Übungen in förmlichen Reden sowie Übungen in allen Gattungen des einfachen, mittleren und höheren Stils; vornehmlich auch in dem künftig vor allem anderen nötigen Geschäftsstil, soweit sich der Stoff dazu aus dem hier vorauszusetzenden Ideenkreis hernehmen läßt Alle 14 Tage muß ein Schüler eine Rede halten, der Reihe nach. Poetische Übungen werden nicht gefordert; doch wer Talent dazu hat, bringt dergleichen zuweilen von selbst, vornehmlich metrische Übungen.	Fortsetzung der Übungen in Briefen und Erzählungen in erschwerter Form. Teils werden auch andere Stilübungen, z. B. allgemeine und individuelle Charakterschilderungen, Dialoge, räsonnierende Aufsätze u. s. w. aufgegeben.	Übungen in Briefen und Erzählungen: häufig über Sprichwörter, oder über mehrere aufgegebene Wörter, die in eine zusammenhängende Erzählung gebracht werden müssen, welches zugleich eine treffliche Übung des Verstandes ist.	

Deutschunterricht

Die Wiederentdeckung der deutschen Sprache – ein nationales Anliegen

»Der Ritter Mengs, ein Sachse, wurde zu Rom selbst als einer der größten Maler dieses Jahrhunderts bewundert. ... Sehr viel trug zu dieser merkwürdigen Veränderung auch der Umstand bei, daß die Deutschen im jetzigen Jahrhundert so viele Denkmäler, die uns von den Künsten der Griechen und Römer übrig geblieben sind, mit anderen Augen zu betrachten anfingen, als sie ehedem gewohnt waren. Man sah sie sonst nur als Überbleibsel des Altertums an, aus welchen man alte Gebräuche, Geschichten und Stellen der Schriftsteller erläutern könne. Jetzt wurde man auch auf die Größe und Schönheit der Kunst in denselben aufmerksam. Christ zu Leipzig war einer der ersten, welcher die Deutschen dazu leitete. Aber ungleich mehr tat Johann Winckelmann, aus Stendal in der Altmark gebürtig, der, mit hoher Begeisterung, feinem Gefühl und vieler Gelehrsamkeit begabt, Kunstrichter über die alten Denkmäler mitten unter den Italienern wurde. ... Christian Ludwig von Hagedorn und Lessing stärkten diesen Geschmack bei den Deutschen mit nicht geringeren Einsichten. Aber noch ehrenvoller und erwünschter war es für die Deutschen, daß sie endlich in diesem Jahrhundert ihre Sprache, Beredtsamkeit und Dichtkunst zu derjenigen Reife brachten, welche einige andere europäischen Nationen der ihrigen weit früher verschafft hatten. Da nunmehr der Geist der Deutschen auf jeder Laufbahn ungehindert forteilen durfte, da ihre Sprache häufiger zum Werkzeug gebraucht wurde, um wichtige Wahrheiten, Entdeckungen und Empfindungen aller Art auszudrücken, da die Sitten der Nation sanfter und liebenswürdiger geworden waren, und ihr Geschmack sich immer mehr nach alten und neuen Mustern bildete, so konnte ihre Sprache allein nicht länger zurückbleiben. Von der Reinigkeit und Richtigkeit derselben kam man bis zum Wohlklang und zur Zierlichkeit; man versuchte glücklich, sie allen Gegenständen anzupassen ... im Anfange des Jahrhunderts schrieb man noch ein mit vielen ausländischen Wörtern untermengtes Deutsch, nicht ohne Kraft, aber ohne Bestimmtheit und Anmut. Wolf gab zuerst der Sprache ... den guten philosophischen Lehrton. Johann Christoph Gottsched [1700–1766] aus Königsberg in Preußen, Lehrer zu Leipzig, trat nicht allein in Wolfens Fußzapfen, sondern arbeitete mit großem Eifer an der Verbesserung unserer Sprache. Er reinigte sie von dem Wuste lateinischer, italienischer und französischer Wörter, mit welchen sich die damals sogenannten galanten Schriftsteller beladeten. ... Die Beredtsamkeit wurde auch von den Dichtern belebt, die nach und nach unter den Deutschen aufstanden. ... Die ersten eigentümlichen Dichter dieses Jahrhunderts waren Friedrich von Hagedorn zu Hamburg [1708–1754] und Albrecht von Haller. Jener, mit der feinern Welt und den witzigsten Schriftstellern alter und neuer Zeiten bekannt, dichtete zuerst nach dem Muster des Horatius und der Franzosen scherzhafte Lieder, welche so reich an Gedanken, so ausgearbeitet und so wohlklingend waren, daß sie in allen Gesellschaften beliebt wurden. ... Haller hingegen, ernsthafter und tiefsinniger, folgte den Satyrikern der Römer und den philosophischen Dichtern der Engländer nach. Seine starke, gedrungene poetische Sprache ringt gleichsam mit der Menge und Größe der Gedanken, mit welchen sie angefüllt ist. Seine Schilderungen aus der Natur, seine Spottgedichte auf die Torheiten der Menschen und andere Arbeiten dieses Dichters scheinen immer gleichsam von einem ehrwürdigen Lehrer zu kommen, dessen Aussprüche man gern auf sein ganzes Leben im Gedächtnis behalten möchte. Christian Fürchtegott Gellert [1715–1769] trat nach diesen beiden zu Leipzig auf und wurde noch mehr der Lieblingsdichter der Nation. Da seine Fabeln mit ungemeiner Leichtigkeit und mit der natürlichsten Anmut geschrieben sind, da sich die Sittenlehre in denselben nicht aufdringt oder unerwartet kommt, sondern die ungezwungenste Begleiterin der Erzählung wird, so fanden sie Beifall unter Leuten aus allen Ständen. Man gab sie den Kindern zum Unterricht, sie gefielen den Gelehrten. ... Ungefähr ein gleiches Glück machten seine geistlichen Lieder. ... Alles ist darin aus der Fülle des gottseligen Herzens geschöpft. ... Bald aber kamen neben diesen Dichtern andere, deren Ruhm sich ebensowenig verlieren wird: wie unter andern Christian Ewald von Kleist [1715–1759], der den Frühling unnachahmlich reizend besang, und Gotthold Ephraim Lessing [1729–1781], dem die deutsche Schaubühne, die Dichtkunst, Sprache und Beredtsamkeit überhaupt, auch selbst die Gelehrsamkeit so mancherlei zu danken haben.«

Aus: Schröckhs *Allg. Weltgeschichte für Kinder*. III. Hauptteil. Geschichte der Deutschen. 1792.

Schulordnung der Neuruppiner Stadtschule

Wie wird es mit den Versetzungen in eine höhere Klasse gehalten?

Hauptversetzungen und Veränderungen können nur erfolgen, wenn entweder alle oder doch der größte Teil auf die Universität geht. Dies geschieht alle 2 bis 3 Jahre. Jedoch werden in den unteren Klassen jährlich, auch wohl halbjährlich Versetzungen gemacht, je nachdem, ob mehr oder weniger in den Klassen sich auszeichnen und durch Fleiß es dahin gebracht haben, daß sie eher für die folgende Klasse passend sind als zu der, in welcher sie sich befinden. Es hat aber in der Sprache der Wissenschaftlichkeit ihre besonderen Ordnungen, und wer aus der zweiten griechischen Klasse in die erste versetzt wird, kann in der zweiten lateinischen Klasse sitzen bleiben, wenn die zur ersten Klasse erforderlichen Geschicklichkeiten fehlen.

Werden öffentliche Prüfungen angestellt, und wie und wann?

Jährlich wird eine öffentliche Prüfung und zwar um Michaelis gehalten. Jeder Lehrer examiniert einige von seinen Klassen über ein Pensum, welches er selbst vorher wählt und seinen Schülern vorher anzeigt, damit sie sich darauf vorbereiten können.

Was sind für Aufmunterungen und Strafen in der Schule gewöhnlich?

Prämien und Aufmunterungsmittel sind hier nicht eingeführt. Unsere Strafen bestehen vorzüglich in Absonderung, Verweisung aus den Klassen und dem öffentlichen Tadel bei der Zensur. Körperliche Strafen finden nur in besonderen Fällen und nur als seltene Ausnahme bei den Kleineren statt.

Einnahmen der Lehrer

Es wird Schulgeld gezahlt. Schüler der ersten Klasse zahlen 2 Taler, die aus den drei mittleren Klassen 1 Taler 12 Groschen. Schüler der 5. Klasse zahlen 1 Taler. Es besteht kein Beneficium.

Aus den für das Oberkonsistorium ausgefüllten Schultabellen.

Schulordnung des Grauen Klosters

Abiturienten-Examen
Das Examen wird zwischen Neujahr und Ostern vorschriftsmäßig durch schriftliche und mündliche Prüfung angestellt, wobei der jetzt bei uns geltende Maßstab zur Beurteilung der Reife zu den akademischen Studien die Vergleichung mit dem Maßstab keiner anderen Schule zu scheuen braucht. Von 1796 an wurde auch zu Michaelis ein Abiturienten-Examen abgehalten.

Abteilungen
Jede Klasse zerfällt in zwei Abteilungen, die zwar vereinigt sind, aber auch in manchen Lektionen besonders unterrichtet werden. Groß- und Klein-Tertia sind völlig abgesonderte Klassen, und genau genommen ist also Klein-Tertia eigentlich die vierte Klasse. Diese Abteilung jeder Klasse gewährt uns den Vorteil, daß durch die Versetzung aus der zweiten in die erste Abteilung eine Aufmunterung, und durch die Zurücksetzung aus der ersten eine Strafe mehr möglich wird. Gewöhnlich lassen wir keinen in die erste Abteilung seiner Klasse hinaufrücken, der noch in Ansehung mehrerer Objekte in einer niedrigeren Klasse sitzt. Aus der zweiten Abteilung einer Klasse in die erste kann ein ausgezeichnetes Subjekt auch mitten im Laufe eines halben Jahres versetzt werden.

Aufbau der Schule
Die unteren Klassen – Sexta, Quinta, Quarta – sind zusammengefaßt zu zwei gleichrangigen vom Gymnasium getrennte eigenständige »Schulen«, die »Berlinische« und die »Köllnische«. Das »eigentliche« Gymnasium bilden Prima, Sekunda, Groß-Tertia und Klein-Tertia. Die untersten drei Klassen sind also doppelt. Beide Schulen bilden eine Art Grundstufe und sind für den künftigen Handwerksmann ebenso nützlich und wichtig als für den künftigen Gelehrten. In die unterste Klasse kann ein Sieben- oder Achtjähriger aufgenommen werden, insofern er das »Mechanische Lesen« (Buchstabiermethode) und einige Anfangsgründe im Schreiben beherrscht. Einen großen Teil unserer Schüler liefern uns die hiesigen vielen Privatschulen.

Aufnahmetermin
Ostern und Michaelis sind die schicklichsten Termine zur Aufnahme neuer Schüler und vornehmlich neuer Gymnasiasten. Besonders geht mit Ostern immer ein neuer Kursus an. Wer zwischen diesen beiden Terminen eintritt, hat natürlich mehr Mühe, sich in den Zusammenhang besonders einiger Lektionen hineinzuarbeiten.

Benefizien
Viele genießen freien Unterricht, eine beträchtliche Anzahl genießt Freitische und noch mehrere bekommen wöchentlich eine Unterstützung an Bargeld als Tischgeld. Ferner werden jährlich bei dem großen Examen aus der Streit'schen Stiftung 100 Taler zu gleichen Teilen unter 10 Bedürftige aber durch Aufführung und Fleiß sich auszeichnende Primaner verteilt. Die von Streit gestiftete Wohnkommunität gewährt zwölf durch ihre Fähigkeiten, aber auch durch Aufführung und Fleiß ausgezeichneten Primanern oder Sekundanern freie Wohnung, Feuerung, Licht, Aufwartung und bei Krankheiten freie Medizin und Arztbesuche.

Bibliothek
Es besteht eine von Gedike begründete Schülerlesebibliothek, für welche die besten für die Jugend nützlichen klassischen Werke der deutschen und französischen Literatur nach und nach angeschafft werden. Die Auswahl für die Bibliothek, die 1796 schon 400 Bände zählte, besorgt Gedike selbst. Jedes Mitglied zahlt vier Groschen. Die Aufsicht führen zwei im Gymnasium wohnende Primaner. Sie kassieren auch die Beiträge.

Disziplin
Assistenten bei der Überwachung der Disziplin sind die Proektoren Seidel und Schmidt (zugleich Spezialaufseher beider Schulen). Die »Schüler« werden mehr als Knaben, die Gymnasiasten mehr als heranwachsende oder erwachsene Jünglinge behandelt. Ein zu kindischer Gymnasiast wird auf einige Tage in eine der Schulklassen zurückgesetzt und gleich den kleinen Schülern behandelt. Körperliche Strafen werden nur in der Schule, und auch hier so selten als möglich, und nur bei sehr verhärteten und verzogenen Knaben gebraucht. Noch seltener ist Karzerstrafe. Binnen den dritthalb Jahren [2 1/2 Jahre] meiner Direktion ist sie nur einmal und nur auf zwei Stunden gebraucht worden. Der Karzer, eines der ehemaligen alten Lehrzimmer, hat übrigens Tageslicht genug, daß der etwaige Verhaftete darin etwas lesen oder ausarbeiten kann, ohne welche Gelegenheit ich diese Strafe sehr grausam und für die Sitten sehr gefährlich finden würde. Unsere Strafen sind überhaupt mehr moralisch als physisch, mehr auf den Geist als auf den Körper berechnet. Neben den halbjährlichen Konferenzen werden unbestimmt allgemeine Konferenzen, vornehmlich über disziplinarische Angelegenheiten gehalten. Besondere Konferenzen des Direktors mit einzelnen Lehrern finden täglich statt. Ebenso wird häufig schriftlich durch Zirkularien konferiert.

Entschuldigungszettel
Wer ausbleibt, muß am folgenden Tage, oder sobald er wieder erscheint, einen Entschuldigungszettel vorzeigen. Dies findet auch statt, wenn nur einzelne Stunden versäumt worden sind.

Fachklassensytem
Die alte Schuleinrichtung, nach der jeder Lehrer nur in einer Klasse unterrichtet und oft eine Klasse in allen ihren Lektionen nur einen einzigen oder höchstens zwei Lehrer hat, findet bei uns nicht statt. Die ausschließliche Konzentration der Lehrer auf ihre Lieblingsfächer, die Büsching eingeführt hatte, wurde wieder rückgängig gemacht. [Siehe Stichwort »Lektionsplan«.]

Hauptfeierlichkeiten jährlich
Gleich nach Ostern fällt immer das große Examen. Präparation auf dasselbe findet nicht statt. Die Lektionen, welche vorkommen sollen, werden erst wenige Tage vorher bekanntgemacht; ja bei vielen Lektionen ersucht der Lehrer bei dem Auftritt mit seiner Klasse irgend einen angesehenen Zuhörer um Bestimmung des Pensums der Prüfung, welches ich selbst bei meinen eigenen Lektionen, wo es nur füglich angeht, tue, ohne darum zu verlangen, daß es jeder andere Lehrer auch tue. Bei diesem Examen werden zugleich an die würdigsten Gymnasiasten und Schüler Bücher als sogenannte Prämien ausgeteilt. Zu der »öffentlichen« Prüfung werden »alle Beschützer, Gönner und Freunde des Schulwesens ehrerbietigst« eingeladen. [Gedike wollte so ein interessiertes Publikum für den neuen pädagogischen Geist der öffentlichen Schule gewinnen]. Unsere zweite Feierlichkeit fällt ans Ende des Sommerkursus zu Michaelis. Dies ist das von Streit verordnete Gedächtnisfest der Wohltäter des Gymnasiums, das teils durch eine feierliche Musik, teils durch eine Redeübung unserer Gymnasiasten in – wie es die Stiftung verlangt – sechs Sprachen (griechisch, lateinisch, französisch, englisch, italienisch und vornehmlich deutsch), teils endlich durch eine Rede eines der Herren Lehrer und des Direktors gefeiert wird. Bei dieser Feierlichkeit werden uns künftig auch die Damen unserer Hauptstadt als Zuhörerinnen willkommen sein, wie dies auch schon voriges Michaelis (1795) zum erstenmale geschehen.

Ferien
Weihnachten und Neujahr 1 1/2 Wochen. Um Ostern zur Zeit des jedesmaligen großen Examens 2 Wochen. Um Pfingsten eine halbe Woche. In den Hundstagen für das Gymnasium zwei Wochen. Um Michaelis zur Zeit der Gedächtnisfeier eine halbe Woche.

Ferienfleiß
Übrigens sind auch die Ferien für unsere Scholaren keine Tage des bloßen Müßiggangs, sondern sie werden vielmehr genutzt, die jungen Leute früh zu eigener Selbsttätigkeit zu gewöhnen. Daher werden in allen Klassen angemessene Ferienarbeiten aufgegeben, die beim Anfang der Lektionen dem Lehrer, der sie aufgegeben, zur Durchsicht überreicht werden, und deren nachher bei den Zensuren eine mehr oder minder rühmliche Erwähnung geschieht. Die Arbeiten der Primaner lasse ich mir selbst aushändigen. Sie dienen mir als Dokumente zur gründlichen Beurteilung ihrer Kräfte und Kenntnisse. Sie müssen nämlich jedesmal in den Ferien einen Abschnitt aus irgend einem griechischen und lateinischen Schriftsteller übersetzend und erklärend bearbeiten, außerdem aber auch eine ähnliche Arbeit über irgendeine neuere Sprache machen, wenn es auch nur ein Kommentar über ein deutsches Gedicht oder ein Auszug aus einem deutschen Buche ist. Die Schriftsteller wählt sich jeder selbst.

Klassen
Die Anstalt hat insgesamt sieben Klassen. Aus den ersten vier (Prima, Sekunda, Groß-Tertia, Klein-Tertia) besteht das eigentliche Gymnasium, aus den letzten drei beide Schulen, die Berlinische und Köllnische. Die beiden Schulen sollen den künftigen Bürger bilden, er sei zum gelehrten oder oder ungelehrten Stand bestimmt. Der Zweck des Unterrichts ist hier die Vorbereitung des gebildeten Mannes. Selbst der Unterricht im Latein wird in diesen unteren Klassen auch für die nicht zu gelehrten Ständen bestimmten Schüler möglich nützlich gemacht.

Klassentagebuch

In jeder Klasse wird ein Tagebuch gehalten, worin nicht nur die abwesenden und die zu spät kommenden notiert, sondern auch lobende und tadelnde Bemerkungen niedergeschrieben werden. Dies letztere geschieht vornehmlich in den unteren Klassen am Ende jeder Lehrstunde; in den oberen Klassen nur seltener, doch werden hier wenigstens immer die Abwesenden und Spätlinge notiert. Überdies muß jeder Gymnasiast, der nach einem Viertel kommt, von seinem Taschengeld eine kleine Strafe von 6 Pfenningen erlegen, mit welcher Strafe auch Versäumnisse aufgegebener Arbeiten verpönt sind. Der Betrag dieser Kasse wird zum Besten des Ganzen von mir verwendet, als zur Anschaffung der Zensur- und Tagebücher, der auszufüllenden Zeugnisschemata, zum Ankauf von Schulbüchern für ärmere Gymnasiasten, zur Vermehrung des Fonds der Kartensammlung und der Lesebibliothek.

Kommunion

Konfirmierte Gymnasiasten können an der halbjährlichen feierlichen Kommunion des Gymnasiums in der Klosterkirche teilnehmen. Denn obgleich diese halbjährige Kommunion zunächst für die Lehrer und deren Familie und für die auswärtigen Gymnasiasten bestimmt ist, so sehe ich es doch gerne, wenn auch den einheimischen Gymnasiasten von ihren Eltern verstattet wird, mit ihren Lehrern und Mitschülern zugleich zu kommunizieren.

Lektionsplan

Der Lektionsplan wird am Ende eines jeden halben Jahres bald mehr bald weniger umgearbeitet. Wir suchen zwei Erfordernisse eines guten Lektionsplans möglichst zu vereinen, so schwer auch ihre Vereinigung scheint: einmal, daß ein und der andere Lehrer in seinem Hauptfache in mehreren Klassen unterrichtet und so sich seine Schüler nach und nach zuzieht, und sodann, daß in anderen Lektionen mehrere Lehrer zur gleichen Zeit Unterricht geben, wodurch es möglich wird, daß ein Gymnasiast oder Schüler nach Maßgabe seiner Fortschritte in Ansehung des einen Gegenstandes in einer höheren, in Ansehung eines anderen in einer niederen Klasse sitzen kann. Dadurch wird es möglich, daß ein sonstiger Primaner doch im Griechischen in der Sekunda, oder, wenn er erst spät anfängt, wohl gar in der dritten griechischen Klasse sitzen kann.

Nachhilfe/Privatlektionen

Die bei den meisten Schulen gewöhnliche Einteilung des Unterrichts in öffentliche und Privatlektionen findet bei uns nicht statt. Wenn aber Eltern für ihre Kinder außer den öffentlichen Stunden noch einen Privatunterricht zur Nachhilfe in einem oder dem anderen Stück wünschen, so finden sie dazu gute Gelegenheit, indem unter den Mitgliedern des mit unserm Gymnasium verbundenen Seminariums immer einige bereit dazu sein werden.

Patron

Patron des Gymnasiums ist der Magistrat. Dieser ernennt und vociert [beruft] sowohl den Direktor als auch die übrigen Lehrer, bei deren Wahl jedoch außer den beiden geistlichen Inspektoren und Ephoren auch der Direktor zu Rate gezogen wird. Von den Mitgliedern des Magistrats werden immer zwei Scholarchen ernannt. Gegenwärtig sind es Geheimrat Wackenroder [Kriegsrat und Justizbürgermeister] und Geheimrat Troschel. Beide sind bei den Probelektionen und Abiturienten-Examen zugegen. Das Ephorat über das vereinigte Berlinisch-Köllnische Gymnasium führen OKR Teller als Köllnischer und OKR Zöllner als Berlinischer Propst.

Prüfungen

Der Prüfungstag wird vorher nicht bekanntgegeben, damit keiner durch Wegbleiben sich der eignen Anhörung seiner Beurteilung entziehen kann, ist aber immer auf den letzten oder auf einen der ersten Tage des Monats gelegt. Außerdem Ende des Monats in allen Klassen ein förmliches Examen. Öffentliche Prüfung seit 1779 ununterbrochen alle Jahre um Ostern. Gedike: »Der außerordentlich starke Zusammenfluß von Zuhörern aus allen Ständen, auch den höchsten, bei diesen Feierlichkeiten, war stets sehr aufmunternd für mich und meine Mitarbeiter, und für unsre größere und kleinere Jugend.«

Rangordnung

Für jede Klasse besteht eine Rangordnung Sie soll Leistungsansporn für die Schüler sein und wird nach dem Leistungsdurchschnitt in allen Fächern und nach dem Verhalten jedes Schülers festgelegt. Beginnend mit der Nummer 1 für den Klassenbesten, bestimmt sie die Sitzordnung in den Klassen und erleichtert dem Lehrer die Durchzählung. Veränderungen der Rangordnungen werden bei der Großen Zensur zugleich mit den Versetzungen bekanntgegeben.

Religionsunterricht

Der Religionsunterricht ist konfessionell nicht gebunden. Schüler oder Gymnasiasten, die nicht daran teilnehmen, sondern den katechetischen Unterricht eines Predigers besuchen wollen, müssen dies dem Spezialaufseher der Schule oder dem Direktor Gedike schriftlich melden. Dadurch soll der Mißbrauch verhindert werden.

Schülerzahlen

Ostern 1796: 368, davon 147 Gymnasiasten, darunter 92 Auswärtige. Ostern 1797: 419, davon 158 Gymnasiasten. Ostern 1799: 400, davon 139 Gymnasiasten.

Schulgeld

Für den ganzen öffentlichen Unterricht wird ein vierteljähriges, im Voraus zu zahlendes Schulgeld von 3 Talern erhoben, ohne daß, wie hie und da gewöhnlich ist, für das Französische, das Zeichnen u.s.w. besonders bezahlt wird. Sehr viele Schüler indessen, die es bedürfen, genießen freien Unterricht, noch mehreren wird die Hälfte oder der dritte Teil erlassen. Im Gymnasium erhebt Gedike selbst, in den Schulen aber die Prof. Seidel und Schmidt als Prorektoren derselben das Schulgeld.

Unterrichtszeiten

Im Sommer wie Winter von 8 bis 12 Uhr und von 14 bis 17 Uhr. Am Mittwoch- und Samstagnachmittag sind keine Lektionen. Zwischen den Stunden wird eine halbe Viertelstunde pausiert.

Versetzung

Nur zweimal im Jahr, zu Ostern und Michaelis, findet eine Versetzung aus einer niederen Klasse in eine höhere statt. Über die Versetzung entscheiden die Konferenzen am Ende jedes halbjährigen Kursus anhand der Probearbeiten, Zensuren und Privatprüfungen. Am Ende eines jeden halben Jahres wird ein Translokationsexamen angestellt, zu welcher sich jeder, der sich reif zur Versetzung glaubt, melden kann. In den oberen Klassen geht das Aufrücken natürlich langsamer. Indessen kann auch hier ein fähiger und fleißiger Jüngling schnell genug fortrücken, und es trifft sich wohl, daß mancher seinen Mitschülern so sehr vorauseilt, daß er schon in der ersten Klasse sitzt, wenn ein anderer, an dessen Seite er sonst in der unteren Klasse saß, noch in Klein-Tertia verweilt. Kleinere Versetzungen aus der 2. Abteilung einer Klasse in die erste geschehen bei jeder Zensur.

Die Lehrer an der Neuruppiner Stadtschule (in den von Schinkel besuchten Klassen)

Schröder, Karl Gottlieb

Geb. um 1753 in Berlin, gest. 7. 1. 1818 in Neuruppin. Besuch-te das Friedrichswerdersche Gymnasium. April 1777 in Halle zum Theologiestudium immatrikuliert. Juli 1785 ordentlicher Lehrer an der Stadtschule. 1788 dort 3. Lehrer. 1817 Oberlehrer. Schröder, der »sein ihm von Gott verliehenes Talent in Unterweisung und Erziehung der hiesigen Schuljugend treu gebrauchte«, starb »an Entkräftung als Folge eines scheinbar unbedeutenden Beinschadens«. Seine Witwe erhielt außer dem Sterbequartal noch ein volles Gnadenquartal im Genuß aller seiner Einkünfte, »da der verstorbene Schröder an seinem Teil mit zum Flor und Frequenz des Gymnasii beigetragen«.

In der 4. u. 5. Klasse: Lesen und Schreiben. – In der 5. Klasse: Latein.

Scheel, Christian Gottfried

Geb. um 1722, gest. 24. 9. 1793 in Neuruppin. Köllnisches Gymnasium, Berlin. Ohne akademische Bildung war er jedoch ein in der Schulpraxis erprobter Mann. Im Kirchenbuch 1748 als »Schulhalter« genannt, er hatte wohl eine Privatschule. Um 1758 Quartus der Stadtschule. Als einziger Lehrer bei der Schulreform 1777 übernommen. Er unterrichtete die unteren Klassen. 1783 als Kantor aufgeführt. Im Februar 1790 nahm er noch an der Reifeprüfung teil. Laut Kirchenbuch starb »der würdige Mann« im neuen Schulhause, 71 Jahre alt.

In der 5. Klasse: Naturgeschichte anhand von Kupfertafeln, Rechnen, Geographie, Deutsch.

Ruhkopf, Friedrich Ernst

Geb. um 1761. Studium in Göttingen. Um 1788 4. Lehrer an der Stadtschule. Er gab Unterricht in Griechisch, Latein, Französisch, Deutsch und Geschichte. Er sprach oft mit den Schülern über den Geist des Altertums und über die Kunst der antiken Dichter. Deutlichkeit der Ideen und die Reinheit der Sprache waren die Hauptgegenstände seiner genauen, doch schonenden Beurteilung, woran die jungen Leute gern und sehr lebhaft teilnahmen. Im Juni 1791 ging er ab und übernahm eine Hofmeisterstelle.

In der 4. Klasse: Rechnen, Latein.

Seidentopf, Johann Gottlieb

Geb. 18. 4. 1757 in Brandenburg, gest. 14. 5. 1831. 1778–1781 Theologiestudium in Halle. Hilfsprediger in Ruhstädt bei Wilsnack. 1783 an die Stadtschule. Galt als tüchtiger Vertreter des Lateinischen, setzte sich nach Stuves Abgang für einen gründlicheren Lateinunterricht ein. Die Schüler schätzten ihn wegen seines klaren und lebhaften Vortrags. Nach 1788 Diakon an St. Marien. Er war sehr musikalisch und dichterisch begabt. Viele seiner Lieder wurden bei Gottesdiensten und Kirchenfeiern, wo er die Harfe spielte, gesungen.

In der 5. Klasse: Denkübungen anhand der *Basedowschen Kupfertafeln*.

Für die Jugend verfaßte er u. a. folgende Schriften: *Neue Sammlung lehrreicher Beispiele zur Förderung echter Sittlichkeit, als der sichersten Grundlage wahren Bürgerglücks. Ein Lesebuch für Bürger- und Industrieschulen*, Berlin 1800; *Moral der biblischen Geschichten des Alten Testaments*, Berlin 1806.

Lämmel, Johann Andreas

Geb. 1754 in Chemnitz, gest. 22. 5. 1819 in Neuruppin. 1774 Beginn des Studiums in Leipzig unter Ernesti, Morus, Platner, Reiz; philologische, anthropologische und humanistische Studien. Privatlehrer und Erzieher in Potsdam. 1784 nach Lieberkühns Ausscheiden an die Stadtschule. Nach dem Ausscheiden von Stuve (Sommer 1786) mit der vorläufigen Verwaltung des Rektorats betraut bis zur Amtsübernahme durch J. K. F. Henrici (1754–1823). Lämmel selbst lehnte das Rektorat »wegen seiner Leibes- und Geistesfähigkeiten ab«. Verwaltete die Schulbibliothek. 1817 Oberlehrer. Man rühmte von ihm, daß er bei schwächlichem und verwachsenem Körper dennoch allezeit die größte und beste Disziplin hatte. Er starb im Alter von 65 Jahren nach 35jähriger Lehrtätigkeit an der Schule. Die Trauer über seinen Tod war herzlich und allgemein. 159 Schüler der lateinischen Klassen widmeten ihm ein Gedicht: »Empfindungen der Wehmut und Liebe bei dem Grabe ihres verehrungswürdigen Oberlehrers«.

5. Klasse: Anthropologie/Seelenlehre. – In der 4. Klasse: Religion, Latein.

Lämmel war mit den Schinkels und Wagners durch Patenschaften verbunden. Er heiratete am 13. 4. 1787 Johanna Maria Spieß, Tochter des Materialisten Christian Heinrich Spieß. Am 12. 9. 1789 Geburt einer Tochter, die am 23. 9. auf die Namen Karolina Amalia Augusta getauft wurde. Unter den Taufpaten »Demoiselle Schinkel« (sicherlich Schinkels älteste Schwester Dorothea); Bankier Friedrich Rose (Bruder von Schinkels Mutter, geb. Dorothea Rose), Madame Rose aus Wismar (Ehefrau des Kauf- und Handelsmanns Christian Rose, Bruder von Schinkels Mutter). In zweiter Ehe heiratete Lämmel am 23. 9. 1800 die einzige Schwester von Schinkels Schulfreund Ludwig Schumann, die 24 Jahre jüngere Marie Elisabeth Sch. (geb. 22. 2. 1778). Am 19. 11. 1804 Geburt einer Tochter, die am 26. 12. auf die Namen Ernestine Emilie getauft wurde. Taufpaten: Ludwig Schumann, Frau Ludwig, geb. Rose, u. a.

Magister Lämmel übernahm 1796 die Patenschaft einer Tochter des Predigers Wagner und seiner Frau Sophie, geb. Schinkel. Lämmels zweite Frau Marie Elisabeth, geb. Schumann, wurde 1801 Patentante der Wagner-Kinder Rosa Sophie (1801) und Ernst Eduard August (1802).

Rötscher, Karl Christoph Friedrich

Erteilte seit 1780 Gesang- und Schreibunterricht. Er war 29 Jahre lang Kantor, Organist und Schreibmeister. Er starb am 23. 7. 1809 im Alter von 55 Jahren an Nervenfieber.

Quellen: Kirchenbücher; Heinrich Begemann, *Die Lehrer der Lateinischen Schule zu Neuruppin 1477–1817*, Neuruppin 1914.

Die Lehrer am Grauen Kloster

Gedike, Friedrich

Geb. 15. 1. 1754 in Boberow (Prignitz), gest. 2. 5. 1803 in Berlin. Gedike gehörte zu den ersten Mitgliedern des 1787 eingerichteten Oberschulkollegiums. Minister v. Zedlitz, ein Förderer der Schulreformen, setzte sich in einem Schreiben an den Berliner Magistrat (16. 1. 1784) persönlich dafür ein, »wenigstens einen geschickten Pädagogen in das hiesige Konsistorium zu setzen, welcher die Schulsachen (in Berlin als in Ruppin, Magdeburg, Halberstadt und Stettin) von Zeit zu Zeit revidieren würde«, und schlug Gedike als »weltlichen« Konsistorialrat vor, der bereit sei, die Stelle auch ohne Besoldung anzutreten.

Unterrichtsstunden: wöchentlich acht.
Prima: Griechisch.
Vereinigte Prima und Sekunda: Allgemeine Enzyklopädie der Wissenschaften und Künste.
Prima: Deutsch (Disputations-, Interpretations-, Rede- und Vortragsübungen).

Fischer, Ernst Gottfried

Geb. 17. 7. 1754 in Hoheneiche bei Saalfeld, gest. 27. 1. 1837 in Berlin. 1767 Hallisches Waisenhaus als Schüler. Ostern 1773 Universität Halle, Mathematik und Schulwissenschaften. »Schon auf der Universität mußte ich mir meinen Unterhalt ganz allein und zwar durch Unterrichtung verdienen; und ich bin seit dieser Zeit ununterbrochen praktischer Schulmann gewesen und habe meine Kräfte fast in allen Gattungen des Schulunterrichts versuchen müssen.« Zu Ostern 1776 Lehrer im Kgl. Pädagogium, Ostern 1782 3. Lehrer am Grauen Kloster. Anfang 1786 dort Prorektor. 1810 a. o. Prof. an der Universität Berlin. Fischer war der erste Bibliothekar der Streit'schen Bibliothek, Privatlehrer der Humboldtbrüder und Lehrer des nachmaligen Königs Friedrich Wilhelm IV.

Prima, Sekunda, Groß-Tertia, Klein-Tertia: Latein.
Tertia: Mathematik, Physik.
Tertia in einer Abtlg.: Rechnen.
Groß-Tertia: Deutsche Grammatik.

Michelsen, Johann Andreas Christian

Geb. 6. 6. 1749 in Quedlinburg, gest. 8. 8. 1797 in Berlin. Bis 1769 Gymnasium in Quedlinburg, danach bis Ostern 1773 Studium in Halle. »Schon in meinem 17ten Lebensjahr bekam ich Gelegenheit, mich im Unterricht der Jugend zu üben, indem ich von da an bis zum Anfange meiner Universitätsjahre verschiedener Quedlinburgischer Bürger Kinder privat unterrichtet habe. Während meines Aufenthalts in Halle bin ich 2 3/4 Jahr Lehrer am dortigen Waisenhause gewesen.« Von Ostern 1773 bis 1. 11. 1778 in Brandenburg Privatlehrer der Kinder des Oberstleutnants von Béville, wo M. 1775 die Aufmerksamkeit des zu Besuch anwesenden A. F. Büsching erregte. Michelsen legte 1778 das Magisterexamen in Halle auf Grund einer lateinisch geschriebenen Abhandlung über die sokratische Methode ab. Am 9. 11. 1778 »trat ich mein jetziges Amt an«. 1782 Prof. und 1793 Prorektor am Grauen Kloster, 1793 Mitglied der Akademie der Wissenschaften. Fischer, einst Schüler Michelsens, wurde dessen Nachfolger am Grauen Kloster.

Prima: Angewandte Mathematik.

Sekunda: Reine Mathematik.
Prima, Sekunda: Physik.
Sekunda: Naturgeschichte, abwechselnd mit Physik.
Groß-Tertia: Praktische Rechenstunde.

Werke: *Anfangsgründe der reinen Mathematik*, Berlin 1778; *Versuch in sokratischen Gesprächen über die wichtigsten Gegenstände der ebenen Geometrie*, Berlin 1781 u. 1790; *Anleitung zur praktischen Rechenkunst*. 2 Teile. Halle 1784, 1786; *Anleitung zur Selbsterlernung der Geometrie, in Briefen*, Berlin 1790; *Euklids Elemente für den gegenwärtigen Zustand der Mathematik bearbeitet*. Berlin 1791; *Vollständige Theorie der Gleichungen*, Berlin 1793; *Über allgemeine Witwenverpflegungsanstalten*, Berlin 1796.

Quellen: Gedike/Fischer. »Zum Andenken des verstorbenen Professors M. Joh. Andr. Chr. Michelsen und des verstorbenen Prorektors Martin Heinrich Thieme«. In Schulschrift 1798.

Thieme, Martin Heinrich

Geb. 15. 1. 1749 in Werben bei Pegau (Kr. Leipzig), gest. 7. 6. 1797. Besuchte die Pegauer Schule und das Stadtlyceum zu Naumburg/Saale, wo er sechs Jahre blieb. Von 1769 an 4 1/2 Jahre Studium in der phil.-theolog. Fakultät Universität Leipzig; bei Gellert Moral, bei Ernesti Dogmatik, bei Clodius röm. und griech. Schriftsteller. 1772 Hauslehrerstelle in Lübeck. Dann Hofmeister und Privatlehrer in Estland, wo er sechs Jahre lang in drei vornehmen adligen Häusern unterrichtete. Dann drei Jahre Privatlehrer in Dresden, danach Hofmeister in Halle und einige Zeit in Potsdam. 1782 Lehrer an der Schule des Grauen Klosters, 1794 Prorektor der Berlinischen Schule.

Groß- und Klein-Tertia: Griechisch.
Klein-Tertia: Latein.

Werke: Von ihm erschien eine Ausgabe von Xenophons *Cyropädie*; Quelle siehe Michelsen.

Heindorf, Johann Friedrich

Geb. 26. 10. 1730 in Halle, gest. 25. 11. 1796 in Berlin. 1750–1757 Studium der Philosophie in Halle unter Wolf und Meier. Danach bis 1762 Erzieher und Hauslehrer in Berlin. 1762 an der Lateinschule zu Spandau Konrektor und Rektor. 1769 Subrektor und 1774 Professor am Grauen Kloster. 1792 Prorektor an Stelle des verstorbenen Prof. Ditmar.

Prima, Sekunda, Groß- und Klein-Tertia: Latein.

Quellen: Gedike. »Zum Andenken des verstorbenen Professors J. F. Heindorf«. In Schulschrift 1797.

Heindorf, Ludwig Friedrich

Sohn des vorigen. Geb. 21. 9. 1774 in Berlin, gest. 23. 6. 1816. Studium in Halle bei Friedrich August Wolf. Magister und Kollaborator. Übernahm Anfang des Winterkurses 1796 die Lateinlektionen seines Vaters. Professor am Grauen Kloster. Bei der Eröffnung der Berliner Universität dort Professor, 1811 nach Breslau, 1816 Ruf an die Universität Halle.

Prima, Sekunda, Groß- und Klein-Tertia: Latein.

Werke: *Specimen coniecturarum in Platonem*, Berlin 1798.

Seidel, Johann Friedrich

Geb. 5. 7. 1749 in Treuenbrietzen, gest. 6. 7. 1836. 1763–1768 Kaufmannslehre. 1768–1772 Gymnasium zum Grauen Kloster, wo Direktor Büsching ihm freien Unterricht gewährte. 1772 Theologiestudium in Halle. 1776–1779 Hofmeister, dann Lehrer in einer Berliner Privatschule. Dezember 1782 ordentlicher Lehrer und Subkonrektor an der Schule des Grauen Klosters. 1797 Prorektor am Grauen Kloster an Stelle von Heindorff. Leitete die Witwenkasse und die Streitsche Stiftung.

Groß-Tertia, Klein-Tertia: Religion.
Klein-Tertia: Deutsch.

Werke: *Über das Leben und die Meinungen des Herrn Magister Sebaldus Nothanker*. 1774 (anonym); *Aufmunterungen an die Jugend zur Ausübung ihrer ersten Pflichten*. 1781; *Wohlfeile und zweckmäßige Fabeln und Erzählungen für die Jugend zur Deklamationsübung in öffentlichen und Privat-Lehranstalten*. 1805.

Seidel, Günther Karl Friedrich

Geb. 18. 1. 1764 in Schönstädt (Amt Langensalza), gest. 9. 4. 1800. Studium in Göttingen bei Gatterer, dort Magister der Philosophie. 1789 Lehrer am Friedrichswerderschen Gymnasium, Berlin. 1791–1800 Lehrer am Grauen Kloster, 1794 dort Professor.

Prima, Sekunda, Groß-Tertia: Geschichte.
Prima, Sekunda: Geographie.
Prima: Deutsche Stilübungen.
Groß-Tertia: Latein.

Werke: *E. Gibbon's Geschichte des Verfalls und Untergangs des Römischen Reiches*. Verkürzt in 3 Bd., aus dem Englischen, Berlin 1790; *Middleton's Römische Geschichte; Cicero's Zeitalter umfassend, verbunden mit dessen Lebensgeschichte*. Aus d. Engl. 4 Bde, Danzig 1791–1793; *Die Franken und Karl der Große*, Berlin 1793; *Geschichte der Amerikanischen Revolution aus den Akten des Kongresses der Vereinigten Staaten*, aus d. Engl. des D. D. Ramlay. 4 Teile, Berlin 1793–1795; *Die Staatsverfassung der Vereinigten Staaten von Nordamerika* (4. Teil d. obenerwähnten Werks), Berlin 1795; *Ovid's Metamorphosen für Schulen*, mit Anm. und einem erklärenden Register, Berlin 1794; *Neueste Geschichte von Europa seit dem Ende des Siebenjährigen Krieges*. 1. Teil, Berlin 1798. 2. Teil ebd. 1799 (auch unter dem Titel *Geschichte des heutigen Europas*, aus d. Engl. von Johann Friedrich Zöllner); *Über den Einfluß der wissenschaftlichen Kultur auf die moralische Veredlung unsers Zeitalters*, 1798.

Spalding, Georg Ludwig

Sohn des Theologen und Propstes Johann Joachim Spalding). Geb. 8. 4. 1762 in Barth (Schwedisch-Pommern), gest. 7. 6. 1811 in Friedrichsfelde bei Berlin. 1772–1779 Gymnasium zum Grauen Kloster. Studium in Göttingen (1 1/2 Jahre) und Halle (2 Jahre) Theologie und Philologie. Erzieher im Hause des Prinzen Ferdinand von Preußen. 1. 10. 1787 bis zu seinem Tode Lehrer am Grauen Kloster. 1805 siebenmonatige Italienreise. Mitglied der Berliner (1803) und der Münchner Akademie der Wissenschaften.

Prima, Sekunda: Hebräisch.
Prima, Sekunda: Griechisch.
Prima und Sekunda: Theolog. Unterricht.
Klein-Tertia: Latein

Werke: Sein wissenschaftliches Hauptwerk ist die großangelegte Ausgabe der *Institutio oratoria* des Quintilianus. Er selbst konnte nur drei Bände (von insgesamt sechs) erscheinen lassen. – Quellen: P. Buttmann. »Denkschrift auf G. L. Spalding«. In: Abhandl. der Berliner Akademie der Wissenschaften, 1814.

Außerordentliche Lehrer

Doit

Kalligraphie, vornehmlich für die Berlinische Schule, aber zugleich auch für diejenigen Gymnasiasten, die darin versäumt sind.

Lehmann

Chordirektor.

Zimmermann, Carl Wilhelm

Zeichner und Maler. Ging 1796 als Hofmaler ab nach Oels (Fürstentum/Schlesien). Später ließ er sich wohl in Weimar nieder und fertigte dort Buchillustrationen, Bildnisse.

Zeichnen, in allen Klassen.
Sein Nachfolger wurde:

Steinberg, Heinrich

Zeichner und Maler. Geboren in Schlesien. Etwa 1786–1789 Studium an der Berliner Kunstakademie. Zeigte 1787–1814 Zeichnungen auf den akademischen Kunstausstellungen in Berlin. 1806 im Ausstellungskatalog als »Lehrer am Berlinischen Gymnasio« [d. i. Graues Kloster] genannt.

Zeichnen, in allen Klassen.

Ideler, Christian Ludwig

Geb. 21. 9. 1766 in Groß-Breese bei Perleberg, gest. 10. 8. 1846 in Berlin. Astronom und Chronologe. Wurde 1794 Astronom für die Kalenderberechnung im preußischen Staat, dann Studiendirektor des Kadettenkorps und 1821 Professor an der Berliner Universität. Er hat sich um die wissenschaftliche Chronologie wesentliche Verdienste erworben.

Sekunda: Astronomie, 2 Stunden.

Werke: *Historische Untersuchungen über die astronomischen Beobachtungen der Alten*, Berlin 1806; *Untersuchungen über den Ursprung und die Bedeutung der Sternnamen*, Berlin 1809; *Handbuch der mathematischen und technischen Chronologie*. 2 Bde., Berlin 1825/26; *Lehrbuch der Chronologie*, Berlin 1831.

Rambach

Prima: Juristische Vorbereitung für die Universität.

Madlinger

Prima in 2 Abtlg.: Französisch.

Amberg

Prima in 2 Abtlg.: Englisch.

Leonini, Joseph

Geb. in Livorno. Italienischer Sprachmeister, seit 1786 »in der hiesigen Residenz«. Gründete 1791 mit Genehmigung Wöllners und Gedikes eine »Philologische Akademie mit besonders auserwählten, seit Jahren in ihrem Fach bewährten Sprachlehrern in Italienisch, Französisch, Englisch, Spanisch«. Leonini wohnte im Sommer 1791 in der Neuen Friedrichstraße im Hause von Schultze (1801 genannt als Lackierfabrik).

Sekunda in 2 Abtlg.: Italienisch.

Werke: *Italienisches Lese- und Wörterbuch*, Berlin 1797.

Quellen: Schulschriften; Geh. Staatsarchiv PK. Acta betr. die Bestallungen der Christlichen Räte des Oberkonsistoriums Rep. 47. Tit. 4. 1770 bis 1793; Meusel, *Das gelehrte Deutschland* (G. K. F. Seidel). Allgemeine Deutsche Biographie, z. Teil berichtigt bzw. ergänzt durch die persönlichen Angaben der Lehrer selbst. In: Geh. Staatsarchiv PK. Rep. 76, alt. Abt. I, No. 505, 508, 520.

Die Dozenten an der Bauakademie (Schinkel betreffend)

Eytelwein, Johann Albert

Geb. 31. 12. 1761 in Frankfurt am Main, gest. 18. 8. 1848 in Berlin. Trat im 15. Lebensjahr in die preußische Artillerie ein, 1786 Feldmesserprüfung. Nach bestandener Baumeisterprüfung 1790 dann sofort Deichinspektor des Oderbruchs. Bewirkte durch seine rege Beschäftigung mit Aufgaben aus der angewandten Mathematik seine Berufung in das Oberbaudepartement, in das er 1794 eintrat. 1803 Mitglied der Akademie der Wissenschaften, 1810 bis 1815 Vorlesungen an der Berliner Universität. 1816 Oberlandesbaudirektor. In diesem Amt waren ihm u.a. unterstellt die Häfen von Pillau, Memel und Svinemünde, die Regulierung der Oder, der Weichsel und der Nogat. Zu seinem 50jährigen Dienstjubiläum wurde 1829 eine Eytelwein-Stiftung ins Leben gerufen.

Werke: *Vergleichung der in den königlich preußischen Staaten eingeführten Maße und Gewichte*, Berlin 1798; *Anweisung zum Zeichnen von Situationskarten*; *Praktische Anweisung zur Konstruktion der Faschinenwerke an Flüssen und Strömen*, Berlin 1800; *Handbuch der Mechanik fester Körper und Hydraulik*, Berlin 1801; *Praktische Anweisung zur Wasserbaukunst* (mit D. Gilly), Berlin 1802–1809; *Handbuch der Statik fester Körper*, Berlin 1808; *Handbuch der Perspektive*. 2 Bde, Berlin 1810; *Handbuch der Hydrostatik*, Berlin 1826; *Anweisung zur Lösung höherer numerischer Gleichungen*, Berlin 1837.

Gilly, David

Geb. 7. 1. 1748 in Schwedt (Uckermark), gest. 5. 5. 1808 in Berlin. 1763 bei der Urbarmachung des Netzebruchs beschäftigt. 1770 Landbaumeister in Stargard, 1779 Baudirektor von Pommern und Stettin. Ihm unterstanden die großen Meliorationen in Westpreußen, die Häfen Danzig und Elbing, ebenso Militärbauten in Graudenz und Berlin. Im Wesentlichen betraf seine Arbeit das Wasser- und Siedlungsbauwesen; die Hafenbauten von Swinemünde, Cammin und Kolberg, den Wiederaufbau der abgebrannten Städte Jakobshagen und Zachan. Nacheinander erhielt er die Aufsicht über das Bauwesen von Pommern, Ost-, West, und Südpreußen, von der Kur- und Altmark, was alljährlich im Sommer eine Bereisung dieser Landstriche verlangte. Dabei pflegten sämtliche vorkommenden Bauanschläge und Neubauten geprüft und die Reparaturen an den bestehenden Bauten angeordnet zu werden. Im März 1788 Berufung nach Berlin in die Oberbaudeputation. Gründete in Berlin 1793 eine eigene architektonische Lehranstalt, die bis 1796 bestand. 1798 zweiter Direktor des Oberhofbauamts unter Langhans. Kronprinz Friedrich Wilhelm übertrug ihm 1796 die Einrichtung seines Landsitzes in Paretz. 1801 Reise nach Karlsbad. 1803 Studienreise nach Frankreich. 1800–1805 Verlagshaus für den Verleger Vieweg (Schwiegersohn Campes) in Braunschweig.

Werke: *Beschreibung einer vorteilhaften Bauart mit getrockneten Lehmziegeln*, 1790; *Beschreibung, wie große Felssteine mit eisernen Keilen zu spalten sind*, Berlin (o. J.; um 1796); *Über Erfindung, Construktion und Vorteile der Bohlendächer*, Berlin 1797, mit Kupfern (GB 10,27); *Beschreibung der Feuer abhaltenden Lehmschindeldächer*, Berlin 1796, mit Kupfern (GB 15,53); *Grundriß zu den Vorlesungen über das Praktische bey verschiedenen Gegenständen der Wasserbaukunst*, Berlin 1795 (GB 15,54); *Kurze Anleitung, auf welche Art Blitzableiter in den Gebäuden anzubringen sind* (zus. mit J. A. Eytelwein), Berlin 1798; *Über schnelle Verbreitung eines entstehenden Feuers in Dörfern*, Berlin 1797; *Abriß der Cameral-Bau-Wissenschaften zu Vorlesungen*, Berlin 1799 (15, 59); *Handbuch der Landbaukunst, Vorzüglich in Rücksicht auf die Konstruktion der Wohn- und Wirtschaftsgebäude für angehende Cameralbaumeister und Ökonomen*, Berlin 1797/1798, mit illuminierten Kupfern. Gedruckt auf Kosten des Verfassers. Mit Titelvignette von Friedrich Gilly (GB 13, 94–95). 1. Teil: Baumaterialien, (2) Beschaffenheit von Grund und Boden in Rücksicht auf die darauf aufzuführenden Gebäude, (3) Fundamente, Keller, Souterrains und deren Überwölbung, (4) Von Mauern und Wänden. 2. Teil: Balkenlagen, Decken, Dächer, Innenausbau. 3. Teil: Nach David Gillys Tod 1811 erschienen; *Sammlung nützlicher Aufsätze und Nachrichten die Baukunst betreffend, für angehende Baumeister und Freunde der Architektur, mit Kupfern*, herausgegeben von mehreren Mitgliedern des Königl. Preuss. Oberbaudepartements 1797. Ab Jg, 6, 1805–1806, alleiniger Hsg. David Gilly, Berlin 1797–1806. (GB 13,76–82); *Praktische Anweisung zur Wasserbaukunst* (zus. mit J. A. Eytelwein), Berlin 1802–1808.

Gilly, Friedrich

Sohn von David Gilly. Geb. 16. 2. 1772 in Altdamm bei Stettin, gest. 3. 8. 1800 in Karlsbad. 1788 Studium bei Becherer in der Architektonischen Lehranstalt bei der Akademie der Künste. 1789 Tätigkeit als Kondukteur am Oberhofbauamt unter Carl Gotthard Langhans und Friedrich Wilhelm von Erdmannsdorff. 1790 mit Oberbaurat Johann Gottlieb Riedel d. Ä. nach Holland zum Studium des Wasserbaus. 1791 mit Simon beim Bau des Stadtvogteigebäudes in Berlin. 1793 intensive Beschäftigung mit der Geschichte der Ägypter, Griechen und Römer. 1793 bis 1796 Lehrer für Architektonisches Zeichnen an der privaten »Lehranstalt zum Unterricht junger Leute in der Baukunst«, gegründet von David Gilly. 1794 Reise mit David Gilly durch Pommern und Westpreußen, Aufnahmen der Marienburg. 1795 Einrichtung der Zimmer für Prinz Louis in Schwedt. 1797 Oberhofbauamtsinspektor. 1797 bis 1798 Reise nach Süddeutschland, Österreich-Ungarn, Frankreich, England. 1800 Meierei im Park zu Bellevue.

Werke: *Über die vom Herrn Oberhof-Bauamts-Kondukteur Gilly im Jahr 1794 aufgenommenen Ansichten des Schlosses der Deutschen Ritter zu Marienburg in Westpreußen*; *Beschreibung des Landsitzes Rincy unweit Paris*; *Beschreibung des Landhauses Bagatelle bei Paris*; *Einige Gedanken über die Notwendigkeit, die verschiedenen Teile der Baukunst in wissenschaftlicher und praktischer Hinsicht möglichst zu vereinigen*.

Riedel, Heinrich August, der Ältere

Geb. 1748 in Schleiz, gest. 1810. Erhielt den ersten Unterricht durch seinen Vater Johann Gottlieb R., Hofarchitekt des Markgrafen von Bayreuth. 1769

Ausbildung in Berlin unter Boumann, 1775 Bauinspektor, 1778 Assessor am Oberbaudepartement, später dessen und der Bauakademie Direktor neben David Gilly. Reiste 1790 mit Friedrich Gilly durch die preußischen Provinzen Sachsen, Westfalen, Niederrhein nach Holland. Darüber ein von Gilly mit Zeichnungen versehener Bericht. Er pflegte auch die Malerei. Er malte Landschaften mit Sonnen-Auf- und Untergang, architektonischen Momenten u. s. w. Hinterließ viele Bilder, Aquarelle und Zeichnungen (Nagler).

Werke: »Verzeichnis der Fassaden«, in: *Sammlung nützl. Aufsätze*, 1797 II, S. 48; *Ausführliche Anleitung zum Strom- und Deichbau*, 1800; mehrere Aufsätze in *Sammlung nützlicher Aufsätze*.

Riedel, Heinrich Karl

Jüngerer Bruder von H. A. R. Geb. 20. 3. 1756 in Schleiz, gest. 1821. Er war der Sohn des Architekten, Malers und Radierers Johann Gottlieb R. Ausgebildet wie sein Bruder. Ende der 70er Jahre nach Berlin, wo er rasch zum Baudirektor und Kriegsrat aufstieg. 1795–1810 als Oberbaurat im Oberbaudepartement. 1799–1820 lehrte er an der Bauakademie. Seine Entwürfe für eine Dorfkirche, Fassaden, Gitter, Gefäße und Öfen sind geprägt durch Friedrich Gilly. Einige von Gillys Entwürfen nahm er in seine Sammlung auf. Auch H. K. R. malte in Öl, besonders Bildnisse und einige Landschaften mit Gebäuden.

Werke: *Sammlung architektonischer äußerer und innerer Verzierungen, für angehende Baumeister und Liebhaber der Baukunst*, 8 Hefte, 1803 bis 1810; *Taschenbuch der Baumaterialien nebst Grundsätzen zur Anfertigung der Bauanschläge*, 1806; *Ökonomische Prinzipien zum Unterricht in der ökonomischen Baukunst*, 1806.

Gentz, Johann Heinrich

Geb. 5. 2. 1766 in Breslau, gest. 3. 10. 1811. Sohn des späteren Generalmünzdirektors Johann Friedrich G. in Berlin. Durch seinen älteren Bruder Friedrich (von) Gentz war H. G. mit Gilly verschwägert und dessen enger Freund. 1790–1795 Kunstreise nach Italien, Paris und London. In Rom nahm er eine große Zahl der bedeutendsten Baudenkmäler auf. 1796 Oberhofbauinspektor und Lehrer an der Akademie der Künste. Seine Vorlesungen zur Stadtbaukunst wurden schon 1796 öffentlich gelobt. 1799 Dozent an der Bauakademie. Direktor der Hofbaukommission. 1798–1800 Bau der Neuen Münze, sein Hauptwerk. 1801–1803 Ausbau und Innendekoration des Weimarer Schlosses, dort Bau des Treppenhauses, laut Schadow »ein Meisterstück«. Von der Bauakademie für diese Zeit beurlaubt. 1802 Entwurf und Bau des Theaters in Lauchstädt. 1810 Anbau des Prinzessinnenpalais an das Kronprinzenpalais. 1810 In Zusammenarbeit mit Schinkel Mitwirkung am Mausoleum in Charlottenburg.

Werke: *Elementar-Zeichenwerk, Lehrbuch für die Kunst- und Gewerk-Schulen in Preußen*, 1803 bis 1806; ein Teil seiner Briefe über Sizilien erschien 1795 in der von seinem Bruder Friedrich G. herausgegebenen *Neuen Deutschen Monatsschrift*.

Becherer, Christian Friedrich

Geb. 20. 9. 1746 in Spandau, gest. 6. 12. 1823 in Berlin. Unter den Architekten Friedrichs des Großen – J. G. Büring, C. L. Hildebrandt, H. L. Manger und K. F. C. Gontard – in Potsdam tätig. Nach 1767 in Berlin. Er führte nach Zeichnungen Gontards die Kolonnaden der Spittel- und Königsbrücke aus, sowie die beiden Türme auf dem Gendarmenmarkt. 1778 Bauinspektor, 1788 Oberbaurat. Er war der Initiator der »Architektonischen Lehranstalt bei der Akademie der Künste«, an der er von 1790–1799 lehrte und ist dort auch der Lehrer Friedrich Gillys gewesen. 1799–1801 baute er die neue Börse am Lustgarten, 1800–1802 sein eigenes Landhaus im Tiergarten.

Rösel, Johann Gottlob Samuel

Geb. 9. 10. 1768 (Grabinschrift 1769) in Breslau, gest. 8. 7. 1843 in Bornstädt bei Potsdam. Studierte an der Kunstakademie in Berlin, »anfangs die Architektur, und machte hierin in kurzer Zeit reißende Fortschritte, vornehmlich im Fache der Ornamentik« (Nagler). Professor an der Kunstakademie. Dort 1824 ordentliches Mitglied. Zu seinen Schülern im Zeichenunterricht gehörte Wilhelm IV. und Felix Mendelssohn-Bartholdy. Rösel gehörte zum engen Freundeskreis Zelters, war mit Hegel befreundet und ein großer Verehrer Goethes und wird im Goethe-Zelterschen Briefwechsel mehrfach erwähnt.

Quellen: Theodor Fontane, *Wanderungen durch die Mark Brandenburg. Havelland*.

Simon, Paul Ludwig

Geb. 12. 1. 1771 in Berlin, gest. 14. 2. 1815 in Berlin. 1787 besuchte Simon die von Becherer geleitete Architekturklasse der Berliner Kunstakademie. 1789 Kondukteur am Oberhofbauamt. 1791 übernahm er mit Friedrich Gilly die Leitung beim Bau des neuen Stadtvogteigebäudes in Berlin. 1797 Bauinspektor am Oberhofbauamt. 1798 übernahm er als Professor die architektonische Klasse an der Akademie. 1800 Nachfolger Friedrich Gillys an der Bauakademie im Fach Optik und Perspektive. In den folgenden Jahren las er dort über Stadtbaukunst, Bauphysik und -konstruktion. 1809 Oberlandbauinspektor für die Marken Pommern und Preußen.

Zitelmann, Joachim Ludwig

Geb. 9. 12. 1789 in Stettin. Zitelmann besuchte zusammen mit Gilly das Stettiner Gymnasium. 1792 war er Kondukteur beim Oberbaudepartement. 1794 dort Assessor. 1793 gab er zusammen mit David Gilly Unterricht in ökonomischer Wasserbaukunst. Zeitweilig Mitarbeiter an der Sammlung nützlicher Aufsätze. 1801 wieder Stettin, wo er zum Kriegsdomänen- und Baurat ernannt wurde.

Quellen: *Naglers Künstlerlexikon*; *Gilly*, 1984; *Revolutionsarchitektur*, 1990; Wallé, »Technische Hochschule in Berlin«, *Centralblatt der Bauverwaltung*, Nr. 29, 15. April 1899.

Anmerkungen

Kindheit in Neuruppin

[1] Auf der Akademie-Ausstellung von 1800 (Nr. 4) zeigte der Rektor und Hofmaler Johann Christoph Frisch das 7 x 9 Fuß großes Gemälde *Friedrich II. besichtigt die Kolonien im Rhinluch* (bei Neustadt an der Dosse).

[2] Populär wurde seine Lithographie *Dom hinter Bäumen* (1810), vermutlich eine idealisierende Erinnerung an seine Kränzliner Aufenthalte.

[3] Theodor Fontane, *Wanderungen durch die Mark. Die Grafschaft Ruppin*, Frankfurt am Main, Berlin und Wien 1974, S. 54 f. (»Neu-Ruppin«).

[4] Irina Rockel, *Neuruppin – so wie es war*, Düsseldorf 1992, S. 19.

[5] Lisa Riedel, *Schinkel und Neuruppin*, Berlin und Karwe bei Neuruppin, 1993, S. 22–29. Vgl.: F. W. H. Heydemann, *Neuere Geschichte der Stadt Neuruppin*, Neuruppin 1863, S. 182 ff.; Gottfried Müller, *Die Dominikanerklöster der ehemaligen Ordensnation ›Mark Brandenburg‹«*, Diss., Berlin 1914, S. 63 f.

[6] Kania, Möller, *Schinkel*, S. 261 ff.

[7] Riedel, *Schinkel*, S. 28.

[8] Heydemann, *Geschichte*, S. 149 ff., 175 ff. Die Stadtväter hatten Schinkel im Sommer 1825 darum gebeten, als er seine Verwandten besuchte. Ihm sei es eine besondere Ehre, schrieb er im Oktober 1829 an den Magistrat, von »meiner geliebten Vaterstadt zur Mitwirkung aufgefordert worden zu sein, und daß ich mich völlig belohnt fühle, wenn ich dazu habe beitragen können, daß das Unternehmen die Zufriedenheit der Stadt erlangt hat«.

[9] Alfred von Wolzogen, »Schinkel als Architekt, Maler und Kunstphilosoph«, *Zeitschrift für Bauwesen*, 1864, Sp. 92. – Karl August Alfred Freiherr von Wolzogen, Kgl. Preußischer Regierungsassessor zu Breslau, heiratete am 10. Oktober 1847 Schinkels jüngste, damals 25jährige Tochter Elisabeth. Wolzogen, *Nachlaß*, Bd. II, Stammtafel, S. 218.

[10] Riedel, *Schinkel*, S. 21 f.

[11] Am 11. 1. 1792 wurde der Schule durch Allerhöchste Kabinettsorder »auf den von den Lehrern gemachten Vorschlag« der Name *Friedrich-Wilhelms-Schule* verliehen, zuvor war sie *Stadtschule* sowie *Bürger- und Gelehrtenschule*. Heinrich Begemann, *Annalen des Friedrich-Wilhelms-Gymnasiums zu Neuruppin*, Berlin 1915, S. 21. – Im Jahre 1799 wurde sie zur *Gelehrtenschule* bestimmt. Paul Schwarz, *Die Gelehrtenschulen Preußens*, Band 2, Berlin 1911, S. 360. – Im Schulprogramm von 1813 erstmals *Friedrich-Wilhelms-Gymnasium* genannt. Heinrich Begemann, *Die Lehrer der Lateinischen Schule zu Neuruppin 1477 bis 1817*, Neuruppin 1914, S. 87.

[12] Hermann Elß, *Geschichte des Friedrich-Wilhelms-Gymnasiums zu Neuruppin*, Neuruppin 1939, S. 50.

[13] Vgl.: Heydemann, *Geschichte*, S. 23. Bauinspektor Brasch setzte mit Genehmigung des Königs, der offensichtlich nicht hinreichend informiert worden war, den Abbruch von St. Marien durch. Brasch argumentierte, die bauliche Substanz sei nicht zu retten, zudem füge der schräggestellte Grundriß sich nicht in das vorgesehene geometrisch-rechtwinklige Straßenmuster. Zeitgenossen aber versicherten, daß St. Marien durchaus wieder hätte aufgebaut werden können. Die Prediger reichten Klage ein beim Oberkonsistorium, erhielten jedoch nur halbherzige Unterstützung. Beschwerdeführer waren die Prediger Schröner, Seger und Seidentopf. Es genüge nicht, einfach nur einen Raum zu schaffen, in dem ein Geistlicher predigen und die Gemeinde hören kann. Die Retablissements-Kommission reagierte verärgert auf die Proteste, und am Ende wurden die Prediger von ihrer eigenen obersten Behörde angehalten, Ruhe zu geben.

[14] Kania, Möller, *Schinkel*, S. 240.

[15] Fontane, *Ruppin*, S. 108, (»Karl Friedrich Schinkel«).

[16] F. Bohm, »Die sogenannten Kasernenstuben zu Neu-Ruppin. Nach den Akten dargestellt«, *Mitteilungen des Historischen Vereins für die Grafschaft Ruppin*, II.1891, S. 2 f., 10, 18 (Karte). – Die Klostergebäude wurden zu Anfang des 19. Jahrhunderts abgerissen.

[17] Anton Friedrich Büsching, *Beschreibung seiner Reise von Berlin nach Kyritz in der Prignitz, welche er vom 26sten September bis zum 2ten Oktober 1779 verrichtet hat*, Leipzig 1780, S. 222.

[18] Karl-Günter Möpert, »Über das Auffinden der Originalterrakotten und die Rekonstruktion des linken Portals der Schinkelschen Bauakademie vor 30 Jahren«, in: *Mythos Bauakademie*, Ausstellungskatalog.

[19] Heydemann, *Geschichte*, S. 30.

[20] Fontane, *Ruppin*, S. 55.

[21] *Mathematisches Calcul und Sinn für Ästhetik. Die preußische Bauverwaltung 1770–1848*, Ausstellungskatalog des Geh. Staatsarchivs PK und der Kunstbibliothek der Staatlichen Museen PK, Berlin 2000, S. 118–121.

[22] Gotthilf Friedrich Tobias Wagner, geb. 18. 7. 1759 Pritzwalk, gest. 24. 4. 1806.

[23] *Die Berliner Marienkirche und ihre Kunstwerke*, hsg. von der Evangelischen Verlagsanstalt, Berlin, 3. bearb. Auflage, 1984.

[24] Laut Eintrag im Kirchenbuch starb Dorothea Sophia Schinkel am 5. Sept. 1794 im Alter von 24 Jahren an hitzigem Gallen- und Nervenfieber, »kam zum Besuch ihrer Schwester und mußte hier ihr junges Leben lassen«. Sie war geboren am 17. 11. 1769. Der Bruder (geb. 28.9.1782) starb am 10. 7. 1795 in Berlin.

[25] Siehe Kap. »Die Übersiedlung nach Berlin«.

[26] Fontane, *Ruppin*, S. 480 (»Krentzlin«).

[27] Das Skizzenbuch befindet sich im Stadtmuseum Berlin. Abbildung in: *Von Chodowiecki bis Liebermann. Katalog der Zeichnungen, Aquarelle, Pastelle und Gouachen des 18. und 19. Jahrhunderts*, Berlin Museum, bearbeitet von Dominik Bartmann und Gert-Dieter Ulferts, Berlin 1990, S. 378. Signiert mit »Schwager Schinckel fecit«. Falls Schinkel damit auf seine Rolle als frischgebackener Schwager anspielt, könnte er die Skizze schon als 13jähriger, so alt war er bei Sophies Hochzeit, angefertigt haben.

[28] Zu den Tauffeierlichkeiten kam die engere Verwandtschaft der Wagners und Schinkels; aus Neuruppin Justizrat Noeldechen, Bürgermeister Goering und Schinkels früherer Lehrer Lämmel; aus Wismar Frau Rose, aus Berlin ein Kommerzienrat Fischer [?]. Schinkel stand einmal Gevatter und zweimal seine jüngste Schwester Charlotte. – Die Kinder der Wagners (Kirchenbuch Kränzlin): *Charlotte* Sophie Elisabeth, geb. 7.6.1795; *Emilie* Sophie Elisabeth, geb. 19.9.1796; *Louise* Sophie Auguste, geb. 12.7.1798; *Carl* Friedrich Tobias, geb. 15. 10. 1799; *Rosa* Sophie, geb. 27.1.1801; *Ernst* Eduard August, geb. 23. 7. 1802. Nach Wolzogen (*Nachlaß*, Bd. I, S. 50, Berichtigung Bd. III, S. 392) heiratete *Charlotte* den Generalarzt Seidler zu Neuruppin. *Louise* heiratete den Prediger Voigt zu Ganzer bei Wusterhausen a.d. Dosse. Eine Tochter der Wagners heiratete in die Familie des Neuruppiner Malers Wilhelm Gentz (1822-1890). Gentz erinnerte sich in seinen autobiographischen Aufzeichnungen, Schinkel »kam auch mal ins Haus meines Vaters, was darin seinen Grund haben mochte, daß eine Nichte von ihm mit einem Bruder meiner Mutter verheiratet war. Trotz meiner Jugend ist mir doch seine Erscheinung unvergeßlich im Gedächtnis geblieben« (Fontane, *Ruppin*, S. 145). Es wird sich um Wagners Tochter *Emilie* gehandelt haben, denn deren Schwester Rosa wird von Fontane um 1860 (Fontane, *Ruppin*, S. 480) als »Fräulein Rosa Wagner« bezeichnet.

[29] Wolfgang Venohr, *Der Soldatenkönig*, Berlin 1992, S. 33.

[30] Hans-Joachim Schoeps, *Preußen, Geschichte eines Staates*, 6. Aufl., Berlin 1976, S. 55.

[31] Freundl. Mittlg. von Herrn Pfarrer Reinhold Asse, Hamburg, c/o Evang. Zentralarchiv, Berlin. Die Anstalt wurde 1801 für 100 Patienten eröffnet und 1865 nach Eberswalde verlegt.

[32] Riedel, *Schinkel*, S. 13.

[33] Wolzogen, *Nachlaß*, II, S. 218.

[34] Fontane, *Ruppin*, S. 480.

[35] Evang. Zentralarchiv, Berlin, Akte betr. die Kirchenbauten zu Kränzlin 1895–1940, 14/1355.

[36] Die Patronatsherren von Kränzlin, denen das alleinige Recht der Berufung des Dorfpredigers zustand, waren der Gutsbesitzer Hauptmann Siegismund von Kleist (1724–1784), der 1758 den Abschied genommen hatte, und der nichtadlige Leutnant Caspar Dieterich Lehnmann. In der Vokationsurkunde vom 28. Juni 1760 bestätigten sie Johann Christoph Schinkel, daß er sich am »verflossenen Neujahrstag dieses 1760ten Jahres in Krentzlin eingefunden« und »seine Probepredigt zum Predigeramte allhier vor uns wohl abgeleget, daß wir vollkommen mit ihm zufrieden sind. So haben wir Ihn hierauf einmütig erwählet und bestellen wollen. Tun auch solches hiermit und vocieren in dem Namen Gottes Ihn Herrn Johann Christoph Schinckel zum Prediger und Seelsorger der Gemeine zu Krentzlin also und dergestalt, daß er sich in diesem Amte nach aller schuldigen Gebühr verhalte, männiglich und zuvörderst die ihm allhier anvertraute Gemeine aus den Schriften der Propheten und Apostel, auch dero Vier Haupt-Symbolis der Augsburgischen Konfession und deren Apologia rein und unverfälscht unterrichte und lehre, daß sie in wahrer Erkenntnis und Furcht Gottes je mehr und mehr wachsen und zunehmen mögen, die Hochwürdigen Sakramente nach Unseres Heilands Jesu Christi selbst eigener Stiftung administriere, die Kranken besuche und dieselben mit dem Göttl. Worte kräftig tröste, die Schwachgläubigen, Schwermütigen, Angefochtenen und Irrenden mit christlicher Sanftmut unterrichte; gegen alle Halsstarrigen ernsthaft

halte und selbige zum Gehorsam ermahne, und sonst in allem dieses heil. Amt unverdrossen verwalte; dabei auch ein exemplarisches, christlich untadelhaftes Leben und Wandel, wie einem rechtschaffenen Evangelischen Prediger und Seelsorger wohl anstehet, ohne alle Ärgernis führe; damit alles zur Ehre Gottes erbaulich gereichen und gedeihen möge. Dazu wir ihm denn Gottes Gnade und reichen Segen wohlmeinend anwünschen ...« Evang. Zentralarchiv, Berlin, Akte betr. die Besetzung der Predigerstelle zu Kränzlin 1772, 14/13146.

37 Hofmeister der Witwe des Generalleutnants Franz Ulrich von Kleist (geb. 1687), der am 13. 1. 1757 an einer in der Schlacht von Lobositz erlittenen Verletzung starb. Vgl.: H. Kypke, *Geschichte des Geschlechts von Kleist*, 3. Teil, Berlin 1886, S. 407 bis 410. Johann Christoph Schinkels Schützling war der sechsjährige einzige Sohn des Generalleutnants, Gustav von Kleist, der 1770 das Gut übernahm. Bis dahin diente er als Fähnrich im Regiment Prinz Ferdinand. Fontane, *Ruppin*, S. 366 f.

38 Johannes Schultze, *Geschichte der Stadt Neuruppin*, Berlin 1963, S. 101 f.

39 Die Amtseinführung war am 19. Sonntag nach Trinitatis. Wolzogen, *Nachlaß*, II, S. 220.

40 Friedrich Nicolai, *Das Leben und die Meinungen des Herrn Magister Sebaldus Nothanker*, Bd. 1775, S. 92, 97 f.; Nachdruck 1988.

41 Schultze, *Neuruppin*, S. 96, 98.

42 Ebd., S. 98.

43 Feldmann heiratete 1743 eine Tochter des Senators Valentin Rose: Louise. Aus dieser Ehe ging die 1750 geborene Hanna hervor, die später den Bürgermeister August Goering heiratete. Auch war Feldmann Pate von Dorothea Roses früh verstorbenen Bruder Siegmund. Gero von Wilcke, »Ahnenliste Schinkels«, *Archiv für Sippenforschung*, 47. Jg., Heft 83, Sept. 1981. Eine ausführliche Feldmann-Biographie in: *Märkische Zeitung* vom 18. 12. 1904.

44 Eingabe von J. C. Schinkel und Carl Wilhelm Blumenthal v. 11. 9. 1769 (Blumenthal mußte von seinem Archidiakonsgehalt seinen Sohn als Adjunkt unterhalten). Landeshauptarchiv Brandenburg, Potsdam, Acta des Oberkonsistoriums betr. die nachgesuchten Gehaltszulagen für die Prediger und Schullehrer zu Neuruppin (1769–1813), Pr. Br. Rep. 2 A, Regierung Potsdam, Abt. II R. Nr. 1994, Blatt 36 ff.

45 Helga Eichler, »Berliner Intelligenz im 18. Jahrhundert«, *Miniaturen zur Geschichte, Kultur und Denkmalpflege Berlins*, Heft 28, 1989, S. 36.

46 Begemann, *Lehrer*, S. 106 f. (»Die Einnahmen der Lehrer«).

47 Kreisarchiv Neuruppin. Liste der Vergütungen durch die Feuersozietät, Akte: Aufbau der Stadt 1787–1795. Abt. III. Fach No. 3. Bd. III-1-3.

48 Waagen, *Schinkel*, S. 315.

49 Mackowsky, *Schinkel*, S. 25.

50 Waagen, *Schinkel*, S. 315.

51 Nicolai, *Nothanker*, Bd. 2, S. 92, 97 f.; Nicolai versichert in der Vorrede zum 1. Bd., er könne an Hand ungedruckter Briefe und Urkunden »jedes Wort, das wir gesagt, aufs Glaubwürdigste belegen«. Das Werk ist mit Kupferstichen versehen, die Daniel Chodowicki gezeichnet und geätzt hat.

52 Fontane, *Ruppin*, S. 108.

53 Freundliche Mitteilung von Herrn Pfarrer Reinhold Asse, Hamburg, c/o Evang. Zentralarchiv, Berlin. – Reclams *Namenbuch*, Stuttgart 1974, (Universal-Bibliothek).

54 Wilhelm Lübke, »Schinkels Verhältnis zum Kirchenbau«, *Zeitschrift für Bauwesen*, 1860, Sp. 432. Dort Zitat Schinkels a. d. 11. Heft seiner *Architektonischen Entwürfe*: »Bei dem Krucifix auf dem Altar ist versucht worden, das Abschreckende und dem Kunst-Schönen Widerstrebende eines hangenden gemarterten Leichnams dadurch zu mildern, daß die Gestalt Christi auf eine Kugel, das Symbol der Welt, für die er gelitten, gestellt ist, sich nur an das Kreuz anlehnt, an welchem die gefesselten Hände hinreichend andeuten, was vorging ...«

55 Ludwig Fertig, *Campes politische Erziehung*, Darmstadt 1977, S. 82. Vgl.: Ulrich Herrmann, »Pädagogische Anthropologie und die ›Entdeckung‹ des Kindes im Zeitalter der Aufklärung – Kindheit und Jugendalter im Werk Joachim Heinrich Campes«, in: Herrmann, *Die Bildung des Bürgers«*, S. 184.

56 Johann Bernhard Basedow, *Elementarwerk*, 4 Bde., mit Kupferstich-Sammlungen in zwei Lieferungen, Dessau 1774.

57 Joachim Heinrich Campe, *Robinson der Jüngere*, 2 Teile, Hamburg 1779, 1780, Stuttgart 1981, (Reclam Universal-Bibliothek), S. 73, 230.

58 Fontane, *Ruppin*, S. 108 f.; Fontane berichtet, daß er in Neuruppin mit Personen gesprochen habe, die Schinkel als Kind gekannt hatten.

59 Helmut Börsch-Supan, *Bühnenentwürfe*, Bd. 2, S. 12.

60 1780 lebten in der Stadt 3940 Zivilpersonen und 1217 Militärs mit 534 Frauen, 356 Söhnen und 335 Töchtern. Die Häuser standen dicht beieinander, sie waren klein. Gezählt wurden im Jahre 1780 in Neuruppin 727 Häuser mit Ziegeldach, 2 mit Strohdach, 85 Scheunen und sechs »wüste Stellen«. Die Geschicke der Stadt lenkte der Magistrat, gebildet vom Stadtdirektor, zwei Bürgermeistern, drei Senatoren, einem Stadtsekretär und einem Kämmerer. Der Stadtdirektor war zugleich Justizrat und bildete mit vier Assessoren das Justizkollegium. Wichtigste Erwerbszweige waren Tuchweberei, Ackerbauwirtschaft und Bierbrauerei. Ruppiner Bier genoß wegen seiner Stärke einen guten Ruf und wurde regelmäßig nach Berlin und in die umgebenden Landkrüge geliefert. Nach dem Niedergang im Siebenjährigen Krieg hat sich die Stadt wirtschaftlich einigermaßen erholt, allerdings erreichten Bierbrauerei und Tuchmacherei nicht wieder die einstige Blüte. Quelle: F.W.A. Bratring, *Statistisch-topographische Beschreibung der gesammten Mark Brandenburg*, Bd. 2, »Mittelmark und Ukermark«, Berlin 1805, S. 26 f.; Kritisch durchges. und verb. Neuausgabe von Otto Büsch und Gerd Heinrich. Mit biogr.-bibliogr. Einführung und Übersichtskarte, Berlin 1968.

61 Fontane, *Ruppin*, S. 204 f.

62 Begemann, *Lehrer*, S. 62.

63 Johann Stuve, *Kleine Schriften gemeinnützigen Inhalts*, 2 Bde., hsg. von J. H. Campe, Braunschweig, 1794; Nachdruck, Vaduz 1982. Ebd. Hanno Schmitt, Einleitung, S. XVII. Siehe auch: Hanno Schmitt, *Schulreform im aufgeklärten Absolutismus*, mit umfassenden Quellenanhang. Weinheim und Basel, 1979, S. 66. – Johann Salomo Semler (1725–1791), evangelischer Theologe, begündete unter Anwendung der rationalen Methode Wolffs und der naturwissenschaftlichen Erkenntnisse die historisch-kritische Theologie.

64 Johann Stuve, »Lieberkühns Leben«, in: *Lieberkühns Kleinen Schriften*, hsg. von F. L. E. G. Gedike (Bruder von Friedrich Gedike), Züllichau 1791, S. 528.

65 Erhard Hirsch, *Dessau-Wörlitz. Aufklärung und Frühklassik*, Leipzig 1985, S. 92.

66 Leo Balet und E. Gerhard, *Die Verbürgerlichung der deutschen Kunst, Literatur und Musik im 18. Jahrhundert*, Frankfurt am Main, Wien und Berlin 1972, S. 240.

67 Schmitt, *Einleitung*, S. VII.

68 Paul Schwartz, *Der erste Kulturkampf in Preußen um Kirche und Schule (1788–1798)*, Bd. LVIII, Berlin 1925 (Monumenta Germaniae Pedagogica), S. 14.

69 Begemann, *Lehrer*, S. 68, 70. Nach den persönlichen Erinnerungen des ehemaligen Schülers Wilhelm Krüger, im Neuruppiner Schulprogramm von 1837, S. 11. Zur Kritik an der neuen Schule: Begemann, *Lehrer*, S. 69 f.

70 Philipp Julius Lieberkühn, »2. Nachricht vom Zustand der Neu-Ruppinschen Schule«, 1778, in: *Kleine Schriften*, Züllichau 1791, S. 4.

71 Büsching, *Kyritz*, S. 227.

72 Lieberkühn (1778), S. 54.

73 Elß, *Gymnasium*, S. 40.

74 Begemann, *Lehrer*, S. 65. – Stuve: »Also die erste und wesentlichste Regel bei der Bildung des Menschen in Rücksicht auf seine Bestimmung für die Gesellschaft ist: Flöße ihm Wohlwollen und Menschenliebe ein oder erwecke in ihm die gemeinnützigsten Triebe.« Zit. bei Helmut König, »Ansätze zur nationalpädagogischen und neuhumanistischen Bildung und Erziehung im ausgehenden 18. Jahrhundert«, in: Herrmann, *Die Bildung des Bürgers«*, S. 266.

75 Philipp Julius Lieberkühn, *Von der Akademie zu Padua preisgekrönte Schrift*, Versuch über die Mittel, in den Herzen der jungen Leute, die zu hohen Würden oder zum Besitze großer Reichtümer bestimmt sind, Menschenliebe zu wecken und zu unterhalten, Züllichau 1784, S. 17.

76 Büsching, *Kyritz*, S. 228.

77 Lieberkühn in der 2. Schulnachricht von 1778 (S. 14) selbstkritisch über das »schöne Ideal« der Philanthropen bzw. welche Bedeutung ihm innerhalb einer aufgeklärten Erziehungskonzeption zukam: »Wenn wir denn so das schöne Ideal unseres Kopfes und Herzens von dem, was der Mensch sein soll und werden kann, was er schon in der Jugendblüte sein muß, wenn er jenes werden soll – ein Ideal, das nicht das Geschöpf einer glühenden Phantasie, nicht die Geburt einer überweltlichen Schwärmerei war, sondern das die Beobachtung der menschlichen Natur, ihrer hohen Bestimmung und der dazu in ihr vorhandenen Kräfte, das Studium der Locke's, der Rousseau's, der Basedow's, der Resewitze, der Iselin's und die Erfahrung von dem, was die Menschheit im Einzelnen wirklich geleistet hat, in uns erzeugt und genährt hatten – wenn wir dies schöne Ideal mit der Jugend, die man unserer Sorge anvertraute, verglichen, so fanden wir freilich, daß die wenigsten unter ihr das waren, was sie wirklich in ihren Jahren schon hätten sein können, sein sollen.« Zit. bei Schmitt, *Schulreform*, S. 174.

[78] Gustav Porger, *Johann Stuve's Leben und Wirken*, Diss., Erlangen 1901, S. 25.
[79] »Erst dem 19. Jahrhundert blieb es vorbehalten, nach Johannes Schultzes unter Hegels Mitwirkung entstandenem Lehrplan um des Phantoms einer allgemeinen Bildung willen alle Schüler gleichmäßig zu nähren und von allen dasselbe zu fordern. Dabei wurde einerseits die wirklich ernste Berücksichtigung der Eigenart bei geistig hervorragenden Schülern unmöglich gemacht und andererseits lief, was vielleicht noch schlimmer ist, die Schule Gefahr, Schüler von durchschnittlicher oder mäßiger Kraft durch die Überfülle der, wenn auch nicht formell, so doch oft tatsächlich gleichberechtigten Unterrichtsgegenstände entweder bedenklich zu zersplittern oder ganz zu erdrücken.« Begemann, *Lehrer*, S. 114. Zum Fachklassensystem siehe Ausführungen Basedows in seinem *Methodenbuch*.
[80] Begemann, *Lehrer*, S. 68.
[81] Büsching, *Kyritz*, S. 228.
[82] Staatsbibliothek PK, Handschriftenabteilung, Nachlaß von Friedrich Nicolai, Brief von J. Stuve an Nicolai vom 12.1.1784.
[83] Schmitt, *Einleitung*, S. XL. Trapp hatte die Professur inne von 1779–1781. Hirsch, *Aufklärung*, S. 106.
[84] Begemann und Schwartz, *Annalen*, S. 19. Zedlitz war von 1771–1788 Chef des Geistlichen Departements in lutherischen Kirchen- und Schulsachen, wo er bei der Reform des Unterrichtswesens Hervorragendes leistete, *Allgemeine Deutsche Biographie*, 1898.
[85] Begemann, Schwartz, *Annalen*. Vgl.: *Berlinische Monatsschrift*, 1787, 8. Stück, S. 115.
[86] *Allgemeine Deutsche Biographie*, 1898, »Zedlitz«, S. 745.
[87] Stuves »Nachruf auf Lieberkühn«, *Braunschweigisches Journal*, 1. Bd., 1788, S. 118 ff., S. 121.
[88] Stuve, 9. Schulnachricht 1785, »Vorstellungen an Eltern, die ihre Kinder in öffentliche Schulen schicken«, in: *Kleine Schriften*, Bd. 1, S. 345.
[89] Lieberkühn, 8. Schulnachricht 1784, »Über die notwendige Verbindung der häuslichen und der öffentlichen Erziehung«, in: *Kleine Schriften*, S. 194.
[90] Lieberkühn, 8. Schulnachricht, zit. bei Porger, *Stuve*, S. 29.
[91] Lieberkühn, 4. Schulnachricht 1780, »Von dem gegenwärtigen Zustand der Neuruppinschen Schule«, in: *Kleine Schriften*, S. 101.
[92] Lieberkühn, 2. Schulnachricht 1778, »Fortgesetzte Nachricht von dem gegenwärtigen Zustand der Schule«, in: *Kleine Schriften*, S. 50.
[93] Stuve, 3. Schulnachricht 1779, »Über die Erziehung«, in: *Kleine Schriften*, S. 41.
[94] Johann Bernhard Basedow und Johann Heinrich Campe, in: *Pädagogische Unterhandlungen*, Dessau 1777/78, 1. Stück, S. 18, zit. bei Fertig, *Campe*, S. 80.
[95] Schmitt, *Einleitung*, S. XL.
[96] Campe als Hsg. von Stuves *Kleinen. Schriften*, Bd. 1, Vorrede, S. X.
[97] Ebd.
[98] Karl Philipp Moritz, *Anton Reiser*, 1785. München 1987, (Bibliothek des 18. Jahrhunderts), S. 28 f.; J. Leyser, *Joachim Heinrich Campe*, 2. Aufl., 1896, Bd. 1, S. 180. Moritz gab von 1783–1793 im Berliner Verlag Mylius das *Magazin für Erfahrungsseelenkunde* heraus, in dem er Fallbeispiele veröffentlichte.
[99] Stuve, *Erziehung*, S. 47 f.
[100] Begemann, *Lehrer*, S. 64.
[101] Stuve, *Vorstellungen*, S. 347.
[102] Stuve, *Erziehung*, S. 17; Johann Bernhard Basedow, *Das Methodenbuch für Väter und Mütter der Familien und Völker*, 3. Aufl., Dessau 1773.
[103] Stuve, *Erziehung*, S. 61.
[104] Ebd., S. 37.
[105] Ebd., S. 10 f.
[106] Stuve, *Vorstellungen*, S. 355 f.
[107] Stuve, *Erziehung*, S. 8.
[108] Ebd., S. 7 f.
[109] Basedow, *Methodenbuch*, S. 85.
[110] Gottfried Riemann, *Italien*, Berlin 1979, S. 106.
[111] Stuve, 5. Schulnachricht 1781, »Über die körperliche Erziehung«, in: *Kleine Schriften*, S. 121.
[112] Zit. bei König, »Ansätze zur nationalpädagogischen und neuhumanistischen Bildung und Erziehung im ausgehenden 18. Jahrhundert«, in: U. Herrmann, *Bildung*, S. 275.
[113] Stuve, Erziehung, S. 101 f.; Basedow empfahl als abschreckende Maßnahme, die Eltern sollten mit den Halbwüchsigen Hospitäler aufsuchen und ihnen dort vor Augen führen, wie »Hurer und Ehebrecher durch häßliche und höchst schmerzliche Krankheiten für eins gering geachtete Sünden büßen«. *Methodenbuch*, S. 61; Auch die Jugendliteratur widmete sich diesem Thema. So Johann Baptist Strobl, »Von den Jugendsünden«, in: *Folgen unrichtiger und verwahrloster Erziehung. Ein Lesebuch für Jünglinge und Mädchen von reiferem Alter*. Mit Kupfern, München 1794. Seine Autorschaft ist jedoch nicht eindeutig belegt. Strobl (1748–1805), Titularprofessor und Buchhändler in München: »Man wird dich nicht lieben können, weil du jetzt schon zur Zeit der Blüte und der Kraft ein Gerippe bist. Vaterfreuden sind für dich dahin! Und solltest du ja Vater werden, so wird dein Kind statt dich durch seine Munterkeit zu erfreuen, durch sein Elend dich betrüben; sein blasses Gesicht, seine matten Glieder werden dir für sein Leben Kummer, und über deine Jugendsünden Vorwürfe machen, die dein Herz zernagen. Und ich, ich werde keine Enkel, keine Nachkommenschaft in dir sehen; mit dir wird mein Name verlöschen ... du bist mehr Greis als ich; auch hat noch kein Sünder deiner Art ein männliches Alter erreichet; sondern in der Blüte ihres Lebens sanken sie in die Grube.« Zit. bei Hans-Heino Ewers, *Kinder- und Jugendliteratur der Aufklärung*, Textsammlung, Stuttgart 1980 (Reclam Universal-Bibliothek), S. 288.
[114] Stuve, *Erziehung*, S. 107 f.
[115] Ebd., S. 110.
[116] Salzmann, Christian Gotthilf: *Moralisches Elementarbuch, nebst einer Anleitung zum nützlichen Gebrauch desselben*. 1. Teil, neue verb. Auflage, Leipzig 1785, 412 S. Dazu eine Kupfersammlung mit Zeichnungen Chodowieckis, (Reprint, Bibliophile Taschenbücher 184, Dortmund 1980). Salzmann (1744–1811) war selber ein gebranntes Kind. Eine Vorstellung davon, was sich in den Klassenzimmern und Pfarrstuben abspielte, vermittelt er in seinen Erinnerungen. »Da lernte ich die Sünde in Erb-, wirkliche und Sünden wider den heiligen Geist einteilen, die Eigenschaften Gottes, die zwei Naturen, die zwei Stände und ihre Stufen, die drei Ämter Jesu, die Natur und große Wirksamkeit eines Sakraments und dergleichen kennen. Um uns zu rühren, benutzte man zwar die Leidensgeschichte Christi und suchte uns die schrecklichen Qualen, welche der Unschuldige um unsertwillen erlitten habe, recht rührend vorzustellen; es kann auch sein, daß Rührungen erfolgten und meine Augen naß wurden; allein dies würde auch erfolgt sein, wenn man die Leiden irgendeines andern unschuldigen, verdienstvollen Mannes ebenso lebhaft geschildert hätte.« Zit. bei Siegfried Hübschmann, »C. G. Salzmann«, in: *Mitteldeutsche Lebensbilder*. Hsg. von der Historischen Kommission für die Provinz Sachsen und für Anhalt, Bd. 3, Magdeburg 1928, S. 195–213.
[117] Salzmann, *Elementarbuch*, S. VIII.
[118] Ebd., S. XXIII.
[119] Ebd., S. III.
[120] Bereits im Juni 1785 übernahm Johann C. Schinkel den Großteil der Amtsgeschäfte, Evang. Zentralarchiv, Berlin 14/13324.
[121] F. W. H. Heydemann, *Die evangelischen Prediger Neu-Ruppins von der Reformation bis zur Gegenwart. Aus dem Nachlaß hsg.*, Neuruppin 1867, S. 84.
[122] Büsching, *Kyritz*, S. 223.
[123] Siehe Kap. »Kränzlin«.
[124] Waagen, *Schinkel*, S. 315.
[125] Das Oberkonsistorium teilte sich in eine geistliche und eine weltliche Bank. Gedike war, obwohl er Theologie studiert hatte, ein rein weltlicher Schulmann, dem kein Predigeramt Nebenpflichten auferlegte, und er trug auch keine Predigerkleidung. Schwartz, *Kulturkampf*, S. 21.
[126] Gedike zog als 30jähriger ins Oberkonsistorium ein und konnte von dort, weil es auch die Funktion eines Provinzialschulkollegiums für die Kurmark innehatte, auf die Brandenburgischen Schulen Einfluß nehmen. Harald Scholtz, »Friedrich Gedike«, in: *Jahrbuch für die Geschichte Mittel- und Ostdeutschlands,* Bd. 13/14, Berlin 1965, S. 129.
[127] Schwartz, *Kulturkampf*, S. 56.
[128] Begemann, *Lehrer*, S. 101: Durch das Allgemeine Landrecht (II 12 §§ 54–61).
[129] Heydemann, *Prediger*, S. 83.
[130] Ebd., S. 83.
[131] Ebd., S. 84.
[132] Ebd. – Hierzu: Werner Schütz, »Die Kanzel als Katheder der Aufklärung«, in: *Wolfenbütteler Studien*, Bd. 1, 1974, S. 137–171.
[133] Mit welcher Courage Gedike und Biester, der damalige Privatsekretär von Zedlitz, die Monatsschrift starteten, zeigte der aufsehenerregende Abdruck einer Freiheitsode auf George Washington und das junge Amerika, in der die Demokratie und »süße Gleichheit« verherrlicht und die »Adelsbrut, Europens Pest« angegriffen wurden. Die Republik der Vereinigten Staaten war im Pariser Vorfrieden Ende 1782 von England anerkannt worden. Die Monatsschrift verstand sich zwar nicht als antimonarchistisch, doch Auswüchse der herrschenden Adelsschicht wollte sie anprangern. *Berlinische Monatsschrift*, Bd. 1, 1783, S. 386–391.
[134] Johann Stuve, »Ein Vorschlag zur Verbreitung wahrer Aufklärung unter allen Ständen«. *Berlinische Monatsschrift*, Bd. 6, November 1785.
[135] Ludwig Keller, »Die Berliner Mittwochsgesellschaft«, *Monatshefte der Comenius-Gesellschaft*, Bd. 5, 1896, Hefte 3 u. 4. Vgl.: *Friedrich Nicolai. Leben und Werk*, S. 92.

136 Brief Gedikes an Stuve, 1783, in: Herzog August Bibliothek Wolfenbüttel, Handschriftensammlung, Sammlung Vieweg.
137 Harald Scholtz (Hsg.), *Friedrich Gedike über Berlin. Briefe ›Von einem Fremden‹ in der Berlinischen Monatsschrift 1783-1785. Kulturpolitische Reflexionen aus der Sicht der ›Berliner Aufklärung‹*, Berlin 1987.
138 Ebd., S. 23.
139 In: Textsammlung *Was ist Aufklärung?*, Stuttgart 1974, (Reclam Universal-Bibliothek), S. 3. Johann Friedrich Zöllner (1753–1804), 2. Diakon an St. Marien 1782–1798, dort Archidiakon 1798–1804.
140 Mendelssohns Abhandlung, *Textsammlung*, S. 3.
141 Kants Abhandlung, *Textsammlung*, S. 9.
142 Zu den Mitgliedern gehörten: der Geh. Finanzrat Vlömer; der Archivar und spätere Gesandte von Dohm; von Irwing (Rat beim Direktorium des Joachimsthalschen Gymnasiums); von Struensee (Geh. Finanzrat, Direktor der Seehandlung); Svarez (Geh. Oberjustizrat); Diakon J. F. Zöllner; J. J. Engel (Prof. am Joachimsth. Gymnasium); Dr. Selle (Arzt an der Charité); die Oberkonsistorialräte Diterich, Propst Teller (St. Petri), Propst Spalding (St. Nicolai); Gedike. Ehrenmitglied: Mendelssohn. Später gehörten auch Biester und Nicolai der Gesellschaft an. Mitgliederzahl: maximal 24.
143 Anzeige von J. C. Schinkels gedruckter Erntedankfestpredigt vom 30. 9. 1787 im Verlag Mylius, *Berlinische Nachrichten*, 6. 11. 1787, Beilage.
144 Peter Villaume (1746–1825), pädagogischer Schriftsteller, 1787 Professor am Joachimsthalschen Gymnasium zu Berlin, 1793 Auswanderung nach Dänemark aus politischen Gründen, Verfasser zahlreicher philosophischer und pädagogischer Werke.
145 *Joachim Heinrich Campe und seine Zeit*, S. 19, 47. – Christian Felix Weiße (1726–1804), Verfasser zahlreicher Dramen, Lustspiele und Operetten, Herausgeber des *Kinderfreundes*, der wohl berühmtesten Kinderzeitschrift der Aufklärung. – Friedrich Gabriel Resewitz (1729–1806), 1757 Pastor in Quedlinburg, 1774 Abt von Klosterberge, dann Generalsuperintendent von Magdeburg. Leitete bis 1797 die berühmte Schule des Stifts von Klosterberge.
146 Nachlaß Nicolai, Staatsbibliothek PK, Berlin, Ruhkopfs Brief an Nicolai vom 19.11.1787. Ebd. drei Briefe von Ruhkopf.
147 Nachlaß Nicolai, Stuves Brief vom 28. M.1785.
148 Nachlaß Nicolai, Stuves Brief vom 23. 1. 1786.
149 Nachlaß Nicolai, Stuves Brief vom 12. 3. 1786. – Stuves Ideal war der Erzieher als herzliches, sensibles, fühlendes Wesen (Katalog, *Campe*, S. 193). David war der einzige von Nicolais drei Söhnen, der es im Leben zu etwas brachte. Nach dem Studium der Kameralia machte er schnell Karriere und wurde, nachdem er sich als Mitarbeiter der Berliner Verwaltung Verdienste erworben hatte, Kammerdirektor in Kalisch (Westpr.). Gustav Sichelschmidt, *Friedrich Nicolai. Geschichte seines Lebens*, Berlin 1971, S. 153.
150 Über das Institut berichtet Lieberkühn in der 8. Schulnachricht von 1784: Es sei vor einigen Jahren gegründet worden, seit einem halben Jahr unterstütze ihn Riedlin als »Erziehungsgehilfe«, mit dem zusammen schon sieben Kinder erzogen würden. Man könne noch mehr aufnehmen. Das Jahrgeld betrage 150 Rtl. für Tisch, Wohnung, Holz, Licht, Wäsche, Reinigung, Aufwartung, Schulgeld und Aufsicht. Die übrigen Kosten für Kleider, Bücher, Unterricht im Zeichnen, in der Musik und dergl. nach dem Ermessen der Eltern, Kosten dafür ca. 50 Rtl. Zu Frau Schinkel siehe Noeldechens Brief, siehe Kap. »Die Aufklärung in Berlin und Neuruppin«.
151 Nachlaß Nicolai.
152 Friedrich der Große war als Kronprinz in Braunschweig durch Hamburger Freimaurer in den Bund aufgenommen worden. Bald nach seiner Thronbesteigung ließ er Logen errichten. Am Hof übernahm es der Geheime Rat Etienne Jordan, eine eigene Loge zu gründen, die 1740 unter dem Namen »Zu den drei Weltkugeln« entstand. 1744 erklärte sie sich zur »Großen National-Mutterloge Zu den Drei Weltkugeln«. Jürgen Holtorf, *Die Logen der Freimaurer*. Hamburg o. J.
153 Katalog, *Nicolai*, S. 93. Gedike hielt regelmäßig am Johannisfest der Mutterloge »Zu den drei Weltkugeln« die Maurerrede. F. Horn: *F. Gedike*, Berlin 1808, S. 189, 192. Gedike hielt im September 1786 die Maurerrede zum Andenken Friedrich des Großen. Adolph Kohut, *Die Hohenzollern und die Freimaurerei*, Berlin 1909, S. 87–92.
154 Adolf Roßberg, *Freimaurerei und Politik im Zeitalter der Französischen Revolution*, 1942. Reprint, Struckum o. J., S. 101 ff.
155 Brief Campes an J. J. C. Bode vom 29. 4. 1777, in: *Briefe von und an Joachim Heinrich Campe*. Bd. 1, Briefe 1766–1788, hsg. von Hanno Schmitt, Wiesbaden 1996, Nr. 85. Campe wünschte, daß »unsere Lehrer [des Philantropinums] alle nach und nach Ordensbrüder und durch diese neue heilige Band noch inniger zu gemeinschaftlichen guten Zwecken miteinander verbunden würden.
156 Nachlaß Nicolai. Noeldechens Brief vom April 1784.
157 Stuve, *Nachruf*, S. 121 f.
158 Monika Peschken-Eilsberger, *Rauch*, S. 37.
159 Ebd., S. 36.
160 Campe war ein Schüler von Teller und Semler. Anfang der 80er Jahre leitete er ein privates »Erziehungs-Institut« in Trittau (Holstein), zuvor ein »Familien-Institut« in Billwerder bei Hamburg, das er an Trapp übergab. Siehe Kap. »Robinson der Jüngere«.
161 Campe nannte die allgemeine Revision des Bildungs- und Erziehungswesens »das größte und dringendste Staatsbedürfnis«. Man dachte sich den Staat als die große Erziehungsanstalt aller seiner Bürger, und seine pädagogische Wirksamkeit als die letzte und höchste Aufgabe. Diese Auffassung vertrat auch Minister von Zedlitz in seinem im *Deutschen Museum* erschienenen Aufsatz »Über die Einrichtung einer Volkslehre in einem eigentlich monarchischem Staate«, 8. Stück, 1777. Der gleichen Auffassung war Lieberkühn: »... dünkt mich, muß der Staat selbst seine Aufmerksamkeit auf die Erziehung richten, weil er mit größerm Nachdruck, mit weit allgemeinerm und schnellerm Einfluß handeln, und wo es nötig ist, Verbesserungen befördern kann, als seine Privatmitglieder«. In: 8. Schulnachricht von 1784, *Über die notwendige Verbindung der öffentlichen und der häuslichen Erziehung*, in: *Kleine Schriften*, Züllichau 1791.
162 Titel: *Allgemeine Revision des gesamten Schul- und Erziehungswesen,* 16 Teile, 1785–1792; Ankündigung in *Berlinische Monatsschrift*, Bd. 2, 1783 (August-Heft), S. 162–181. Darin die geplanten Themen der Mitarbeiter; außerdem *Berlinische Monatsschrift,* Bd. 3, 1784, und Bd. 4, 1784.
163 Bolte, *Berlinische Monatsschrift*, Bd. 4, 1784, S. 516; Johann Heinrich Bolte (1750–1817), 1776 Prediger in Kränzlin, 1793 Prediger in Karwesee, 1805 bis 1817 Superintendent und Prediger in Fehrbellin.
164 Die Gesellschaft hatte Ostern 1785 neun ordentliche Mitglieder. In Hamburg: die Professoren Trapp, Büsch, Ebeling. Kiel: Prof. Ehlers. Halberstadt: Rektor Fischer, Prediger Villaume. Neuruppin: Rektor Stuve. Magdeburg: Rektor Funke;. Klosterberge: Abt Resewitz; Berlin: Oberkonsistorialrat Gedike, Prof. Moritz. Außerordentliche Mitglieder. Breslau: Rektor Lieberkühn. Kränzlin: Prediger Bolte. Billwerder bei Hamburg: Herr Rudolphi und Mlle. Rudolphi, Trittau (Holst.): Lehrer Vogel am Institut Trapp; Schnepfenthal bei Gotha: Prof. Salzmann; Liegnitz: Prof. Schummel; Colmar: Hofräte Lerse und Pfeffel. Düsseldorf: Hofrat Brinkmann. Halle: Prof. Bahrdt. Dresden: Prof. Becker. Leipzig: Prof. Hindenburg. Potsdam: Feldprobst Kletschke. Außerdem ein nicht genannter »edler deutscher Prinz«, vermutlich der preußische Kronprinz Friedrich Wilhelm, der dem philanthropischen Anliegen zugetan war. Campe wirkte in dessen Regiment in Potsdam kurze Zeit als Feldprediger.
165 *JOACHIMI HENRICI CAMPE ROBINSON SECUNDUS. Tironum causa latine vertit, atque indicem latinitatis adjiciendum curavit, Philippus Julius Lieberkühn. Zullichoviae*, 1785. Lieberkühn schrieb im lateinischen Vorwort, er hoffe und vertraue darauf, daß dieses »wahrhaft goldene Buch« durch seine ihm innewohnende Vortrefflichkeit den Schülern einen großen Nutzen leisten werde, sowohl um den Geist zu schärfen und zu nähren, als auch besonders ihre Herzen zu Ehrenhaftigkeit, Pflichtgefühl und Frömmigkeit heranzubilden. Lieberkühn beendete die Übersetzung in Breslau. Das Wörterbuch dazu verfaßte Gedikes in Breslau ebenfalls als Lehrer tätiger jüngere Bruder Friedrich Ludwig Ernst Gottlob Gedike (1761–1839).
166 Subskriptionslisten im Teil 1, 1785 (S. LVIII ff.) und Teil 6, 1787 (S. IX ff.).
167 Band 8 widmete sich dem Unterricht überhaupt; Band 9 und 12–15 brachten die Standardwerke von Locke, *Über die Erziehung,* und von Rousseau, *Emile* (mit Kommentaren, Erläuterungen), denn, so Campe, »diese ehrwürdigen Männer waren unsere Vorgänger«, die es »unstreitig verdienen, auch jetzt gelesen zu werden«; Band 10 befaßte sich mit der Erziehung durch Hauslehrer und gutem Benehmen; Band 11 mit Sprachen und Sprachunterricht; der 16. Band widmete sich den öffentlichen Schulen im Verhältnis zu Staat und Kirche. Gesamtregister.
168 Hierzu Christa Kersting, »J. H. Campes ›Allgemeine Revision‹ – das Standardwerk der Pädagogik der Aufklärung«, in: Katalog, *Campe*, S. 194. Ebd. Liste der Subskribenten, gegliedert nach sozialen Gruppen und Berufen. Aus dem Adel: 17,2 Prozent der Subskribenten. Aus dem Bürgertum: Geistliche 18,9 Prozent, Beamte 13,2 Prozent, Studenten 11,1 Prozent; Pädagogen 10 Prozent. Die ergänzende 2. Liste ändert kaum etwas an diesem Bild.
169 Brief Campes vom 19.1.1786 aus Trittau an Karl August von Hardenberg, in: Campe, *Briefe*, S. 430.

[170] Brief Campes an Hardenberg, ebd., S. 430.
[171] Brief Stuves vom 4. 4. 1786, ebd., S. 440.
[172] Christian Wilhelm von Dohm (1751–1820), politischer und historischer Schriftsteller, nach 1779 im preußischen Staatsdienst als Geheimer Archivar und Kriegsrat, 1785 Gesandter, von Friedrich Wilhelm II. geadelt.
[173] Stuve an Campe am 16. 1. 1786, zit. bei Schmitt, *Schulreform*, im Anhang.
[174] Stuve und F. L. Gedike, »Lieberkühns Leben«, in: *Lieberkühns Kleinen Schriften*, Züllichau 1791, S. 530.
[175] Als Lieberkühns *Kleine Schriften* herauskamen, lagen 38 Subskriptionen aus Neuruppin und Umgebung vor. Unter ihnen Prediger Balde, Feldprediger Belitz, Prediger Bolte, Leutnant von Brauchitsch, Reg.Chirurgus Fiebing, Prediger Gründler, Rektor Henrici, Inspektor Hünefeldt, Kandidat Kleinmann, Magister Lämmel, Bürgermeister Lehmann, Kaufmann Ludwig, Justizrat Noeldechen, Lehrer Ruhkopf, Lehrer Schröder, die Schulbibliothek, Rektor Schulz, Inspektor Seger, Schullehrer Seger, Kandidat Siepmann, Pastor Stenger, Major von Thadden, Bürgermeister Tobold, Hauptmann du Trossel, M. von Tschammer. Die Subskriptionsliste (S. XI–XXIV) enthält ca. 400 Namen.
[176] In der Vorrede der von Campe 1794 herausgegebenen *Kleinen Schriften* Stuves.
[177] Kunstführer, *Heimatmuseum Neuruppin*, S. 15.
[178] Max Neumann, »Protzen«, in: *Ruppiner Dorfchroniken. Veröffentlichungen des Historischen Vereins der Grafschaft Ruppin*, Nr. 10.
[179] Jörg Ulrich Kunzendorf, »Die Stadtkirche St. Marien zu Neuruppin«, in: *Jahrbuch für Berlin-Brandenburgische Kirchengeschichte*, 55. Jg. (1985), S. 162.
[180] Bratring, *Brandenburg*, Bd. 2, S. 24.
[181] *Berlinische Nachrichten* Nr. 117 vom 29. 9. 1787.
[182] *Berlinische Monatsschrift*, Bd. 10, 1787 (Oktober), S. 376–384.
[183] Riedel, *Schinkel*, S. 8.
[184] Heydemann, *Prediger*, S. 62 f.; Nach Heydemann wurde das Predigerwitwenhaus und die damit verbundene Witwenkasse von Archidakon Magister Jordan Duve um 1735 begründet.
[185] *Berlinische Monatsschrift*, Bd. 10, 1787 (November), S. 482, 484.
[186] *Berlinische Monatsschrift*, S. 484.
[187] Kreisarchiv Neuruppin, Akte betr. Anstellung von Geistlichen, I-88-1, Bl. 13 f.
[188] Riedel, *Schinkel*, S. 9, zit. n. W. Bartelt: »Der große Neuruppiner Brand und die Familie Schinkel«, in: *Ruppiner Kreiskalender 1932*, S. 69.
[189] Carl Lücke, »Der alte Neu-Ruppiner Kirchhof und seine Grabdenkmäler«, *Märkische Zeitung* vom 11. 11. 1906, Beilage »Unterhaltungsblatt«.
[190] Heydemann, *Prediger*, S. 84.
[191] Kreisarchiv Neuruppin, Anstellung von Geistlichen.
[192] Heydemann, *Prediger*, S. 84.
[193] Kreisarchiv Neuruppin, Akte Aufbau der Stadt, Abt. III, Fach No. 3, Band III-1-3, Verzeichnis der abgebrannten und nicht abgebrannten Häuser.
[194] Kreisarchiv Neuruppin.
[195] Kreisarchiv Neuruppin. Hierzu: *Mathematisches Calkul. Die preußische Bauverwaltung 1770–1848*, »Das Beispiel Neuruppins«, S. 118–121.

Schuljahre in Neuruppin

[1] Begemann, *Lehrer*, S. 75.
[2] *Selbstbiographie* (1825), in: Mackowsky, *Schinkel*, S. 25.
[3] Noch war der Hofmeister eine Angelegenheit gehobener Kreise, die sich Gelehrten ins Haus holten, auf daß sie ihre Sprößlinge exklusiv in Latein, Geographie oder Geschichte unterrichteten. Andererseits verhalfen Schule und eine aufklärerische Lehrerschaft dem Bürger zu neuem Selbstverständnis. Die Möglichkeiten, die Kinder auf einer öffentlichen Schule mit wirklich brauchbaren Kenntnissen auszurüsten, wurden nunmehr auch von den reicheren Bürgern wahrgenommen.
[4] Gedike urteilte: »Die Ruppinische Schule hat allerdings sehr viel Gutes und Vorzügliches in ihrer Einrichtung.« Dazu rechnete er das Fachklassensystem, und er lobte, daß sie »einige treffliche Lehrer« hat, zit. in: Schwartz, *Gelehrtenschulen*, Bd. 2, S. 504.
[5] Begemann, *Lehrer*, S. 75.
[6] Seger schrieb am 15.1.1788 an das Oberkonsistorium: »Die Einrichtung der Neuruppinischen Schule schreibt sich noch von ihren ehemaligen Lehrern und Rektoren, einem Lieberkühn und Stuve, her, und wird von Kennern für vorzüglich zweckmäßig gehalten.« Über den Unterricht an der Bürger- und Gelehrtenschule liegen handschriftliche Berichte vor. Sie wurden auf Weisung des OK um 1788/89 erstellt. Acta Specialia d. Magistrats betr. Schulsachen, I-90-175, Kreisarchiv Neuruppin. Die Originalschriften im Geh. Staatsarchiv PK: Acta d. Kgl. Oberschulkollegiums von der Friedrich-Wilhelms-Schule Neuruppin 1788–1807, Rep. 76 alt. Abt. I.; eine Auswahl veröffentlicht in: Schwartz, *Gelehrtenschulen*, Bd. 2.
[7] Henrici, Johann Karl Friedrich (geb. 1754), Rektor der Schule von 1786–1803.
[8] Elß, *Gymnasium*, S. 51.
[9] Ebd., S. 50.
[10] Friedrich Eberhard von Rochow, *Der Kinderfreund. Ein Lesebuch zum Gebrauch in Landschulen*, Frankfurt 1776. Vgl.: Ewers, *Textsammlung*, S. 479.
[11] Karl Traugott Thieme, *Erste Nahrung für den gesunden Menschenverstand*, 1. Ausgabe, Leipzig 1776. Vgl.: Ewers, *Textsammlung*, S. 485.
[12] Christian Felix Weiße, *Neues A, B, C, Buch nebst einigen kleinen Übungen und Unterhaltungen für Kinder*, 1. Ausgabe, Leipzig 1772. Vgl.: Ewers, *Textsammlung*, S. 488.
[13] Joachim Heinrich Campe, *Kleine Seelenlehre für Kinder*, nebst vier Kupfern, Hamburg 1780; neue Auflage, Wien 1788.
[14] Was Oberschulrat Gedike nicht ausreichte. An dem von ihm geleiteten Friedrichswerderschen Gymnasium gab es 1788 insgesamt 54 (!) Wochenstunden Latein.
[15] Georg Ludwig Otto Plagemann, *Lehrbuch zum ersten Unterricht in der lateinischen Sprache. Aus den besten alten und neuen Schulbüchern gesammelt, teils umgearbeitet und mit Hilfsmitteln*, 2. verb. u. verm. Auflage, Wismar, Schwerin und Bützow 1787, (375 Seiten, 216 Lesestücke); die 5. verb. Auflage 1811. – Plagemann, 1787 genannt als Konrektor der Wismarschen großen Stadtschule, 1794 genannt als Rektor der Lateinschule in Rostock, erreichte 1815 das Pensionsalter und starb bald danach.
[16] Plagemann, *Vorrede*, S. XVI.
[17] Georg Christian Raff (1748–1788), Naturwissenschaftler, Pädagoge, Jugendbuchautor. Studierte in Göttingen, Direktor des städt. Lyceums in Göttingen. Er gehörte zu den ersten Pädagogen, die die neuen Grundsätze anwandten.
[18] *Naturgeschichte für Kinder*, 1. Aufl., 1778; 4. verb. u. verm. Aufl., 1784. Beschrieben werden an die 2000 Pflanzen, Tiere, Gesteine. Bei Pflanzen und Tieren folgt Raff dem System von Linné (1707 bis 1778), bei den Säugetieren der »neuern Klassifikation« Blumenbachs (1752–1840), der in Deutschland die Zoologie in den Rang einer Wissenschaft erhob. Als Quelle benutzte Raff zeitgenössische Naturgeschichten, Reisebeschreibungen sowie antike Autoren wie Marcus Terentius Varro (116–27 v.Chr.) oder Plinius. Nach Raffs Tod wurde die Naturgeschichte in mehreren Neufassungen herausgegeben, die nur noch von seinem Namen zehrten, der bis in die 2. Hälfte des 19. Jh. populär blieb.
[19] Zit. von Raff, *Vorrede* zur 11. Auflage, Göttingen 1776. – Feder, Joh. Georg Heinrich (1740–1821). 1768 Prof. der Philosophie in Göttingen, Verfasser von *Der neue Emil oder von der Erziehung nach bewährten Grundsätzen*. 1768–1771.
[20] Schwartz, *Gelehrtenschulen*, Bd. 2, S. 505.
[21] Heydemann, *Geschichte*, S. 11 f.
[22] 5. Aufl. des 1. Teils (Europa, mit Ortsregister), Göttingen 1787 (Titelvignette von Joh. Heinrich Meil). Als Hauptquelle benutzte Raff Büschings *Geographie*, dem »ich freilich das meiste zu danken habe« (S. IX).
[23] Raff, *Vorrede* zur 4. Auflage.
[24] Raff, 5. Auflage, S. 2.
[25] Raff, *Vorrede* zur 1. Auflage.
[26] Mario Zadow, *Schinkel*, S. 19.
[27] Leopold Freiherr von Zedlitz, *Neuestes Conversations-Handbuch für Berlin und Potsdam*, Berlin 1834, S. 33 f.
[28] Theodor Brüggemann und Hans-Heino Ewers, *Handbuch zur Kinder- und Jugendliteratur von 1750–1800*, Stuttgart o. J., Sp. 87.
[29] Ausgabe 1768. Johann Georg Sulzer (1720 bis 1779), Ästhetiker und Pädagoge, Prof. am Joachimsthalschen Gymnasium in Berlin, Mitglied der Akademie der Wissenschaften. Sein Hauptwerk ist die einst vielbenutzte *Allgemeine Theorie der Schönen Künste*, 2 Bde., Leipzig 1771, 1774; neue Ausgabe, 4 Bde., Leipzig 1792–1794.
[30] J. G. Sulzer und J. H. L. Meierotto, *Vorübungen zur Erweckung der Aufmerksamkeit und des Nachdenkens*, 4 Teile, 4. Teil als Methodenbuch für den Lehrer; die erweiterte Ausgabe Berlin 1780–1782. Johann Heinrich Ludwig Meierotto (1742–1800), Schulmann, durch Sulzer 1771 zum Professor der Beredtsamkeit ans Joachimsthalsche Gymnasium berufen, dort 1775 Rektor, 1788 Oberschulrat.
[31] Ebd., Bd. 4, S. 4.
[32] Brüggemann, Ewers, *Handbuch*, Sp. 866.
[33] Goethe legte größten Wert darauf; ein liederlich abgefaßter Brief war ihm verhaßt. Richard Friedenthal, *Goethe, sein Leben und seine Zeit*, 7. Aufl., München und Zürich, 1974, S. 23. – Goethe an Eckermann, 5. 4. 1830.

34 Begemann, *Lehrer*, S. 113.
35 Hilmar Curas, *Vorschriften*, Berlin; Begemann, *Lehrer*, S. 56.
36 Johann Bernhard Basedow (1724–1790), *Des Elementarwerks erster bis vierter Band. Ein geordneter Vorrat aller nöthigen Erkenntniß. Zum Unterrichte der Jugend, von Anfang bis ins academische Alter. Zur Belehrung der Eltern, Schullehrer und Hofmeister. Zum Nutzen eines jeden Lesers, die Erkenntniß zu vervollkommnen*, in Verbindung mit einer Sammlung von Kupferstichen, Dessau 1774, Bd. 2, 6. Buch, »Von der Schreibekunst«; auch Tafel LIX der Kupfersammlung zum Elementarwerk (»Musterschriften«), II. 67.
37 Johann Matthias Schröckh, *Allgemeine Weltgeschichte für Kinder*, 4 Teile 1779–1784. Schröckh (1733–1808) war Prof. der Philosophie in Leipzig, erhielt 1767 die Professur der Poesie, 1775 die der Kirchen- und Profangeschichte in Wittenberg. Sein Hauptwerk ist die *Christliche Kirchengeschichte*, 35 Bde, 1768–1803. Von Schröckh stammt auch das bereits 1774 erschienene *Lehrbuch der allgemeinen Weltgeschichte zum Gebrauche bei dem ersten Unterrichte der Jugend*. Es handelte sich um eine gründliche Überarbeitung von Hilmar Curas' *Einleitung zur Universalhistorie*; sie kam auf Wunsch von Nicolai zustande. Die *Allgemeine Weltgeschichte* hingegen verfaßte S. auf Drängen seiner Freunde, des Steuereinnehmers und Kinderbuchautors Weiße und des Leipziger Buchhändlers Reich (Vorrede v. April 1779). Die *Allgemeine Weltgeschichte* erlebte drei Auflagen in der Originalfassung. 1784 erschien eine französische Ausgabe, 1799 eine holländische. Schlözer urteilte, er kenne keine bessere als Schröckhs *Allgemeine Weltgeschichte*, »weil da die Geschichte jedes einzelnen Volkes im Zusammenhang vorgetragen« werde, was für die jungen Leute viel faßlicher sei, als wenn man »Parallelen mit den Geschichten anderer Reiche zieht«. Schwartz, *Gelehrtenschulen*, Bd. 2, S. 334. – Man unterschied zwischen Lehr- und Lesebuch. Ein Lehrbuch gehörte in die Hand des Lehrers. Die *Allgemeine Weltgeschichte* war auch als Hauslektüre für Kinder gedacht und war laut Schröckh »weit mehr für die Jugend überhaupt, oder auch für Liebhaber der Geschichte in mancherlei Ständen« (Vorrede, 3. Teil). Der 14jährige Wilhelm von Humboldt las das Werk nebst Schröckhs Biographien, wie er an seinen ehemaligen Hauslehrer Campe schrieb. J. Leyser, *Joachim Heinrich Campe*, 2. Aufl., Braunschweig 1896, Bd. 2, S. 301.
38 Schröckh, *Lehrbuch*, S. 12.
39 Ebd., S. 14.
40 Schröckh, *Weltgeschichte*, 2. Hauptteil, 8. Buch, S. 546 f.
41 Begemann, *Lehrer*, S. 67.
42 Schwartz, *Kulturkampf*, S. 153.
43 Übersicht und thematische Gliederung des Büchleins in Nicolais *Allgemeine Deutsche Bibliothek*, Bd. 19, 1773, S. 79 f.; Johann Samuel Diterich (1721–1797), protestantischer Theologe, studierte in Frankfurt (Oder) und in Halle bei J. S. Baumgarten, 1751 2. Prediger an der Berliner Marienkirche, später Oberkonsistorialrat. Sein Schwiegersohn war der Oberhofprediger Zöllner in Berlin.
44 Ebd. – Nicolais Übersicht ist hier gerafft wiedergegeben.

45 Geh. Staatsarchiv PK, Kirchenvisitationen von Neuruppin 1768–1812, Pr. Br. HA Rep. 2 B II, Segers Protokoll vom 15. 9. 1789.
46 Friedrich Gedike, *Französisches Lesebuch*, Berlin 1785; 5. Aufl. 1794.
47 Joh. Georg Chr. Müchler, *Französisches Lesebuch für Anfänger*, Berlin 1782.
48 Begemann, *Lehrer*, S. 113.
49 Stuve, *Vorstellungen*, S. 364.
50 Camera obscura, lat. »finstere Kammer«, eine optische Vorrichtung, die ein umgekehrtes Bild des äußeren Gegenstands in natürlichen Farben erzeugt. Die älteren Formen der Camera obscura gewährten durch die Beweglichkeit ihrer niedlichen Bilder belustigende Unterhaltung und erschienen nicht selten auf Jahrmärkten. In vervollkommneter Form wurde sie zum Werkzeug der Photographen.
51 Basedow, *Elementarwerk*, Bd. 2, VI. Buch, S. 468.
52 Basedow, *Elementarwerk*, Tafeln ca. 15 x 20 cm. Siehe auch Kap. »Schreibekunst«. Basedow erstrebte mit dem Elementarwerk, für dessen Förderung er unter Freunden und Gönnern 15 000 Taler an Spenden einsammelte, eine enzyklopädische Zusammenfassung des an den Schulen zu unterrichtenden Stoffs (außer Sprachen und Mathematik) für Schüler »bis ins academische Alter«.
53 Mit sicherem Blick hatte Basedow in Daniel Chodowiecki den geeigneten Zeichner für das Elementarwerk gefunden. Chodowiecki verstand es wie kein anderer, das bürgerliche Leben seiner Zeit realistisch und doch einfühlsam darzustellen. Er lieferte zwei Drittel der 100 Schautafeln und wirkte bei fast allen andern Entwürfen mittelbar mit.
54 Basedow, *Elementarwerk*, Bd. 3, VII. Buch, »Von Gerichten und Strafen«; dazu Kupfertafel Nr. XXXIV.
55 Schultze, *Geschichte*, S. 132.
56 Wolzogen, *Nachlaß*, I, Anm. S. 61.
57 August Christian Goering, geb. 3. 8. 1780, gest. 27. 11. 1835 in Neuruppin, Sohn des Bürgermeisters August Heinrich G. (gest. 22. 2. 1821 an Stickfluß, lt. Kirchenbuch 77 Jahre, 8 Monate, 22 Tage alt) und Hanna Feldmann (geb. 26. 9. 1750, gest. 12. 7. 1837), 1817 Direktor des Stadtgerichts mit einem Gehalt von 800 Talern. 1828 legte G. sein Amt nieder, widmete seine Mußezeit den städtischen Angelegenheiten und bekleidete mehrfach das Amt eines Stadtverordnetenvorstehers. Am 3. 8. 1832, dem Geburtstag des Königs Friedrich Wilhelm III, erhielt er den Ehrenbürgerbrief (Heydemann, *Geschichte*, S. 283 ff.). A. H. G. hatte drei Kinder mit Hanna Feldmann: Bernhard Ludwig, geb. u. getauft 30. 8. 1775; Hanna Dorothea, geb. 15. 4. 1776 (?), getauft 20. 4.; August Christian (s.o.), getauft 8. 8.
58 Friedrich Ludwig Schumann, geb. 10. 10. 1779, Sohn des Servis-Rendanten Johann Friedrich S. und Maria Elisabeth Müller, getauft 15.10. Friedrich Ludwig S. hatte eine Schwester, Marie Elisabeth, geb. 22. 2. 1778, getauft 27. 2. Sie heiratete am 23. 9.1800 den Magister Lämmel. Am 19. 11. 1804 Geburt der Tochter Ernestine Emilie. Am 2. Weihnachtstag Taufe. Paten: Frau Witt, geb. Schumann, Wusterhausen; Frau Ludwig, geb. Rose; Demoiselle Goering; Friedrich Ludwig Schumann, Handlungscommis in Berlin. Der Vater Ludwig Schumanns starb 1794, in den Akten wird er im August 1789 als Rendant der Schulkasse genannt. Kreisarchiv Neuruppin, Akte Schulsachen 1785–1806.

59 Schinkels späterer Freund K. W. F. Solger, der ebenfalls aus einer Kleinstadt (Schwedt an der Oder) und aus ähnlichen gesellschaftlichen Verhältnissen kam und in vielem ähnlich veranlagt war wie Schinkel, mußte auf Geheiß seines Vaters, eines Kammerdirektors, eben diese Fertigkeiten beherrschen lernen. Ludwig Tieck und Friedrich von Raumer (Hsg.), *Karl Wilhelm Friedrich Solger. Nachgelassene Schriften und Briefwechsel*, 2 Bde., Leipzig 1826, Bd. 1, S. XII.
60 Heydemann, *Geschichte*, S. 183.
61 Wolzogen, *Nachlaß*, I, Anm. S. 61.
62 Ebd., S. 51.
63 Ebd., S. XV.
64 Ebd. Anm. S. 5.
65 Friedrich Rose (geb. 15. 8. 1734). Sehr wahrscheinlich identisch mit dem im *Allgemeinen Industrie-Adreßbuch von Berlin* (1807) unter der Rubrik *Christliche Bankiers* genannten *Rose, Vogel und Comp.*, Heiligegeist-Str. 15. Im Adreßbuch auf das Jahr 1823 (Hsg. Boicke), S. 121, 2. Abt., findet sich unter dieser Anschrift der Eintrag »Ludwig Schumann, Weinhändler«.

Die Kindheits- und Jugendlektüre

1 Eckart Kleßmann, *Prinz Louis Ferdinand von Preußen*, München 1972, S. 18 ff.
2 J. Leyser, *Joachim Heinrich Campe. Ein Lebensbild aus dem Zeitalter der Aufklärung*, 2. Bde., 2. Auflage, Braunschweig 1896, Bd. 2, S. 294 ff.
3 Johann Wolfgang von Goethe, *Dichtung und Wahrheit*, Münchner Ausgabe, Bd. 16, München 1985, S. 37. Goethe über die von ihm in der Kindheit gelesenen Bücher, die »wir Kinder auf einem Tischchen vor der Haustür eines Büchertrödlers fanden«, wie z. B. *Lord Ansons Reise um die Welt*, Schnabels *Wunderliche Fata einiger Seefahrer*, *Die schöne Melusine*, *Der ewige Jude*, Defoes *Robinson*. Die Bibliothek seines Vaters umfaßte 2000 Bände verschiedener Fachrichtungen (*Dichtung und Wahrheit*, Anm. zu S. 37). Antiquariate wie im Frankfurt der Goethezeit dürften in einer Provinzstadt wie Neuruppin unbekannt gewesen sein. – Hierzu: Hans-Heino Ewers, »Campe als Kinderliterat und Jugendschriftsteller«. In: *Joachim Heinrich Campe und seine Zeit*.
4 J. P. Eckermann, *Gespräche mit Goethe*. Nach der Gedenkausgabe im Artemis-Verlag, Gespräch vom 29. 3. 1830, dtv-bibliothek 1976.
5 Gedike äußerte sich dazu kritisch in seinem Vortrag vom 1. 4. 1787: »Einige Gedanken über Schulbücher und Kinderschriften«: »Jede Leipziger Sommer- und Wintermesse spült wie die Flut des Meeres eine zahllose Menge der Art ans Ufer. ... So ist's freilich kein Wunder, wenn unter hundert Büchern für die Jugend kaum eins ist, das ein verständiger Vater oder Lehrer mit gutem Gewissen kaufen und empfehlen kann ...« *Gesammelte Schulschriften*, Band 1, Berlin 1789, S. 422, 425.
6 Basedow empfahl, den Kindern ein kleines Taschengeld zu geben, damit diese frühzeitig wirtschaften lernten. Bezugspreise: im *Revisionswerk* (5. Teil, S. IX) angezeigt: *Kleine Kinderbibliothek*, 12 Bändchen, auf Schreibpapier 6 Taler; *Robinson*, 2 Teile, auf Druckpapier 1 Taler, auf Schreibpapier 2 Taler; *Die Entdeckung Amerikas*, 3 Teile, auf

Schreibpapier 3 Taler; dito *Theophron*, 1 T. 8 Groschen; *Seelenlehre* 1 T. 4 Gr.; Vgl.: Anzeige, *Braunschweigisches Journal*, 1. Jg. 1788).
[7] Durch Buch- und Geldspenden konnte die Schule nach dem Brand bis 1791 eine Bibliothek im Gesamtwert von 2000 bis 2500 Talern einrichten (Elß, *Gymnasium*, S. 4). – Bestellt wurde beim Autor oder beim Verlag. Die Schule orderte laut Subskriptionsliste 1 Exemplar des *Kolumbus*.
[8] Herder wußte es besser. Er schrieb, »ein Kind, dem Märchen niemals erzählt worden sind, wird ein Stück Feld in seinem Gemüt behalten, das in späteren Jahren nicht mehr bebaut werden kann«, zit. bei Olaf Koob, *Die dunkle Nacht der Seele*, Stuttgart 1994, S. 31.
[9] Geh. Staatsarchiv PK, Akte Rep. 76. alt. Abt. 1, No. 633, Bl. 25, Anonyme Abhandlung, Neuruppiner Schule.
[10] Anspielung auf Plinius den Jüngeren, *Über die zweckmäßigste Art des Lesens* (aus den Briefen, 7. Buch, 9. Brief).
[11] Evers, *Campe*, ebd., S. 17, 31, 154.
[12] Die *Kleine Kinderbibliothek* war in drei Altersstufen gegliedert: für die bis 7jährigen, für die bis 10jährigen, und bis 12 Jahre und darüber. Schinkel dürfte die 2. Aufl. (ab 1782, hier zit.), in der je 2 Bändchen der Erstausgabe zusammengefaßt sind, gelesen haben. Da die z. T. von Campe überarbeiteten Lesestücke mit Autorennamen versehen sind, lernten die Kinder früh die Namen der Schriftsteller kennen. Aus der umfangreichen Liste zitierter Autoren: Claudius, Karoline Rudolphi, Weiße, Bertuch, Gleim, Pfeffel, Gellert, Overbeck, E.v. Kleist, Schlözer, J. F. W. Zachariä, Möser, Wieland, Göckingk, Moritz, Lieberkühn. Vgl.: Brüggemann, Ewers, *Handbuch*, Sp. 199–206.
[13] Campe, *Kleine Kinderbibliothek*, Vorrede.
[14] Campe, *Kleine Kinderbibliothek*, 6. Bändchen.
[15] Campe, *Kleine Kinderbibliothek*, 5. Bändchen. Campe versichert, er habe die Stücke selbst geprüft, indem er sie Kindern dieser Altersgruppe vorlas.
[16] Joachim Heinrich Campe, *Robinson der Jüngere, zur angenehmen und nützlichen Unterhaltung für Kinder*, Nach dem Erstdruck (1779, 1780), Stuttgart 1981 (Reclams Universal-Bibliothek); die 115. Auflage, Braunschweig 1890. Robinson eroberte den europäischen Kontinent in kürzester Zeit. Der ersten Auflage von 2000 Stück folgte bereits im darauffolgenden Jahr die zweite. Robinson der Jüngere wurde in viele europäische Sprachen übersetzt. Es gab ihn für den Schulunterricht in Latein, Altgriechisch, in Englisch und Französisch. Auch die Türken und Letten bekamen ihre Übersetzung. Die 40. rechtmäßige Auflage erschien 1848 mit Zeichnungen von Ludwig Richter, die 109. im Jahre 1884.
[17] Kleßmann, *Louis*, S. 19.
[18] Leyser, *Campe*, Bd. 2, S. 301. Brief W. v. Humboldts an Campe vom 31. 8. 1781. Auch in: *Briefe von und an Joachim Heinrich Campe*, Bd. 1, Wiesbaden 1996.
[19] Zum »Familieninstitut«, eine Wohn- und Erziehungsgemeinschaft, Katalog, *Campe*, S. 21, 33 ff.
[20] Das Vieweg-Haus am Burgplatz überstand den letzten Krieg und wurde mit Veränderungen restauriert. Vieweg verlegte David Gillys *Handbuch der Landbau-Kunst*.

[21] Karl Friedrich Klöden (1786–1856) wuchs in der Mark unter ärmlichen Verhältnissen auf und wurde 1824 Direktor der neuen Friedrichswerderschen Gewerbeschule, die er bis 1855 leitete. Durch die Zusammenarbeit mit Beuth gehörte er zum engeren Umkreis Schinkels. Klöden, *Von Berlin nach Berlin. Erinnerungen 1786–1824*, 2. Aufl., Berlin 1978, S. 144 f.
[22] Philipp I. Rehfues, *Neuster Zustand der Insel Sicilien*, 1. Teil, Tübingen 1807, S. 34. Rehfues wird als »Bibliothekar Sr. Kgl. Hoheit des Kronprinzen von Württemberg« genannt.
[23] Campe versichert, daß er keine »erdichteten« Personen auftreten läßt und »meistenteils wirklich vorgefallene Gespräche« wiedergibt. Ihm war es »ungemein wichtig, ... durch eine treue Darstellung wirklicher Familienszenen« aufzuzeigen, welches Verhältnis zwischen Erziehern und Kindern »notwendig obwalten muß. Wo dieses glückliche Verhältnis in seiner ganzen Natürlichkeit einmal eingeführt worden ist, da sinken viele der sittlichen Erziehung entgegenstehende Klippen von selbst nieder ...«. Zit. bei Ewers, *Textsammlung*, S. 14.
[24] Joachim Heinrich Campe, *Die Entdeckung von Amerika*. 1. Teil, *Kolumbus oder die Entdeckung von Westindien*, 1781; 2. Teil, *Cortez*; 3. Teil, *Pizarro*, mit Karte, Tübingen 1782.
[25] Campe, *Pizarro*, 1782, S. 51. – Auszüge aus *Pizarro* bei Ewers, *Textsammlung*.
[26] Subskriptionsliste.
[27] Sein Bruder Heinrich schrieb: »Die Tugenden des Columbus habe ich eben so bewundert als ich die schlechten Handlungen seiner Feinde verabscheut habe«. Leyser, *Campe*, Bd. 2, S. 67, 70.
[28] Campe, *Kolumbus*, Vorrede vom Juni 1781.
[29] Ewers, *Textsammlung*, S. 327 f.
[30] Ebd., S. 329.
[31] Campe, *Pizarro*, S. 53.
[32] Ewers, Textsammlung, S. 332 f.
[33] Ebd., S. 333.
[34] Ebd., S. 335.
[35] John A McCarthy, »Amerika«. In: *Lexikon der Aufklärung*, hsg. von Werner Schneiders, München 1995.
[36] Siehe Kap. »Die Aufklärung in Berlin und Neuruppin«, Anm. 133.
[37] Schulschrift 1789.
[38] J. J. Meyer, *Franklin der Philosoph und Staatsmann*, Alt-Stettin 1787, Gillys Bibl. 34, 122.
[39] Siehe Kap. »Geschichtsunterricht am Grauen Kloster«.
[40] McCarthy, *Amerika*.
[41] Mackowsky, *Schinkel*, S. 188. Brief an seinen Schwager, den Oberbauinspektor Berger, vom 18. 7. 1838.
[42] Friedrich Nicolai, *Beschreibung einer Reise durch Deutschland und die Schweiz, im Jahre 1781. Nebst Bemerkungen über Gelehrsamkeit, Industrie, Religion und Sitten*, Bd. 1, Berlin und Stettin 1783.
[43] Campe, 5. Teil der Reisebeschreibungen, *Wilhelm Isbrand Bonteku's merkwürdige Abenteuer auf einer Reise aus Holland nach Ostindien*, Vorwort, S. 4.
[44] Campe, 5. Teil der Reisebeschreibungen, Vorwort.
[45] Brilli, Attilio, *Als Reisen eine Kunst war. Vom Beginn des modernen Tourismus. ›Die Grand Tour‹*, Berlin 1997, S. 32.

[46] Ewers, *Textsammlung*, S. 439 f. – Johann Georg Friedrich Papst (auch Pabst, 1754–1821), Prof. in Erlangen, 1796 Pfarrer, 1817 Dekan und Schulinspektor. *Die Entdeckungen des fünften Weltteils oder Reisen um die Welt. Ein Lesebuch für die Jugend*. 5 Bde. 1783–1790. Der wiedergegebene Textabschnitt bezieht sich auf Byrons Reise.
[47] Ewers, *Textsammlung*, S. 441.
[48] Ulrich Herrmann, »Campes Pädagogik – oder: die Erziehung und Bildung des Menschen zum Menschen und Bürger«, in: Campe, S. 151 f.
[49] Campe, 9. Teil der Reisebeschreibungen. Über die Bewohner der Pelju-Inseln.
[50] Campe, 7. Teil der Reisebeschreibungen, Vorwort u. S. 114. – Campe hat hier die neuesten Reisebeschreibungen von Brydone, Riedesel, Swinburne und Bartels gegeneinander ergänzt, die Beschreibung von Brydone »gereinigt« und das »Anziehendste und Gemeinnützigste« aus allen Berichten ausgewählt. Brydones Reise durch Sicilien und Malta in Gillys Bibliothek (Gillys Bibl. 22, 216).
[51] Vgl.: Fertig, *Campe*, S. 19.
[52] Campe, *Reise des Herausgebers von Hamburg bis in die Schweiz im Jahr 1785*. Ewers, Textsammlung, S. 406 f.
[53] Ewers, *Textsammlung*, S. 413 f.
[54] Fontane, *Ruppin*, S. 112.
[55] Humboldt notierte auf der gemeinsamen Parisreise mit Campe, er könne »sich nicht in die Art finden, wie er [Campe] die Dinge ansieht. Seine und meine Gesichtspunkte liegen immer himmelweit auseinander. Ewig hat er vor Augen und führt es im Munde das, was nützlich ist, was die Menschen glücklicher macht, und wenn es nun darauf ankommt, zu bestimmen, was das ist, so ist diese Bestimmung immer so eingeschränkt. Für das Schöne, selbst für das Wahre, Tiefe, Feine, Scharfsinnige in intellektuellen, für das Große, in sich Edle in moralischen Dingen, scheint er äußerst wenig Gefühl zu haben, wenn nicht mit diesem zugleich ein unmittelbarer Nutzen verbunden ist.« Zit. bei Fertig, *Campe*, S. 38.
[56] Ewers, *Textsammlung*, S. 417 f.
[57] Joachim Heinrich Campe, *Theophron oder Der Erfahrne Rathgeber für die unerfahrne Jugend*, 3. gänzlich umgearbeitete Ausgabe, Braunschweig 1790; 1. Aufl., Hamburg 1783; die 11. Auflage 1843, neu bearbeitet 1873.
[58] Zit. bei Brüggemann, Ewers, *Handbuch*, Sp. 638.
[59] Campe wünschte sich, daß in seinem Buch die »ehrenvolle Bestimmung eines Schulbuchs« zuteil werde. Brüggemann, Ewers, *Handbuch*.
[60] *Kurzer Auszug aus Campe's Theophron, ein Leitfaden für den mündlichen Unterricht*. Vgl. Brüggemann, Ewers, *Handbuch*, Sp. 638.
[61] Joachim Heinrich Campe, *Väterlicher Rat für meine Tochter. Ein Gegenstück zum Theophron. Der erwachsenen weiblichen Jugend gewidmet*, Braunschweig 1789, 1796. Hierzu: Pia Schmidt, »Ein Klassiker der Mädchenerziehungstheorie«, in: Katalog, Campe, S. 205–214.
[62] Brüggemann, Ewers, *Handbuch*, Sp. 639 ff.
[63] Ewers, *Textsammlung*, S. 122.
[64] Campe nennt die Hauptfigur *Theophron*, »weil sein wahrer Name nichts zur Sache tut«. Ewers, *Textsammlung*, S. 123.

⁶⁵ *Theophron*, 1783, S. 10.
⁶⁶ Ebd., S. 14.
⁶⁷ *Theophron*, 1790, S. 30 ff.
⁶⁸ Ebd., S. 55.
⁶⁹ *Theophron*, 1783, S. 13.
⁷⁰ Ebd., S. 186.
⁷¹ Ebd., S. 52, 54; *Theophron*, 1790, S. 185.
⁷² *Theophron*, 1983, S. 162.
⁷³ Ebd., S. 112.
⁷⁴ *Theophron*, 1790, S. 408.
⁷⁵ *Theophron*, 1783, S. 153 f.
⁷⁶ Ebd., S. 151 f.
⁷⁷ *Theophron*, 1790, S. 395 f.
⁷⁸ Schinkels Brief an den Bildhauer Christian Daniel Rauch vom 14. 11. 1816. Zit. bei Zadow, *Schinkel*, S. 118.
⁷⁹ Vgl.: Zadow, *Schinkel*, S. 27.
⁸⁰ Johann Gottfried Langermann (1768–1832), Chef des preußischen Medizinalwesens, Liederkomponist und Mitglied der Singakademie, der auch Schinkel eine Zeitlang angehörte.
⁸¹ Brüggemann, Ewers, *Handbuch*, Sp. 644.
⁸² *Theophron*, 1783, S. 185.
⁸³ Ebd., S. 184.
⁸⁴ Ebd., S. 178.
⁸⁵ Ebd., S. 181.
⁸⁶ Riemann, *Italien*, S. 94 f.
⁸⁷ Ebd., S. 110.
⁸⁸ *Theophron*, 1783, zit. bei Ewers, *Textsammlung*, S. 133 f.

Schuljahre am Grauen Kloster

¹ Mackowsky, *Schinkel*, S. 25. Selbstbiographie, in: Brockhaus, 12. Band, 2. Teil, 1826, S. 38–41. Nach der Handschrift.
² Geh. Staatsarchiv PK. St. Nikolai, St. Marien. Akte: Geistl. Departement Churmark. Packett 188 Berlin. R. 47. B. 4, Etat der Predigerwitwen- u. Waisenkasse vom 1. 11. 1799 bis 1800.
³ Scholtz, *Briefe*, S. 10 (2. Brief): »Paris hat in mehr als 50 000 Häusern 600 000 Menschen, London gar nur in fast 120 000 Häusern 800 000 Menschen. Berlin hingegen in 10 000 Häusern über 150 000 Einwohner. (Also nicht wie jene Städte 1 Haus zu 7 oder 12, sondern zu 15 bis 16 Einwohnern)«.
⁴ Neander von Petersheiden, *Neue anschauliche Tabellen von der gesammten Residenz-Stadt Berlin oder Nachweisung aller Eigentümer, mit ihrem Namen und Geschäfte, wo sie wohnen, die Nummer der Häuser, Straßen, Plätze wie auch die Wohnungen aller Herren Officiere hiesiger Garnison, zum zweitenmale dargestellt*, Berlin 1801, S. 150.
⁵ Paul Ortwin Rave, *Ansichten*, Ansicht 4. Vgl.: *Johann Georg Rosenberg. Die Berliner Stiche. Stadtansichten aus der Zeit Friedrichs des Großen*, mit einer Einleitung von Ursula Cosmann und Texten von Peter P. Rohrlach, Berlin 1995, S. 42.
⁶ Es gab vier militärische Hauptwachen. Die anderen drei lagen auf dem Schloßhof, am Brandenburger Tor und Unter den Linden, gegenüber dem Palais des Königs. L. Freiherr von Zedlitz, *Conversations-Handbuch für Berlin und Potsdam zum täglichen Gebrauch der Einheimischen und Fremden aller Stände*, Berlin 1834, S. 300 f.; Reprint, Berlin 1979.
⁷ Wie Anm. 2.
⁸ In Teltow, eindreiviertel Meilen südlich der Stadt, zahlte man für ein »ganzes recht gutes Haus mit Garten« 16 Taler. Scholtz, *Briefe*, S. 16.
⁹ Hausarchiv von St. Marien, Berlin, Statuten des Predigerwitwenhauses, Abschrift in Acta III, St. Nicolai, Kirche Nr. 35.
¹⁰ Neander, *Tabellen*, S. 55.
¹¹ Riemann, *Italien*, S. 72.
¹² Valentin Rose (1762–1807), Vormund des fast 20 Jahre jüngeren Schinkel, erbte die Apotheke von seinem Vater, Valentin Rose d. Ä. (1736–1771). Doch da er bei dessen Tod erst neun Jahre alt war, führte zunächst sein Gehilfe, der später als Entdecker des Urans und Titans berühmt gewordene Chemiker Martin Heinrich Klaproth (1743–1817), bis zu Valentins Volljährigkeit die Apotheke. Zu Schinkels Grabmal Klaproths, Rave, *Schinkel. Berlin 3*, S. 318.– Jahre später begann ein anderer berühmter Mann im »Weißen Schwan«: Fontane absolvierte bei Roses Sohn Wilhelm die Apothekerlehre. Hans Scholz, *Wanderungen und Fahrten in der Mark Brandenburg*, 7, 1982, S. 80 f.
¹³ Das Haus Nr. 15 gehörte 1801 der Witwe Salomon (siehe Neander, *Tabellen*, S. 57) aus der gleichnamigen Bankierfamilie. Im *Allgemeinen Industrie-Adreßbuch* von Berlin (1807) wird Rose unter der Rubrik *Christliche Bankiers*, Heilige-Geist-Str. 15, genannt. Vgl.: hierzu Kapitel »Neuruppiner Freunde«.
¹⁴ Katalog der Akademieausstellung 1787, Nr. 145.
¹⁵ *Berliner Adreßkalender auf das Jahr 1795*.
¹⁶ Per Daniel Atterbom, *Reisebilder aus dem romantischen Deutschland*, Stuttgart 1970, S. 48.
¹⁷ Scholtz, *Briefe*, S. 8 f.
¹⁸ Siehe Kap. »Kränzlin«.
¹⁹ Gero von Wilcke, »Zur Herkunft Schinkels«, *Archiv für Sippenforschung*, 47. Jg., Heft 83 (Sept. 1981). Zwei Angaben Wilckes sind zu berichten. Laut dem Neuruppiner Kirchenbuch wurde Schinkels Bruder am 28. 9. 1782 geboren und am 14. 10. getauft. Er starb am 10.7.1795 im Hause des Hofrats *Stantcke* (nicht Handcke).
²⁰ Neander, *Tabellen*, S. 41.
²¹ Vgl.: Tabelle »Rangordnunglisten«.
²² Waagen, *Schinkel*, S. 316.
²³ Schulschrift 1796, S. 11.
²⁴ Allerdings mißfiel ihm, daß dort nicht genügend Latein gegeben werde und »der wissenschaftliche Unterricht« für die Humaniora – die allgemeine Bildung des klassischen Altertums – wenig Zeit ließe. Schwartz, *Gelehrtenschulen*, Bd. 2, S. 504.
²⁵ Schulmatrikel, Berliner Stadtbibliothek, Abtlg. Ratsbibliothek.
²⁶ Anton Friedrich Büsching (1724–1793), Professor in Göttingen und Petersburg, 1766 als Direktor an das Gymnasium zum Grauen Kloster und zum Oberkonsistorialrat nach Berlin berufen. Seine Lebensgeschichte, in: Büsching, *Beiträge zur Lebensgeschichte merkwürdiger Personen*, Halle 1789.
²⁷ Friedrich Gedike, »Zu meiner Einführung als Direktor des Berlinisch-Köllnischen Gymnasiums am 4.10.1793«, in: *Gesammelte Schulschriften*, Bd. 2, Berlin 1795, S. 288.
²⁸ Als er dort 1776 Subrektor wurde, fand er in der Prima nur einen, in der Sekunda drei, in der Tertia sechs Schüler vor. Als er 1793 das Rektorat abgab, besaß das Gymnasium mit 310 Schülern eine beachtliche Frequenz. Insgesamt hatte er 1107 Schüler aufgenommen. Scholtz, *Gedike*, Jahrbuch, S. 128–181, S. 150.
²⁹ Sein Vater (1718–1762) war in Spandau Garnison- und Zuchthausprediger, dann vom Predigeramt suspendiert, bis er in Boberow (bei Wittenberge) 1753 eine Pfarrstelle bekam. Dort wurde Gedike 1754 geboren. Erzogen im Steinbartschen Waisenhaus, Theologiestudium in Frankfurt (Oder). Auf Empfehlung Steinbarts holte 1775 Probst Spalding den 21jährigen Gedike als Erzieher seiner Söhne in sein Haus. Durch Spaldings Empfehlung wurde Gedike 1776 Subrektor am Friedrichswerderschen Gymnasium, 1779 dort Direktor, 1784 Berufung ins Oberkonsistorium, 1787 in das im Juni d. J. von Friedrich Wilhelm II. zur »allmählichen Verbesserung des Schul- und Erziehungswesens« gestiftete Oberschulkollegium. Im Sommer 1791 übernahm Gedike, zusätzlich zum Direktorat an der Werderschen Schule, die Mitdirektion des von Büsching geleiteten Gymnasiums zum Grauen Kloster. Nach dessen Tod legte er das Werdersche Direktorat nieder und übernahm im Oktober 1793 vollends die Leitung. Vgl.: Friedrich Gedike, »Selbstbiographie«, in: *Gesammelte Schulschriften*, Bd. 1, Berlin 1789, S. 241 ff. – Franz Horn, *Friedrich Gedikes Biographie aus den Papieren desselben*, Berlin 1808.
³⁰ Klaus Günzel, *König der Romantik. Das Leben des Dichters Ludwig Tieck in Briefen, Selbstzeugnissen und Berichten*, Berlin 1981, S. 56.
³¹ *Allgemeine Encyclopädie der Wissenschaften und Künste*, 55. Teil, 1852, S. 427–436, »Friedrich Gedike« (v. Heinrich Döring). Vgl.: Horn, *Gedike*.
³² Karl Heinrich Jördens, *Denkwürdigkeiten*, Bd. 2, 1812, S. 187.
³³ Büsching, *Lebensgeschichte*, S. 552.
³⁴ Schulschrift 1796, S. 5.
³⁵ *Einladungsschrift zur Gedächtnisfeier 1796*, darin die vorjährige Rede von Prof. Fischer, Schulschrift 1794, S. 31.
³⁶ Schulschrift 1794, S. 31.
³⁷ Schulschrift 1796, S. 8.
³⁸ Ebd.
³⁹ Peter Rohrlach, »Die Bibliothek des ehemaligen Berlinischen Gymnasiums zum Grauen Kloster«, *Miniaturen zur Geschichte, Kultur und Denkmalpflege Berlins*, Heft 12 (1983), S. 65. Vgl.: Peter Rohrlach, »Die Sammlungen des Grauen Klosters in Berlin«, in: *Jahrbuch für Brandenburgische Landesgeschichte*, Bd. 12, Berlin 1961, S. 31 f.
⁴⁰ *Schicksale deutscher Baudenkmäler im zweiten Weltkrieg*, Bd 1, München 1978, S. 6.
⁴¹ Schulschrift 1796, S. 9.
⁴² Ebd., S. 12.
⁴³ Ebd.
⁴⁴ Friedrich Gedike, »Praktischer Beitrag zur Methodik des öffentlichen Schulunterrichts«, 1781, in: *Schulschriften*, Bd. 1, S. 77.
⁴⁵ Hirsch, *Aufklärung*, S. 92.
⁴⁶ Gedike: »Überhaupt machen wir es uns zur Pflicht, außer der Bildung des Verstandes auch für die moralische Bildung, soviel wir nur irgend können und dürfen, zu sorgen und jede sich dazu in unserm Wirkungskreis darbietende Gelegenheit sowohl als Ganzen als bei einzelnen Subjekten zu nutzen.« Schulschrift 1796, S. 4.

47 Waagen, *Schinkel*, S. 309.
48 Schinkel und Beuth verlangten von den Eleven moralische Qualitäten. In den Grundsätzen des Gewerbinstituts heißt es 1829: »Es ist die Pflicht der Zöglinge des K. Gewerbinstituts, sich der Wohltat wert zu zeigen, welche der Staat ihnen durch die Aufnahme angedeihen läßt. Diese Anstalt ist für sehr fähige, fleißige, ordentliche und moralische Menschen bestimmt; andere werden daraus entfernt. Ihr anzugehören soll eine Auszeichnung sein. Wahrer Gewerbfleiß ist ohne Tugend nicht denkbar. ... Die Disziplin ist streng ...« H. J. Straube, »Chr. P. Wilhelm Beuth«, *Deutsches Museum*, 2, Heft 5, 1930, S. 134.
49 Friedrich Gedike, »Hoffnung und Furcht, Lob und Tadel auf der Waage des Pädagogen«, o.J., *Schulschriften*, Bd. 2, S. 71.
50 Schulschrift 1796, S. 27.
51 Direktor Gedike: »Die Lektionen gehen im Sommer wie im Winter um 8 Uhr an und dauern bis 12 Uhr. Nachmittags geht der Unterricht um 2 Uhr an und dauert bis 5 Uhr. Mittwochs und Sonnabends nachmittags sind keine Lektionen. Zwischen den Stunden wird eine halbe Viertelstunde pausiert.« Schulschrift 1796, S. 14.
52 Die von Gedike bereits am Werderschen Gymnasium eingeführte Maßnahme war zu Recht nicht unbestritten. Aber den Einwänden (auch öffentlichen), »daß dadurch leicht Erbitterung und Feindschaft unter den jungen Leuten veranlaßt werden könne«, hielt Gedike entgegen, daß diese »mit eben so vielem Nutzen als Vergnügen angewandten Methode« zu den Lieblingsbeschäftigungen meiner Schüler gehört ... wenngleich zuweilen einige sich mitunter eines zu schneidenden und satyrischen Tons bei der Beurteilung bedienten«. Ein unbefangener junger Mensch »nimmt eine bittere Rezension von einem seines Gleichen nicht so ernsthaft und empfindlich auf«, Schulschrift 1784, in: *Schulschriften*, Bd. 1, S. 354 ff.
53 Schulschrift 1796, 15.
54 Ebd., S. 34 f.; Gedike: »In jedem Vierteljahr ist eine kleine und eine große Zensur, jene in der Mitte, diese am Ende jedes Vierteljahrs. Bei der kleinen Zensur tritt eine Klasse nach der andern auf, und nun werden ihr in Gegenwart der anderen Klassen die mir vorher eingehändigten Urteile aller Lehrer über den allgemeinen Geist der Klasse mit spezieller Auszeichnung der vor andern besonderes Lob oder Tadel verdienenden Subjekte von mir vorgelesen und überall mit zweckmäßigen mündlichen Erinnerungen begleitet. Auch wird bei diesen kleinen Zensuren manche bis dahin verschobene Strafe vollzogen. – Bei der großen Zensur zirkuliert vorher ein eigenes Buch für jede Klasse, in welchem für jedes Mitglied der Klasse eine eigene Seite bestimmt ist, auf welche jeder Lehrer sein Urteil über Aufführung, Aufmerksamkeit, Fleiß und Fortschritte desselben niederschreibt. Bei der großen Zensur wird nun ein Auszug dieser einzelnen Urteile über jeden Schüler nach der Reihe von mir vorgelesen. Dieser ... Auszug wird jedem Schüler vierteljährig, jedem Gymnasiasten halbjährig, als ein schriftliches, von allen Lehrern unterschriebenes Zeugnis zugestellt, das er seinen Eltern vorzeigen muß. ... Nur die Primaner sind von dieser Wiedervorzeigung dispensiert. ... Bei der großen Zensur werden zugleich die Versetzungen und die Veränderungen der Rangordnung bekannt gemacht.«
55 Gedike, *Methodik*, S. 99.
56 Ebd., S. 101.
57 Über Schinkels Einflußnahme als Beamter äußerte sich kritisch Goerd Peschken, in: *Karl Friedrich Schinkel, Werke und Wirkungen in Polen*, Ausstellungskatalog, Berlin 1981, S. 239.
58 Wortlaut von Heindorfs Rede, in: *Einladungsschrift zum Wohltäter-Fest* 1798, S. 12.
59 Ebd., S. 10.
60 Ebd., S. 11.
61 Scholtz, *Gedike*, Jahrbuch, S. 175.
62 *Berlinische Monatsschrift* 1792. Jan., Okt., Nov., Dez.: »Ideen über Staatsverfassung, durch die neue französische Konstitution veranlaßt«; »Über die Sorgfalt des Staates für die Sicherheit gegen auswärtige Feinde«; »Über die Sittenverbesserung durch Anstalten des Staates«. Nach dem Teilabdruck dieser Untersuchung (auch in Schillers *Neue Thalia*) und weil die Zensur wegen weiterer Publikation Schwierigkeiten gemacht hatte, Humboldt selbst außerdem bald Bedenken vortrug, diese unausgereifte »grüne Frucht« der Öffentlichkeit vorzulegen, wurde das Manuskript erst 1851 unter dem Titel *Ideen zu einem Versuch, die Grenzen der Wirksamkeit des Staates zu bestimmen* gedruckt.
63 Gottlob Johann Christian Kunth (1757–1829), studierte die Rechte und wurde aus Mangel an Mitteln 1777 Hofmeister der Brüder Alexander und Wilhelm von Humboldt, bei denen er bis 1789 blieb, danach als Beamter im preußischen Staatsdienst, Mitarbeiter an den Reformen Steins und Hardenbergs, gründete 1824 in Berlin das erste Realgymnasium.
64 Johann Jakob Engel (1741–1802), Schriftsteller, 1776 Professor der Philosophie und der schönen Wissenschaften am Joachimsthalschen Gymnasium. Mitglied der Akademie und Lehrer des Prinzen Friedrich Wilhelm (nachmaligen Königs Friedrich Wilhelm III.), 1786 Direktion des neuerrichteten Berliner Nationaltheaters, die er zusammen mit Ramler bis 1794 innehatte.
65 Walther Abel, »Lateinisch und Griechisch an Berliner Schulen«, in: *Berlin und die Antike*, S. 203.
66 *Berlinische Monatsschrift*, 1792, S. 438.
67 Gedike: »Wir leben Gottlob in einem Zeitalter, in welchem die Väter der Völker es immer mehr einsehen und fühlen, welch ein wichtiger Teil ihrer Regentenpflicht die Sorge für die Nationalerziehung ist. ... O gewiß, auch Friedrich Wilhelm [II.], der Gütige, der Geliebte, der in dem Glücke Seines Volkes eignes findet, kann und wird die zweckmäßige Bildung künftiger Generationen Seiner Königlichen Aufmerksamkeit nicht entgehen lassen.« »Einige Gedanken über Schulbücher und Kinderschriften«, 1787, in: *Schulschriften*, Bd. 1, S. 454.
68 Ulrich Herrmann, »Die Pädagogik der Philanthropen«, in: *Klassiker der Pädagogik*, hsg. v. Hans Scheuerl, 2. Aufl., München, S. 150.
69 Humboldt, *Monatsschrift*, 1792, S. 592.
70 Ebd., S. 441.
71 Ebd., S. 606. Vgl.: Hermann Weimer und Walter Schöler, *Geschichte der Pädagogik*, Berlin und New York, 18. Aufl., 1976, S. 150 f.
72 Herrmann, »Gedike«, S. 13.
73 Scholtz, *Gedike*, S. 177. Siehe auch: Günzel, *Tieck*, S. 54 f.
74 Schneiders, *Lexikon*, »Humanität«.
75 U. Herrmann, *Philanthropen*, S. 140.
76 Ebd., S. 140.
77 Zit. in: *Wilhelm von Humboldt. Individuum und Staatsgewalt. Sozialphilosophische Ideen*, Leipzig 1985 (Reclam Universal-Bibliothek), S. 143.
78 Schulschrift 1794, S. 17.
79 Schulschrift 1796, S. 34 f.
80 Ebd., S. 11.
81 Mackowsky, *Schinkel*, S. 25.
82 Waagen, *Schinkel*, S. 317. Dies war 150 Jahre hindurch die Lesart. Johannes Krätschell wies zuerst darauf hin, Schinkel sei bereits als Sekundaner abgegangen. Krätschell, »K. F. Schinkel in seinem Verhältnis zur gothischen Baukunst«, *Zeitschrift für Bauwesen*, 42. Jg. (1892), Sp.163. Ein anderer Biograph, W. Büchel, deutete Schinkels Aussage als von ihm selbst unbewußt oder bewußt vorgenommene »biographische Klitterung«. Büchel, *Schinkel*, S. 20.
83 Schulschrift 1798, S. 31.
84 Rede bei der Übernahme des Direktorats, Schulschrift 1794, S. 29.
85 Die drei Ranglisten habe ich mit freundlicher Unterstützung von Herrn Dr. Peter Rohrlach in der Berliner Zentral- und Landesbibliothek einsehen können.
86 Schulschrift 1796, S. 40.
87 Tabelle ist erstellt aus den Verzeichnissen der Abiturienten seit der ersten Abiturprüfung zu Ostern 1789, in: Schwartz, *Gelehrtenschulen*, Bd. 2, S. 382–386.
88 Friedrich Gedike, »Einige Gedanken über die Methode zu examinieren«, 1789, in: *Schulschriften*. Bd. 2, Berlin 1795, S. 101.
89 Schulschrift 1796, Abgangsvermerke, S. 44.
90 Schulschrift 1794, S. 29.
91 Der Vater war Kaiserlich-Russischer Gesandter in Lissabon, nachmals in Berlin. Der Sohn wurde dann aber von Kaiser (Zar) Paul zum Leutnant der reitenden Garde und bald zu einem seiner Flügeladjutanten ernannt. Schulschrift 1797, S. 26 f.
92 Ranglisten des Gymnasiums, Schülermatrikel.
93 Karl Wilhelm Ferdinand Solger, *Nachgelassene Schriften und Briefwechsel*, 2. Bde., hsg. von Ludwig Tieck und Friedrich von Raumer, Faksimiledruck, Heidelberg 1973, nach der Ausgabe von 1826, Bd. 1, Vorrede.
94 Waagen, *Schinkel*, S. 352.
95 Ebd.
96 Schulschrift 1799. – Schwartz, *Gelehrtenschulen*, Bd. 2, S. 385.
97 Gustav Parthey, *Jugenderinnerungen*. Neu hsg. von Ernst Friedel, Berlin 1907, Bd. 2, S. 226. Parthey (1798–1872) war Schüler am Grauen Kloster. Er war dort mit Gustav Rose, dem Sohn von Schinkels Vormund Valentin R., zusammen in der Groß-Tertia und auch später mit ihm befreundet. – Im Frühjahr 1802 begann Solger eine Reise durch die Schweiz und Frankreich, von der er am Jahresende zurückkehrte. Anfang 1803 ließ er sich in Berlin bei der Kriegs- und Domänenkammer anstellen, »mehr, um gewissermaßen einen Vorwand zu haben, welcher seinen Aufenthalt in der Stadt rechtfertigen könne, als daß es sein ernster Vorsatz gewesen wäre, sich nun für immer dem Geschäftsleben zu widmen.« Daneben setzte er seine Studien, »besonders die griechischen mit dem

größten Eifer fort«. *Nachgelassene Schriften*, Bd. 1, S. 19 ff., 84.

[98] Wolzogen, *Schinkel*, Sp. 72. Vgl.: Franz Kugler, *Karl Friedrich Schinkel. Eine Charakteristik seiner künstlerischen Wirksamkeit*, Berlin 1842, S. V.

[99] U. a.: Loth mit Töchtern, Abraham und Isaak, Bathseba, Rebecca, Ahasver und Esther, Jupiter in der Gestalt des Stiers Europa, die Geburt des Bacchus. Außerdem ein Porträt von Friedrich dem Großen, und vier von Streit selbst: im Alter von 30 Jahren, mit 45, mit 52 und 72. Verzeichnis der Gemälde, in: Büsching, *Beiträge*, 4. Teil, 1786, S. 333–336.

[100] Friedrich Gedike, »Nachricht von Sigismund Streit und seiner Stiftung für das Berlinische Gymnasium«, Berlin 1794, in: *Einladungsschrift zur Gedächtnisfeier* am 29. Oktober 1794. – Streit verließ die Schule als 14jähriger, ging 1701 nach Altona (bei Hamburg) und später nach Leipzig. Von dort machte er sich auf den Weg nach Italien – und zwar zu Fuß! Streit war 22 Jahre alt, als er 1709 Venedig erreichte, und 89, als er in Padua starb. Das von ihm gestiftete Vermögen belief sich nach Gedikes Angaben 1794 mit Zins und Zinseszins auf fast 200 000 Taler. Es ermöglichte nicht nur den Neu- und Umbau des Schulgebäude, sondern auch die Finanzierung diverser wohltätiger Einrichtungen: Stipendien für ausgezeichnete Schüler, eine Wohnkommunität für Auswärtige, Freitische und eine Lehrerwitwenkasse. Außerdem vermachte Streit der Schule seine kostbare Bibliothek. Schulschrift 1796, S. 39.

[101] Erstmals 1795, Schulschrift 1796, S. 39.

[102] Einladungsschrift 1796, S. 14 ff.

[103] Siehe die Nr. 8 auf dem Festprogramm von 1796.

[104] Seidentopf las in Geographie wöchentlich einmal die wichtigsten Zeitungsnachrichten vor, um die Schüler mit den neuesten Veränderungen der Staaten bekanntzumachen. Begemann, *Lehrer*, S. 78. Was in der Welt vorging, das wurde sofort im Geschichtsunterricht dem Lehrstoff einverleibt; ebd., Anm. S. 53.

[105] Brief an Valentin Rose, in: Riemann, *Italien*, S. 70 f.

[106] Brief an Heinrich Graf Reuß-Schleiz-Köstritz (1752–1814), ebd., S. 69. Schinkel zeichnete für ihn um 1802 mehrere unausgeführte Entwürfe zu einem großangelegten Schloßbau.

[107] Horn, *Gedike*, zum Reiseverlauf: Am 22. 6. in Nürnberg, 27. 6. in Zürich. Am 3. Juli überquert er zu Fuß und zu Pferd den Sankt Gotthard. Am 18. 7. in Florenz, am 20. 7. erreicht er Rom und verweilt dort fünf Tage. Am 27. Juli Ankunft in Neapel. Am 4. August meldet er sich wieder aus Rom, am 11. 8. ist er bereits in Florenz. Dann in Venedig. Von dort rechnet er noch vier Wochen für die Rückreise. Aber in Venedig erreicht ihn die Nachricht, daß Professor Michelsen, schwer erkrankt sei. »Michelsens Krankheit beunruhigt mich sehr«, schreibt er am 18. August aus Venedig, »es ist dies eine schlimme Sache fürs Gymnasium.« Von dort will er nach Zürich, »wo ich den Berlinischen Wagen habe stehen lassen«, und von dort in zehn Tagen in Berlin sein. – Den napoleonischen Kunstraub sprach Gedike in seinen Briefen nicht an. Knapp zwei Wochen vor Gedikes Eintreffen in Rom ging die letzte Lieferung am 8. Juli 1797 in zwölf rotgestrichenen Spezialwagen von Rom ab. Die riesigen Ballen trugen die Aufschrift »À la République Francaise«. Überall auf dem Wege in den Städten und Dörfern sahen Menschenmassen die Wagenkolonne dahinziehen. H. H. Pars, *Noch leuchten die Bilder*, Stuttgart 1953, S. 192.

[108] Schulschrift 1798. Rede auf Michelsen und Thieme.

[109] Antrittsrede von Prof. L. F. Heindorf jr. auf der Wohltätigkeitsfeier am 22. 12. 1797. Siehe Kap. »Humanistisch oder Philanthropisch?«

[110] Schinkel nahm an den Feiern von 1794, 1795, 1796 teil. Aus Waagens Angaben wäre zu schließen, daß Schinkel das Gymnasium bereits im Sommer verließ, was indes nachweislich zu früh ist. Waagen, *Schinkel*, S. 317.

[111] *Schinkel*, 1981, Nr. 103.

[112] Friedrich Gedike, »Verteidigung des Lateinschreibens und der Schulübungen darin«, 1783, in: *Schulschriften*, Bd. 1, S. 289. Gedike: Um den Genius einer Sprache zu erfassen und in ihre Eigentümlichkeiten und Feinheiten tiefer einzudringen, seien Übungen im lateinischen Ausdruck unentbehrlich (S. 300). – Friedrich der Große hatte 1779 dekretiert: »Lateinisch müssen die jungen Leute absolut lernen, davon gehe ich nicht ab, es muß nur darauf raffiniert werden, auf die leichteste und beste Methode, wie es den jungen Leuten am besten beizubringen; wenn sie auch Kaufleute werden oder sich zu was anderem widmen, wie es auf das Genie immer ankommt, so ist ihnen das doch allezeit nützlich«. Zit bei Scholtz, *Gedike*, S. 172.

[113] Schulschrift 1796, S. 9.

[114] Vgl.: Schwartz, *Gelehrtenschulen*, Bd. 2, S. 391. Die Angaben beziehen sich auf den Unterricht am Friedrichswerderschen Gymnasium, dürften aber auch auf das Graue Kloster zutreffen.

[115] Vgl. dazu die Lehrerbiographien im Anhang.

[116] Prinz Ferdinand (1730–1813), Bruder Friedrichs des Großen.

[117] Vgl. Schulschrift 1796, S. 18.

[118] Um den Lateinunterricht aufzulockern, ließ Gedike 1786 am Friedrichswerderschen Gymnasium in der Tertia »außer dem *Justin* noch die *Lieberkühnische* lateinische Übersetzung des *Campischen Robinsons*, dieses für die Jugend höchst interessanten und lehrreichen Buches zu nicht geringem Vergnügen der jungen Leute, bis zur Hälfte« lesen. Ob er dies auch am Grauen Kloster tat, bestätigt er nicht. Friedrich Gedike, »Einige Gedanken über Schulbücher und Kinderschriften«, 1787, in: *Schulschriften*, Bd. 1, S. 456.

[119] Gedike, »Einige Gedanken über die Ordnung und Folge der Gegenstände des jugendlichen Unterrichts«, 1791, in: *Schulschriften*, Bd. 2, S. 165.

[120] Nach Szambien, *Schinkel*, S. 98 folgte er der Übersetzung von Aloys Hirt. Außerdem in Gillys Bibliothek: *Krubsacius wahrscheinlicher Entwurf von des jüngern Plinius Landhaus und Garten*, Leipzig 1768, Gillys Bibl. 17, 91.

[121] Gedike, *Schulbücher*, S. 456. – *C. Plinius Secundus Naturgeschichte* in Gillys Bibliothek in deutscher Übersetzung von G. Grosse, 5 Bde., Frankfurt 1781–1787. Gillys Bibl. 32, 34–38. – *C. Plinii Secundi historiae mundi, libri 37 ex editione J. Dalechampii*, Frankfurt am Main 1608.

[122] Friedrich Gedike, »Über die Verbindung des wissenschaftlichen und philologischen Schulunterrichts«, 1780, in: *Schulschriften*, Bd. 1, S. 29, 31.

[123] Gedike, *Schulbücher*, S. 457.

[124] Gedike: »Von dem griechischen Sprachunterricht wird jeder, der es verlangt, dispensiert, indem für diejenigen Gymnasiasten aller Klassen, welche kein Griechisch lernen, eine eigene Lektion angeordnet ist, worin eben während der vier Stunden, in welchen das Griechische in vier Klassen getrieben wird, abwechselnd einzelne Teile der Mathematik, Physik, Naturgeschichte, ferner Technologie, Handlungswissenschaft und dergleichen, mit Rücksicht auf die jedesmaligen Fähigkeiten und Bedürfnisse dieser aus den vier Klassen des Gymnasiums ausgehobenen Ungriechen vorgetragen werden. Es ist jedoch jetzt sehr selten, daß solche Jünglinge, die zum Studieren bestimmt sind, von dem Griechischen dispensiert zu werden verlangen.« Schulschrift 1796, S. 10.

[125] Wolzogen, *Schinkel*, 1864, Sp. 248.

[126] Waagen, *Schinkel*, S. 352.

[127] Gedike: Die lateinische Sprache habe sich ganz nach der griechischen »gebildet, obgleich sie in Reichtum, Biegsamkeit, Kraft, Würde, Feinheit und Grazie weit hinter ihr zurückbleibt«. Hinzu käme, daß die griechische Sprache »in ihrem inneren Bau, vernehmlich in Ansehung ihrer Biegsamkeit zu allen Modifikationen der Begriffe und Empfindungen, weit mehr Ähnlichkeit mit unserer deutschen Sprache hat als die lateinische« (Gedike, *Ordnung*, S. 168). Gedike setzte sich öffentlich für die Förderung des Griechischen an Schulen, das früher nur Pflichtstudium für Theologen war, ein. Im Oberschulkollegium kämpfte er gegen die bei Lehrern und Schülern verbreitete Abneigung (Schwartz, *Gelehrtenschulen*, Bd. 1, S. 28). Er registrierte 1791 mit Genugtuung, nun habe man sich »größtenteils überzeugt, daß das Studium der griechischen Sprache und Literatur nicht sowohl einen Teil der theologischen als vielmehr überhaupt der gelehrten Vorbereitung ausmache, und daß zur Bildung eines richtigen Geschmacks die Bekanntschaft mit der griechischen Literatur und Sprache jedem studierenden Jüngling nicht genug empfohlen werden kann«. Gedike, *Ordnung*, S. 171.

[128] *Pindari Carmina selecta*, 1786. Pindar (geb. um 518 v. Chr., gest. nach 446), griech. Lyriker, Dichter und Komponist. Von seinen 17 Büchern, die Preislieder auf Menschen und Götter enthielten, sind nur die vier Bücher mit den Siegesgesängen für die Preisträger der Olympischen, Pythischen, Nemeischen und Isthmischen Wettkämpfe erhalten. Goethe wurde 1771 durch Herder auf Pindar hingewiesen. Stark ist Pindars Einfluß auf Hölderlin.

[129] Vorreden, in 6. Auflage, Berlin 1795.

[130] Im Sommer 1795 lasen die Schüler die *Iliade*, im Frühjahr 1796 die *Odyssee*. Homer, Ende d. 8. Jh. v. Chr., Übersetzungen in Deutschland im 18. Jh. von Bürger, Stolberg und Voß. Vor allem Winckelmann und Goethe wurden von Homer angeregt.

[131] Johann Heinrich Voß (1751–1826), Dichter und Übersetzer. Seine Übertragung Homers (*Odyssee* 1781, *Ilias* 1793) hat diesen in Deutschland bekannt gemacht. *Odyssee*, Gillys Bibl. 31, 3–4; *Iliade*, Gillys Bibl. 31, 1–2.

[132] Cyrus d. Ä., Begründer des Perserreiches (gest. 529 v. Chr.).

¹³³ Herodot (geb. um 490 v. Chr., gest. ca. 425 bis 420) war mit Sophokles und Perikles befreundet. Sein Werk umfaßt die Geschichte Griechenlands bis zum Jahre 479 v. Chr., vor allem die Perserkriege.
¹³⁴ Thukydides (geb. 460 v. Chr., gest. 400), gibt einen Abriß der Zeit zwischen den Perserkriegen und dem Peleponnesischen Krieg und verwendet Augenzeugenberichte und Urkunden.
¹³⁵ Übersetzt von J. E. Goldhagen, Leipzig 1766, Gillys Bibl. 23, 248–249. Pausanias (geb. um 110/115 n. Chr., gest. 175) ist wegen der reichhaltigen Beschreibung der antiken Stätten und ihrer Kulte wichtig für die antike Kunst- und Kulturgeschichte, für die Religionswissenschaft, Mythologie und Topographie. – Weitere Titel bei Gilly: *Griechisches Lesebuch für Anfänger*; *Anfangsgründe der griechischen Sprache*, von J.D. Trendelenburg (1791); *Griechisch-deutsches Wörterbuch für die Jugend* (1784), von Dillenius; *Gedichte aus dem Griechischen übersetzt* (1782), von C.G. Graf von Stolberg; Gillies' *Geschichte von Altgriechenland*, aus dem Engl., 2 Bde., 1787.
¹³⁶ Gedike, *Verbindung*, S. 33.
¹³⁷ Hans-Joachim Gehrke, *Alexander der Große*, München 1996, S. 20 f.
¹³⁸ *Kindlers Literatur Lexikon*, dtv München 1974, Bd. 17, S. 7460.
¹³⁹ Peter Gay, *Zeitalter der Aufklärung*, 1967, S.142.
¹⁴⁰ In der *Berlinischen Monatsschrift* thematisierte er öfters die zeitgenössische deutsche Literatur. Bereits im ersten Heft von 1783 druckte er Ramler sowie einen Aufsatz »Haben wir klassische Schriftsteller?« Der Verfasser, der Küstriner Hofprediger Stosch, beantwortete die Frage dahingehend, daß die zeitgenössischen Schriftsteller in dem Sinne als »klassisch« bezeichnet werden dürften, als sie »die Lieblingsschriftsteller der ganzen Nation« seien. Er nannte u. a. Gellert, E. v. Kleist, Ramler, Wieland, Hagedorn, Klopstock, Lessing.
¹⁴¹ *Allg. Enzyklopädie der Wissenschaften und Künste*, 55. Teil, 1852, S. 428. – Graf Ewald Friedrich von Hertzberg (1725–1795), preuß. Staatsmann. Als Kurator der Berliner Akademie beförderte er namentlich die Literatur und die weitere Ausbildung der deutschen Sprache.
¹⁴² Friedrich Gedike, »Einige Gedanken über deutsche Sprach- und Stilübungen auf Schulen«, 1793, in: *Schulschriften*, Bd. 2, S. 235.
¹⁴³ Welche Barrieren beim Abfassen von Briefen zu überwinden waren, zeigen Anrede und Schluß eines Schreibens der evangelischen Stände des Fränkischen Kreises, welches im Namen eines Fürsten, eines Grafen einer Reichsstadt an das Reichskammergericht gerichtet war, bei welchem der Kammerrichter und die Präsidenten Grafen, die Assessoren teils adligen, teils bürgerlichen Standes waren: »Unsern respective freundlichen, günstigen und gnädigen Gruß, auch freundliche und bereitwillige wie auch gehorsame Dienste zuvor. Hoch- und Wohlgeborene, Edle, Veste und Hochgelahrte, besonders liebe Herren und liebe Besondere, Wie auch resp. Hochgeborene, auch Wohl- und Hochedelgeborene, Hochgeehrteste, auch resp. vielgeliebte und hochgeehrte Herren Vettern, dann auch hoch- und vielgeehrte, wie auch weiters resp. insonders hochgeneigt- und hochgeehrteste Herren! Wir haben aus Eurer Excellenzen und resp. Liebden, wie auch hochgräflichen Excellenzen, dann Derselben und Unserer resp. hoch- und vielgeehrten, auch insonders hochgeneigt- und hoch-geehrtesten Herren Schreiben u. s. w. Eurer Excellenzen und Derselben wie auch resp. Liebden und hochgräflicher Existenzen und deren Herren Dienst- und freundwilliger, auch wohlaffektionirter, dann resp. ergebenst-, auch dienst- und freundwilliger, wie auch unterdienstwilligergehorsam- und dienstergebenster Karl Wilhelm (Markgraf von Ansbach).« Zit. bei Schwartz, *Gelehrtenschulen*, Bd. 1, S. 32 f.
¹⁴⁴ Leo Balet und E. Gerhard, *Die Verbürgerlichung der deutschen Kunst, Literatur und Musik im 18. Jahrhundert*, Frankfurt am Main, Berlin und Wien 1973, (Ullstein Buch), S. 182 f.
¹⁴⁵ Schulschrift 1793, S. 255. Johann Christoph Adelung, *Anweisung zur deutschen Orthographie*, Leipzig 1788, 5. Auflage, 1834; *Deutsche Sprachlehre für Schulen*, Berlin 1781; *Über den deutschen Stil*, 3 Bde., Berlin 1785/86. – J. C. Adelung (1732 bis 1806), Grammatiker und Lexikograph, Prof. am evangelischen Gymnasium zu Erfurt, 1787 Hofrat und Oberbibliothekar in Dresden.
¹⁴⁶ Gedike, *Stilübungen*, S. 273. Das Thema durfte jeder selbst wählen, sollte es aber der Klasse durch »Anheftung eines Zettels« rechtzeitig bekanntgeben, damit sich die Mitschüler ebenfalls damit beschäftigen konnten.
¹⁴⁷ Siehe Kap. »Abenteuererzählungen«.
¹⁴⁸ Schulschrift 1796, S. 19.
¹⁴⁹ Schulschrift 1796, S. 23. Johann Joachim Eschenburg, *Entwurf einer Theorie und Literatur der schönen Wissenschaften. Zur Grundlage bei den Vorlesungen*. Frankfurt und Leipzig 1790, 1. Aufl., 1783. Eine Rezension und Inhaltsübersicht im *Braunschweigischen Journal*, August 1789. – J. J. Eschenburg, (1743–1820), Braunschweiger Hofrat und Literaturprofessor.
¹⁵⁰ Gedicht Gedikes zu Ramlers Geburtstag am 25. 2. 1793, in dem es heißt: »Es lebe Freund Ramler, der Schöpfer und Sammler, von Rosen und Nelken, die nimmer verwelken ... Mit heißer Begierde. Dein Ahnherr Horaz, Willkommen Du Zierde des Preußischen Staats«, zit. bei Horn, *Gedike*, S. 267. Karl Wilhelm Ramler (1725–1798), 1748 bis 1790 Professor der Berliner Kadettenanstalt. Schrieb Oden in antiken Versmaßen. *Lyrische Gedichte*, 1772. Er gab Anthologien zeitgenössischer, umgearbeiteter Dichtungen heraus, *Lieder der Deutschen*, 1766.
¹⁵¹ J. J. Eschenburg, *Beispielsammlung zur Theorie und Literatur der schönen Wissenschaften*, Bde. 1–8, Berlin 1788–1795 (bei Friedrich Nicolai). Mit Register sämtlicher genannten Schriftsteller und der ausgewählten Beispiele (etwa 500 Namen). Eschenburg folgt in der Beispielsammlung der systematischen Ordnung seines *Entwurfs*. Lehrer und Lernende »erhalten durch diese Sammlung, in wenigen Bänden, eine Handbibliothek der schönen Literatur, und werden dadurch mit einer Menge von Schriftstellern bekannt gemacht, deren Werke ihnen bisher noch fremd waren, und ihnen vielleicht niemals, oder doch erst spät, oder wenigstens nicht ohne viel Mühe und Kosten in die Hände gekommen wären« (Vorrede). – In den einzelnen Abteilungen der Handbibliothek sind jeweils Abschnitte aus den Werken griechischer, römischer, italienischer, französischer, englischer und deutscher Autoren von der Antike bis in die Gegenwart in der Originalsprache gegenübergestellt. Diesen Zitaten (fast immer ohne Übersetzung) hat Eschenburg jeweils eine kurze Nachricht über den Verfasser und eine literarisch-kritische Würdigung vorangestellt.
¹⁵² Im 7. und 8. Band läßt es Eschenburg zumeist bei der kritischen Würdigung bewenden und zitierte nur gelegentlich aus »den schönsten und berühmtesten Schauspielen etwas länger«. Auf ähnliche Art behandelt er die prosaischen Schriftsteller »jeder Gattung«.
¹⁵³ Börsch-Supan, *Bühnenbilder*, Bd. 1, S. 82.
¹⁵⁴ Christian Fürchtegott Gellert (1715–1769), hielt in Leipzig seit 1745 Vorlesungen über Moral, Poesie und Beredsamkeit, 1751 ord. Prof. In seinen Schriften vertrat er das Tugendideal der Aufklärung, so in seinen vielgelesenen *Fabeln und Erzählungen* (1746, 1748). Sein Stil war dem Umgangston angepaßt, klar, natürlich, nüchtern. Erfolgreich waren seine *Geistlichen Oden und Lieder* (1757), deren Ton rationaler Frömmigkeit dem Zeitgeschmack entsprach.
¹⁵⁵ Sekunda und Prima jeweils in zwei Abteilungen unterteilt, um die Schwächeren von den Stärkeren abzusondern. Madlinger (Prima) und Spalding (Sekunda) unterrichteten beide Abteilungen ihrer Klasse. Schulschrift 1796, S. 20, 28, 29.
¹⁵⁶ Arnaud Berquin (1749–1791), berühmter französischer Jugendschriftsteller. Wurde bekannt durch seinen *Ami des enfants*, eine Nachahmung des *Kinderfreund* von Weiße. Trug viel zur Aufklärung der unteren Klassen Frankreichs bei. Seine Jugendschriften wurden um 1900 noch immer neu gedruckt.
¹⁵⁷ Den Unterricht erteilten (1796) in zwei Abteilungen mit je zwei Stunden ein Herr Amberg, stellvertretend für den auf einer Englandreise befindlichen Herrn Oreilly. Schulschrift 1796, S. 30.
¹⁵⁸ Friedrich Gedike (Hsg.), *Englisches Lesebuch für Anfänger* nebst *Wörterbuch und Grammatik*. Wörterbuch (mit ca. 5000 Vokabeln), kleine Sprachlehre 36 S., 1. Aufl., Berlin 1795; 3. Aufl., 1804. Es enthält in bewährter Themenvielfalt auf 160 Seiten 262 kleinere Lesestücke aus zeitgenössischen englischen Quellen, Büchern und Zeitschriften, häufig mit umgangssprachlichen Wendungen. U. a. aus *Spectator*, *Guardian*, *Anecdotes of Frederick the Great* (1792), *Trufler's Compendium of useful Knowledge* (1788), *Adam's Flowers of modern History* (1790), *Dodd's Beauties of History* (1796), *Family Picture by Holcroft* (1783), *Adams Anecdotes* (1790), *The Festival of Wit* (15. Aufl. 1793) u. a. m.
¹⁵⁹ An seine Frau Susanne. Riemann, *England*, S. 170. Vgl.auch: Wegner, *Frankreich und England*. – Danckelmann, zeitweiliger Reisebegleiter Schinkels, nicht ermittelt. Evtl. ein Abkömmling des ehemaligen preußischen Justizministers Eberhard Frh. von Danckelmann (1643–1722).
¹⁶⁰ Im Jahre 1796 vier Wochenstunden in zwei Abteilungen, künftig auch in der Prima.
¹⁶¹ Geh. Staatsarchiv PK, Acta d. Kgl. Schulkollegiums betr. Leonini, Rep. 76 Alt. Abt. I, No. 520.
¹⁶² Gillys Bibl. 31,3.
¹⁶³ Schulschrift 1797, S. 20.
¹⁶⁴ *Schinkel in Polen*, 1987. Siehe auch: Kühn, *Ausland*.
¹⁶⁵ Wolzogen, *Schinkel*, 1864, Sp. 90.
¹⁶⁶ Schwartz, *Gelehrtenschulen*, Bd. 2, S. 407.

167 Waagen, *Schinkel*, S. 335.
168 Schulschrift 1796, S. 21, 28.
169 Johann Christoph Gatterer (1727–1799), 1759 ordentlicher Professor der Geschichte in Göttingen. Gründete dort das erste historische Institut. In Gillys Bibliothek Gatterers *Versuch einer allgemeinen Weltgeschichte bis zur Entdeckung Amerikas*, Göttingen 1792. Gillys Bibl. 33, 69.
170 Gedike schrieb 1781 eine *Ode, dem glücklichen Alter Friedrichs des Großen gesungen* und publizierte in der *Berlinischen Monatsschrift* 1786 seine Maurerrede zum Andenken des Königs. *Gelehrtes Teutschland, Allg. Enzykl.*, »Gedike«, S. 436.
171 Rede zur Gedächtnisfeier vom 28.12.1798, in: *Einladungsschrift* von 1799, S. 7 ff.
172 In seinem Buch über *Die Staatsverfassung der Vereinigten Staaten von Nordamerika*, 1795. – Herrmann, »Gedike«, S. 15.
173 Auch Campe war der Ansicht, »daß man in einem wohleingerichteten monarchischen Staate, und unter einem gerechten und weisen Regenten, der nicht willkürlich, sondern gesetzmäßig herrscht, viel ruhiger und glücklicher als in einem stürmischen Freistaate leben könne.« Campes Brief aus Paris, Katalog, *Campe*, S. 30.
174 Siehe Anmerkung Nr. 171.
175 Zit. bei Herrmann, »Gedike«, S. 15.
176 *Römische Geschichte, Ciceros Zeitalter umfassend*, von C. Middleton, aus dem Englischen von Seidel, verbunden mit Ciceros Lebensgeschichte, 4. Bde., Danzig 1791–1793. In Gillys Bibliothek *Geschichte des Verfalls und Unterganges des Römischen Reiches*, gekürzt nach Edward Gibbon, aus dem Englischen von Seidel, 3 Bde., 1790. Gillys Bibl. 33, 52–54. Seidel hatte sich durch die Herausgabe englischer Geschichtswerke und verfassungsrechtlicher Studien bereits einen Namen gemacht und arbeitete an einer *Geschichte des heutigen Europa*. – Das Geistliche Departement empfahl 1806 für den Unterricht Gatterers *Universal-Geschichte*, E. Spittlers *Staaten-Geschichte* und Schlözers *Weltgeschichte*, 1785. Gillys Bibl. 32, 42. Schwartz, *Gelehrtenschulen*, Bd. 1, S. 50.
177 Eschenburg, in *Entwurf einer Theorie*. Eschenburg beklagt (*Entwurf, Historische Schreibart*) bei allen Verdiensten der Deutschen um die Geschichtswissenschaft den Mangel an Geschichtsschreibern, »die von Seiten der historischen Schreibart den Ausländern und den Alten gleich geschätzt« werden. Diesen Mangel hätten Schröckh, Schlözer, Schiller und andere »abzuhelfen angefangen« (S. 353 f.) – Schröckhs *Weltgeschichte* war vorgesehen für Kinder bis 15 Jahre und darüber. Wilhelm von Humboldt las den Schröckh als 14jähriger auf Geheiß seines Hauslehrers, des späteren preußischen Staatsrats Kunth. Humboldt 1787 an Campe: »Außer dem Lesen bediene ich mich manchmal noch eines anderen Mittels, die Geschichte recht gut zu lernen. Ich entwerfe manchmal Abschilderungen großer und berühmter Männer, die Herr Kunth korrigiert«. Leyser, *Campe*, Bd. 2, S. 299 ff.
178 Schröckh, *Allg. Weltg.* 1. Hauptteil, Alte Geschichte, S. 173.
179 Schwartz, *Gelehrtenschulen*, Bd. 2, S. 405, 407.
180 Berlin 1762, 4. Aufl., 1780. – Herrmann, »Gedike«, S. 14.

181 Will & Ariel Durant, *Kulturgeschichte der Menschheit*, Bd. XXVIII, S. 109 f. – George Louis Leclerc Graf von Buffon (1707–1788), Begründer der Paläontologie. *Histoire naturelle générale et particulière,* 36 Bde., 1749–1788.
182 Gedike, *Ordnung*, S. 158.
183 Schwartz, *Kulturkampf*, S. 315.
184 Gedike bezeichnete sie noch 16 Jahre nach ihrem Erscheinen als »unübertroffen«. Schulschrift 1788, S. 46. In Nicolais *Allg. Deutschen Bibliothek* wurde sie 1773 gepriesen als »gemeinnützige Bemühung ... zur herzlichen Annehmung eines aufgeklärten und praktischen Christentums«, Bd. 19, 1773, S. 82; Bd. 13–24, Anhang.
185 Schwartz, *Kulturkampf*, S. 157.
186 Samuel Friedrich Nathanael Morus, *Epitome theologiae christianae*, Lipsia (Leipzig) 1789. Das Werk wurde in Dezember 1792 zur offiziellen Einführung an den Universitäten bestimmt. Schwartz, *Kulturkampf*, S. 370. – Schulschrift 1796, S. 21. – Johann F. Heynatz, *Kurzer Inbegriff der christlichen Gottesgelahrtheit*, Leipzig 1794. – Das Buch von Morus befriedigte die Rechtgläubigen nicht ganz und wurde von den Aufklärern nicht gerade abgelehnt. Schwartz, *Kulturkampf*, S. 370.
187 Die Mängel wurden abgestellt und die vorgeschriebenen Lehrbücher eingeführt. Geheimes Staatsarchiv PK, Rep. 76 Alt. Abt. I. No. 521. – Schwartz, *Gelehrtenschulen*, Bd. 1, S. 50 ff. Wortlaut der Revisionsprotokolle. – Schwartz, *Kulturkampf*, S. 314.
188 Kabinettsorder von Friedrich Wilhelm II. an Wöllner. Schwartz, *Kulturkampf*, S. 270 f.
189 Monika Peschken-Eilsberger, *Rauch*, Brief von Agnes Rauch an den Vater vom 21. 4. 1826.
190 Unter Büschings theologischen, pädagogischen, historisch-geographischen und biographischen Schriften steht die *Neue Erdbeschreibung* an erster Stelle. Hamburg 1754–1792. (11 Teile, wovon die 10 ersten Europa behandeln; der 11. Teil, Asien, blieb unvollendet.)
191 Friedrich Gedike, »Gedanken über die Methode beim geographischen Unterricht«, 1779, in: *Schulschriften*, Bd. 1, S. 16.
192 Gedike, *Geographie*, S. 1.
193 Ebd., S. 9 f.
194 Ebd., S. 11 f.
195 Eine davon »L. S.« signiert (vermutl. Ludwig Schumann), die andere mit ihm gemeinsam signiert. Berlin Museum, Katalog der Zeichnungen. – Im Skizzenbuch, S. 29, 173.
196 Friedrich Gedike, »Einige Gedanken über deutsche Sprach- und Stilübungen auf Schulen«, 1793, in: *Schulschriften*, Bd. 2, S. 270.
197 Schulschrift 1796, S. 21.
198 Gedike: »Ein höchst nützliches und in fruchtbarer Kürze viel wissenswürdiges enthaltendes Schulbuch«. Schulschriften, Bd. 2, S. 456. – Schulschrift 1796, S. 28.
199 Schulschrift 1796, S. 28.
200 Ebd., S. 21.
201 Ebd., S. 23.
202 Ebd., S. 23.
203 Friedrich Gedike, »Anmerkungen über Unterrichtsgegenstände«, in: *Schulschriften*, Bd. 1, S. 457 f.
204 Ebd., S. 457.
205 Christian Ludwig Ideler (1766–1846), seit 1794 Astronom für die Kalenderberechnung im preu-

ßischen Staat, dann Studiendirektor des Kadettenkorps, 1821 Berufung an die Berliner Universität.
206 Schulschrift 1796, S. 22. Wöchentlich zwei Unterrichtsstunden.
207 Johann Franz Encke (1791–1865), Astronom, Studium in Göttingen unter Gauß, 1817 Direktor der Sternwarte Seeberg bei Gotha, 1825 Astronom der Akademie der Wissenschaften und Direktor der neu zu erbauenden Sternwarte in Berlin.
208 Gedike, *Ordnung*, S. 173.
209 Johann Christian Polykarp Erxleben, *Anfangsgründe der Naturgeschichte*, 2. verm. u. verb. Auflage, 1773, ohne Register, mit Hinweisen auf neu erschienene Bücher, mit Kupfern (138 Figuren), Göttingen und Gotha, 1. Aufl., 1768; 3. Aufl., 1791. – Gedike nennt in der Schulschrift allerdings nur die *Naturlehre*, doch ist davon auszugehen, das auch die *Naturgeschichte* benutzt wurde. – J. P. Erxleben (1744–1777), Mediziner und Naturforscher, studierte in Göttingen Medizin und Naturwissenschaft bei A. G. Kästner, 1771 Professor der Physik in Göttingen.
210 Siehe Kap. »Naturlehre«.
211 Vorreden von 1768 und 1773.
212 Konrad von Gesner (1516–1565), Naturforscher und Polyhistor, genannt der »deutsche Plinius«. Die Naturgeschichte erhob er zu einer Wissenschaft und suchte sie durch eigene Forschungen und Beobachtungen zu bereichern. Seine Leistungen in der Zoologie waren grundlegend. Hauptwerk: *Historia animalium*, 4 Bde., Zürich 1551–1558.
213 Carl von Linné (1707–1778), schwedischer Naturforscher, bereiste 1732 Lappland, 1739 Präsident der von ihm angeregten schwedischen Akademie der Wissenschaften, 1741 Professor der Medizin in Uppsala, 1742 der Botanik. Linné schuf die Grundlagen der botanischen Fachsprache. Das Linnésche System des Pflanzenreichs (Sexualsystem) beruht hauptsächlich auf Zahl und Anordnung der Staub- und Fruchtblätter. – Erxleben folgte dem System Linnés und Michel Adansons, räumte jedoch ein, daß bisweilen »nicht aus Vorurteil, sondern aus Überzeugung von diesen beiden großen Namen abweichen« und andern folgen mußte. – Michel Adanson (1727–1806), französischer Botaniker, bereiste 1748–1753 das Senegalgebiet. Sein Werk *Méthode nouvelle pour apprendre á connaître les différentes familles des plantes*, Paris 1764, enthält die wichtigsten neuen Entdeckungen der Wissenschaft.
214 George Anson, Lord von Soberton, britischer Admiral (1697–1762), umsegelte mit einem kleinen Geschwader 1740 das Kap Hoorn, steuerte dann durch die Südsee, umschiffte das Kap der Guten Hoffnung und kehrte 1744 zurück. Seine kühne Expedition wurde von Walter und Robins in dem damals vielgelesenen Buch *George Anson's voyage round the world* beschrieben, von dem 1749 eine deutsche Übersetzung vorlag. Siehe Kap. »Kindheits- und Jugendlektüre«.
215 Schulschrift 1796, S. 21.
216 Siehe Kap. »Die Übersiedlung nach Berlin«.
217 Schulschrift 1796, S. 21 f.
218 Riemann, *Italien*, S. 32, 33.
219 Die größte Gruppe sind die Insekten, mehr als 600 000. Etwa 7000 Säugetierarten; 20.000 Vogelarten; 12 000–20 000 Fischarten; 4 000 Kriechtierarten; 1300–1400 Lurcharten. Außerdem

sind über 100 000 ausgestorbene Tierarten aus den verschiedenen Klassen bekannt.
220 Schulschrift 1796, S. 21.
221 Ebd., S. 22. – J. C. P. Erxleben, *Anfangsgründe der Naturlehre,* 4. Aufl., mit Zusätzen von G. C. Lichtenberg, Göttingen 1787, mit 8 Kupfern und Register (weit über 1000 Stichwörter), 748 S.; 1. Aufl. 1772; 6. Aufl. 1794. – Georg Christoph Lichtenberg (1742–1799), Physiker und Satiriker, bezog 1763 die Universität Göttingen, wo Kästner und Meister seine Lehrer und bald seine Freunde wurden, 1769 in Göttingen außerordentl. Professor, 1774 Mitglied der Göttinger Sozietät der Wissenschaften, zwei Studienreisen nach England, bald nach der Heimkehr (1775) ordentl. Professor. Mit Georg Forster gründete er das *Göttingische Magazin*, 1. Stück 1780.
222 Schulschrift 1796, S. 22.
223 Gillys Bibl. 34, 75.
224 Schulschrift 1796, S. 23 f.
225 Ebd. – »Mechanische Künste«, Bezeichnung für das Kunsthandwerk und -gewerbe.
226 Schulschrift 1796, S. 23, 24.
227 Als Lehrbuch und Leitfaden diente sehr wahrscheinlich Eschenburgs *Handbuch der klassischen Literatur, Altertumskunde und Mythologie*, 1783, darin 1. Teil, »Archäologie der griechischen Literatur« (S. 21–51), 2. Teil, »Archäologie der römischen Literatur« (S. 60–86).
228 Schulschrift 1796, S. 18, 24.
229 Günther Karl Friedrich Seidel, *Des Publius Ovidius Naso Metamorphosen in fünfzehn Büchern. Für Schulen in einem Auszuge herausgegeben*, Berlin 1794, 203 Seiten und 22 Seiten Register. – Textauslassungen sind durch verbindende Worte überbrückt. Seidel: »In dem bunten Gemisch tragisch-komischer Fabeln, die Ovid ... in ein zusammenhängendes erzählendes Gedicht einzwängte, liegen viele Ideen aus der grauen Vorzeit verborgen.« Seidel folgt der vierbändigen Ovid-Ausgabe (1724) des Philologen Peter Burmann (1668 bis 1741).
230 Friedrich Gedike, *Griechisches Lesebuch für die ersten Anfänger*, 6. Aufl., 1795; Ebd., XIV. Mythologische Erzählungen aus dem Apollodor, S. 93–116; XV, Einige Gespräche aus dem Lukian, S. 121–133.
231 Publius Ovidius Naso, *Metamorphosen*, Epos in 15 Büchern, Stuttgart 1995 (Reclam Universal-Bibliothek), Einleitung, S. 11.
232 Unter Büsching las Michelsen mit der Sekunda Ovid und gab für die Klasse außerdem eine gesonderte einstündige »Unterredung über Mythologie«. Lehrplan 1787/88. Geh. Staatsarchiv PK, Acta des Oberschulkollegiums 1788–1802.
233 Gedike: »Sie hat schon damals, da sie als Theologie galt, mancherlei Unglück hervorgebracht; obgleich sie auch feine Allegorien für den Verstand, entzückende Gegenstände für die schönen Künste und wichtige historische Überbleibsel für den Forschungsgeist lieferte. ... Mancher Dichterling, wie Sie wissen, glaubt im Ernste, ein mythologischer Name, ein mythologisches Faktum könne den Mangel an erhabenen Gedanken, neuen Wendungen und schönem Ausdruck ersetzen. Wir sollen Griechen und Römer werden, und wir bleiben doch so gerne, was wir sind – Deutsche.« Scholtz, *Briefe*, S. 103 f.

234 Friedrich Gedike, »Über die mannigfaltigen Hypothesen zur Erklärung der Mythologie«, 1791, in: *Vermischte Schriften*, Berlin 1801, S. 93.
235 Gedike, *Mythologie*, S. 92.
236 Ebd., S. 65.
237 Seidel, *Metamorphosen*, S. 137, 77, 157, 118.
238 Gedike, *Mythologie*, S. 99.
239 Fr. Rambach, *Abriß einer Mythologie für Künstler zu Vorlesungen*, Berlin 1796, Teil 1, S. 53.
240 Konrad Levezow, »Denkschrift auf Friedrich Gilly«, Berlin 1801, S. 226, in: *Gilly und die Privatgesellschaft junger Architekten*.
241 Karl Philipp Moritz, *Götterlehre oder mythologische Dichtungen der Alten*, Berlin 1791, mit Kupfern, in: Karl Philipp Moritz, *Werke*, in 3 Bde., hsg. von Horst Günther, 2. Band, *Reisen, Schriften zur Kunst und Mythologie*, Frankfurt am Main 1981, S. 927; die 9. Auflage 1848. – Moritz (1756–1793) war kurze Zeit Lehrer am Philanthropinum in Dessau, später am Grauen Kloster, 1791 Mitglied der Akademie der Wissenschaften. Goethe, mit dem Moritz in Rom zusammentraf, hielt große Stücke auf ihn.
242 Moritz, *Götterlehre*, S. 611 f.
243 Ebd., S. 626 f.
244 Ebd., S. 632.
245 Zugeeignet den Oberkonsistorialräten Teller und Zöllner, den beiden Ephoren des Gymnasiums zum Grauen Kloster, sowie Oberkonsistorialrat und Direktor Gedike. 1. Auflage 1794. – Das *Mythologische Wörterbuch* wurde nach Moritz' Tod (1793) von Valentin Heinrich Schmidt, Professor und Prorektor der Köllnischen Schule, fortgesetzt. Aufgenommen wurden vor allem Gegenstände des Schulunterrichts. Benutzt wurden Schwab, Damm, Eschenburg, Ramler, Vogels Versuch über die Religion der alten Ägypter und Griechen. Auch Winckelmanns Denkmäler der Kunst sowie Murrs Abbildungen der Gemälde und Altertümer im Kgl. Neapolitanischen Museum zu Portici. Vorrede 1794.
246 *Neues Mythologisches Wörterbuch nach den neuesten Berichtigungen für studierende Jünglinge und angehende Künstler, zusammengetragen von Paul Friedrich Achat Nitsch*, Leipzig 1793. 1860 Seiten, mit antiken Quellenhinweisen. Gillys Bibl. 21, 195.
247 Als empfehlenswerte Literatur nennt Eschenburg im *Handbuch* K.W. Ramlers kurzgefaßte Mythologie, 1790, 2 Bde. mit Kupfern, allegorischen Personen, zum Gebrauch der bildenden Künstler; Höpfners *Handbuch der griechischen Mythologie*, Erfurt 1795, sowie beide mythologischen Bücher von Moritz und Nitsch's *Neues mythologisches Wörterbuch*.
248 Solger, *Nachgel. Schriften*, Bd. 2, S. 680.
249 Ebd., S. 681 f.
250 Ebd., S. 682.
251 Werner Vordtriede (Hsg.), *Achim und Bettina in ihren Briefen*, 2 Bde., Frankfurt am Main 1961. Brief vom 8. August 1817.
252 Rave, *Genius*, S. 12.
253 Inhaltliche Beschreibung der Bilder, siehe: Wolzogen, *Nachlaß*, II, S. 331 ff.
254 Ebd., S. 333. – Erwähnenswert ist die Darstellung seiner Familie in antikischer Manier, in: *Schinkel*, 1981, S. 108).
255 Abbildung in: Adolf Max Vogt, *Blick in Griechenlands Blüte*, Frankfurt am Main 1985, S. 51.

Erste musische Bildung

[1] Schulschrift 1796, S. 25.
[2] Waagen, *Schinkel*, S. 119. – Wahrscheinlich Scheel, der in der Schulschrift von 1783 als Kantor genannt wird (Begemann, *Lehrer*, S. 56), oder der »Kantor, Organist und Schreibmeister« Karl Christoph Friedrich Rötscher, der von 1780 bis zu seinem Tode 1809 Gesangunterricht erteilte. Begemann, S. 74.
[3] Begemann, S. 113.
[4] Chordirektor Lehmann gehörte zu den außerordentlichen Lehrern des Gymnasiums. Gedike: »Vielleicht läßt sich bald eine Einrichtung machen, daß auch außer den Choristen andere Gymnasiasten, die nicht Mitglieder des Chores zu sein nötig haben, an dem Unterricht im Singen zur Ausbildung der Stimme teilnehmen können.« Schulschrift 1796, S. 31. – Schinkel war von 1813–1826 Ehrenmitglied der Singakademie. Auch seine Ehefrau Susanne und der mit ihm befreundete Staatsrat P. C. W. Beuth, der seit 1805 Tenor sang, gehörten der Singakademie an. Kuhlo, *Singakademie*, Mitgliederverzeichnis. Rave, *Schinkel. Berlin 1*, erw. Nachdruck, S. 148.
[5] Waagen, *Schinkel*, S. 319, 394.
[6] Hierzu: Eva Börsch-Supan, »Die Bedeutung der Musik im Werke Karl Friedrich Schinkels«, *Zeitschrift für Kunstgeschichte*, 1971, Heft 4, S. 257–295.
[7] Rave, *Genius*, S. 80 f.
[8] Dies bestätigt ein Vergleich mit dem Bildnis seiner Ehefrau. Abb. in: *Schinkel*, 1980, Nr. 89, 109.
[9] Schulschrift zum Osterexamen 1798. Wortlaut des Abgangsvermerks siehe Kap. »Rangordnungslisten«.
[10] Schulschrift 1796, S. 26.
[11] Gedike, *Ordnung*, S. 149.
[12] Ebd., S. 150.
[13] Georg Kaspar Nagler, *Neues Allgemeines Künstlerlexikon*, Bd. 22, 1852, nennt Zimmermann »als Zeichenlehrer am Gymnasium zu Berlin um 1796, ließ sich dann in Weimar nieder«. Gemeint ist zweifellos das Berlinisch-Köllnische Gymnasium. Das ehemalige Köllnische und das Berlinische Gymnasium wurden 1767 vereint zum »Gymnasium zum Grauen Kloster« Gedike, Schulschrift 1796, S. 5. – *Allgemeines Lexikon der bildenden Künstler*, Bd. 36, nennt Zimmermann »1795 als Zeichenmeister am Gymnasium zu Berlin«. Fr. Aug. Brückner stach nach ihm die Zeichnung einer Muse mit drei Dichtermedaillons (Wieland, Goethe, Schiller). Nach *Thieme, Becker* weder in den Weimarer Kirchenbüchern oder Archiven noch in der Goethe-Literatur erwähnt.
[14] Schulschrift 1797, S. 20. Standesherrschaft mit dem Titel eines Fürstentums im ehemaligen preußischen Regierungsbezirk Breslau. – Steinberg scheint nach 1800 nicht durchgehend unterrichtet zu haben, denn seine Arbeiten wurden auf den Ausstellungen von 1800 und 1802 mit dem Vermerk »aus Schlesien« angegeben. In der Regel wurden die Einsendungen nicht Berlinischer Künstler besonders gekennzeichnet. Im Akademiekatalog von 1806 taucht sein Name unter Nr. 180 wieder als »Lehrer am Berlinischen Gymnasio« auf.
[15] Schulschrift 1796, S. 29.
[16] Festschrift *Zur Jubelfeier der Kgl. Akad. Hochschule für Bildende Künste 1696–1896*, Berlin 1896,

S. 32. Dort bezeichnet als »Lehrer der Zeichenkunst am Gymnasium zum Grauen Kloster«. Otto Christian Sahler (um 1723–1810), geb. in Augsburg, ließ sich 1752 als Wachsbossierer in Dresden nieder, ging 1770 nach Berlin (Thieme, Becker). Vgl.: Ernst Riehn, *Karl Friedrich Schinkel als Landschaftsmaler*, Diss., Göttingen 1940.

[17] Ein Hinweis vielleicht im *Berliner Adreß-Kalender*.
[18] Thieme, Becker, Bd. 31, 1937. – Nagler, Bd. 17, 1847. Ebd., *Steinberg* als »Zeichenlehrer am Cöllnischen Gymnasio zu Berlin« genannt. »Es finden sich von ihm mehrere Zeichnungen nach großen Meistern.«
[19] Schadow, *Kunstwerke*, 1849, S. 260.
[20] Zadow, *Schinkel*, Kap. »Schinkel als Maler«.
[21] Festschrift, *Jubelfeier*, S. XX, 59. Nach Bergrat Moelter, Oktober 1787. Johann Gottfried Moelter, gest. 1805, Bergrat, Mitarbeiter des Ministers von Heinitz, Sekretär der Akademie der Künste.
[22] Festschrift *Jubelfeier*, S. XX.
[23] Meil, Johann Heinrich d. Ä. (1730–1820), Maler, Bildhauer, Kupferstecher und Medailleur, 1786 Rektor an der Kunstakademie (Vorsteher der Akademischen Zeichenklasse). Nicht zu verwechseln mit seinem jüngeren Bruder Johann Wilhelm Meil (1733–1805). Auch J. W. Meil war Maler, Zeichner, Kupferstecher, 1783 Rektor an der Akademie, nach dem Tode des Akademiedirektors Christian Bernhard Rode (1725–1797) Vizedirektor, 1801 als Direktor Amtsnachfolger von Chodowiecki.
[24] Meil, Johann Heinrich sen., *Unterricht im Zeichnen für Kinder,* Berlin 1789, 28 Seiten, 13 Tafeln. Meil betrachtete dieses kleine Werk »als Vorläufer eines größeren und weitläufigeren Werks über die Zeichenkunst und über alles, was damit in Verbindung steht, welches auch größeren Kindern in dieser Kunst die Augen öffnen soll, um richtiger und billiger in dieser weitläufigen Kunst, welche dem menschlichen Verstand so viel Ehre macht, urteilen zu lernen«, ebd. S. 27 f.
[25] Meil, *Zeichnen*, S. 3.
[26] Ebd., S. 20.
[27] Schwartz, *Gelehrtenschulen*, Bd. 2, S. 440.
[28] Im Registerband zu den Akademieausstellungen sind diese Katalognummern einem *Johann Christian* Heinicke zugeschrieben.
[29] Im Akademiekatalog wird Sahlers Vorname fälschlich mit *Johann* angegeben (Thieme, Becker).
[30] Mit Ausnahme der Gouachen. Helmut Börsch-Supan, »Schinkels Jugendarbeiten aus dem Besitz seines Freundes Ludwig Schumann«. *Schinkel*, 1981, S. 210.
[31] Ebd., S. 210 ff., Abb. Nr. 100, 102, 103, 104, 107, 108.
[32] *Schinkel*, 1982, Abb. Nr. 3.2.
[33] *Evangelisches Pfarrerbuch für die Mark Brandenburg seit der Reformation,* hsg. vom Brandenburgischen Provinzialsynodalverband, 2. Bd., Berlin 1941.
[34] *Schinkel*, 1981, Abb. Nr. 112.
[35] *Schinkel*, 1980, Abb. Nr. 25.
[36] *Schinkel*, 1981, Abb. Nr. 98.
[37] Ebd., Abb. Nr. 98–100.
[38] Ebd., Abb. Nr. 107 (1797), 109 und 110 (beide 1798).
[39] Ebd., Abb. Nr. 103.
[40] Ebd., Abb. Nr. 104.
[41] Ebd., Abb. Nr. 108.
[42] Ebd., Abb. Nr. 123, 124.
[43] Ebd., Abb. Nr. 120.
[44] Siehe Kap. »Christian Ludwig Stieglitz«.
[45] Wolzogen, *Nachlaß*, II, S. 342, Nr. 19.
[46] *Schinkel*, 1981, Abb. 132.
[47] Stanislas-Cécile-Xavier-Louis Girardin, *Promenade ou itinéraire des Jardins d'Ermenonville*, Paris 1788. Girardin war der Sohn des Marquis René Girardin, der, ein großer Verehrer Rousseaus, vieles in seinem Park nach dessen Ideen angelegt und ihn 1776 zu sich eingeladen hatte. Monika Peschken, »Friedrich Gillys Aufenthalt in Paris«, *Bauwelt* 1985, Heft 38, S. 1540.
[48] Monika Peschken, *Gilly*, Abb. S. 1540.
[49] Waagen, *Schinkel*, S. 324.
[50] Zadow, *Schinkel*, S. 77.
[51] Waagen, *Schinkel*, S. 324.
[52] Börsch-Supan, *Jugendarbeiten*, S. 210.
[53] Im Besitz des Berlin Museums. Katalog der Zeichnungen, Nr. 855, Skizzenbuch, S. 373–379, z. T. mit Abb. – Hierzu: *Schinkel*, 1981, Nr. 115, Skizzenbuch.
[54] Skizzenbuch, S. 51. – Hierzu: Rolf Bothe, »Karl Friedrich Schinkel. Skizzenbuch«, in: *Berlinische Notizen. Festgabe für Irmgard Wirth*, Berlin 1981, S. 68–71.
[55] Bothe, S. 68.
[56] Skizzenbuch, S. 65, 89, 133, 141, 166.
[57] Ebd., S. 27, 43, 161, 181, 191, 213, 253.
[58] Ebd., beide Skizzen auf S. 181.
[59] Ebd., S. 213.
[60] Ebd., S. 253.
[61] *Revolutionsarchitektur*, Ausstellungskatalog, Abb. 10 b. Nach Friedrich Gillys Aquatinta einer Basilika nach Philibert Delorrme, bezeichnet »Fr. Gilli inv., Schinckel fec. 98«. Die Datierung deutet darauf hin, daß Schinkel bereits zu diesem Zeitpunkt in einem Lehrverhältnis bei David Gilly stand.
[62] Ebd., Abb. 10 a.
[63] David Gilly besaß die Schrift von Philibert Delorme (Gillys Bibl. 5, 56), *Nouvelles inventions pour bien bastir & à petits fraix*, Paris 1561 (livre trés rare), aus der er auszugsweise den Traktat über die Bohlendächer übersetzte und 1797 erscheinen ließ. – David Gilly über Delorme, in: *Sammlung nützlicher Aufsätze*, Jg. 1799, Bd. 2, S. 125 ff., (»Vermischte Nachrichten«).
[64] *Schinkel*, 1981, S. 210.
[65] Vgl.: *Revolutionsarchitektur*, Abb. 10 b.
[66] Ebd., S. 90.
[67] Skizzenbuch, S. 43. – Hierzu: Hella Reelfs, »Friedrich Gilly und der Schloßpark von Bellevue«, *Mitteilungen der Pückler Gesellschaft*, neue Folge 6, 1989, S. 41–62.
[68] Vgl.: Reelfs, *Bellevue*.
[69] Vgl.: Sabine Lietz, »Karl Friedrich Schinkel im Bildnis«, in: *Schinkel*, 1981, Abb. 106.
[70] Skizzenbuch, Brustbild eines grimassierenden Pfaffen, S. 125.
[71] Ebd., S. 105.
[72] Ebd., S. 203. Hierzu: Bothe.
[73] Hellmuth Rössler und Günther Franz, *Sachwörterbuch zur deutschen Geschichte*, München, S. 954.
[74] Skizzenbuch, *Männlicher klassizistischer Kopf*, S. 7; *Antikisch-mythologische weibliche Gestalt, einen Helm haltend und an eine Säule gelehnt*, S. 71; *Antike Heldenfigur, umgeben von grimassierenden Gestalten*, S. 109; *Antikischer Jünglingskopf*, S. 145; *Klassizistisch gelockter Mädchenkopf*, S. 187.
[75] Ebd., S. 109.
[76] Ebd., S. 231.
[77] Joachim Heinrich Campe, *Reise des Herausgebers von Braunschweig nach Paris im Heumonat 1789*. Verb. Aufl., 1807, Bd. 8 der Reisebeschreibungen für die Jugend.
[78] Jörn Garber, »Joachim Heinrich Campes Reisen in die ›Hauptstadt der Menschheit‹ (1789/1802)«, in: *Campe in seiner Zeit*, S. 225–244, S. 229.
[79] Skizzenbuch, S. 11.
[80] Ebd., S. 229. – Siehe Kap. »Kränzlin«.
[81] Skizzenbuch, S. 63.
[82] Ebd., S. 67.
[83] Ebd., S. 33.
[84] Ebd., S. 193.
[85] Ebd., S. 169.
[86] Börsch-Supan, *Bühnenentwürfe*, Bd. 1, S. 14.
[87] In Eschenburgs Beispielsammlung, Band 7, wird das Stück unter 20 aufgelisteten englischen Lustspieldichtern lediglich erwähnt (S. 224). Eschenburg urteilte etwas abfällig »daß man in Skakespeares Lustspielen noch weniger Kunst, noch weit weniger Bestreben nach poetischer Darstellung wahrnimmt, als in seinen Trauerspielen«. Dieser kritischen Haltung gegenüber Shakespeare, dessen Sprache oft als grob empfunden wurde (S. 225), schloß sich Gedike an.
[88] Skizzenbuch, S. 99.
[89] Börsch-Supan, *Bühnenentwürfe*, Bd. 1, S. 14.
[90] Skizzenbuch, S. 205.
[91] Ebd., S. 89.
[92] Ebd., S. 209.
[93] Ebd., S. 261.
[94] Ebd., S. 55.
[95] Ebd., S. 163.
[96] Ebd., S. 111.
[97] Ebd., S. 245.
[98] Ebd., S. 83.
[99] Ebd., S. 29, 173.
[100] Ebd., S. 179, signiert »F. L. S.«
[101] *Schinkel*, 1981, S. 215.
[102] Ludwig Christoph Hölty (1748–1776), sentimentalischer elegischer Dichter, Mitglied des 1772 gegründeten Göttinger Hainbunds, einer Vereinigung überwiegend norddeutscher Studenten. Ihr Vorbild war Klopstock.
[103] Andreas Kitschke, *Kirchen in Potsdam*, Berlin 1983, S. 28.
[104] Skizzenbuch, S. 221.
[105] Ebd., S. 187. Ein ähnlicher Mädchenkopf auf S. 139, 197.
[106] Ebd., S. 109.
[107] Ebd., S. 143.
[108] Den Namen erhielt es auf Weisung des Königs. Diese zentrale Friedensidee verkörpert Schadows Attika-Relief *Zug des Friedens* (1790–1792) unter den Hufen der Pferde an der stadtzugewandten Torseite.
[109] Die Charakterisierung Berlins als einer Stadt der Künste und Wissenschaften stammt aus einer Lobrede auf König Friedrich I. Vgl.: Pundt, *Schinkels Berlin*, S. 218.
[110] Eschenburg, *Entwurf*, Einleitung, Abschnitte 49, 51.

[111] Johann Joachim Winckelmann, *Gedanken über die Nachahmung griechischer Werke in der Malerei und Bildhauerkunst*, Stuttgart 1969 (Reclam Universal-Bibliothek), S. 20.
[112] Das Tor ist als Ganzes jedoch »nicht rein griechisch«. Vgl.: *Berlin und die Antike*, Nr. 597.
[113] *Die Kataloge der Berliner Akademie-Ausstellungen 1786-1850*, hsg. von Otto Lehmann-Brockhaus, Stephan Waetzoldt, bearb. von Helmut Börsch-Supan, Berlin 1971, 2 Bde., Registerband. Im Ausstellungskatalog 1793 Beschreibung des Tores, S. 62–67.
[114] Hans-Joachim Kadatz, *Friedrich Wilhelm von Erdmannsdorff 1736–1800*, Berlin 1986, S.147, 172 f.
[115] Hans Mackowsky, *Johann Gottfried Schadow. Jugend und Aufstieg 1764 bis 1797*, Berlin 1927, S. 126.
[116] Kurt Bauch, *Das Brandenburger Tor*, Berlin 1968, S. 30.
[117] Ebd., S. 10.
[118] Dieter Zimmer und Carl-Ludwig Paeschke, *Das Tor. Deutschlands berühmtestes Bauwerk in zwei Jahrhunderten*, Stuttgart 1991, S. 25.
[119] Ausstellungskatalog 1789, Nr. 223.
[120] Wolfram Hoepfner und Ernst-Ludwig Schwandner, »Die Entdeckung der griechischen Bauten«, in: *Berlin und die Antike*, S. 291 f.
[121] James Stuart und Nicholas Revett, *The Antiquities of Athens*, Bd. 1, 1762; Bd. 2, 1787. – Weniger genau: Julien Le Roy, *Les Ruines de plus beaux Monuments de la Grece*, Paris 1758.
[122] Johann Gottfried Schadow, *Kunstwerke und Kunstansichten*, kommentierte Ausgabe, hsg. von Götz Eckardt, Berlin 1987, S. 35.
[123] Kadatz, *Erdmannsdorff*, S. 147.

Der künstlerische Aufbruch

[1] Der Maler J. G. Puhlmann zeigte das fast lebensgroße Gemälde Jupiters, der »in Gestalt eines Schwans die Venus, so wie ehedem die Leda berücken [will]. Ein kleiner Liebesgott hinterbringt ihr diese Verwandlung, und flüstert ihr bei Annäherung des Gottes verräterisch sein Geheimnis ins Ohr. Sie vereitelt seine List, und führt ihn triumphierend als Schwan in den Olymp zurück.« Ausstellungskatalog, Nr. 18.
[2] Berliner Akademieausstellungen, Registerband, S. 10.
[3] Ausstellungskatalog 1797, Vorrede.
[4] Schinkel um 1822: »Wenn man in der Welt nicht mehr an Rückschritte, an zweite Völkerwanderungen und Mittelalterbarbareien glauben darf, indem die ganze Erdkugel beinahe aus kultivierten Völkern besteht, welche selbst im Streite doch Kultur und Kulturprodukte respektieren«. Zit. bei Goerd Peschken, *Karl Friedrich Schinkel. Das Architektonische Lehrbuch*, München 1979 (*Karl Friedrich Schinkel. Lebenswerk*), S. 164.
[5] Da unter einer Nummer manchmal mehrere Objekte genannt sind, ist die tatsächliche Zahl der ausgestellten Werke höher.
[6] Ausstellungskatalog 1797, Nr. 309.
[7] Waagen, *Schinkel*, S. 316 f.
[8] Heinz Ohff, *Karl Friedrich Schinkel oder Die Schönheit in Preußen*, München und Zürich 1997, S. 25.
[9] *Friedrich Wilhelm II. und die Künste*, II. 26.
[10] Alfried Rietdorf, *Gilly. Wiedergeburt der Architektur*, Berlin 1940, S. 61, Erläuterungen Gillys zum Friedrichsdenkmal.
[11] Levezow, *Gilly*, S. 230.
[12] Johann Georg Sulzer, *Allgemeine Theorie der Schönen Künste in einzelnen, nach alphabetischer Ordnung der Kunstwörter auf einander folgenden Kunstartikeln*, 2. vermehrte Auflage, Leipzig 1792 ff., 597 (»Denkmal«).
[13] Ausstellungskatalog 1797, Nr. 313.
[14] Waagen, *Schinkel*, S. 317.
[15] Riemann, *Italien*, S. 60.
[16] Zur Geschichte der Kunstakademie: C. M. Vogtherr, »Hauptstadtausbau und Reforminstitutionen unter Friedrich Wilhelm II.«, in: *Friedrich Wilhelm II. und die Künste*, S. 123–128. – Barbara Volkmann, »Akademie der Künste«, in: Akademie-Katalog Nr. 132, Berlin 1981, S. 315–352. – Ausstellungskatalog 1814, S. I–LXIV. – Festschrift *Zur Jubelfeier 1696-1896 der Kgl. Akad. Hochschule für die Bildenden Künste zu Berlin*, Berlin 1896. – Die Kataloge der Berliner Akademieausstellungen 1786 bis 1850, Registerband, Einleitung, S. 8 bis 23.
[17] Mackowsky, *Schadow*, S. 125.
[18] Akademieausstellungen, Einleitung, S. 12.
[19] Ebd., S. 8. – Eine Quelle zur Berechnung der Besucherzahlen sind die Aufstellungen über die Verteilung der Ausstellungseinnahmen im Archiv der Akademie der Künste, Berlin.
[20] Ausstellungskatalog 1789, S. 5.
[21] Ebd., S. 6.
[22] Ausstellungskatalog 1793, S. VI.
[23] Ebd., S. VI.
[24] Ebd., S. III.
[25] Ausstellungskatalog 1797, Nr. 13. – Wolzogen, *Nachlaß*, II, S. 332.
[26] Peter Ludwig Burnat (1762–1817), Architektur-, Landschafts- und Theatermaler. – Ausstellungskatalog 1798, Nr. 16. – Kugler, *Schinkel*, S. 146. – Waagen, *Schinkel*, S. 344.
[27] Christian Bernhard Rode (1725–1797), Historien- und Porträtmaler, 1783 Direktor der Kunstakademie. Rode zeichnete für Schröckh auch jenes in der vaterländischen Erziehung unverzichtbare Motiv: Graf Kurt Christoph von Schwerin, einer der populärsten preußischen Kriegshelden, fällt 1757 vor Prag. Als seine Soldaten zurückwichen, ergriff er selbst die Fahne des Regiments, um seine Truppe gegen den Feind zu führen, verlor aber nach wenigen Augenblicken das Leben.
[28] Ausstellungskatalog 1797, Nr. 228, 229.
[29] Ebd., Nr. 124.
[30] Ebd., Nr. 5, alle Blätter mit Bildlegenden. Samuel Richardson (1689–1761) gilt als der Begründer des englischen Familienromans. Der siebenbändige Briefroman erzählt die endlosen Leiden der schönen, tugendhaften und intelligenten Tochter einer wohlhabenden bürgerlichen Familie, die an einen ebenso charmanten wie gewissenlosen jungen Aristokraten gerät. Lessing empfahl die Lektüre der Romane von Richardson vor der leichten Ware der damaligen französischen Tagesliteratur.
[31] Ebd., 1797, Nr. 318–321. – J. A. Breysig (geb. 1766 in Leutesdorf am Rhein, gest. 1831 in Danzig), Organisator der Kunstschule in Danzig, gilt als Erfinder des Panoramas. Von Schadow als »Meister in den Regeln der Perspektive« gerühmt. Schadow, *Kunstwerke*, 1849, S. 26. Reprint, Berlin 1980.
[32] Ausstellungskatalog 1797, Nr. 70.
[33] Ebd., Nr. 181.
[34] Ebd., Nr. 134.
[35] Ebd., Nr. 200.
[36] Ausstellungskatalog 1798, Nr. 68–73, Nr. 72.
[37] Wolzogen, *Nachlaß*, III, S. 367.
[38] Ausstellungskatalog 1798, Nr. 262–268. – *Berlin und die Antike*, Nr. 169, 175.
[39] Zadow, *Schinkel*, S. 186 f.

Lehrjahre

[1] Waagen, S. 307. – Waagen schreibt, Schinkel habe bei Gilly eineinhalb Jahre« auf die Rückkehr Friedrich Gillys (Dezember oder Januar 1798/99) gewartet. Das ist nicht ganz richtig. Da Schinkel erst nach dem Ausstellungsbesuch (Sept. 1797) den Entschluß faßte, die Schulausbildung abzubrechen, kann er frühesten im Oktober die Lehre bei D. Gilly begonnen haben. Somit ergäbe sich eine Lehrzeit von maximal 1 1/4 Jahr. Irreführend ist Schinkels Behauptung in seinem Lebenslauf, er hätte das Gymasium bis zur ersten Klasse besucht.
[2] Waagen, *Schinkel*, S. 317.
[3] Büchel, *Schinkel*, S. 20.
[4] Der Großvater mütterlicherseits, Johannes Rose (1700–1767), war Kauf- und Handelsmann und besaß einen großen Brauereibetrieb. Schultze, *Neuruppin*, S. 98. – Gegenüber von David Gilly wohnte ein Bierbrauer, im Haus daneben Schinkels Geschichtslehrer Professor Seidel.
[5] Waagen, *Schinkel*, S. 317.
[6] Im Heimatmuseum Neuruppin eine Zahlungsanweisung für die »Ausführung von 46 Bauanschlägen an Bauinspektor Menzelius, Kondukteur Gilly. Für jeden 69 Taler, zu entnehmen aus dem Fonds von Noeldechen. Unterz. von Voß, 13. 3. 1789«. Der genannte Gilly ist nicht Friedrich G. Siehe: *Friedrich Wilhelm II. und die Künste*, S. 114.
[7] Levezow, *Gilly*, S. 219. – Marlies Lammert, *David Gilly*, Berlin 1964; Nachdruck, Berlin 1981, S. 22. Zu David Gillys privater Bauschule, siehe M. Lammert, »Akten neu gelesen. Oberbaudepartement und Bauakademie um 1800«, in: *Mythos Bauakademie*, Ausstellungskatalog, S. 147 f. – David Gillys private Lehranstalt, siehe *Mathematisches Calcul*, S. 158 f.
[8] Riemann, *Italien*, S. 125.
[9] Pundt, *Berlin*, S. 54.
[10] Waagen, *Schinkel*, S. 317.
[11] Pundt, *Berlin*, S. 53, zit. bei Lammert, *Gilly*, 1964, S. 73.
[12] Hella Reelfs, *Sitzungsberichte der Kunstgeschichtlichen Gesellschaft zu Berlin*, NF, Heft 28/29 (1979–1981), S. 20.
[13] *Revolutionsarchitektur*, S. 107. – Die Schleuse wurde 1795 auf der Akademieausstellung ausgestellt, Nr. 197: Heinrich Gentz, »Beschreibung des neuen königlichen Münzgebäudes« (1800), *Sammlung nützlicher Aufsätze und Nachrichten, die Baukunst betreffend, für angehende Baumeister und Freunde der Architektur,* mit Kupfern, hsg. von mehreren Mitgliedern des Königl. Preußischen. Ober-Bau-Departements, 10 Bde., Berlin 1797 bis 1804; ab Jg. 6, 1805–1806, 2 Bde., alleiniger Herausgeber David Gilly.

[14] In der Pränumerantenliste sind rund 330 Bau- und Landbaumeister, Maurermeister aus den Provinzen Preußens, aus Posen, Memel, Königsberg und dem »Ausland«, aus Bayreuth und Dresden aufgeführt.
[15] Peter Wallé, »Aus der Geschichte der Technischen Hochschule in Berlin«, *Centralblatt der Bauverwaltung,* 19. Jg. (April 1899), S. 172.
[16] Für das Konversations-Lexikon von Brockhaus, 12. Bd., 2. Teil 1826. Von Schinkel selber verfaßt, von K. A. Böttiger leicht überarbeitet, nach der Handschrift neu abgedruckt, hsg. v. Mackowsky, *Schinkel*, S. 25. Vgl.: Paul Ortwin Rave, »Schinkel in der Mark«, in: *Brandenburgische Jahrbücher*. 1937.
[17] Riemann, *Italien*, S. 117 ff. (Brief vom Dezember 1804 aus Paris).
[18] Ebd., Gillys Brief an Schinkel v. 14. 12. 1804, S. 300.
[19] Wallé, *Hochschule*, S. 172.
[20] Hermann Schmitz, *Berliner Baumeister vom Ausgang des 18. Jahrhunderts*, unveränd. Nachdruck der 2. Aufl. von 1925, Berlin 1980. Brief vom 5. Mai 1808, S. 37.
[21] Schadow, *Kunstwerke*, 1987, Bd. 1, S. 22.
[22] Neumeyer, *Gilly*, S. 118 (Gillys Essay über die Marienburg).
[23] Oncken, *Gilly*, S. 28.
[24] Levezow, *Gilly*, S. 232. Danach erfolgte die Abreise im April 1797. – Jakob Andreas Konrad Levezow (1770–1835) war seit 1795 in Berlin Archäologe und Gymnasiallehrer, daneben 1804–1824 Lehrer für Mythologie und Altertumskunde an der Kunstakademie. Heiratete drei Jahre nach Gillys Tod dessen Witwe Marie Ulrique.
[25] Italienreisende: Von Erdmannsdorff 1761/63, 1765/67, 1770/1771; C. G. Langhans 1768/69; Gentz 1790/93; Schadow 1785/87.
[26] *Revolutionsarchitektur*, S. 336.
[27] Levezow, *Gilly*, S. 225.
[28] Günzel, *Tieck*, S. 30, 62.
[29] Wilhelm Heinrich Wackenroder (1773–1798), *Werke und Briefe*, Gesamtausgabe, Heidelberg 1967, S. 430.
[30] Levezow, *Gilly*, S. 230.
[31] Julien Le Roy, *Les Ruines des plus beaux Monuments de la Grece. Ouvrage divisé en deux parties. Par M. Le Roy, Architecte, ancien Pensionnaire du Roi à Rome. Paris MDCCLVIII.* – Le Roy war 1754 für knapp drei Monate in Athen und konnte sein Werk mit teilweise denselben, aber meist flüchtiger als bei Stuart und Revett dargestellten Bauten schon 1758 herausgeben.
[32] Jacques Germain Soufflot (1713–1780), größter Architekt des Klassizismus in Frankreich, 1730 bis 1736 Architekturstudium in Rom, Oberhofbaumeister, begann 1764 in Paris mit dem Bau von Ste. Geneviève, seit der Revolution »Pantheon«. Die Anlage dieser Kirche war für Frankreich revolutionär und wurde von Laugier als »das erste Beispiel vollkommener Architektur« begrüßt.
[33] Oncken, *Gilly*, S. 57. – Monika Peschken, *Gilly*, S. 1538.
[34] *Gilly und die Privatgesellschaft junger Architekten*, S. 174.
[35] Mackowsky, *Schinkel*, S. 26.
[36] Waagen, *Schinkel*, S. 318.
[37] Schadow, *Kunstwerke*, 1987, Bd. I, S. 58. – Wolzogen, *Nachlaß*, II, S. 251, 254.
[38] Levezow, *Gilly*, S. 240.
[39] Schinkel schreibt in seiner Selbstbiographie unzutreffend »zwei Jahre«. Mackowsky, *Schinkel*, S. 26.
[40] Riemann, *Italien*, S. 123, Brief an D. Gilly vom Dez. 1804.
[41] Waagen, *Schinkel*, S. 317.
[42] Ebd., S. 318.
[43] Francois-Joseph Bélanger (1744–1818), Architekt. Sein Hauptwerk ist »Bagatelle«.
[44] Neumeyer, *Gilly*, S. 153 ff. – Bagatelle-Aufsatz bei Rietdorf, S. 157 ff.
[45] Neumeyer, *Gilly*, S. 155, 157.
[46] *Schinkel*, 1982. Nr. 15, 16.
[47] Neumeyer, *Gilly*, S. 161. – Rietdorf, *Gilly*, S. 168.
[48] Oncken, *Gilly*, S. 92, 101. – *Gilly und die Privatgesellschaft junger Architekten*, S. 174 ff.
[49] Levezow, *Gilly*, S. 234.
[50] Paul Ortwin Rave, »Die Geschichte der Ober-Bau-Deputation«, *Zeitschrift für Bauwesen und Zentralblatt der Bauverwaltung*, 1932, S. 88 bis 94.
[51] Biographien der Mitglieder in: *Gilly und die Privatgesellschaft junger Architekten*, S. 249 ff.
[52] *Gilly und die Privatgesellschaft junger Architekten*, S. 178.
[53] Lionello Puppi, *Andrea Palladio*, Stuttgart 1977, Bd. 1, S. 12. – Vitruv (Vitruvius Pollio), geb. um 84 v. Chr., Architekt und Ingenieur, Zeitgenosse von Cäsar und Augustus, Verfasser der *Zehn Bücher über die Architektur*, auf die sich Palladio beruft. Sie sind die einzige vollständig erhalten gebliebene Darstellung antiker Baukunst.
[54] Palladio in Gillys Bibliothek siehe Randspalte.
[55] Andrea Palladio, *Die vier Bücher zur Architektur*, nach der Ausgabe Venedig 1570, aus dem Italienischen übertragen und hsg. von Andreas Beyer und Ulrich Schütte, Zürich und München 1983, S. 16. Gilly benutzte die französische Palladio-Übersetzung, die 1650 von Fréart de Chambray herausgegeben wurde. In Gillys Bibliothek, in Folio 5, 53.
[56] Die Skizzen in Faksimile, in: Rietdorf, *Gilly*, S. 52, 56 f. – Neumeyer, *Gilly*, S. 148.
[57] Gilly, Geleitwort zum Friedrichsdenkmal, 1. und 2. Version, Wortlaut der Notizen bei: Neumeyer, *Gilly*, S. 141 ff.
[58] Beyer, Schütte, S. 272.
[59] Ebd., S. 277.
[60] *Berlin und die Antike*, Nr. 601. – Rietdorf, *Gilly*, S. 52.
[61] Nach Neumeyer, *Gilly*, S. 147. Auch: Rietdorf, *Gilly*, S. 51 f.
[62] *Gilly und die Privatgesellschaft junger Architekten*, S. 226.
[63] Ebd., S. 178.
[64] Ebd., In Gillys Bibliotheksverzeichnis ist das Werk in Folio unter Nr. 11 aufgeführt, 15 Hefte zu je sechs Blatt.
[65] Oncken, *Gilly*, S. 101. Auch Vater Gilly spricht in einem Brief vom 5. Mai 1799 von der Absicht der Gesellschaft, »durch allerlei fingierte Aufgaben aus der Architektur, die Teilnehmer weiterzubilden«. Lammert, *Gilly*, Anm. Nr. 224.
[66] Levezow, *Gilly*, S. 235.
[67] Ebd., S. 234.
[68] Kabinettsorder vom 13. 5. 1799, zit. bei Oncken, *Gilly*, S. 92.
[69] Ebd.
[70] *Gilly und die Privatgesellschaft junger Architekten*, Nr. 101.
[71] Ebd., S. 206.
[72] Ebd., S. 207.
[73] Ebd., S. 200.
[74] Oncken, *Gilly*, S. 83, Tafeln 62, 63. – *Schinkel*, 1981, S. 15.
[75] Grisebach, *Schinkel*, S. 28.
[76] Julius Posener, »Friedrich Gilly«, in: *Akademie der Künste. Berlin zwischen 1789 und 1848. Facetten einer Epoche*, Berlin 1981, S. 105–122, S. 120.
[77] Mackowsky, *Schinkel*, S. 25 f.
[78] Levezow, *Gilly*, S. 234.
[79] Werner Busch, »Akademie und Autonomie. Asmus Jakob Carstens' Auseinandersetzung mit der Berliner Akademie«, in: *Akademie der Künste. Berlin zwischen 1789 und 1848*, S. 81, 82.
[80] Kants Lehren waren Carstens durch seinen engen Freund und Biographen Carl Ludwig Fernow, der in Rom Vorlesungen in den Bahnen Kantscher Philosophie hielt, vermittelt worden. Ebd., S. 86.
[81] *Gilly und die Privatgesellschaft junger Architekten*, Nr. 126 f.
[82] Riemann, *Italien*, S. 214, 225.
[83] Immanuel Kant, *Kritik der Urteilskraft*, Berlin 1790. – Zit. aus: Immanuel Kant, *Die drei Kritiken in ihrem Zusammenhang mit dem Gesamtwerk*, zusammengefaßt von Raymund Schmidt, Leipzig 1933, S. 282 f.
[84] Ebd., S. 283.
[85] Ebd., S. 290.
[86] Ebd., S. 293.
[87] Vgl.: *Lexikon der Aufklärung*, hsg. von Werner Schneiders, München 1995, Seite 148.
[88] *Akademie der Künste. Berlin zwischen 1789 und 1848*, S. 87.
[89] Udo Kultermann, *Kleine Geschichte der Kunsttheorie. Von der Vorgeschichte bis zur Gegenwart*, 2. Aufl., Darmstadt 1998, S. 114.
[90] J. H. G. Heusinger, *Handbuch der Ästhetik*, Gotha 1797, Bd. 1, S. 355, S. 373. – Siehe Kap. »Ästhetik«.
[91] *Observations sur l'Architecture*, La Haye 1765. Zit. bei: Antonio Hernandez, »Französische Architekturtheorie von Briseux bis Ledoux«, in: Klaus Jan Philipp (Hsg.), *Revolutionsarchitektur*, Braunschweig 1990, S. 100. – Laugier war ein überragender Theoretiker und hatte großen Einfluß auf Jaques-Germain Soufflot (1713–1780), den größten Architekten des Klassizismus in Frankreich.
[92] *Observations*, zit. bei Hernandez, S. 98.
[93] Ebd., S. 97.
[94] Ebd.
[95] Ebd., S. 99.
[96] Wolzogen, *Nachlaß*, III, »Entwurf zu einer Begräbniskapelle für Ihre Majestät die hochselige Königin Luise von Preußen«, S. 153–162, S. 154.
[97] Ebd., S. 349. – Ziller, *Schinkel*, S. 110, Nr. 8.
[98] Peschken, *Lehrbuch*, S. 149 »Residenz eines Fürsten« (1835 f.).
[99] Hartmann Manfred Schärf, *Die klassizistischen Landschloßumbauten Karl Friedrich Schinkels*, Berlin 1986, S. 233.
[100] Ausstellungskatalog 1793, S. 52 f.
[101] Wolfram Hoepfner und Ernst-Ludwig Schwandner, »Die Entdeckung der griechischen Bauten«, in: *Berlin und die Antike*, S. 291. – In diesem Zeichenwerk gab Gentz den Eleven in Form vom

Musterblättern umgezeichnete Bauaufnahmen an die Hand, die er kommentierte. So galt ihm Vitruvs Dorische Ordnung als »trefflich komponiert«. – Hoepfner, Schwandner, »Archäologische Bauforschung«, S. 343.

102 Ebd., S. 343.

103 Oncken, *Gilly*, S. 29.

104 Er erhielt das Stipendiat von Friedrich Wilhelm II. Sein Nachfolger, Friedrich Wilhelm III., verzichtete anfangs auf derartige Ausgaben. Schinkel erhielt für seine Italienreise von 1803–1805 keine Unterstützung. Vgl.: Pundt, *Berlin*, S. 225, Anm. Nr. 48.

105 Adolph Doebber, *Heinrich Gentz, ein Berliner Baumeister um 1800*, Berlin 1916, S. 9 ff.

106 Reiseschilderungen wurden in der von Gentz' Bruder, dem Publizisten Friedrich G., herausgegebenen *Neuen Deutschen Monatsschrift* veröffentlicht.

107 Pundt, *Berlin*, S. 81.

108 Johann Jacob Volkmann, *Historisch-kritische Nachrichten von Italien, welche eine Beschreibung dieses Landes, der Sitten, Regierungsform, Handlung, des Zustandes der Wissenschaften und insonderheit der Werke der Kunst enthalten*, 3. Bde., 2. verb. Auflage, Leipzig 1777. Hierzu: *Goethe in Italien*, Mainz 1986, Abb. S. 181, Gillys Bibl. 22, 213–215.

109 Der Erstdruck von 1816/17 kam unter dem Titel *Aus meinem Leben*, zweiter Abteilung Erster und Zweiter Teil heraus. Erst die Ausgabe letzter Hand 1829 erhielt den Titel *Italienische Reise*.

110 Ausstellungskatalog 1797, Nr. 314. – Abb. in: *Revolutionsarchitektur*, Nr. 16. – Gentz malte es als Stipendiat 1793 in Rom als Talentbeweis für den König und die Akademielehrer. Das lange verschollene Bild wurde erstmals 1990 auf der Ausstellung *Revolutionsarchitektur* in Frankfurt am Main gezeigt.

111 Kugler, *Schinkel*, S. 121.

112 Einziges griechisches Motiv waren die beiden dorischen Säulen am Eingangsportal. Gentz hatte sie dem dorischen Tempel zu Korinth nachgebildet, »ganz genau« nach der Darstellung von Stuart und Revett. Siehe: Gentz, *Münzgebäude*, S. 22.

113 Klaus Fräßle, »Johann Carl Christoph Wilhelm Joachim Haller von Hallerstein. Lebensdaten«, in: *Carl Haller von Hallerstein in Griechenland*, S. 13.

114 Ebd., S. 12. – Hallersteins Mutter, Amalie von Imhoff, scheint eine Schwester von Carl von Imhoff gewesen zu sein. C. v. Imhoff heiratete 1775 Louise von Schardt, Hofdame in Gotha, die jüngste von drei Schwestern, unter denen Frau von Stein die älteste war. Imhoff übernahm 1775 die Verwaltung seines Gutes Mörlach. Nach 18 Monaten Ehe reiste seine Frau nach Weimar, um zu entbinden. Die geborene Tochter, Amalie (1776–1831), scheint Hallersteins Cousine gewesen zu sein. – Henriette von Bissing, *Das Leben der Dichterin Amalie Helvig, geb Freiin von Imhoff*, Berlin 1889, S. 1.

115 Die Dichterin Amalie von Helvig, eine Nichte der Frau von Stein, wurde von Goethe und Schiller gefördert. Sie wurde Hofdame bei der Herzogin von Weimar. Friedrich Gentz, der spätere Schwager Gillys, machte ihr einen Heiratsantrag, doch sie heiratete 1803 den schwedischen Oberst Karl Gottfried von Helvig und lebte eine Zeitlang im Umkreis Schinkels schriftstellernd in Berlin. Vordtriede, *Achim und Bettina*, Bd. 1, S. 8.

116 Haller, »Selbstbiographie«, *Zeitschrift für Bildende Kunst. Beilage Kunstchronik*. X. Jg. 1875. Heft 20, Sp. 305–312.

117 Waagen, *Schinkel*, S. 323.

118 Der Kammerherr und Oberkommerzienkommissar E. J. Eckard hatte im Braunschweigischen eine große Spiegelfabrik angelegt, in Holstein bedeutenden Grundbesitz erworben und suchte anschließend Teile seines Vermögens in Preußen und Rußland unterzubringen. Die Eckards (er hatte 7 Söhne, der älteste Gottfried Bernhard) sind nicht lange danach, 1799 zu Freiherren von Eckardtstein erhoben, nach Berlin übergesiedelt. Vgl.: Rachel und Wallich, *Berliner Großkaufleute*. Hierzu: Zedlitz, *Conversations-Handbuch*, S. 159.

119 Mackowsky, *Schinkel*, S. 88.

120 Waagen, *Schinkel*, S. 322.

121 Zitiert bei Rietdorf, *Gilly*, S. 93.

122 Ebd. – Hierzu: Kania, Möller, *Brandenburg*, S. 12 f.

123 Levezow, *Gilly*, S. 241.

124 Ebd., S. 234.– Alexander Nicolaus Scherer (1771–1824) hatte vom Großherzog von Weimar ein achtmonatiges Reisestipendium erhalten. 1800 Physikprofessor in Halle.

125 »Neue Steingutfabrik des Freiherrn von Eckartstein in Berlin«, *Journal des Luxus und der Moden*, April 1801, S. 230.

126 Ebd., S. 231.

127 Ebd., S. 229.

128 Ebd., S. 232.

129 Von dem Töpfermeister J. G. Höhler um 1780 gegründet. Von 1793 an war Tobias Feilner, der nach dem Tode Höhlers 1813 die Fabrik als alleiniger Eigentümer übernahm, dort Geselle. Zedlitz, *Conversations-Handbuch*, S. 192 ff.

130 Ofenabbildungen, in: Schmitz, *Baumeister*, S. 300, Anm. Nr. 300 f. und *Journal des Luxus*, 1794, 1795, 1799, 1803.

131 Zedlitz, *Conversations-Handbuch*, S. 191.

132 Ebd.

133 Schadow, *Kunstwerke*, Reprint 1980, S. 74.

134 Klaus Fräßle, *Carl Haller von Hallerstein*, Diss., Freiburg im Br. 1971, S. 8.

135 Thieme, Becker.

136 Ausstellung von 1806, Nr. 96 ff. (dort genannt »Baron Haller von Hallerstein«. Im Katalog-Registerband wohl irrtümlich ausgewiesen als Johann Carl Christoph Joachim.

137 Berlinische Nachrichten v. 27.10.1808. – C. J. Haller ist vermutlich identisch mit dem in einer Anzeige der Berlinischen Nachrichten vom 25. 12. 1806 genannten Baron Haller von Hallerstein, der gegenüber dem alten Packhof Vorlesungen über Perspektive hielt.

138 Oncken, *Gilly*, S. 85.

139 Prinz Ferdinand (1730–1813) hatte das Grundstück 1784 erworben und dort 1785 von Boumann d. J. das Schloß bauen lassen. Schon Architekt von Knobelsdorff, einer der Vorbesitzer, hatte hier eine Meierei aufführen lassen. – Prinz Ferdinand sandte Boumann u. a. nach Wörlitz. Schmitz, *Baumeister*, Nr.106.

140 Berlin Museum, *Katalog der Zeichnungen*, S. 373. – Bothe, *Skizzenbuch*, S. 68.

141 Siehe Gillys Bibliotheksverzeichnis.

142 August Rode, »Wegweiser durch die Sehenswürdigkeiten in und um Dessau«, 3. Heft, 2. Aufl.,
1798; 1. Aufl., 1788; Reprint in: Hartmut Ross und Ludwig Trauzettel, *Der Englische Garten zu Wörlitz*, Berlin 1987. – Rode schildert die Errichtung des Schlosses, die Ausmaße und die Fassaden, die Säle und Zimmer in beiden Etagen mitsamt Dekoration und Mobiliar sowie die Zimmer im Dachgeschoß für die Bediensteten, die mit denselben Farben ausgemalt sind wie die Zimmer der Herrschaften und die Zimmer für die Mädchen, die für die Reinlichkeit des Schlosses zu sorgen haben. Rode beschreibt das Wohnzimmer von Erdmannsdorff mit Ansichten Venedigs, dessen Schlafzimmer, wo die vornehmsten Überreste der alten Baukunst, in Kupfer gestochen, die Wände zieren und eine Venus, die eine Himmelskugel in der Hand hält, die Zimmerdecke. Ein Schlafzimmer der Hofdamen mit dem leierspielenden Apoll an der Decke, ein Greif an seiner Seite. Nichts läßt Rode aus, keine Statue, keinen Spiegel, keine Kommode, keine Büste, kein Wandgemälde, keine Deckenleiste und nicht die Aufzählung der Porträts der Geistesgrößen in der fürstlichen Bibliothek, von Horaz über Sokrates bis ins aufgeklärte Jahrhundert mit Newton, Leibnitz, Mendelssohn und Gellert. Im zweiten Teil schildert Rode die Lage, Größe und Aufteilung des Gartens, die Wasserstücke, Kanäle, die ausländischen Gewächse, die Wege, Brücken, Pavillons und Tempel, bis hin zur naturgetreuen Nachbildung der berühmten Pappel-Insel mit dem Denkmal Rousseaus.

143 In Gillys Bibliothek (19,143) *Promenade ou Itineraire des jardins d'Ermenonville*. Paris 1788, mit schönen lavierten Kupfern. Das Schloß mit Park war der Aufenthalt Rousseaus, dessen Grabmal sich auf einer von Pappeln überschatteten Insel befindet. Der Pavillon, in dem Rousseau 1778 starb, ist zerstört. Die Überreste Rousseaus wurden 1794 ins Pariser Pantheon übertragen. Gilly hat den z. T. nach den Ideen Rousseaus gestalteten Park von Ermenon und die Pappel-Insel besucht. Monika Peschken, *Gilly*, S. 1539.

144 Oncken, *Gilly*, Werkverzeichnis, B 118–120.

145 Traubuch der Franz. Reform. Kirche, Friedrichsstadt, Evang. Zentralarchiv, Berlin.

146 Ebd,.

147 Die Angabe bei Oncken, *Gilly* (S. 91), das Kind sei am 4. März gestorben, ist nicht richtig. Es war der Tag der Taufe. Taufbuch der Franz. Reform. Kirche, Friedrichstadt, Evang. Zentralarchiv, Berlin.

148 Levezow, *Gilly*, S. 236.

149 Geh. Staatsarchiv PK, Die Lehrer der Bauakademie, Rep. 76 alt, Abt. IV, Nr. 25.

150 Levezow, *Gilly*.

151 Geh. Staatsarchiv PK.

152 Alfred Jericke und Dieter Dolgner, *Der Klassizismus in der Baugeschichte Weimars*, Weimar 1975, S.119.

153 *Gilly und die Privatgesellschaft junger Architekten*, S. 251.

154 *Carl Haller von Hallerstein in Griechenland*, S. 13, 14.

155 Hans Haller von Hallerstein, *Und die Erde gebar ein Lächeln. Der erste deutsche Archäologe in Griechenland. Carl Haller von Hallerstein 1774–1817*, München 1983, S. 16.

156 Ebd., S. 82 ff.

157 Ebd., S. 119.

158 Ebd., S. 11.

[159] Hinweise finden sich vielleicht in dem von Hans Haller genannten »prallgefüllten Familienarchiv« oder im Fundus der Bibliothèque nationale et universitaire mit Tagebüchern und Briefen. Ebd., S. 10.
[160] Schreiben des Hohen Kuratoriums vom 30. 12. 1800, vom 16. 10. 1803, Geh. Staatsarchiv PK, Rep. 76 alt, Abt. IV, Nr. 26.
[161] Schadow, *Kunstwerke*, Reprint 1980, S. 62. – Über Gentz' Tätigkeit in Weimar: Ewald Rainer, *Goethes Architektur. Des Poeten Theorie und Praxis*, Weimar 1999, S. 278–288.
[162] Geh. Staatsarchiv PK.
[163] Tagebuch einer Reise nach Weimar, *Kunstwerke*, Anhang. Am 21.9.1802 fuhr Schadow über Jena nach Weimar. »Gegen Mittag waren wir dort. Nach Tisch gingen wir zusammen in den Park, vorher aber zu Gentz, wo wir Billets, eins an H. v. Kotzebue und eins an *Schinkel* nach Köstritz schrieben, um den andern Mittag bei K. zu essen und Schinkel den Abend in Jena zu finden.«
[164] Pundt, *Berlin*, S. 90. – Ausstellungskatalog 1806, Nr. 447, S. 83 101.
[165] Jutta von Simson, *Das Berliner Denkmal für Friedrich den Großen*, Frankfurt am Main, Berlin und Wien 1976, S. 160.
[166] Pundt, *Berlin*, S. 91.
[167] Ebd., S. 91; Anm. 58, S. 227; Anm. 8, S. 235.

Die Königliche Bauakademie

[1] Brief an Staatsrat von Uhden vom 28. November 1809, in: Wilhelm von Humboldt, *Politische Briefe*, Bd. I.
[2] *Sammlung nützlicher Aufsätze und Nachrichten, die Baukunst betreffend*, Jg. 1797, 2. Aufl., 1811, Bd. 1, Vorrede der Herausgeber, S. III.
[3] Ebd., S. IV.
[4] Heinrich August Riedel, d. Ä., »Allgemeine Betrachtung über die Baukunst«, 24. 5. 1796, *Sammlung nützlicher Aufsätze*, 1797, Bd. 1, S. 3. – Hierzu: Konter, »Die preußische Bauverwaltung«, S. 18 bis 35.
[5] Riedel, *Betrachtung*, S. 3.
[6] Ebd., S. 3.
[7] Ebd., S. 6.
[8] Ebd., S. 7.
[9] Ebd., S. 10.
[10] Ebd., S. 13.
[11] Ebd., S. 15.
[12] Ebd., S. 17.
[13] Ebd., S. 18.
[14] Ebd., S. 18.
[15] Riedel, *Fortsetzung der allgemeinen Betrachtung über die Baukunst*, April 1797.
[16] Riedel, *Fortsetzung*, zit. bei Konter, »Die preußische Bauverwaltung«, S. 23.
[17] Ebd., S. 24.
[18] Konter, »Die preußische Bauverwaltung«, S. 24.
[19] Johann Albert Eytelwein, »Nachricht von der Errichtung der Königlichen Bauakademie zu Berlin, 20. 12. 1799«, in: Sammlung Aufsätze, Jg. 1799, Bd. 2, S. 28–40. Dort auch: »*Publikandum wegen der vorläufigen Einrichtung von Seiner Königlichen Majestät Allerhöchstselbst unter dem Namen einer Königlichen Bau-Akademie zu Berlin gestifteten allgemeinen Bau-Unterrichts-Anstalt. De Dato Berlin, den 6. 7. 1799.«*

[20] Eytelwein, *Nachricht*, S. 31. – Hierzu: Dobbert und Meyer, *Chronik der Kgl. Technischen Hochschule zu Berlin 1799–1899*, Berlin 1899, S. 23. – Am 18.3. »approbirte« Friedrich Wilhelm III. die Gründung, am 13.4. die »Grundsätze« zur Einrichtung.
[21] Geh. Staatsarchiv PK, Die Berufungsschreiben des Kuratoriums, Rep. 76 alt, Abt. 4.
[22] Eytelwein, *Nachricht*, S. 28 f.
[23] Ebd., S. 28.
[24] Ebd., S. 29.
[25] Ebd.
[26] Ebd. S. 30 ff.: »Bei diesem neuen Plane wurde angenommen, daß die bereits bei der Königl. Akademie der Künste bestehende architektonische Lehranstalt erweitert, in eine allgemeine Bauunterrichtsanstalt, unter dem Namen einer Bauakademie verwandelt und mit der Akademie der Künste und mechanischen Wissenschaften in Verbindung bleibe.« Die Bauakademie wurde Teil der Kunstakademie unter dem gemeinschaftlichen Kuratorio des Chefs der Kunstakademie, Freiherr von Heinitz, und des Chefs des Oberbaudepartements, Freiherr von Schrötter.
[27] Konter, »Die preußische Bauverwaltung«, S. 25.
[28] Lammert, *Gilly*, S. 20.
[29] Nach Lammert (S. 23) und Dobbert (S. 30) begann der Unterricht am 21. 4. 1799 mit 10 Eleven. Dies kann nicht zutreffen, denn die Berufungsschreiben an die Dozenten ergingen erst am 20. April d. J. Hierzu: Marlies Lammert, »Akten neu gelesen. Oberbaudepartement und Bauakademie um 1800«, in: *Mythos Bauakademie*, Ausstellungskatalog, S. 143–156, S. 151.
[30] Geh. Staatsarchiv PK, Rep 76 alt, Abt. IV, Nr. 14. Brief des Direktoriums an Heinitz vom 1. 10. 1799. – Eytelwein, *Nachricht*, S. 36: »Die Vorlesungen sind in diesem Jahre zum Teil in den Hörsälen der Akademie der Künste, vom 1. Oktober des k. J. [1800] werden solche in einem schon im Bau begriffenen, von des Königs Majestät dazu bestimmten Gebäude gehalten.«
[31] Geh. Staatsarchiv PK, Schreiben des Direktoriums vom 28. 10. 1799. – Hierzu: »Die Gründung der Bauakademie«, in: *Mathematisches Calcul und Sinn für Ästhetik. Die preußische Bauverwaltung 1770–1848*, S. 161–166, S. 163.
[32] Eytelwein, *Nachricht*, S. 38.
[33] Erich Konter, »Königliche Bau-Akademie zu Berlin – die Institution«, in: *Mythos Bauakademie*, Austellungskatalog, S. 125–142.
[34] Riedel d. Ä., »Nachricht wegen der Fortsetzung der allgemeinen Betrachtung über die Baukunst«, Januar 1798, zit. bei: Konter, »Die preußische Bauverwaltung«, S. 24.
[35] Riedel, *Nachricht*, zit. bei: Konter, »Die preußische Bauverwaltung«, S. 25.
[36] Eytelwein, *Nachricht*, S. 35.
[37] Ebd., S. 38 f.
[38] Ebd., S. 39.
[39] Ebd., S. 40.
[40] Geh. Staatsarchiv PK, Rep 76 alt, Abt. IV, Nr. 15, Bl. 26 f.
[41] Ebd., Bl. 14.
[42] Ebd., Bl. 43. – Haller ist die Nummer 6 und gehörte im Winterhalbjahr 1800/1801 wieder zu den Besten.
[43] Ebd., Bl. 50.

[44] Ebd., Bl. 29.
[45] Eytelwein, *Nachricht*, S. 39.
[46] Waagen, *Schinkel*, S. 320.
[47] Ebd., S. 322.
[48] Wolzogen, *Schinkel*, 1864, Sp. 72.
[49] Akademiekatalog 1800, Nr. 313, 314.
[50] Geh. Staatsarchiv. Rep. 76 alt. Nr. 15.
[51] Ebd.
[52] Ausstellungskatalog 1800, Nr. 267.
[53] Ebd., Nr. 272, 273. – *Gilly und die Privatgesellschaft junger Architekten*, Nr. 110.
[54] Ebd., Nr. 118.
[55] Schadow, *Kunstwerke*, Reprint 1980, S. 66, 71.
[56] Ausstellungskatalog 1802, Nr. 323.
[57] Börsch-Supan, *Bühnenbilder*, Bd. 1, S. 8.
[58] Geheimes Staatsarchiv PK, Rep. 76 alt, Abt. IV, Nr. 15, Acta betr. die Rapports über den gesamten Unterricht bei der Kgl. Bauakademie 1800 ff. – Ebd., Becherer, Nr. 21. Insgesamt 23 Fächer, gedruckt bei Eytelwein, *Nachricht*, S. 31-35.
[59] Eytelwein, *Nachricht*, S. 40.
[60] *Berlin und die Antike*, S. 342 f.
[61] Geh. Staatsarchiv PK, Rep. 76 alt, Abt. IV. Nr. 25, Gillys Brief vom 17. 5. 1799.
[62] Ebd., Nr. 18. – *Gilly und die Privatgesellschaft junger Architekten*, S. 245.
[63] Liste der Eleven des Eröffnungssemesters 1799/1800. Geh. Staatsarchiv, I. HA, Rep 76 alt, Abt. IV, Nr. 14 a.
[64] Erschienen unter dem Titel *Elementar-Zeichenwerk, Lehrbuch für die Kunst- und Gewerk-Schulen in Preußen*, 1803–1806.
[65] Geh. Staatsarchiv, Rep. 76 alt, Abt. IV, Nr. 26, Bl. 3. – Francesco Milizia (geb. 1725 in Oria im Königreich Neapel, gest. 1798 in Rom), *Principi di architettura civile*, 1781. In deutscher Übersetzung *Die Grundsätze der bürgerlichen Baukunst*, 3 Bde., Leipzig 1784–1786 (Gillys Bibl. 14, 9–11). Hier benutzt die Aufl. Leipzig 1824, nach der Urschrift durchgesehen, mit Anmerkungen von C. L. Stieglitz.
[66] Geh. Staatsarchiv, Bl. 8.
[67] Hirt schreibt (am 29. 6. 1799), daß er mit Vergnügen das Lehramt der Kritischen Geschichte der Baukunst nach der ihm erteilten Vorschrift übernehmen werde. Bis Oktober 1799 wolle er seine gedruckte Schrift vorlegen, die ihm als Leitfaden seiner Vorlesungen dienen solle. Berlin – Am 5. 12. 1801 Schreiben der Bau-Akademie-Deputation des Oberbaudepartements an das Kuratorium, Hirt dahin anzuweisen, daß er in diesem Collegio weniger die Kritik der Ordinationen lehren, an dessen Statt aber mehr die Enzyklopädie und Übersicht der gesamten Baukunst vortragen solle.
[68] Eytelwein, *Nachricht*, S. 35.
[69] Konter, »Die preußische Bauverwaltung«, S. 26.
[70] Geh. Staatsarchiv, Nr. 30. Hirt-Brief vom 10. 9. 1803.
[71] August Rode (Übers.), *Vitruv*, 1. Buch, 1. Kap., Baukunst, Eigenschaften eines Baukünstlers, S. 17.
[72] Ebd., 1. Kap. S. 13. – August Rode, *Des Marcus Vitruvius Pollio Baukunst, aus der römischen Urschrift übersetzt*, Leipzig 1796. Anhang Vitruvianisches latein. Wörterbuch, S. 1–47. Register von 18 Seiten. Unveränd. Nachdruck, hsg. von Beat Wyss, Basel, Boston und Berlin 1995. – August Rode (1751–1837), Hofrat 1787, Kabinettsrat 1795, Wirklicher Geheimrat 1810. 1801 ließ Rode den Band *Kupfer zu Vitruvs zehn Büchern von der Baukunst*,

mehrenteils nach Antiken Denkmälern gezeichnet und mit kurzen lateinischen und deutschen Erklärungen versehen, folgen. Gillys Bibl. 9, 1–2.
73 Hier Anmerkung von Rode: *Astrologia* ist bei den Alten soviel als *Astronomia*. Die Unterscheidung zwischen Sterndeutekunst und Sternkunde war neu.
74 Rode, *Vitruv*, S. 20.
75 Milizia, *Baukunst*, III, S. 263–273.
76 Milizia, *Baukunst*, III, »Von der Rechtsgelehrsamkeit in Absicht auf die Architektur«, S. 246 bis 260.
77 Ebd., S. 344.
78 Milizia, *Baukunst*, III, »Notwendige Eigenschaften eines Architekten«, S. 273–297, S. 280. – Das Rousseau-Zitat in Übersetzung bei Heusinger, *Handbuch der Ästhetik*, Bd. 1, S. 358 f.: »Frage nicht lange, junger Künstler, was Genie sei. Hast du Genie, so weißt du schon, was es ist; hast du keines, so lernst du es nie kennen. Das Genie des Musikers herrscht mit seiner Kunst über das ganze Universum. ... Willst du aber wissen, ob irgend ein Funke dieses verzehrenden Feuers deine Seele belebe? Eile, fliege nach Neapel, und höre die Meisterwerke eines Leo, eines Durante, eines Jomelli, eines Pergolesi. Füllen sich deine Augen mit Tränen, schlägt dir das Herz, wirft es dich hin und her, erstickt die Zurückhaltung deinen Atem; so ergreife den Augenblick, arbeite. Ihr Genie wird das deinige entzünden, du wirst nach ihrem Vorbilde erschaffen. *Das ist Genie*.« *Dictionaire de la Musique* par J. J. Rousseau, art génie.
79 Riemann, *Italien*, S. 51.
80 Peschken, *Lehrbuch*, S. 33.
81 Ebd., S. 115 (Technizistischer Lehrbuchplan, um 1830).
82 Ebd., S. 151.
83 Ebd., S. 150 (Legitimistische Fassung des *Architektonischen Lehrbuchs*. »Die Residenz eines Fürsten«, 1835).
84 Rode, *Vitruv*, 6. Buch, S. 5 f., Vorrede.
85 Rode, *Vitruv*, 1. Buch, hier Textauszüge von S. 12–20.
86 Max Theuer (Übers.), Leon Battista Alberti, *Zehn Bücher über die Baukunst*, Wien und Leipzig 1912, S. XXX.
87 Ebd., S. 518.
88 Ebd., S. 519.
89 Milizia, *Baukunst*, III, Eigenschaften, S. 289.
90 Milizia, *Baukunst*, I, »Vom Geschmack«, S. 270 f.
91 Sulzer, *Theorie*, I, S. 341, »Baumeister«.
92 Ebd., S. 343.
93 Ebd., S. 341 f.
94 Ebd., S. 343.

Studien in Gillys Bibliothek

1 Waagen, *Schinkel*, S. 318.
2 Szambien, *Schinkel*, S. 16. – Waagen, *Schinkel*, S. 338.
3 Achim von Arnim an Jacob Grimm, 21. 1. 1829.
4 Wolzogen, *Schinkel*, 1864, Sp. 90.
5 Neumeyer, *Gilly*, S. 193.
6 Theuer, *Alberti*, S. 293.
7 Ziller, *Schinkel*, S. 108.
8 Gillys Bibl. 9, 1–2.
9 Kadatz, *Erdmannsdorff*, S. 147.

10 Hartmut Ross, »August Rode und das Dessau-Wörlitzer Reformwerk«, in: *Der englische Garten zu Wörlitz*, Berlin 1987, S. 147.
11 Es war die erste deutsche Übersetzung seit Walter Ryffs Übertragung von 1548. Rode bezeichnete sie »als ein Denkmal ihres Zeitalters, das zwar Achtung aber zugleich auch Mitleid einflößt«. Sie sei »heutzutage weder von Nutzen noch von Bedeutung«. Vorrede, S. VIII.
12 Hoepfner, Schwandner, in: *Berlin und die Antike*, S. 291 f.
13 Rode, *Vitruv*, 1. Buch, 3. Kap., S. 30 f.
14 Beyer, Schütte, *Palladio*, S. 20.
15 Goethe, *Italienische Reise*, 12. 10. 1786, Hambg. Ausgabe, Bd. 11.
16 Ebd., S. 98.
17 Goethe, *Tagebücher*, 5. 10. 1786, Bd. 1, Stuttgart 1956, S. 261. – Ewald, *Goethes Architektur*, S. 32, 39.
18 Goethe, *Italienische Reise*, 25. 10. 1786, S. 117.
19 Beyer, Schütte, *Palladio*, S. 17.
20 Ebd., S. 16.
21 Johann Bernhard Fischer von Erlach (1656 bis 1723). Bei Gilly entweder die 1. Ausgabe (Wien 1721) oder die 2. (Leipzig 1725). Beide in Folio. Blattgröße 39,5 x 56 cm. Gillys Bibl. 8, 106.
22 Ebd. Vorrede.
23 Für das Weltwunder des Grabmal des Mausollos von Halikarnoss nutzte Schinkel offensichtlich Hans Christian Genellis Titelblattzeichnung zu Rode lateinischer Vitruv-Ausgabe von 1800 (*Berlin und die Antike*, Abb. 583). Siehe Kap. »Bilderbücher«.
24 Fischers Quellen wurden untersucht von George Kunoth, »Die Historische Architektur Fischers von Erlach«, in: *Bonner Beiträge zur Kunstwissenschaft*, Bd. 5, Düsseldorf 1956.
25 Notiz auf der Rückseite eines Skizzenblatts von Gilly. Rietdorf, *Gilly*, S. 148.
26 Rode, *Vitruv*, 2. Buch, »Über den Ursprung der Häuser«, S. 63 ff.
27 Forssman, *Schinkel*, S. 21.
28 Kruft, *Architekturtheorie*, S. 170.
29 William Hodges, *Reisen durch Ostindien während der Jahre 1780, 1781, 1782, 1783*, mit Kupfern, aus dem Engl., Hamburg 1793. – »Ostindien« alter Name für Vorder- und Hinterindien. Im Gegensatz zu »Westindien«, den Inseln Mittelamerikas. Im engeren Sinne der indische Subkontinent.
30 Rode, *Vitruv*, Anmerkung.
31 Hodges, *Ostindien*, S. 176.
32 Wolzogen, *Nachlaß*, III, S. 367 f.
33 Hodges, »Über hindustanische, mohrische und gothische Baukunst«, S. 75–93.
34 Sulzer vermutete, daß der griechische Geschmack seinen Ursprung in weiter östlich gelegenen Ländern habe. »Der Geschmack in der Baukunst scheint, wie die ersten Anfänge verschiedener anderer Künste, nicht auf griechischem Boden erzeugt, sondern aus Phönizien und Ägypten dahin gekommen zu sein, aber durch das feine Gefühl und den männlichen Verstand der Griechen seine Vollkommenheit erreicht zu haben. In Ägypten trifft man noch Ruinen von Gebäuden an, die allem Ansehen nach älter als der Anfang der eigentlichen Geschichte sind. An denselben ist schon der griechische Geschmack in kleineren Verzierungen zu entdecken. Von phönizischen, babylonischen und persischen Gebäuden hat sich nichts aus dem hohen Altertum erhalten. ... Man muß also den Orient, und vermutlich die Länder diesseits des Euphrats, als den Geburtsort derjenigen Bauart ansehen, welche von den Griechen auf den höchsten Grad der Vollkommenheit erhoben worden.« Sulzer, *Theorie*, I, Stichwort Baukunst, S. 317.
35 Hodges, *Ostindien*, S. 76.
36 Wohl Carlo Lodoli (1690–1761). Der Kernbegriff der Architektur war für ihn die Vernunft. Vgl.: Kruft, *Architekturtheorie*, S. 221.
37 Hodges, *Ostindien*, S. 77.
38 Ebd., S. 78.
39 Ebd., S. 79.
40 Ebd., S. 82.
41 Ebd., S. 83.
42 Ebd., S. 84.
43 Ebd., S. 85.
44 Ebd., S. 88.
45 Ebd., S. 90.
46 Ebd., S. 91.
47 Ebd., S. 91.
48 Ebd., S. 90.
49 Ebd., S. 92.
50 Ebd., S. 93.
51 Zadow, *Schinkel*, S. 31.
52 Christian Ludwig Stieglitz, Doktor der Rechte, Senator zu Leipzig und Kanonikus des Stiftes Wurzen. *Geschichte der Baukunst der Alten*, Leipzig 1792, (Gillys Bibl. 13, 5) und *Die Baukunst der Alten. Ein Handbuch für Freunde der Kunst*, Leipzig 1796 (Gillys Bibl. 23, 241).
53 Stieglitz, *Geschichte*, S. III, X.
54 Ebd., S. 10.
55 Ebd., S. IV.
56 Ebd., S. XIII.
57 Milizia, *Baukunst*, I, »Geschichte der Baukunst«, S. 6–20, S. 6: »Hütten von Stämmen aus Zweigen zusammengesetzt waren die ersten Spuren der Kunst.« Stieglitz kommentierte 1824 als Herausgeber wie folgt: »Der Verfasser [Milizia] geht von der gemeinen Idee aus, die Baukunst sei aus dem Holzbau entstanden. Die ältesten Bewohner der Erde lebten in gebirgigen Gegenden, auf dem Paropamisus [bei den Alten geogr. Name des Hindukusch], wo natürliche Höhlen sich ihnen zu Wohnungen darboten, die ebenfalls zu Tempeln eingerichtet wurden. Auch viele Völker im Kaukasus wohnten in Höhlen. Nicht weniger wählten die ältesten Bewohner von Ostindien und Nubien Felsengrotten zu Tempeln, die sie kunstvoll anlegten und ausschmückten. In diesen letzteren vorzüglich sehen wir deutlich, daß die Baukunst als Kunst, von dem Steinbau ausging, nicht von dem Holzbau. Durch diesen hätten sie überdies nie die großartige Bildung, die hohe Würde im Ausdruck erreichen können, welche wir in den Denkmälern der Ägyptier bewundern ...«
58 Stieglitz, *Geschichte*, S. 23.
59 Ebd., S. 114.
60 Ebd., S. 10.
61 Ebd., S. 24.
62 Ebd., S. 10–14. Hierzu: Stieglitz, *Encyklopädie der bürgerlichen Baukunst in welcher alle Fächer dieser Kunst nach alphabetischer Ordnung abgehandelt sind. Ein Handbuch für Staatswirthe, Baumeister und Landwirthe*, 5 Bde., Leipzig 1792–1798. Das Werk ist eine Kompilation. Stieglitz: »Man darf in dieser Encyklopädie nichts Neues suchen. Vieles ist

aus den angeführten Büchern wörtlich abgeschrieben.« (S. 215–223, Titelliste weiterführender Literatur.)
63 Stieglitz, *Geschichte*, S. 14.
64 Stieglitz, *Enzyklopädie*, I, »Baukunst«, S. 177.
65 Stieglitz, *Geschichte*, S. VII.
66 Ebd., S. 173.
67 Peschken, *Lehrbuch*, S. 21 ff. Hier stark gekürzt und orthographisch angeglichen, aus beiden Texten.
68 Ebd., S. 23.
69 Ebd., S. 22.
70 Ebd., S. 23.
71 Sulzer, *Theorie*, I, »Baumeister«, S. 341–34, S. 344.
72 Rode, *Vitruv*, 1. Buch, 4. Kap., »Wahl gesunder Orte«.
73 Kruft, *Architekturtheorie*, S. 228.
74 Milizia, *Baukunst*, II, »Die Einteilung einer Stadt«, S. 23–38, S. 24.
75 Stieglitz, *Enzyklopädie*, V, »Stadt«, S. 95–114, S. 114. Stieglitz bezieht sich auf Laugiers Architektur-Essay, Kap. V.
76 Milizia, II, Einteilung, S. 25
77 Ebd., S. 27.
78 Ebd., S. 26 f.
79 Ebd., S. 34.
80 Ebd., S. 33.
81 Ebd., S. 34.
82 Ebd., S. 35.
83 Ebd., S. 38.
84 Ebd., S. 23.
85 Verschönerungsprojekt in Ausstellungskatalog 1806, S. 83–101, S. 91, 97. – Siehe Kap. »Ende der Privatgesellschaft«.
86 Die Charakterlehre wurde wohl von Germain Boffrand (1667–1754) erstmals systematisch in die Architekturtheorie eingeführt und von Jacques Francois Blondel (1705–1774) ausgebaut. Kruft, *Architekturtheorie*, S. 162, 167.
87 Gentz, *Münzgebäude*, S. 17.
88 Ebd., S. 25.
89 Peschken, *Lehrbuch*, S. 115 (Technizistische Konzeption).
90 Die Münze mußte einem Geschäftshaus weichen. Der ausführende Architekt, der junge Regierungsbaumeister und Schinkelpreisträger von 1881, Alfred Messel (1853–1909), ließ vor dem Abbruch eine sorgfältige Bauaufnahme anfertigen, damit das Gebäude wenigstens auf dem Zeichenpapier der Nachwelt erhalten bliebe (Neumeyer, *Gilly*, S. 29). Der von Friedrich Gilly nach mythologischen Motiven entworfene und von Schadow ausgeführte Fries wurde abgenommen und erlitt eine »unwürdige Verbannung in die Gewölbe unter dem Kreuzbergdenkmal«. Helmut Börsch-Supan, »Die Botschaft der Bilder. Zum Skulpturenschmuck von Schinkels Bauakademie«, in: *Mythos Bauakademie*, Ausstellungskatalog, S. 77.
91 *Untersuchungen über den Charakter der Gebäude; über die Verbindung der Baukunst mit dem Schönen Künsten und über die Wirkungen, welche durch dieselbe hervorgebracht werden sollen.* Leipzig 1788, mit Kupfern (Gillys Bibl. 16, 58). – Über Erdmannsdorff als möglicher Autor der Schrift siehe: Michael Bollé, »Vom Tagebuch zum Lehrbuch. Aspekte zu Lernen und Lehren von Heinrich Gentz«, in: *Deutsche Baukunst um 1800*, hsg. von Reinhard Wegner, Köln, Weimar und Berlin 2000, S. 154.
92 Vgl.: Kruft, *Architekturtheorie*, S. 214.
93 Ebd.
94 Alste Horn-Oncken, *Über das Schickliche*, Göttingen 1967, S. 22.
95 Kruft, *Architekturtheorie*, S. 162.
96 Ebd., S. 231.
97 Stieglitz, *Encyklopädie*, I, »Charakter« (S. 469 bis 494), S. 469.
98 Ebd., S. 470.
99 Ebd., S. 471.
100 Schinkel, *Architektonische Entwürfe*.
101 Ausstellungskatalog 1810, Nr. 189, S. 26. – Siehe Kap. »Kant, Laugier und die Geniediskussion«.
102 Ebd. 1810, S. 27.
103 Wolzogen, *Nachlaß*, III, S. 155.
104 Milizia, *Baukunst*, I, S. 152–157 (»Die gotische Architektur«), S. 155 f.
105 Peschken, *Lehrbuch*, S. 20 (»Werkchen«).
106 Ebd., S. 118 (Techniz. Konzeption).
107 Ebd., S. 149 f. (Legitimistische Fassung des *Architektonischen Lehrbuchs*. »Die Residenz eines Fürsten«, gegen 1830).
108 Schinkel, *Architektonische Entwürfe*.
109 Rave, *Schinkel. Berlin 1*, S. 90.
110 Leipzig, 1762. Gillys Bibl. 10, 22.
111 *Goethes Werke*, Hamburger Ausgabe, 1974, Bd. 11, S. 219.
112 Ebd., S. 323. Brief an Herder vom 17. 5. 1787.
113 Kruft, *Architekturtheorie*, S. 210.
114 Ebd., S. 211.
115 Winckelmann, *Anmerkungen*, S. 50.
116 In Gillys Bibliothek die Ausgabe von 1786–1788. Gillys Bibl. 14, 37–40.
117 Hier zit. aus der Ausgabe 1792 f. – Sulzer, *Theorie*, II, S. 15–20, S. 15.
118 Sulzer, Vorrede zur 1. Ausg., übernommen in die 2. Auflage 1792.
119 Sulzer, *Theorie*, I, Vorrede.
120 Ebd.
121 *A Philosophical inquiry into the Origins of Our Ideas on the Sublime and Beautiful.* (1757). In deutscher Übersetzung, Riga 1793. Gillys Bibl. 15, 45.
122 Zit. bei: Kultermann, *Kunsttheorie*, S. 85.
123 Ebd., S. 92.
124 Ebd., S. 93.
125 Milizia, *Baukunst*, I, S. 259–265 (»Vom Schönen«), S. 259.
126 Ebd., S. 265.
127 Milizia, *Baukunst*, I, S. 265–277 (»Vom Geschmack«), S. 265.
128 Ebd. 266.
129 Ebd., S. 270 ff.
130 Heusinger, *Handbuch*, S. 323 ff.; Gillys Bibl. 14, 28–29.
131 Milizia, *Baukunst*, I, S. 26–34 (»Von dem Wesentlichen in der Architektur«), S. 28.
132 Ebd., S. 27.
133 Ebd., S. 26.
134 Ebd., S. 27.
135 Milizia, *Baukunst*, I, S. 274.
136 Milizia, *Baukunst*, I, S. 27.
137 Beyer, Schütte, *Palladio*, I, Kap. 20, S. 82.
138 Milizia, *Baukunst*, I, S. 31.
139 Sulzer, *Theorie*, I, S. 341–347, S. 316.
140 Horn-Oncken, *Über das Schickliche*, S. 19.
141 Stieglitz, *Encyklopädie*, II, S. 262–364, S. 339.
142 Ebd., S. 340.
143 Stieglitz, *Geschichte*, S. VIII.
144 Wolzogen, *Nachlaß*, III, S. 371.
145 Sulzer, *Theorie*, I, S. 316 (»Baumeister«).
146 Peschken, *Lehrbuch*, S. 28.
147 Ebd., S. 29 (Hirt-Polemik).
148 Ewald, *Goethes Architektur*, S. 23 f.
149 Milizia, *Baukunst*, I, S. 13.
150 Riemann, *Italien*, S. 116.
151 Milizia, *Baukunst*, III, S. 280.
152 Milizia, *Baukunst*, I, S. 158.
153 Milizia, *Baukunst*, I, S. 18.
154 Milizia, *Baukunst*, I, Geschichte, S. 13.
155 Ebd., S. 8.
156 Ebd., S. 13.
157 Milizia, *Baukunst*, I, S. 33.
158 Stieglitz, *Encyklopädie*, V, S. 384, S. 363–389, S. 389–403.
159 Ebd., S. 364.
160 Ebd., S. 378.
161 Ebd., S. 380.
162 Sulzer, *Theorie*, I, S. 343 f.
163 Ebd., S. 322.
164 Ebd., S. 321.
165 Ebd., S. 322.
166 Peschken, *Lehrbuch*, S. 46. f.
167 Beyer, Schütte, *Palladio*, 1. Buch, 20. Kap.
168 Riemann, *Italien*, S. 116.
169 Wolzogen, *Nachlaß*, III, S. 371.
170 Milizia, *Baukunst*, I, S. 3.
171 Aus griech. *Archi* (Haupt) und *tékton* (Holzhandwerker).
172 Milizia, *Baukunst*, I, S. 2.
173 Sulzer, *Theorie*, I, S. 314–322.
174 Ebd., S. 315.
175 *Die Baukunst der Alten. Ein Handbuch für Freunde der Kunst.* Leipzig 1796 (Gillys Bibl. 23, 241). Zit in: *Kunsttheorie und Kunstgeschichte des 19. Jahrhunderts in Deutschland. Texte und Dokumente,* Bd. 2, Stuttgart 1985, (Reclam Universal-Bibliothek), S. 15. f.
176 Stieglitz, *Encyklopädie*, I, S. 166.
177 Ebd., S. 167.
178 Ebd., S. 168.
179 Friedrich Gilly, *Einige Gedanken über die Notwendigkeit, die verschiedenen Teile der Baukunst, in wissenschaftlicher und praktischer Hinsicht, möglichst zu vereinigen*, in: Neumeyer, *Gilly*.
180 Ebd., S. 183.
181 Ebd., S. 84.
182 *Deutsche Monatsschrift*, Bd. 3, Heft 10, Leipzig 1798; Neumeyer, S. 85.
183 Zit. bei Neumeyer, S. 182 f.
184 Ebd., S. 84 f.
185 Ebd., S. 85, zit. in: *Kunsttheorie*, II, S. 18 f.
186 Zit. bei Neumeyer, S. 86.
187 Wolzogen, *Nachlaß*, III, S. 155.
188 Peschken, *Lehrbuch*, S. 22 (Anhang zum Lehrbuchplan von 1804). – Siehe Kap. »Vom Charakter eines Gebäudes«.
189 Ausstellungskatalog 1810, Nr. 189. Erläuterungen zur Kapelle.
190 Wolzogen, *Nachlaß*, III, S. 155.
191 Peschken, *Lehrbuch*, S. 29 (Hirt-Polemik). – Siehe Kap. »Vom Charakter eines Gebäudes«.
192 Ebd., S. 150 (Legitimistische Fassung des *Architektonischen Lehrbuchs*. »Die Residenz eines

Fürsten«, 1835 f.). – In dem oben erwähnten, 1835 verfaßten einleitenden Aufsatz zur letzten Konzeption des Lehrbuchs beschrieb er für »ausgebildete Architekten«, die schon einen selbständigen Wirkungskreis gewonnen haben, die von ihm erzielten allgemeinen Resultate der Baukunst.

[193] Ebd., S. 13, Schinkels poetische Beschreibung vom Landhaus bei Syrakus.
[194] Forssman, *Schinkel*, S. 62.
[195] Ebd., S. 63.
[196] Peschken, *Lehrbuch*, S. 119.
[197] Ebd., S. 57 (Klassiz. Lehrbuchfassung, um 1825).
[198] Ebd. (Entwürfe für die Techniz. Lehrbuchkonzeption).
[199] Ebd., S. 148 (»Residenz eines Fürsten«).
[200] Ebd., S. 71 (Klassiz. Lehrbuchfassung, um 1825).
[201] Wolzogen, *Schinkel*, 1864, Sp. 248.
[202] Johann Gottlieb Fichte, *Die Bestimmung des Menschen*, Berlin 1800; Stuttgart 1962 (Reclam Universal-Bibliothek), S. 7.
[203] Ebd., S. 26.
[204] Schmidt, *Kants Kritiken*, S. 282 f.
[205] Johann Gottlieb Fichte, *Die Grundzüge des gegenwärtigen Zeitalters*, Hamburg 1978, S. 171.
[206] Peschken, *Lehrbuch*, S. 19 (»Werkchen«).
[207] Ebd., S. 31 (Religiöses Gebäude).
[208] Fichte, *Grundzüge*, S. 58.
[209] Ebd., S. 59.
[210] Ebd., S. 62.
[211] Ebd., S. 58.
[212] Ebd., S. 63.
[213] Ebd., S. 61.
[214] Peschken, *Lehrbuch*, S. 24.
[215] Maximilian Blumenthal, *Der Preußische Landsturm von 1813*, Berlin 1900, S. 190 f.
[216] Fichte, *Bestimmung*, S. 35, 36.
[217] Ebd., S. 119.
[218] Fichte, *Grundzüge*, S. 174.
[219] Wolzogen, *Nachlaß*, III, S. 358.
[220] Ebd., S. 358.
[221] Peschken, *Lehrbuch*, S. 44 (Klassizistische Lehrbuchfassung).
[222] Ebd., S. 71 (Ergänzungen zur klassiz. Lehrbuchfassung).
[223] Ebd., S. 114 (Techniz. Lehrbuchkonzeption).
[224] Ebd., S. 114.
[225] Wolzogen, *Nachlaß*, III, S. 366.
[226] Ebd., S. 367.
[227] Ebd., S. 367.
[228] Ebd., S. 365.
[229] Ebd., S. 32 (Religiöses Gebäude).
[230] Ebd., S. 114 (Techniz. Lehrbuchkonzption).

Literatur

Allgemeine Literatur

Abel, Walther, »Lateinisch und Griechisch an Berliner Schulen, in: *Berlin und die Antike*, Ausstellungskatalog, Berlin 1979.

Arasse, Daniel, »Der Künstler«, in: Michel Vovelle, (Hsg.), *Der Mensch der Aufklärung*, Frankfurt am Main und New York 1996.

Atterbom, Per Daniel, *Reisebilder aus dem romantischen Deutschland*, Stuttgart 1970.

Balet, Leo, und E. Gerhard, *Die Verbürgerlichung der deutschen Kunst, Literatur und Musik im 18. Jahrhundert*, Berlin 1972.

Bauch, Kurt, *Das Brandenburger Tor*, Berlin 1968

Baumgart, Fritz, »Ägyptische und klassizistische Baukunst«, in: Klaus Jan Philipp (Hsg.), *Revolutionsarchitektur*.

Begemann, Heinrich, *Annalen des Friedrich-Wilhelms-Gymnasiums zu Neuruppin*, Neuruppin 1915

Begemann, Heinrich, *Die Lehrer der Lateinischen Schule zu Neuruppin 1477–1817*. Neuruppin 1914.

Bergdoll, Barry, *Karl Friedrich Schinkel*, München 1994.

Bissing, Henriette von, *Das Leben der Dichterin Amalie Helvig, geb Freiin von Imhoff*, Berlin 1889.

Bohm, F., »Die sogenannten Kasernstuben in Neu-Ruppin, nach Akten dargestellt«, in: *Mitteilungen des Historischen Vereins für die Grafschaft Ruppin*. II. 1891.

Börsch-Supan, Eva, »Die Bedeutung der Musik im Werke Karl Friedrich Schinkels«, in: *Zeitschrift für Kunstgeschichte*, 34. Bd., 4, 1971.

Börsch-Supan, Helmut, *Karl Friedrich Schinkel. Bühnenentwürfe / Stage Designs*, 2 Bde, Berlin 1990.

Büchel, Wolfgang. *Karl Friedrich Schinkel*. Reinbek 1994.

Die Berliner Marienkirche und ihre Kunstwerke, hsg. Gemeindekirchenrat von St. Marien und St. Nikolai zu Berlin, 3. bearb. Aufl., Berlin 1984.

Dobbert, E. und A. G. Meyer, *Chronik der Kgl. Technischen Hochschule zu Berlin 1799–1899*, Berlin 1899.

Doebber, Adolph, *Heinrich Gentz, ein Berliner Baumeister um 1800*, Berlin 1916.

Eichler, Helga, »Berliner Intelligenz im 18. Jahrhundert«. *Miniaturen zur Geschichte, Kultur und Denkmalpflege Berlins*, Nr. 28, 1989.

Elß, Hermann, *Geschichte des Friedrich-Wilhelms-Gymnasiums zu Neuruppin*, Neuruppin 1939.

Ewers, Hans-Heino, »Campe als Kinderliterat und Jugendschriftsteller«, in: *Campe in seiner Zeit*, Ausstellungskatalog, Wiesbaden 1996.

Ewers, Hans-Heino (Hsg.), *Kinder- und Jugendliteratur der Aufklärung. Eine Textsammlung*, Stuttgart 1980.

Fertig, Ludwig, *Campes politische Erziehung*, Stuttgart 1977.

Fontane, Theodor, *Wanderungen durch die Mark Brandenburg. Die Grafschaft Ruppin*, Frankfurt am Main, Berlin und Wien o. J.

Fontane, Theodor, *Wanderungen durch die Mark Brandenburg. Havelland*, Frankfurt am Main, Berlin und Wien o. J.

Fontane, Theodor, »Selbstbiographie von 1874«, in: *Von Zwanzig bis Dreißig*, München 1973.

Forssman, Erik, *Goethezeit. Über die Entstehung des bürgerlichen Kunstverständnisses*, München und Berlin 1999.

Forssman, Erik, *Karl Friedrich Schinkel. Bauwerke und Baugedanken*, München und Zürich 1981.

Fräßle, Klaus, *Carl Haller von Hallerstein*, Diss., Freiburg im Breisgau 1971.

Gärtner, Hannelore (Hsg.), *Schinkel-Studien*, Leipzig 1984.

Gay, Peter, *Zeitalter der Aufklärung*, 1967.

Gentz, Heinrich, »Beschreibung des neuen königlichen Münzgebäudes«, in: *Sammlung nützlicher Aufsätze*, 1800.

Gilly, Friedrich, »Aufsätze«, in: Neumeyer, *Essays*.

Grisebach, August, *Karl Friedrich Schinkel*, Leipzig 1924.

Günzel, Klaus, *König der Romantik. Das Leben des Dichters Ludwig Tieck in Briefen, Selbstzeugnissen und Berichten*, Berlin 1981.

Haller von Hallerstein, Hans, *Und die Erde gebar ein Lächeln. Der erste deutsche Archäologe in Griechenland. Carl Haller von Hallerstein 1774–1817*, München 1983.

Heimatmuseum Neuruppin (Lisa Riedel, Irina Rockel, Günter Rieger), *Ein Streifzug durch Neuruppin*, Neuruppin 1991.

Hernandez, Antonio, »Französische Architekturtheorie von Briseux bis Ledoux«, in: Klaus Jan Philipp (Hsg.), *Revolutionsarchitektur*.

Herrmann, Hans Joachim, »Friedrich Gedike und Schinkel«, in: *Schinkel und die Antike. Beiträge der Winckelmann-Gesellschaft*, Band 12, Stendal 1985.

Herrmann, Ulrich (Hsg.), »Das pädagogische Jahrhundert«. Volksaufklärung und Erziehung zur Armut im 18. Jahrhundert in Deutschland, Weinheim und Basel 1981.

Herrmann, Ulrich (Hsg.), »Die Bildung des Bürgers«. Die Formierung der bürgerlichen Gesellschaft und die Gebildeten im 18. Jahrhundert, 2. Aufl., Weinheim und Basel 1989.

Hermann, Ulrich, »Die Pädagogik der Philanthropen«, in: *Klassiker der Pädagogik*, hsg. von Hans Scheuerl, 2. Aufl., 1. Band, München.

Herrmann, Ulrich, »Pädagogische Anthropologie und die ›Entdeckung‹ des Kindes im Zeitalter der Aufklärung – Kindheit und Jugendalter im Werk Joachim Heinrich Campes«, in: Herrmann, *Bildung des Bürgers*.

Heydemann, F. W. H., *Die evangelischen Prediger Neu-Ruppins von der Reformation bis zu Gegenwart*. Aus dem Nachlaß hsg. Neuruppin 1867 (Sammlung von Nachrichten über die früheren Prediger Neuruppins, angelegt am 11. 8. 1845).

Heydemann, F. W. H., *Neuere Geschichte der Stadt Neuruppin*, Neuruppin 1863.

Hirsch, Erhard, *Dessau-Wörlitz. Aufklärung und Frühklassik*, Leipzig 1985.

Hoepfner, Wolfram, und Ernst Ludwig Schwandner, »Die Entdeckung der griechischen Bauten«, in: *Berlin und die Antike*.

Hoepfner, Wolfram, und Ernst Ludwig Schwandner, »Archäologische Bauforschung«, in: *Berlin und die Antike*.

Horn-Oncken, Alste, *Über das Schickliche*, Göttingen 1967.

Jericke, Alfred, und Dieter Dolgner, *Der Klassizismus in der Baugeschichte Weimars*, Weimar 1975.

Kadatz, Hans-Joachim, *Friedrich Wilhelm von Erdmannsdorff 1736–1800*, Berlin 1986.

Kania, Hans, und Hans-Herbert Möller, *Karl Friedrich Schinkel. Mark Brandenburg*, Berlin 1960 (*Karl Friedrich Schinkel. Lebenswerk*).

Keller, Ludwig, »Die Berliner Mittwochsgesellschaft«. *Monatshefte der Comenius-Gesellschaft*, 5. Bd., 1896.

Kleßmann, Eckart, *Prinz Louis Ferdinand von Preußen*, München 1972.

Klöden, Karl Friedrich, *Von Berlin nach Berlin. Erinnerungen 1786–1824*, 2. Aufl., Berlin 1978.

Konter, Erich, »Die preußische Bauverwaltung und ihre Ausbildung von 1770–1850«, *Arch+*, Heft 25, 1975.

Kruft, Hanno-Walter, *Geschichte der Architekturtheorie. Von der Antike bis in die Gegenwart*, 4. Aufl., München 1995.

Kühn, Margarethe, *Karl Friedrich Schinkel. Bauten und Entwürfe für das Ausland*, Berlin und München 1989 (*Karl Friedrich Schinkel. Lebenswerk*).

Kultermann, Udo, *Kleine Geschichte der Kunsttheorie. Von der Vorgeschichte bis zur Gegenwart*, 2. Aufl., Darmstadt 1998.

Kunoth, George, »Die Historische Architektur Fischers von Erlach«, in: *Bonner Beiträge zur Kunstwissenschaft*, Bd. V, Düsseldorf 1956.

Kunsttheorie und Kunstgeschichte des 19. Jahrhunderts in Deutschland. Texte und Dokumente, hrg von Wolfgang Beyrodt, Ulrich Bischoff, Werner Busch und Harold Hammer-Schenk, Band. I: *Kunsttheorie und Malerei, Kunstwissenschaft*; Band II: *Architektur*; Band III: *Skulptur und Plastik*, Stuttgart 1982, 1985.

Kunzendorf, Jörg Ulrich, »Die Stadtkirche St. Marien zu Neuruppin«, in: *Jahrbuch für Berlin-Brandenburgische Kirchengeschichte*, 1985 (55. Jg.).

Kypke, H., *Geschichte des Geschlechts von Kleist*. Berlin 1882 ff., 4. Bd.

Lammert, Marlies, *David Gilly*, Berlin 1964; Reprint 1981.

Leyser, J. Joachim, *Heinrich Campe*, 2. Ausgabe, Braunschweig 1896.

Lübke, Wilhelm, »Schinkels Verhältnis zum Kirchenbau«, in: *Zeitschrift für Bauwesen*, 1860.

Mackowsky, Hans, *Johann Gottfried Schadow. Jugend und Aufstieg 1764 bis 1797*, Berlin 1927.

Mackowsky, Hans, *Karl Friedrich Schinkel. Briefe, Tagebücher, Gedanken*, Berlin 1922.

Meisner, Heinrich, »Die Freunde der Aufklärung. Geschichte der Berliner Mittwochsgesellschaft«, in: *Festschrift zur 50jährigen Doktorjubelfeier Karl Weinholds am 14. Januar 1896*.

Miniaturen zur Geschichte, Kultur und Denkmalpflege Berlins, Nr. 22, 1987: »Für Vernunft und Aufklärung. Die Berlinische Monatsschift 1783 bis 1796«.

Mittenzwei, Ingrid, und Erika Herzfeld, *Brandenburg-Preußen 1648–1789. Das Zeitalter des Absolutismus in Text und Bild*, 3. Aufl., Berlin 1990.

Möpert, Karl-Günter, »Über das Auffinden der Originalterrakotten und die Rekonstruktion des linken Portals der Schinkelschen Bauakademie vor 30 Jahren«, in: *Mythos Bauakademie*, Ausstellungskatalog, Berlin 1998.

Mythos Bauakademie. Die Schinkelsche Bauakademie und ihre Bedeutung für die Mitte Berlins, hsg. von Frank Augustin, Berlin 1997.

Neumann, Max, *Menschen um Schinkel*, Berlin 1942.

Neumann, Max, *Ruppiner Dorfchroniken*, Veröffentlichungen des Historischen Vereins der Grafschaft Ruppin, Neuruppin 1940.

Neumeyer, Fritz, *Friedrich Gilly. Essays zur Architektur 1796–1799*, Berlin 1997.

Ohff, Heinz, *Karl Friedrich Schinkel oder Die Schönheit in Preußen*, München und Zürich 1997.

Pars, H. H., *Noch leuchten die Bilder*, Stuttgart 1953.

Parthey, Gustav, *Jugenderinnerungen*, neu hsg. von Ernst Friedel, Berlin 1907.

Peschken Goerd, *Das Architektonische Lehrbuch*, Berlin 1979 (*Karl Friedrich Schinkel. Lebenswerk*).

Peschken, Monika, »Friedrich Gillys Aufenthalt in Paris 1797«, in: *Bauwelt*, 1985 (76. Jg.), Heft 38.

Peschken-Eilsberger, Monika (Hsg.), *Der Bildhauer Christian Daniel Rauch. Familienbriefe 1796 bis 1857*, München 1989.

Philipp, Klaus Jan (Hsg.), *Revolutionsarchitektur. Klassische Beiträge zu einer unklassischen Architektur*, Braunschweig 1990.

Philipp, Jan Klaus, *Um 1800. Architekturtheorie und Architekturkritik in Deutschland zwischen 1790 und 1810*. Stuttgart und London 1997.

Porger, Gustav, *Johann Stuves Leben und Wirken*. Diss., Erlangen 1901.

Pundt, Hermann G., *Schinkels Berlin*, Berlin 1981.

Puppi, Lionello, *Andrea Palladio. Gesamtwerk*, 2 Bde., Stuttgart 1977.

Rachel und Wallich, *Berliner Großkaufleute*.

Rave, Paul Ortwin, *Karl Friedrich Schinkel. Berlin. Erster Teil: Bauten für die Kunst, Kirchen und Denkmalpflege*, Berlin 1942 (*Karl Friedrich Schinkel. Lebenswerk*).

Rave, Paul Ortwin, *Karl Friedrich Schinkel. Berlin. Zweiter Teil: Stadtbaupläne, Brücken, Straßen, Tore, Plätze*, Berlin 1948 (*Karl Friedrich Schinkel. Lebenswerk*).

Rave, Paul Ortwin, *Berlin. Ansichten aus alter Zeit. Nach den Kupferstichen von J. G. Rosenberg*, 2. Aufl., Berlin 1959.

Rave, Paul Ortwin, *Karl Friedrich Schinkel. Berlin. Dritter Teil: Bauten für Wissenschaft, Verwaltung, Heer, Wohnbau und Denkmäler*, Berlin 1962 (*Karl Friedrich Schinkel. Lebenswerk*).

Rave, Paul Ortwin, *Genius der Baukunst. Eine klassisch-romantische Bilderfolge an der Berliner Bauakademie von Karl Friedrich Schinkel*, Berlin o. J.

Reelfs, Hella, *Sitzungsberichte der Kunstgeschichtlichen Gesellschaft zu Berlin*, NF 28/29 (1979 bis 1981).

Riemann, Gottfried (Hsg.), *Karl Friedrich Schinkel. Reisen nach Italien*, Berlin 1979.

Riemann, Gottfried (Hsg.), *Karl Friedrich Schinkel. Reise nach England, Schottland und Paris im Jahre 1826*, Berlin 1986.

Rockel, Irina, *Heimatmuseum Neuruppin*. Schnell-Kunstführer, München und Zürich 1992.

Rockel, Irina, *Neuruppin – so wie es war*, Düsseldorf 1992.

Rohrlach, Peter, »Die Bibliothek des ehemaligen Berlinischen Gymnasiums zum Grauen Kloster«, in: *Miniaturen zur Geschichte, Kultur und Denkmalpflege Berlins*, Nr. 12, 1983.

Rohrlach, Peter, »Die Sammlungen des Grauen Klosters in Berlin«, in: *Jahrbuch für Brandenburgische Landesgeschichte*, 12. Bd, Berlin 1961.

Ross, Hartmut, »August Rode und das Dessau-Wörlitzer Reformwerk«, in: *Der Englische Garten zu Wörlitz*, Berlin 1987.

Rossberg, Adolf,, *Freimaurerei und Politik im Zeitalter der Französischen Revolution*, 1942; Reprint o. J.

Schadow, Johann Gottfried, *Kunstwerke und Kunstansichten*; Reprint 1980.

Schadow, Johann Gottfried, *Kunstwerke und Kunstansichten*, kommentierte Neuausgabe, hsg. von Götz Eckardt, Berlin 1987.

Schärf, Hartmann Manfred, *Die klassizistischen Landschloßumbauten Karl Friedrich Schinkels*, Berlin 1986.

Schicksale deutscher Baudenkmäler im zweiten Weltkrieg. Eine Dokumentation der Schäden und Totalverluste auf dem Gebiet der Deutschen Demokratischen Republik, hsg. von Götz Eckardt, Bd. 1, München 1978.

Schmidt, Raymund, *Immanuel Kant. Die drei Kritiken in ihrem Zusammenhang mit dem Gesamtwerk zusammengefaßt*, Leipzig 1933.

Schmitt, Hanno, »Johann Stuve (1752–1793). Ein philanthropischer Aufklärer«, in: *Stuves Kleine Schriften*.

Schmitt, Hanno, *Schulreform im aufgeklärten Absolutismus. Mit Dokumenten*, Weinheim und Basel 1979.

Schmitz, Hermann, Berliner *Baumeister vom Ausgang des 18. Jahrhunderts*, Berlin 1925 (1. Aufl. 1914)

Schneiders, Werner, *Das Zeitalter der Aufklärung*, München 1997.

Schneiders, Werner (Hsg.), *Lexikon der Aufklärung. Deutschland und Europa*, München 1995.

Scholtz, Harald (Hsg.), *Friedrich Gedike über Berlin. Briefe von einem »Fremden«*, Berlin 1987.

Scholtz, Harald, »Friedrich Gedike. Ein Wegbereiter der Preußischen Reform des Bildungswesens«, in: *Jahrbuch für die Geschichte Mittel- und Ostdeutschlands*, Bd. 13/14, Berlin 1965.

Schoeps, Hans-Joachim, *Preußen, Geschichte eines Staates*, 6. Aufl., Berlin 1976.

Schultze, Johannes, *Geschichte der Stadt Neuruppin*, Berlin 1963

Schütz, Werner, »Die Kanzel als Katheder der Aufklärung«, in: *Wolfenbütteler Studien*, Bd. 1, 1974.

Schwartz, Paul, »Der erste Kulturkampf in Preußen um Kirche und Schule (1788–1798)«, *Monumenta Germaniae Paedagogica*, Bd. LVIII, Berlin 1925.

Schwartz, Paul, *Die Gelehrtenschulen Preußens unter dem Oberschulkollegium (1787–1806) und das Abiturientenexamen*, 2. Bde., Berlin 1910/1911.

Schwartz, Wilhelm, und Heinrich Begemann, *Annalen des Friedrich-Wilhelms-Gymnasiums zu Neuruppin*, Berlin 1915.

Sichelschmidt, Gustav, *Friedrich Nicolai. Geschichte seines Lebens*, Berlin 1971.

Simson, Jutta von, *Das Berliner Denkmal für Friedrich den Großen*, Frankfurt am Main, Berlin und Wien 1976.

Solger, Karl Wilhelm Ferdinand, *Nachgelassene Schriften und Briefwechsel*, hsg. v. Ludwig Tieck und Friedrich von Raumer, 2 Bde., Faksimiledruck nach der Ausgabe von 1826, Heidelberg 1973.

Straube, H. J., »Chr. P. Wilhelm Beuth«, in: *Deutsches Museum*, 2 (1930), Heft 5.

Szambien, Werner, *Karl Friedrich Schinkel*, Basel 1990.

Vogt, Adolf Max, *Karl Friedrich Schinkel. Blick in Griechenlands Blüte*, Frankfurt am Main 1985.

Vordtriede, Werner (Hsg.), *Achim und Bettina in ihren Briefen*, Frankfurt am Main 1961.

Vovelle, Michel (Hsg.), *Der Mensch der Aufklärung*, Frankfurt am Main und New York 1996.

Waagen, Gustav Friedrich, *Karl Friedrich Schinkel als Mensch und als Künstler*, Berlin 1844; Reprint 1980.

Wallé, Peter, »Aus der Geschichte der Technischen Hochschule in Berlin«. *Centralblatt der Bauverwaltung*, 19. Jg. (April 1899).

Weimer, Hermann, und Walter Schöler, *Geschichte der Pädagogik*, 18. vollst. neubearb. Aufl., Berlin und New York 1976.

Wilcke, Gero von, »Zur Herkunft Schinkels«, in: *Archiv für Sippenforschung*, 47. Jg., Heft 83 (Sept. 1981).

Wolzogen, Alfred Freiherr von, »Schinkel als Architekt, Maler und Kunstphilosoph«, *Zeitschrift für Bauwesen*, 1864.

Wolzogen, Alfred von, *Aus Schinkels Nachlaß. Reisetagebücher, Briefe, Katalog*, 4 Bde., Berlin 1862–1864; Reprint 1981.

Zadow, Mario, *Karl Friedrich Schinkel*, Berlin 1980.

Ziller, Hermann. *Schinkel*, Bielefeld und Leipzig 1897.

Zimmer, Dieter, und Carl-Ludwig Paeschke, *Das Tor. Deutschlands berühmtestes Bauwerk in zwei Jahrhunderten*, Stuttgart 1991.

Ausstellungskataloge, Bestandskataloge

Akademie der Künste, Berlin, zwischen 1789 und 1848. Facetten einer Epoche, Berlin 1981 (Akademie-Katalog, 132).

Akademie-Ausstellungen. Berliner Kataloge 1786 bis 1850, hsg. v. Otto Lehmann-Brockhaus und Stephan Waetzoldt, 2 Bde., 1 Registerband, bearb. v. Helmut Börsch-Supan, Berlin 1971.

Berlin und die Antike. Architektur, Kunstgewerbe, Malerei, Skulptur, Theater und Wissenschaft vom 16. Jahrhundert bis heute, Ausstellungskatalog des Deutschen Archäologischen Instituts und der Staatlichen Museen Preußischer Kulturbesitz, hsg. von Willmuth Arenhövel, mit Aufsatzband, Berlin 1979.

Carl Haller von Hallerstein in Griechenland 1810 bis 1817. Architekt, Zeichner, Bauforscher, im Auftrag der Carl Haller von Hallerstein Gesellschaft hsg. von Hansgeorg Bankel, Berlin 1987.

Friedrich Gilly und die Privatgesellschaft junger Architekten 1772–1800, Ausstellung im Rahmen der Berliner Bauausstellung 1987, Berichtsjahr 1984, Konzept: Hella Reelfs und Rolf Bothe.

Friedrich Nicolai. Leben und Werk. Zum 250. Geburtstag, Katalog: Peter Jörg Becker, Staatsbibliothek PK, Berlin 1984.

Friedrich Wilhelm II. und die Künste. Preußens Weg zum Klassizismus, Stiftung Preußische Schlösser und Gärten Berlin-Brandenburg, wissenschaftliche Leitung: Burkhardt Göres, Berlin und Brandenburg 1997.

Karl Friedrich Schinkel, Staatliche Museen zu Berlin/Hauptstadt der DDR in Zusammenarbeit mit den Staatlichen Schlössern und Gärten Potsdam-Sanssouci und mit Unterstützung des Institutes für Denkmalpflege in der DDR, Berlin 1980.

Karl Friedrich Schinkel. Architektur, Malerei, Kunstgewerbe, Verwaltung der Staatlichen Schlösser und Gärten und Nationalgalerie Berlin, Staatliche Museen PK, Berlin 1981.

Karl Friedrich Schinkel. Eine Ausstellung aus der Deutschen Demokratischen Republik, Hsg.: Bauakademie der DDR, Institut für Städtebau und Architektur, Veranstalter: Hamburgische Architektenkammer und Hamburger Kunsthalle, Berlin 1982.

Mathematisches Calcul und Sinn für Ästhetik. Die preußische Bauverwaltung 1770–1840, Ausstellung des Geheimen Staatsarchivs Preußischer Kulturbesitz in Zusammenarbeit mit der Kunstbibliothek der Staatlichen Museen zu Berlin Preußischer Kulturbesitz, Berlin 2000.

Mythos Bauakademie, Ausstellungskatalog, hsg. von Doris Fouquet-Plümacher, Förderverein Bauakademie, Berlin 1998.

Revolutionsarchitektur. Ein Aspekt der europäischen Architektur um 1800, hsg. v. Winfried Nerdinger, Klaus Jan Philipp und Hans-Peter Schwarz, München 1990.

Robinson und Struwwelpeter: Bücher für Kinder aus fünf Jahrhunderten, Ausstellung der Deutschen Staatsbibliothek in der Stiftung Preußischer Kulturbesitz, Berlin 1991.

Schinkel in Polen, Muzeum Narodowe w Warszawie, Warschau 1987.

Visionäre Lebensklugheit. Joachim Heinrich Campe in seiner Zeit (1786–1818), Ausstellung des Braunschweigischen Landesmuseums und der Herzog August Bibliothek in Wolfenbüttel, Ausstellung und Katalog: Hanno Schmitt in Verbindung mit Peter Albrecht, Wiesbaden 1996.

Von Chodowiecki bis Liebermann. Bestandskatalog der Zeichnungen, Aquarelle, Pastelle, und Gouachen des 18. und 19. Jahrhunderts im Berlin Museum, bearbeitet v. Dominik Bartmann und Gert-Dieter Ulferts, Berlin 1990.

Wegner, Reinhard, *Karl Friedrich Schinkel. Die Reise nach Frankreich und England im Jahre 1826*, München und Berlin 1990 (*Karl Friedrich Schinkel. Lebenswerk*).

Johann Joachim Winckelmann. Ausstellung zur Biographie, Winckelmann Museum Stendal, Text: Stephanie Gerrit Bruer, Mainz 1996.

Zeitgenössische Quellen

Basedow, Johann Bernhard, *Das Methodenbuch für Väter und Mütter der Familien und Völker*, 3. Aufl., Dessau 1773.

Basedow, Johann Bernhard, *Des Elementarwerks erster bis vierter Band. Ein geordneter Vorrat aller nötigen Erkenntnis. Zum Unterrichte der Jugend, von Anfang bis ins akademische Alter. Zur Belehrung der Eltern, Schullehrer und Hofmeister. Zum Nutzen eines jeden Lesers, die Erkenntnis zu vervollkommnen. In Verbindung mit einer Sammlung von Kupferstichen*, Dessau 1774.

Büsching, Anton Friedrich, *Beschreibung seiner Reise von Berlin nach Kyritz in der Prignitz, welche er vom 26sten September bis zum 2ten Oktober 1779 verrichtet hat*, Leipzig 1780.

Büsching, Anton Friedrich, *Beiträge zur Lebensgeschichte denkwürdiger Personen*, Halle 1789.

Campe, Joachim Heinrich (Hsg.), *Allgemeine Revision des gesamten Schul- und Erziehungswesens*, 16 Teile, 1785–1792.

Campe, Joachim Heinrich, *Briefe von und an Joachim Heinrich Campe*, hsg. v. Braunschweigischen Landesmuseum und der Herzog August Bibliothek, hsg. von Hanno Schmitt, Bd. I: *Briefe von 1766–1788*, Wiesbaden 1996.

Eytelwein, Johann Albert, »Nachricht von der Errichtung der Königlichen Bauakademie zu Berlin«, in: *Sammlung nützlicher Aufsätze und Nachrichten, die Baukunst betreffend*, 1799, Bd. 2, S. 28–40.

Gedike, Friedrich, *Briefe »Von einem Fremden« in der Berlinischen Monatsschrift 1783–1785*, hsg. v. Harald Scholtz, Berlin 1987.

Gedike, Friedrich, »Über die mannigfaltigen Hypothesen zur Erklärung der Mythologie«, 1791, in: *Vermischte Schriften*, Berlin 1801.

Gedike, Friedrich, *Gesammelte Schulschriften*, Bd. I, Berlin 1789.

Gedike, Friedrich, *Gesammelte Schulschriften*, Bd. II, Berlin 1795.

Gedike, Friedrich, *Autobiographie*, 1784.

Gedike, Friedrich, *Gedanken über die Methode beim geographischen Unterricht*, 1779.

Gedike, Friedrich, *Über die Verbindung des wissenschaftlichen und philologischen Schulunterrichts*, 1780.

Gedike, Friedrich, *Praktischer Beitrag zur Methodik des öffentlichen Schulunterrichts*, 1781.

Gedike, Friedrich, *Verteidigung des Lateinschreibens und der Schulübungen darin*, 1783.

Gedike, Friedrich, *Gedanken über die Beförderung des Privatfleißes auf öffentlichen Schulen*, 1784.

Gedike, Friedrich, *Einige Gedanken über Schulbücher und Kinderschriften*, 1787.

Gedike, Friedrich, *Geschichte des Friedrichswerderschen Gymnasiums*, 1787.

Gedike, Friedrich, *Einige Gedanken über Ordnung und Folge der Gegenstände des jugendlichen Unterrichts*, 1791.

Gedike, Friedrich, *Einige Gedanken über deutsche Sprach- und Stilübungen auf Schulen*, 1793.

Gedike, Friedrich, *Zu meiner Einführung als Direktor des Berlinisch-Köllnischen Gymnasiums am 4. 10. 1793*.

Gedike, Friedrich, *Hoffnung und Furcht, Lob und Tadel auf der Waage des Pädagogen*, o. J.

Gilly, Friedrich, *Bibliotheksverzeichnis. Sammlung von Büchern und Kupferstichen*, Berlin 1801.

Gilly, Friedrich, »Einige Gedanken über die Notwendigkeit, die verschiedenen Teile der Baukunst, in wissenschaftlicher und praktischer Hinsicht, möglichst zu vereinigen«, Berlin 1799, in: *Sammlung nützlicher Aufsätze* (abgedruckt bei: Neumeyer, *Gilly*).

Heydenreich, Karl Heinrich, »Die Notwendigkeit der Poesie. Gedanken zur Wiedervereinigung von Kunst und Wissenschaft«, in: *Deutsche Monatsschrift*, Bd. 3, Heft 10, Leipzig 1798 (siehe Neumeyer, *Gilly*).

Haller von Hallerstein, Carl, »Selbstbiographie«, in: *Zeitschrift für Bildende Kunst*, Beilage *Kunstchronik*, X. Jg. 1875, Heft 20.

Horn, Franz, *Friedrich Gedike, eine Biographie. Nebst einer Auswahl aus Gedikes hinterlassenen, größtenteils noch ungedruckten Papieren*, Berlin 1808.

Humboldt, Wilhelm von, »Ideen über Staatsverfassung, durch die neue französische Konstitution veranlaßt«; »Über die Sorgfalt des Staates für die Sicherheit gegen auswärtige Feinde; Über die Sittenverbesserung durch Anstalten des Staates«, *Berlinische Monatsschrift*, Januar, Oktober/Dezember 1792.

Kant, Immanuel, *Kritik der Urteilskraft*, Berlin 1790.

Levezow, Konrad, *Denkschrift auf Friedrich Gilly, königlichen Architecten und Professor der Academie der Baukunst zu Berlin*, Berlin 1801 (abgedruckt in: *Gilly*).

Lieberkühn, Philipp Julius, *Kleine Schriften*, hsg. v. L. Fr. Gedike (Bruder von F. Gedike), Züllichau 1791. Darin »Schulnachrichten ...«.

Lieberkühn, Philipp Julius, *Zweite fortgesetzte Nachricht vom gegenwärtigen Zustand der Neuruppinschen Schule*, 1778.

Lieberkühn, Philipp Julius, *Vierte Nachricht vom gegenwärtigen Zustand der Neuruppinschen Schule*, 1780.

Lieberkühn, Philipp Julius, *Achte Nachricht ... Über die notwendige Verbindung der öffentlichen und häuslichen Erziehung*, 1784.

Lieberkühn, Philipp Julius, *Von der Akademie zu Padua preisgekrönte Schrift: Versuch über die Mittel, in den Herzen der jungen Leute, die zu hohen Würden oder zum Besitze großer Reichtümer bestimmt sind, Menschenliebe zu wecken und zu unterhalten*, Züllichau 1784.

Moritz, Karl Philipp, *Götterlehre oder mythologische Dichtungen der Alten*, Berlin 1791.

Moritz, Karl Philipp, *Über die bildende Nachahmung des Schönen*, 1788.

Nicolai, Friedrich, Das Leben und die Meinungen *des Herrn Magister Sebaldus Nothanker*, 3 Bde., Berlin und Stettin 1773–1776.

Palladio, Andrea, *Die vier Bücher zur Architektur*, nach der Ausgabe Venedig 1570, aus dem Ital. übertragen und hsg. von Andreas Beyer und Ulrich Schütte, Zürich und München 1983.

Pausanias, *Reisebeschreibung von Griechenland*. Übersetzt u. erläutert von Goldhagen, 2 Bde., Leipzig 1766.

Plinius Secundus, *Naturgeschichte*, übers. v. G. Grosse, 5 Bde., Frankfurt 1781–1787.

Rambach, Fr., *Abriß einer Mythologie für Künstler zu Vorlesungen in Berlin*, 1796.

Rehfues, Philipp I., *Neuester Zustand der Insel Sizilien*, 1. Teil, Tübingen 1807.

Riedel d. Ä., Heinrich August, »Allgemeine Betrachtung über die Baukunst, in: *Sammlung nützlicher Aufsätze*, 1. Bd., 1797.

Rode, August, *Des Marcus Vitruvius Pollio Baukunst*, aus der römischen Urschrift übersetzt, 2 Bde., Leipzig 1796; unveränderter Nachdruck, hsg. von Beat Wyss, Basel, Boston und Berlin 1995.

Rode, August, *Kupfer zu Vitruvs zehn Büchern von der Baukunst mehrenteils nach Antiken Denkmälern gezeichnet und mit kurzen lateinischen und deutschen Erklärungen versehen*, Berlin 1801.

Rode, August, *Wegweiser durch die Sehenswürdigkeiten in und um Dessau*, 3. Heft, 2. Aufl., 1798. (1. Aufl. 1788); Reprint in: Hartmut Ross und Ludwig Trauzettel, *Der Englische Garten zu Wörlitz*, Berlin 1987.

Schinkel, Karl Friedrich, »Autobiographie«, in: Brockhaus, 12. Bd., 2. Teil, 1826; neu abgedruckt bei: Mackowsky, *Schinkel*.

Stuve, Johann, *Kleine Schriften*, hsg. von J. H. Campe, 2 Bde., Braunschweig 1794; neu in: *Paedagogica. Quellenschriften zur Geschichte der Einheitsschule*, Bde. 4–5. Vaduz 1982, darin Schulschriften u. a.:

Stuve, Johann, *3. Schulnachricht von 1779: Über die Erziehung*.

Stuve, Johann, *5. Schulnachricht von 1781: Über die körperliche Erziehung*.

Stuve, Johann, *9. Schulnachricht von 1785: Vorstellungen an Eltern, die ihre Kinder in öffentliche Schulen schicken*.

Stuve, Johann, »Ein Vorschlag zur Verbreitung wahrer Aufklärung unter allen Ständen«, in: *Berlinische Monatsschrift*, Bd. 2., 1783.

Stuve, Johann, »Lieberkühns Leben«, in: *Lieberkühns Kleine Schriften*, hsg. v. F. L. E. G. Gedike (Fr. Gedikes Bruder), Züllichau.

Stuve, Johann, »Nachruf auf Lieberkühn«, in: *Braunschweigisches Journal*, 1. Bd., 1788, S. 118 f.

Untersuchungen über den Charakter der Gebäude; über die Verbindung der Baukunst mit den Schönen Künsten und über die Wirkungen, welche durch dieselbe hervorgebracht werden sollen, anonym, Leipzig 1788.

Winckelmann, Johann Joachim, *Gedanken über die Nachahmung griechischer Werke in der Malerei und Bildhauerkunst*, 1755; neu in: Reclam Universal-Bibliothek, 1969).

Zeitgenössische Zeitungen und Zeitschriften

Berlinische Monatsschrift, 1783 ff.
Berlinische Nachrichten
Journal des Luxus und der Moden
Sammlung nützlicher Aufsätze und Nachrichten, die Baukunst betreffend, für angehende Baumeister und Freunde der Architektur. Mit Kupfern, hsg von mehreren Mitgliedern des Königl. Preuss. Ober-Bau-Departements; 10 Bde, Berlin 1797–1804; ab Jg. 6, 1805–1806, 2 Bde.; alleiniger Herausgeber David Gilly.

Lexika, Handbücher

Adreßkalender, Berliner
Allgemeine Deutsche Biographie
Allgemeine Encyclopädie der Wissenschaften und Künste, 55. Teil, S. 427–436: »Friedrich Gedike«.
Allgemeines Industrie-Adreßbuch 1807.

Bratring, F. W. A., *Statistisch-topographische Beschreibung der gesamten Mark Brandenburg*. 2 Bde. *Mittelmark und Ukermark*, Berlin 1805; krit. durchges. u. verb. Neuausgabe von Otto Büsch und Gerd Heinrich, mit biogr. u. bibliogr. Einführung und Übersichtskarte, Berlin 1968.

Brüggemann, Theodor, und Hans-Heino Ewers, *Handbuch zur Kinder und Jugendliteratur von 1750 bis 1800*, Stuttgart.

Die Bau- und Kunstdenkmale in der DDR, hsg. v. Institut für Denkmalpflege der DDR; hier der Bd. *Bezirk Potsdam*, Berlin 1978.

Die Kunstdenkmäler der Provinz Brandenburg, hsg. v. Brandenburgischen Provinzialverband; Bd. I, Teil 3: *Ruppin*, Berlin 1914.

Evangelisches Pfarrerbuch für die Mark Brandenburg seit der Reformation, hsg. v. Brandenburgischen Provinzialsynodalverband, Berlin 1941.

Historisches Ortslexikon für Brandenburg, Teil II: Ruppin, bearb. v. Lieselott Enders, Weimar 1970.

Jördens, Karl Heinrich, *Denkwürdigkeiten*, 2. Bd., 1812: »Friedrich Gedike«.

Kindlers Literatur Lexikon, München 1974.

Lexikon der Aufklärung. Deutschland und Europa. Hsg. v. Werner Schneiders, München 1995.

Lexikon der Kinder- und Jugendliteratur, Weinheim und Basel.

Milizia, Francesco, *Grundsätze der Bürgerlichen Baukunst*, aus dem Ital., 3 Bde., Leipzig 1784 bis 1786.

Nagler, Georg Kaspar, *Neues Allgemeines Künstler-Lexikon*.

Neander von Petersheiden, *Neue anschauliche Tabellen von der gesamten Residenz-Stadt Berlin oder Nachweisung aller Eigentümer, mit ihrem Namen und Geschäfte, wo sie wohnen, die Nummer der Häuser, Straßen, Plätze, wie auch die Wohnungen aller Herren Offiziere hiesiger Garnison, zum zweitenmale dargestellt*, Berlin 1801.

Nitsch, Paul Friedrich Achat, *Neues mythologisches Wörterbuch nach den neuesten Berichten für studierende Jünglinge und angehende Künstler*, Leipzig 1793.

Stieglitz, Christian Ludwig, *Die Baukunst der Alten. Ein Handbuch für Freunde der Kunst*, Leipzig 1798.

Stieglitz, Christian Ludwig, *Encyklopädie der bürgerlichen Baukunst in welcher alle Fächer dieser Kunst nach alphabetischer Ordnung abgehandelt sind. Ein Handbuch für Staatswirte, Baumeister und Landwirte*, 5 Bde., Leipzig 1792 bis 1798.

Stieglitz, Christian Ludwig, *Geschichte der Baukunst der Alten*, Leipzig 1792.

Sulzer, Johann Georg, *Allgemeine Theorie der Schönen Künste in einzelnen, nach alphabetischer Ordnung der Kunstwörter auf einander folgenden Artikeln*, 2. vermehrte Aufl., Leipzig 1792 ff.

Thieme/Becker, *Allgemeines Lexikon der bildenden Künstler*.

Zedlitz, Leopold Freiherr von, *Neuestes Conversations-Handbuch für Berlin und Potsdam*, Berlin 1834; Reprint 1979.

Archivalien

Evangelisches Zentralarchiv, Berlin, Akte betr. Die Kirchenbauten zu Kränzlin 1895–1940, 14/13155.

Evangelisches Zentralarchiv, Berlin, Taufbuch der Franz. Reform. Kirche, Friedrichsstadt.

Evangelisches Zentralarchiv, Berlin, Traubuch der Franz. Reform. Kirche, Friedrichsstadt.

Evangelisches Zentralarchiv, Berlin, Besetzung der Predigerstelle zu Neuruppin 1772, 14/13146.

Geheimes Staatsarchiv PK, Acta betr. Die Bestallungen der Christlichen Räte des Oberkonsistoriums, Rep. 47, Tit. 4, 1770–1793.

Geheimes Staatsarchiv PK, Acta des Kgl. Schulkollegiums betr. Leonini, Rep. 76 alt, Abt. I., No. 520.

Geheimes Staatsarchiv PK, Acta Rep. 76 alt, Abt. I, No. 633, Bl. 25.

Geheimes Staatsarchiv PK, Acta betr. Die Lehrer der Bauakademie, Rep. 76 alt, Abt. IV.

Geheimes Staatsarchiv PK, Acta betr. Die Rapports über den gesamten Unterricht bei der Bauakademie 1800 ff., Rep. 76 alt, Abt. IV, No. 15.

Geheimes Staatsarchiv PK. Kirchenvisitationen von Neuruppin 1768–1812. Pr. Br. HA Rep. 2 B II.

Geheimes Staatsarchiv PK, St.Nikolai/St. Marien, Akte Geistliches Department Churmark, Packett 188 Berlin, Rep. 47, B. 4, Etat der Predigerwitwen u. Weisenkasse 1799 ff.

Geheimes Staatsarchiv PK, Acta d. Kgl. Oberschulkollegiums von der Friedrich-Wilhelms-Schule, Neuruppin 1788–1807, Rep. 76 alt, Abt. I (teils veröffentlicht in Schwartz, *Gelehrtenschulen*).

Herzog August Bibliothek, Wolfenbüttel, Handschriftensammlung, Sammlung Vieweg.

Kirchenbücher von Bechlin, Kränzlin, Neuruppin.

Kreisarchiv Neuruppin, Acta Specialia d. Magistrats betr. Schulsachen, I-90–175.

Kreisarchiv Neuruppin, Stadt Neuruppin, Akte Aufbau der Stadt 1787–1795, Abt. III, Fach No. 3, Band III-1-3, Verzeichnis der abgebrannten und nicht abgebrannten Häuser, Liste der Vergütungen durch die Feuersozietät.

Kreisarchiv Neuruppin, Feldmann-Chronik.

Kreisarchiv Neuruppin. Akte betr. Anstellung von Geistlichen. I-88–1, Bl. 13 f.

Landeshauptarchiv Brandenburg, Orangerie Potsdam, Acta des Oberkonsistoriums betr. die nachgesuchten Gehaltszulagen für die Prediger und Schullehrer zu Neuruppin (1769–1813), Pr. Br. Rep. 2 A, Regierung Potsdam, Abt. II R, Nr. 1994, Blatt 36 ff.

Staatsbibliothek PK, Handschriftenabteilung, Nachlaß von Friedrich Nicolai.

Zentral- und Landesbibliothek Berlin, Historische sondersammlungen, Gkl. Ebd. Schulmatrikel, Rangordnungslisten.

Kinder- und Jugendbücher

Bertuch, Friedrich Justin, *Bilderbuch für Kinder*, 12 Bände mit insgesamt 1185 Kupfertafeln, Weimar 1790–1830.

Campe, Joachim Heinrich, *Die Entdeckung Amerikas*; 1. Teil: *Kolumbus oder die Entdeckung von Westindien*, 1781; 2. Teil: *Cortez*; 3. Teil: *Pizarro*. Mit Karte, 1782.

Campe, Joachim Heinrich, *Kleine Kinderbibliothek*. 2. Aufl., 6 Doppelbändchen, 1782 ff.

Campe, Joachim Heinrich, *Sammlung interessanter und durchgängig zweckmäßig abgefaßter Reisebeschreibungen für die Jugend*, Teile 1–12, 1785 bis 1793 (zugleich Bde. 7–18 der Kinderbibliothek; Titel, s. Kap. Reisebeschreibungen).

Campe, Joachim Heinrich, *Theophron oder der erfahrne Rathgeber für die unerfahrne Jugend. Ein Vermächtnis für seine gewesenen Pflegesöhne und für alle erwachsnere junge Leute, welche Gebrauch davon machen wollen*, 1. Aufl., Hamburg 1783; 3. gänzlich umgearb. Ausg., Braunschweig 1790; 11. Aufl. 1843, neu bearb. 1873.

Campe, Joachim Heinrich, *Robinson der Jüngere, zur angenehmen und nützlichen Unterhaltung für die Kinder*, 1779/80; 115. Aufl., Braunschweig 1890; in Reclam UB, Stuttgart 1981.

Göbels, Hubert, *Hundert alte Kinderbücher aus Barock und Aufklärung*, Dortmund 1980 (*Bibliophile Taschenbücher*).

Pabst, Johann Georg Friedrich (auch Papst), *Die Entdeckung des fünften Weltteils oder Reisen um die Welt. Ein Lesebuch für die Jugend*. 5 Bde, 1783–1790.

Salzmann, Christian Gotthilf, *Moralisches Elementarbuch, nebst einer Anleitung zum nützlichen Gebrauch desselben*, 1. Teil, neue verb., Aufl., Leipzig 1785, dazu eine Kupfersammlung mit Zeichnungen von D. Chodowiecki; Reprint Dortmund 1980.

Strobl, Johann Baptist, »Von den Jugendsünden«, in: *Folgen unrichtiger und verwahrloster Erziehung. Ein Lesebuch für Jünglinge und Mädchen von reiferem Alter*, mit Kupfern, München 1794. (Die Autorschaft ist nicht eindeutig belegt.)

Schulbücher

Büsching, Anton Friedrich, *Neue Erdbeschreibung*, 11 Teile, Hamburg 1754–1792.

Büsching, Anton Friedrich, *Vorbereitung zur Kenntnis der Staaten*.

Buttmann, Philipp, *Griechische Grammatik*, Berlin 1792 (22. Aufl. 1869).

Campe, Joachim Heinrich, *Kleine Seelenlehre für Kinder*, nebst 4 Kupfern, Hamburg 1780.

Diterich, Johann Samuel, *Die ersten Gründe der christlichen Lehre*, Berlin 1790.

Diterich, Johann Samuel, *Unterweisung zur Glückseligkeit nach der Lehre Jesu*, vor 1773.

Erxleben, Johann Christian Polycarp, *Anfangsgründe der Naturgeschichte*, 3. Aufl., Göttingen und Gotha 1793.

Erxleben, Johann Christian Polycarp,, *Anfangsgründe der Naturlehre*, 4. Aufl. mit Zusätzen von Georg Christoph Lichtenberg, Göttingen 1787; 6. Aufl. 1794.

Eschenburg, Johann Joachim, *Beispielsammlung zur Theorie und Literatur der schönen Wissenschaften*. Bde. 1–8, Berlin 1788–1795.

Eschenburg, Johann Joachim, *Entwurf einer Theorie und Literatur der schönen Wissenschaften*, neue umgearb. Aufl., Berlin und Stettin 1789.

Gedike, Friedrich, *Pindari Carmina selecta*, Berlin 1786.

Gedike, Friedrich, *Lateinische Chrestomathie*. Berlin 1792.

Gedike, Friedrich, *Lateinisches Lesebuch*, 8. Aufl., Berlin 1793.

Gedike, Friedrich, *Englisches Lesebuch für Anfänger*, 1795

Gedike, Friedrich, *Griechisches Lesebuch für die ersten Anfänger*, 6. Aufl., Berlin 1795.

Heynatz, Johann F., *Kurzer Inbegriff der christlichen Gottesgelahrtheit*, Leipzig 1794.

Homers Iliade. übers. v. Johann Heinrich Voß, Altenburg 1793.

Homers Odyssee, übersetzt von J.H. Voß, Altenburg 1781.

Lieberkühn, Philipp Julius, und J.H. Campe, *Robinson secundus latinitate donatus*, Züllichau 1785.

Meil d. Ä., Johann Heinrich, *Unterricht im Zeichnen für Kinder*, Berlin 1789.

Middleton, C., *Römische Geschichte, Ciceros Zeitalter umfassend*, aus d. Engl. von Günter Karl Friedrich Seidel, 4 Bde., Danzig 1791–1793.

Moritz, Karl Philipp, *Mythologisches Wörterbuch für Schulen*, vollendet v. V. H. Schmidt, Berlin 1794.

Müchler, Joh. Georg Chr., *Französisches Lesebuch für Anfänger*, Berlin 1782.

Plagemann, Georg Ludwig Otto, *Lehrbuch zum ersten Unterrichte in der lateinischen Sprache. Aus den besten alten und neuen Schulbüchern gesammelt, theils umgearbeitet und mit Hülfsmitteln*, 2. verb. u. verm. Aufl., Wismar, Schwerin und Bützow 1787.

Raff, Georg Christian, *Geographie für Kinder*, Göttingen 1776; 5. Aufl. des 1. Teils (*Europa*), Göttingen 1787.

Raff, Georg Christian, *Naturgeschichte für Kinder*, 1778; 4. verb. u. verm. Ausgabe, 1784.

Rochow, Friedrich Eberhard von, *Der Kinderfreund. Ein Lesebuch zum Gebrauch in Landschulen*, Frankfurt (Oder) 1776.

Schröckh, Johann Matthias, *Lehrbuch der allgemeinen Weltgeschichte zum Gebrauche bei dem ersten Unterrichte der Jugend*, 1774

Schröckh, Johann Matthias, *Allgemeine Weltgeschichte für Kinder*, 4 Teile, 1779–1784.

Seidel, Günter Karl Friedrich, *Des Publius Ovidius Metamorphosen in fünfzehn Büchern. Für Schulen in einem Auszuge herausgegeben*, Berlin 1794.

Sulzer, Johann Georg, *Vorübungen zur Erweckung der Aufmerksamkeit und des Nachdenkens*, 1. Aufl., 1768.

Sulzer, Johann Georg, und J.H.L. Meierotto, *Vorübungen zur Erweckung der Aufmerksamkeit und des Nachdenkens*, 4 Teile (4. Teil als Methodenbuch für den Lehrer), Berlin 1780–1782.

Thieme, Karl Traugott. *Erste Nahrung für den gesunden Menschenverstand*, Leipzig 1776

Weiße, Christian Felix, *Neues A, B, C, Buch nebst einigen kleinen Übungen und Unterhaltungen für Kinder*, Leipzig 1772.

Namenregister

Aberly 107
Abraham, (bibl.) 106, 161
Adam (bibl.) 95
Adam, Alex. 154
Adam, Robert 154
Adelung, Johann Christoph 91
Alberti, Leon Battista 152, 154, 170
Albrecht der Bär, Markgraf von Brandenburg 54
Alembert, Jean le Rond d' 93
Alexander der Große 90, 117, 120
Allison, Archibald 167
Alxinger, Johann Baptist Edler von 62
Amphion (mythol.) 103 f.
Anakreon 90
Anaxagoras 90
Anson von Soberton, George Lord von 98
Apoll (mythol.) 170
Apollodor 90, 101
Apuleius 155
Archimedes 69
Aristides 90
Aristophanes
Aristoteles 98, 154, 168
Arnim, Ludwig Achim von 71
Arnim, Bettine von 71, 103
Artois, Graf von 127
Äschylus 178
Äsop 90
Athena (mythol.) 103
Athenäus 90
Augustus, Kaiser 101, 149, 155
Aurelius Victor 178

Bahrdt, Carl Friedrich 81
Banks, Sir Joseph 68
Bardou, Paul Joseph 120
Bärensprung, Friedrich Wilhelm von 86, 88
Barents, Willem 66, 68
Bartolozzi, Francesco 106
Basedow, Johannes Bernhard 9, 26–28, 30–33, 37, 48, 50, 52, 56–59, 155
Baumgarten, Alexander Gottlieb 167
Becherer, Christian Friedrich 128, 131, 143 f., 146–148
Becker, Friedrich Wilhelm 88
Beethoven, Ludwig van 104
Bélanger, François-Joseph 110, 127
Berger, Heinrich 47
Berger, Wilhelm 65
Bernier, 130
Berquin, Arnaud 93
Berson, Philipp Bernhard 17
Bertuch, Friedrich Justin 72 ff.
Beuth, Peter Christian Wilhelm 71, 103
Beyer, Ludwig Gottlieb August 87
Beyersdorff, Johann 44 f.
Beyersdoff, Sophia 23
Biester, Johann Erich 35, 38
Blücher, Gebhard Leberecht von 106
Blumenbach, Johann Friedrich 120
Blumenthal, Prediger 23
Bock, Friedrich 75
Bodmer, Johann Jacob 54
Bödecker, Ernst 9
Boerhaave, Hermann 21
Boisserée, Brüder Johann Sulpiz und Melchior 134

Boldna, Regimentsquartiermeister 22
Bolte, Friederike, Sophie Emilie 23
Bolte, Johann Heinrich 23, 27, 37 f., 64
Bonteku, Wilhelm Isbrand 68
Bouneß, Karl Friedrich Ferdinand 88
Bramante 170
Brasch, Bernhard Matthias 59
Bratring. F. W. A. 21
Brentano, Clemens von 71
Breughel, Pieter 113
Breysig, Johann Adam 120, 148
Brohm, Karl Friedrich August 87
Brydone, P. 68
Büsching, Friedrich Anton 17, 26 ff., 95–97, 101
Buffon, George Louis Leclerc Graf von 95
Bugge 145
Burke, Edmund 167
Burnat, Peter Ludwig 120
Burnet, Gilbert 100
Buttmann, Philipp 178
Byron, John 67 f.

Calau, Benjamin 114
Callas, Jean 107
Campe, Joachim Heinrich 10, 27, 30, 37 f., 47, 49, 60–72, 81, 92, 111
Campe, Lotte 61 f., 69
Canaletto 86 f.
Carstens, Jacob Asmus 132–134
Carteret, Philip 66 ff.
Carver, Johann 68
Cäsar, Gajus Julius 89, 94, 178
Cassas, L.F. 154
Cato 90
Caylus, Graf A. C. Philippe de Tubières 154
Chandler, Richard 154
Chardin, Jean 160
Chichi, Antonio 121
Chigi s. Chichi
Chodowiecki, Daniel 14 f., 24 f., 27, 32, 57–60, 107, 120, 122
Choiseul-Gouffier 154
Cicero 88 f., 94, 154, 178
Claudius, Matthias 62
Cockerell, Charles Robert 139
Cook, James 62, 66 ff., 157
Coriolan 90
Cornelius Nepos 89, 154, 178
Correggio, Antonio Allegri da 120
Cortez, Hernando 10, 64
Crouzas 167
Curas, Hilmar 54
Curtius 89, 178
Cyrus (d. Ä.) 90

Dalberg, C. von 167

Danckelmann, Graf 93
Darius III. 120
David, Jacques-Louis 126
Delorme, Philibert 110, 170
Demosthenes 90, 178
Denon, Vivant 154
Descartes, RenÈ 99 f.
Desgodetz, M. 154
Diana (mythol.) 157
Dibutade (mythol.) 119
Diodor 90, 157
Diogenes Laertius 90

Diterich, Johann Samuel 27, 36, 54, 95 f.
Dohm, Christian Wilhelm von 38
Dolz, Musiker 104
Dürer, Albrecht 125
Dyck, Anthonis van 120

Eckard, Ernst Jakob 136
Eckardtstein, Ernst Jakob von 136
Eckardtstein, Gottfried Bernhard von 136
Encke, Johann Franz 98
Engel, Carl Ludwig 17
Engel, Johann Jakob 81
Erdmannsdorff, Friedrich Wilhelm von 115, 125, 130, 138, 155
Erxleben, Johann Christian Polykarp 98–100
Esau (bibl.) 161
Eschenburg, Johann Joachim 92, 112
Eugen, Prinz von Savoyen 157
Euklid 113
Euripides 90 f., 178
Eutropius 178
Eva (bibl.) 95
Eytelwein, Johann Albert 140 f., 146 f.

Feder, Joh. Georg Heinrich 51, 67
Feilner, Tobias Christoph 136 f.
Feldmann, Bernhard 21, 43
Feldmann, Hanna 23, 43
Feldmann, Louise 23
Ferdinand, Prinz von Preußen 25, 88, 135, 137
Fernow, Carl Ludwig 134
Fichte, Johann Gottlieb 13, 171, 173–175
Fiebing, Regimentsfeldscher 23, 38
Fischer, Kommerzienrat 23
Fischer, Ernst Gottfried 77, 88, 98 f.
Fischer von Erlach, Johann Bernhard 72, 157
Fleischhammer, J. H. 84
Florus 89
Fontaine, Pierre François Léonard 130
Fontane, Theodor 7, 16–19, 24, 68
Forssman, Erik 173
Forster, Johann Reinhold
Fourmont 154
Franklin, Benjamin 36, 65
Friederike, Schwester von Königin Luise 107, 120
Friederike, Königin von Preußen 41 f., 107
Friedrich I., König in Preußen 118
Friedrich [II.] Kronprinz 21
Friedrich II. 15, 17, 26, 28, 35 f., 91, 94 f., 111 f., 115–118, 128, 130
Friedrich III., Kurfürst 118
Friedrich Wilhelm, Großer Kurfürst 54
Friedrich Wilhelm I. 19, 33
Friedrich Wilhelm II. 14, 16, 18, 51, 97, 107, 114 f., 116, 119, 120, 122, 125, 155
Friedrich Wilhelm [III.], Kronprinz 51
Friedrich Wilhelm III. 51, 71, 123, 145
Friedrich Wilhelm [IV.], Kronprinz, 128, 137
Friedrich Wilhelm IV. 16
Frisch, Johann Christoph 119

Galilei 87
Gama, Vasco da 68
Gatterer, Johann Christoph 94
Gedike, Friedrich, sen. 33
Gedike, Friedrich, jun. 7, 9, 11 f., 23, 33–37, 40, 43 f., 60, 65, 76–102, 105, 108 f., 111, 120, 175, 178

Gedike, Bruder Ludwig Friedrich 38
Gedike, Ehefrau Wilhelmine (geb. Thieme) 86
Gelbert, Ludwig 47
Gellert, Christian Fürchtegott 26, 52, 92, 180
Genelli, Friedrich 41
Gentz, Friedrich 138, 172
Gentz, Heinrich 120, 125, 128 f., 134 f., 138 f., 140, 142, 146–149, 163 f.
Gentz, Ludwig 138
Gesner, Konrad von 98, 107 f.
Gilly, David 63, 109 f., 122–125, 128, 135, 137 f., 140 f., 145 f.
Gilly, Edouard 138
Gilly, Friedrich 7, 12 f., 65, 71, 80, 90, 93, 100, 102, 109, 116–118, 124–139, 143, 146–148, 154 f., 164, 171 f., 175
Gilly, Mina 138
Gilly, Wilhelm 122
Glatz, Hofzimmermeister
Gluck, Christoph Willibald Ritter von 92, 104
Godin des Odonais, Madame 68
Goeckingk, Leopold Friedrich von 61
Goering, August Heinrich 22 f., 43–45, 58
Goering, Ehefrau Hanna
Goering, August Christian 23, 58
Goering, Bernhard Ludwig 23
Goethe, Johann Wolfgang von 9 f., 58, 60, 71, 92, 102 f., 121, 134, 138, 146, 154, 166, 169
Gottsched, Johann Christoph 180
Graff, Anton 107
Grapengießer, Mediziner 138
Grisebach, August 132
Gründler, Johann Christian 23, 27–29, 33, 37 f., 44
Gründler, Karl Gottlieb Ludwig 23, 34, 44
Gutschmidt, Ernst Lebrecht 23, 42, 45

Hackert, Philipp 105, 121, 134
Hagedorn, Christian Ludwig von 180
Hagedorn, Friedrich von 54, 167, 180
Hainchelin, Marie Ulrique 138
Hainchelin, Anna Henriette 138
Haller, Albrecht von 54, 92, 180
Haller von Hallerstein, Carl 128 f., 131, 135–139, 146
Haller von Hallerstein, Christoph Jakob 137
Haller von Hallerstein, Fritz 137
Haugwitz, Christian Graf von 122
Haydn, Joseph 104
Hecker, Andreas Jakob 96
Heemskerk, Jacob 68
Heindorf, Johann Friedrich 90
Heindorf, Ludwig Friedrich 80, 87
Heinicke (Heinecke), Gottlieb 105 f., 120
Heinitz, Friedrich Anton von 12, 107, 119, 125, 144 f.
Heinrich, Graf von Reuß-Schleiz-Köstritz 86, 139
Heinrich, Prinz von Preußen 42, 107, 117, 137
Henrici, Johann Karl Friedrich 36, 45 f.
Herder, Johann Gottfried von 166
Hermes, Hermann Daniel 96
Herodot 90
Herrmann, Hans Joachim 7
Hermann der Cherusker, 106
Hertzberg, Ewald Friedrich Graf von 91, 107
Herz, Markus 138
Heß, Ludwig 109
Heusinger, J. H. G. 133, 167 f.
Heydemann, F. W. H. 17, 35, 44

Heydenreich, Karl Heinrich 167, 173
Heynatz, Johann F. 96
Hillmer, Gottlob Friedrich 96
Hindenburg, K. F. 148
Hippias 120
Hippokrates 149
Hirt, Aloys 89, 131, 134, 148 f.
Hodges, William 159–162
Hogart, William 167
Höhler, Johann Gottlieb 136 f.
Hölty, Ludwig Heinrich Christoph 113
Homer 90 f., 102, 117
Honig, Oberamtmann 22 f.
Honig, Johanna Dorothea Friderica 23
Houel 160
Horaz 89 f. 92, 117
Humboldt, Alexander von 98
Humboldt, Wilhelm von 80 f.
Humboldt, Brüder 62, 77
Hutcheson, Francis 167

Ideler, Christian Ludwig 98
Imhoff, Amalie von 135
Imhoff, Carl von 135
Iphigenie (mythol.) 92, 102, 146
Ismenias 90
Isokrates 90, 178

Jakob (bibl.) 161
Jesus (bibl.) 55, 95 ff., 108
Joachim I., Kurfürst 106
Joachim II., Kurfürst 106
Jupiter (mythol.) 130
Justinus 89 f., 178

Kant, Immanuel 10, 35, 61, 132 f., 174
Karl August, Großherzog von Sachsen-Weimar 135 f., 139
Karsten, Bergrat 99
Karstens, Johann Gustav 146
Kircheisen, Karl Gustav 86, 88
Klaproth, Martin Heinrich 75
Kleist, Christian Ewald von 180
Kleist, Franz Ulrich von 20
Klöden, Karl Friedrich 63
Klopstock, Friedrich Gottlieb 52, 61, 65, 91 f.
Kniep, Christoph Heinrich 134
Knobelsdorff, Georg Wenzeslaus von 15, 130
Knox, engl. Pädagoge 36
Koller, Benedikt Joseph 167
Kolumbus, Christoph 10, 62, 64
Koppen, August 23
Koppen, Ehefrau 23
Krethlow, Johann Ferdinand 75
Krüger, Wilhelm 47
Kügelgen, Gerhard von 128
Kugler, Franz 135
Kühz, Joh. Karl Friedrich 88
Kunth, Gottlob Johann Christian 80

Lambert, Johann Heinrich 148
Lämmel, Johann Andreas 11, 36, 45 f., 48 f., 54, 56, 59, 61, 64, 74 f.
Lämmel, Ernestine 59
Landolina, Saverio Ritter von 134
Langermann, Johann Gottfried 71, 75
Langhans, Carl Ferdinand 128
Langhans, Carl Gotthard 115, 117, 125

La Roche, Sophie von 92
Laugier, Marc-Antoine 117, 137 f., 157, 160, 165, 168
Lehmann, Ernst Ludwig 22 f., 45
Lehmann, Chordirektor 104
Leonini, Joseph 93
Leporin, D. C. 98
Le Roy 126 f., 154, 170
Lesseps 68
Lessing, Gotthold Ephraim 10, 12, 26 f., 61, 91–93, 167, 180
Le Vaillant, François 66, 68
Levezow, F. K. L. von 83
Levezow, Konrad 102, 125, 130, 136, 138, 146
Lichtenberg, Georg Christoph 99 f., 120
Lieberkühn, Amalie 37
Lieberkühn, Dorothea Charlotte Elisabeth 23, 29
Lieberkühn, Johanna Katharina 23, 29
Lieberkühn, Philipp Julius 9, 23, 26–31, 36–39, 46, 49 f., 56, 62, 79
Lindau, August Ferdinand 85, 88
Lindemann, Maurermeister 19
Linné, Carl von 98 f.
Livius 89, 154, 178
Liszewski 107
Locke, John 28, 30
Lodoli, Carlo 157
Loffhagen, Sophia Dorothea 23, 44 f.
Lorrain, Claude 120
Louis Ferdinand, Prinz von Preußen 60, 62, 64
Lücke, Carl 44
Ludwig XVI. König von Frankreich 127
Ludwig, Kronprinz von Bayern 139
Ludwig, Joachim 23, 44
Ludwig, Ehefrau, geb. Rose 23
Ludwig, Friedrich August 23
Luise, Königin von Preußen 120, 133, 137, 139, 165, 173
Lukian 90, 101, 120, 178
Luther, Martin 95 f.
Lütke, Peter Ludwig 105

Maillet 100
Mairan 100
Majors, F. 154
Mandel, Bauinspektor 146
Maria Magdalena (bibl.) 106, 108
Marie-Antoinette, Königin von Frankreich 127 f.
Mark Aurel 85, 88
Massow, Hofmarschall 123
Maurer, Gottlieb Ernst 88
Meierotto, Johann Heinrich Ludwig 52
Meil, Johann Heinrich d. Ä. 104–106
Meinert, Friedrich 145
Mendelssohn, Moses 10, 12, 26, 35, 93
Mendig, cand. pred. 23
Mengs, Raphael 167, 180
Menz, Ludwig 47
Michelangelo, Buonarotti 170
Michelsen, Johann Andreas Christian 87, 98 f., 100
Middleton, C. 94
Midias 90, 178
Milizia, Francesco 117, 145, 149 f., 153, 160, 162 f., 165, 167–171
Möhsen, Leibarzt 35
Mölter, Johann Gottfried 132
Mönnich, B. F. 147 f.
Montesquieu, Charles 93

213

Montgolfière 92
Moritz, Karl Philipp 30, 102 f., 154, 167
Morus, Samuel Friedrich Nathanael 62
Morus (More), Thomas 96
Moser, Johann Georg 72
Moses (bibl.) 100
Mozart, Wolfgang Amadeus 88, 104
Möller, Adam Heinrich 87 f.
Müchler 56
Musäus, Johann Karl August 92
Mylius, Inspektor 38
Mylius, Karl Friedrich 88
Mylius, Verleger 36

Napoleon I. 85, 111, 115, 125
Nesselrode, Karl Robert Graf von 84
Neumeyer, Fritz 172
Nicolai, David 24, 28, 36, 39
Nicolai, Friedrich 8, 12, 23, 26, 28, 36 f., 54 f., 61, 66, 78, 92
Niebuhr, Barthold Georg 160
Nitsch, P. F. A. 103
Noeldechen, Daniel Heinrich 16, 25 f., 37 f., 45, 122
Noeldechen, Justizrätin 23, 29
Noeldechen, Demoiselle 23
Norden, F. L. 154, 160

Ohff, Heinz 117
Orpheus (mythol.) 102, 104
Otto von Wittelsbach 106
Ovid 89, 101,, 154 f., 178

Pabst (Papst), Johann Georg Friedrich 66 f.
Palladio, Andrea 127, 129 f. 134, 154–156, 162, 168–170
Pars, William 154
Parthey, Gustav 85
Pausanias 154, 157, 167
Percier, Charles 130
Perikles 114 f., 117
Peschke, Joh. Christ. 88
Peterich, Joh. Christ. Friedrich 87
Peyre, Marie-Joseph 154
Pfützenreuther, Christoph 44 f.
Pindar 90, 178
Pittelkow, Karl Friedrich August 88
Pizarro, Francisco 64
Plagemann, Georg Ludwig Otto 46, 49 f.
Plato 90, 154, 167 f.
Plautus 154
Plinius d. Ä. 89, 98
Plinius d. J. 89
Plutarch 90, 178
Polyän 90
Pomponius Mela 89
Pope, Alexander 54
Posener, Julius 132
Potocki, Artur Graf von 93
Prometheus (mythol.) 102 f.
Pundt, Hermann J. 12 f., 13
Pythagoras 61

Rabe, Martin Friedrich 128 f., 131, 137 f., 157
Radziwill, Anton Heinrich Fürst 135
Radziwill, Luise 137
Raff, Georg Christian 49–52
Raffael 120, 171

Rainel, Zeichenlehrer 56
Rambach, Fr. 102
Ramler, Karl Wilhelm 36, 61, 92
Rauch, Christian Daniel 37
Rauch, Tochter Doris 37
Rave, Paul Ortwin 103
Rehfues, Philipp 63
Reichardt, Elise 108
Reichardt, Frl. 108
Rebekka (bibl.) 106
Rembrandt 120
Reni, Guido 106, 120
Repschläger, Kinderfrau Schinkels 30, 43
Resewitz, Friedrich Gabriel 36
Reuß-Schleiz-Köstritz, Heinrich Graf von 86
Revett, Nicholas 115, 127, 134, 139, 154 f., 160, 170
Richardson, Samuel 120
Riedel, Heinrich August d. Ä. 140–142, 147
Riedlin, Erziehungsgehilfe 36 f.
Rochow, Friedrich Eberhard von 27, 47 f., 52 f.
Rode, August 137 f., 155, 157
Rode, Christian Bernhard 94, 120
Rose, Dorothea
Rose, Frau Senator 23, 45
Rose, Friedrich 59, 75
Rose, Johannes 20, 74
Rose, Luise 23
Rose, Sophie 23
Rose, Valentin 23
Rose, Valentin d. J. 74 f., 79, 122
Rösel, Johann Gottlob Samuel 146–148
Rötscher, Karl Christop Friedrich 45, 54
Rousseau, Jean-Jacques 28, 31, 66, 92 f., 94, 109, 137, 150
Rubens 120
Ruhkopf, Friedrich Ernst 36, 45, 49, 56

Sack, F. S. G. 26
Sahler, Otto Christian 105, 107 f.
Sallust 89, 154, 178
Salomon, Bankiers 75
Salzmann, Christian Gotthilf 32 f., 61
Sander, Sophie [?] 54
Scamozzi, Vicenzo 170
Schadow, Johann Gottfried 102, 114, 120, 125 f., 137–139, 146
Schadow, Wilhelm 37
Scheel, Christian Gottfried 45 f., 50–52, 54
Scherer, Alexander Nicolaus 136
Schiller, Friedrich von 92, 120, 154, 167
Schinkel, Barthold Christian 20, 39
Schinkel, Johann Gotthilf 20
Schinkel, Johanna Eleonore 23
Schinkel, Vater Johann Christoph 19–24, 27, 29, 33–38, 40 f., 43–45
Schinkel, Mutter Dorothea 21, 24, 29, 37, 40, 43 f., 76 f., 79
Schinkel, Schwester Dorothea 18, 22 f., 43, 76
Schinkel, Schwester Charlotte Friedrike 11, 18 f., 23, 43, 59, 75
Schinkel, Schwester Sophie 16, 22 f., 43, 59, 75, 113
Schinkel, Bruder Friedrich Wilhelm 18, 22 f., 43, 76, 83
Schinkel, Ehefrau Susanne 52, 104
Schlegel, August Wilhelm 173
Schlözer, August Ludwig 67

Schmidt, V. H. 103
Schmidt Phiseldeck, C. F. von 167
Schnackenburg, A. F. 24, 39
Schnackenburg, Johann 23, 44 f.
Schnackenburg, Senator Valentin 23, 44 f.
Schönau, Frau von 120
Schröckh, Johann Matthias 54 f., 92, 95, 102, 120
Schröder, Karl Gottlieb 45 f., 50, 54, 56
Schrötter, Friedrich Leopold von 144 f.
Schumann, Friedrich Ludwig 23, 58 f., 113
Schumann, Johann Friedrich 23, 45, 58 f.
Schumann, Marie Elisabeth 23, 59
Schütz, Friedr. Wilhelm von 88
Schwarz, Georg Wilhelm Friedrich 88
Seger, Friedrich Philipp Nathanael 23
Seger, Johann Christoph Samuel 22 f., 33 f., 40, 43 f., 47, 56, 74, 108
Seger, Ehefrau Katharina Eleonore 33
Seidel, Günther Karl Friedrich 94, 97, 101 f., 178
Seidel, Johann Friedrich 96
Seidentopf, Johann Gottlieb 44, 46–48, 53–55
Semler, Johann Salomo 11, 26, 29, 34
Seneca 89, 154, 178
Septimus Severus 121
Serlio, Sebastiano 170
Shakespeare, William 112
Sixtus V., Papst 85, 88
Sokrates 117
Solander 68
Solger, Karl Wilhelm Ferdinand 71, 81, 84, 87–90, 103, 174
Sophokles 90 f., 178
Soufflot, Jacques-Germain 126
Spalding, Georg Ludwig 87–90, 96, 178
Spalding, Johann Joachim 26 f., 36
Standtke (Stantke), Hofrat 76
Stein, Charlotte von 135
Steinbart 77
Steinberg, Heinrich 105 f.
Steinmeyer, Gottfried 72
Stenger, Thomas 23, 44
Stenger, Ehefrau 23
Sterne, Laurence 54
Stieglitz, Christian Ludwig 145, 160–162, 165, 170
Stobäus 90
Strabo 90
Streit, Sigismund 77 f., 85–87, 110
Stuart, James 115, 127, 134, 139, 154 f., 160, 170
Stuve, Johann 9–11, 23, 26–32, 35–39, 46, 49 f., 50, 56, 79
Stuve, Tochter Minna 39
Sueton 89
Sulzer, Johann Georg 26, 36, 52, 117, 149 f., 153, 162, 166–171

Tacitus 89
Teller, W. Abraham 11, 26 f., 33–36, 38, 97
Theokrit 178
Thieme, Karl Traugott 47 f., 61
Thieme, Martin Heinrich 90
Thorwaldsen, Bertel 132
Thukydides 90
Thürnagel, Joh. Friedrich Emil 88
Tieck, Christian Friedrich 37, 77
Tieck, Ludwig 77, 125, 154, 167
Tischbein, J. H. W. 134
Tobold, Johann Ernst Friedrich 23
Tobold, Joh. Martin 23, 38

Toll, Gustav H. 83
Trapp, Ernst Christian 28

Unger, Johann Friedrich 169 f.
Uz, Johann Peter 54

Valerius Maximus 89, 178
Vehse, Johann Christian 24
Vellejus Paterculus 89, 178
Vergil 89, 108, 154, 178
Vieweg, Hans Friedrich 63
Vignola, Giacomo Barozzi da 170
Villaume, Peter 36
Vitruv 127, 136, 149–152, 155–157, 159 f., 160, 162 f., 168, 170
Vogelgesang, Karl Ferdinand Franz 88
Voigt, Joachim Friedrich 23
Volkmann, Johann Jacob 134
Voltaire (eigentl. François-Marie Arouet) 91, 93
Voß, Johann Heinrich 61
Voß, Otto Karl Friedrich Freiherr von 16, 18, 75

Waagen, Gustav Friedrich 33, 71, 76, 79, 82, 104, 109, 117 f., 122 f., 126, 136, 145, 154
Wach, Karl Wilhelm 37
Wackenroder, Wilhelm Heinrich 125, 154, 167
Wagner, Gotthilf Friedrich Tobias 18 f.,
Wagner, Ehefrau Sophie 16, 18,
Wagner, Sohn Karl Friedrich
Waldemar, Markgraf von Brandenburg 106
Wallis, Samuel 67 f.
Washington, George 65
Wegely, Heinrich Leopold 88
Weinbrenner, Friedrich 134
Weiße, Christian Felix 26, 36, 48
Wezel, Johann Karl 92
Whiston, William 100
Wieland, Christoph Martin 65, 91 f., 106
Wiese, Max 15 f.
Winckelmann, Johann Joachim 92, 114, 132, 134, 165 f., 180
Wolf, Ludwig 120
Wolff, Christian Freiherr von 93, 95
Wöllner, Johann Christoph von 93, 95
Wolzogen, Alfred Freiherr von 145, 174
Wood, Robert 154
Woodword 100

Xenophon 90, 178

Zedlitz, Karl Abraham Freiherr von 28 f., 77, 90
Zeus (mythol.) 157
Zimmermann, Carl Wilhelm 105, 108
Zitelmann, Joachim Ludwig 128 f., 138, 146 f.
Zöllner, Friedrich 35, 97

Abbildungsnachweis

Akademie der Künste, Berlin 93
Jörg P. Anders 70
Archiv für Kunst und Geschichte Berlins 116
Bibliothek für Bildungsgeschichte und Forschung, Berlin 45
Bildarchiv der Österr. Nationalbibliothek, Fonds Albertina, Wien 108
Bildarchiv Preußischer Kulturbesitz 1, 2, 63, 65, 86, 97, 99, 104, 115
Bohm, *Kasernenstuben*, 1891 31
Doebber, *Gentz*, 1916 96, 107
Edition Rieger, Karwe und Berlin 3, 5
Evangelisches Zentralarchiv, Berlin 11
Ewers, *Textsammlung*, 1980 46
Friedrich Wilhelm II. und die Künste 87
Geheimes Staatsarchiv PK 106
Hallerstein, *Und die Erde gebar ein Lächeln*, 1983 100
Heimatmuseum Neuruppin 9, 13, 14, 17, 19
Herzog August Bibliothek Wolfenbüttel 25, 44, 47
Gilly und die Privatgesellschaft junger Architekten 74, 89, 91, 92, 98, 102
Karl Friedrich Klischnig, *Erinnerungen*, 1794 69
Kypke, *Kleist*, 4. Bd., 1882 12
Landesarchiv Berlin 23, 56, 58, 59, 62, 90, 105
Carl von Lorck, *Karl Friedrich Schinkel*, 1939 50
Nicolai, *Nothanker*, 2. Bd., 1775 15
Schinkel, 1981 64, 72, 73, 75
Schmitz, *Baumeister*, 1925 94, 95, 101
Schultze, *Geschichte Neuruppins*, 1963 28
Staatsbibliothek zu Berlin PK, Kartensammlung 16, 27, 29,
Stadtmuseum Berlin 8, 76–83 (Photos: Hans-Joachim Bartsch)
Universitätsbibliothek Heidelberg 18, 24, 33, 38–41, 48, 51–55, 84, 85, 109, 110
Universitätsbibliothek Potsdam 26, 33, 43
Zentral- und Landesbibliothek Berlin, Sammlungen des Berlinischen Gymnasiums zum Grauen Kloster, GKl Archiv 60, 61

Archiv des Verfassers 4, 6, 7, 10, 20–22, 30, 32, 34–37, 42, 49, 57, 66–68, 71, 84, 88, 103, 111 bis 114